大学语文系列教材

大学写作

主　编

叶　晗

副主编

敖　晶　程永艳　凌　喆　凌伟荣

编委(按姓氏笔画排列)

叶　晗　周　锋　敖　晶　凌　喆
翁颖萍　凌伟荣　程永艳　潘勤奋

ZHEJIANG UNIVERSITY PRESS
浙江大学出版社

交流的桥梁　思想的翅膀

（代序）

叶　晗

　　对于写作，在我们周围的人群中不难发现一种常见的现象：那些功底扎实、文笔娴熟的人，往往落笔生辉，写出洋洋洒洒的漂亮文章来，因此备受别人的尊重；而那些缺乏锻炼、疏于笔耕者，则总是畏笔如虎、望文却步，虽有满腹经纶，却下笔艰难，从而更加羡慕他人。

　　当今的社会，已进入信息的时代。各种有形（文字）无形（口头）的表达，各样自觉（我要写）或非自觉（要我写）的写作，已经成为现代人生活方式的重要组成部分。网络办公、邮件、短信等等，诸如此类，将人们带入了一个色彩斑斓的"大众写作"时代。人们通过写作，有效进行信息交流，自由表达思想观点，任意抒发心灵感受，不一而足。甚至，国内外诸多的专家、人事部门都把运用语言（书面语言和口头语言）进行交流的能力，作为衡量人才的重要标准之一。可以说，我国高等院校这些年来越来越重视对学生写作能力的培养，正是适应了时代的大势所趋。毫无疑问，高等院校学生的写作能力，尤其是应用文写作能力是学生有效地进行学习、工作、生活及社会交往的基础，应与英语、计算机能力一样视为人人所必需的基本技能加以培养。而且，在这里特别需要指出的是，高等院校开设写作课的目的，不仅是为了适应各种社会岗位对文字能力的要求，也不仅局限于全球化时代人们日益增强的自我表达的需要；从培养高素质人才的角度，写作还是一门不可或缺的人文素质教育课程。这是因为，写作的过程也就是思维的过程。在极具创造性、抽象性、严密性的复杂的写作活动中，学生的想象能力、理论思维、系统观念、创新意识、严谨态度和科学精神等等，都可以得到十分有效的培育。对于优秀人才的培养而言，这些重要素质的养成，具有超越技能训练之上的更为重要的意义和价值。

　　正因为写作的重要性日益凸显，许多高校已经把大学写作课程作为学生的必选课程之一；有的高校则将其纳入了通识教育课程体系。我们认为，把写作纳入高校具有相当影响的大学语文课程的内容体系，使大学语文的教学实现提升文学修养和表达能力的双重效应，是为学生创设良好的写作学习环境的重要举措。同时，这也进一步奠定了大学语文在高等院校课程体系中的基础性地位，明确了大学语文课程的定位、目标和功能。本教材的编写，即是我们对于如何提高高校学生写作能力，以及如何发挥写作在人才综合素质培养中的重要作用所进行的一种思考和尝试。

　　写作水平的提高很大程度上是在一种模仿性学习中完成的。因此，本教材旨在给学生提供一个内容较为全面、文种较为齐全、例证丰富、易于阅读的学习和参考工具书。教材的内容涵盖了写作学理论以及30类近80种具体文种的含义、特征、类型、写作的方法、步骤和格式规范。为了培养学习者的语感和文体感，安排了大量针对性、示范性较强的例证。同时，在各章、各节之前都有内容提要，并使目录和节之提要一一对应，以便于阅读和理解。因此，学生在课程结束之后仍然可以将之作为一本写作工具书来使用。

本教材按照写作学的基本原理和写作思维发展的基本过程,依序编排,力求体系科学、重点突出,符合高等院校人才培养的需要。

绪论、材料与构思、表达与修改部分是对写作学基本原理的阐述。在说明写作活动性质、特点的基础上,进而阐明如何学习写作、写作过程怎样展开等,以此帮助学习者掌握统驭各种写作活动的基本方法。

审美文体、应用文体是对于各种写作文体的大略归类。学习者应当了解这两大类基本文体,以及其中主要文种在写作目的、特点、类型、方法和形式上的巨大差异,树立鲜明的文体意识。在非中文类专业的大学写作课程中讲授审美文体的写作,可以使学生在了解诗歌、散文、小说、戏剧文学、影视文学等创作规律和特点的基础上,更好地欣赏文学类作品,提高审美修养,培养形象思维能力、想象能力和创新意识。

根据学生中学阶段写作知识的构成,以及高校人才培养的需求,我们把涉外商务文书、行政公文、论文、演讲辞这四种文体作为大学阶段应用文体学习的重点。其中,涉外商务文书是为了适应经济全球化时代对未来人才的新需求;行政公文介绍了国家行政机关公文撰写的种种规范,以便于学生尽早了解各种公文处理的程序和要求。同时,为了满足学生参加国家公务员选拔考试的需要,我们还把这几年公务员考试的重要科目——申论,设为独立的一章,以提高学生的应试能力。

论文的学习是本书的重中之重。大学教育的目的是培养专业人才。我们以为论文的写作不仅将迅速提升学生运用专业知识解决问题的能力,而且将极大地激发学生的创造力,养成求是创新的科学精神。论文写作的每一个环节都是对独立性、求异性、开放性、超前性等创新思维的有效训练。教材按照科学研究的规律,详尽地阐述了论文写作从选择论题到搜集材料到展开研究,从安排结构到行文表达到修改成文这六个基本环节的具体要求。此外,还例举了六种不同类型论文以及八类不同专业论文的写作要点,以满足各种论文写作的需要。

口头语言表达能力其实也是一种无形的写作。语文教学应该彻底改变重书面语言表达轻口头语言表达的观念。口才的培养与写作能力的培养是相辅相成的,两者皆不可偏废。本教材详尽介绍了演讲活动的特点、如何准备演讲、演讲辞的写作和演讲的表现技巧,相信会对学生演讲能力的提高有一定的帮助。

本书在编写过程中参考了诸多著作,并引用了其中部分资料,在此谨向这些作者表示诚挚的谢意。我们也真诚地欢迎读者就本书的疏漏或不当之处,给予批评指正,以便今后修订。

写作水平与知识积累、思想深度、表达能力紧密相联。写作能力的提高绝非一朝一夕之功。惟一的途径就是要勤学苦练。只要努力学习,掌握理论和方法,勤于笔耕,就一定能达到理想的效果。

写作将为你架起交流的桥梁,为你插上思想的翅膀。让我们热爱写作吧!

目　录

第4章　审美文体

第6章　涉外商务文书

第7章　党政机关公文

第8章　学术论文

第9章　演讲辞

第10章　申　　论

第 1 章 绪 论

◆ 写作本体
◆ 写作主体的修养
◆ 写作主体的能力

写作本体

【提要】
◇ 写作本体的含义
◇ 写作本体的三个特点：主观能动性（个性化、实践性、创造性）、综合性、书面性

写作本体的含义

写作本体，指的是写作活动本身。写作是作者运用语言文字表达思想感情的创造性脑力劳动，从搜集材料、提炼主题、谋篇布局、创作表达，直至修改定稿的全过程，都是作者的智能、知识、意志以及思想感情等多种素养的综合体现。

写作本体的三个特点

写作的特点主要表现在主观能动性、综合性、书面性三个方面。

1. 主观能动性

写作活动是作家根据自己的生活经验和审美理想，再现客观生活的创造性活动，带有明显的主观色彩。写作的主观能动性主要表现在主体精神活动的个性化、实践性和创造性三个方面。

（1）个性化

写作是一种具有鲜明个体性色彩的主体精神活动。一般的写作活动（公文写作除外），写作的主体都是个人，从构思到执笔为文，都属于个体行为。

作者往往根据自己的经历、学识、修养、爱好选择写作题材和对象，写作的过程明显附着个体的鲜明烙印。这正如巴金谈创作经验时所说的那样："50 年来我在小说里写人，我总是按照

我的观察,我的理解,按照我所熟悉的人,按照我亲眼看见的人写出来的。"①例如鲁迅反映现实生活的小说,其题材不外乎这两个范围:一类是童年时代在乡村得来的人物形象和生活故事,如《阿Q正传》、《故乡》、《祝福》等;一类是离开乡村以后所接触到的城市知识分子的生活,如《伤逝》、《一件小事》、《幸福的家庭》等。而这两类题材,又因前一类给他的印象更为深刻,所以写起来也更为生动。

即便是同一题材在不同的作家笔下,所表现出来的风貌也是截然不同的。作者在创作时,往往带着自己独特的感情描绘客体,使客体具有主体鲜明的特征。如李华的《吊古战场文》和秦牧的《古战场春晓》,同是写古战场的名篇,因为作者对战争的态度不同,展现在读者面前的景色、气氛就迥然不同。李华笔下的古战场阴森凄惨,悲风怒吼,天日无光:

> 鸟无声兮山寂寂,夜正长兮风渐渐,魂魄结兮天沉沉,鬼神聚兮云幂幂,日光寒兮草短,月色苦兮霜白,伤心惨目,有如是邪!

而秦牧笔下的三元里古战场则又是另外一番景象,风、雨、雷、电,都带着感情,与三元里人民一起义无反顾地抗击侵略者:

> 凭吊着这个辽阔的古战场,……我仿佛看到一百多年前战争的情景:那时,螺号呜呜,锣声当当,满山旗帜,遍地人潮。……这时天仿佛也愤怒了,狂风暴雨,闪电雷霆。狼狈的敌人从会战的地点——牛栏岗败退下来,结成方阵,颤栗逃命。

作者在运用语言表达时,也有意无意地彰显自己的个性风格。"文如其人",作家因生活经验、气质禀赋、艺术修养、兴趣特长等方面的差异,导致他们的语言风格也各具特色,往往在使用的语言材料(词语,句式)、修辞方式等方面,都表现出不同的风格色彩。鲁迅的深刻尖锐,冰心的温婉柔和,曹禺的华丽优美,赵树理的平白朴实……无一不体现出鲜明的个性化色彩。请看下面两篇散文的写景片段:

> 如果说瞿塘峡像一道闸门,那么巫峡简直像江上一条迂回曲折的画廊。船随山势左一弯,右一转,每一曲,每一折,都向你展开一幅绝好的风景画。两岸山峰连绵不断,山势奇绝,巫山十二峰各有各的姿态,人们给它们以很高的评价和美的命名,使我们的江山增加了诗意。而诗意又是变化无穷的:突然是深灰色石岩从高空直垂而下,浸入江心,令人想到一个巨大的惊叹号;突然是绿茸茸草坂,像一支充满幽情的乐曲;特别好看的是悬崖上那一堆堆给秋霜染得红艳艳的野草,简直像是满山杜鹃了。峡陡江急,江面布满大大小小漩涡,船只能缓缓行进,像一个在崇山峻岭之间慢步前行的旅人。但这正好使远方来的人有充裕时间欣赏这莽莽苍苍、浩浩荡荡长江上大自然的壮美。苍鹰在高峡上盘旋,江涛追随着山峦激荡,山影云影,日光水光,交织成一片。　　　　　　　　　　　　　(刘白羽《长江三日》)

> 花事最盛的去处数着西山华庭寺。不到寺门,远远就闻见一股细细的清香,直渗进人的心肺。这是梅花,有红梅,白梅,绿梅,还有朱砂梅,一树一树的,每一树梅花都是一树诗。白玉兰花略微有点儿残,娇黄的迎春却正当时,那一片春色啊,比起滇池水来不知还要深多少倍。

---

① 巴金.巴金论创作.上海:上海文艺出版社,1982.537.

究其实这还不是最深的春色。且请看那一树,齐着华庭寺的廊檐一般高,油光碧绿的树叶中间托出千百朵重瓣的大花,那样红艳,每朵花都像一团烧得正旺的火焰。这就是有名的茶花。不见茶花,你是不容易懂得"春深似海"这句诗的妙处的。

(杨朔《茶花赋》)

从上面的对比中,我们可以看出两位作家的语言风格很不一样:刘白羽的散文喜用书面语词,辞藻华丽,长于渲染和铺张;杨朔的散文则多用口语语词,平易畅达,句式较短,显得凝练和含蓄。

（2）实践性

写作作为人的一种主体精神创造活动,必然具有实践性特征。这里所讲的实践,有两个含义,即社会实践和写作实践。从哲学的角度讲,实践既是认识的基础和源泉,也是认识发展的动力;既是认识正确与否的检验标准,也是认识的主要目的。认识与实践的这种不可分割性决定了人既是认识主体,同时也是实践主体。而写作从本质意义上说,是人对客观世界的一种认识过程。人类在长期的社会实践中,无论是对自然界还是对人类社会,无论是对人类主体之外的客体世界,还是对人的内心世界,都有一个逐步深入的认识过程。写作,就是把这种认识记录下来的过程。正因如此,写作主体也就是社会实践的主体。写作者必须深入到生活实践的江河湖海中,让多姿多彩的社会生活成为写作活动取之不尽、用之不竭的源泉。

另外,从学习写作的角度讲,写作方法和技巧的掌握,最主要的途径还是要靠自己的实践。凡是有成就的作者在谈写作经验时,没有一个不强调"做"字。清人唐彪对此有一段精辟的论述,他说:"学人只喜多读文章,不喜多做文章;不知多读乃藉人之功夫,多做乃切实求己功夫,其益相去远也。人之不乐做者,大抵因艰难费力之故;不知艰难费力者,由于手笔不熟也。若荒疏之后作文艰难,每日即一篇半篇亦无不可;渐演至熟,自然易矣。"(《读书作文谱》)写作是一项"知易行难"的活动,学习理论知识、汲取他人成功的写作经验,无疑是十分必要的,但更重要的是能通过写作实践把它们转化为自身的能力,正如古语所说的:"梓匠轮舆,能与人规矩,不能使人巧。"只有通过自己坚持不懈的努力,写作文章才能达到行云流水、熟能生巧的程度。我们可以把写作看成是一种能力,一种用语言文字来表达思想感情的技能、技巧。能力、技能技巧,需要通过写作者长期的、反复的、刻苦的实践,并经过自己的咀嚼、消化、体味、揣摩,真正有所悟,才能把道理和知识转化为自己的一种熟练的习惯和手段,才能真正地用于自己的写作,指导自己的写作。对写作能力来讲,"听"或"看"固然重要,但最后一定要落实到"写"上来,才有可能不断提高。如《红楼梦》中林黛玉教香菱写诗,在指导她熟读一些诗人作品的基础上,让她动手写诗,反复修改,才使得香菱对诗歌有了感性的认识,水平很快得到提高。

（3）创造性

人在其主观意识的支配和统摄下所取得的活动结果,既不是对客体固有属性的简单认同,也不是对主体已有知识的简单重复,而是对二者的一种超越;它在使客体不断被主体利用和改造的同时,也使主体对客体利用和改造的能力、水平不断提高。人类历史的发展,不论是物质文化,还是精神文化,都是人有意识地自己创造自己历史的结果。

写作也概莫能外。写作主体的创造性,表现在写作活动的各个环节和写作成果的各种构成因素之中。任何一个写作者,只要他是以主体个性的方式来获得和表达他对客体的某种见解或情感,就必然会或多或少地使他的写作活动具有创造性。对此,美国学者威廉·W.韦斯特认为:"所有的写作都是创造性的。……所有的写作都包括一种新的表达的'起源、发展、形成'的过程。即使你使用的是'旧'的思想和第二手材料,你产生出一些完全新的东西,一些认真的、完全表达出你的性格和才能的东西。"这是因为,"每一个人都是独一无二的个人。……因为你是独一无二的,你所具有的思想感情是别人从来没有的,如果你尊重你的独特性,你就会真诚而独立地写出只有你能写出的东西"①。

作家在创作时,首先要有不懈追求的创新意识。与中华民族传统穷变通久的精神相一致,中国古代写作理论十分强调创新意识。陆机《文赋》说:"收百世之厥文,采千载之遗韵,谢朝华于已披,启夕秀于未振。"那大意是说写作既要继承前人优秀成果,又要不沿袭前人,发前人所未发。刘勰的《文心雕龙》甚至专辟《通变》一章,分析写作中继承与创新的关系,把在继承基础上寻求创新,作为人类写作活动不断发展的一个基本规律提出来。

且看刘禹锡的《陋室铭》:

山不在高,有仙则名。水不在深,有龙则灵。苔痕上阶绿,草色入帘青。谈笑有鸿儒,往来无白丁。可以调素琴,阅金经,无丝竹之乱耳,无案牍之劳形。南阳诸葛庐,西蜀子云亭。孔子云:"何陋之有?"

名山灵水不在于它们的高峻和幽深,而在于所居有"仙"有"龙";因此只要居住者有高洁素养和志行,胸怀坦荡,即使居住的真是陋室,精神上仍然一点不"陋"。这个观点,可谓独出心裁,充分体现了作者的创造性。

又如《红楼梦》里薛宝钗在咏柳絮词时说:"我想柳絮原是无根无绊的东西,然依我的主意,偏要把它说好了。"她一反常人那种柔怯缠绵的咏柳絮景象,作道:

白玉堂前春解舞,东风卷得均匀。蜂团蝶阵乱纷纷,几曾随逝水,岂必委芳尘。

这首词突出了柳絮的飘逸、妩媚,显得清新有力,又不落俗套。

再如战国末期六国的灭亡,以及后来秦王朝的覆亡,一般认为:六国是秦所灭,而秦则是被农民起义所推翻的;而杜牧的《阿房宫赋》却独树一帜,作了不同的阐述:

灭六国者,六国也,非秦也;族秦者,秦也,非天下也。

这种充满创造性思维的论述,使得本来比较陈旧的话题,焕发出崭新的内涵。巴尔扎克说得好,第一个把女人比作鲜花的,是天才;第二个把女人比作鲜花的,是庸才;第三个把女人比作鲜花的,是蠢才。写作的创造性特征可见一斑。

2. 综合性

任何写作成果的诞生,都是写作主体特殊而复杂的个体思维活动的结果。所谓综合,是指在这一过程中,从认识客观事物到完成写作成果,必须经过主体思维的多重加工、转化,综合作者各方面的素养和社会实际的方方面面,才能最后生成。从这种意义上来说,综合性特征既体现了写作主体的一种特殊心理功能,也反映了写作主体的一种特殊心理过程。

(1)灵感的产生

所谓灵感,是指在文学、艺术、科学、技术等活动中,由于艰苦学习,长期实践,不断积累经验和知识而突然产生的富有创造性的思路。

灵感是人类的一种特殊的思维现象,是文艺、科学活动中因思想高度集中、情绪高涨而突

---

① 苏珊·郎格.提高写作技能.北京:中国社会科学出版社,1983.257.

然表现出来的创造能力,这种创造能力对写作活动有着重要的影响。写作者都希望自己能够突发灵感,从而思如泉涌,妙笔生花,写出富于创造性的东西来。

古人说:"文章本天成,妙手偶得之。"讲的就是灵感产生偶然性的一面。这个"偶得",意味着受到生活的具体触发。这种触发许多作者常是偶然获得的。一旦受到触发,它就像一根导火索,引爆了作者原有的生活库藏,许多生活材料都被点燃。这个时候,作者往往情思奔涌,甚至会欣喜若狂,大有柳暗花明、豁然开朗之感,出现构思的突进。先前还较朦胧的意念,会明晰起来;原来相对断续、分散的原始材料,至此如被一条线串起来似的连成了一片。例如冰心离开日本时,看到海面漂着一只木屐,这只木屐给她留下了深刻的印象,使她难以忘怀,它一直在"脑海里漂了十五年",她苦苦构思,但"不知道应该怎么写",直到十五年后在一次座谈会上与友人偶然谈起自己在东京时的失眠情景,失眠时经常听到窗前的木屐声,这才沟通了多年前海上看到的木屐与失眠时听到的木屐声之间的联系,感到正是日本劳动者的脚步声,给自己"踏出了一条光明的思路","把我从黑夜送到黎明"。座谈会上这一偶然的触发,使她发现了生活材料的闪光点,完成了散文《一只木屐》的构思。

又如闻捷的《吐鲁番情歌》,作者抓住当地的风俗:情人相约以歌唱。小伙子连续唱歌是在焦灼等待姑娘的到来,而此时姑娘早已沿水渠走来,可小伙子没看见,还在唱着……这饶有情趣的一瞬间,触发了作者的灵感,使他写出了富有生活气息而又有喜剧意味的意境:

> 苹果树下那个小伙子。
>
> 你不要,不要再唱歌:
>
> 姑娘沿着水渠走来了。

尽管灵感具有"有心栽花花不开,无心插柳柳成荫"的偶然性特征,但其偶然性的背后,仍然存在着必然性。灵感不是等来的,而是要靠写作者积极地创造条件努力争取来的。也就是说,灵感的产生建立在主体对某一特定目标的长期执著追求的基础之上。这种追求的过程,也就是相关的阅历和学识的积累过程,以及在此基础上对某一特定目标潜心思考的过程。那种不经过艰苦的努力而希望灵感降临的想法只能是一种妄想,对此黑格尔曾给予过善意的讽刺:"最大的天才尽管朝朝暮暮躺在青草地上,让微风吹来,眼望着天空,温柔的灵感也始终不光顾他。"①

对于写作灵感产生的必然性与偶然性的关系,古人形象地表达为:"得之在俄顷,积之在平日。"没有平素长期的、甚至是艰苦的精神财富的积累,便不可能有写作时的随意挥洒。创作初念的产生,是生活激发的结果。这个阶段,虽然文学形象还不那么明晰,要表现的主旨也还未具体确定,但这种强烈的创作欲望绝不是凭空诞生无所依傍的,而是大体上已有了某种朦胧的意念,想反映出某个方面或范围的生活内容,想表达出某种生活见解。对此,鲁迅在《叶紫作〈丰收〉序》中的一段话讲得很透彻:"作者写出创造来,对于其中的事情,虽然不必亲历过,最好是经历过……。我所谓经历,是所遇、所见、所闻,并不一定是所作,但所作自然也可以包含在里面。天才们无论怎么说大话,归根结底,还是不能凭空创造。描神画鬼,毫无对证,本可以专靠了神思,所谓'天马行空'似的挥写了,然而他们写出来的,也不过是三只眼,长颈子,就是在

---

① 黑格尔. 美学(第 1 卷). 北京:商务印书馆,1979.364.

常见的人体上,增加了眼睛一只,增长了颈子二三尺而已。这算什么本领,这算什么创造?"①果戈理创作《外套》,虽然促成他写作的是在一次偶然闲谈中听到的一个贫苦的小官吏打猎的笑话,但如果果戈理没有对俄罗斯官场生活的了解,又怎么可能写出来呢?同样,鲁迅从一个整天怀疑被人追捕的患有精神病的表亲身上,受到触动,构思了中国现代文学史上第一篇白话小说《狂人日记》,究其根源,是因为鲁迅对中下层人民所受到的迫害有着深切的体验,他洞察到中国封建社会人吃人的本质。没有平时对生活的这类积累,作家就不可能写出这样的传世名作。

(2)构思阶段

构思是写作过程中极富创造性的一系列艺术思维活动,是一个对写作客体(写作内容)作思考、推敲和修正的过程。构思的水平,是写作者的思想修养、文化背景、生活经历、审美趣味、知识结构、艺术积累等的综合反映。

(3)写作阶段

构思阶段所形成的精神对象,其清晰、具体、完善的程度总是未定的,因此,写作过程并不是简单地、被动地将某个既成的写作对象书面化的过程,而是一个对主题、文体、材料、布局、表达以及读者的接受因素不断进行综合考虑的过程。

3.书面性

书面性是指写作过程中一般使用书面交际语言。书面性与综合性一样,是贯穿写作活动始终,并决定着写作成败的一个基本因素,它深深渗透到主体写作活动的所有环节之中。

口头语言和书面语言是人类社会进行交流的两种主要的工具。自从有了书面语言的记录,就开始了人类文明的一个很重要的标志——写作。《周易·系辞》中记载:"上古结绳而治,后世圣人易之以书契,百官以治,万民以察。"其中结绳就是人类企图以象征性的语言记录生活的最早尝试。后来出现了文字,有了书面语言的应用,写作就正式产生了。

随着文字的不断发展和丰富,人们对书面语言的运用更加娴熟。洋洋洒洒的政论书表、华丽优美的诗词歌赋;现代百花齐放的文学创作、严肃有矩的应用文体等等,都是写作的范畴。所以我们可以理解,写作首先就是对书面语言的运用。

写作的书面性特征并非只在写作主体构思成熟,意欲诉诸表达时才出现,而是随着人的写作实践的不断积累,逐渐作用于主体思维结构之中,成为贯穿写作思维全过程,并始终参与、制约和支配主体精神活动的一种重要的因素。写作的书面性特征是主体制约、支配和统摄写作活动的一种"内在尺度"。它的这种根本性作用主要表现在这样三个方面:

一是决定写作主体对写作客体的文体形式的选择,例如:进行文学创作,作者对客观事物感知的兴奋点往往侧重于客观事物外在的、丰富多彩的个体形式,如诗歌、散文、小说、戏剧等;进行理论写作,作者对客观事物感知的兴奋点则会偏重于客观事物内在的、超越个体存在的普遍形式,如论文。

二是决定写作主体对文章结构形式的选择。例如:文学创作者侧重于写作客体与写作主体之间的主观情感联系来安排材料的结构形式;理论写作者则有意突出写作客体固有之客观规律在结构形式中所具有的意义。

三是决定写作主体对表达方式的选择。表达方式所要解决的根本问题,是把设想付诸实

---

① 鲁迅.且介亭杂文二集·叶紫作《丰收》序.鲁迅全集(第6卷).北京:人民文学出版社,1981.219.

现,把无形变成有形,形象生动再现客观生活。例如,文学创作对表达方式的选择主要着眼于如何使人物形象栩栩如生、情节内容真实可信、环境景物典型可感;理论写作对表达方式的选择则在于如何直接显示论据与论点之间的逻辑联系。

写作主体的修养

【提要】

◇ 生活修养
◇ 学识修养
◇ 思想修养

写作主体,指的是写作活动的直接参与者,也就是通常说的作者。作者通过搜集材料,提炼主题、安排结构、行文表述、书写成篇等一系列的环节,最后完成写作活动。写作主体是写作成品即精神产品的生产者。

修养是指人经过长期的锻炼、培养和积累,在阅历、学识、思想等方面所达到的一定水平。写作者的修养水平,与他的实际写作能力一起,构成决定写作活动有效性的两个最基本的主观条件。通常所说的"文如其人",就是指写作主体的自身修养对他的写作活动所具有的制约影响作用。

写作活动对写作者的修养有三个方面的要求:生活修养、学识修养、思想修养。

生活修养

黑格尔曾在他的《大逻辑·绪论》中指出:"同样一句格言,在完全正确理解它的青年人口中,总没有在阅世很深的成年人的精神中那样的作用和范围,要在这种成年人的阅历中,那句格言里所包含的内容的全部力量才会表达出来。"在这里,黑格尔强调了人生阅历对人的理解活动所具有的重要意义。对事物的理解是一切写作活动的前提,从这个意义上来说,人生阅历的深浅对写作活动有着巨大的影响作用。深刻而丰富的人生阅历,可以使写作者对社会人生拥有一种"一览众山小"的俯瞰气度,这是使写作达到较高境界的重要心理基础。契诃夫曾说:"作家应当样样都知道,样样都研究,免得出错,免得虚伪。这种虚伪一方面会使读者不痛快,一方面又会损坏作者的威信。例如我们的小说家某某,他是描写大自然的专家,他写道:'她贪婪地闻着鹅掌草的醉人的香气。'可是鹅掌草根本没有气味。不能说芬芳的紫丁香花束和野蔷薇的粉红色花朵并排怒放,也不能说夜莺在清香的、开着花的菩提树的枝头上啼鸣——这不真实,野蔷薇开花比紫丁香迟,夜莺在菩提树开花以前就不叫了。我们的作家的本分就在于观察一切,注意一切……"[1]

---

[1] 契诃夫.外国名作家谈写作.北京:北京出版社,1958.242.

具体来说,写作者的生活修养对写作活动的意义主要体现在两个方面:

1. 生活修养是写作的重要来源

俗话说,"巧妇难为无米之炊。"写作亦是如此。一个人无论具有怎样高超的写作技巧,也总是要有了具体的材料才能写作的。写作材料无非来自于生活经验和书本知识。写作者获取生活材料的源泉,就是他的人生阅历,包括他的直接生活的积累和间接生活的积累。"人情练达即文章",生活的底子薄,见闻少,不懂人情世故,文章就会显得稚弱,单薄。

有人认为,丰富而深刻的生活阅历是文学创作的宝贵财富,世界文学史上许多优秀作品都具有自传性质就说明了这一点;但是在其他写作领域,书本知识更具有写作源泉的价值,而生活阅历并不占多么重要的地位。这种看法其实是片面的。事实上,写作史上那些真正具有开创之功、开拓之力的写作成果,往往植根于写作者丰富而深刻的生活阅历之中,司马迁的《史记》、陆羽的《茶经》、李时珍的《本草纲目》……类似的例子不胜枚举。

还有一点需要说明,人生经历不仅是写作者获取写作材料的重要源泉,还往往是激发写作者创作欲望的直接源泉。这不仅在文学创作中是一种普遍现象,而且在其他领域,例如科学研究中,也十分重要。

2. 生活修养是一种写作智慧

既然我们把经历视为一种人生修养,而不是简单地看成生活经验的自然积累和人生旅途的自然记载,那就意味着人生经历并不只代表某种生活过程,它还成为人的一种生存智慧。一个经历丰富的人,往往能在对现实生活的感性观照中直觉其内在意义,原因就在于他习惯于随时在以往经历与现实感受之间建立某种对比的,或是类比的判断、推理关系,从而以直觉的方式获取对现实生活的某种认识与评价。这正是人生经历作为一种生存智慧的特殊魅力所在。

经历既然是一种生存智慧,而写作活动又是人的精神创造活动,是人的智慧的结晶,因此毫无疑问,经历也是一种写作智慧。一个阅历丰富而深刻的写作者,往往能从与别人相同的外界接触中理解到更多的东西。从这种意义上来说,生活修养与写作成果中所包含的对生活的理解之间存在着一种正比例关系。写作者要想提高自己对生活的理解程度,他就应当自觉地、努力地加强自身的生活修养。不少作家走的就是这条"研究社会"、"深入生活"的道路。苏联著名的小说《钢铁是怎样炼成的》的作者奥斯特洛夫斯基,写作以前并没有很多的写作经验;我国著名评剧演员新凤霞,文化水平有限,可她写的《回忆录》,清新动人。他们共同的特点都是生活积累深厚,阅历、见闻甚多。

学识修养

相对于生活修养侧重于生活经验的积累与升华,学识修养主要是指书本知识的积累与整合。学识修养主要通过直接或间接阅读的方式来获得。从写作准备的角度看,学识修养的意义主要体现在以下两个方面:

1. 学识修养是写作的推动力

写作是人的一种精神创造活动,而博与专统一的学识修养是实现精神创造的内在动力。这种学识修养对于论说文、学术性论文当然具有十分重要的作用。同时,文学写作也同样离不开知识的储备。如果一个作者有古今中外、多方面的知识储备,那写起文章来就能左右逢源,侃侃而谈。这一方面是因为阅读求知是实践求知的重要前提,只有当人掌握了一定的正确知识时,他才有可能理解和解释他的实践经验的意义和价值。另一方面,每个人的实践经验毕竟极其有限,而人的创造能力却无可限量;人要想超越自身阅历的局限性去进行精神的自由创造,也只有通过阅读求知来开拓视野,丰富学识,使自己能够站在更高的思想层面来俯瞰社会人生,如此才能在认识社会人生的过程中真正获得深刻的思想体悟,也才能在精神创造的领域中自由航行。

所有的写作活动中都存在着这样一条基本规律,那就是写作者对写作内容的选择总是在不同程度上或明或暗地受自身学识修养的制约与影响。写作者的学识修养作为写作者理解事物的内在根基,从根本上决定着写作者对写作内容的取舍,这就使得写作者对写作内容的选择具有了体现写作者学识修养的独特性意义。这是学识修养作为写作的内在动力性质的一种重要标志。例如,我们通过对写作者在写作中引用材料情况的统计,就可以十分明显地看出写作者学识修养的个性特征。据有关学者所提供的计算机统计数据显示,在正式出版的15种毛泽东著作中,引文最多的是:古典文学,占全部引文总量的13.7%。其次是列宁、马克思和斯大林的著作,分别占总量的12.8%、4.1%、2.1%。这种情况与我们在马克思的著作中可以接触到大量的古希腊罗马神话和文学材料一样,鲜明地反映出写作者的学识修养的独特个性特征,它是形成写作者写作风格的重要组成部分。

2. 提高学识修养的过程也是学习写作的过程

学识修养的主要来源是阅读他人的写作成果。接受者在通过阅读吸取学识的同时,事实上也是在学习写作的表现方法和技巧,因为写作成果中所包含的思想内容总是与特定的表现方法和技巧联系在一起的。某种类型的写作成果读得多了,接受者对这种类型的写作活动通常采用的那些基本的表现方法和技巧也就有了较多的感性经验的积累,这不仅为提高读者水平提供了"惯例经验",而且也为接受者向写作者转换奠定了基础。我国古代所谓"《文选》烂,秀才半","熟读唐诗三百首,不会写诗也会吟",其实反映的就是这种读与写之间的可转换性。《红楼梦》中黛玉教香菱学诗,主要是要她细心揣摩和熟悉王维、李白、杜甫数百首律诗、绝句,在此基础上再广泛涉猎其他名家的诗。通过精读、多读名作,从中揣摩借鉴,扩大视野,同时不断进行创作实践,这确是提高学识修养的有效途径。作家冰心七岁就已读完了《三国志》,十一岁前就读完了《水浒》、《聊斋志异》、《西游记》、《红楼梦》、《封神演义》,这为她以后成为著名作家打下了基础。正是从这种意义上来说,学识修养的过程也是学习写作的过程。因为读与写之间存在着这种可转换性,因此强调通过多读来学习写作就成为中国传统写作教学中的一个重要方法。杜甫所说的"读书破万卷,下笔如有神",一方面是强调学识修养对写作所具有的重要作用,另一方面也包含有通过阅读可以学习写作,增强写作能力的意思。巴金在《谈我的散文》中回忆他学习写作的经历时说:"老师平时讲得少,而且讲得简单。他唯一的办法是叫学生多读书,多背书。"像这样"读多了,读熟了,常常可以顺口背出来,也就能慢慢地体会到它们的好处,也就能慢慢地摸到文章的调子"。巴金记得他那时背得很熟的几种书中间有一部《古文观止》,巴金对散文的认识和对散文写作方法的掌握,就是通过对《古文观止》的熟读来获得的,因此他认为:"这两百多篇'古文',可以说是我真正的启蒙先生,我后来写了二十本散文,跟这个启蒙先生很有关系。"①

---

① 巴金.巴金论创作.上海:上海文艺出版社,1982.425.

思想修养

思想是思维活动的结果。人生经历主要是通过感性的思维活动来获得,学识主要是通过理性的思维活动来获得;从这种意义上来说,人生修养和学识修养都含有思想修养的意义。但是,这里所说的思想修养,专指建立在人生修养和学识修养基础之上的人的精神修养。思想修养的主要内容包括人们的世界观、政治观、历史观、道德观、科学观、文化观等等,概括地说,就是人们认识或对待一切问题的基本立场、观点和方法。

与人的人生修养和学识修养相比,思想修养具有两个基本特征:

其一,人的思想修养来源于他的人生修养和学识修养,但同时,思想修养又对人的人生修养和学识修养产生指导作用。这也就是说,在人的三种基本修养之中,思想修养居于核心地位。

其二,人的人生修养和学识修养,一般来说,只要善于运用就无所谓正确与错误的区别,只有程度深浅和范围宽窄的区别;而思想修养却有着正确与错误、先进和落后、美好与丑恶的区别。

写作是人的一种精神创造活动,写作者的思想修养如何,将直接影响到写作成果的意义和价值。正如鲁迅在《随感录·四十三》中所说:"美术家固然须有精熟的技工,但尤须有进步的思想与高尚的人格。他的制作表面上是一张画或一个雕像,其实是他的思想与人格的表现。"①绘画如此,写作同样如此。如唐代李商隐写过一首《登乐游原》,最后两句说:"夕阳无限好,只是近黄昏。"诗人对于生命的转瞬即逝,表示无限的惋惜惆怅,面对夕阳晚景,产生这样的感叹,情调显得低沉。朱自清化用李诗,说:"只要夕阳无限好,何必惆怅近黄昏。"认为只要不虚度年华,晚年生活有所价值,那么即便生命似黄昏晚景,即将逝去,又何须惆怅呢?显然比李诗高了一层。而叶剑英的《八十书怀》中,则更进一步:"老夫喜作黄昏颂,满目青山夕照明。"不仅不惆怅,反而欣喜自己在黄昏之年,处于美好的景象中。三者同是写夕阳黄昏,但由于作者的思想修养不同,导致浅深不同,境界也完全不同。

从写作准备的要求来看,写作者应当培养自己具有"进步的思想与高尚的人格",这对写作活动将发挥积极的作用,其意义主要表现在以下两个方面:

1. 正确的思想修养是写作实践的重要前提

既然思想修养是指人们认识和对待一切问题的基本立场、观点和方法,那么它正确与否,对于作家的写作活动最终会取得怎样的成果,显然具有决定意义。作家的思想修养直接影响甚至决定题材的选择、主题的开掘、表达的角度。像元代著名杂剧《西厢记》,由于作者王实甫思想比较进步,具有一定的民主自由的人文精神,因此,该剧表现了封建社会中青年追求婚姻自由的主题;而它所依据的蓝本——唐代元稹的《莺莺传》,作者站在腐朽的封建礼教的立场上,小说的主题宣扬男尊女卑、妇女祸水等腐朽的封建思想,赞赏张生的"始乱终弃"的行为。两部作品由于作者的思想修养不同,主题截然不同。

如果缺乏正确的世界观指导,我们将不可能对当前世界形势的基本性质及其未来发展趋势有完整、清晰而又准确的把握。如果缺乏正确的道德观念约束,我们在面对丰厚的个人利益的引诱时,就可能走上出卖人格以牟取私利的邪路。如果缺乏对科学观念、文化观念发展变化

---

① 鲁迅.鲁迅杂文全集·随感录四十三.郑州:河南人民出版社,1999.104.

的正确把握,我们在面对改革开放之后所出现的种种新气象时,就会手足无措,根本不会有正确的认识和把握。总之,思想修养对人的精神活动具有根本的指导作用。从这种意义上来说,人们进行写作实践的一个重要前提,就是必须具有正确的思想修养。

2. 正确的思想修养也是产生文本魅力的重要源泉

无论什么类型的文本写作,都可能因为文本在内容或形式方面所表现出来的某种或多种特点,而对读者产生一定的魅力,令读者读之再三,不忍释手。其中,由于写作者所具有的"进步的思想与高尚的人格"体现在写作内容之中而对读者产生的某种魅力,往往具有特别深厚持久的感人力量。

1860年英法联军入侵北京,火烧圆明园。参加这次暴行的一个名叫巴特雷的法军上尉于事后给法国作家雨果写信,希望知道他对这次在巴特雷看来"干得体面而漂亮"的"远征行动"在多大程度上表示赞同。雨果在回信中以诗一般的语言,热情描绘和讴歌了东方梦幻艺术的杰出代表圆明园以及他所崇拜和向往的中国文化,愤怒地谴责了"两个强盗走进了圆明园,一个抢掠,一个放火"的可耻罪行,并且表示,"我希望有一天,法兰西能够脱胎换骨,洗心革面,将这不义之财归还给被抢掠的中国",充分表现了一个伟大作家的"进步的思想与高尚的人格",从而使这篇短文具有一种特别浓厚的感人力量。我们来读一读雨果描绘和讴歌圆明园的这段文字:

> 在地球上某个地方,曾经有一个世界奇迹,它的名字叫圆明园。艺术有两个原则:理念和梦幻。理念产生了西方艺术,梦幻产生了东方艺术。如同巴黛农是理念艺术的代表一样,圆明园是梦幻艺术的代表。与巴黛农不同的是,圆明园不但是一个绝无仅有、举世无双的杰作,而且堪称梦幻艺术之崇高典范——如果梦幻可以有典范的话。你可以去想象一个你无法用语言描绘的、仙境般的建筑,那就是圆明园。这梦幻奇景是用大理石、汉白玉、青铜和瓷器建成,雪松木作梁,以宝石点缀,用丝绸覆盖;祭台、闺房、城堡分布其中,诸神众鬼就位于内;彩釉熠熠、金碧生辉;在颇具诗人气质的能工巧匠创造出天方夜谭般的仙境之后,再加上花园、水池及水雾弥漫的喷泉、悠闲信步的天鹅、白鹭和孔雀。一言以蔽之:这是一个以宫殿、庙宇形式表现出的充满人类神奇幻想的、夺目耀眼的宝库。这就是圆明园。它是靠两代人的长期辛劳才问世的。这座宛如城市、跨世纪的建筑是为谁而建?是为世界人民。因为历史的结晶是属于全人类的。世界上的艺术家、诗人、哲学家都知道有个圆明园,伏尔泰现在还提起它。人们常说,希腊有巴黛农,埃及有金字塔,罗马有竞技场,巴黎有巴黎圣母院,东方有圆明园。尽管有人不曾见过它,但都梦想着它。这是一个震撼人心的、尚不被外人熟知的杰作,就像在黄昏中,从欧洲文明的地平线上看到的遥远的亚洲文明的倩影。
>
> 这个奇迹现在已不复存在。
>
> 　　　　　　　　　　　　　　　　　　　　　　　　　　　　(雨果《言行录》)

雨果没有到过中国。他对圆明园的描绘,完全是凭借他所特有的浪漫气质在一种神圣的"梦想"中所看到和感触到的。这种描绘的准确度如何无关紧要,因为这段文字的感人魅力主要不在于此,而在于充溢于字里行间的那种深沉的历史感、高尚的正义感和卓越的审美感,即在于它表现了一个集真、善、美的追求于一身的伟大人格。这种文本魅力绝不是靠单纯的写作技巧所能产生的,它只能来源于写作者的思想修养本身。这就像鲁迅的那句名言所说的:"从喷泉里出来的都是水,从血管里出来的都是血。"①

写作主体的能力

提高写作水平,要从提高写作能力入手。但写作是复杂的脑力劳动,写作能力是一种综合的能力,完成写作活动需要多种能力共同起作用。这里我们着重介绍对提高一个人的写作水平十分重要的语感能力、观察能力、思维能力、想象能力和表达能力。

语感能力

音乐家在创作中讲究"乐感",画家在创作中重视"色感",作家在创作中强调"语感"——这种种"感"看不见,摸不着,似乎有点神秘莫测,很难作理性把握和解释。然而它们确实是艺术家进行艺术创造的一种不可缺少的能力。对于作家来说,如果没有这种敏锐的"语言感知"能力,任何艺术创造都是无法进行的。那么,究竟什么是"语感"呢?

所谓语感,指的是人对语言文字的感觉、理解和运用的能力,这种能力是在语言实践中形成的,带有浓厚的经验色彩。这里的"实践"包括阅读和写作两种方式,阅读侧重于积累人对语言的敏锐的感觉能力和正确的理解能力,写作侧重于对语言的运用能力。叶圣陶曾经说:"文字语言的训练,我认为最要紧的是训练语感,就是对语言的敏锐感觉。"②他们都充分认识到语感对写作水平的重要作用。

1. 语感能力在写作中的作用

语感能力在写作中的作用具体表现在以下三个方面:

(1)语感能力与构思

构思是作者构造文章结构的过程,属于思维范畴,而思想的基本材料就是语言。马克思、恩格斯早就指出了语言与思维的这一关系:"语言是思想的直接现实。"③斯大林也指出:"不论人的头脑中会产生什么样的思想,以及这些思想在什么时候产生,它们只有在语言的材料的基

---

① 鲁迅. 而已集·革命文学. 鲁迅全集(第3卷). 北京:人民文学出版社,1981.544.

② 叶圣陶. 叶圣陶论创作·写作漫谈. 上海:上海文艺出版社, 1982.163.

③ 马克思,恩格斯. 德意志意识形态. 马克思恩格斯全集(第3卷). 北京:人民出版社,1960.525.

础上、在语言的术语和词句的基础上才能产生和存在。"①而语感是对语言的感觉与运用的能力,是构成思维的基础。因此,语感和思维构成不可分割的联系;语言的感受能力越强,运用语言进行构思的能力就越强。

以往的写作教学偏重写作知识的介绍,相对忽略语感能力的培养,结果造成很多学生眼高手低的通病,一说起写作理论头头是道,真要拿笔写文章却力不从心。究其原因,除了课堂上教师一味地灌输思维成果而缺少探究和实践这个成果的产生过程之外,学生缺少必要的语感积累,也是十分重要的一环。我们古代有许许多多的大作家,他们大都没有专门学过文章结构学之类的抽象理论,但却创作出了名传千古的佳作。其奥秘之一正在于他们有丰富的语感积累,有很强的语感能力,并由此对前人作品构思的精妙之处有透彻的认识和体会,以至于熟读成诵、烂熟于心,因而在构思文章时,便有多种文章形式供其选择。如李白"日试万言,倚马可待"的功夫,曹植七步成诗的典故,都说明语感积累对构思的巨大作用,由于语感积累丰富、能力强,以至于构思过程都淹没在神速的运笔中了。

(2)语感能力与表达

表达是指作者将自己的思想感情寄寓在优美流畅的文字中写成作品,缺乏出色的语感能力和深刻的思想感情,显然无法达到这一目的。从一定意义上说,语感能力是表达的基础,表达则是语感能力的实际运用。表达呆板,缺少变化;表达肤浅,流于表面;表达琐碎,不能有效提炼;表达晦涩,难于流畅诵读等弊端,都与作者的语感能力低下有关。

语感能力在词汇的选择和运用中起着十分重要的作用。以秦观的《浣溪沙》为例:

漠漠轻寒上小楼,晓阴无赖是穷秋,淡烟流水画屏幽。

自在飞花轻似梦,无边丝雨细如愁,宝帘闲挂小银钩。

词中的"轻寒"、"飞花"、"淡烟"、"丝雨"、"小楼"、"小银钩",于暮春境界中蕴含着微怅薄愁,整个画面清轻纤巧。如果把"小楼"改为"层楼","丝雨"改为"骤雨","小银钩"改为"大银钩"就会破坏整个境界的统一,甚至将"银"改为"金",也会显得过于沉重而与全诗不相称。从语法上讲,这些改变都是允许的,但从语感上讲,却是不协调的。

(3)语感能力与修改

语感能力在文章修改中也十分重要。语感能力不仅在欣赏与评判他人的作品时起着十分重要的作用,在修改自己的初稿时,它的作用也十分明显。在修改自己的文稿时,作者的语感能力往往是一种修改的标准,一旦作者发现初稿不符合自己的语感标准,他就会感到别扭,非把文章改顺不肯罢休。当然,作者修改自己的文稿,在语感上有一个"陌生化"的要求,即通常所说的把初稿搁置一段时间再修改。这是因为,当作者刚完成初稿时,他的感觉还处在写作的状态中,换句话说,他的语感还没有恢复,他还无法对自己的初稿从语感角度进行审视。只有当他从写作这篇文章的氛围中解脱出来,他才可能像阅读他人的文章那样的阅读自己的作品,才会发现自己文章在表达上的纰漏。

2. 语感能力的具体内容

美学家朱光潜说过:"一篇有生命的文章或说话首先要谋篇,就是布置好全篇的脉络气势和轻重分寸,然后才逐段造词遣句。按照这个次第来学习,就会懂得全局决定部分而部分也影

---

① 斯大林. 论语言学的几个问题. 马克思主义与语言学问题. 北京:人民出版社,1953.38.

响到全局的道理,才会体会到语言的生命所在,才会体会到上下呼应的好处。这就是一般所谓'上下文关联的感觉',这是语言感的主要组成部分。此外还有音调节奏的感觉。"①"上下文关联的感觉",就是文章的整体感,它应该是一个生动的完美的整体,并非工匠的胡乱的堆砌,缺少哪一部分都不行。而"音调节奏的感觉",则是体现了文章内在美的韵律。语感能力的具体内容表现在以下几个方面:

(1)文从字顺,明白易懂

语感能力的最基本要求是文从字顺,明白易懂。这也是语感的基本功。韩愈所提出的文从字顺各司其职的要求,应该说是写作合格的一个重要标志。"文从字顺"就是通顺。所谓"通",就是指写作中思路贯通,没有阻滞,找到了事物的内部的发展轨迹,通乎情,达乎理,能和读者心心相印。所谓"顺",就是指文章有条有理,顺顺当当,语言流畅,用词妥帖。文章写作中最用字、造句初步的要求是做到清楚明白。用字、造句不清楚、不明白,就会造成歧义。

读者阅读文通字顺的文章,一方面可以了解文章所要表达的内涵,得到某一方面的知识;另一方面读者还能从顺畅的文字中看出作者的文字素养。试想一位作者,最起码的文字通顺的要求都不能达到,写出的文字佶屈聱牙,那么我们不能不对他的语感能力打一个问号!

(2)简洁凝练,优美流畅

语感能力的第二个要求就是文字简洁凝练,优美流畅。作者在运用文字时,要简洁、和谐、熨帖、自然。任何一种对象,无论是客观的景物或主观的情调,都要能够用最经济的语言表达出来。中国的旧体诗,一般就用四言、五言、七言,但它所涵盖的生活内容却是丰富多彩的,如"大漠孤烟直,长河落日圆"两句,短短十个字,极简练的语言,就把大沙漠上的景致十分传神地描述出来了。沙漠上的空气干燥,气压高,所以烟一直往上升。又因为住的人家少,所以是孤烟。而大河之上,落日显得特别大、特别圆。就如《红楼梦》中的香菱所说:"想来烟如何直?日自然是圆的。这'直'字似无理,'圆'字似太俗。合上书一想,倒像是见这景的。要说再找两个字换这两个,竟再找不出两个字来。"郭沫若先生在谈到语言简练时说:"形容词宜少用,的的的一长串的句法最宜忌避。句调不宜太长,太长了使人的注意力分散,得不出鲜明印象。章节也宜考虑;大抵轻松的文体宜短,沉重抑郁的文字宜长。无论语言、句调、章节都要锤炼,而且要锤炼到不露痕迹的地步。"②可见文字的简练是作家所要追求的一种境界。

读者阅读文学作品,除了了解知识,得到思想上的启示外,还希望从字里行间得到美的享受。这种美感,一方面来自内容,另一方面直接来自语言文字本身。字面的色彩和感触对读者来说是很重要的。鲁迅的《故乡》写到"我"听母亲说童年的好友闰土要来时,有这样一段文字:"这时候,我的脑里忽然闪出一幅神异的图画来:深蓝的天空中挂着一轮金黄的圆月,下面是海边的沙地,都种着一望无际的碧绿的西瓜,其间有一个十一二岁的少年,项戴银圈,手捏一柄钢叉,向一匹猹尽力的刺去,那猹却将身一扭,反从他的胯下逃走了。"清丽流畅的语言描绘出来的画面,给读者留下了深刻的印象。莫言《红高粱》开头写跟随余司令的队伍去伏击日本人的"我父亲"在小路上闻到了一种"新奇的,黄红相间的腥甜气息"。作者运用"通感",使超常的气味有了颜色,这就给下面回忆日本鬼子的血腥屠杀作了隐喻性暗示,给人留下了不寻常的感官印象。从这种有特殊感染性和穿透力的叙事话语中,可看出作者对语言的感觉是多么深刻和

---

① 朱光潜. 朱光潜美学文学论文选集. 长沙:湖南人民出版社,1980.59.

② 刘锡庆等. 写作论谭. 北京:中央广播电视大学出版社,1983.147.

富有个性。读者在阅读这些具有美感的文字时,往往有一种如见其人、如闻其声、如临其境的真实感受。

(3)韵字和谐,音节相称,具有音乐美

音乐美是语言文字的又一重要特点,也是语感能力的重要内容之一。词是意义和声音的结合体,它的读音有的是单音节的,有的是多音节的,每个音节都包括声、韵、调。音乐美就在于它的音节相称、韵字和谐、声调协调,不仅读来顺口,听来悦耳,而且能增强表达效果和感染作用。

音节相称是指音节搭配的整齐和匀称,从而造成一种和谐之美。它首先需要调配音节,在不影响意义表达的前提下,使语流中那些相关成分的音节数量大体相同。如拉车、拉磨、种地、打柴火,因为与"打柴火"并列的前面三个词组都是双音节的,所以这个词组应改为"打柴"就更上口顺耳。除了调配词组,还可以运用对偶、排比的手法。它们可以增加句子的节奏感,使语言具有音乐美。

韵字和谐是指在句子的同一位置,用韵母相同或相近的字,也就是平常所说的押韵。押韵一般在句子的末尾,并且有规则地重复,造成声音的回环之美。诗词大都押韵,有的抒情散文和戏剧道白也是押韵的。

声调协调是指恰当地调配平仄,使语言产生抑扬之美。声调又称字调。古代汉语分为平、上、去、入四声,其中的上、去、入合为一类,称为仄声。现代汉语普通话中,入声已经消失,平声又分化为阴平和阳平两类,阴平和阳平合称为平声,上声和去声合称为仄声。声调协调,要讲究平仄交错和平仄相重。这样,才能使声音和谐、圆润,给人以韵律感。老舍先生说:"好文章不仅让人愿意念,还要让人念了,觉得口腔是舒服的。随便你拿李白或杜甫的诗来念,你都会觉得口腔是舒服的,因为在用哪一个字时,他们便抓住了那个字的声音之美。以杜甫的'烽火连三月,家书抵万金'来说吧,'连三'两字,舌头不用更换位置就念下去了,很舒服。在'家书抵万金'里,假如你把'抵'字换成'值'字,那就别扭了。"[①]不仅诗词,就是在日常的文章写作中,有时候也要注意平仄。比如我们讲话,上句末一个字用了一个仄声字,如"我去了"。下句就要用个平声字,如"你也去吗",让句子念起来叮当地响。

语感能力影响甚至决定着写作能力,因而通过写作训练来培养和发展学生的语感能力,符合学生学习写作的规律。

另外,语感还包括语言与生活多方面的联系。叶圣陶在《训练语感》一文中说过:"不了解一个字一个辞的意义和情味,单靠查字典辞典是不够的。必须在日常生活中随时留意,得到真实的经验,对于语言文字……才会有灵敏的感觉。这种感觉通常叫做语感。"[②]夏丏尊也谈道:"在语感敏锐的人那里,'赤'不但解作红色,'夜'不但解作昼的反面吧。'田园'不但解作种菜的地方,'春雨'不但解作春天的雨吧。见了'新绿'二字,就会感到希望,自然的化工,少年的气概等等说不尽的旨趣……"[③]文章语境特别是广义语境,在一定意义上是具体生活环境的一种体现,因此和作者的经验有密切联系。一个人的生活经验不足,他的语言感觉往往迟钝。所以训练语感还是要先打好生活的根基。《西厢记》长亭送别一折,崔莺莺唱道:"……晓来谁染枫

---

① 刘锡庆等. 写作论谭.北京:中央广播电视大学出版社,1983.147.
② 叶圣陶.叶圣陶论创作.上海:上海文艺出版社,1982.136.
③ 夏丏尊.转引自.叶圣陶论创作.上海:上海文艺出版社,1982.136−137.

林醉？总是离人泪。"为什么用"醉"来描绘经霜枫叶之红？用"绯"不行吗？"绯"恰是红的意思，且和"醉"押韵，是完全可以使用的。可王实甫偏偏选了个"醉"字。因为他能感受到崔莺莺在摆酒送别君瑞时的心态：人未醉，然而和意中人的分离及婚姻前途未卜已使她精神恍惚似醉，枫林在她眼中仿佛也醉得恍惚迷离起来。这"醉"字的好处，恐怕那些没有恋爱、离愁体验的少年人难以体会。所以，观察社会和人生对于提高语感能力来说，也是非常重要的。我们应该和各种人经常接触，倾听各种语境下的话语，了解它们所传达的感情、情绪和内心要求，甚至连这些话语的声音、语调、语气也不要放过。巴尔扎克曾经模拟自己正在塑造的人物口吻，"彼此"大声交谈，以至使人误以为室内有人在吵架。这既是作者对象化的感情体验，是对平日观察所得的一种检验，又是获得语感的可资借鉴的一种方式。

观察能力

写作需要正确而深刻地认识生活。观察是认识生活的基础和起点。观察不只是简单地看，它是一种积极的智力活动。从观察中，人们不仅可以吸取知识，而且使已有的知识活跃起来。多观察可以得到写作所需要的材料，并能从中获得感受和启发。所以养成观察的习惯，锻炼敏锐的观察力是从事写作不可缺少的一项基本功。

1. 观察是文学创作的基础和前提

爱好文学写作的人都熟知，社会生活是文学创作的唯一源泉；离开社会生活，创作便成为"无米之炊"，也就不可能产生文学。但是，社会生活又不等于文学，生活素材不等于文学形象。从生活到形成文学作品，需要经过典型化过程，正如工人炼钢那样，要经过许多道工序，才能把铁矿石变成纯钢。写作的基础和前提是作者对社会生活的观察体验，是对丰富的生活矿藏进行探矿采矿的工作。对于初学写作者来说，对生活、对事物的观察能力，是一项极其重要的基本功。

古今中外大量创作实践证明，观察是捕捉形象，获取创作素材的唯一途径。

在社会生活中，蕴藏着大量丰富生动的形象性事物，需要我们去寻找，去发掘，到沙里去淘金。苏轼曾说过：

> ……山川之秀美，风俗之朴陋，君子之遗迹，凡与耳目之所接者，杂然有触于中，而发于咏叹。……将以识一时之事，为他日之所寻绎，且以为得于谈笑之间，而非勉强所为文也。 （《江行唱和集序》）

这段话有两层意思：一是只有富有特征的外界事物"与耳目之所接"，并"杂然有触于中"，才可能进入创作；二是说要把今日对事物获得的认识感受，作为以后写作时进行反复寻思推求的依据。

春雨中的自然界，常处于烟雾茫茫之中，似无引人注目的景色，然而，杜甫却在江边发现了充满生机的景象：

> 细雨鱼儿出，微风燕子斜。

春天将至，但一个人深夜独坐房中，除了窗外朦胧的更深月夜，自然界一片寂静。春天的气息在哪里呢？唐代诗人邓方平是这样感受到的：

> 更深月色半人家，北斗阑干南斗斜。

> 今夜偏知春气暖，虫声新透绿窗纱。　　　　　　　　　　　　　　　（《月夜》）

　　诗人是从听到窗外一声轻微的唧唧声中感受到春的信息，捕捉到春的形象的。这正是诗人观察的精细之处。

　　有时，社会生活和自然界里，有些形象性的事物是稍纵即逝的，更需要我们有意识地、不失时机地抓住它，获取为创作的素材。

　　俄国作家屠格涅夫在《森林与原野》中写过这样一段景色：

> ……在你头上，身边，到处都是雾。……可是这时吹起了一阵轻风；朦胧地露出了一线线蓝的天；突然一道金黄色的日光穿破了渐渐在散开的轻烟似的薄雾，洒下了一条长长的光带，照在大地、树丛上面——接着一切就又暗下来了。

　　这是在森林里的夏晨所出现的一种奇妙瑰丽的景色。它只能出现在夏晨的一瞬间，而屠格涅夫凭其精细敏锐的观察力把它捕捉住了，并把它摄入散文作品中。

　　俄国另一位作家果戈理写小说《外套》，其素材是从一些朋友的闲谈中所说的一则笑话里得到的。根据经验，闲谈里常会有形象生动的见闻和故事，而这些见闻和故事往往又夹杂在其他话题中，稍不留意，即会悄悄滑过。为什么其他朋友把闲谈的见闻只当做笑话一笑了之，唯独果戈理会去沉思呢？这是因为他具有从偶然发生的细小生活现象中，灵敏地捕捉典型素材的能力。

　　从上可见，经常留心观察周围的一切人、一切事、一切物，是捕捉形象、获取素材的唯一正确有效的途径。自然，有的创作素材是间接地从书面材料中得到的，特别是反映历史题材的作品（历史小说和历史剧）。但是，书面的或历史的材料，本身也是从生活中得来的；况且，当你占有大量的书面材料以后，若不同自己的生活体验结合起来，也往往写不出优秀的作品。

　　创作实践还证明，观察，能激发人们的创作欲望。任何人创作文学作品，必须是对生活中的人或事或物有所感，才会产生写作的欲望；而"所感"，又必是产生于观察之后。

　　清代画家郑板桥有段话对我们今人很有启示：

> 凡吾画竹，无所师承，多得于纸窗、粉壁、日光、月影中耳。

　　这段话说明观察生活对艺术创造的重要作用。绘画如此，作诗、写散文、编剧、写小说也如此。

　　清人叶燮谈写诗：

> 作诗者肇端，而有事乎此也，必先有所触以兴起其意，而后措诸辞，属为句，敛之而成章。　　　　　　　　　　　　　　　　　　　　　　　　　　（《原诗·内篇》）

　　元人郝经谈司马迁著文：

> 昔人谓汉太史祖之文，所以奇，所以深，所以雄雅健绝，超丽疏越者，非区区于文字之间而已也。……能尽天下之大观，以助其气，然后吐而为辞，笔而为书。故尔欲学迁之文，先学其游可也。　　　　　　　　　　　　（《郝文忠公陵川文集》）

　　以上古人说的"情"、"意"、"感"、"气"，实际上都是指创作的意欲。而意欲的产生，离不开对"事"、对"天下之大观"的观察和体验。

　　由于对事物的观察在整个创作过程中占有十分重要的地位，古今中外许多有成就的作家都很重视观察力的培养和锻炼。法国小说家莫泊桑年轻时拜福楼拜为师,福楼拜教给他的首先是观察能力的训练;高尔基成名之后,还仍然同一些作家一起,用"游戏"的方式来进一步提高自己观察事物的能力。作家们尚且如此,作为一个初学写作者,更应该首先进行观察基本功的训练。其他是没有什么捷径好走的。

2. 观察时必须要有独特的发现和感受

文学创作,无论选取何种题材,归根结底都是为了表现"人情"、"事理",给读者以情操上的陶冶和生活上的启迪。而这种"人情"、"事理",早在搜集素材的过程中就开始孕育。因此,当我们观察社会、观察事物时,不仅要有生理的眼光,更重要的是要有感情的眼光。

所谓"感情的眼光",包含两方面的意思:

一是指作者带着对生活灼热的感情去观察,热心而又好奇地随时随刻注视生活中瞬息发生的每一个细节。简言之,就是做生活的有心人。对现实生活,对周围事物有没有心,有没有感情,这也是能否得到素材进入创作的关键。上面列举果戈理获取《外套》素材的过程即可以说明这一道理。古今中外还有无数这样的事例。

二是指作者内心对事物饱含强烈感受,抓住生活中形象的东西,抓住富有特征性的事物,产生自己的情和意。古人云:"登山则情满于山,观海则意溢于海。"只有对生活现象和自然现象产生强烈的独特的感受,才会得到有用的素材,才会有文学写作的冲动和欲望,从而为提炼加工打下坚实的基础。

从许多文学作品中,我们可以发现这样几种创作现象:

第一种,作品所表现的是人们所没有表现过的、富有特征性的事物。也就是说,这是作者的独特发现。例如柳宗元写小石潭:

> 潭中鱼可百许头,皆若空游无所依,日光下澈,影布石上,怡然不动;俶尔远逝,
> 往来翕忽,似与游者相乐。 (《小石潭记》)

鱼儿的这种状况,只有在山间的清澈见底的池潭中才能发现,溪流中不大可能看得到。这种独特的、富有情趣的潭中景色被柳宗元所发现并摄入作品,给人以很强的新鲜感。由此可见,任何事物都有区别于他事物的特征性的东西,若能捕捉到它,就能成为有用的素材。

第二种,作品所表现的事物并无新奇之处,或者虽是有特征性的事物,却早已多次成为文人笔下的题材,但由于作者写出了自己独特的感受,仍然能焕发出异彩,使人耳目一新。

就以写诗来说,作诗者,要想陶冶物情,体会光景,一定要有新发现,新感受。新奇的生活,固然可以得到新奇的题材,创造新颖的文章意境,但在日常平凡的生活中,照样可以发掘诗意,在旧的题材中,依然能够有自己的心得,创造出新意来。

在古诗中,写古刹钟声的也不少。在张继的《枫桥夜泊》里,钟声与落日啼乌、江枫渔火构成冷寂的画景;而杜甫写雨中的山间古刹钟声,则是"晨钟云外湿"。当时杜甫船泊州城外,因下雨不能上岸,所以是在船里听到晨钟的。州城地势高,寺钟又在山上,所以说钟声也被雨沾湿。由云外的钟声之湿,感到雨的又大又密——这就是诗人的独特感受。

这个例子说明这样一个道理:作者在生活中能否有独特的发现和感受,直接关系到一个作品的优劣成败;然而"世间奇事无多,常事为多",因此,培养锻炼"平中探奇、旧中觅新"的观察能力,非常重要。

还有一个值得注意的问题是:要使自己在生活中有所发现,产生独特的感受,还必须以全

面细致的观察为基础。这就是说,在千姿百态的生活现象或自然现象面前,当我们静观默察、寂然疑虑的时候,一方面必须目光四射,纵览全局;另一方面又要独具只眼,洞察幽微。

纵览全局,指的是观察要有广度,视野要开阔。写文学作品,如果不熟悉社会生活的各个侧面,不了解各种各样的人和事,不观察自然现象的种种变化,那必然会影响想象或联想,写出来的作品,或者拘泥于事实,或者反映的生活面狭窄。茅盾曾对青年作者说过:"我要讲的文艺修养,第一是生活经验的问题。要看生活丰富不丰富,涵养够不够,怎样从社会的现象观察到社会的本质。我们要观察得深入,须要有丰富的生活经验。"①他讲的虽然是小说,其实也道出了观察事物的一般规律:观察的生活面尽量放得广一些,还需有必要的历史知识和懂得社会发展的辩证法。

洞察幽微,指的是观察要从细微处着眼,要准确,又要有深度。俗话说:"观人于微。"对人的观察是如此,对一切生活现象和自然现象的观察也应该如此。生活中富有特征性的闪光的东西,真实生活的细节,只有在细微的观察中才能得到并准确地把握它。

思维能力

思维属于人的认识过程中的理性认识阶段,是一种高级、复杂的认识活动,是人的大脑对客观现实进行的间接和概括的反映。

观察和阅读,为我们提高自身修养,获取写作材料,提供了基本的途径和方法;经过一定的积累,我们在修养水平得到提高的同时,也相应地具有了一定的、写作所必需的材料储备。但是,积累所得并不能自然地进入写作,要使写作者在观察和阅读中所积累的东西成为写作的内容,需要有一个转化机制,那就是主体的思维能力。在写作中训练思维能力,目的是为了增强文章的深刻性与独创性。具体地说,通过培养由此及彼、由表及里的思维习惯,从中发现没有被人认识的新事物、新问题,或从已知事物、已知问题中探寻新的性质和新的答案。只有当写作者具有一定的思维——转化能力,能够对积累所得进行分析与综合,展开联想与生发,实现整合与创新,才能实现由材料积累向写作内容的转化。

1. 形象思维

形象思维又称"艺术思维",是文学创作者从观察生活、吸取创作材料到塑造艺术形象这整个创作过程所进行的主要的思维活动和思维方式。一般具有这样几个明显的心理特征:它是一种始终不离开具体表象的思维活动;它通常以直觉的方式来理解事物;它始终伴随着强烈的情感体验;它可以通过创造性的想象来建构具体的生活画面,以此表现主体对生活的某种理解、体验或是理想,这种对生活画面的具体构建便是通常所说的艺术形象。

这里所说的形象,指的是人的感性思维活动的心理成果——表象。当人类通过抽象思维而获得对事物的概括性认识,并用相应的语词来固定和标志这种认识的时候,语词除了具有表示概念的意义而外,也同时仍与主体相应的表象记忆密切联系。因此,语词既可以作为抽象思维的基本载体,也可以作为形象思维的基本载体,因为它本身就具有唤起主体相应的表象记忆的功能。

形象思维既然是建立在主体已有之感性思维活动基础之上的一种思维,它就应当可以与抽象思维一样达到对事物本质与规律的认识。原因有三:

---

①　茅盾.茅盾全集·23卷.北京:人民文学出版社,1996.298.

首先,任何事物都是内容和形式的统一体。因此,特定的形式总是与特定的内容相关联的,把握了这种形式,也就可以意会(直觉)到其中的内容。从某种意义上来说,形象思维就是通过把握事物的形式(形象)特征来理解其所包含的内容。例如,当我们听某人评价一个女人,说:"那简直就是个凤姐。"我们脑海里出现的,不会是某种抽象的判断或推理,而是活灵活现的"凤辣子",并据此而可以意会被评价的是一位什么样的人。

其次,任何事物无论怎样独特,总是可以从不同角度被纳入到不同的类型中的,于是就有了事物的个性与共性的关系问题。所谓共性,即个性事物中所包含的它所从属的某类事物的质的同一性,它是确定类型的依据。通过提示某类事物共同的本质来认识个别事物的特征,这是抽象思维的基本方法。相反,形象思维则往往通过显示个性事物的某种属性特征,而使人认识到与它同类事物的本质属性。

最后,世界是一个整体,各个事物之间总是相互联系的,于是又有了事物之间的因果关系问题。抽象思维中常用的推理方法,就是建立在事物之间因果联系基础之上的。同样的道理,在经验的基础上,当我们把握了某个具有"前因"性特征的形象时,那么它的"后果"往往也就是不言自明的。艺术中的"含蓄",依据的就是这种心理特征。同时,用形象的方式来认识和表现事物之间的因果关系,也充分显示了形象思维把握世界的整体性和直觉性的特征与魅力。杜甫的"感时花溅泪,恨别鸟惊心",就是很有代表性的一例。

关于形象思维,还有一点需要说明,那就是形象思维是一种应用十分普遍的思维方式:在日常生活中它是我们最常用的一种思维方式;在我们的学习和科学研究中也少不了形象思维的积极参与;在诸如新闻写作、科普写作,乃至理论写作活动中都程度不同地显示着写作者的形象思维能力;至于文学创作,那就更加离不开形象思维。

2. 抽象思维

抽象思维又称逻辑思维、理性思维,是人们在认识过程中借助于概念、判断、推理反映现实的过程。理性思维是相对于感性思维而言的,标志着它是人类的一种高级的思维活动。抽象思维则是相对于具象思维而言的。具象思维是人类最初的思维方式,还不完全具备思维的间接性、概括性特征。随着人类思维能力的发展,特别是语言的创造和使用,人类才具有了抽象思维的能力。至于逻辑思维这个概念,则主要是为了强调抽象思维(理性思维)所使用的基本思维工具是逻辑方式,包括我们常说的形式逻辑和辩证逻辑。

从写作的角度来讲,抽象思维主要是运用语言所表达的概念,依据一定的逻辑方法而进行判断和推理,以求获得对事物本质和规律的理性认识,并在此基础上建构具有抽象性和逻辑性特征的主体心理图式,以此来系统地反映主体对世界的某种理解或理想。对这种心理图式的语言表述便是通常所说的理论,承担这种语言表述的载体,便是理论文本。

抽象思维除了在理论写作中占据主导地位之外,作为人们认识和理解事物的基本手段,它还必然地参与到各种类型的写作活动中去,并且发挥重要作用。即使在形象思维占主导地位的文学创作领域中,抽象思维的作用仍然是不可忽视的。张贤亮在《写小说的辩证法》中就曾谈到过学习和掌握抽象思维能力对文学创作所具有的重要作用:

> 只有通过抽象——逻辑思维才会使大千世界通过我的视听器官传到我脑子里的种种形象信息更为清晰和生动。而这种种形象信息一旦在我脑子里抽象成了某种观念,在观念的支配下,种种形象信息还会生发,还会串联,以至衍变成一段情节。并且,也只有通过抽象—逻辑思维才能把这种种形象信息变为稳固持久的形

象记忆,就如只有理解了的古文才易于背诵一样。所以说,没有思考和分辨,作家就无法驾驭他所要表现的内容。而思考和分辨能力,只能来自学习。

想象能力

想象是一种温故创新的过程,是人们通过观察搜集而来的资料,在大脑中重新组合,融汇升华,创造出一种新的形象的心理过程。写作中离不开想象,《文赋》说"凝心海天之外,运思元气之前"。通过它,可以使概念化为形象,物质变为精神,静止的继续行动,片段的两头延伸,浓缩的使之扩展,散漫的加以集中,并列的相互联结,对立的从中沟通。……简单地说,小自打比方,形象地说明事理,大至塑造典型,进行艺术达标概括,以至构思通篇文章,都需要借助想象。想象是感情奔放的产物,而想象又会使感情激越飞扬,超越于眼前所见所闻,正因为如此,高尔基说"没有想象便没有艺术"。像"忽如一夜春风来,千树万树梨花开",作者从眼前雪天一片银装素裹世界,想象春风过后枝头梨花怒绽的景象,如无想象,就无此情韵。

想象,主要是要从客观景象中倾注作者的美学理想和感情。像冰心的《繁星》:

> 繁星闪耀着——
> 深蓝的天空,
> 何曾听得见他们对话?
> 沉默中
> 微光中,
> 他们深深的互相颂赞!

深蓝的太空中星星友好相处,互相颂赞,这想象中寄寓着作者美好的理想。而这样想象,使星星成为有生命,有个性而又可爱的形象,从而也就感人。

想象,有时甚至可以想象到一般的情理之外,李贺的"酒酣喝月使倒行",李白的"狂风吹我心,西挂咸阳树",月可喝使倒行,心可高挂树梢,这看似不合理而奇特,然而却正于"奇特"中显示了作者彼时彼境的心理。

想象需要以深厚的生活积累为基础。一个知识渊博、阅历丰富的人,总是比知识单一、经历有限的人更容易产生新鲜的想象。广泛的阅览和入微的观察,是展开想象、进行艺术概括的先决条件。

表达能力

人的智慧是三重能力的组合。其中,智慧能力的第一层表现形式对应于写作者的摄取能力,第二层表现形式对应于写作者的转化能力,至于第三层表现形式,即人的智慧能够通过意识对实践的指导作用,将蕴含主体精神创造的内心图式,借助某种物质手段和实践方式转化为新的事物,从而使人的智慧获得一种对象化的存在,这在写作活动中,就是通过写作者的表达能力来完成的。在写作活动中,实现主体精神创造对象化的物质手段,主要是语言;其实践方式就是运用语言所进行的各种文体类型的具体写作。以下,我们就从这两个方面谈谈表达能力问题。

1. 表达能力的核心是语言运用能力

我们之所以说表达能力的核心是语言运用能力,这是由思维与语言的特定关系所决定的。

从根本上来说,写作者有关写作内容与形式的一切思考,最终都只能通过语言运用的能力来进行表达。从这种意义来说,所谓写作能力,最基本的就是语言运用能力。

从使用功能的角度来讲,语言运用的作用表现在三个方面:

一是语言(语词)具有指向事物的功能,因而它可以唤起和组织人的表象活动,成为人的形象思维活动赖以进行的基本的思维材料。

二是语言(语词)同时具有表达概念的作用,因而它可以为人的抽象思维活动提供基本的思维材料。

三是语言具有在人与人之间建立交流关系的作用,人们可以通过一定的语言材料和语言规则的具体运用,即言语活动,来实现彼此的精神交往。

从使用形式的角度来讲,语言运用的类型主要有三种:

一是所谓内部语言,即使用者只对自己发出的语言,它只作为使用者的思维工具而使用,只要达到使用者自我"意会"的程度即可,所以一般来说这种语言具有简单、跳跃、不予修饰的特点。通常所说的"打腹稿",兼有内部语言和书面语言的双重性质,不能看做是单纯的内部语言。

二是所谓口头语言,即使用者之间直接通过语音方式来进行思想交流。这种语言运用由于在很大程度上直接依靠现场情境来帮助理解,所以语言本身的逻辑性和修饰性并不十分突出。演讲、授课等等,兼有口头语言与书面语言的双重性质,不能看做是单纯的口头语言。

三是所谓书面语言,即通过组织文字来表达思想和感情。从语言运用的角度来讲,这种方式最讲究语言规则的全面而严格的使用,因为它没有任何可以直接凭借的参照系(例如内部语言中的自我理解和口头语言中的现场情境)来帮助接受者进行理解,而是完全依据使用这种语言的人们所普遍遵循的语言规则来进行理解,所以一旦使用者不善于使用甚或有意破坏具有约定俗成性质的语言规则,势必会造成理解的困难和混乱。

既然表达能力的核心是语言运用能力,那么,对上述语言的使用功能和使用形式的把握就具有十分重要的意义。

从语言的使用功能的角度来讲,语言既可以成为人的形象思维的基本材料,也可以成为人的抽象思维的基本材料,那么我们通过一定的语言材料和语言规则的具体运用(此处即指写作)来进行精神交流的时候,就应当充分注意有效地发挥语言自身所具有的不同作用,以求最大限度地在写作者与阅读者之间达成心灵的默契。例如,朱自清在《绿》中为了表现他对梅雨潭的那一汪碧水的无以言说的喜爱心情,用了一个对阅读者的想象和体验极有感召力的词:"女儿绿"。从绿的颜色来看,"女儿绿"的含义十分模糊,甚至可以说它是一个不具有理性内涵的"空筐"。如果它被用在理论写作中显然不具有交流作用,但用在文学写作中却十分有效地在写作者与阅读者之间达成了心灵的默契。

从语言的使用形式的角度来讲,书面性是写作的基本特征之一。这里所要强调的一点是,书面语言能够成为一种交际方式,其有效性的根基在于对语言规则的全面而严格的使用,因此要培养写作者的语言运用能力,首先应当重视对全民族全社会普遍遵循的、具有约定俗成性质的语言规则的学习和把握。这除了满足阅读者的理解需要之外,更重要的意义还在于它是纯洁民族语言、维护文化传统的重要手段。

语言运用的能力不是天生的,而是后天习得的。如何学习语言,毛泽东在《反对党八股》中提出了三条基本途径:一要向人民群众学习语言;二要从外国语言中吸收我们所需要的成分;

三要学习古人语言中有生命的东西。他的这些意见无疑是正确的。在此基础上,还应当认真学习和掌握一定的语言学知识,并且要有计划地进行写作训练,因为只有通过实践活动,才能真正使知识转化为能力。

例如温庭筠的诗《商山早行》中的名句"鸡声茅店月,人迹板桥霜",是由一个一个的词构成的,或者可以说是一连串非主谓句构成的——鸡声,茅店,月;人迹,板桥,霜。这里用了六个名词,对这些名词没有任何修饰和限制,却向我们提供了十分生动的画面,使人仿佛身临其境,跟着披星戴月、饱尝风霜之苦的旅人一同登程。不少现代作家吸取这种表达方式,收到了很好的效果。鲁迅的散文诗《好的故事》对水乡的风物作了这样的描述:"我仿佛记得曾坐小船经过山阴道,两岸边的乌桕,新禾,野花,鸡,狗,丛树和枯树,茅屋,塔,伽蓝,农夫和村妇,村女,晒着的衣裳,和尚,蓑笠,天,云,竹。……都倒影在澄碧的小河中,随着每一打桨,各个夹带了闪烁的日光,并水里的萍藻游鱼,一同荡漾。"这里整个句子虽然不是非主谓句,但是也用一个一个名词组合构成一幅画面,笔墨经济,形象生动,具有鲜明的民族特色,产生了极好的艺术魅力。

2. 表达能力需要通过写作训练来培养

培根认为,能力应当是在知识之外,而且是在知识之上的一种经验。这即是说,能力不等于知识,而是在掌握知识的基础之上,通过实践而取得的一种经验。我们对表达能力的把握也是如此。在我们学习和把握一定的语言知识和语言材料的基础之上,应当有计划地为自己安排一定的写作训练,逐步使语言知识向表达能力转化。

通过写作训练来培养和提高表达能力,可以采取以下一些有效的方法。

(1)以读带写,读写结合

这是指应当把对范文的阅读分析,与相应的写作训练结合起来。习作者首先应当潜心体会范文在运用语言文字以表情达意方面的成功经验,然后可以拟写与范文类似的题目,从模仿入手,有意识地运用范文中的成功经验来写作。这实际上是使习作者能够站在一个较高的起点上学习写作,所以也是一种值得肯定的传统写作训练方法。当然,模仿的目的应当在于通过模仿取得经验之后,突破范文束缚进行自由创造。

(2)分格练习,逐步积累

这里所说的"格",指的是单项训练。这是一种"化整为零"的训练方法。习作者根据一定的训练计划,或者是自己的写作弱点,将一些完整的写作项目分解为相对独立的技巧训练单位,进行单项练习。例如,学习描写这种表达方式时,就可以先把它分解为人物描写、景物描写、场面描写;然后再进一步进行分解,如人物描写可以分解为肖像描写、行动描写、语言描写、心理描写等等,分格练习。再比如学习写作的结构技巧时,可以根据相同的内容,有意识地进行多种不同的开头和结尾片段的练习。这种训练方式只要设计合理,既可以充分利用零散的时间随时进行;又可以通过各种训练项目之间的有机结合,逐渐积累融会贯通,形成较为全面的写作能力;还可以将平时的观察、阅读、思考所得通过单项训练积累起来,从而在训练表达能力的同时,也间接地积累了写作材料,可谓一举两得。

(3)由短到长,从易到难

写作训练的一个重要目的在于培养习作者对写作活动全过程的整体的统摄能力,这只有通过有计划地进行单篇习作的训练才能逐步养成。单篇习作训练可以与单项训练结合起来。例如进行记叙性文章的写作训练,就可以先根据记叙文所常用的几种表达方式,以及记叙文中的一些基本结构要素,来确定一些单项训练内容并进行相应的练习,在此基础之上,再进行综合练习,即写作一篇完整的记叙性文章。进行这种单篇习作训练还应当注意要逐步由短到长,从易到难。这里所说的短与长,不单纯是个篇幅问题,而主要是指它所包含的内容。开始写,可以把题目定得单纯一些,写一些简单的内容,然后再逐步写内涵复杂的、涉及面广的题目。从易到难,主要是指写作类型而言,一开始要从基础性、训练性文体类型写起,即通常所说的记叙文、议论文和说明文。经过一段时间的训练,学习和掌握了这几种最基本的语言表达类型之后,再转入有特定社会职能和规范要求的正规文体的写作训练。习作者可以根据个人的主客观条件来有意识地选择某种文体类型作为自己训练的主要对象,并寻求在这一基本文体类型中的某种或几种文体的写作能力上得到特别的训练和发展,使其能够达到较高的水平。

第 ② 章　材料与构思

◆ 材料的概念、分类、作用、来源、储材的原则和方法、选材的原则
◆ 主题的概念、主题与材料的关系、确立主题的原则、提炼主题的方法
◆ 结构的含义、原则、构成要素

材　　料

材料的概念

材料是指作者为了某一写作目的而在现实生活中搜集、积累或写在文章中用以表现主题的一系列生活现象和理论依据。

在一般文章和文学作品中，材料的具体含义是有区别的。一般文章所讲的材料，是指写入文章中的生活现象和理论依据，那些搜集到的未经加工整理的原始材料通称为资料。而在文学作品中（包括一些记叙类文章），则把经作者搜集、积累的原始材料统称为素材，把经过作者提炼、加工、整理写入作品中的材料称为题材。

题材有广义和狭义之分。广义的题材泛指文学作品描写的社会生活的某一方面，如工业题材、农村题材、军事题材、历史题材、爱情题材、大学生题材、民工题材等，它是就文学作品的表现对象、取材范围而言的。狭义的题材则是指作者写进作品中的用来表现主题的一系列社会生活现象，包括人物、情节、环境三个方面。

题材和素材的关系密不可分。素材是题材的基础,题材由素材提炼加工而成。题材的提炼要经过如何把零星、局部、各不相关的分散状态的素材整合为有机统一、血肉丰满的艺术整体;如何把浅层芜杂的众多生活感受,凝聚为深层独特的思索成果和强烈情感;如何把原生态的生命力和生动性,转化为显现着作者创造性的艺术魅力这样几个过程。同时,题材的提炼还要受到作者的生活体验和世界观以及对生活的艺术发现和艺术表现力的影响。作者的艺术经验越丰富,艺术技巧越纯熟,艺术感受力和艺术表现力越强,就越能把司空见惯的生活素材提炼为文学创作的题材。因此可以这样说,作者从生活中发现美的能力越强,搜集到的生活素材就越多,就越能写出高质量的文章。

材料的分类

熟悉材料的分类,有助于掌握材料的性能和特征,加深对材料的认识和理解,为写作时选材和主题的提炼打下坚实的基础。

一般说来,材料的分类有以下几种:

1. 按其性质分,有事实材料和理论材料

事实材料是指客观存在的具体事物或书本、文章提供的具体事实,包括人物、事件、数字等。理论材料是指在实践中已经得到验证的观点,包括科学原理、定义、结论、名人名言、民间谚语等。

2. 按其代表性分,有个别材料和综合材料

个别材料是指单独存在和使用的材料;综合材料是指把若干个同类的个别材料加以归纳、综合而形成的材料。个别材料又称局部材料,综合材料又称整体材料。

3. 按其表现角度分,有正面材料和反面材料

在写作时,有些材料具有明显的正、反性质;通常认为支持作者观点的材料是正面材料,而作者批判、驳斥的材料则为反面材料。

4. 按其存在的时间分,有现实材料和历史材料

这两种材料具有相对性,现在的历史材料,也曾经是现实材料;而现在的现实材料,也终将会成为历史材料。

5. 按其具体作用分,有重要材料和一般材料

重要材料也称中心材料,一般材料又称为背景材料。

6. 按其获取的途径分,有直接材料和间接材料

直接材料也叫第一手材料,间接材料也叫转手材料。

7. 按其表现手法分,有具体材料和概括材料

8. 按其表现内容分,有生活材料和心理材料

材料的四大作用

古人对材料在文章中的作用有许多形象的说法,清代著名散文家刘大櫆在《论文偶记》中就曾说:"譬如大匠操斤,无土木材料,纵有成风尽垩手段,何处设施? 然即土木材料,而不善设施者甚多,终不可为大匠。故文人者,大匠也;义理、书卷、经济者,匠人之材料也。"[①]可见,

---

① 转引自金健人、陈建新.写作概论.杭州:浙江大学出版社,2004.38.

材料在写作中有着十分重要的地位和作用。具体说来,主要表现在以下四个方面:

1. 触发写作冲动

作者在为写作搜集材料的过程中,可能会触发写作灵感,也可能会因受到客观事物的刺激而情感沸腾,也可能会受到书面材料的启示而浮想联翩,当内心的思想感情蕴积到一定程度时,就可能会有一种非写不可的创作欲望,由此引发写作的冲动。这种冲动可能会使作者马上调动生活、知识积累而进入实质性的写作阶段;也有可能会使作者循着产生写作冲动的触发点去进一步搜集材料,从而渐渐逼近写作的"临界点"。

2. 促进主题的形成和深化

写文章,总是要表达作者对客观事物的某种思想、观点、认识或感情,而所有这些都是从生活实践中获得或是从搜集到的大量现实材料和历史材料中概括、总结、提炼出来的。材料是产生表现主题的基础。离开了社会生活,缺乏丰富的、合乎客观实际的材料,就不可能有文章主题的产生。

同时,在写作过程中,作者又会选用相应的材料去表现主题,因为任何文章的主题都是不可能脱离材料这个支持、说明和表现的载体而存在的。在写作时,为了进一步深化主题,还需要及时地补充、更换材料,以使主题得到更集中的表达。

3. 确保写作顺畅

要使文章不空洞,言之有物,思路顺畅,就必须拥有充分的材料。写文章大多是在向人们言事说理。如果不是生活中有大量的小事大事要说,就不会有文章的存在;如果没有事实和理论材料来向人阐明观点,说明道理,就无理可说。同时,写作作为一种综合性很强的复杂的精神劳动,常会在写作过程中碰到思路不畅、事实理论论据不足、语言表达不顺的各种情况,这时,如果先暂时停笔转而去进一步有目的性地搜集材料,可能会使你受到新的启发而豁然开朗,从而文思泉涌,思路畅通而一气呵成。

4. 蕴含丰富知识

搜集材料的过程是一种有目的学习知识的过程。一些以介绍、传播科学文化知识为主要目的的文章,其内容就是材料本身。如达尔文的科学巨著《物种起源》,就是他 20 多年"从未间断"地"耐心搜集各种材料","认真加以整理"的成果。正如他在《物种起源》导语中所说:"书中所讨论的几乎没有任何一点不能引用事实来作证。"

材料的来源

文章是社会存在的反映,没有被反映的,便没有文章。因此,社会客观存在是文章材料的来源。

对于写作者,获取材料的途径有两个:一是从复杂的社会生活和社会实践中直接感受和摄取;二是通过阅读和学习来接收前人已经实践证明了的正确的东西。从获取的形式看,前者属于直接材料,后者属于间接材料。但从材料本身来讲,后者仍是本源于社会生活和实践的。因此,只有投身于社会生活和实践,去观察、体验、了解生活,去挖掘事物的本质,去掌握事物的基本规律,才能掌握充分的材料。很多伟大的文学作品都是作者本人生活经历的再现。曹雪芹的《红楼梦》、巴金的《激流三部曲》——《家》《春》《秋》、郁达夫的《沉沦》、高尔基的人生三部曲《童年》《在人间》《我的大学》、奥斯特洛夫斯基的《钢铁是怎样炼成的》……这些作品都直接源于作者本人的生活。

储材的四条原则

材料的搜集,也称储材。要想在动笔写作时不致捉襟见肘、左右为难,就必须占有充分的材料。材料越多,就越能左右逢源、得心应手。处在这样一个知识爆炸的信息时代,各种各样的材料繁复、浩杂,我们不可能全盘接收。只有遵循一定的原则和方法,才能拥有既有数量又有质量的材料。

1. 目的明确

这是指作者在写作时,要根据自己的写作范围、对象来搜集有关的材料。如果是没有明确写作目的的材料搜集,搜集面大可以广一些。阅读时要对各类知识都了解一些,上至天文,下至地理、政治、文史经哲等,以扩大自己的知识面。一旦确定明确的写作目标,就要有针对性地搜集材料。

2. 追求新颖

日新月异的现代社会,各种新观念、新思潮、新理论、新事物、新知识层出不穷,这为我们搜集新颖、独特、带有时代气息的材料带来了广阔的空间。写作时当然需要经典的能说明问题的材料,但如果用了新颖的"人无我有"的材料,给读者带来一种新的说明问题的角度,新的知识点,新的兴奋点,新的启发,新的思路,新的见解,不就更能显示文章的新意和价值吗?

3. 着眼价值

"有用方录,为我所用"。虽说材料的搜集多多益善,但面对知识的海洋,材料的江河,就不得不面临材料的取舍和选择。这就需要结合写作的需要作好取舍。如果是文学作品或是记叙性文章,就应多从现实生活中搜集更多的形象生动具体的感性材料;如果是科研理论文章,就多从书籍和实验中搜集一些准确翔实的理性材料。只有这样,在写作时才能事半功倍。

4. 讲求准确

文章材料准确与否,直接关系到文章的质量。对于一些可以虚构的文学体裁如小说、戏剧、影视等,倒没什么大碍,但对一些应用性文体,如科学性极强的学术论文、新闻消息等,真实准确的材料就是它的生命。学术论文需要从准确、真实、无误的材料才能得出正确的结论;只有源于准确真实材料的新闻报道才会使受众得到真实的信息,否则会使受众感到受欺骗而动摇对新闻媒体的信赖。

储材的三种方法

1. 观察

观察就是指作者用感官对社会生活中的各种客观事物和客观现象作直接的感知活动。观察是人类认识事物的基础,也是获得感性材料进而认识事物本质的前提。观察是作者以第三者身份去认识事物。这种观察可能是作者有意的按既定的意图进行的周密系统的观察,也可能是无意的日常生活中随时随地的不自觉的观察。

观察是搜集材料的重要途径。作者只有到社会生活中去进行仔细的观察、体验、分析、研究才能获得大量的生动的写作材料。而作者越观察,对生活的感悟会越多,就越会引发写作的冲动。

（1）观察的原则

①全面

全面即指要观察客观事物的全貌。也就是说要对事物做全方位的、里里外外的仔仔细细的反复观察。既要看事物发展的全过程，也要看事物各个部分的组成与联系，还要看这事物和周围事物的联系。只有观察全面，才能正确认识事物的全部，才能真正地拥有材料。

②精细

精细即指观察事物和人都要精细入微。只有精细地观察，才能有准确的发现，才能抓住事物的本质特征和人的个性特征，才能有独特的审美感受，从而创作出高质量的文学作品来。新闻报道、科研报告、学术论文、公务文书等应用文体，无一不强调客观真实，而真实的获得就离不开精细的观察。

③勤思勤记

观察也是一种能动的思维活动。因为观察这种感知活动是作者有意识、有目的、有选择性地去做的，在观察的过程中，观察者的感官不断地与外界接触和接受信息，从而激发大脑的记忆、联想、想象、分析综合等多种功能，形成自己独特的感受和认识。因此，观察的过程中常常会有新的发现、新的见解和新的感受。而人的记忆是有限的，如果能把观察到的结果及时用观察笔记或卡片的方式记录下来，久而久之，就会拥有丰富的取用方便的材料库。

（2）观察的方法

观察的方法很多，下面介绍常见的四种：

①定点观察法

这是一种最基本的观察方法，是指固定观察点（立足点），从一定的角度去观察事物的方法。这里观察的视点将决定作者从什么位置什么角度去叙述和描写。这种观察方法一般有两种情况：一是定点定景，也就是说作者是在某一固定的角度去观察某一固定不变的观察对象；二是定点换景，就是作者的观察点不变，通过视线的转换和空间的变换来观察。

定点观察的优势是由于其立足点是固定不移的，比较容易做到观察集中，达到一定的深度。特别是对某一处、某一点、某一面的具体景物的观察中，容易抓住事物的声貌神情和形态特征。如朱自清《荷塘月色》中写荷塘景色的这一段，从静态的荷叶到荷花，再从动态的荷花到荷叶，作者观察的位置始终固定于一点，抓住了淡淡的月光下荷塘特有的素淡朦胧的景象，就连微风送来的缕缕荷花清香，也"仿佛远处高楼上渺茫的歌声似的"。经过这样一番观察和寻觅，开始时产生的对荷塘的总体印象和总的感受，就不再是抽象和笼统的，而变成了一个个具体的、活生生的、呼之欲出的形象了。

②移位观察法

这是指移动观察点（立足点）进行观察的办法。它也分两种情况：一是移步换景，即景随人的观察点的移动而变换；二是移步定景，即景不随人的观察点的移动而变换。

写文章时，作者要交代清楚观察点的移动和变化情况，一层层来写。如都德《最后一课》里，就是随着小弗朗士上学途中观察点的移动而出现不同的情景的。他上学途中听到画眉唱歌，看到普鲁士士兵操练，许多人站在布告牌前，进教室时看到韩麦尔先生的穿戴不同往常以及后排坐着的大人们忧愁的神态，一直到韩麦尔先生告诉他"今天是你们的最后一堂法语课"。通过小弗朗士的视线，渲染了一种不寻常的气氛。

③重点观察法

这是指选出一个最能代表总体面貌,最能反映基本特征的部位,做重点观察,其他部分则做一般观察。运用重点观察法,关键是要选择好观察对象。选择重点的依据有二:一是观察的目的;二是观察对象的主要特征。

一般情况下,观察对象的特征是决定性的,但是在特殊情况下,观察的目的有时也会转化为起决定作用的要求。重点观察法的运用可以在文章中突出重点。如鲁迅先生在《祝福》中写鲁四老爷书房的陈设,重点只是写了一挂朱拓的大"寿"字,陈抟老祖写的;一副一半已脱落,一半还挂着的对联;还有一些《康熙字典》、《近思录集注》和《四书衬》之类的书籍。通过对这些鲁四老爷书房摆设的一番有意识的重点描绘,一个活脱脱的迂腐、没落、守旧、顽固的地地道道的封建卫道士的形象就立在了我们面前。

④局部观察法

这是指对被观察对象的某一部分进行集中、仔细的观察。"局部观察"所要"摄取"的并非"全景",它所要"摄取"的是事物的某一部位,因此,当选择好所要观察的某一部位后,应集中全力去了解和观察这个部位,全面把握这个局部的特点。如鲁迅先生对"百草园"的描写:

> 单是周围的短短的泥墙根一带,就有无限趣味。油蛉在这里低唱,蟋蟀们在这里弹琴。翻开断砖来,有时会遇见蜈蚣;还有斑蝥,倘若用手指按住它的脊梁,便会啪的一声,从后窍喷出一阵烟雾。何首乌藤和木莲藤缠络着,木莲有莲房一般的果实,何首乌有臃肿的根。有人说,何首乌根是有像人形的,吃了便可成仙,我于是常常拔它起来,牵连不断地拔起来,也曾因此弄坏了泥墙,却从来没有见过 有一块根像人样。如果不怕刺,还可以摘到覆盆子,像小珊瑚珠攒成的小球,不酸不甜,色味都比桑椹要好得远。

在这里,鲁迅先生采用了较小范围的局部观察,饶有童趣且十分精细地描摹了"周围的短短的泥墙根一带"的各种小昆虫和小动物的动态以及一些植物的形态。读了这些有趣的描写,我们也仿佛穿越时空,由先生引领着来到了他童年时流连忘返的"百草园",来到了这"泥墙根一带",来到这百草乐园中的"乐园",这个先生小时候最向往的"小天地"。

写作时要防止为局部观察而进行局部观察,因为任何局部都从属于某个整体,而一个事物的局部又是与这个事物的其他局部相关。把所要观察的局部同这个事物的整体割裂开来,或无视相关的局部而将其孤立起来,这样的"局部观察"都难以发现事物的本质。

2. 调查采访

调查采访是作者为掌握第一手资料,深入实际和现场进行的考察活动。如果说,观察是以第三者的身份出现,那么调查采访则以主体的身份出现,它的目的性比观察更强一些,时间也相对短一些,地点也相对固定一些。

调查采访是应用文体搜集材料的重要方法。特别是新闻消息、通讯、报告文学、学术论文、科研报告等的写作,都离不开周密细致的调查采访。

(1)调查采访的原则

①选好调查采访的对象

搜集文学素材时调查采访的对象可以较广泛,而搜集应用文体材料时调查采访的范围则相对固定。为使调查采访工作顺利及卓有成效地进行,除做好事先的案头工作,做好调查采访的目的、步骤、方案、方法的设计外,选择合适的调查采访对象十分关键。

②抓住事物的本质

在调查采访活动中,所得到的调查材料往往可能只是事物的某一方面,某一种现象,如果不作细致深入的调查分析,往往不能得出正确的结论。调查采访时一定要善于透过现象发现和抓住事物的本质。

③实事求是

调查采访必须尊重事实。要克服随意性和主观性,排除各方面可能的干扰。同时,要做到调查采访对象的上下级、正反面、典型和全体的结合,以保证能够搜集到全面真实的材料。

(2)调查采访的方法

调查采访的方法很多,下面介绍常见的四种:

①调查会

这是调查的最基本方法。调查全面情况或重点调查一两个问题或是带有研究性质的课题,都适宜用这种方法。它的好处在于可以搜集到各种不同的材料,听到各种不同的意见,可以集思广益,互相启发。参加调查会的人不宜过多,一般以七八人为宜,但要注意参加的人选要具有代表性,会前要告诉与会人员调查的题目和目的,要有调查提纲,同时会上要善于启发诱导,鼓励发表不同见解,调查人员态度要诚恳虚心并做好调查记录。

②个别访问

个别访问包括对当事人和知情者的个别访问。它的好处在于如果访问技巧运用得当,容易让被访问人员敞开心扉,打消顾虑,畅所欲言,从而弥补开调查会因为人多有所顾虑不愿多说而得不到真实情况的不足。当然,个别访问也要有计划,要注意被访问人员的代表性。同时,如果对方同意,还可使用录音机、录像机等现代化工具以作更好的记录。

③现场访察

这是指调查人员亲临现场、基层、第一线去做实地的考察和采访。它的好处在于可以使调查所得的材料更全面、更真实、更深刻、更生动、更具体,有利于加深对被调查对象的认识,有利于作者作出正确的判断,从而写出更真实更具说服力的文章。如一些大型会议、工地、灾情、案件等现场,亲临现场获得具体的印象和真切体验后所做的文章或报道会更生动形象,更富于现场感和感染力。

④问卷调查

问卷调查是指设计统一的问卷向被调查对象了解情况、征询意见的方法。它的好处在于能在一个较大的范围内取得更为丰富的材料,有利于取得较为真实客观的调查信息,有利于调查材料的相对系统和集中。做问卷调查时一定要注意设计好调查问卷表。要遵循易懂易答的原则,内容要有的放矢。

3. 阅读

阅读是人类获取知识的一种智能活动,也是搜集材料的主要方法之一。人们从社会生活实践中得到的直接材料毕竟是有限的,而且人的时间精力有限,也不可能事事亲力亲为。写作时要善于从文献、资料、典籍的阅读中搜集材料。阅读要兼收并蓄,尽量"博"一些,全面一些。要如茅盾所说的:"采集之时,贪多务得,要跟奸商一般,只消风闻得何处有门路,有货,便千方百计钻挖,弄到手方肯死心,不管是什么东西,只要是可称为'货'的,便囤积,不厌其多。"①

（1）阅读的原则

①有计划

阅读或是为了提高素养,丰富知识,或是为了工作需要,提高专业水平。无论是为了什么而阅读,都需要制订一个长期或短期的读书计划,只有这样,才能在有计划的阅读中积累越来越多的知识和材料。

②做记录

要养成记笔记的好习惯。读书笔记、摘录、卡片、资料剪辑、目录、索引等是阅读书籍时帮助贮存材料的好方法。

（2）阅读的方法

阅读的方法主要有略读和精读两种。

①略读

略读也称浏览和泛读。略读可以节约时间,以期能在较短的时间内完成一定的阅读量,以获得尽可能多的信息,开阔知识视野和丰富知识。略读时,不求是否阅读完整和详尽,也不求完全理解,只要求把握其大意或要点就行。也就是说,把阅读的重心放在阅读的广度和数量上。一般来说,一些大众性读物、评价性读物、资料性和信息性读物,有一定鉴赏价值或学术价值,但并不是一流的、独创性的读物都可作为泛读对象。

②精读

精读是为求理解而读。它强调的是阅读的深度。精读时,要细嚼慢咽,逐字逐句地仔细比较,反复体会。现在有不少学者认为好书至少要读三遍。第一遍读懂字句,观其大意;第二遍分割解剖,抓住重点;第三遍思考比较,融会贯通。在精读前和精读的过程中,应该对所读文章的背景知识和信息有所了解,即对作者方面的知识、信息,对文章所展现领域的状况、趋势、前景、历史等方面的知识和信息有所了解,以便深入理解作品的内涵。

选材的四条原则

选材时应遵循以下四条原则:

1. 切题

所谓切题,就是要根据文章主题的需要,来决定材料的取舍,凡是与主题有关,能表现主题的材料,就选到文章中去;凡是与主题无关的材料,不管这材料本身是多么生动,都应该毫不可惜地舍弃。也就是说,被选择的材料都必须在主题所能驾驭的范围之内。

2. 真实

真实是指事实性材料应该和客观事物的本来面貌、实际情况相符。绝不能弄虚作假,移花接木,歪曲编造,也不可无条件地使用主观想象。而理论性材料的使用既要准确无误,经得起核实,又要用得恰当贴切。引用不能有任何误差,不管是完整引用一段话、一篇文章,还是摘引、串引个别语句,都要做到字、词、句、标点与原文一致,不可马马虎虎,更不可随意篡改、增删;同时还须与原意相合,切忌断章取义,削足适履。特别是在应用文体中,如果所选用的材料不真实,就不能发挥应用文体应起的作用,给工作造成莫大的损失。

---

① 茅盾.茅盾论创作.上海:上海文艺出版社,1980.520.

3. 典型

所谓典型材料,就是对表现主题来说是最有特征,最有代表性,最有表现力、说服力的事例或观念。它是具体的、个别的,同时,又是能体现同类事物的性质和普遍意义的。它是个性与共性,具体性与普遍性的统一。选择典型材料是在选择真实确凿的材料基础上提出的更高要求。

作品中所选用的材料,不在于多,关键在于典型。典型的材料能起到以一当十的作用。要像老舍先生所说的那样,"宁吃仙桃一口,不吃烂杏一筐"。要以百里挑一的严格态度去遴选材料,要追求不用则已,一用即获得以一斑而窥全豹,以一目尽传精神的效果。

典型材料的类型,是多种多样的,可以是一个典型事例,一个典型细节,一句典型的话语,一些典型的数字等等。

4. 新颖

"吃别人嚼过的馍不香。"同样,简单地使用大家常用的材料也会倒读者的胃口。因此,选材要力求新颖。新颖的材料,主要指别人没有用过的新材料或不常用的材料,也包括一些可以生发出新意的旧材料。在写作中只有选用那些自己发现的、别人没有用过的新材料,才能使文章跟上时代的脚步,生动地描绘出新的气息,及时地反映新的情况,更好地为表达主题服务。

主　题

【提要】

◇ 主题的概念
◇ 主题与材料
◇ 确立主题的四条原则:正确、深刻、新颖、集中
◇ 主题的提炼:立足全部材料、开掘事物本质、选取新的角度

主题的概念

在我国古代的文论中,没有"主题"这一概念。古代文章家强调的是"意",即文章要"意在笔先","以文传意"。不同时期对"意"有不同的称呼,如"义"、"理"、"旨"、"主旨"、"主意"、"主脑"、"志"等。这些字眼都是现在所说的主题的意思。

"主题",源于德语 thema 一词,意即"主旋律",它表现为一个完整的"音乐思想",是乐曲的核心。后来这个音乐术语被广泛运用于一切文学作品的创作。所谓主题,就是作者在文章中通过各种材料所表达的中心意思。它渗透、贯穿于文章的全部内容,体现着作者写作的主要意图,包含着作者对文章中所反映的客观事物的基本认识、理解和评价。

在不同的文体中,主题有不同的名称。在文学作品中,主题一般被称为"主题思想",或简称为"主题"。在应用写作中,主题一般被称为"主旨"或"观点"。

主题与材料

　　文章的主题与材料是构成文章内容的两大要素。两者之间的关系相辅相成,密不可分。一方面,材料是产生、提炼和形成主题的基础,是表现、深化主题的手段;材料说明主题,为表达一定的主题服务。另一方面,主题统率材料,并通过材料来表现。材料的取舍和组织受主题的制约。

　　一般文章的主题,都来源于社会生活,来源于实践,来源于作者对材料的分析、研究与感应。正如高尔基所说:"主题是从作者的经验中产生,由生活暗示给他的一种思想。"①可见,离开了客观生活或写作主体对社会生活的感受与理解,就不可能产生有生命力的主题。

　　如马克思写作《资本论》,正如列宁所说:《资本论》不是别的,正是把"堆积如山"的实际材料总结为几点概括的、彼此紧相联系的思想。这就是说,《资本论》的主题,正是从大量的材料中总结出来的。这些材料中有马克思直接参加社会实践,参加工人斗争获取的第一手资料,也有马克思吸取的社会科学和自然科学研究的丰富遗产。马克思正是从这些客观材料中产生了崭新的思想体系。

　　又如著名作家刘心武在谈到他的《班主任》创作时说:《班主任》是我挣脱"主题先行"的枷锁的产物,它有一个相当长的酝酿过程。它的主题不是事先拟定出来的,而是无数在我心中时时拱动的生活场景,大量牵动我感情丝缕的人和事,经过多次交融、裁剪、提纯、冶炼……直到构思接近完成时才初步凸现,而且直到写成后才明确起来的……

　　一般文章的写作都提倡"意在笔先",反对"主题先行",因为社会生活和实践,作者对生活的观察、调查、体验、分析、研究和感悟是主题形成的基础,但在应用文体的写作中,其主题的产生与确立,却有着明显的不同:应用文体的写作,特别是公文,主要是上级或部门、单位的领导布置下来,主旨的确立常常是集体智慧的结晶。如公文中的"决议"这种文体,其观点就是集体讨论与决定的产物。因此,确立主题时写作者要有一个客观的立场,要根据领导人提出的目的、要求、观点去进行拟写,不能撇开领导或集体的意见自己另搞一套。

确立主题的四条原则

　　立意,就是确立文章的主题,它应符合以下基本要求:

1. 正确

　　正确即指文章所反映的客观事物和主观意识必须符合客观事物的基本规律和本来面貌,符合实际,经得起实践的检验。要做到主题正确,就要锻炼自己的思考力。面对纷繁复杂的社会现象,要能鉴别和分析,区别正误,分清美丑。只有自己的思想、立场、观点和认识正确,文章的"意"才能立得正确。正如鲁迅先生所说:"我以为根本问题是在作者可是一个'革命人',倘是的,则无论写的是什么事件,用的是什么材料,即都是'革命文学'。从喷泉里出来的都是水,从血管里出来的都是血。"②俄国大文豪托尔斯泰就对自己的写作作了"主题必须是崇高的"的规定。他也在自己的作品中实践着自己的诺言。

---

①　高尔基.高尔基文学论文选.北京:人民文学出版社,1958.296.
②　鲁迅.而已集·革命文学.鲁迅全集(第3卷).北京:人民文学出版社,1981.544.

2. 深刻

深刻就是说文章要能透过现象看本质,挖掘出深刻的思想意义来。要对所写的事物认真观察,仔细认识,反复研究,力求有自己独特的感受,独特的见解。

台湾著名女作家聂华苓写的《人,又少了一个》,就是通过生动描写一个女乞讨者在乞讨三年中乞讨语言的变化,来深刻揭示文章的主题:“人,又少了一个”。第一次来乞讨时,这个女乞讨者说的是:“我不是叫花子,我只要点米,我的孩子饿得直哭……”“我只要米,不要钱,我不是叫花子,我是凭一双手吃饭的人!太太!唉!我真不好意思,我开不了口,我走了好几家,都说不出口,又退出来了!我怎么到了这一天……”“这怎么好意思?您给我这么多!这怎么好意思!谢谢,太太,我不晓得怎么说才好,我——直想哭!”三年后这个女人再来乞讨时,门内一声吆喝,“一角钱拿去!走,走,谁叫你进来的?你这个女人,原来还自己洗洗衣服赚钱,现在连衣服也不洗了,还是讨来的方便!”那女人笑嘻嘻的:“再赏一点吧,太太,一角钱买个烧饼都不够!”“咦,哪有讨饭的讨价还价的?走,走,在这里哼哼唧唧的,成什么样子?”那女人的嘴笑得更开了:“再给我一点就走,免得我把您地方站脏了,再多给一点!”从这些乞讨语言的变化可以看出女乞丐人格的变化。随着乞讨成为习惯,她做人的尊严随之丧失,她三年中的变化也留给我们不尽的思考。

3. 新颖

新颖是说文章主题不要人云亦云,要不落俗套,要写出“人人胸中皆有,人人笔下皆无”的东西来。主题的新颖性一般有两种:一种是独辟蹊径,想别人之未想;另一种是在通常的主题内,挖掘更深,达到更高境界。

18 世纪,英国有个水手被遗弃在一个荒岛上,孤身待了四年。有两位作家根据他的经历写成文学作品,但是因为这两位作者只表达了水手的求生欲望,作品并没有产生什么影响。而笛福采用同一题材,创作了《鲁滨逊飘流记》,他着力在小说中塑造水手在险境中劳动、奋进、战胜困难的勇气和进取精神,给读者以鼓舞。由于作品的主题新颖,小说成为人们争相传阅的杰作。

当代作家林希的散文《石缝间的生命》,就是在人们容易疏忽的“石缝”间做文章,把生命放在特定的极其艰苦的环境中去摔打,使生命的本质特征显露无遗。这样一来,作者另辟蹊径,把古往今来不知有多少人讴歌过的生命的意义和价值的题材,写出了新意。在文章中,作者并没有把石缝间顽强的生命只停留在“适者生存”的生物学角度去理解,而是往深处挖掘,把它提到哲学与美学的高度来阐述,说它“是生物学和哲学的统一”,“作为一种美学现象,它展现给你的不仅是装点荒山枯岭的层层葱绿,它更向你揭示出美的、壮丽的心灵世界”。特别是文中这句“愿一切生命都敢于去寻求最艰苦的环境。生命正是要在最困厄的境遇中发现自己,认识自己,从而才能锤炼自己,成长自己,直到最后完成自己,升华自己”,散发着哲学思想的光芒,使文章的立意显得格外高远,启迪着人们更深刻地理解生命的意义和价值。

4. 集中

集中是说主题要简明和单一。古人云“立意要纯”,意多乱文,也就是说,无论写多复杂的事物,主旨都不能分散。一篇文章如果又想说明这个问题,又想阐述那个观点,必然导致目的不明确,中心思想不突出。

一般来说,一篇文章只能有一个主题,不宜同时存在两个或两个以上的中心,尤其是短文,主题更必须高度集中、单一、明了。如果文章没有清晰的聚焦点,读者读了就会朦朦胧胧,如坠云里雾中。古人说的"作文之事,贵于专一。专则生巧,散乃人愚。专则易于奏工,散者难于责效",指的就是这个道理。

主题集中的目的是为了使问题明朗化、尖锐化,便于说深、说透,增强主题的表达效果。如秦牧的散文《土地》,文章中所用的材料涉及古今中外,作者的思绪也是上下几千年,纵横几万里,海阔天空,几乎无所不谈,但文章却始终没有离开其主题——对土地的礼赞,要人们珍惜、保卫用血汗开发的土地。又如魏巍在写《谁是最可爱的人》时,刚开始初稿一出来就受到周围同志的批评,因为他在写作前搜集的关于志愿军英雄事迹的材料太多,他很受感动,想把他的感动全告诉给祖国人民,结果使文章的意思太分散,反而没有一个意思写透了。后来他修改后只用了"松骨峰战斗"、"马玉祥从大火中救出朝鲜儿童"、"作者在前线与一战士一口炒面一口雪的交谈"三个材料,就凸现了文章的主题:中国人民志愿军战士是最可爱的人。

主题的提炼

提炼主题,就是运用各种思维方式,深入发掘文章材料所固有的意义,以形成或悟出某种独特的思想或事理。

1. 立足全部材料

主题的提炼,要立足于作者占有的全部材料。因为只有当人们感觉的材料十分丰富和合于实际,才能根据这样的材料提炼出正确的观点和理论来。写文章时,必须尽量占有一切有关的材料,充分认识它们的社会的、历史的含义,为提炼或深化主题提供扎实的基础。马克思写《资本论》,曾阅读了几万部书,摘录笔记达二百五十余本。姚雪垠创作《李自成》,曾摘录了几万张历史资料卡片。他们的作品所以能有宏大的思想深度和生活容量,拥有充分的材料是重要的原因。

2. 开掘事物本质

提炼主题,要摒弃表象,着力开掘事物内在的本质含义。要正确反映事物本质及其规律性,必须经过大脑的分析综合,将丰富的感性材料进行"去粗取精、去伪存真、由此及彼、由表及里"的加工,从感性认识进入到理性认识。提炼主题要致力于事理的剖析,要从具体到抽象,从个别到一般,从现象到本质,反映出事物精髓。如邓拓的《事事关心》(《燕山夜话》),通过明代东林党人的一副对联"风声、雨声、读书声,声声入耳;家事、国事、天下事,事事关心"阐述了"读书与政治"的正确关系,令人信服地证明:"既要努力读书,又要关心政治,这是非常明白的道理。"

3. 选取新的角度

主题的提炼,还要考虑选取新颖、独特的角度,努力探求事物的新意。

文章新的角度,常常会提供新的视野,开掘出新的含义。就像爬山一样,如果总是沿着前人攀登的路线前进,只能看到老生常谈的旧景;相反,独辟蹊径,在从未有人到过的地方登攀,一定会领略到前人所未见的奇景。"横看成岭侧成峰,远近高低各不同。"(苏轼《题西林壁》)写文章也同样如此。不同的角度会提炼出不同的主题,角度新颖,就等于找到一个新的"突破",主题就会萌发出新意,读者也会从"别有洞天"中得到新的感受和启发,领会到深邃的意境,从而留下独特的、深刻的印象。

结　　构

【提要】

◇ 结构的含义

◇ 结构的三条原则：服从主题表达的需要、正确反映客观事物的内在联系和客观规律、适应不同文体的特点

◇ 结构的六个要素：开头、结尾、层次、段落、过渡、照应

结构的含义

结构一词最早是建筑学的术语，指的是屋宇构造的式样。由于文章的布局与房屋的构造有相通之理，便被借用成为写作学的一个专业术语。刘勰在《文心雕龙·附会》中对于结构的目的做了很好的概括："总文理，统首尾，定于夺，合崖际，弥沦一篇，使杂而不越(乱)者也。"即统率文章的逻辑联系，连接首尾段落，决定材料的取舍，严密各段落之间的起、承、转、合，使全篇成为一个有机的整体，内容丰富而不散乱。简单地说，结构体现的是文章内部的组织构造，是对文章部分与部分、部分与整体之间相互关系的处理。通常，我们也把安排文章的结构称为谋篇布局，它的任务是根据一定的原则和要求，将材料、观点等内容要素，有步骤、有主次地加以组织和安排，使文章成为一个紧密、有机、统一的整体。

结构在文章中有着重要的作用。一篇文章之中，如果说观点如同人的灵魂，材料是血肉，语言是外表，那么，结构就是人体的骨架，是观点、材料赖以依托的地方。一个骨骼不健全的人决不可能是一个健康、完美的人。朱光潜先生说得好："在作文运思时，最重要而且最艰苦的工作不在搜寻材料，而在有了材料之后，将它们加以选择和安排，这就等于说，给它们一个完整有生命的形式。材料只是生糙的钢铁，选择与安排才显示艺术的锤炼刻画。"[1]文章是内容和形式的统一体。结构同语言一样赋予文章的内容以具体的形态。如果没有完美的结构把内容一层一层一段一段地有详有略地组织得有条有理，前前后后安排得紧紧密密，那么，再好的内容，再优美的语言也将无以附着。人们不可能从一篇条理不清、前后脱节、拖泥带水、支离破碎、残缺不全的文章中获得清晰明确的思绪，更无法从这些散乱的表述中深刻地感受和体会作者思想和情感的魅力。所以，J. H. 兰德尔说："结构是一切意思和意义的基础"，"没有结构任何东西都不存在，都不可设想。"[2]

结构的三条原则

虽说写作时由于作者观察、分析客观事物的角度和方法存在着较大的差异，从而会使文章

---

① 朱光潜. 谈文学. 朱光潜美学文集. 上海：上海文艺出版社，1983.289.

② ［美］M. 李普曼. 当代美学. 光明日报出版社，1986.146.

呈现出不同的结构形态,即常说的"文无定法",但这并不是说作者在作文时可以随心所欲地安排文章的结构。结构的安排还是有一些规律可循,要遵循一定的原则。

1.服从主题表达的需要

主题是文章的灵魂,是统帅,是纲,文章结构的最终目的就是为更好地表现主题,突出主题服务的。刘勰在《文心雕龙·附会》中指出:"凡大体文章,类多枝派,整派者依源,理枝者循干。是以附辞会义,务总纲领,驱万途于同归,贞百虑于一致;使众理虽繁,而无倒置之乖;群言虽多,而无棼丝之乱。"他认为写文章,只要抓住主题,并以主题为中心来安排结构,那么无论多么复杂的文章,都能上下连贯,条理一致。因此,对作品内容的安排什么在前,什么在后,谁主谁辅,材料如何剪裁,章节如何联结,首尾如何照应等等,都应当服从主题表现的需要。如《水浒传》为了表现"官逼民反"的主题,就安排了"百川汇海、逼上梁山"的结构,把贪官高俅放在全书的开端。

2.正确反映客观事物的内在联系和规律

结构带有作者极强的主观性,因为作者观察分析客观事物的角度、思路不同,文章的结构形态也会不同。但文章是客观现实存在的反映,客观事物有其内在的联系和客观规律,因此,结构又有其客观性,它必须遵循客观事物的这种内在联系的规律。

如传统小说主要以讲述故事为目的,因此,它主要以时空为线索来安排结构;而现代心理意识流小说,则因为是以人物的心理活动流程来写,因此,它的结构安排就是心理时空架构。记叙性文章反映客观事物的发展过程,而客观事物的发展过程无论多么曲折、复杂多变,总会有一个发生、发展、高潮、结束的过程,这个自然顺序反映在文章的结构上,就呈现为客观事物发展的次序性和阶段性的统一。议论性文章反映人们对客观事物的认识,由于客观事物存在着外部特征和内部特征,人们认识事物总是从局部到整体,从现象到本质,从分析到综合,因此,为和这个认识过程相适应,议论文的结构一般采用提出问题—分析问题—解决问题的模式。

3.适应不同文体的特点

不同体裁的文章,由于其反映生活的角度、容量、表现形式不同,因此其结构方式也不同。如审美文体中的诗歌,它的特点在长于抒情,为配合其强烈的节奏感和韵律感,它的结构形态就多为分节分行;戏剧文学的特点是要在有限的时空内通过人物的对话来展开情节,完成人物塑造,它的结构形态就适合用分幕分场,有贯穿全剧始终的戏剧冲突;电影文学的特点是运动性和视像性结合的综合艺术,它要求真实地再现生活,因此结构形态就要以蒙太奇来连接和组合画面;而应用文体中的公文,一般就必须采用开头—主体—结尾的结构形式。

结构的六个要素

结构的基本要素有开头、结尾、层次、段落、过渡、照应。

1.开头

万事开头难。写文章也是如此。难在哪里?首先难在开头的基调难定。正如高尔基在《论创作》中所说:"开头第一句是最困难的,好像在音乐里定调一样,往往要费很长时间才能找到它。"文章开头的基调事关全篇,如果一开始基调把握不好,全文的风格就难以统一和谐。其次,还难在开头时截取的困难。一篇文章再长也不可能包罗社会万象,开头截取太远,文章就会下笔千言,离题万里;截取太秃,文章就会模糊混乱,交代不清。因此,要想一开头就引起读者的兴趣,能够有利于开拓文章主题和展现思路,就必须精心写好开头。

下面介绍两种开头的常见写法。

(1)开门见山,直接点题

这种开头又有多种具体的写法。

有"落笔入题"的,如朱自清和俞平伯以同一题目《桨声灯影里的秦淮河》写的两篇文章开头,朱自清平铺直叙:"一九二三年八月的一晚,我和平伯同游秦淮河";俞平伯稍加修饰:"我们消受得秦淮河上的灯影,当圆月犹皎的仲夏之夜"。

有提纲挈领,开宗明义的,如余秋雨的《废墟》开头:"我诅咒废墟,我又寄情废墟"。

有要言总领,直接切入的,如朱自清《荷塘月色》开头:"这几天心里颇不宁静,今晚在院子里坐着乘凉,忽然想起日日走过的荷塘,在这满月的光里,总该另有一番样子了吧"。

有直接点明中心论点的,如苏洵《六国论》开头:"六国破灭,非兵不利,战不善,弊在赂秦"。

有单刀直入,开头直接挑明论敌谬说,文中再加以反驳的,如王安石《读孟尝君传》:"世皆称孟尝君能得士,士以故归之,而卒赖其力以脱于虎豹之秦。呜呼,孟尝君特鸡鸣狗盗之雄耳,岂足以言得士! 不然,擅齐之强,得一士焉,宜可以南面而制秦,尚何取鸡鸣狗盗之力哉? 夫鸡鸣狗盗之出其门,此士之所以不至也"。

有用囊括全书主题思想的哲理性语言开头的,如《三国演义》中的"话说天下大势,分久必合,合久必分",又如托尔斯泰《安娜·卡列尼娜》中的"幸福的家庭都是相似的,不幸的家庭各有各的不幸"等。

(2)委婉曲折,形象导入

文章的开头,如能讲究含蓄、形象、委婉曲折,就会呈现曲径通幽之美。这一类开头也有多种具体写法。

有先交代背景,再进入具体情节的,如李健吾《雨中登泰山》的开头:"从火车上遥望泰山,几十年来有好些次了,每次想起……惜乎来去匆匆,每次都当面错过了。"用作者对泰山的向往、古人对泰山的赞美来展开登山的情境。

有先描写景物,烘托气氛的,如宗璞的《废墟的召唤》,开头描写了"冬日的斜阳"、"月牙儿的轮廓"、"干皱的田地"点缀着"断石残壁",给圆明园的废墟烘托了凄冷的气氛。

有以先发议论,再引入题旨的,如老舍《济南的冬天》的开头,作者拿济南的冬天与北平、伦敦的冬天进行对比,突出了济南冬天"无风声"、"无重雾"、"无毒日"的特点,从而得出结论:"在北中国的冬天而能有温情的天气,济南真得算个宝地。"借此引入文章正题。

有用提问开头的,如我国数学家王梓坤创作的优秀科普读物《科学发现纵横谈》开头:"这浩茫的宇宙有没有一个开头? 那时浑浑沌沌,天地未分,可凭什么来研究? 穹窿的天盖高达九层,多么雄伟壮丽! 太阳和月亮高悬不坠,何以能照耀千秋? 大地为什么倾斜东南? 共工(神名)为什么怒触不周(山名)? 江河滚滚东去,大海却老喝不够? ……"这一段根据屈原的《天问》翻译而来,一连问了九个问题,强烈地吸引了读者想要知道的好奇心。

有用艺术性的修辞手法开头的,如鲁迅《秋夜》开头:"在我的后园,可以看见墙外有两株树,一株是枣树,还有一株也是枣树",可谓平中见奇,耐人寻味。

2. 结尾

与开头一样,文章的结尾也是十分重要。林纾在《春觉斋论文·用收笔》中就指出:"为人重晚节,行文看结穴",着意强调文章结尾的重要性。一个成功的结尾,往往能使读者更深入、更透彻地理解文章内容,进一步领会文章的中心思想并唤起读者的思考与共鸣,增强文章的感染力;一个成功的结尾,往往有给人以绕梁三日的余韵,陶冶人的情操,愉悦人的心性。

下面介绍五种常用的结尾方法:

(1)不加修饰的自然结尾法

如聂华苓的《人,又少了一个》,写女乞讨者三年前后的不同形象与神态,表现人格堕落这一深刻的主题。文中作者未加任何评论与分析,只是用白描的手法,记述了事件的经过。结尾写道:"砰地一声,大门被踢上了。那女人回过头来,冷笑了一声,然后漠然望了我一眼。她已经不认得我了!"这一不加修饰的自然结尾,给读者留下了无限的思考余地,令人回味无穷。

(2)照应开头的首尾呼应法

结尾要呼应开头,这是记叙文的一般写法。郭沫若先生的《白鹭》一文开头就说:"白鹭是一首精巧的诗。"结尾又说:"白鹭实在是一首诗,一首韵在骨子里的散文诗。""白鹭是诗",这一不寻常的比喻,特别是结尾具体化为"散文诗",突出了白鹭的平凡而美好、朴素而高洁的特点。

(3)画龙点睛的总结全文法

这种方法,一般是用议论或抒情的方式概括全文中心或对文中的人物、事件加以评论。如魏巍的《谁是最可爱的人》的结尾:"你一定会深深地爱我们的战士,——他们确实是我们最可爱的人!"文章最后一句点题。

用名言、警句或诗句结尾言简意赅,也可以起到画龙点睛的作用。如彭荆风《驿路梨花》的结句"我望着这群充满朝气的哈尼小姑娘和那洁白的梨花,不由得想起了一句话'驿路梨花处处开'。"

(4)含蓄深刻的哲理启发法

如鲁迅先生《故乡》的结尾:"我想:希望是本无所谓有,无所谓无的。这正如地上的路;其实地上本没有路,走的人多了,也便成了路。"这段话含蓄、深刻,一语双关,启发人们为创造新生活勇敢地开辟道路,使全文的思想感情得到升华,充分体现了鲁迅先生"韧"的品性和战斗精神。

(5)余味无穷的戛然而止法

这种结尾往往在交代结果后戛然而止,言有尽而意无穷,留给读者绵绵的联想、深深的回味。如澳大利亚作家泰格特的小说《窗》的结尾:"他看到的只是一面光秃秃的墙",小说至此戛然而止,那位见死不救终于被换到靠窗床位来的自私冷酷的病人见到用病友生命换来的窗外的风景居然是一面光秃秃的墙,他会作何感想,接下来还会发生什么,都留给读者去补充、去想象。

3. 层次

层次,又叫"意义段"、"逻辑段"、"结构段"、"大段"或"部分",是文章内容的表现次序。它是作者在文章中思路展开的步骤,是事物发展的阶段性、客观矛盾的各个侧面、人们认识和表达问题的思想进程在文章中的反映,是表示内容逻辑联系的结构单位。它常由若干自然段组成。一般来说,层次在文章中是隐蔽的、内在的,读者在外在形式上看不到任何特征和标志,但能根据对文章的准确理解找到它。但也有一些文章,会对层次的处理设一些醒目的外在标志,如每个层次或以空行为标志,或以小标题为标志,或以序码为标志。

不同文体安排层次的方法也不同。下面分别介绍记叙文体、议论文体、说明文体安排层次的方法。

（1）记叙文体

①以时间推移为序

即按照时间的先后顺序和事件发生、发展的自然进程为序来安排层次，又叫纵式结构。这是记叙文体常用的一种结构形态。以时间推移为顺序安排层次，会显得脉络清楚、条理分明、内容连贯。如叶圣陶的《多收了三五斗》按照事件发生、发展的顺序组织材料，写得井井有条；奥斯特洛夫斯基的散文《我的一天》，则按清晨、上午、下午、晚上、深夜这样的时间顺序来写。

②以空间变换为序

即按照事物空间方位的转换变化为序来安排层次，又叫横式结构。它的空间转换或由外到内，或由左到右，或由上而下，或由远而近，或按照空间位置变换进行切换。李健吾的《雨中登泰山》、叶圣陶的《记金华的两个岩洞》，就是随着作者足迹的移动，转换记叙的景物，写得层次分明、有条不紊。

③以时空交错为序

即以时间为经，以空间为纬，把时间的推移和空间的转换自然地交织在一起来安排结构的方式，又叫纵横交叉式结构。这种结构方式，通常用于头绪纷繁、场面较大的复杂事件。如刘白羽的散文《长江三日》，就是随着时间的推移和轮船的行驶，按次序写出了三天从重庆到武汉的航行中看到的长江沿途的壮丽风光，时空结合的结构方式，使作者笔下的景物更具立体感和真实感。

④以材料性质为序

即按照材料性质的不同加以分门别类，再按材料的内在逻辑关系来安排层次，又叫逻辑结构。李庄的《任弼时同志二三事》，写了任弼时生前许多事迹，就是经过作者精心按事件性质分类，组成完整的篇章。

⑤以心理意识流动为序

即按照人物心理意识的流动为序来展开叙事的结构方式。如美国福克纳的《喧哗与骚动》，英国乔依斯的《尤利西斯》，法国普鲁斯特的《追忆逝水年华》，王蒙的《风筝飘带》、《蝴蝶》等都是意识流小说的杰作。《蝴蝶》就是通过张思远（张副部长）在乘吉普车返"乡"路上种种回忆的意识流动来结构小说的。在书中，海云与张思远的关系已经成为张思远、张书记、张老头、张副部长的"心理事件"，他沉浸在对他们关系的追忆、爱恋、自责、探寻、怀想、检查和自我叩问等心理活动中；张思源与冬冬的关系也成为张思远、张书记、张副部长的"心理事件"，他沉浸在对他们关系的紧张、修复、再紧张、再修复的种种爱、不安、探问、希望、期待、安慰的心理活动中。以心理意识流动为序的结构方式，可以深刻地透视人物的心灵历程。

（2）议论文体

议论文体重在析事论理，提出观点，发表见解，都要以充足的理由让读者信服，因此，议论文体的整体结构呈现一种引论—本论—结论的逻辑结构方式。一般在引论部分提出观点，在本论部分用典型的事实和理论论据，通过严密的逻辑推理来论证观点，在结论部分把本论部分上升到理性的高度，得出一个正确的结论。这就是议论文体常用的层次结构形态："总—分—总"，即引论部分为"总"，本论部分"分"，结论部分又"总"。有时，还会根据文章内容的需要，分别删去开头和结尾，因此文章又呈现"总—分"或"分—总"的结构形态。

以上是议论文体整体结构形态的三种安排层次的方法。由于议论文体的重心在本论部分，为了使论点得到充分的证明，在写作的过程中，往往又会再安排一些小的层次。这些小层次的安排常见的也有以下三种方式：

① 并列式

即本论部分的各个层次之间呈横向的并列关系，每一层都有一个分论点，分论点同时又作为证明中心论点的一个证据，为证明中心论点服务。各层次之间没有主次、先后之分。如老舍的《怎样学习语言》，一共有两层，第一层写开始学习用白话写文章时出的两个错误，第二层写如何发现这两个错误并慢慢去矫正它们。这两层意思是并列的。第一层在总说以后分别说明两个错误，第二层分三点来说明，用的也都是并列式。

②递进式

即本论部分的各个层次之间呈纵向的递进关系，每层的分论点在逻辑推理上呈现步步深入的关系。由于各层次之间有先后主次之分，必须严格按逻辑关系排列顺序。如《墨子·非攻》，就是从"窃其桃李"—"攘人犬豕鸡豚"—"取人马牛"—"杀不辜人"—"杀百人"—"攻国"，由小到大，逐层发展和深入。

③纵横结合式

这是并列式和递进式的结合。它的结合方式又分为两种，一种是大部分分论点之间呈递进（或并列）关系，其中少部分呈并列（或递进）关系；另一种是因为论述的问题复杂，分论点之下需再设小分论点，分论点之间呈递进（或并列）关系，小分论点之间呈并列（或递进）关系。

（3）说明文体

说明文体重在解说事物或事理，因此要让读者对所解说的事物清楚明白，文章的层次结构就必须清晰而合理。说明文体一般有以下几种层次安排方式：

①按事物发生的先后为序

事物的产生、发展和变化，都会有一个前后连接紧密、条理连贯的自然时序。说明人物的出生经历、历史的演进过程、事物的形态、商品生产制造的工艺流程等等，一般都要按其自然时序来安排层次结构。如各种产品说明书都会以使用的程序来安排层次。

②按空间位置的变换为序

有些说明对象是由许多部分组成的。它们分处在不同的空间位置上，要说明这些事物，就必须先选取一个观察点，然后顺序清晰、条理分明地展现它们的空间格局。如叶圣陶的《苏州园林》开头先概括苏州园林共同特点，然后从其不讲究对称布局，假山和池沼的设置，树木的栽种和修剪，花墙和廊子的层次，小角落的图画美，门窗的图案美，以及漆色的和谐等几个方面进行具体说明。文章的层次随作者的视野而转移，使读者有身临其境之感。

又如明代魏学洢的《核舟记》，先介绍核舟的中间部分的船舱，接着介绍船头三个人的形貌、神态、动作，然后介绍船尾的布局及两位舟子的神态动作，最后还介绍了船顶的题刻。主次分明，顺序清楚，使读者对核舟有了一个形象的完整的印象。

③按事物的逻辑顺序为序

这种说明顺序主要用来说明事理，揭示事物的内涵、性质及原因。如科普说明文《死海不死》一文主要是向人们揭示死海里为什么生物难以存活，为什么人到了死海里即使不会游泳也淹不死。这样一追问，就问到了事物的根本，把根本解释明白了，事理也就弄明白了。

4. 段落

段落是按照表达层次划分出来的一个个小的结构单位。在一般情况下，它是同属于一个中心思想的一些句子的连接，是小于篇、大于句子的一个完整的意义单位。它是构成文章的基本单位,也叫自然段,它的明显标志是换行另起。

写作时一篇文章分几段,每一段表达怎样的意思,段与段之间怎样连贯,都要妥善安排。段落分得太大,包含的内容庞杂,读起来不易理清头绪,效果不好;段落分得过碎,一两句一段,两三句一段,把完整的意思割裂开,影响条理的清晰;同时段落划分还要注意其内容的单一性和完整性。文章要有中心,不能多中心,段落也如此,一个段落说清楚一个意思,不能把众多的意思和问题塞在一个段落里,否则就会段意不明。

层次与段落有联系,又有区别。层次靠换行另起的段落来表现,而段落又是构成层次的基础。有时一层意思要用几个段落来表现,也有一个大段落中有几个小层次。文章的条理性、层次性主要反映在段落、层次是否清晰和精当上。一般情况下,层次大于段落,一个层次是由几个段落组成的;在个别情况下,层次等于段落,一个段落就是一个层次。

5. 过渡

文章的过渡,是指层次与层次之间、段落与段落之间、句子与句子之间衔接、转换的形式,在文章中起承上启下、穿针引线,沟通上下文逻辑关系的作用。文章由句子、段落、层次构成,但是并非若干句子、段落、层次放在一起就是文章。句子、段落、层次这些结构单位都是一些意义的独立体。过渡的任务就是将这些独立的、分散的、不连贯的局部结构单位进行贯通,把它们连接成有一定内在关系的结构整体,从而使文章具有一种有机感、整体感、联系感。因此,写作时必要的过渡可以使文章的内容连接得更为紧密,使文章的结构更严谨,层次更清晰,从而使文章气脉贯通,浑然一体。

一般来说,文章在内容转换和表达方式、表现方法变化时需要过渡。它主要是对时空上或意念上裂痕较大的相邻两个结构单位之间的缝合、联系行为。

如叙事类作品经常采用类似电影蒙太奇手法的暗的过渡,也称"无迹过渡",让上一个层次或段落的末尾和下一个层次或段落的开头围绕着一个共同的"中介物"展开,从而顺利完成思绪的转变。

而应用文体为了表现清晰的逻辑性一般都是采用明的过渡形式,即"有迹过渡"。通过过渡能够体现上下文之间的各种关系,如因果、承接、转折、补充、深入、主次等,这样就可以使每一个部分都建立在上一部分的基础上,全篇保持内容上的连贯性,避免造成逻辑混乱、意义脱节。

一般来说,当论述的问题"由总到分"或"由分到总"时,其开合关键处,需要"过渡";当论述的内容由一层意思转换为另一层意思时或者由一个角度和侧面转换到另一个角度和侧面时,其交接转折处,需要"过渡";当文章的表现形式发生变化时,如从议论转到说明,从概述转到详述时,需要"过渡"。

常用的过渡形式有三种:

(1)过渡词

用怎样的词或词组来关联,要看上下文之间的关系。如"总之"、"综上所述"、"由此观之"、"简言之"、"因此"、"所以"、"正因为如此"、"然而"、"但"、"但是"、"不仅如此"、"一方面"、"另一方面"、"另外"、"此外"等等关联词语就通常放在段首或句首充任过渡词。

在用关联词或某个词组过渡时要注意两点:

一是不要乱关联,特别是一些表示转折关系的关联词,如"但是"、"可是"等不要滥用,否则会影响条理的清晰。

二是要弄清楚上下文之间的关系,是因果、转折、总分还是递进等,要选准过渡词语或词组。

(2)过渡句

用于承前启后、搭桥过渡的句子。可以放在前段的后面,也可以放在后段的开始。如杨朔的《海市》,先写海市美景,接着写这一次来得不是时候,然后在结尾处用一句过渡:"可是海市不出来,难道我们不能到海市经常出现的地方去寻寻看吗?也许能寻得见呢。""海市不出来"与上文相联系,写虚幻的海市;"也许能寻得见呢",为下文写真的海市做铺垫。又如茅盾的《风景谈》,第一段写星星峡外的沙漠风光,由此引出"自然是伟大的,然而人类更伟大";下一段开头紧跟着说:"于是我又回忆起另一个画面,这就在所谓'黄土高原'!"这句话就是过渡句,用来引出下文,使前后两段衔接紧密。

(3)过渡段

过渡段较之过渡句要长一些,是相对独立的段落,置于两段之间或两层之间。过渡段除了起承上启下的作用外,自身还包含一些较为具体的内容,如概括上文的大意,简单提示下文的内容等。如鲁迅先生的《孔乙己》中"孔乙己是这样的使人快活,可是没有他,别人也便这么过"在文中就是一个独立的过渡段。"这样的使人快活"紧承上文,因为上文的五个自然段写孔乙己是怎样地作为人们的笑料的;"没有他,别人也便这么过"开启下文,因为下面几段文字写孔乙己最后一次来咸亨酒店肉体受摧残、精神上崩溃的情景,以及孔乙己终于不见、别人照样过的状况。这个过渡段把前后两个部分紧密地联系起来。

6. 照应

文章的照应,是指对文章前后文中不在一个地方的内容、材料的关照和呼应。照应起着强化文章的重点和关键部分,交代有关内容的来龙去脉,显示文脉的贯通,沟通前后文逻辑关系的作用。

照应也有明的与暗的,即有迹照应与无迹照应的区别。有迹照应是指文章前面出现过的内容,到了后面作者又用自己的话对它进行解释、说明。无迹照应是文章后面对前面的照应不是通过作者的解释、说明,而是通过前一事物在后面的自然显现来进行照应。无迹照应最重要的是布置伏笔,前有所伏,后有所应,"千里伏线"、"草绳灰线"是叙事、抒情类作品经常采用的方式。

照应的主要方法有以下几种:

(1)首尾照应

首尾照应就是开头与结尾相呼应。写作非常强调首尾的一贯性,要求前有伏笔暗示,结尾时就必须要有照应说明,使文章首尾圆合。如冰心的《小桔灯》开头写道:"这是十几年以前的事了。""在一个春节前一天的下午……"结尾呼应:"但是从那时候起,每逢春节……十二年过去了……"

(2)前后照应

前后照应就是后面的内容对前面的内容有呼应。对于重点的或是难以理解的材料、观点都可以通过前后照应,甚至多次照应,反复予以强调、突出,以便给读者留下深刻的印象。如恩格斯的《在马克思墓前的讲话》,文章开头部分提出"这个人的逝世,对于欧美战斗着的无产阶级,对于历史科学,都是不可估量的损失",先从结构上做总的提示,下文就从革命实践和革命理论两个方面论述,呼应两个"对于"。又如文章前半部分论述了马克思的理论贡献,说明他是伟大的思想家;后半部分论述马克思卓有成效的革命实践活动,说明他是伟大的革命家以后,结尾是"他的英名和事业将永垂不朽",用"英名"和"事业"照应全文。全文结尾句前的"现在他逝世了,在整个欧洲和美洲,从西伯利亚矿井到加利福尼亚,千百万革命战友无不对他表示尊敬、爱戴和悼念"又是和前面两个"对于"相呼应。

（3）文题照应

文题照应就是文章的内容与题目相呼应。文题照应有两种情况:一是点题照应,即在行文中点出文章的题目,使它和表述的内容紧密连接,强调重点、深化主题。二是解题照应,有些文章因为内容的需要会引用一些意义深奥的古诗词、歌、赋,或一些含蓄的语句来做题目,这就需要作者对题目做出析解或诠释。如下面这篇俄国著名短篇小说大师安东·契诃夫的题为《我的"她"》的短文,就可说是文题照应的典范。

我的"她"

我的父母和长官非常肯定地说,她比我出生早。我不知道他们说的是否正确,只知道我的一生中没有哪一天我不属于她,不受她的驾驭。她日夜都不离开我,我也没有打算立刻躲开她,因此,我们之间的关系是紧密的,牢固的……但是,年轻的女读者,请不要忌妒……这种令人感动的关系给我带来的只是不幸。首先,我的"她"日夜不离开我,不让我干活。她妨碍我读书、写字、散步、尽情地欣赏大自然的美……我写这几行时,她就不断推我的胳膊,像古代的克娄巴特拉对待安东尼一样,总在诱惑我上床。其次,她像法国的妓女一样,毁坏了我。我为她、为她对我的依恋而牺牲了一切,前程、荣誉、舒适……多亏她的关心,我穿的是破旧衣服,住的是旅馆的便宜房间,吃的是粗茶淡饭,用的是掺过水的墨水。她吞没了所有的一切,真是贪得无厌! 我恨她,鄙视她……我早就该同她离婚了,但是直到现在还没有离掉,这并不是因为莫斯科的律师要收四千卢布的离婚手续费……我们暂时还没有孩子……您想知道她的名字吗? 请您听着……这个名字富有诗意,与莉利亚、廖利亚和奈利亚相似……

她叫懒惰。

第 3 章　表达与修改

◆ 表达的五种方式：叙述、描写、抒情、议论、说明
◆ 修改的含义、作用、原则、内容和方法

　　从构思到作品的形成，是一个完整的创作过程。在经过了主题的确立、材料的搜集、结构的完善这些环节后，还有一个如何反映的问题，这就需要作者运用各种表达方式进行写作。运用一定的方式、技巧进行写作，是一个从无形到有形，把设想付诸实现的具体行文活动，是整个创作过程中的重要阶段。表达方式的好坏，直接关系到作品的艺术感染力和说服力。

　　所谓表达方式，就是语言运用的手段和方法。它是由写作目的和表现内容决定的，是构成文章的要素之一。常见的表达方式有叙述、描写、说明、议论和抒情五种。在写作实践中，各种表达方式常常是综合运用的，很少有孤立使用的情况；而且，表达方式与文体有一定的联系，不同的文体使用表达方式的侧重点也有所不同。在某种文体写作中发挥主要作用的表达方式是体现这种文体特征的重要标志。例如，议论文主要运用议论的表达方式，说明文主要运用说明的表达方式。

叙　　述

【提要】

　　◇ 叙述的含义
　　◇ 叙述的四种类型：详细叙述、概括叙述、主观叙述、客观叙述
　　◇ 叙述的四种方式：顺序、倒叙、插叙、平叙
　　◇ 叙述的四条原则：头绪清楚、交代明白、重点突出、运用灵活

叙述的含义

　　叙述是写作中最基本和最常见的一种表达方式。它是写作者运用陈述性的语言，把人物的经历、事件和事物的发展变化过程表达出来的一种方式。

　　一个完整的叙述应当包括人物、事件、时间、地点、原因、结果六个要素。在具体运用时可以有变化,有时可以根据表达的需要省去原因或结果。如应用文中的叙述不像记叙文那样详细具体,更不追求形象创造,它重在把有关的情况、事由陈述清楚,有些公文因保密或其他需要只交代结果,有些文学作品为达到某种艺术效果而故意省略某几个要素。只要不影响表达效果,都是允许的。

　　叙述不仅是叙述类文体写作的主要表达方式,而且几乎在所有文体的写作中都会被使用。如议论文中提供事实论据,说明文中介绍对象发展演变过程,实用类文章中介绍工作进程和工作情况等,都需要叙述。公文中对涉及写作对象的有关情况,也需要一定的记叙。

叙述的四种类型

1. 从语言的表现形式看,叙述可分为详细叙述和概括叙述

概括叙述只交代人物活动和事件发展的概况,是一种快节奏的叙述。

详细叙述是对人物活动和事件过程的具体情况进行详细介绍,一般用于叙述局部,是一种慢节奏的叙述。

两者的区别主要体现在叙述程度的深浅、范围的大小、内容的详略和节奏的快慢上。详细叙述多运用于记叙类文章,其他文体的写作则普遍使用概括叙述。在记叙类文章中,这两种叙述方法也常常交互使用,但详细叙述通常用在作者要着重告诉读者的地方,是作品的重点。而概括叙述则用在不太重要的地方,如文章中的过渡段,或介绍食物的总貌、人物的轮廓等。

叶圣陶的《黄山三天》就成功地把概括叙述、详细叙述融合在一起。这篇游记一开头在介绍了导游的意图后,用概括叙述的方式叙述了"我们三天的游踪";接着作者就重点景物"分别记一点儿",用具体叙述的方法叙述了九龙瀑、云谷寺、清凉台和始信峰、光明顶等景色。文中,概括叙述和具体叙述两相融合,点缀着画面,互相衬托,相映成趣,极为美妙动人。

2. 从表现角度看,叙述可分为主观叙述与客观叙述

这是因叙述人称不同而出现的区别。所谓叙述人称,是指作者或叙述主体站在什么观察位置和叙述立场进行叙述的。通常认为,叙述人称可分为第一人称(主观叙述)与第三人称(客观叙述)两种。

在文章中用"我"、"我们"的口吻叙述所见、所闻、所感,这就是第一人称的叙述,因为带有鲜明的主观色彩,又称为主观叙述。这种人称较多运用在总结、日记、书信、自传、游记、回忆录、散文等文体中,近代以来的一部分小说也使用这种叙述。

以第一人称作为叙述主体的"我",不一定就是作者本人。在写真人真事的文章,像调查报告、总结中,"我"就是作者。而在文学作品中的"我",则往往不是作者,他可能是叙述者兼作品中的一个人物,也可能只是故事的叙述者。如鲁迅《孔乙己》中的"我",不但是故事叙述者,也是小说中的咸亨酒店的一个小伙计,在这部作品中是一个次要人物。莫言的《红高粱》中的"我",并没有在小说的中心故事中出现,他只是主人公土匪余占鳌和"我奶奶"的孙子,所以,他基本上只能算叙述者。这种叙述方式是最能迷惑人的,是它的叙述者与作者的身份、经历、外貌等条件非常相似,如鲁迅的《故乡》和张承志的《北方的河》。然而,不管两者如何相似,他们都是有差别的。否则,这就不是虚构的文学作品。用第一人称叙述,可增强文章的真实感和亲切感,也便于作者抒发感情。其不足之处是,叙述往往局限于"我"的所见所闻所历,反映生活时受到时空的限制。

第三人称叙述,即作者超脱于当事者,以局外人、旁观者的身份,用"他"、"他们"的口吻来叙述当事人的经历活动,描述事件的经过。因为叙述者是所叙故事的旁观者,故又可称为客观叙述。在这种叙述中,可以不受叙述者在场与否的主观规定性限制,可以不受叙述者见闻和感觉的束缚,从而具有时空上的极大自由,可以更广阔地反映复杂多变的社会生活。其缺点在于少了第一人称叙述的亲切感。应用文体中多数采用第三人称叙述。

此外,还有一些文章采用"你"、"你们"的称呼来展开叙述,如朱自清的《给亡妇》,法国米歇尔·比托尔的长篇小说《变》,这类文章相对较少。对这一类文章的人称叙述定位,理论界一直存在着不同看法。大多数人认为作品中"你"、"你们"是相对于"我"、"他"的,所以其立足点最终仍然是自身或第三者;也有人认为,不管是以什么形式出现,其实质都是作者在叙述,因此有第一、三人称叙述,也就有第二人称叙述的存在。

在写作中,应注意人称的统一。在大多数文章中,叙述时只用一种人称叙述,要求前后一致。在这种统一的叙述角度中,作者的态度、事件的头绪、故事所隐含的意义相对要明朗得多,有利于读者理解作品的主题。在审美文体中,也有故意交替使用叙述角度的作品。如谌容的《人到中年》,此文大部分以第三人称叙述,间以第一人称叙述,将陆文婷病情危急、生命攸关时刻的愿望和夏亚芬去国怀友的心情深入细致地展现了出来。这种情况多见于文学作品,尤其是小说。通过巧妙的视角转换,控制叙事节奏,从而产生奇妙的艺术效果,徐小斌的长篇小说《羽蛇》就是这样一部采用叙事视角转换的作品。但是在应用文体中,叙述人称一般不得随意变化。

叙述的四种方式

叙述的方式很多,刘熙载在《艺概》中列举了十八种。在现代写作中最典型、最常用的是顺叙、倒叙、插叙、分叙等四种。

1. 顺叙

顺叙就是按照人物的经历或事件发展的先后顺序进行叙述。这是一种最基本、最常用的叙述方法,它把文本结构的安排和事件发展的经过自然融合在一起,整个事件的来龙去脉、前因后果都清楚地呈现于读者面前。如刘白羽的《长江三日》就是按他乘船自重庆顺江而下,经三峡至武汉这样的顺序,依次写出了长江及两岸的风光画面。我国古典文学,特别是古典小说大都采用这种顺叙的方法,古典戏曲也如此,可以说这几乎成为我国传统性方法。如蒲松龄的《胭脂》,它主要写了一个冤案形成和昭雪的过程,就是采用了顺叙的方法。

当然,顺叙并不等于平铺直叙。记叙类文体的叙述一般忌直贯曲,追求曲折有致,应当根据文本思想表达的需要,对叙述内容加以区分,注意材料的取舍、剪裁和主次详略,巧设悬念,综合运用辞格。要避免不分轻重缓急,写成一本"流水账"。但是作为公文等应用类文体,则讲究实用性,贵在直书其事,让人一看就明白。

2. 倒叙

倒叙就是把事件结局或者事件中某个突出的片段提到开头叙述,然后再按事件的发展进行叙述的方法。倒叙的最大特点就是能够制造悬念,开卷兴波,吸引读者,激起阅读欲望。如宗璞的《哭小弟》开头使用倒叙手法,先写小弟的去世:"我面前摆着一张名片,是小弟前年出国考察时用的。名片依旧,小弟却再也不能用它了。"然后再用顺叙手法,回忆小弟童年、大学毕业后辗转祖国各地工作及患病去世时的情景。在应用文体的写作中,倒叙用得较少,一般只在消息、通讯、调查报告的写作中才用得上。

倒叙只是文章的一个部分,倒叙的内容只是事件的结果或某个环节。所以,倒叙结束后,要处理好与顺叙之间的衔接和过渡,不要颠三倒四,让读者摸不着头脑。同时,在顺叙时,应对与倒叙相关的内容作一些必要的交代,不要因为曾经在倒叙中出现过而不再提起,使上下文断裂导致叙述不够完整。

另外,倒叙的运用应从表达内容的需要出发,切忌故弄玄虚。对于一些时间跨度小,情节单纯的事件,不宜采用此法。

3. 插叙

插叙是指在叙述中心事件的过程中,由于内容和表达的需要而选择合适的地方,暂时中断原来的叙述,插入另一件与中心事件相关的事情,完成后再回到中心事件的叙述。这里有"断"有"续",可以有效打破单一顺叙易产生的平淡感,提高表达效果。同时,通过这种灵活的片段性叙述,及时补充和丰富叙述内容,更好地表达中心事件。因此,插叙部分虽不是情节主线,却有助于读者了解情节发展和作品思想,在文中往往不可或缺。如鲁迅的小说《风波》,就运用了插叙手法,让读者了解赵七爷为何方神圣:

> 太阳收尽了他最末的光线了,水面暗暗地回复过凉气来;土场上一片碗筷声响,人人的脊梁上又都吐出汗粒。七斤嫂吃完三碗饭,偶然抬起头,心坎里便禁不住突突地发跳。伊透过乌桕叶,看见又矮又胖的赵七爷正从独木桥上走来,而且穿着宝蓝色竹布的长衫。
>
> 赵七爷是邻村茂源酒店的主人,又是这三十里方圆以内的唯一的出色人物兼学问家;因为有学问,所以又有些遗老的臭味。他有十多本金圣叹批评的《三国志》,时常坐着一个字一个字地读;他不但能说出五虎将姓名,甚而至于还知道黄忠表字汉升和马超表字孟起。革命以后,他便将辫子盘在顶上,像道士一般;常常叹息说,倘若赵子龙在世,天下便不会乱到这地步了。七斤嫂眼睛好,早望见今天的赵七爷已经不是道士,却变成光滑头皮,乌黑发顶;伊便知道这一定是皇帝坐了龙庭,而且一定须有辫子,而且七斤一定是非常危险。因为赵七爷的这件竹布长衫,轻易是不常穿的,三年以来,只穿过两次:一次是和他怄气的麻子阿四病了的时候,一次是曾经砸烂他酒店的鲁大爷死了的时候;现在是第三次了,这一定又是于他有庆,于他的仇家有殃了。
>
> 七斤嫂记得,两年前七斤喝醉了酒,曾经骂过赵七爷是"贱胎",所以这时便立刻直觉到七斤的危险,心坎里突突地发起跳来。

插叙根据内容的不同可划分为几种:一为追叙,是对有关事件的回忆或追溯;二为补叙,是对涉及的某种情况或事物进行补充说明;三为带叙,是谈到某事时顺便交代几句。

插叙是使叙述生花显波的一种方法,这在小说《红楼梦》中有充分体现,它使文章结构严谨紧凑、张弛有致、富于变化,具有立体感。但是此法也不可滥用,否则就失去了突出某重要环节的作用,还会因枝节蔓延、进展缓慢而令读者生厌。另外,插叙只是一个片段叙述,应当简明,不宜过长。否则,会喧宾夺主,混淆主次,冲淡主要内容在文章中的作用,影响整体表达效果。应用文体写作中对插叙用得较少,一般也只在消息、通讯等文体中才运用。

4. 平叙

平叙是把两件或更多件同时发生的事分别加以叙述的方法。有时人们也叫它为分叙,也就是古人所说的"花开两朵,各表一枝"的写法。我国古典的记叙类文章常用此法,其基本语式有"按下××不表,且说××"或"话分两头,且说××"来提示。

平行叙述有时是两条情节线或更多情节线同时不悖地发展,最后合拢(这种合拢就是合叙);有时是两条或多条情节线交叉地进行。前者,就每一件事来说,是一段顺叙,从两件事的关系看是平行的叙述。而后者则是齐头并进。

如《水浒传》中"智取生辰纲"一节,一面叙述吴用等人设计欲取生辰纲,另一面则叙述杨志如何小心押送生辰纲,通过交叉叙述的方法,将"智取生辰纲"这一复杂事件叙述得线索清楚,层次分明。当代许多长篇小说、电视连续剧都采用此法进行叙事。但在具体使用之时,作者应把握事件全局,合理安排文章结构,注意平行事件之间的衔接转换,避免因叙述内容的"多头并进"而造成事件之间的纠缠不清。

平叙在应用写作中用得也较少,一般也只用于通讯写作中。

叙述的四条原则

1. 头绪清楚

世上很多事物是错综复杂的,叙述时一定要理出一条主要线索,明确脉络,有条不紊地把叙述对象的本质说出来,而不是枝枝节节随便说。正如刘熙载说的:"叙事要有尺寸,有斤两,有剪裁,有位置,有精神。"[①]叙事的线索可由叙述对象的实际情况而定,可以时间流逝为线索,以空间变换为线索,以事物特征为线索,以事物发展的内在逻辑为线索。有的只有一条线索,有的有主线和副线,有的有明线和暗线,具体视内容按事物发展的客观规律而定。

2. 交代明白

叙述的六要素要交代明白,使读者对事实的发生、发展、结局有一个完整的概念,这是叙述的基本要求。交代的方法可灵活使用直接交代或间接交代。凡需交代的,都应确切,不可含糊其辞,在不影响读者理解的前提下可省略某些要素。在叙述交代时要围绕中心线索进行,做到有条不紊,杂而不乱。

3. 重点突出

文似看山不喜平。叙述,最忌平铺直叙,忌流水账似的随便说。因此,在叙述之前要充分分析材料,分清主次、轻重,理清主线。对表现主题的重点材料,对读者不懂的、不甚了解或感兴趣的内容,应写得具体详细,重彩浓墨;对其他次要的材料则应概括简略,惜墨如金。

4. 运用灵活

叙述要讲清人物的经历,事情的经过,少不了从头至尾的叙述,此乃顺叙。虽然顺叙可铺陈大量的事情,但缺少变化,这时如用插叙、倒叙、平叙等方法,能使文章产生变化,形成波澜。只有灵活地使用各种叙述方法,才能打破过于平直的叙述,较好地表现文章主题,有效地吸引读者,才能更好地发挥其社会功效。

---

① 刘熙载.艺概.上海:上海古籍出版社,1978.42.

描　写

【提要】
◇ 描写的含义
◇ 描写的内容：人物描写（肖像描写、语言描写、行动描写、心理描写）；景物描写（社会环境描写、自然环境描写、场面描写）
◇ 描写的三条原则：目的明确、特点鲜明、形象逼真
◇ 描写的四种方法：细描、白描；直接描写、间接描写

描写的含义

描写是用生动形象的描绘性语言，对人物、事件、环境进行具体的、生动的描绘和刻画，使客观事物的特征形象地再现出来，给读者以鲜明的印象和深刻的感受的一种表达方式。

描写要求充分发挥语言所具有的唤起阅读者相应的表象记忆的功能，通过精心选择富有表现力的文字，给读者以如见其人、如睹其物、如临其境的真实感受，从而加深对文章的理解。

描写是叙述类文体尤其是文艺作品的一种主要表达方式。在其他议论说理及一般性应用文体中，有时也借助描写来增强表现效果，但切忌滥用。描写经常与叙述结合起来使用，有时不易区分，但它们实际上有明显的差别。叙述相对概括，着眼于总体交代介绍，显示动态的进程；而描写则显得具体细致，着眼于局部的刻画描摹，偏重于静态的表现对象。

描写的内容

文学作品既然是社会生活的反映，描写的内容，当然只是社会生活中的人、事、景、物。根据它们的相互关系以及它们在文学作品中的不同要求，描写的内容可分为：人物描写和景物描写。

1. 人物描写的四种类型

人是社会活动的中心，也是文学作品描写的主要对象。人物描写是为了刻画人物性格，塑造人物形象，它要求作者调用多种手法，使人物鲜灵灵、活生生地展现在读者面前。人物描写又可细分为肖像描写、语言描写、行动描写和心理描写等。

（1）肖像描写

肖像描写，即外貌描写，是指用精练、准确、形象的语言描绘人物的身材容貌、服饰打扮、神情姿态、仪表风度等外部特征。

肖像描写不只是展示人物的外表，而是由表及里地表现人物的身份地位、经历遭遇，表现人物的精神世界，刻画人物的性格特征，是以形传神，形神兼备。肖像描写可用直接描写，也可用侧面烘托；既可用细描，也可用白描；既可一次完成，也可逐步定型。肖像描写要抓住对象的

特征,避免脸谱化。如意大利作家拉·乔万尼奥里的《斯巴达克思》对爱芙姬琶达的描写:

> 这位姑娘叫做爱芙姬琶达,从她身上的装束看来,就可以认出她是个希腊女人。首先使人注目的,就是她那修长而又结实的美丽的身躯。她的腰是那样的细柔,仿佛用两个手指就可以把它整个儿箍起来似的。那张令人吃惊的、像雪花石膏一般洁白的极美妙的脸,泛出了可爱的红晕。优雅的前额上面,罩着火红色的极柔软的头发。两只像海波一般蔚蓝、杏子一般的大眼睛,燃烧着淫荡的火焰,发出使人不可抗拒的魅力。一个略微向上翘的、线条优美的小鼻子,仿佛使流露在她容貌间的那种大胆勇敢的神情,变得更加显著了。在那两片微微张开、湿润而又肉感的红唇之间,闪烁着两排雪白的牙齿——那是真正的珍珠,似乎正与那浮现在她小巧的圆下巴上的迷人的小涡争奇斗艳。雪白的脖子,好像用大理石琢成。匀称的双肩,可以和神后朱诺媲美。有弹性的高耸的胸脯,丰满得使轻薄的披风遮掩不住它,但这反而使希腊姑娘显得更加诱人。她那赤裸的轮廓分明的手臂和脚掌,纤小得就跟孩子的一般。
>
> 在她那件用极薄的白绸制成的短袍上,密密地织满了银色的小星星,折着优雅的褶襞。这位姑娘的雕像一般的体态,不但可以从这些褶襞上揣测出来,有时还可以透过薄绸隐约地看到。在短袍上面,罩着一件淡蓝色绸缎制成的披风,也织满了小星星。一个不大的束发金冕,笼住了她前额上面的头发。她那对小巧的耳朵上,戴着两颗巨大的珍珠,珍珠下面垂着两个青玉琢成的星状坠子,发出闪闪烁烁的光芒。她的脖子上围着一串珍珠项圈,一颗巨大的青玉星星从她那项圈下端直垂到她半裸的胸脯上。她的手腕上面套着两对雕着花朵与枝叶的银镯,她的腰间束着一道末端是尖的带棱角的腰带,这也是用贵金属制成的。她那双纤小的玫瑰色的小脚穿着一双厚底短靴,那是用两条横过脚踝的淡蓝色软皮和靴底制成的;脚踝上套着两个精雕细刻的银脚镯。

这一段外貌描写,活现了妓女爱芙姬琶达的妖艳、风骚,为后面情节的发展提供了可信的依据。

(2)语言描写

语言描写就是通过人物的语言或对话来描写人物,突现人物的个性特征。

人们由于社会地位、经历、教养、性格、环境、职业等不一样,语言的风格也不一样。有道是"言为心声",什么人说什么话。阅历广的人说话深刻,年少不更事者说话幼稚,文化涵养高的人说话典雅含蓄,文化水平低的人粗浅朴实,性格暴烈的人语言刚劲有力,性格软弱的人说话小心谨慎。因此,我们在描写人物语言时,一定要选择那些最能表现人物思想性格的个性化的语言。如电影剧本《简·爱》中简与罗切斯特先生劫后余生,再次碰面,两人互相试探的台词,就充分说明了当时当境两人的心理活动:

> 罗:简?
>
> 简:是的。
>
> 罗:简?
>
> 简:是的,是的!
>
> 罗:笑话我?(简坐在罗身边,罗伸手抚摸简的脸)是你,简,真的是你!

是来看我的？哭了？哭吧！用不着伤心。你能呆多久？一两个钟头？别就走,还是你有了个性急的丈夫在等你?

简：没有。

罗：还没有结婚？这可不太好,简,你长得不美,这你就不能太挑剔。

简：是的。

罗：可也怪,怎么没人向你求婚?

简：我没说没人向我求婚。

罗：懂了,是啊……那好,简,你应该结婚。

简：是的,是这样。你也该结婚。你也跟我一样,不能太挑剔。

罗：是啊,简……那您几时结婚？我把阿黛尔从学校接回来。

简：什么结婚?

罗：见鬼！你不是说你要结婚?

简：没有。

罗：哦！那么早晚有个傻瓜会找到你。

简：但愿这样。有个傻瓜早已找过我了,——我回家了,爱德华,让我留下吧。

　　另外鲁迅笔下那些人物的语言也颇具个性,极为精彩。"我手执钢鞭将你打……""妈妈的!""我们先前——比你阔多啦！你算是什么东西!"这是自欺欺人的阿 Q 特有的语言。"不多不多！多乎哉？不多也!"这是迂腐而不幸的孔乙己的特色语言。当然要写好、写活人物的语言必须先深入了解人物的思想,准确地把握人物的性格特征,然后再加以提炼概括,而不是自然主义的展示。如张洁《拣麦穗》一文中,写到"我"与卖灶糖老汉的对话,从两人的语言中,充分表现出未成年农村小姑娘的天真幼稚和老汉的善良淳朴。

　　(3)行动描写

　　行动描写又叫动作描写,是通过对人物的举止行为来刻画人物。而人物的性格,则在他们的行动中展示出来。

　　茅盾说："人物的性格必须通过行动来表现。"只有描写行动,人物才能立起来,才能变成栩栩如生的形象。这里的"行动"是指那些最有意义、最具个性、最能表现人物思想性格的行动。如写孙悟空就一定要写顽猴大闹天宫的举动,写鲁达就少不了三拳打死镇关西的个性化动作。

　　同时,人物总是处在一定的矛盾斗争中,如果把人物的行动置于矛盾中则会更显其个性。这种矛盾无外乎三种：人和自然、人与人以及人自身思想上的矛盾。如李宝嘉的《官场现形记》中关于文制台的行动描写就形象地再现了他崇洋媚外的奴才相：

　　正在为难的时候,文制台早已瞧见了,忙问一声："什么事？"巡捕见问,立刻趋前一步,说了声："回大帅的话,有客来拜。"话言未了,只见啪的一声响,那巡捕脸上早被大帅打了一个耳刮子。接着听制台骂道："混账王八蛋！我当初怎么吩咐的！凡是我吃着饭,无论什么客来,不准上来回。你没有耳朵,没有听见!"说着,举起腿来又是一脚。

　　那巡捕挨了这顿打骂,索性泼出胆子来,说道："因为这个客是要紧的,与别的客不同。"制台道："他要紧,我不要紧！你说他与别的客不同,随你是谁,总不能盖过我!"巡捕道："回大帅：来的不是别人,是洋人。"那制台一听"洋人"二字,不知为何,顿时气焰矮了大半截,怔在那里半天。后首想了一想,蓦地起来,拍挞一声响,举起手来又打了巡捕一个耳刮子;接着骂道:"混账王八蛋!我当是谁!原来是洋人!洋人来了,为什么不早回,叫他在外头等了这半天?"巡捕道:"原本赶着上来回的,因见大帅吃饭,所以在廊下等了一回。"制台听了,举起腿来又是一脚,说道:"别的客不准回,洋人来,是有外国公事的,怎么好叫他在外头老等?糊涂混账!还不快请进来!"

(4)心理描写

心理描写就是描写人物内在的精神世界,通过对其观点、感情、意识、愿望和联想等的直接刻画来揭示人物的心理活动、心理状态和思想活动。

人物都有自己的内心精神世界。这内心世界是人物性格的一面镜子。要写出人物性格的复杂性、丰富性,只描写人物外在的肖像和行动是远远不够的。心理描写是打开人物心灵奥秘的钥匙,是刻画人物性格,表达主题思想的重要手段之一。如曹雪芹在《红楼梦》中对林黛玉的一段心理描写:

> 黛玉听了这话,不觉又喜又惊,又悲又叹。所喜者:果然自己眼力不错,素日认他是个知己,果然是个知己;所惊者:他在人前一片私心称扬于我,其亲热厚密,竟不避嫌疑;所叹者:你既为我的知己,自然我亦可为你的知己,既你我为知己,又何必有"金玉"之论呢?既有"金玉"之论,也该你我有之,又何必来一宝钗呢?所悲者:母亲早逝,虽有铭心刻骨之言,无人为我主张;况近日每觉神思恍惚,病已渐成,医者更云:"气弱血亏,恐致劳怯之症。"我虽为你的知己,但恐不能久待;你纵为我的知己,奈我薄命何!——想到此间,不禁泪又下来。

在这里,作者从林黛玉本身的角度出发,把人物于无意间听到宝玉吐露心声从而知道意中人的心迹和真情时的复杂的内心世界,作了淋漓尽致的剖析,使最善于隐藏感情的林黛玉的心扉,一下子打开在读者的面前。

人物的内心活动是丰富的、复杂的。描写人物心理活动的方法也是多种多样的。常用的有直接描写、内心独白或通过语言、行动、梦幻等间接方法去描写。

直接描写就是由作者直接描写人物的思想、感情、情绪和内心活动。常用"他想"、"他感到"、"他觉得"等来直抒胸臆。如史铁生《我与地坛》中对母亲心理的直接描写表现了母亲诚挚的爱:

> 她情愿截瘫的是自己而不是儿子,可这事无法代替;她想,只要儿子能活下去哪怕自己去死也行,可她确信一个人不能仅仅是活着,儿子得有一条路走向自己的幸福。

内心独白,也叫"自白",就是通过对人物"自言自语"或默想的描写来展示人物的内心隐秘或潜意识,比较真切、自然。这种"独白",往往感情强烈,具有较强的感染力。

梦境是人在睡眠状态中对生活的变形反映。俗话说:日有所思,夜有所梦。梦境也可以说是现实的一种变形的反映。如巴金的《秋夜》,通过一个梦,我们窥见了作者的心理活动——对鲁迅的无限敬仰之情。幻觉大多是一种精神病态,是指人的视觉、听觉、触觉等感觉器官,在没有外来刺激的情况中出现的虚假的感觉。梦境和幻觉是记人叙事类文章常用的描写人物的思想活动和精神状态、表现人物内心精神世界的重要方法,在文艺创作中,应用更加广泛。若用于写真人真事,一定要从实际出发,符合生活的真实,符合人物的个性特征,切勿任意虚构,弄巧成拙。

2. 景物描写的三种类型

人物总是在一定的环境中生活,要全面、立体地反映生活,刻画人物,就要描写人物活动的环境。景物描写,是对人物活动或事件展开的特定背景进行描写。景物描写可分为社会环境描写、自然环境描写和场面描写。

(1)社会环境描写

社会环境描写是环境描写的重点。社会环境是人物活动的舞台。我们把侧重于反映社会、时代特征的背景描写称为社会环境描写。它包括对地域风貌、风俗礼仪、人际关系、经济形态、政治形势、生活环境、工作环境、学习环境等方面的描写。社会环境描写交代了背景,烘托了气氛,提供了典型的活动环境。如鲁迅《祝福》中对鲁四老爷书房陈设的一段描写:

> 天色愈阴暗了,下午竟下起雪来,雪花大的有梅花那么大,满天飞舞,夹着烟霭和忙碌的气色,将鲁镇乱成一团糟。我回到四叔的书房里时,瓦楞上已经雪白,房里也映得较为光明,极分明的显出壁上挂着的朱拓的大"寿"字,陈抟老祖写的;一边的对联已经脱落,松松的卷了放在长桌上,一边的还在,道是"事理通达心平气和"。我又无聊赖地到窗下的案头去一翻,只见一堆未必完全的《康熙字典》,一部《近思录集注》和一部《四字衬》。无论如何,我明天决计要走了。

这段环境描写,从墙上挂的朱拓的大"寿"字,"事理通达心平气和"的半边对联,一堆残缺不齐的《康熙字典》,一部《近思录集注》和《四字衬》,已足以使读者看出鲁四老爷是一个顽固的封建卫道士。通过这段描写,也表现了"我"的压抑烦乱的情绪以及与这个封建家庭的格格不入的思想感情。

(2)自然环境描写

自然环境描写侧重于自然景观的描写。如大地天空、山川河流、春夏秋冬、日月星辰、花草鸟虫、城镇村落等,为人物的活动和性格的发展提供了合适的广阔背景。

描写自然环境,要有自己独到的见解。作家的本领不完全在于能美化普通的地点,而在于他能把任何地点都整合成一个独立的景。正是这样,才有了脍炙人口的《醉翁亭记》(欧阳修)、《荷塘月色》(朱自清)、《长江三日》(刘白羽)等佳作。所以,自然环境描写,要写出作者对大自然的深刻体验和独特感受,写出其特色。唯有如此,才能创造独特而又富有情感的审美空间。

(3)场面描写

场面描写是对人们在特定的时间和环境中活动的总面貌的刻画。如劳动场面、比赛场面、娱乐场面、节日喜庆场面等。它所描写的是同一环境、同一时间中多个事物及人物的活动。既有整体的鸟瞰,又有具体的特写,是人物描写与景物描写的有机结合。场面描写,对突出主题、展开情节、刻画人物及渲染气氛有积极的作用。如沈从文《箱子岩》写昔日五月十五赛龙舟的热闹情景就采用此法:

> 鼓声起处,船便如一支没羽箭,在平静无波的长潭中来去如飞。河身大约一里路宽,两岸皆有人看船,大声呐喊助兴。且有好事者,从后山爬到悬岩顶上去,把"铺地锦"百子鞭炮从高岩上抛下,尽鞭炮在半空中爆裂,形成一团五彩碎纸云尘。

　　然而昔日的热闹场景与今日的萧条冷漠形成了鲜明的对比,写出了作者希望湘西人民用划龙舟的精神与活力把生活装点得更加美好的主题。

　　要写好场面描写,应把叙事、写人、状物、写景有机结合,处理好总体和局部的关系。既突出重点,又照顾整体,点面结合。如方纪的《挥手之间》中延安干部群众为毛泽东赴重庆谈判而去机场送行的场面便是一个典范。也只有这样,才能使画面宽广,意韵深长,同时又能突出重点。

　　景物描写总是有作者特定的目的,应根据行文的需要、文体的特点灵活运用。如游记、知识小品、抒情散文等文体的写作中,自然环境是主要的描写对象,作者借此来抒发自己的思想情感。在写人叙事类文体的写作中,自然环境的描写往往只具有辅助作用,以大处着眼,小处烘托的方式为故事的展开、人物的刻画、主题的表现提供某种情境,渲染某种氛围。

描写的三条原则

1. 目的明确

　　描写是为了更好地刻画人物,表现主题。在写文章时,首先应确定本文要不要运用描写。如果是公文,一般不需要;如果是其他应用文,也只能适当地使用。即便是文艺作品,也应注意哪些地方该用,哪些地方不该用。文体不同,描写对象不同,描写场合不同,描写的目的不同,所使用的方法和作用也不同。总的说来,应从全文来考虑,按文体特征、表现主题和刻画人物的需要来考虑要不要描写,如何描写,而不能为描写而描写。

2. 特点鲜明

　　人物有自己的个性,事物有自身的特征。应抓住人或事的主要特点,写出他的独特之处。描写时不能随心所欲,信马由缰,浮光掠影,面面俱到,更不能千篇一律,千景一色,千人一面。

3. 形象逼真

　　描写不只是写出人或事的基本特点。它贵在传神,让读者有如闻其声、如临其境、如见其人、如睹其事之感,这就要求描绘应有声有色,形神兼备,不能泛泛而谈。

描写的四种方法

　　社会生活是丰富多彩、复杂多变的,这就不仅给描写带来极其丰富的内容,也要求描写时,必须运用多种的方法来相应地把这种生活反映出来。

1. 从描写的详略而言,有细描和白描

（1）细描

　　细描就像绘画中的工笔,采用细腻逼真的笔法对描写的对象进行细致入微的刻画,使被描写的对象的状貌情态及特征栩栩如生地再现出来。

　　这种手法常见于文学作品。细描笔法精巧细腻、语言丰富多彩,它运用大量的形容、比喻、修饰和渲染的方法,犹如以放大镜或影视特写镜头来显示描写对象,让读者看得清清楚楚,从而留下深刻的印象。当然,使用细描不能随心所欲、糊涂乱抹,而应选择有特点、有代表性的事物。如罗曼·罗兰《贝多芬传》中贝多芬的外貌描写就采用了细描手法:

　　　　额角隆起,宽广无比。乌黑的头发,异乎寻常的浓密,好似梳子从未在上面光临过,到处逆立,赛似“梅杜斯头上的乱蛇”。眼中燃烧着一股奇异的威力,使所有见到他的人为之震慑;但大多数不能分辨它们微妙的差别。因为在褐色而悲壮的

脸上,这双眼睛射出一道犷野的光,所以大家总以为是黑的;其实是微蓝的。平时
又细小又深陷,兴奋或愤怒的时光才大张起来,在眼眶中旋转,那才奇妙地反映出
它们真正的思想。他往往用忧郁的目光向天凝视。宽大的鼻子又短又方,竟是狮
子的相貌。一张细腻的嘴巴,但下唇常有比上唇前突的倾向。牙床结实得厉害,似
乎可以嗑破核桃。左边的下巴有一个深陷的小窝,使他的脸显得古怪的不对称。

(2)白描

白描原指绘画中用粗线条不着颜色地勾勒事物的形貌。写作中的白描是指用质朴平实简
练的语言,勾勒事物的形象。

这种描写,不尚修饰和形容,一般不作细部的精致描绘,形似轻描淡写,一般不用比喻和夸
张,但它所凸现的对象特征,却能一目了然,过目难忘。鲁迅曾说:"'白描'却并没有秘诀。如
果说有,也不过是和障眼法反一调:有真意、去粉饰、少做作、勿卖弄而已。"[①]鲁迅本人在刻画
人物形象时也多采用此法,寥寥数笔,却能逼真传神,如他笔下的孔乙己、阿Q及豆腐西施等。

白描是我国传统的一种描写方法,因此,在我国古典文学作品中运用较多。如五代时与温
庭筠齐名的著名花间词人韦庄的词《思帝乡》:

> 春日游,杏花吹满头,陌上谁家年少足风流,妾拟将身嫁与一生休。纵被无情
> 弃,不能羞。

文学史评价它"用白描的手法写出一个天真烂漫追逐爱情幸福的少女"[②]。

白描和细描各具特色,无高下优劣之分。一般来说,不论作者描写什么,都要结合使用这
两种表现形式。唯有如此,才能避免一律工笔细描所造成的繁杂混乱,或只有轮廓没有细部所
形成的粗疏模糊,最终达到一种出神入化,既具体可感又特征鲜明,既形象生动又情致高远的
综合性表现效果。

2. 从描写的角度分,有直接描写和间接描写

(1)直接描写

直接描写,亦称正面描写,就是从正面去描写人物、景物和事件,使其形貌直接呈现出来。

这是最基本、最常见的描写方法。它的显著特点就在于它的直接性,无论是描摹人物、景
物,还是描写环境、场面;无论是细描还是白描;也无论作者采用哪种视角,读者都可以直接看
到被描写对象的具体情况。如王实甫《西厢记》对崔莺莺的正面描写:

> [得胜令]恰便似檀口点樱桃,粉鼻儿倚琼瑶,淡白梨花面,轻盈杨柳腰。妖娆,
> 满面儿扑堆着俏;苗条,一团儿真是娇。

(2)间接描写

间接描写亦称侧面描写,或称烘托法。它通过他人眼看、口讲、情态表情或环境烘托等方
式去着力描写与之相关的另一种现象以突出描写对象的特征。如王实甫《西厢记》对崔莺莺的
侧面描写:

> [乔牌儿]大师年纪老,法座上也凝眺;举名的班首真呆,觑着法聪头作金磬敲。

---

① 鲁迅.作文秘诀.鲁迅全集(第4卷).北京:人民文学出版社,1963.474.
② 游国恩等.中国文学史(二).北京:人民文学出版社,1979.227.

　　[甜水令]老的小的,村的俏的,没颠没倒,胜似闹元宵。稔色人儿,可意冤家,怕人知道,看时节泪眼偷瞧。

　　[折桂令]着小生迷留没乱,心痒难挠。哭声儿似莺啭乔林,泪珠儿似露滴花梢。大师也难学,把一个发慈悲的脸儿来朦着。击磬的头陀懊恼,添香的行者心焦。烛影风摇,香霭云飘;贪看莺莺,烛灭香消。

　　用这种方法,虽不能描绘出具体确切的形象,但能激起读者的想象,在自由的想象中完成审美创造。清人刘熙载称其为"睹影知竿",其具体方法为"正面不写写反面,本面不写写对面、旁面,须知睹影知竿乃妙"[①]。

　　间接描写方法可分两类:一种通过他人的评论来描写;另一种则通过他人的反应来描写。前者如金庸《天龙八部》中对乔峰和慕容复的描述,后者如汉乐府《陌上桑》中对美女罗敷容貌的描述,这种描写方法往往给读者留下充分想象的空间。

抒　情

【提要】

◇ 抒情的含义
◇ 抒情的两种方式:直接抒情、间接抒情(叙述抒情、描写抒情、议论抒情)
◇ 抒情的三条原则:真情实感、真挚自然、具体生动

抒情的含义

　　抒情是抒发作者思想情感、主观感受的一种表达手法。"抒"就是倾吐和表达;"情"就是各种各样的情感。

　　情感是人对客观世界的一种特殊反映。作者在行文中自然会带着自己的情感体验和态度,抒情就是在表达这种感受、认识、评价时,渗入强烈的主观色彩,从而感染读者,引起共鸣,产生社会效果。抒情是写作中不可缺少的一种表达方式,多运用于文艺作品,尤其是在抒情诗和抒情散文中,它更是作品的主要表达方式。

　　抒情广泛应用于各类文章,但在其中的表现和地位是不同的。议论类文章在实事求是、客观公正地阐明自己的观点时并不排斥表现作者的爱憎之心、好恶之情,只是融情于理,分寸有度;叙事类的文章,往往对所写之物充满感情,因此其字里行间必然融进感情的因素;说明类的文章,一般不需要抒情,但在其说明介绍中,还是不可避免地会带有作者的感情;抒情类文章中,抒情是主要的表达方式,作者往往采用第一人称直抒胸臆的方式,抒发对生活的独特感受,手法灵活多变,感情炽烈充沛,容易激起读者的共鸣。

---

　　① 刘熙载.艺概.上海:上海古籍出版社,1978.74.

抒情的两种方式

受文章体式、作者个性、时代特色的影响,感情的抒发也有所不同,有的比较直接、鲜明,有的比较间接、含蓄。通常,人们把抒情方式分为直接抒情和间接抒情两类。

1. 直接抒情

直接抒情,也就是直抒胸臆,是作者或作品中的人物直截了当地表白自己的感情的方式。

这种方式在诗歌和抒情散文中运用较多。一般的记叙文也时有运用,往往是矛盾发展到高潮,人物内心感情激动到极点时采用。作者的感情是因某种认识而引发的,并随着这种认识的表达而展现,所以它总是有一定的铺垫。如茅盾的《白杨礼赞》和郭沫若的《银杏》,在抒情前加以适当的铺垫,使文章推向抒情高潮时十分自然,富有艺术感染力。

总的说来,直接抒情率直公开,感情真挚亲切,感人至深。但如果缺乏热情,或缺少铺垫,则会流于空泛、浅露,抒情就成了干巴巴的口号,所以,此法不宜多用、滥用。

2. 间接抒情

间接抒情就是借助于叙述、描写、议论等表达方式来曲折地抒发感情,把感情融合在写景、叙事、说理之中。

间接抒情具有依附性,它依附于事、理、景之中,熔情、景、事、理于一炉,使文章文情并茂、多姿多彩。从表现依托来分,可划分为叙述抒情、描写抒情和议论抒情三种。

(1)叙述抒情

叙述抒情是借叙事来抒情,在叙述中抒情。叙述抒情与一般叙述的不同之处在于,它并不在于详细具体地述说事件经过,而重在表现因事而生的某种情感体验。所以,它往往只选取事件中最具感染力、影响最大的某个片段予以叙说,并侧重于其主观感受和内心情感。如夏丏尊《白马湖之冬》的第一段:

> 在我过去四十余年的生涯中,冬的情味尝得最深刻的要算十年前初移居白马湖的时候了。十年以来,白马湖已成了一个小村落,当我移居的时候,还是一片荒野。

文章一开头便奠定了全文的感情基调。在平淡朴素的记叙中蕴涵了浓郁的情思和深远的遐想。这种方法往往用在回忆往事、陈述经历之时。

(2)描写抒情

描写抒情就是借景抒情。描写抒情与一般描写的不同之处在于,它不是为了再现客观景物的自然形态,而是借此传递作者的主观感受。这种写法,把主观感情融化到客观景物的描写之中,使画中有人,景中有情,情景交融,浑然一体。如魏巍《依依惜别的深情》第一段:

> 多么明丽的秋天哪;这里,再也不是焦土和灰烬,这是千万座山冈都披着红地毯的旺盛的国土。那满身嵌着弹皮的红松,仍然活着,傲立在高高的山岩上,山谷中汽笛欢腾,白鹭在稻田里缓缓飞翔。在那山径上,碧水边,姑娘们飘着彩色长裙,顶着竹篮、水罐,走回开满波斯菊的家园。

整段描写透出了作者对朝鲜和朝鲜人民的热爱之情。

(3)议论抒情

议论抒情是通过议论、借助判断来抒发感情,这是一种寓情于理的写作手法。议论抒情也不同于一般的议论,议论抒情的落脚点是抒情,重在以情感人,它不需要论据和论证,只是用饱蘸着感情的语言文字倾诉自己对客观事物的判断和评价。如杨牧的《山窗下》第四自段中写道:

> 生命原是可以改变的,情景的感觉更可以改变。每一秒钟我们都在汲取天地的新印象,也在摧毁旧有的印象!

生命在变,感觉也在变,这是他经过岁月的流逝之后的感悟。

抒情的三条原则

1. 真情实感

文章不是无情物。情寡词工不可能感人,也无法产生良好的社会效应。所以,要抒情则先得生情,要有感而发。情从何而来?主要来自生活。人的感情与认识相伴相生。只有充满感情,富有热情,才会有生生不息的活力洋溢于文中。情随意生并非只在物象鲜明的情况下发生。只要你有心,生活中的一切都可以引起你的思考,激起你的情感。

2. 真挚自然

抒情是作文的手段,而不是目的。所以文章所抒发的感情必须真挚,发自肺腑。虚情假意、矫揉造作、无病呻吟都不利于文章的表现,相反,还会令人生厌。同时,这些感情是在非诉不可的时候从心底自然而然地流淌出来的,不是为了表现而堆砌情感。所以,抒情的表达应该是顺畅的,适度的,不可过分地铺张,也忌故作深沉,要与文章的感情基调相一致,与人物心境情境一致。只有具备丰富扎实的生活体验和亲身感受,才能在抒情时自然真切,打动人心。

3. 具体生动

感情是抽象的东西,真实、细腻的情感只有通过合适的形象实体抒发出来,才是充实的、真切的,才真正具有生命力和吸引力。如果干巴巴地、空洞无物地抒情,则一点也不能起到感人的作用。所以我们写作时,必须化虚为实,在体验较深的具体细致的事物中倾注深沉的情感,表现其丰富性和复杂性。

议　　论

【提要】

◇ 议论的含义
◇ 议论的三个要素:论点、论据、论证
◇ 议论的三条原则:论点正确、鲜明、深刻;论据真实、典型、充分;论证合乎逻辑、层次清晰
◇ 论证的两种方法:直接论证、间接论证
◇ 议论在审美文体中的运用

议论的含义

议论,是作者运用论说性语言,通过概念、判断、推理等逻辑手段来证明自己对自然、社会以及人本身的某种现象的认识和见解是正确的。简而言之,就是作者对客观事物的评论。

议论是议论类文体写作的主要表达方式,也是其他文章类型的重要表现手段。在非议论类型的写作中,议论往往是对他所叙述、描写或说明的对象提出自己的看法,作出某种评价,一般可以不需要用概念、判断进行推理,而直接表明结论。

议论的三个要素

一段完整的议论,应该包括论点、论据和论证三要素。

1. 论点

论点就是作者提出来加以阐述和说明的基本观点,也叫论断,通常用明确的判断句表现出来。论点是议论的核心因素,解决"证明什么"的问题,表明议论的价值和意义。论点可分为中心论点和分论点。中心论点是作者的基本观点和见解,处于文章的中心。分论点则是中心论点的分支,用以补充说明和阐述中心论点,必须服从中心论点。在整个结构中,分论点起着布局和结构全文的支架性作用。有的议论文只有一个论点,全文就围绕这一中心论点来分析阐述。

2. 论据

论据是用来证明论点的根据,即证明论点的材料,包括事实论据和理论论据。它是形成议论的基础,解决"用什么证明"的问题。

事实论据是最基本、最主要的论据,它包括现实的和历史的真人真事、具体事例、统计数字,使用时要认真核实。理论论据则指反映客观事物的本质、规律及其内在联系的理论和思想材料,包括政策、法令、革命理论、科学原理、经典言论、箴言格言、民族谚语、成语典故及人们所公认的生活常识等。使用理论论据时,必须符合事理,应把握其实质,不能断章取义,唯我所需,甚至曲解本义。议论时常常把事实性论据和理论性论据结合起来证明观点,即所谓"摆事实,讲道理"。

3. 论证

论证是运用论据证明论点的过程和方法,它使论点与论据之间建立逻辑关系。论证解决"怎样证明"的问题。议论的目的是让他人理解并接受你的观点,除了观点正确有理之外,关键在于你是否会说理,怎样来说理。只有论说充分缜密,分析深刻透彻,才能言之成理,具有说服力。

议论的三条原则

1. 论点正确、鲜明、深刻

论点正确是议论的第一要求。论点应符合客观实际,并要防止认识上的主观片面性。一旦确立自己的观点,就应旗帜鲜明地提出来,切忌含糊其辞,态度暧昧。同时,要善于揭示事物的本质和内在规律,善于发现新的问题,提出新的见解,不能拾人牙慧,沿袭他人观点。只有这样,文章才有存在的价值和意义。

2. 论据真实、典型、充分

真实是一切文章或作品的生命。不准确、有偏差甚至虚假的论据,非但不能支持观点,反而会使观点的说服力大打折扣。所以,事实论据应真实可靠,事理论据应准确无误,应注意调查研究,分析核实,不能道听途说、查无实据、删改原文、曲解其义,甚至闭门造车。作为引证的论据,要符合意愿,不能随意转引,有的还要注明其出处。同时,论据不能靠论点证明,以免形成循环论证。

典型是指作为论据的材料要有广泛代表性,应能反映事物的普遍特征和一般性质。要排除那些偶然的、个别的特例或反例。不典型的论据,会造成意义含糊的材料堆积。而典型的论据则能以少胜多,以一当十,既有效地支持了观点,又保持了文章的简洁精练。只有典型的材料才能胜于雄辩。

充分是指要用足够的材料来论述,在论述任何一点的时候都有充足的全面的材料论据来证明,不顾此失彼,相互错位甚至背离。这样才能将论点说得"头头是道",既透彻又完整。

3. 论证合乎逻辑、层次清晰

论证是论据过渡到论点的桥梁,是论点和论据的黏合剂。所以,论证的过程要有严密的逻辑性,要合乎推理规则。"不能推出",以偏概全,机械类比,偷换概念,以及在论证中滥用权威,感情用事等都应注意避免。

同时,逻辑推理讲究条理清楚,层层剖析,环环相扣。所以,我们不仅要把问题的研究理出一个体系,还要把这一体系转化为文章结构,转化为文字,使文章具有明晰的思路,最终通过文字,使读者进入文章的论理秩序。

论证的两种方法

1. 直接论证

直接论证,就是用论据直接去论证论点的方法。具体有以下几种:

(1)用真实典型的事例证明观点

这种方法,也叫事实论证或举例论证。如雷达《蔓丝藕实》中一则:

> 观念的力量不可低估,有时给人输入一个信息可致人于死命。将军的一个喷嚏和怒吼,送了小公务员的命;鲁四老爷夫人的一声断喝,使祥林嫂倒毙在风雪除夕之夜;顺治皇帝打了他弟弟一记耳光,其弟无疾而殁。还有大量的求官、求爱、求财者或什么也不求的善良者,因突如其来的信息而致死的例证。人是一株多么脆弱的会思考的芦苇啊。

这里用了许多典型例子说明了"观念的力量不可低估"这个观点。

(2)引用党和国家有关方针、政策的条文来证明论点

例如有一份关于王××的辩护词是这样写的:

> 审判长、陪审员:
>
> 根据我国宪法第四十一条规定:"被告人有权获得辩护。"我受法律顾问处主任律师的指派,为被告王××担任辩护人,出席今天的刑事审判庭进行辩护。
>
> 在开庭前,我查阅了本案侦查、预审材料,并进行了必要查访,根据调查核实的结果,对××区人民检察院就本案的起诉书进行了认真的分析和研究。今天又听了法庭的调查,我认为:××区人民检察院对被告王××指控的事实是不正确的。根据我的调查和我国刑法第十条的规定,属于情节显著轻微,危害不大的斗殴,不

是犯罪行为。因此，应宣告无罪。……

这里作者的论点是：王××的斗殴，情节轻微，不是犯罪行为，为了证明这一论点，他引用的是我国刑法第十条的规定。

（3）运用对比的方法，直接证明论点

对比是突出强调某种观点的好方法，运用这种手法的前提是作者掌握着典型的正反事例或可供比较选择的几种方案。如瞿秋白《"儿时"》中的一段：

> 假使他的生命溶化在大众的里面，假使他天天在为这世界干些什么，那么，他总在生长，虽然衰老病死仍然是逃避不了，然而他的事业——大众的事业是不死的，他会领略到"永久的年青"。而"浮生如梦"的人，从这世界里拿去的很多，而给这世界的却很少，——他总有一天会觉得疲乏的死亡：他连拿的力量都没有了，衰老和无能的悲哀，像铅一样的沉重，压在他心头。

文中把"生命溶化在大众里面"的人与"生命没有寄托"、"浮生如梦"的人进行对比，说明只有前者才能真正领略到"永久的年青"。

2. 间接论证

间接论证，就是不用论据去直接证明论点，而是假设一个与自己论点相排斥的观点，证明这个观点是假的，错误的，从而从反面来证明自己的论点是真的、正确的。例如在一篇辩护词中有这样一段话：

> 2000年中秋节，陈××在北京，这是确定无疑的。试想，他如果不在北京，怎么会参加在北京举行的他表哥的婚礼呢？而他参加表哥的婚礼的事，是许多人亲眼见到的呀！我认为，说陈××这一天在天津，那是误传。

这个论证的论题是要证明"陈××2000年中秋节在北京"，为了确立这个论题的真实性，辩护人先设想陈××不在北京的情况，然后用许多人亲眼见到的事实予以否定，从而从反面证明"陈××2000年中秋节在北京"这个论点。

反证法的逻辑结构是这样的：

论题：甲真

论证：假设非甲真，那么乙真

　　　已知乙假

　　　所以非甲假

　　　所以甲真

议论在审美文体中的运用

上面所讲的议论，侧重于议论文体。而议论作为主要的几种表达方式之一，它在反映生活，表现内容、主题上，有着其他表达方法所不能替代的功能，因此，在审美文体中也经常需要，但其运用方法则有所不同。如鲁迅《故乡》末尾：

> 我在朦胧中，眼前展开一片海边碧绿的沙地来，上面深蓝的天空中挂着一轮金黄的圆月。我想：希望是本无所谓有，无所谓无的。这正如地上的路；其实地上本没有路，走的人多了，也便成了路。

　　这是作品中的"我"从回故乡见闻,特别是从闰土的遭遇中,受到很深感触,希望下一代应不再像上一代一样不幸地生活所作的议论。这段议论以"世上本没有路,走的人多了,也便成了路"作喻,形象地议出了:只要人坚持不懈地斗争,理想是一定能实现的真理。这段议论就有别于通过论证而进行的议论。

　　审美文体中的议论与议论文体中的议论,虽都包含着"论"的成分,但两者属于不同的范畴,是两个不同的概念。它们的不同点,具体有这样两点:

　　1."论"的对象、范围不同

　　议论中"论"的对象是该文中提出的既定论题,其所论不能离开中心论题;审美文体中"论"的对象则是作品中艺术再现的生活中的人与事,往往结合着联想与想象的东西。

　　2.思维方式不同

　　议论中"论"偏重于逻辑思维,它必须严格按照逻辑"三要素"(论点、论据、论证)与逻辑程序进行。而文学作品中的"论"偏重于形象思维,由作者直接显示对事物的观感,不一定按照逻辑程序进行。

说　　明

【提要】

　　◇ 说明的含义

　　◇ 说明的三条原则:抓住本质,突出要义;讲究条理,层次分明;言简意明,浅显通俗

　　◇ 说明的八种方法:定义说明、分类说明、举例说明、比较说明、引用说明、数字说明、比喻说明、图表说明

说明的含义

　　说明就是作者用简练明白的语言,对事物的性质、形状、用途、成因、结构、功能、特征、关系、意义等,或人物的一般情况,或事理的概念规律、应用范围进行客观的介绍和解释。

　　说明是说明类文章如科普说明文、解说词、说明书、内容提要、辞书等的主要表达方式。同时,它的应用范围,随着科技的发展和社会的进步日趋广泛。如新闻写作中起注释性作用的背景材料,公文写作中有关政策和事项的解释,理论写作中的概念解释,记叙类写作中的人物经历、事物由来及其特征用途的介绍,影视中的解说,诗歌前的小序,游记中的风光、文物介绍等等,都运用说明的方式。

　　在不同的文体中,说明的作用也是不同的,说明的对象可以涵盖一切,有实体的,有抽象的。说明的对象不同,所用的说明方法也不尽相同。写实体事物时应特别注意其空间位置,写抽象事理则重在阐释概念、特点等内在的关系。

说明的三条原则

根据说明的含义及其基本特点,写作者在运用各种说明方式进行写作时,应遵循以下三条原则:

1. 抓住本质,突出要义

应用写作中的说明应该抓住被说明对象的本质特征或实质性问题,着重说明与主旨有关的方面,务求切中问题的症结。公务文书中的"一文一事"制度更要求突出主要问题或问题的主要方面,而不能舍本逐末或面面俱到。

2. 讲究条理,层次分明

说明要按照事物的客观规律及事物之间的关系,渐次解说清楚,正反、前后、内外、分合、上下等关系,要有一定的说明序列。在应用写作中,要对有关事项分别说明,形成明确的层次,不可互相纠缠,杂乱无章。

3. 言简意明,浅显通俗

应用文体中说明的语言应精确显豁,明白易懂。切忌烦琐冗长,晦涩深奥。说明的文字要符合应用文体的语体特征,类似文理不通、华而不实、生造词语等情况,在说明中均应防止。

说明的八种方法

说明的方法常见的有以下八种:

1. 定义说明

定义说明就是通常所说的下定义,即用简明准确的语言,指出被说明对象的本质特征,揭示事物的特有属性,并把那些与之相混的其他事物区别开来。这是知识性说明文常用的方法之一。例如对应用文体中的公文,有人下了这样的定义:

> 国家行政机关的公文,是传达、贯彻党和国家的方针、政策,发布法规,请示和答复问题,指导和商洽工作,报告情况,交流经验的一种重要工具。它是用来处理公务的具有高度政策性并具有一定规格式样的特殊文体。

这一定义,不仅指出了公文的性质,而且指出了公文的作用与特点,概括比较准确,易于被读者所接受。

用下定义的方法说明,可使读者对被说明对象有个概括的本质的了解,因而使用较多。当然,要准确掌握下定义的方法也不是轻而易举的事。它首先要确切认识被定义对象的性质,如果认识不清,定义就会出错。常见的一些问题是定义项不能揭示被定义项的内涵或者被定义项和定义项外延不相等。如:钨是金属。金属还包括金、银、铜、铁等许多其他元素。所以,这不是准确的定义。

定义说明的方法是一种科学的方法,要求表述准确、周密、严谨。应避免使用比喻的方式或否定的形式。如"书籍是人类的精神食粮"、"鲸鱼不是鱼"等。

运用定义说明好处很多,但并不是所有事物都适用此法。一般说来,简单常见比较熟悉的事物不必下定义;太复杂的事难以下定义;人名、地名则用不着下定义。

2. 分类说明

将被说明的对象,按照一定的标准划分成不同的类型,一类一类地加以说明,这就叫分类说明。分类是人类认识客观世界的重要手段之一。分类必须遵守分类规则,使分类对象具有统一属性;依据同一标准分类,并使分出的子类相互排斥,不互相包蕴。运用分类来说明,层次比较分明,读者也容易接受。例如:《辞海》把"文字"分为三种类型加以说明:

> 文字有表形文字、表意文字、表音文字,这三种类型标志着文字发展的不同阶
> 段。表音文字最便于人们的学习和使用。

分类说明一要包举,二要对等,三要正确。"包举"就是运用分类说明,要注意所列举的种类不能有遗漏;"对等"就是一次分类只能按同一标准划分,类与类之间处于并列关系,互不相容;"正确"就是分类标准准确反映了事物客观存在的类别,既不能把一个种类硬分成两个,也不能把几个种类混在一起说成一个种类。

3. 举例说明

举例说明,就是举出实例来说明事物事理。运用举例说明,能把比较抽象、复杂、深奥的事物或事理说得具体、明晰和浅显,容易使人理解。如在一篇介绍大自然的应用文中,有这样一段说明的文字:

> ……凡是近海的地方,比同纬度的内陆,冬天温和,春天反而寒冷。所以沿海
> 地区的春天的来临比内陆要迟若干天。如大连纬度在北京以南约一度,但是在大
> 连,连翘和榆叶梅的盛开都比北京要迟一个星期。又如济南苹果开花在四月中或
> 谷雨节,烟台要到立夏。两地纬度相差无几,但烟台靠海,春天便来得迟了。

这段话里举了两个例子,一是大连与北京,二是烟台与济南,虽然所处的纬度都差不多,但大连与烟台是近海城市,北京与济南是内陆城市,所以气候有差异。如果不举这两个例子,当然也可以告诉读者这种自然现象,可是总不如像这样举例来得具体清晰,给读者留下深刻的印象。

4. 比较说明

把两种或两种以上的事物,通过比较,说明事物的本质特点,就叫比较说明。比较说明可以分为两种:

一是横比,就是用互相关照的两个事物进行比较。譬如有一篇文章对蚕丝与园蛛的丝的粗细作了比较:"蚕丝一股有一英寸的二千分之一粗,园蛛的丝细到只有一英寸的一万五千到二万分之一光景,比蚕丝细得多了。"

二是纵比,就是以同一事物的不同的发展阶段的情况作比较。例如:

> 根据典型的化石,古人的腿比现代人短,膝稍曲,身矮壮,弯腰曲背;嘴部仍似
> 猿人向前伸出,也没有下巴的突出。所制作的石器比猿人的有很多改进,这说明手
> 部结构有了新的发展,因而更加灵巧。脑量(1.350 毫升)比中国猿人的大些,脑子
> 的结构复杂些,具有比猿人更高的智慧。(李四光《人类的出现》)

在运用比较说明时,必须要在可比事物之间进行,而且要找出彼此间可以相比的相似点,否则就可能比得不伦不类,起不到说明的作用。

5. 引用说明

引用说明就是在说明的时候,引用典籍、资料来说明客观事物或被说明对象的情况。引用有时用来说明事物,事理的本质、特征,有时作为说明的引子,有时为了扎实说明内容,有时用来增强说明的文学性,趣味性。如毛泽东在《为人民服务》一文中:

　　人总是要死的,但死的意义有不同。中国古时候有个文学家叫做司马迁的说过:"人固有一死,或重于泰山,或轻于鸿毛。"为人民利益而死,就比泰山还重;替法西斯卖力,替剥削人民和压迫人民的人去死,就比鸿毛还轻。张思德同志是为人民利益而死的,他的死是比泰山还要重的。

作者引用了司马迁的名言来说明张思德的死重于泰山,这是很恰当的。

6.数字说明

数字说明,就是用精确的、具体的数字来说明事物特征。例如介绍死海的浮力为何很大,就可用一系列的数据来说明:

　　那么死海海水的浮力为什么这样大呢? 因为海水的咸度很高。据测算,死海水里含有多种矿物质:有一百三十五亿四千六百万吨氯化钠(食盐);有六十三亿七千万吨氯化钙;有二十亿吨氯化钾;另外还有溴、锶等。把各种盐类加在一起,占死海全部海水的百分之二十三至二十五。这样,就使水的比重大于人体的比重,无怪乎人一到海里就自然漂了起来,沉不下去呢。

在运用数字说明时,要力求准确,即使用估计数也要力求近似。每个数据都要有来源,作者要调查研究,反复核实。如果粗心大意,数字不实,就不能达到说明的效果。

7.比喻说明

比喻说明就是通过打比方的手法,把抽象的事理或复杂的事物说得浅显易懂、具体形象、简洁生动。如白居易写的《荔枝图序》一文,就用了一连串的比喻来说明荔枝的特征:

　　荔枝生巴峡间。树形团团如帷盖;叶如桂,冬青;华如橘,春荣;实如丹,夏熟;朵如葡萄;核如枇杷;壳如红缯;膜如紫绡;瓤肉莹白如冰雪;浆液甘酸如醴酪。

这里一连用了十个比喻,说明了荔枝的树形、叶子、花朵,果实的形状、颜色、味道等多方面的特征,使人具体可感,即使是没有看到过或尝过荔枝味道的读者,读了这篇说明文对荔枝也会有一个形象的感受。

在运用比喻这种说明方法的时候,要求准确,不能夸张,因为比喻说明的目的是为了形象地说明事物的形态特征,如果一夸张,说明就不会准确了。

8.图表说明

图表说明,就是用图画和表格来说明事物的特征,目的是使说明对象具有具体形象、简明的直观性,这种方法能节约文字,便于比较,读者看了也一目了然,有时候,在说明中还可以配上照片与图画,使读者对被说明的事物更容易理解与掌握,如右图。

以上这些说明方法,在写作中可根据说明对象、内容和写作目的灵活地选用。在实际应用中,这些方法往往综合运用,很少单独使用某一种方法。

修　改

修改的含义

　　修改，是指修正文章中存在的各种错误和缺点，使文章的内容和形式最终达到完美统一，实现文章完满地表达自己写作意图的目的。

　　文章的修改有广义与狭义之分。广义的修改指整个写作过程中对文章的修正。在构思阶段，对文章的主题、材料、结构、语言等方面已有修改；动笔之时，对句段作局部变动，也属修改。而我们通常所说的修改，主要指文章初稿形成后对文章各方面进行加工、润饰直至定稿的过程。

修改的四点作用

　　"玉不琢，不成器"，写文章也是如此。古今中外的好文章都是修改、锤炼出来的。正如清代的唐彪所说："文章不能一做便佳，须频改方入妙耳。此意学人必不可不知也。"可见，要想文章做得妙，做得好，修改这一环节至关重要。修改能力同样是写作的基本能力。古今中外的大家、名家都很重视文章的修改。

　　唐朝著名诗人白居易的手稿删改很多，有的竟然全篇都不留一个字。

　　杜甫曾说过："新诗改罢自长吟"、"语不惊人死不休"。

　　曹雪芹写巨著《红楼梦》是"披阅十载，增删五次"。

　　鲁迅说写完后要竭力将可有可无的字、句、段删去。他劝别人修改文章，他自己的文章也常常是反复修改的。他的著名散文《藤野先生》，修改的地方有 170 多处。《〈坟〉的题记》全文只有 1000 多字，改动也有百处之多。鲁迅先生在逝世的前两天，还在写《因太炎先生而想起的二三事》一文。当时，他深感"已经没有力气了"，可他仍然坚持着写完并认真修改，在这篇文稿上，修改的痕迹竟达 58 处之多。

　　散文家杨朔创作时一面写一面改，反反复复，细细琢磨。他的《雪浪花》手稿与其他手稿相比，算是较清楚的一篇，全文仅 3000 字左右，却改了 200 多处，其中许多地方作了反复修改，一字未改的只有 15 句。

　　毛泽东在《反对党八股》中提出："我看重要的文章不妨看它十多遍，认真地加以删改，然后发表。"他自己写的诗词中,词语都是经过认真修改的。如《七律·长征》中的"金沙水拍云崖暖",原稿写作"金沙浪拍悬崖暖"。后来觉得"浪拍"的"浪"字与上句"腾细浪"的"浪"字重复;"悬崖"的"悬"字又缺乏诗意,于是就做了改动。

马克思在《资本论》第一卷写完后,从头到尾作了修改。后来的德文第二版和法文译本,他又分别作了修改。他写《资本论》长达 40 年,中间经过多次修改,现在的前二卷的前一部分原稿,光保存下来的就有 8 种之多。保尔·拉法格在《忆马克思》一书中说:马克思"绝不出版一本没有经过他仔细加工和认真琢磨的作品。他不能忍受他未完成的东西公之大众的这种思想。要把他没有做最后校正的手稿给别人看,对他是最痛苦的事情。……有一天他对我说,他宁可把自己的手稿烧掉,也不愿半生不熟地遗留于身后。"

列夫·托尔斯泰认为修改三遍、四遍还不够,而要把同一篇东西改写十遍、二十遍。他写过一篇《为克莱塞尔乐章而作》的文章,全文只有五页,可手稿却有 800 页。而他晚年的一部作品《生活的道路》仅序言就修改 105 次之多。

美国小说家海明威的代表作《老人与海》的手稿读了近 200 遍才拿去付印,《永别了,武器》的最后一页修改了 30 多遍。

由此可见,古今中外名家、大家的成功作品,都是经过他们不断斟酌、修改,才呈现在广大读者面前的。

那么,我们为什么要对文章进行修改呢? 修改对于写作的重要性体现在哪里呢?

1. 修改是认识事物复杂性的必然要求

写作文章的最终目的是为了反映客观事物,而客观事物的复杂性决定了我们在反映它的过程中根本就不可能一蹴而就。认识客观事物必然有一个过程,这反映到写作中就是我们必须对所写的文章不断地修改,才能把所反映的事物尽可能准确、全面、深刻地呈现在读者面前,达到写作的目的。多一次修改,对客观事物的认识就更进一层。修改的过程也就是由表及里、由浅入深地认识客观事物的过程。

2. 修改是保证文章质量的必要环节

一篇文章的产生过程非常复杂。任何一个写作者都不可能把文章各方面的问题一下子处理妥当,这就需要作者不断地去修订、完善。随着作者认识的加强,文章内容、形式等方面的问题也就能一一发觉,通过反复的比较,为自己的内容找到最合适的表现形式,文章的质量也就随之提高了。古人之言"善作不如善改"正是从这个意义上说的。

3. 修改是对读者的一种尊重

老舍在《我怎样学语言》中曾说:"写完了,狠心地改,不厌其烦地改。字要改,句要改,连标点也要改,毫不留情。对自己宽大便是对读者不负责任。"精心修改自己的文章提供给读者是认真负责的写作态度的表现,是对读者的一种尊重。文章写出来不是给自己看的。写作者一定要考虑到文章的社会影响,不能不负责任地把粗制滥造的作品呈现给读者。宋代文豪欧阳修苦心修改自己的文集,他的夫人问他:"何自苦如此,尚畏先生嗔耶?"他笑着回答:"不畏先生嗔,却怕后生讥。"这既是对自己负责,也是对社会和读者负责。

4. 修改是提高写作水平的有效手段

修改可以非常有效地增强我们对词语和语体的敏感性,提高文体的自觉意识。所以,从某种意义上来讲,修改是提高作者写作能力的有效手段。

修改的三条原则

1. 统观全篇，局部着手

文章的修改与起草不同，修改时因眼前已有一个整篇，所以是从整体到局部的一个过程，必须从整篇入手，在大的背景之下，对局部内容作恰当的调整、安排。修改首先要考虑文章立意、选材这些对文章起决定作用的要素，只有把这些基本方面的问题解决了，才可以进入局部内容的修改，如果文章大的方面还没有确定下来，就去逐字逐句地推敲文章的细枝末节，而把主题、材料等决定因素放在一边，一叶障目而不见泰山，修改就不能达到预期的目的。

2. 内容形式皆求完美

文章的内容是靠形式来表现的。修改过程中要处理好两者之间的关系。一方面，任何形式的修改都是为了更好地反映客观事物，形式的修改说到底还是内容的修改。不能单纯地在语言修饰、用词技巧等方面下工夫，而不考虑与内容相联系；另一方面也要在表达形式上精益求精，使结构、语言、风格上都力臻完美。

3. 易于读者接受

何其芳在《谈修改文章》一文中提出修改的标准有两个：一是内容正确；二是读者容易接受。白居易改诗的故事家喻户晓。修改文章时作者要有与读者的换位思维，充分考虑到读者的感受，使读者易于接受。

修改的四项内容

一篇文章的初稿完成后，必定存在着这样那样的问题。何其芳在《谈修改文章》中曾非常具体地归纳了文章常见的错误：

1. 抽象笼统，叙事不具体，说理不清晰。

2. 根据不足，就下断语，我要这样说就这样说，信不信由你。

3. 强调一点，不加限制；反驳别人，易走极端；没有分寸，不够周密。

4. 大家都知道的事情说得多，以为只有自己知道别人不知道。

5. 别人不知道的事情说得少，以为自己知道别人也应该知道。

6. 许多事情或问题，随便放在一起，没有中心，没有层次，逐段读时还可以，读完以后一片模糊。

7. 写到下句不管上句，写到后面不管前面。

8. 信手写来，离题万里，偏又爱惜，舍不得割弃。抄书太多，使人昏昏欲睡。

9. 生造词语，乱用术语，疙里疙瘩，词不达意。

10. 没有吸取说话里面的单纯易懂、生动亲切等好处，只剩下说话里面的□嗦重复、支离破碎等缺点。

11. 没有学到外国语法的精密，却摹仿翻译文字造长句子，想把天下的事情一口气说完，一直是逗号点到底。

发现问题是修改的前提。虽然由于每篇文章出现的问题不尽相同，文章的修改也要因本身存在问题的不同而各有侧重，但一般来说，修改时可以从主题、材料、结构、语言这四个基本方面入手。

1. 主题的修改

主题是一篇文章的灵魂,修改文章首先应考虑主题是否正确、集中、鲜明、深刻,能否对事物的本质和客观规律作深刻的揭示与明确的反映。经常出现的问题是文章的立意不正确,缺乏深度或观点片面、模糊。

在一般记叙性文章和文艺性作品中,主题的修改主要是要求作者考虑如何使文章主题更正确、更深刻。这方面突出的例子是列夫·托尔斯泰创作《复活》,历时十年,其间两次大的修改都是主题的变化。小说最初是一个中篇,写一个贵族青年出于悔罪要与一个犯了偷窃罪的妓女结婚,因他是这个妓女堕落的罪魁,但结婚前这个妓女却病故了,使贵族青年深受自责。小说的主题纯属道德心理范畴。五年之后,托尔斯泰重写这个故事,把主题深化为批判当时的社会制度,小说的情节、人物形象等也发生了较大的变化,结局写的是贵族青年与妓女结婚并迁居国外,这样一个喜剧结尾削弱了作品的批判意义。由于对前面几稿的不满意,他反复思索,终于在思想上有了新的突破,他再次修改,到1899年最后定稿的《复活》,主题改为抨击沙皇专制制度的罪恶,把小说中人物的悲剧命运与社会制度结合起来,情节、人物形象也比之前有了较大的变动,作品的主题显得更为深广。他的另一名著《安娜·卡列尼娜》的创作过程也与《复活》相似,由最初写一个家庭悲剧改为最后所表现的一个社会悲剧,揭示了俄国宗法统治的社会制度的黑暗,有力地批判了沙皇制度的暴政,使小说主题更为深入。

在议论性的文章中,主题思想是通过具体观点来体现的。观点有错误、不当之处或片面化,都必须加以纠正修改。1978年,南京大学哲学系的一位教师写了一篇题为《实践是检验真理的标准》的文章,着重从理论上阐述了实践与真理的关系。编辑与作者商讨后,经过五次大的修改,到第五次定稿时,题目改为《实践是检验一切真理的标准》。这时的文章已有了一定的理论深度,但总体仍偏重于历史的叙述和理论的阐说,现实针对性不够强,特别是没有针对当时阻碍拨乱反正的“两个凡是”的观点进行有力的分析批判,为此,《光明日报》编辑部、中央党校理论研究室的同志和作者共同商讨对该文再作修改。又经过几次大的变动,最后的题目定为《实践是检验真理的唯一标准》,文章的主题也得到了很大的深化,经中央有关领导同志审阅,1978年5月10日在《光明日报》上公开发表,在全国范围造成了巨大的影响。

2. 材料的增删

文章初稿完成后,材料选用方面的问题还要仔细斟酌。内容单薄,对主题表现乏力的要增补;材料堆砌过多的要删节;选用材料不够典型、真实的要调换、校正。

列夫·托尔斯泰在《复活》中,对玛丝洛娃出庭受审时有这样一段肖像描写:一个小小的年轻女人,外面套一件灰色的囚大衣。她头上扎着头巾,明明故意地让一两绺头发,从头巾里面溜出来,披在额头。这女人的面色显出长久受着监禁的人的那种苍白,叫人联想到地窖里储藏着的番薯所发的芽。两只眼睛又黑又亮,虽然浮肿,却仍旧放光,其中又一只眼睛稍稍有点斜睨。这段描写是作者修改了二十次后才定下来的。而在他的第一稿中,玛丝洛娃的肖像描写是这样的:她是一个瘦削而丑陋的黑发女人,她所以丑陋,是因为她那个扁塌的鼻子。对比着看,第一次描写只突出了女主人公丑陋和堕落的一面,而定稿时人物的形象和性格就一致了。明亮的眼睛,让人想起玛丝洛娃(卡秋莎)的少女时代,表现了淳朴的下层妇女的美好心灵,头巾外的头发、浮肿的眼睛、惨白的脸色,则显示了被侮辱损害者的精神创伤和内心痛苦。经过作者大幅度地增删材料,一个饱经风霜、被公子哥侮辱和损害的妇女形象,就栩栩如生地出现在读者面前。

巴尔扎克的《欧也妮·葛朗台》从 1833 年到 1843 年有多个版本,作者对其中的材料作过多次改动。例如,老葛朗台总是预先结算投机生意的利润。初版中,结算比实际利润要少些,而在 1943 年版中,利润超过他结算的两倍多。这些数字在叙述过程中,不是无意义的,而是显露了人物的本色。作者以数字刻画出老葛朗台不仅是聪明的投机家,还是一个典型的吝啬鬼。又如,写老葛朗台的领带,1833 年的版本中,老葛朗台打白领带,后来就改为打黑领带。鉴于老头的吝啬,黑领带的确合适。

3. 结构的调整

修改时要进一步完善文章的布局,反复斟酌,使文章结构严谨自然。结构的调整应注意六个方面:层次、段落、开头、结尾、过渡、照应。针对这些方面存在的问题如布局混乱、层次段落连接不紧密、结构缺失等,作相应的调整。

鲁迅的名篇《藤野先生》中有一处层次调整的范例:

> 初稿:我就到了仙台,这地方在北边,冷得厉害,还没有中国的留学生。从东京出发,不远便到一处驿站,写道:日暮里。不知怎地,我到现在还记得这名目。其次却只记得水户了,这是明的遗民朱舜水先生客死的地方。

> 修改:我就往仙台的医学专门学校去。从东京出发,不久便到一处驿站,写道:日暮里。不知怎地,我到现在还记得这名目。其次却只记得水户了,这是明的遗民朱舜水先生客死的地方。仙台是一个市镇,并不大;冬天冷得厉害;还没有中国的学生。

这段文字修改之后,把原来先写仙台再倒叙从东京出发,介绍沿途情况改为顺叙,以路线为线索,显得层次清晰,结构严密。一改原稿层次不明、语句不畅的毛病。

《复活》结构的改变也是一个典型的例子。最初的草稿是一个顺叙结构,以男主人公的口吻从他少年时期说起,因小说主题的变动,后来的结构采用了倒叙的手法,小说的开头写的是成年后的男主人公参加庭审,女主人公作为被告,写法律的谎言和人们要求审判的公正。这个开头对于表现小说的主题比之初稿要显得有力得多。

4. 语言的锤炼

语言的锤炼即对文章中的字、词、句、语段进行改动调整,力求使文章的语言表达更加准确完美。由于在文章起草过程中,为了不对思路的连贯造成影响,往往来不及对语言进行润饰,所以到了修改阶段,大量工作就要落在语言文字方面。

语言的锤炼是写作中最后一项工作,古人云:先炼意,再炼句。虽然只是字句上的修改,但与文章主题的表达、人物形象的刻画等还是密切相关的,因此不恰当、不简洁的字句当然要改,但更重要的是进一步锤炼字句,提高语言表现的技巧。正如诗人臧克家所说:"下一个字像下一个棋子一样,一个字有一个字的用处,决不能粗心地闭着眼睛随意安置。推敲好了它的声音,取好了它的颜色,审好了它的意义,给它找一个只有它才适宜的位置把它安放下,安得牢,使人看了只能赞叹,却不能给它调换。"[①]

对一般写作者而言,要尽可能使用准确生动、简洁的语言,对生造词语、词类误用、词义混乱等用词不当、词不达意的毛病,要坚决改掉,对结构残缺、结构混乱、搭配不当等不合语法的句子,要注意改正,使之合乎语言规范。唐代作家皮日休说:"百炼成字,千炼成句。"好的字句

---

① 转引自段轩如,杨杰.写作学教程.北京:中国人民大学出版社,2004.94.

是通过作者反复推敲修改而来的。而对专业作者来说,则要在此基础上,进一步提高语言表达的艺术性。

丹麦作家安徒生的童话是大家非常熟悉的。作者在写作过程中为了使文章形象生动而对文章语言进行了大量修改。请看《皇帝的新装》中一例。原文:老姬方才醒悟,美丽的脸立刻转为灰色,抖抖索索改口道,"不是。是沾湿了你的衣裳……"修改后为:妃子立刻醒悟了,粉红色的脸变成灰色,颤颤抖抖地说:"不,不是,是衣服脏了……"骄横而愚蠢的皇帝自以为穿着凡人看不见的美丽衣服,实际却光着身子,妃子不小心说走了嘴,吓得变了脸色。原文中"美丽"的含义不够具体,不能给读者直觉的感受,改为"粉红色"就显得形象生动许多,能让读者具体形象地看到妃子被惊吓后神色的变化。

著名作家陶铸对《太阳的光辉》一文的修改可作为一个范例。其中有这么一段话:还是看看那普照大地的太阳吧,你看它从早到晚,把它的光和热照在每一个角落,从不吝啬,从不偏袒,从不计较报酬,它那样大公无私,那样一心一意地为人民发射光和热,这是何等宽阔的胸怀! 作者在修改中把这段话中的"照在"换成"送到",把"发射"换成"发出"。"照"是把光线射在物体上的意思,原句从语法角度来看,主谓的搭配显然不当,"热"不能说照射,改动后,不仅避免了原句的毛病,还进一步突出了太阳处处造福于人类的伟大精神。

鲁迅在《为了忘却的记念》中有一首诗:惯于长夜过春时,挈妇将雏鬓有丝。梦里依稀慈母泪,城头变幻大王旗。忍看朋辈成新鬼,怒向刀丛觅小诗。吟罢低眉无写处,月光如水照缁衣。诗中第一句"过春时",原来是"度春时",经过仔细推敲,改为"过"。后面的两句"忍看朋辈成新鬼,怒向刀丛觅小诗",原来"忍看"写作"眼看","刀丛"写成"刀边"。作者这一番改动后,虽说只是几个字,但表达的思想情感却比原先要强烈许多,充分表现了鲁迅当时的悲愤心情及对敌人的强烈仇恨。

清代小说家蒲松龄主张用语要以少胜多。从他《聊斋志异》手稿的修改本上,我们可看出他为了一字一词、一段话,斟酌再三,极其认真。例如《青梅》中的一段。原文"尼给之曰:'消息大好。劝语之,词语生硬,赖我磨烂三寸舌,始说得石姑姑略一眨眼。公子勿急,三两日管有佳梦作也。'"先改为"尼甘语承迎,但请缓以三日,致文为期"。最后改为"尼甘语承迎,但请缓以三日"。经过两次改动,使表达言简意赅,意味深长。后人为此评论道,蒲松龄能"数言了之"别人"数十百言未尽者",但是,其语言效果"反觉有数十百言在其笔下"。

概括地说,修改是一个对文章"增、删、调、改"的过程。增,就是增加、补充有关内容;删,就是对某些材料或语句进行必要的删削;调,就是对结构顺序或某些词句进行逻辑或表达上的调整;改,就是对原文的语言进行必要的润色和锤炼。此外,文章的文面、行款格式等也要注意。

修改的四种方法

文章的修改并没有固定的方法,往往因人而异。一般来说,人们常采用以下五种方法进行修改。

1. 热改法

热改法,是指文章初稿完成之后,趁热打铁,立即进行修改。这种修改方法的优点是显而易见的,因为作者这时对原文的主题、结构、材料等还记忆犹新,各方面存在的问题较为容易发现,行文过程中感觉有问题的地方,这时的印象也还比较清晰,改动起来就方便得多。巴尔扎克把这种趁热打铁的修改方法称为"文艺烹调工作"。他自己就常常采用这种方法修改文章。

但这种方法同时也不可避免地会产生一些问题,作者初稿完成时还处在创作的一个兴奋时期,对某些使用不当需要删改增补的地方就不太容易发觉。

2. 冷改法

冷改法,就是作者在文章初稿完成后,放上一段时间再来修改的方法。一般来说,作者写完初稿后的一段时间,整个创作思维还处在一种延续状态下,这时文稿中的一些问题不易发觉,等这段时间过后,当人冷静下来,换一个思维角度再看自己的文章,会比较容易发现之前没有发觉的原文中的一些错误缺陷。李渔《闲情偶寄》中的一段话说的就是这个意思:"文章出自己手,无一非佳;诗、赋、论,其初成,无语不妙,迨易日经时之后,取而视之,则妍媸好丑之间,非特人能辨别,我亦能自解雌黄矣。"

俄国文豪果戈理就经常采用这种方法来修改文章。他曾经这样说:先把所想到的一切都不假思索地写下来,虽然可能写得不好,废话过多,但一定要把一切都写下来,然后就把这个笔记本忘掉吧。之后,经过一个月,经过两个月,有时还要经过更长的时间(听其自然好了),再拿所写的东西重读一遍:您就会发现,许多地方写的不是那么回事,有许多多余的地方,但有的缺少某些东西。您就在稿纸旁边修改吧,做记号吧,然后再把笔记本丢开。……依我看需要这样改八遍……我改八遍。只有亲自动手修改八遍之后,作品从艺术上来说才算是完成了,成了最精美的杰作。①

3. 诵改法

诵改法是一种基本且有效的修改方法。利用人的语感,容易发现文字上的缺陷。一边读,一边想,遇到读起来不顺畅的地方,就可能是有问题的地方,可及时加以修改。

古代一些诗人写诗,总是反复吟唱,直改到顺口为止。贾岛"推敲"是千古佳话。杜甫云:"陶冶性灵存底物,新诗改罢自长吟",他诗写完了,还要反复长吟诵读,在诵读中发现问题,然后再改。写诗如此,作文也需如此。一些有经验的作家很重视这种修改文章的方法。老舍说:文章写完念一念,那些不恰当的字句,不顺口的地方,就显露出来了。叶圣陶也认为这种方法有效验,念下去觉得不顺当,顿住的地方,就是需要修改的地方,再念几遍,修改的办法也就来了。

4. 求助法

在初稿完成后,请别人帮助修改的方法,是一种较好的方法。俗话说:旁观者清,当局者迷。作者对于自己的文章往往看不出毛病,正所谓"敝帚自珍"。而别人由于角度不同,可以发现文章中的问题。一个人写文章,不周之处在所难免,文章写完后请别人来看看,听听别人的批评,是一个很好的方法。

我国古代就有文人之间互相点评文章、切磋写作技艺的风气。晋代颜之推在《颜氏家训·文章篇》中指出:"学为文章,先谋亲友;得其评论者,然后出手。慎勿师心自任,取笑旁人也。"唐代大诗人白居易说:"凡人为文,私于自是,不忍于割截,或失于繁多,其间研媸,益又自惑;必待交友有公鉴无姑息者,讨论而削夺之,然后繁简当否,得其中矣。"(《与元九书》)

---

① A.科瓦寥夫.文学创作心理.金健人,陈建新.写作概论.杭州:浙江大学出版社,2004.1.

第 4 章 审美文体

◆ 文体概述
◆ 诗歌、散文、小说、戏剧文学、影视文学这五种主要审美文体的含义、特点、类型和写作方法

文体概述

【提要】

◇ 审美文体的概念
◇ 审美文体的特点
◇ 审美文体的五种样式：诗歌 、散文、小说、戏剧文学、影视文学

审美文体的概念

审美是人类对客观存在物的一种欣赏和体验活动。审美文体就是指那些具有审美特质的，能使读者在欣赏过程中获得精神上的愉悦和共鸣，从而使心灵得到陶冶，认识得到提高，审美能力和情趣得到培养的文学文体。

审美文体主要通过艺术形象反映社会生活，表达思想感情。它由写作主体和接受客体借助各自的知识、阅历、情感体验共同完成艺术形象的创造，实现审美目的的。写作主体运用文学语言的描述功能和情感功能塑造感性的艺术形象，通过展现人和事物的感性特征作用于接受客体的感官，从而引发接受客体的审美感受，使其产生精神的共鸣，体验到发现艺术形象美的愉悦。

审美文体是创作者情感、审美体验和价值取向的反映。它使生活现象所包含的哲理和意蕴得到形象化的体现，使人们对社会和自然，对真善美有更深刻的体验，使道德情操得以"润物细无声"般的陶冶和培养。

审美文体的特点

审美文体的主要特征是鲜活的形象性和丰富的情感性。具体有以下五个特点：

1.写作者主要以形象思维为主导进行艺术创作,采用具象化的典型概括方法和意象化的情感表达方法,使无形的情感有形化、特征化。

2.表达方式以叙述、描写、抒情为主。

3.较多地运用动词、形容词、叹词等具有描绘性、富于感情色彩的词语。

4.句式多变,讲究描写句、感叹句、短语等各种句式的运用。

5.广泛使用如比喻、拟人、夸张、借代、双关、通感等描绘性的修辞手法。

审美文体的五种样式

诗歌、散文、小说、戏剧文学、影视文学是审美文体的主要样式。在这些文学样式中,诗歌是起源最早、历史最悠久的;散文是最自由灵活、文情并茂的;小说是读者最多的;戏剧文学是供舞台演出的文学剧本;影视文学是为影视作品创作的文学剧本。这些文学样式在写作手法上又呈现出各自不同的特点和要求。

诗　歌

【提要】

◇ 广义和狭义的诗歌

◇ 诗歌的五个特点:抒情性、含蓄性、形象性、凝练性、音乐性

◇ 诗歌的分类

◇ 诗歌写作的四个要点:捕捉灵感、精心构思、创造意象、锤炼语言

广义和狭义的诗歌

诗歌是文学发展史上最古老的文学样式,各民族的文学发展史几乎都源于诗歌。早在远古时代,人们在劳作时为协调动作和交流情感而发出具有一定节奏感的呼声,这可以说是最早的诗歌。《淮南子·道应训》中记载:"今夫举大木者,前呼'邪许',后亦应之,此举重劝力之歌也。"鲁迅先生在《且介亭杂文·门外文谈》中对诗歌的产生作了十分形象的描述:"诗歌是韵文,从劳动时发生的……人类在未有文字之前,就有了创作的,可惜没有人记下,也没有法子记下。我们的祖先原始人,原是连话也不会说的,为了共同劳作,必须发表意见,才渐渐地练出复杂的声音来。假如那时大家抬木头,都觉得吃力了,却想不到发表。其中有一个叫道'杭育杭育',那么这就是创作。……倘若用什么记号留存了下来,这就是文学;他当然就是作家,也就是文学家,是'杭育杭育'派。"

关于诗歌的具体定义,古今中外可说是众说纷纭,莫衷一是。如商务印书馆 1928 年出版的杨鸿烈的《中国诗学大纲》曾列举了中国古今关于诗的定义达 40 种之多。美国当代诗人桑德堡在《诗的定义(初型)试拟》中,也一口气列出 38 条诗歌定义。可见,由于诗歌创作的主观

性非常强,诗学关于诗,就像美学关于美一样,很难有一个公认的定义。

一般认为,诗有广义和狭义之分①。广义的诗,是指一切艺术(包括作为语言艺术的文学)的通称,是自然美、艺术美和人生美的代名词,是人类观照世界的一种方式,是人的灵魂逃逸现实后的栖息方式。

而狭义的诗,根据它的特点,我们把它定义为是一种能高度集中地概括、反映社会生活,重在抒情,饱含作者丰富的思想情感和想象,语言精练而形象性强,具有一定的节奏和韵律的,与散文、小说、戏剧文学和影视文学相并列的一种文学样式。我们本节着重讨论的是狭义的诗。

诗歌的五个特点

1. 抒情性

抒情是诗歌最本质的特点。"诗是一种主情的艺术",关于这点,古今中外的人们都有很深的认识。陆机在《文赋》中说:"诗缘情而绮靡。"严羽《沧浪诗话》中指出:"诗者,吟咏性情也。"诗人白居易认为:"诗者:根情,苗言,华声,实义。"(《与元九书》)鲁迅先生说:"诗歌是本以抒发自己的感情的。"郭沫若先生说:"诗的本质专在抒情。"别林斯基说:"情感是诗的天性中一个主要的活动因素;没有情感就没有诗人,也没有诗。"英国诗人华兹华斯说:"诗是强烈感情的流露。"

确实,诗歌是作者主观感情的自然真实的流露,是作者对客观世界的感悟,是作者对社会生活的审美体现,是作者心灵的诗,灵魂的歌。

且听俄国著名诗人普希金是如何在逆境挫折中抒发对生活的热爱的:

"假如生活欺骗了你"

(1825 年)

假如生活欺骗了你

不要悲伤 不要心急

忧郁的日子里须要镇静

相信吧 快乐的日子将会来临

心儿永远向往着未来

现在却常是忧郁

一切都是瞬息

一切都将会过去

而那过去了的

就会成为亲切的回忆

这是一首普希金写于被沙皇流放日子里的诗。虽然诗人这时被迫与世隔绝,但却仍没有丧失希望与斗志。他热爱生活,执著地追求理想,相信光明必来,正义必胜。在诗中,诗人以饱满的乐观情绪鼓舞人们:"不要悲伤,不要心急!"要始终相信那"快乐的日子将会来临"。诗歌真切地抒发了诗人的人生感悟,揭示了生活的真谛:"心儿永远向往着未来","一切都将会过

---

① 毛翰.广义的诗与狭义的诗.书屋.2002,(10)

去/而那过去了的/就会成为亲切的回忆"。

再来看一首爱尔兰著名诗人叶芝的诗：

当你老了

当你老了
头白了　睡思昏沉
炉火旁打盹　请取下这部诗歌
慢慢读　回想你过去眼神的柔和
回想它们昔日浓重的阴影
多少人爱你青春欢畅的时辰
爱慕你的美丽　假意或真心
只有一个人爱你那朝圣者的灵魂
爱你衰老了的脸上痛苦的皱纹
垂下头来　在红光闪耀的炉子旁
凄然地轻轻诉说那爱情的消逝
在头顶的山上它缓缓踱着步子
在一群星星中间隐藏着脸庞

我们在读叶芝的这首短诗时，可以感受到一种浓浓的爱意，这是一种平和、深情、坚持的态度。这是任何人都读得懂，任何人都可以感受的一种平凡但却深刻的情感。"只有一个人爱你那朝圣者的灵魂/爱你衰老了的脸上痛苦的皱纹"，这是一个多么深情的呼唤，也是一个多么刻骨铭心的承诺。诗歌的抒情有着一种打动人的力量，而正是这种力量才能赐予读者"真"的体验和审美愉悦，才能引起读者情感上的共鸣。

2.含蓄性

诗贵含蓄。含蓄美是诗歌的一个基本特点。所谓含蓄就是含而不露，蓄势待发，耐人寻味。欧阳修说含蓄是"状难写之景如在目前，含不尽之意见于言外"；司空图认为含蓄是"不著一字，尽得风流"；当代诗人艾青则说："含蓄是一种饱满的蓄藏"。可见，诗就是以极少的语词或形象，表现极丰富的生活内容和思想感情。"诗无达诂"，就是要以它的有限传达无限，以少胜多，用富于概括性和内涵丰富的形象去遥指天外，以瞬间表现永恒，留给读者以无尽的想象空间。在诗中，一些简单意象所包含的也许就是诗人强烈的感情、深刻的思想。看以下这首当代诗人顾城的诗：

一代人

黑夜给了我黑色的眼睛
我却用它寻找光明

作为我国新时期朦胧诗派的代表人物，顾城被称为是以一颗童心看世界的"童话诗人"，他的诗作纯真无瑕、扑朔迷离，简约的词句里面不乏深刻的东西。在这首充满梦幻和童稚的诗中，每个语词都那么简单，但在简单的词句后面却蕴涵着丰满的内容，使我们感受到一种哲理似的深刻。全诗只有短短的两句诗，却冠以一个博大的题目，揭示了一个庞大的主题，充分显示了含蓄的魅力。结合作者的生活历程,我们可以明白,诗中"黑夜"意指"十年浩劫","一代人"指在那个特定历史阶段中成长起来的当代中国人。同时,透过诗的语言载体,我们还可以领略到诗的容量常能凭借艺术的魔力而无限扩大。大家不妨做这样超越时空的联想:在屈原、杜甫、鲁迅等等不同时代的人物身上,我们不也看到"一代人"的形象,他们都在"黑夜"中生存,他们都具有特别敏锐的"黑色的眼睛"。诗歌就是如此,诗人只是稍作点拨,留给读者的却是超越了字面意义上的无限宽广的想象空间。

3. 形象性

诗歌用形象思维。形象是一种饱含着某种思想感情的极富感染力的具象和境界,它能把某种类型的意境的美传神地描述出来,让我们凭借自己的审美经验去领会,去想象,去再创造,并藉此触发我们的美感联想。如毛泽东著名的《沁园春·长沙》上阕:

　　独立寒秋,湘江北去,橘子洲头。看万山红遍,层林尽染;漫江碧透,百舸争流。
　　鹰击长空,鱼翔浅底,万类霜天竞自由。怅寥廓,问苍茫大地,谁主沉浮?

由诗中展现的橘子洲头秋景的画面我们可能会联想到毛泽东的《采桑子·重阳》中的名句"一年一度秋风劲,不似春光,胜似春光";也可能会联想到唐代诗人刘禹锡《秋词》中的"自古逢秋悲寂寥,我言秋日胜春潮";也可能会联想起马致远的《天净沙·秋思》中展现的另一种深秋羁旅图景。诗中的"万山红遍"的"层林",也许会让我们联想到杜牧的"霜叶红于二月花",联想到陈毅的"西山枫叶好,霜重色愈浓"。而"漫江碧透"一句也许又会让我们联想起白居易的"春来江水绿如蓝",联想起王勃的"落霞与孤鹜齐飞,秋水共长天一色"来。"百舸争流"又会使我们联想起李白的"轻舟已过万重山"。目睹毛泽东笔下的壮丽秋景,联想古今诗人对祖国大好河山的赞美,怎能不让人油然而生"江山如此多娇"的感叹!我们阅读时的这些联想和毛泽东词的内容相互补充,交相辉映,极大地丰富了诗歌的内容,有效地拓展了诗的意境,使我们在审美的过程中获得了极大的愉悦和共鸣。

诗人还往往借助各种最有特征的形象来表达复杂多变的情感世界,用最简练的文字来表达丰富的内容,以独特的形象来表现全体。优秀的诗作往往抓住现实生活中最能打动人心的独特情景作为艺术创作的焦点,在形象的描述中引起读者的情感共鸣。如被称为"雨巷诗人"的戴望舒在他的作品《雨巷》中,就在我们面前描绘了一幅梅雨时节江南小巷的阴沉图景,并借此构成了一个富有浓重象征色彩的抒情意境。"我"、"雨巷"、"姑娘"等形象也许并非生活中的具体写照,但是这一幅忧伤空寂的画面却打动了无数读者的心。且不说它深刻的象征性,光是这一种形象性就足以与一幅优美的画作媲美了,可谓"诗中有画"。而那位撑着油纸伞的姑娘的凄清背影也因此伫立在很多人的心间。

4. 凝练性

诗贵凝练。诗歌的语言要求更集中、更概括地反映生活,因而容不得冗长的叙述和空洞的说教。试想,多数诗歌仅用区区几十字就勾勒出一个完整的表述空间,其语言的凝练性自不待言,它要求诗人用最简练的字句来表现最丰富的内涵,正所谓"沙里淘金"。所以诗歌的语言要比一般口语和散文语言更凝练,更含蓄。诗歌语言的高度凝练,有赖于诗人的刻苦锤炼和精心推敲。中国古代的诗歌创作有所谓"炼字"、"炼句"之说,即是指对诗歌语言的锤炼而言。

曾经有一首题为"生活"的诗广为传颂,其内容就一个字:"网"。细想开去,却有多少韵味在其中。如果说组成诗歌的语词是内涵的话,那么显然,对意象的把握就能得到广泛意义上的补充与延伸。诗的凝练应该不只是减词缩句,而是以小的生发出大的。如马致远的被誉为"秋思之祖"的《天净沙·秋思》这首小诗,只有 28 字,却描绘了一个漂泊天涯的游子秋日黄昏行旅的图景,表现了游子悲秋怀乡、难以言喻的惆怅心情。开头用"鼎足对",由九个名词、九个景物有机地连缀在一起,构成一幅萧瑟苍凉的秋日图景,这种排列有些类似于现代诗歌中的"意象跳跃"的手法,旨在用丰满的形象、凝练的词句表现天涯游子的孤寂痛楚之情。难怪王国维在《人间词话》中称赞它"寥寥数语,深得唐人绝句妙境"。

5. 音乐性

诗从产生之日起就是和音乐结合在一起的。由于最初的富有节奏感的口头创作大都存在于劳动过程中或劳动前后的宗教和娱乐活动中,而这些活动往往又伴随着音乐和舞蹈,所以早期的诗歌常和音乐、舞蹈合为一体。《毛诗序》这样记载:"诗者,志之所之也;在心为志,发言为诗。情动于中而形于言,言之不足,故嗟叹之,嗟叹之不足,故咏歌之,咏歌之不足,不知手之舞之足之蹈之也。"每首原始诗歌,几乎都可合乐而唱。《诗经》、乐府诗和历代词曲都曾经配乐歌唱。虽然后来在诗歌的发展过程中逐渐与音乐分离,但诗歌语言的这种音乐的特性,却一直保留了下来。

诗歌语言的音乐性,主要表现为节奏和押韵。

诗的节奏,是指由于语音排列次序不同而形成的有规律的抑扬顿挫。中国古体诗的节奏主要在于平仄和顿的安排。一般说来,四言诗是二二拍的节奏,即每句两顿,每顿两个字;五言诗每句三顿,每顿两个字或一个字;七言诗则每句四顿,每顿两个字或一个字。这是指句内节奏,除此还要注意章内的节奏。如《诗经》中《氓》的第一章:

> 氓之/蚩蚩,抱布/贸丝。匪来/贸丝,来即/我谋。送子/涉淇,至于/顿丘。匪
> 我/愆期,子无/良媒。将子/无怒,秋以/为期。

再如《诗经》中《秦风·无衣》第一章,注意句内和章内的节奏和停顿。

> 岂曰/无衣? 与子/同袍。(稍停)王于/兴师,(快连)修我/戈矛,(稍停)与子/
> 同仇。

近体诗(格律诗)以及词曲的节奏要求更为严格,除了顿和字数的限制以外,还要合乎一定的平仄格律。按每个字的音调的高低升降,分成平声字和仄声字,在诗句中按一定格式交替使用,并和顿的安排结合。这种平仄的要求不仅加强了诗句内部的抑扬和声调的变换,而且加强了诗句间的对照,从而增强作品的旋律感,使全诗产生更悦耳的音乐效果。如以下这首王之涣《登鹳雀楼》的格律:

> 白日依山尽,(仄仄平平仄)
> 黄河入海流。(平平仄仄平)
> 欲穷千里目,(平平平仄仄)
> 更上一层楼。(仄仄仄平平)

诗歌音乐性的另一个表现是押韵。押韵就是在诗句的末尾使用韵母相同的字,所以又称韵脚。中国的古体诗大多是除第一句外单句不押韵,双句押韵。当然也有每句押韵或押韵无定则的。近体诗的押韵规定比较严格,除第一句外单句绝不押韵,双句必须押韵。现代诗歌包括自由诗在内押韵的方式比较自由,有句句押韵的,有双句押韵的,也有无定则押韵的。

押韵能增强诗的音乐性,有助于情感表达,有韵的诗,读起来朗朗上口,悦耳动听。如徐志摩的《再别康桥》,写得就像是一首肖邦的小夜曲。这首诗每四行一节,每一节诗行的排列两两错落有致,每句的字数基本为六七字(间有八字),在参差变化中见整齐。每节押韵,逐节换韵,追求一种音节上的波动和旋律感。而叠字"轻轻"、"悄悄"的反复运用,更增强了诗歌轻盈的节奏。诗的第一节旋律上带着细微的弹跳性,仿佛是诗人在用脚尖着地走路的声音,第二节在音乐上像是用小提琴拉满弓奏着欢乐的曲子。优美的节奏随着诗人的足迹而来,又契合着诗人感情的潮起潮落,有一种独特的审美快感。这首诗的音乐性使得诗作自然清新,体现了徐志摩的诗美的艺术主张。我们知道,徐志摩是主张艺术的诗的。他深崇闻一多音乐美、绘画美、建筑美的诗学主张,而尤重音乐美。他曾经在《诗刊放假》中说:一首诗的秘密也就是它的内含的音节的匀整与流动。……明白了诗的生命是在它的内在的音节(Internal-rhythm)的道理,我们才能领会到诗的真正趣味;不论思想怎样高尚,情绪怎样热烈,你得拿来彻底"音乐化"(那就是诗化),才可以取得诗的认识。

诗歌的分类

诗歌的分类,从表达内容上分,主要有抒情诗和叙事诗;从表现形式上分,有格律诗、自由体诗、散文诗、民歌等。

1. 抒情诗、叙事诗

抒情诗是指通过直接抒发诗人的思想感情来反映社会生活,没有完整的故事情节和人物形象的诗。抒情诗因其内容的不同,可分为颂歌、哀歌、挽歌、情歌等,其中情歌占的比重较大。

叙事诗是指有比较完整的故事情节和人物形象的诗。如史诗、英雄颂歌、故事诗、诗剧等。

2. 格律诗、自由诗、散文诗、民歌

格律诗是指形式有一定规格,音韵有一定规律的诗。它要求篇有定句,句有定字,讲究对仗、平仄、押韵。中国古典格律诗中常见的形式有五言、七言的绝句和律诗。

自由诗是指语言不讲究格律,诗的段数、行数、字数也没有严格的规定的诗。它的字数可随诗意的变化而变化,韵律灵活,依靠短语、句子、段落的参差变化来形成诗歌的韵律和节奏。

散文诗是介于诗和散文之间的一种新兴诗体。它重在抒情,语言精练,篇幅短小,不分行排列。具有诗的意境和激情,多用象征、暗示,但语言比抒情散文更凝练。

民歌是指民间的"歌",是劳动人民口头创作的诗歌,它是一种集体智慧的结晶,具有浓郁的地方色彩。它"感于哀乐,缘事而发"(《汉书·艺文志》),具有独特的审美特质。包括山歌、童谣、秧歌、信天游、道情、渔歌、夯歌、拉纤号子等十几种地方民歌。

诗歌写作的四个要点

写作诗歌特别要注意以下四个方面:捕捉灵感、精心构思、创造意象、锤炼语言。

1. 捕捉灵感

写诗需要灵感。诗人艾青在《诗论》中指出:"灵感"是诗人瞬即消逝的心灵的闪耀,是诗人的主观情思与客观世界最愉快的邂逅。这种邂逅表现为某一瞬间对某种事物的突然感悟,就好似灵光一闪,恍然开窍。实际上,这是作者对某事长期冥思苦想的结果,只是在某一个契机突然爆发出来。由于灵感具有突然、独特、模糊性的特点,所以灵感入诗,会使作品更新颖独特。艾青有许多诗就是来源于生活中捕捉到的灵感。如他的《回声》:

　　　　　她躲在峡谷
　　　　　她站在山崖上

　　　　　你不理她
　　　　　她不理你

　　　　　你喊她，她喊你
　　　　　你骂她，她骂你

　　　　　千万不要和她吵嘴
　　　　　最后一声总是她的

　　回声作为一种自然界的现象，或许你我都感受到过，但是诗人却从这种平凡的现象中捕捉到了灵感，由此联想到了社会现实生活中那些专横、刁蛮、泼辣的社会典型，于是就有了这首有着对生活独特感受的诗。

　　2. 精心构思

　　有了灵感并不等于就能创作出优秀的作品，接下来还需要作者对在灵感的基础上产生的题材进行精心的构思。构思可以说是一种灵感产生以后的有意识的思考，通过这种思考，理清作者的思路，使作者对题材有一种更深刻的内心情感的体验和独特新颖的感受。在构思过程中，我们可以注意选取一个与众不同的角度来抒发自己的感觉，从而写出诗的新意来。如李白的《渡荆门送别》诗的最后一联，构思就十分奇巧，选取的角度也十分新颖。"仍怜故乡水，万里送行舟"，李白第一次离开熟悉的故乡的山山水水"辞亲远游"，难免会在欣喜之余对故乡有无限的留恋，但他不说自己对家乡的思念，却说从家乡来的江水一路上对自己殷勤呵护，万里护送。选取表现的角度一变，这首送别诗就显得别具一格。

　　3. 创造意象

　　别林斯基在《一八四七年俄国文学一瞥》中说："哲学家用三段论法，诗人则用形象和图画说话，然而他们说的都是一件事。"诗歌用形象思维，用意象说话。

　　所谓意象，是客观物象与诗人主观情思融合的产物。在诗歌创作过程中，客观景物被感情化了，主观情感融合在景物刻画之中。呈现在诗中的景物经过诗人主观情思的熔铸，并且被诗人情感的链条连接起来，意象中的"意"（主体情感、感受）和"象"（客体形象、性质）之间的结合状态就会呈现种种差别，从而形成一系列新鲜、独特乃至变形的审美意象和意象组合，给人以一种全新的艺术感受和审美情趣。

　　诗歌创造意象有以心写物和缘心造物两种方式。前者主要来自作者的生活体验和感官印象，侧重情景交融地抒写；后者则根据情志抒写的需要，可在原来的生活体验和感官印象上极力展开想象和联想。

　　如当代著名女诗人舒婷的《祖国啊，我亲爱的祖国》，就使用了"老水车"、"矿灯"、"路基"、"驳船"这些精心选择、新颖独创的意象，这些意象几乎难以在此前赞颂祖国的诗中找出。而正是这些新颖独特意象的选用，使这首诗歌独具深远的意境和极强的艺术感染力。

　　又如顾城的《眨眼》一诗中："彩虹，/在喷泉中游动，/温柔的顾盼行人，/我一眨眼——/就变成了一团蛇影。""彩虹"、"蛇影"本是人们心目中两种截然不同的美丑物象，但在诗人眼中却眨眼之间两者重叠交换,美丽变成了丑陋,实际上,这却映射出了诗人无形的心灵世界。诗人崇尚美、追求美,但美的东西往往会转瞬之间变得丑陋不堪。在这里,物象之间的叠合实际上是诗人内心不同情感的叠合,物象流露出了诗人的内心情感,而诗人的内心情感又通过物象反映了出来,从而真正做到了缘心造物。

4. 锤炼语言

诗歌的语言要求高度凝练,因此,我们在写作诗歌时,就必须努力锤炼语言。

诗歌的语言有别于我们日常的实用语言,它是一种意象化了的语言。意象是一种具象化了的感觉与情思,它有着直觉性、表现性、超越性的特点,因此,它更符合诗人主观的情感活动,但却可能会有违客观的语法规律。不过,这在诗歌的创作中,却是被允许的。就如诗人艾略特所说,只有"扭断语法的脖子",才能成为诗的语言。像一些有违语法的现象,如词性活用,词序的颠倒,词语的移用,词语的不当搭配等等,如果运用得当,就会使意象更加鲜明,使读者产生丰富的联想和想象,从而获得独特的审美愉悦和感受。如李瑛的《雨中》:"一朵云/拧下一阵雨/匆匆地掠过车篷。"一个"拧",一个"掠",多么生动传神,给人以无限的想象空间。

同时,我们还可注意赋、比、兴、通感等各种艺术表现手法的运用。如顾城在他的《爱我吧,海》一诗中这样写道:"声音布满 /冰川的擦痕",声音本来是诉诸我们耳朵的,本是无形的,但在诗人笔下,声音却成了一个有形的身体,身上布满了被冰川擦伤的伤痕,无声的听觉形象被表现为有形的视觉形象,这种通感手法的运用读来顿时让我们觉得耳目一新。

散　文

【提要】

◇ 广义和狭义的散文

◇ 散文的三个特点:自由的、美的、真实自然的

◇ 散文的分类

◇ 散文写作的四个要点:立意高远,创设意境;发现线索,形散而神不散;真情实感,写出自己;朴实而精美,自然而富情韵的语言

广义和狭义的散文

散文的产生比诗歌较晚,它是人们语言和逻辑思维进一步发展的结果,可以说是随着文字的产生而产生的。殷商时代有了文字,也就开始有了记史的散文。

散文也有广义和狭义之分。刘勰在《文心雕龙·总术》篇中说:"今之常言,有'文'有'笔',以为无韵者'笔'也,有韵者'文'也。"可见,在中国古代,广义的散文是指相对于骈文、韵文而言的一切不押韵的文章,也就是说,除开韵文(诗、词、赋)外,都是散文,包括经、史、传等各种散体文章。近现代的散文,则是从狭义上来理解的,散文被认为是包括除去诗歌、小说、戏

剧、影视文学之外的一切叙事性、议论性、抒情性的文体。

　　那么,究竟什么是散文呢? 结合散文的特点,我们认为:散文是一种自由灵活、文情并茂,能够表现作者的情感体验,真实地反映社会生活,选材范围广泛,表现手法多样,结构自由多样,以形散而神不散的艺术特长来集中而凝练地体现主题思想的文学样式。

散文的三个特点

　　关于散文的特点,比较流行的看法包括三个方面,即:"题材宽广、笔法自由、形散神不散";"诗的意境";"优美的文字和特殊的笔调"。确实,散文体裁所流露出来的个性气质、内心体验化和抒情表征等是其他文学体裁所不可比拟的。在这里,让我们也用很散文化的几个形容词来描述散文的特点,就是:自由的、美的、真实自然的。

1. 自由的

　　散文最大的特征,当在一个"散"字,也即我们所说的"自由"。钱谷融先生就将散文的"散"定义为"散淡"的"散",即是指作者能在无所羁绊、自由自在的心灵状态中,"保持自己的本真……绝无矫揉造作,装腔作势之态"。

　　散文的自由我们认为主要表现在三个方面:题材上的自由、形式上的自由和心灵上的自由。

　　题材上的自由。散文选材广泛,题材领域海阔天空,不受时间和空间的限制,上至天文,下至地理,古代历史,当代现实都可以作为题材。情感类的亲情、爱情、友情、乡情;叙述类的大事、小事、自己事、人家事;议论类的你仁、我智、公道、婆理……所以它所要表达的既可以是一人一事,也可以是一景一物,还可以是一次奇遇、一个梦境、一段情感、一丝感触、一只飞鸟、一朵浪花……可见,散文在选材上是多么的宽泛自由。

　　形式上的自由。这是指散文在行文、结构上也有非常宽泛的一个弹性空间,可以轻松而来,随意而去。散文结构非常明显地体现了"形散而神不散"的原则。它可以以一个小点为切入口,再在思维上放开,穿插引申,纵横捭阖,跌宕多姿。也许它的外形散乱,但它的意境却是综合的。散文家总是能充分发挥他的艺术才能,将我们看着平常又散乱的素材根据自己的情感见解穿插组织起来,或收或合,自由而不失度,变化而不离宗,形散而神不散。散文可以说是一种自由和统一的完美结合。如朱自清的《春》:

　　　　……小草偷偷地从土里钻出来,嫩嫩的,绿绿的。园子里,田野里,瞧去,一大片一大片满是的。坐着,躺着,打两个滚,踢几脚球,赛几趟跑,捉几回迷藏。风轻悄悄的,草软绵绵的。桃树、杏树、梨树,你不让我,我不让你,都开满了花赶趟儿。红的像火,粉的像霞,白的像雪。花里带着甜味,闭了眼,树上仿佛已经满是桃儿、杏儿、梨儿! 花下成千成百的蜜蜂嗡嗡地闹着,大小的蝴蝶飞来飞去。野花遍地是:杂样儿,有名字的,没名字的,散在草丛里,像眼睛,像星星,还眨呀眨的。……

　　文章中写到的春天的山、水、草、花、风、雨、风筝、孩子等等,本都是大家耳熟能详的事物,但是一旦融入作者的特殊感悟,经由作者独特的视角点拨,一切便现出新的个性和光彩,变得令人神往,清新而可爱。写散文就应该具备这样一种"把握"的能力,眼光要准确,情感要饱满,手法要独特,只有这样才能成就题材普通却不平凡的散文佳作。

　　心灵上的自由。这是指散文这种文体可以让作者情感挥发自如。散文追求的是一种"自

然之节奏"。关于心灵上的自由,泰戈尔曾经有过非常生动的描绘:

> 诗歌像一条河,被两岸夹住……流得曲折,流得美……散文就像涨大水时候的沼泽,两岸被淹没了,一片散漫……

确实,沉浸到散文的字里行间,我们能体会到作者的各异心境,或恬淡,或有所思,或激愤,或伤感……不管它是以哪种方式表现出来,我们都能感受到作者自由心境的表露。如郁达夫的散文就是以其率真、坦诚征服众多读者的。郁达夫认为比起小说来散文带有更多的自叙传的色彩。郁达夫的文字是自剖式的,他总是无所隐饰地赤裸裸地将自己的心路历程暴露在外面。如他的《水样的春愁》就将他的内心世界展露无遗:

> ……同芭蕉叶似地重重包裹着的我这一颗无邪的心,不知在什么地方,透露了消息,终于被课堂上坐在我左边的那位同学看穿了。一个礼拜六的下午,落课之后,他轻轻地拉着了我的手对我说:"今天下午,赵家的那个小丫头,要上倩儿家去,你愿不愿意和我同去一道玩儿?"这里所说的倩儿,就是那两位他邻居的女孩子之中的一个的名字。我听了他的这一句密语,立时就涨红了脸,喘急了气,嗫嚅着说不出一句话来回答他,尽在拼命地摇头,表示我不愿意去,同时眼睛里也水汪汪地想哭出来的样子;而他却似乎已经看破了我的隐衷,得着了我的同意似地用强力把我拖出了校门……

我们在这里看到了一个懵懂少年的情感经历,似乎谁都曾经有过这种美好的尴尬,不禁让人轻声一笑。率真娴熟的文笔将心理随意勾勒出来,活灵活现。

2. 美的

散文的美,表现在方方面面,无论是语言、文字、基调还是意境。也就是说,无论写景、叙事、咏物、论理,都应有它的情味韵致,美雅之"趣":要让你的内心情感和大自然的万物相生;要让你的心声与天籁交融;要有一种耐人玩味的生气与灵机。

具体到文章中,就应当是写景见情趣,叙事有意趣,论理有理趣,状物有物趣。写景状物,就不能只是景、物的客观介绍;议论说理,更不能是索然无味的高谈阔论。文章只有充满了情趣和灵机,才能使人在美雅之"趣"中,获得审美的情趣与愉悦。同时,散文的语言也应是美的。散文语言的美应该是一种朴素、自然、流畅、简洁的本色语言的美。无论是写景状物,还是叙事记人,都应该是看似不经意的信笔拈来,实际上却是经过作者情感的灌注,写意的磨炼,极见功夫和用心的。优秀的写作者,总能在貌似平常的文字中,赋予其一种不平常的韵味和情调,使其无论叙事、写景、状物都能出神入化,不见一丝儿刻意斧凿之迹,但却能在质朴中见情趣,充满灵气,馥郁芬芳。

3. 真实自然的

余光中曾说散文是一切文学类别里对于技巧和形式要求最少的一类,散文就如同穿泳装参加选美,无所依凭,只凭自己的本色。可见,散文的写作,是最能体现一个人的才学、识见和心性的。小说可以虚构,借他人故事隐藏自己的灵魂,而散文不能;诗歌可以"为赋新词强说愁",而散文不能。虽然散文也讲究含蓄、寄寓和藏势,但写作者的灵魂,他的自我修养和操守,始终会从字里行间表现出来。因此,散文创作特别重视"真实"。

散文不仅要求要描写真人真事,更要抒发作者的真情实感,表达自己的真知灼见。作者不论是写人生还是写自然,不论是说"自家事"还是说"人家事",无不应从"真"的自我感悟出发。

这种感悟是对事物的特殊意义和美质的发现,生活也许是平淡的,但总有其闪光的地方在,好的作者就应善于从普通生活中发现不平凡,用他们的深思妙悟,铸就散文的深刻、隽永。如老舍的《小麻雀》:

> ……我一眼看见那小鸟的样子,便难过到几乎不敢再看第二眼。它站不起来了,胸部几乎贴着地,像人肚痛极了蹲在地上的样子。身上并没有血,可是身子蜷做一团,非常的矮。头低着,小嘴碰着地,两颗黑眼珠比以前更黑更大了,像是并不看什么,只那么顶黑顶大地愣着。它只有那么一点活气,完全从眼里显现出来,像是等着猫再去扑它,因为它已没有力量反抗或逃避;又像是等着猫赦免了它,或是忽然来了个救星。求生与求死的心情都流露在这两只眼里,可又并不像是清醒的。它是糊涂了,昏迷了;不然它为什么要从烟筒里面出来呢?可是,虽然昏迷,到底还有那么一点模模糊糊的希望。这点希望使它注视在地上,等着,等着活或等着死。它完全把自己交给了这点希望,一动也不动……

从描述那只小麻雀"'猫'口余生"遭遇的字里行间,我们可以充分体会到作者对于被毁坏和凌辱的弱小者真切的同情以及作者对弱小者能以抗争求生存的殷切期望,令读者从中体会出诸多社会人生的况味。

散文的分类

散文有多种分类方法。按照表达方式的不同可以分为记叙散文、抒情散文、议论散文三类。

1. 记叙散文

所谓记叙散文是指以记人、叙事为主的散文,包括报告文学、特写、速写、传记文学、游记等。这类散文侧重叙述人物、景物或事件,尤其是现实生活中的真人真事。作者的主观情感往往蕴藏在对于人物和事件的叙述之中。

2. 抒情散文

抒情散文,顾名思义就是以抒发情感为主的散文。这类散文在叙事写人时注重表现作者主观的感受与情绪,常常通过托物言志或借景抒情,表现作者微妙复杂的独特情感,将浓郁的思想感情融入到动人的生活画面之中。

3. 议论散文

议论散文是以说理为主的散文,主要是指杂文或杂感。这类散文将政论性和文学性很好地结合在一起,常常运用形象生动的语言,以及比喻、反语、幽默、讽刺等手法,进行精辟深刻的说理和妙趣横生的议论,使文章具有以理服人的理论说服力和以情感人的艺术感染力。

散文写作的四个要点

文无定法。散文的写作是因人而异,不拘一格的。我们这里主要是谈谈散文写作时要注意的四个方面:立意高远,创设意境;发现线索,形散而神不散;真情实感,写出自己;朴实而精美,自然而富情韵的语言。

1. 立意高远,创设意境

散文的写作同样需要灵感,这和诗的写作要善于捕捉灵感没有什么区别。散文取材上的自由会使我们常常有灵感的萌发,有写作的冲动,但并不是有灵感,有写作冲动就可以动笔了,我们还应该在对这种感觉辨析的基础上对散文进行立意。这里所说的立意,并不能简单地理解为我们平时所说的文章的"主题思想",它应该有更宽泛的概念,是一个情理相生,具有丰富内蕴的感觉空间。说它情理相生,这是因为我们在写作时,作者的主观情感始终主导并且贯穿于写作的全过程并且融注于作品中;具有丰富内蕴的感觉空间是因为散文传达给读者的不是单一、明确、集中的信息和思想观点,而是一个能让人回味无穷、深厚多元的想象空间。

在散文的立意时,要特别注意意境的创设。意境的创设是指对散文意蕴、情致和理趣的寻找。"意境"两字在许多人心目似乎只属于诗歌,其实不然。意境同样是散文的灵魂。散文的意境是作者浸透了时代精神的主观感情、意志与自然环境和社会环境的统一,是作者从思想情感与客观事物中提炼出来的一种精神境界,是一种美的震撼。意高则境深,意低则境浅。作者要通过巧妙地创设意境,使立意雅致、高远而新颖。

来看朱自清的《荷塘月色》是如何情景交融地创设一种淡雅、娴静的意境的。顺着作者沿路走来、伫立凝想的线索,我们眼前出现了一个个可见可感、可味可闻的画面:铺满煤屑的小路、曲曲折折的荷塘、田田的叶子、袅娜的荷花、脉脉的流水、如泻的月光、薄薄的青雾、弯弯的杨柳、隐隐约约的远山、没精打采的路灯光、热闹的蝉鸣和蛙叫……所有这些画面再加上作者心情的抒写,巧妙的比喻、通感等修辞手法的运用,一种什么都笼罩上一层"淡淡的"色彩的充满审美情趣的意境顿时呈现在我们面前。

只有拥有真正美丽心灵的人,才有可能写出美的散文,创设出美的意境。范仲淹《岳阳楼记》所描绘的洞庭之美,春光之美,固然美丽,但却不是人们所欣赏的至美,《岳阳楼记》的最美在于范仲淹那忧国忧民的美丽心灵。文中一句"先天下之忧而言,后天下之乐而乐",道尽儒家思想的真谛,不禁让我们对他的人格倍感尊敬和仰慕。而文章的意境也因此显得格外高远。再来看一段杨绛在《丙午丁未年纪事·风狂雨骤》中的描写:

> 我们草草吃过晚饭,就像小学生做手工那样,认真制作自己的牌子。外文所规定牌子圆形,白底黑字。文学所规定牌子长方形,黑底白字。我给默存找出一块长方的小木片,自己用大碗扣在硬纸上画了个圆圈剪下,两人各按规定,精工巧制;做好牌子,工楷写上自己一款款罪名,然后穿上绳子,各自挂在胸前,互相鉴赏。

试想,在那样一个"风狂雨骤"的悲剧性时代,杨绛夫妇被剥夺了工作和行动上的自由,但我们的作者却还能在如此荒唐的环境中"精工巧制","互相鉴赏"各自黑牌子上的"一款款罪名"。阅读至此,我们不禁为杨绛夫妇特立独行的人格、自由高傲的灵魂拍案喝彩,同时也被作者用自由的心灵去感知天地万物的美丽心态所折服,这篇散文的立意也因此显得特别新颖别致。

2. 发现线索,形散而神不散

构思是指在立意之后,思考怎样组织、提炼材料,如何把自己对外界事物的感受写作成文,以完美表现立意的过程。构思是一项极为复杂、艰辛的精神活动。由于事物之间的联系是深邃而微妙的,因此散文写作者要善于由表及里地从纷繁错杂的联系里,发现独特而玄妙的联系点,做到形散而神不散。

来看一个著名作家杨朔构思的例子。有一天,杨朔去看茶花,那种类繁多,美不胜收的茶花引起了他的思考:"茶花是美啊。凡是生活中美的事物都是劳动创造的。是谁白天黑夜、积年累月,拿自己的汗水浇着花,像抚育自己儿女一样抚育着花秧,终于培养出这样绝色的好花?应该感谢那为我们美化生活的人。"这一刹那思想火花的闪耀,作家十分珍惜,就随手把这个意思记下来。接下来他继续赏花,听到有一位花匠在介绍一种茶花:"这叫童子面,花期迟,刚打开骨朵,开起来颜色深红,倒是最好看的。"还有叫童子面的茶花,有意思。作家一笑,并没往心里去。过了一会儿,恰巧一群小孩也来看茶花,只见孩子们一个个仰着鲜红的小脸,甜蜜蜜地笑着,唧唧喳喳叫个不休,作家心灵不禁猛地一颤,脱口说出:"童子面茶花开了。"一旁的花匠听了这话也幡然省悟:"真的呢,再没有比这种童子面更好看的茶花了。"花匠的这句话使得一个念头突然跳出杨朔的脑海,心里有了一幅画的构思:"如果用最浓最艳的朱红画一大朵含露乍开的童子面茶花,岂不正可以象征着祖国的面貌?"看花回来,作家就把看茶花引起的感受、思索写成一篇文情并茂的散文《茶花赋》。作家"歌颂如花的祖国,歌颂美化祖国的劳动人民"的立意是巧妙地通过"童子面茶花"和"孩子"的联系来实现的。

散文的结构贵散,又在不散。一方面,散文作为一种最自由灵活的文学样式,它发乎性灵,成于自然,无拘无束,没有什么固定的结构,追求一种自由流动的美;但另一方面,散文不管如何天南海北地纵横驰骋,如何洋洋洒洒地汪洋恣肆,在其"散"的外表之下,都要有一个"神",即一条贯串全文的线索可循,而不能完全像一盘散沙那样,没有中心,没有格局,因此,人们往往用"形散而神不散"来概括其在结构上的特点。

如何做到散得开而不拘谨,收得拢而不芜杂,是对作者艺术匠心的考验。秦牧在《散文创作谈》中就曾对此做过形象的比喻,他说:"用一根思想的线串起生活的珍珠,珍珠才不会遍地乱滚,这才成其为整齐的珠串。"散文的这条线索可以是景,也可以是精神、品质、情感等。

如冰心的《笑》。文章开头从雨后、月夜、窗前写起,在我们面前展示了一幅清朗、静美,令人心喜的"图画",为全文定下了感情和色彩"清美"的基调:"雨声渐渐地住了,窗帘后隐隐地透进清光来。推开窗户一看,呀!凉云散了,树叶上的残滴,映著月儿,好似萤光千点,闪闪烁烁地动着……"接着,作者的视线由室外转向室内,引出墙上微笑的安琪儿。再由安琪儿触发联想。用"这笑容仿佛在哪儿看见过似的"我"默默地想",这一反复修辞手法层层过渡,由近及远,由此及彼,把天国爱的化身——安琪儿,和人间爱的体现——小孩和老妇人,"同样微妙的神情"的笑容"绾在一起"。最后,作者写道:"心下光明澄静,如登仙界,如归故乡。眼前浮现的三个笑容,一时融化在爱的调和里看不分明了"来卒章显志。在这篇笔调、语言清新优美的散文里,作者巧妙地把"笑"和"爱"结合起来,既抒发了自己的深情,又点明了作品的主题。整篇文章结构精巧,层次分合有序,过渡照应自然,充分体现了散文形散而神聚的特点。

3. 真情实感,写出自己

"真"是文学必备的品格,真情实感是一切艺术赖以生存的根基。当代著名散文家林非先生在《漫说散文》中说:"'美文'艺术的核心确实是在于真情实感,散文家如果能够充分把握自己这股真情实感的激流,不住地汩汩倾泻,肯定就会出现富有艺术光泽的绝唱。"人的情感是相通的,不同经历不同阶层不同时代的不同读者都可能从某一角度找到与散文作者的共通处,从而达到情感上的共鸣。作者的真情实感在作品中,应该如同贝多芬交响曲里的生命激情,从作家的心灵深处花朵般地绽放,成为最浪漫浓烈、最深挚感人的生命强音。因为散文直接面对的是宇宙间最美丽的生命体——人,直接面对的是最为丰富多样的生命的情感体验。

如朱自清的《背影》,作者在用家庭灾难设置好父亲送子远行的背景后,描绘了父亲送子的几个场面,尤其细致入微地刻画了父亲为我买橘子的行动,此时如电影镜头迭现的表现手法点示了"我"的多次流泪。阅读至此,看到一个父亲,一个一家之长在家国两茫茫之际,送子远行时的那种深情的牵挂,那种不忍不舍,那么满怀希望却前景黯淡,那种内心万般复杂交织在一起的感受,此情此景,怎么能不让我们动容以至于潸然泪下呢?

又如著名作家冰心,她被冠之为"冰心体"的散文就是以行云流水般的文字,说心中要说的话,倾诉自己的真情。其作品大多抒写自己刹那间涌现的真实感触,传达一段挚情,或是一缕幽思,空灵而缠绵,纤细而澄澈。① 如她在1923年赴美留学期间创作的散文《往事》,就是通过在三个晚上观赏月光的不同感受,抒发了自己身处异邦的思乡之情。本想身处异乡,思乡心切,兴许通过月亮还可以望见一丝家乡的痕迹,谁料想望月思归,思乡情更浓,真可谓是"剪不断,理还乱"。离愁情绪漫溢,月亮可知谁心?借着月光,那细腻的情感又已飘向何方?读到这里,我们早已被这种字里行间所洋溢着的诚挚的情感所征服了。

4. 朴实而精美,自然而富情韵的语言

散文的语言历来是散文写作中的一个难点。由于散文一般篇幅比较短小,要在有限的篇幅里写出对人生或自然的感悟,既要有一箭中的那样的准确有力,又要有"曲终人不见,江上数峰青"那样的含蓄有味,这就对散文写作提出了很高的语言要求。

以散文研究见长的北京大学已故学者佘树森教授认为散文的语言比小说要多几分浓密和雕饰,比诗歌又要多几分清淡和自然,散文的美就在于这浓与淡、雕饰与自然之间流露出的简洁而又潇洒,朴素而又优美的自然的情韵。好的散文语言,应该既具有朴素、自然、流畅、简净的本色语言的美,又具有写景出色,叙事生动,抒情感人,说理富有机趣的文采美。也就是说,它看似娓娓而谈,随口道来,不假雕琢,但细细品味之下,却会发现作者的匠心:无论是词语的选用、表现手法的安排,还是句式的变化和配置等等,都是那么的恰到好处,那么的浑然天成,达到多一字嫌烦,少一句不可的境界。

优秀的散文作家总是能用其出色的语言驾驭能力为我们展现散文语言的美。如朱自清的散文,语词要朴素就朴素(如他的《背影》),要华丽就华丽(如他的《荷塘月色》),而且往往长于一开端就把握语言风格,我们来比较一下他的《背影》和《荷塘月色》的开头:

> 我与父亲不相见已二年余了,我最不能忘记的是他的背影。那年冬天,祖母死了,父亲的差使也交卸了,正是祸不单行的日子……   《背影》
> 这几天心里颇不宁静。今晚在院子里坐着乘凉,忽然想起日日走过的荷塘,在这满月的光里,总该另有一番样子吧……   《荷塘月色》

《背影》一开头,就奠定了一种朴实沉郁的语言风格,后面的文字都随规定情境相生,写来都是朴素、深沉和忧郁的。《荷塘月色》则一开头就奠定了一种淡淡的怨与不安的基调,后面的文字诸如"曲曲折折的荷塘"、"田田的叶子"、"脉脉的流水"、"弯弯的杨柳的稀疏的倩影"等等,都是清丽柔美,有着淡淡的风味的语言。

---

① 钱理群,温儒敏,吴福辉.中国现代文学三十年.北京:北京大学出版社,1998.152-153.

小　说

小说的含义

小说一词，最早见于《庄子·外物》篇："饰小说以干县令，其于大达亦远矣。"这句话的意思是说修饰浅薄的言辞以求得高高的美名，对于达到通晓大道的境界来说距离也就很远很远了。这里"小说"的意思是指浅薄的言辞，并不是我们现在所说的小说这种文体。到了东汉，班固《汉书·艺文志》中记载："小说家者流，盖出于稗官。街谈巷语，道听途说者之所造也。"这里的小说指的还是那些"街谈巷语，道听途说"的轶闻逸事。

在中国文学发展史上，小说这种文体从产生到成熟大致经历了古代神话、传说、寓言故事、六朝志怪小说、唐宋传奇、宋元话本、明清章回小说、五四以后的现代小说这样一个漫长的发展过程。在我国，随着《三国演义》、《水浒传》、《西游记》、《红楼梦》、《金瓶梅》等长篇巨著的出现，终于形成了现代意义上的小说，并在明清时期达到了成熟和繁荣。

在欧洲，小说的发展也有自己的轨迹。在古希腊史诗、戏剧高度繁荣时，用散文形式写的小说还未出现。一直到中世纪，才在一些英雄史诗和骑士传奇中见到一些近代小说的萌芽。卜伽丘《十日谈》开欧洲近代小说先河之后，经西班牙塞万提斯，英国笛福、理查逊，法国勒萨日等人作品的影响，在18世纪终于确立了小说的地位，并在19世纪达到了高峰，出现了以巴尔扎克、雨果、狄更斯、托尔斯泰等为代表的一大批著名小说家。

作为一种读者最多的文学样式，大家几乎都读过小说。那么小说究竟是什么？小说可说是一篇编造的故事。但故事尽管是编造的，却又令人感到真实可信。真实于什么？真实于读者所了解的生活。因此，严格地讲它是一种以叙述故事、塑造人物形象为主的，在生活素材的基础上用虚构的方式来再现生活，有着比较完整的故事情节和具体环境描写的一种文学样式。

小说的三个特点

1. 人物形象的鲜明性

人物是小说最基本的要素之一，也是小说的灵魂。能否塑造出独具魅力的人物形象是一部小说是否具有思想深度、审美价值、艺术感染力的重要标准。

通过多方位和多种手法来塑造人物形象是小说最重要的特征。虽然戏剧、影视等艺术种类也要刻画人物,但它们往往只能通过人物对话和人物行动来实现。相比之下,小说由于运用语言作为媒介,较之其他艺术种类有着更大的自由,它可以吸收各种艺术的表现手法来全方位地刻画人物。小说可以详细描绘人物的外貌、举止;可以表现人物的对话、行动;可以通过不同的视角,从其他人物的眼中来观察和表现这个人物;可以把笔触伸入人的内心世界,通过深层心理描写来塑造有血有肉的人物形象;还可以不受时空、真人真事的限制,最大程度进行想象、虚构,创造出非现实的人物;既可以写人物一生中的某一生活片段,又可以写一代人,甚至几代人的生活遭遇和命运;既可以从日常生活中的某一侧面去刻画人物,又可以把人物放在广阔的时代背景中去展示……总之,小说在刻画人物方面可以达到其他艺术门类难以企及的境界。

2. 情节构造的完整性

小说的情节是作家通过分解、组合、想象后对现实生活的一种概括和再描摹。

它的基本成分包括序幕、开端、发展、高潮、结局、尾声六个环节,传统的小说创作就十分注重情节的完整性。它强调小说情节要有头有尾,前后呼应,给读者讲述一个完整的故事。而小说的篇幅和容量,也使它构造完整复杂的情节成为可能。现实生活本来就是复杂多变、充满各种矛盾的,而这也正是作家按一定的逻辑虚构小说故事情节的基础。只有设置波澜起伏、引人入胜的情节,才能对读者产生强烈的感染力。同时,情节还是展现人物性格,开拓作品主题的重要手段。而那些生动而深刻的情节,是小说审美价值的重要组成部分。

如莫泊桑的小说,就十分精于选材,善于开掘,巧于构思,故事完整而情节曲折。他的代表作《项链》就是通过玛蒂尔德借项链、丢项链、赔项链的故事,写出了当时社会的上、中、下三等人的生活状况。这篇小说的开头只是简单地介绍主人公,说明这是一个羡慕富有生活的妇女。情节和真正开端是她丈夫接到教育部长的舞会邀请信。接着,莫泊桑按照从逆境再到顺境的思路,来安排一个个细节,邀请信为他们夫妇俩打开了通向上流社会的希望之门,但是,没有礼服和首饰。这使他们又陷入烦恼。但意想不到的是好友佛来思节夫人慷慨借项链,终于使得玛蒂尔德在舞会上风光一时。眼看玛蒂尔德就要成功踏上她朝思暮想的上流社会,却不料乐极生悲,丢失项链,只能用她的十年青春来赔偿。在这篇小说的构思中,第一个逆境的设置显然是为了衬托下面的顺境,而这个顺境又是为了衬托第二个逆境,它升得越高,玛蒂尔德就摔得愈惨,她所受到的惩罚也就愈重。主体部分这样一波三折的构思,仿佛是对玛蒂尔德的虚荣心进行了反复的有力的摔打,从而达到了讽刺和批判的目的。但故事不仅限于此,最后作家又安排了一个出人意料的结尾——项链原来是假的。故事到此戛然而止,留给我们久久的回味。

另外,现代小说创作出现了一些更多地关注人物的心理流程而淡化情节的作品,如心态小说、心理印象小说、意识流小说等。

3. 环境描写的具体性

环境同样是小说一个基本的构成要素。环境一般是指文艺作品中人物活动于其中的社会环境和自然环境。在小说的创作中,环境描写至关重要,因为任何一部小说所刻画的人物和描述的情节,都只能在一定的社会环境和自然环境条件下存在。而小说由于其语言的灵活性、时空的自由性、表现手法的多样性,使它比别的文学体裁更能对作品广阔的社会环境和具体的生活环境做深入细致的描绘。我们可以看到,小说环境描写的形态可以是多种多样的,它既有贴近生活的现实环境描写,又有非现实的虚拟环境的描写;既可以宏观地展开,如巴尔扎克《人间喜剧》系列,又可以进行微观的具体描摹,如小说中的细节描写等;既可以描写各种生活中的具体场景,又可以描写各种自然景物。

同时,小说的环境描写还可以担负各种各样的艺术功能。如小说中对自然环境的描写可以是非常具体、细致真实的,但通过对环境的描写,还可以对渲染故事气氛、烘托人物形象、推动情节发展、暗示社会环境、深化作品主题起到很大的作用。如鲁迅的小说《药》结尾一段,就是通过细致的景物描写展现了一幅凄凉的画面:虽已是清明时节,但天气却仍"分外寒冷","歪歪斜斜"的路旁是"层层迭迭"地宛若阔人家祝寿时候的馒头一样的坟冢;这里"微风早经停息了",只有"枯草支支直立"发出"一丝发抖的声音"直至"愈颤愈细,细到没有,周围便都是死一般静";而不祥的"乌鸦也在笔直的树枝间,缩着头,铁铸一般站着"。这些具体的自然景物的描写,无一不渲染出坟场阴冷、悲凉的气氛。又如鲁迅《祝福》的最后一段,通过"我"的所见描写了鲁镇的祝福景象:"我给那些因为在近旁而极响的爆竹声惊醒,看见豆一般大的黄色的灯火光,接着又听得毕毕剥剥的鞭炮,是四叔家正在'祝福'了;知道已是五更将近时候。我在蒙胧中,又隐约听到远处的爆竹声联绵不断,似乎合成一天音响的浓云,夹着团团飞舞的雪花,拥抱了全市镇……"在这里,鲁迅把有钱人的祝福活动和祥林嫂的惨死作了一个鲜明的对比:一边是鲁四老爷之流兴高采烈地为自己来年有好运而忙着祝福;一边是祥林嫂在寒冬腊月、大雪纷飞的年末,在人们的祝福声中惨死在雪地里。通过这样具体的环境描写,就把"凶人的愚妄的欢呼"和"悲惨的弱者的呼号"鲜明地摆在了我们的面前,既增强了祥林嫂遭遇的悲剧性,又加强了对旧社会吃人本质的揭露,从而深化了小说的主题。

小说中对社会环境的具体描绘和展示也使作品充满了丰富的社会历史内涵和文化内涵。社会环境主要是由主要人物周围的次要人物组成的。那些次要人物是某种社会力量的代表,是某种观念的载体。如鲁迅先生《祝福》表现封建贞操观念,主要让鲁四老爷作为这种观念的载体;表现迷信思想,主要让柳妈作为这种思想的载体。我们阅读作品时,就会从鲁四老爷的话语中看到封建礼教,从柳妈的言谈中看到迷信观念。

环境的描写既能展示一定的世态风情,同时还具有独立的审美价值。优秀的小说家,总是能通过对特定时代、特定地域的环境描写,展示出独特的世态风情,为读者提供一幅幅社会历史的生动图景。如曹雪芹的《红楼梦》为我们展示了广阔的社会生活视野,多姿多彩的世俗人情;而巴尔扎克花大量笔墨描写的巴黎和外省社会生活的全景图,就曾让恩格斯宣称,他从巴尔扎克小说中得到的东西,比从职业历史学家、经济学家和统计学家那里学到的还要多。

小说的分类

根据不同的分类法,小说可以分成多种类型:

根据题材的不同,小说可分为神话小说、传奇小说、历史小说、志怪小说、言情小说、武侠小说、社会小说、战争小说、爱情小说、惊险小说、科幻小说等等;

根据艺术结构和表现形式不同,又可分为话本小说、章回小说、日记体小说、书信体小说、新体小说、现代派小说等等。

根据文章容量大小和篇幅长短,可分为长篇小说、中篇小说、短篇小说和微型小说。这是小说最常见的一种分类方法。下面对这种分类方法作简单介绍。

1. 长篇小说

长篇小说是一种大型的叙事性文学作品。它容量大、篇幅长,包含着复杂曲折的情节和数量众多的人物形象,可以反映广阔复杂的社会生活画面,展现多姿多彩的生活。一般都在 10

万字以上。长的可达数百万字。

2. 中篇小说

中篇小说顾名思义介于长篇小说和短篇小说之间。通常为 3 到 5 万字,一般不超过十万字。

3. 短篇小说

短篇小说容量小、人物少,情节和环境相对集中,往往通过人物的一段经历或生活的一个片段,从某个特定的角度或侧面来再现生活的局部。它往往以"巧"取胜,透露出一种机智。一般在三五千字到一二万字之间。

4. 微型小说

又叫小小说、袖珍小说、一分钟小说。它形式精巧,情节单一,语言精练,追求具有寓意深远、情趣隽永的艺术效果。一般在千字左右。

小说写作的六个要点

写作小说需要注意六个方面:选择适当的叙事角度;了解复杂多变的结构方式;塑造典型化的人物;熟悉情节设置的规律;运用描摹性的语言;设计精妙的细节。

1. 选择适当的叙事角度

小说是作者讲给读者的故事,叙事则可视为小说生成的过程。小说内容与形式的一切成分都与叙事密切相关,因此,在小说写作过程中,如何叙事就成了小说优劣的关键。在现实生活中,任何事件都可能在同一时间内发生发展,并基于其因果联系立体化地交织为一个故事整体。在小说中,作者的讲述只能线性地展开,一段段、一件件地逐一完成,同时还要考虑到思想艺术审美的多重目的。因此,讲述的角度视野、详略程度、先后顺序、彼此关联等要素就构成了叙述方式。为使这些要素达成最优化的状态就需要一定的叙事技巧。而掌握小说叙事的角度对我们初学写作者就显得尤其重要。叙事的角度决定于叙事的内容,小说一般采用第三人称和第一人称这两种叙事角度。

(1)第三人称

第三人称叙述由于没有视角限制使作者成为全知全能的上帝,无论是大庭广众之中的争吵打斗,还是夜半卧榻上的苦思冥想,"他"都能一一道出。因此是许多作者所乐意采用的叙事方式。但第三人称在获得极大自由的同时,也与读者产生了一定的间隔,这是我们在写作时要特别注意的。

(2)第一人称

第一人称的优势在于缩短了与读者的距离,目之所见、身之所历、心中所想、梦中所思都可由"我"来向你详细倾诉。"我"的日记、书信,"我"的对话、畅谈,也可以成为一条天然的线索,将那些原本零散的事件较方便地串接成篇。请看下面例文:

> 这是我最后一堂法文课!……
>
> 我可是凑合着刚会作文!从此我再也不能学法文了!只能到此为止了!……我是多么恨自己啊,恨自己浪费光阴,恨自己缺了课跑去掏鸟窝,到沙亚河上去滑冰!我那几本书,刚才我觉得那么讨厌,背着那么重的文法、圣徒传,现在就像是多年的老友,离开它们会叫我十分伤心了。对哈迈尔先生也是这样。一想到他就要离开这儿,从此再也见不着他了,责罚我,戒尺打我的事,全都忘了个干干净净。

这是小弗朗士在都德《最后一课》中的感情巨变。试想,如果这是用第三人称描述,那作品的情感效果该要打多少折扣啊!而通过他自己的口,我们能够深切体会到在这颗天真纯洁的童心中,法国人民的爱国主义精神是何等的真挚动人。

在用第一人称写作时,还要注意有时作品中的"我"只是故事的叙述者,并非都是主人公。在"我"视野之外发生的事情,"我"只能转述不能作直接描绘。如鲁迅先生小说《孔乙己》中对孔乙己的迂腐、颓唐与善良、诚实,咸亨酒店中的炎凉世态、冷漠之情,作者的深广郁愤、悲悯襟怀等,如果不是出于小伙计的童心来观察描述,肯定不会如此凝练含蓄,打动人心。

有时,小说的叙述人称与叙述角度并不是一一对应的。例如,法国作家都德的《柏林之围》是由我来转述听医生讲的故事。故事的展开过程中又闪现出明显的全知视角。中国古典小说中的视角变换也很常见。如《水浒传》"林教头风雪山神庙"一回中就写道:

> 忽一日,李小二正在门前安排菜蔬下饭,只见一个人闪将进来,酒店里坐下,随后又一人闪入来。看时,前面那个人是军官打扮,后面这个走卒模样,跟着也来坐下。

这一场景中开始仅有小二一人,两位来客"闪将进来"和"军官打扮"、"走卒模样"也只有小二才能看到。文中一个"看时"更明显地提示了描写视角的转移。走卒跟着军官一同坐下的细节更流露出小二的满腹狐疑。后来,陆谦纵火,小二报信,林冲逃生一系列的情节演进都与"看时"两字相关。可见,这一段类似电影"主观镜头"的插入别具匠心。

2.了解复杂多变的结构方式

小说结构的实质是各部分之间、部分与整体之间的连接关系。不同类型、不同风格的小说,它的叙事结构各有不同。我们这里主要介绍一下长篇和短篇小说的结构。

(1)长篇小说的结构

由于表现内容的丰富复杂,长篇小说的结构难度很大,结构形式也最为复杂。如《水浒传》的前12回主要讲述了鲁智深、林冲逼上梁山的故事。在第七回中,通过鲁、林偶然相识和富安、陆虞侯向高衙内完成逗乐故事交错过渡。第十二回,林冲与杨志又偶然相遇,接着又过渡到杨志与生辰纲的故事。很明显,这些故事之间的关系建立在偶然性的基础之上。因此不能构成有机的整体,而是一个结构松散的联合体。《水浒传》的结构特色是由其民间文学的原型所决定的。《一千零一夜》也是民间故事组合的长篇,它采用"故事里套故事"的结构形式,是出于连接众多故事的需要。从这两部世界文学名著的形态中,我们可以体会到长篇小说结构的难度。

一般说来,长篇小说由于容量大,人物众多,情节曲折,结构方式较多采用复线式结构和网状式结构。

复线式结构由一条主线,若干条副线构成,各线之间密切相关,或并列或交错发展,如列夫·托尔斯泰的《安娜·卡列尼娜》,就是由安娜的追求和列文的探索两条并列而又具有内在联系的情节线结构而成。

网状式结构是多条线索纵横交织在一起,呈网状发展。如《红楼梦》就是以宝黛爱情为主线,交杂着以宝黛为代表的封建叛逆者和以贾母、贾政、王夫人等为代表的封建卫道士之间的矛盾冲突、以大观园奴隶为代表的被压迫阶级和以四大家族为代表的统治者之间的矛盾、贵族阶层内部和奴隶阶层内部的矛盾冲突等等。这些矛盾冲突错综复杂地交织在一起,反映了广泛的社会生活:既写了贾、王、史、薛四大家族由兴到衰的曲折过程,又对18世纪中叶中国社会的政治、经济、文化、教育、宗教、道德、伦理、法律、爱情、婚姻、风俗、习惯等作了真实、形象、深刻的表现,出场人物达448个,其中刻画得栩栩如生给人留下深刻印象的就多达几十人。试想,如果不是用网状式结构,作品又怎能成功表现这么曲折复杂的情节和众多的人物呢?

(2)短篇小说的结构

短篇小说因为篇幅的关系无法直接表现广阔的生活场景和复杂的人物命运,因此它的结构设计更着重于开掘情节的发展方向与表现功能。作者必须用有限的笔墨绘制出一幅或几幅简洁、凝练、精巧的生活插图并借此表现对生活本质的深入思考。这样在短篇小说中,结构的安排更多地融合于思想的开掘,情节的典型化等整体处理之中。即所谓的"以小见大",这不仅是短篇小说追求的审美理想,实际上,也是它唯一的选择。

短篇小说也有两种结构方式:横向结构和纵向结构。

横向结构大多精选一个生活画面展开故事,深入地透视社会矛盾的一个焦点,搅动人物心灵冲突的漩涡。如1870年的普法战争之后,法国两省被迫割让给普鲁士的巨大伤痛、爱国主义的炽热激情自然成为法国文学的视野聚焦点。都德《最后一课》就选取了一个乡村小学的课堂为画面中心,用一个小学生的心灵来感受失去祖国的沉痛与悲怆,以极其精巧别致的艺术结构将爱国主义这一传统主题表达得酣畅淋漓。

纵向结构具有极大的时间容量。几个生活截面、一生的际遇命运都可以连缀成一组系列画面,涵括了更丰富的形象意蕴。如鲁迅《祝福》就是通过几个生活画面展现了祥林嫂的悲剧人生并揭示了这一人生悲剧的社会历史根源。

由于短篇小说的开头与结尾所占的比重更大,短篇小说的结构特别强调开头与结尾。

开头的实质是选择"从何讲起"的切入点。"开头无一定之律,有一定之妙",其妙在于尽快地抓住读者的兴趣。

如契诃夫《普里希别叶夫中士》一开篇就是法官对主人公的犯罪指控:"普里希别叶夫中将士,您被控在九月三日用言语和动作侮辱乡村巡官席京、乡长阿里亚坡夫……"中士何许人也?巡官、乡长又何许人也?法官指控是否属实?矛盾冲突缘何而起?一系列的疑问形成了强烈的悬念,使这一开门见山的叙述牢牢地拴住了读者的心。

老舍先生的《月牙儿》却不似上文这般当头棒喝:

> 是的,我又看见月牙儿了,带着点寒气的一钩儿浅金。多少次了,我看见跟现在这个月牙儿一样的月牙儿;多少次了。它带着种种不同的感情,种种不同的景物,当我坐定了看它,它一次一次的在我记忆中碧云上斜挂着。它唤醒了我的记忆,像一阵晚风吹破一朵欲睡的花。

如此优美的文字创造出一种幽深、凄清的意境。这种诗情画意的感染力量使那朵被晚风吹破的花更显神秘更加迷人,同样唤起读者对下文的向往。

而《聊斋志异·王者》的开头则体现了中国古代的叙事传统,以人物、时间、地点、事件的交代为切入点,直接展开故事,以最快的速度逼近冲突的核心。

> 湖南巡抚某公,遣州佐押解饷六十万赴京。途中被雨,日暮愆程,无所投宿,远见古刹,因诣栖止。天明,视所解金荡然无存。众骇怪莫可取咎。

如此干脆利落的开头不由分说一把将读者推进了故事的氛围之中。

结尾的多姿多彩一如开头。如都德《柏林之围》的结尾,八旬高龄的老上校身着半个世纪之前的拿破仑军服,准备向胜利的法军欢呼致敬,然而,从凯旋门下昂然而出的却是德国人。"快拿武器、快拿武器"——老人用生命的最后一点能量发出了战斗的号召,使融贯全篇的爱国激情急剧升华,然而小说也戛然而止。用巨大的感情震撼创造出短暂的心理间歇。当读者从震撼中清醒过来,复杂的情丝意绪还将久久纠缠萦绕,一时难以化解。

"欧·亨利式的结尾"以精巧绝妙著称于世。他善于开篇设题、置疑一路衬垫铺叙,结尾突转揭底。如他的《最后一片绿叶》一开头就把画家琼西置于"只有十分之一恢复希望"的大病之中。而结尾再点明这一片永远不会飘落的绿叶竟是失意潦倒的老画家贝尔曼为使琼西不至失去活下去的勇气,在一个风雨交加的夜晚,登上梯子,用自己的生命完成的一生中唯一的一幅杰作。

3. 塑造典型化的人物

在小说创作过程中,我们要重视小说人物形象的塑造,努力塑造出典型化的人物形象来。下面我们介绍几种塑造方式供大家参考。

(1)雕塑式人物

雕塑式人物是个性鲜明、性格复杂,具有强烈的真实性、鲜活感的人物。所谓"血肉丰满"、"神形毕肖"、"栩栩如生"、"呼之欲出"一类的评价,表达了人们对小说人物的审美理想。怎样才能使人物活生生地从小说中站立起来呢? 关键还在于性格的刻画。如果人物性格在特定的情节环境中,通过大量的生活细节、人际关系纠葛的描写,得到了多维度、多侧面、多层次的充分表现,那么,他就会像雕塑一般地凸现于读者的想象之中。因为,在现实生活中,人的性格本来就是多变复杂的;在不同的生活境遇、情景中,会不断地变换着最突出、最醒目的特征与风貌。小说人物倘能如此,自然可以激活读者的印象和经验,从而产生强烈的真实感和亲切感,进而把自己的生命体验融入到小说中所创造的艺术世界中去。

(2)绘画式人物

与雕塑不同,绘画只能在两维空间中展开。在小说中,如果以单调的色彩、单一的特征去表现人物,当然不可能塑造丰满的、鲜活的、立体化的人物形象;不能形成与生活本身相近的艺术世界;人物也只能成为平面的绘画和某种思想观念的化身。如果连单一的人物特征也不能清晰、醒目地给以表现,那么,人物就变成了一种抽象的符号。神话寓言人物和某些漫画式人物都具有鲜明的符号化倾向。例如,精卫、愚公只是人类理想的化身;东郭先生、崂山道士也只是一种性格载体或一种生活经验的象征。

但是,绘画人物也有其独特的审美魅力。绘画人物大都通过夸张、变形和变态等手法完成艺术表现,公开地远离了现实生活,有可能产生一定的陌生感、奇异感,但却能引发读者的感情波澜、思想震荡。

(3)浮雕式人物

浮雕式人物是介于前两者之间的一种类型。这类人物性格结构比较简单。一种突出特征掩饰了其他的性格侧面,很容易弱化人物的生机与活力。浮雕式人物既不像绘画人物那样单一且远离生活,也不像雕塑人物那样将性格营造成一个丰富、和谐的完美系统。刘备的忠厚仁义、诸葛亮的足智多谋,都通过传奇性情节得到反反复复的精雕细刻,但其他的性格侧面却未能充分地表现。所以鲁迅先生说,刘备长厚近伪,诸葛亮多智近妖。其实,鲁迅笔下的阿Q、假洋鬼子、九斤老太也应归于浮雕式人物。外国小说中,吝啬的老葛朗台、懒惰的奥勃洛莫夫、可笑又可敬的堂·吉诃德也都应当都属此类。

同时,我们还要注重用心理描写来塑造人物。细腻深刻的心理描写是小说独具的艺术特色,也是其他艺术门类难以企及的境界。来看一段列夫·托尔斯泰在他的名著《安娜·卡列尼娜》中对安娜卧轨时的心理和动作描写:

> ……一种仿佛她准备入浴时所体会到的心情袭上了她的心头,于是她划了个十字。这种熟悉的划十字的姿势在她心中唤起了一系列的少女时代和童年时代的回忆,笼罩着一切的黑暗突然破裂了,转瞬间生命以它过去的全部辉煌的欢乐呈现在她面前。但她目不转睛地盯着开过来的第二辆车厢的车轮,车轮与车轮之间的中心点刚刚和她对正了,她就抛掉了红皮包,缩着脖子,两手扶着地投到车厢下面,她微微地动了一动,好像准备马上又站起身来一样,扑通跪下去了……

这段安娜卧轨时心理意识流的描写,把她自杀的决心,她自杀前的平静、安宁、神圣,她内心的感触和对自己一生的回忆,她的强烈激动、心烦意乱、百感交集的心境跃然纸上,真可说是神来之笔,心理描写的典范。而随着火车从安娜身上飞驰而过,一个为爱情甚至可以牺牲生命的女性形象也活生生地立在了我们面前。

4. 熟悉情节设置的规律

小说中讲述的故事是各异的,但小说情节的发展、演进却存在着一定的规律。熟悉情节设置的规律,既可有效地加强对故事情节的理解,也有助于我们更好地创作小说。

(1)突转

突转是指情节演进的突然转折,事件的结局、人物的命运往往由此而改变。在短篇小说中,大多由突转引发、推动。所谓"柳暗花明"、"风波骤起"的情节效果正是形成于既在情理之中又在意料之外的突转。

(2)悬念

悬念是一个不断造成读者疑惑、猜想、思索与期待的问号。它无疑是为情节高潮铺垫道路、蓄积动能的有效手段。最终结局的出现、事实真相的揭示往往给人以强烈的心灵震撼,并引起读者持久的回味,深入的反思。悬念的拆解或许可形成突转并掀起高潮。欧·亨利小说《麦琪的礼物》就很巧妙地做到了这一点。

(3)巧合

巧合也是常见的情节组合方式,它应当是在必然性(包括性格逻辑与具体情境的发展趋势)基础上出现的偶合,并由此产生一定的情节效果。

(4)跳移

跳移是指在表现中调整事件过程的本来顺序和因果关联,将一些重要的环节换位重组,特别是一些缘起前提性环节的后移,既可在故事前部留下空白,形成悬念,引发思索,又能在故事尾部补填空白,消释悬念,给读者以恍然大悟后的快意。如欧·亨利的《最后一片绿叶》,莫泊桑的《项链》,泰格特的《窗》等。

(5)串联

串联是将两个或多个并无时空联系的事件组合起来,在相互对比映衬之中构建内容互补的情节。这实际上与电影蒙太奇很相近。但是如果两个事件的组合没有生成超越两者的第三种意蕴,这一串联就不能算成功。

（6）并联

并联是指将两个或多个相关的事件系列组合为一个整体结构。在叙述中可以"花开两朵，各表一枝"，但两者之间存在着时离时合、互动相成的复杂关联。

（7）传奇

传奇是指情节设置时不是一般性地罗列、堆积生活事件，而是将生活中种种矛盾、冲突加以形象化的显现，使小说人物的心理、行动与事件的过程、结果，既未脱离现实逻辑的导向，却又明显超越了生活的惯性与常态。传奇是使小说情节生动的一个重要方面，而情节的生动性是小说情节审美的集中体现。具有传奇性的情节可以夸张地描绘、渲染人物之间的矛盾纠葛、群体之间的冲突对抗。优秀作品中的传奇性情节往往将人生的理想、浪漫的情怀、成功的渴望融注于现实的人情世态、真实的矛盾冲突、平实的生命活动之中，从而创造出极具艺术感染力又能赢得读者认可的人生画卷。如在《基督山伯爵》、《水浒传》等故事小说中，传奇美就成为其情节设置中最夺目的光彩。

5. 运用描摹性的语言

小说语言区别于诗歌、散文、戏剧文学语言的基本特性是它的描摹性。小说是刻画人物、展现环境、描述情节的叙事文体。小说语言的功能、目标和评判准则就取决于它能否描绘出具体可感、生动多彩的生活情景与精神世界。

所谓描摹是将包括叙述、议论、抒情在内的狭义的描写拓展为更宽泛的艺术表现方式。在古典小说中，简练且传奇的白描就更多地融合于叙述之中。

如《红楼梦》第二十三回中元春命宝玉与诸姐妹搬入大观园居住。

> 别人听了，还犹自可，唯宝玉喜之不胜。正和贾母盘算，要这个，要那个，忽见丫环说："老爷叫宝玉"，宝玉呆了半晌，登时扫了兴，脸上转了色，便拉着贾母，扭得扭股儿糖似的，死也不敢去。贾母只得安慰他道："好宝贝，你只管去，有我呢，他不敢委屈你……"

在贾母的劝慰下，"宝玉只得前去，一步挪不了三寸，蹭到这边来……只得挨门进去"。贾政见到宝玉，仍不免一顿训斥。最后还"断喝一声：'作孽的畜生，还不出去！'宝玉则毕恭毕敬地慢慢地退出去，向金钏儿笑着伸伸舌头，带着两个嬷嬷，一溜烟去了"。

这一情节片段的语言表现属于叙述。但其中一连串运用考究的动词却极准确地描绘出宝玉的动态、神情和心境，并且也渲染了特定的情景气氛，流露了叙事本身的感情基调，其表现力极为丰富。甚至，几个传神的动词就给叙述增加了描写的功能。在读者想象作用下，这种叙述中的描写同样能够在读者心中形成明晰、传神的画面。我们不难体会到宝玉是如何从兴致勃勃一下子坠入惊恐无奈之中，又如何在恐惧中饱受煎熬，最后又是怎样感到了大赦般的轻松愉快。

小说语言描摹性的高下可分为两个级次，准确只是基础，传神才是极致。无论静物静态的描绘或动作动态的表现，都应从中传达特定的神韵、意味和境界。如上例中举到的宝玉"一步挪不了三寸，蹭到这边来，挨门进去"，几个动作传神地表现出了宝玉的无奈。"慢慢地退出去"，一副谦卑恭顺的样子，可一出贾政视线就吐舌头作怪状，并一溜烟扬长而去，活脱脱写出了宝玉的天真和小孩脾气。如果将此例没有引出的部分，如金钏的调侃、贾政的心理矛盾等都补出来，做完整的欣赏，这段描写的传神之妙更会令人叹为观止。

同时,我们还要注意小说中人物语言的特性。小说人物语言的本质特征是个性化。这就要求我们在创作时要注意语言个性必须与人物的性格、身份、经历、教养等主体特性相符合,还要与讲话的特定场合、情景相适应,同时还要服务于情节表现的具体目的,即通过人物语言来写人叙事、表情达意。

老舍曾说对话是人物性格最有力的说明书。确实,从出色的人物对话中我们可以感觉到人物鲜明的个性。如海明威的著名小说《老人与海》中的一段对话:

> ……"顶好的渔夫是你。"
>
> "不。我知道有不少比我强的。"
>
> "哪里!"孩子说,"好渔夫很多,还有些很了不起的。不过顶呱呱的只有你。"
>
> "谢谢你。你说得叫我高兴。我希望不要来一条挺大的鱼,叫我对付不了,那样就说明我们讲错啦。"
>
> "这种鱼是没有的,只要你还是像你说的那样强壮。"
>
> "我也许不像我自以为的那样强壮了,"老人说,"可是我懂得不少窍门,而且有决心。"
>
> "你该就去睡觉,这样明儿早上才精神饱满。我要把这些东西送回露台饭店。"
>
> "那么祝你晚安。早上我去叫醒你。"
>
> "你是我的闹钟。"孩子说。
>
> "年纪是我的闹钟,"老人说,"为什么老头儿醒得特别早?难道是要让白天长些吗?"
>
> "我说不上来,"孩子说,"我只知道少年睡得沉,起得晚。"
>
> "我记在心上,"老人说,"到时候会去叫醒你的。"
>
> "我不愿让船主人来叫醒我。这样似乎我比他差劲了。"
>
> "我懂。"
>
> "安睡吧,老大爷。"……

这是捕鱼之前老人和那小孩儿的对话,两个人简短的字句特别富有生活气息,同时也看出了老人和小孩各自的性格。小孩子总是充满着好奇心,并对自己的偶像有着一种坚持的崇拜;老爷爷面对孩子的时候有着一种智者的从容,还有一种对年纪的不服输,这种性格在以后的捕鱼过程中也很好地表现了出来。

6. 设计精妙的细节

所谓细节,是指人物行为或事件的某一细小片段,这一细小片段表现人物行为或事件的某一细微变化,通过变化,以小见大,反映人物的心理品质或事件的事实、变化等。巴尔扎克曾说过:"才能的最明显标志,无疑就是想象的能力,但是在当一切可能的结局都已经准备就绪,一切情节都已加工过,一切不可能的都已试过,这时作者坚信,再进一步,唯有细节将组成作品的价值。"[①]可见,细节的优劣是判断小说艺术价值的重要标准。

细节描写在小说中既可构成情节线索的主要内容,又可推动故事情节向前发展,还可直接或间接地揭示作品的主题,更重要的是能有力地刻画出生动的人物形象来。如吴敬梓小说《儒

---

① 转引自金健人,陈建新. 写作概论. 杭州:浙江大学出版社,2004.268.

林外史》中一个经典的细节描写：

> ……晚间挤了一屋的人,桌上点着一盏灯。严监生喉咙里痰响得一进一出,一声不倒一声的,总不得断气,还把手从被单里拿出来,伸着两个指头。大侄子走上前来问道:"二叔,你莫不是还有两个亲人不曾见面?"他就把头摇了两三摇。二侄子走上前来问道:"二叔,莫不是还有两笔银子在那里,不曾吩咐明白?"他把两眼睁得溜圆,把头又狠狠摇了几摇,越发指得紧了。奶妈抱着哥子插口道:"老爷想是因两位舅爷不在跟前,故此记念。"他一听了这话,把眼闭着摇头,那手只是指着不动。赵氏慌忙揩揩眼泪,走近上前道:"爷,别人都说得不相干,只有我知道你的心事。你是为那灯盏里点的是两茎灯草,不放心,恐费了油。我如今挑掉一茎就是了。"说罢,忙走去挑掉一茎。众人看严监生时、点一点头,把手垂下,登时就没了气。

严监生将死,对亲人、家庭毫无眷念,唯独对灯盏里多了一根不抵分文的灯草而耿耿于怀,久久不能咽气。吴敬梓这不无夸张的细节描写把严监生这个人物吝啬的性格刻画得可谓入木三分。

戏剧文学

【提要】
◇ 戏剧文学的含义
◇ 戏剧文学的三个特点:用人物语言塑造形象,人物、事件、时间、场景高度集中,具有尖锐、紧张的矛盾冲突
◇ 戏剧文学的分类
◇ 戏剧文学写作的四个要点:集中时间、空间、场景和人物;设计性格冲突;安排紧张激烈、传奇曲折的情节;运用动作性和个性化的语言

戏剧文学的含义

关于戏剧的起源有很多说法,有认为起源于原始宗教的巫祇仪式的;有认为起源于原始人劳动或庆祝丰收时的即兴歌舞表演的;有认为起源于原始部落的歌舞和狩猎表演的;等等。在西方,出现最早的古希腊悲剧就被认为起源于酒神祭祀。在希腊古城邦每年春秋两季的祭拜酒神狄奥尼索斯(Dionysus)仪式上,由于传说中狄奥尼索斯的随从们是一些半人半羊的萨提洛斯,因此在祭祀活动中大合唱的人们就都扮成萨提洛斯的样子,唱着"酒神颂",跳着"羊人舞"。其中有一个担任领唱,他与合唱队交替轮唱颂歌的歌词,这种对唱可说是戏剧对白的前身。合唱队的歌称为"山羊之歌",希腊语为悲剧(tragoedia)的意思。这可说是最早的戏剧表演了。

中国的戏剧则要从中国古典戏曲说起。作为与古希腊悲喜剧、印度梵剧并称为世界三大

古剧的中国古典戏曲,它的形成最早可追溯到秦汉时代的巫祓仪式,但形成过程相当漫长,是在歌舞艺术和科白(即言语、动作)艺术的产生发展以及相互交融,故事性不断加强的发展过程中逐步孕育而成的。到了唐代,这两大艺术终于汇合,并和叙事文学相结合,形成了戏曲。到了宋金,产生了宋杂剧和金院本,这就是中国戏曲的雏形。随后出现的宋元南戏终于使戏曲成型。成熟的戏曲从元杂剧始,经明清传奇、清代地方戏及近现代戏曲的不断发展而进入现代,历经八百多年而繁盛不衰,到现在有 360 多个剧种。

中国现代意义上的戏剧包括戏曲和话剧。话剧是 20 世纪初引进的西方戏剧形式,至今只有百年的历史。中国话剧 20 世纪初到"五四"前称"文明新戏","五四"以后称"新剧"。1928年起称"话剧"并沿用至今。

作为现代意义上的戏剧,是一种舞台表演艺术的总称。它是以演员为中心,在舞台上为观众表演的包含了文学、美术、雕塑、音乐、舞蹈等多种艺术门类的综合性艺术。它是凝聚了剧作家、编剧、导演、演员、舞美设计师、化妆师、服装道具师、音乐伴奏、音响效果等各类人员心血的一种集体性劳动。

戏剧表演艺术是在剧作家所提供的剧本的基础上进行的,因此,戏剧表演首先要有剧本。优秀的剧本既可供舞台演出,又可作为文学名著流传下来供人阅读和欣赏。如古希腊的悲喜剧,莎士比亚的剧作,我国关汉卿、王实甫、曹禺、老舍等的作品。

我们这里所说的戏剧文学,主要是指由剧作家创作的供演员在舞台上演出用的文学剧本。

戏剧文学的三个特点

戏剧在演出时由于受到时空和其他物质条件及观众等多重限制,决定了它具有以下特点:

1. 用人物语言塑造形象

戏剧是语言的艺术。但是它的语言和诗歌、散文、小说比起来,更有其特殊性。剧本写作时的语言包括舞台提示(时间、地点、人物动作、心理情绪的简要说明)和台词(对白、独白、旁白等),而台词是剧本的核心。

由于在戏剧表演中台词是塑造人物和展示剧情的基本手段,因此,戏剧的语言要求更具口语化、个性化、动作性和富于潜台词。

口语化,是指要与人们生活的语言接近,易说、易懂,富于生活色彩。

个性化,是指它既要能够鲜明地表现出人物特定的年龄、经历、教养、情趣等等,又要能够揭示出人物在特定环境下的心理状态。

动作性,也称行动性,是指能够同演出时人物的行动相配合,能够暗示和引起角色的动作反应,能够推动戏剧情节的发展。

富于潜台词,是指戏剧文学中的人物语言除了表面上的意义外,还应包含有更深一层的意义。

如曹禺著名话剧《雷雨》第二幕中蘩漪和周萍的一段对话:

> 鲁妈与四凤由中门下,风雷声更大。
> 蘩:萍,你刚才同四凤说的什么?
> 萍:你没有权利问。
> 蘩:萍,你不要以为她会了解你。
> 萍:这是什么意思?

　　繁：你不要再骗我，我问你，你说要到哪儿去？

　　萍：用不着你问。请你自己放尊重一点。

　　繁：你说，你今天晚上预备上哪儿去？

　　萍：我……（突然）我找她。你怎么样？

　　繁：（恫吓地）你知道她是谁，你是谁么？

　　萍：我不知道，我只知道我现在真喜欢她，她也喜欢我。过去这些日子，我知道你早明白得很，现在你既然愿意说破，我当然不必瞒你。

　　繁：你受过这样高等教育的人现在同这么一个底下人的女儿，这是一个下等女人……

　　萍：（暴烈）你胡说！你不配说她下等，你不配，她不像你，她……

　　繁：（冷笑）小心，小心！你不要把一个失望的女人逼得太狠了，她是什么事都做得出来的。

　　萍：我已经打算好了。

　　繁：好，你去吧！小心，现在（望窗外，自语，暗示着恶兆地）风暴就要起来了！

　　萍：（领悟地）谢谢你，我知道。

　　透过这段对话，我们可以看出繁漪和周萍之间不寻常的关系，同时繁漪"果敢阴鸷"、具有强烈反抗性的个性特征也有所展示。繁漪是"五四"以来追求妇女解放，争取独立、自由的新女性代表，她敢爱敢恨。但是，她对旧制度的反抗是以一种畸形的方式表现出来的，她在重压下，常常无助、自卑甚至自虐。在这里，她的多疑、恫吓、冷笑等表情让我们看到似乎有些阴冷的她，但是她的话已经让我们感觉到了她不会再甘于被周家父子两代欺负的命运了。她准备要有所反抗，而且准备要付之于行动。同时，这段台词又写得非常口语化和具有行动性，通过繁漪"小心，现在（望窗外，自语，暗示着恶兆地）风暴就要起来了！"这句话，似乎又让我们体会到了潜藏在其后面的另一层意思，也更让我们对剧情的发展有所期待。

2．人物、事件、时间、场景高度集中

　　戏剧表演由于受时间与空间的限制，它的人物、事件、时间、场景都是高度集中的。戏剧只能在有限的时间（一般两小时左右，最长三小时）和空间（舞台）内面对观众演出。因此，太多的人物无法容纳于有限的舞台；过于复杂、冗长的情节，无论是演出时间还是舞台空间都不允许；场景也不应频繁变换等等。为使在有限的时空内尽量展现丰富多彩的生活内容，且让观众的审美注意保持观看的始终，西方古典主义提出了"三一律"的创作原则。所谓"三一律"，即戏剧动作一致、时间一致和地点一致。但由于它限制太死，因而在后来的发展过程中，又对戏剧文学的发展产生了消极的作用。现代戏剧的创作由于多媒体表现方式的加入等等，对人物、事件、时间、场景高度集中方面开始有所放松。

　　曹禺名剧《雷雨》就是"三一律"原则的成功典范。周、鲁两家八个人物在短短一天24个小时之内发生的故事，却牵扯了过去三十多年的恩恩怨怨，真可谓是剪不断，理还乱。在狭小的舞台上，不仅突现了伦常的矛盾、阶级的矛盾，还有个体对于环境、时代强烈不协调的矛盾。在作品种种剧烈的冲突中成功地完成了周朴园、繁漪、侍萍、四凤、周萍、鲁大海、周冲、鲁贵等人物的塑造。而细细品味之下，其实悲剧早已潜伏在每一句台词、每一个伏笔中，只是到最后时分才终于爆发出来，化作一场倾盆雷雨，无比强烈地震撼了每个人的灵魂。

　　当然，人物、事件、时间、场景的高度集中，是就剧作家作品而言的，并不是让我们把故事本身的时间跨度缩短、空间跨度缩小。剧作家创作时可以通过分幕、分场等结构艺术手法使其得到"高度集中"的体现。所以,戏剧同样可以表现宏大的题材。如老舍的杰作《茶馆》,就是借北京城里一个名为裕泰的茶馆在三个时期(清末 1898 年初秋;袁世凯死后军阀混战的民国初年;40 年代抗战结束、内战爆发前夕)的变化,来表现 19 世纪末以后半个世纪中国的历史变迁。这种设置就具有了相当的时间跨度,有一种宏观的历史感。

3. 具有尖锐、紧张的矛盾冲突

戏剧是需要有故事性的,而对于故事来说,只有尖锐、紧张的矛盾冲突,才能在有限的时间和空间内刻画出鲜明的人物形象来。戏剧冲突包括外在冲突和内在冲突两个层次。所谓外在冲突是指人与人或人与某种力量之间的矛盾冲突;内在冲突是指在外在冲突中所蕴含的人物心灵深处的冲突。矛盾冲突是推动故事发展的有效手段,也是吸引观众的主要手段。

但凡优秀的戏剧作品都充满了尖锐、紧张的矛盾冲突。如 19 世纪挪威戏剧家易卜生的《国民公敌》,故事就充满了尖锐的人与某种社会势力之间的冲突。这部作品写的是正直的医生斯多克芒发现疗养区矿泉中含有传染病菌,他不顾浴场主的威迫利诱,坚持要改建泉水浴场,因而触犯了浴场主和政府官吏的利益。他们便和舆论界勾结起来,宣布斯多克芒为"国民公敌",社会的、舆论的、人性的……矛盾冲突主宰了故事的发展,也紧紧地扣住了观众的心弦。

又如莎士比亚的名剧《哈姆雷特》,一方面哈姆雷特与克劳狄斯新旧两派政治势力的斗争成为戏剧的外在冲突强烈地吸引着我们,但哈姆雷特内心的冲突才是这部作品的精髓所在。"生存还是毁灭,这是一个值得考虑的问题:默默忍受命运的暴虐的毒箭;或是挺身反抗人世的无涯的苦难,通过斗争把它们扫清,这两种行为,哪一种更高贵?"这段著名的独白充分表现出了哈姆雷特思想性格内部的斗争。而这种内心冲突导致的延宕使他失去了复仇的机会,最后只能与仇人同归于尽。而作品正是通过这种内心冲突来展示人物的人性深度的。

戏剧文学的分类

按照不同的分类法,戏剧可分为多种类型:

按照其表现形式分,主要有话剧、歌剧、舞剧、戏曲等;

按照其容量大小分,主要有多幕剧、独幕剧和戏剧小品;

按照其题材分,主要有历史剧、神话剧、传奇剧、市民剧、社会剧、家庭剧、荒诞剧等;

按照其表现戏剧冲突的性质和审美价值分,主要有悲剧、喜剧和正剧。

悲剧、喜剧和正剧是最基本、使用最多的分类,下面我们对其作简单介绍。

1. 悲剧

悲剧是最早出现的一种戏剧样式。古希腊的亚里士多德在《诗学》里说:"悲剧是对于一个严肃、完整、有一定长度的行动的模仿……借引起怜悯与恐惧来使这种情感得到陶冶。"因此,我们把凡是描写正面人物或英雄人物为某种进步的理想、正义的事业、合理的要求而进行不屈的斗争中,付出了重大的代价,遭受苦难或死亡,由此唤起人们的同情、哀怜、赞叹,促使人们严肃地正视生活,认识历史进程的曲折性,激发人们为正义而斗争的热情的戏剧作品,称作悲剧。悲剧冲突的实质是"历史的必然要求和这个要求的实际上不可能实现"。它的审美价值是"将人生的有价值的东西毁灭给人看"。

2. 喜剧

喜剧的基本形式是讽刺喜剧,即通过夸张和类型化的艺术手法,对社会弊端或人格缺陷进行揭露或讽刺,格调轻松、乐观,人与人的冲突不表现为激烈、残酷的斗争,而是智慧与人格的对比,正面力量终占优势的戏剧样式。它的审美价值是"将那无价值的撕破给人看"。

3.正剧

正剧又称严肃剧,兼有悲剧和喜剧的因素,通常表现的是有关严肃的现实社会问题或伦理道德问题,其结局一般是正义获得胜利、正气得以伸张。它可以说是将悲剧和喜剧"调解成为一个新的整体的较深刻的方式"。

戏剧文学写作的四个要点

我们这里主要侧重谈谈话剧剧本写作中要注意的几个方面:集中时间、空间、场景和人物;设计性格冲突;安排紧张激烈、传奇曲折的情节;运用动作性和个性化的语言。

1.集中时间、空间、场景和人物

剧本写作不像小说、散文那样可以不受时空限制,它要求时间、人物、情节、场景高度集中在有限的舞台范围内。小小的舞台上,几个人的表演就可以代表千军万马,走几圈就可以表现出跨过了万水千山,变换一个场景和人物,就可以说明到了一个全新的地方或相隔多少年之后……相隔千万里,跨越若干年,都可通过幕、场变换集中在舞台上展现。剧本写作时通常用"幕"和"场"来表示段落和情节。"幕"是指情节发展的一个大段落。"一幕"可分为几场,"一场"指一幕中发生空间变换或时间隔开的情节。剧本一般要求篇幅不能太长,人物不能太多,场景也不能过多地转换。如曹禺《雷雨》的场景就主要集中在周公馆;莎士比亚《哈姆雷特》的场景主要集中在爱尔西诺城堡,《奥赛罗》剧情发生的地点主要集中在威尼斯和塞浦路斯岛上。可以这样说,舞台艺术的魅力就在于能否把生活矛盾浓缩在有限的时间、空间和人物行动中,使它们得到集中的体现,从而以此来对社会生活作全景的观照。

2.设计性格冲突

戏剧是冲突的艺术。确实,没有冲突就没有戏剧。戏剧由于受舞台时空的限制,必须迅速展开矛盾冲突,否则就会无法吸引观众观看的兴趣。因此,在写作时,要注意设计安排好戏剧冲突,尤其要注意展现人物的性格冲突。性格冲突是戏剧冲突的一种主要表现方式,它既可以是人物与人物之间的性格外部冲突,也可以是人物各自内心的内部冲突。只有在作品中充分展现这种性格冲突,才能塑造出个性鲜明的人物形象来。

如莎士比亚《麦克白》中麦克白的一段台词:

> 要是干了以后就完了,那么还是快一点干;要是凭着暗杀的手段,可以攫取美满的结果,又可以排除了一切后患;要是这一刀砍下去,就可以完成一切、终结一切、解决一切——在这人世上,仅仅在这人世上,在时间这大海的浅滩上,那么来生我也就顾不到了。可是在这种事情上,我们往往逃不过现世的裁判;我们树立下血的榜样,教会别人杀人,结果反而自己被人所杀;把毒药投入酒杯里的人,结果也会自己饮鸩而死,这就是一丝不爽的报应。他到这儿来本有两重的信任:第一,我是他的亲戚,又是他的臣子,按照名分绝对不能干这样的事;第二,我是他的主人,应当保障他身体的安全,怎么可以自己持刀行刺? 而且,这个邓肯秉性仁慈,处理国政,从来没有过失,要是把他杀死了,他的生前的美德,将要像天使一般发出喇叭一样清澈的声音,向世人昭告我的弑君重罪;"怜悯"像一个赤身裸体在狂风中飘游的婴儿,又像一个御气而行的天婴,将要把这可憎的行为揭露在每一个人的眼中,使

眼泪淹没叹息。没有一种力量可以鞭策我实现自己的意图,可是我的跃跃欲试的

　　野心,却不顾一切地驱着我去冒颠踬的危险。

　　这是麦克白在想要杀死国王邓肯之前的内心的激烈的善与恶的冲突,受女巫诱惑之后的他心理上的恶占了上风,准备谋杀国王并要把它付之以行动;但想到自己既是国王的亲戚又是他的臣子,两层关系都不容他造这个孽,并且邓肯到他们家做客,作为主人,理应为他严防凶手才对,怎么能自己动刀杀人? 再说邓肯国王秉性仁慈,处理国政,从来没有什么过失,他怎么可以把他杀死呢? 但内心激烈的矛盾冲突和挣扎的最后结果,他还是决定要满足自己跃跃欲试的野心,要不顾一切后果地去冒险。

3. 安排紧张激烈、传奇曲折的情节

　　情节是戏剧构成的最重要的要素之一。它是在特定的情景之下戏剧人物展开矛盾冲突的事件过程。由于受舞台时空的限制,它更要求讲究情节的紧张激烈性和传奇曲折性。

　　紧张激烈性。戏剧冲突一个接一个,环环相扣,势必造成一种紧张的气氛,引人入迷,从而牢牢抓住观众的心。而随着故事的进程,戏剧冲突的各方力量对比不断变化,潜在问题不断被发现和揭开,最紧张激烈、最富于戏剧性的故事高潮到来,戏剧冲突达到白热化。优秀的戏剧作品在情节悬念的设置上总是出人意料又在情理之中。如古希腊悲剧《俄狄浦斯王》,剧情发展到最后,当俄狄浦斯明白真相后,痛苦地刺瞎了自己的眼睛,放逐了自己。又如易卜生的《群鬼》,剧中的阿尔文太太一生为了控制自身的环境而进行了一场漫长而自觉的斗争,但她的儿子欧士华并不服从母亲的愿望,而是竭尽全部意志力量来反抗。结果在戏的结尾阿尔文太太决定下一个可怕的决心,一个使她的意志几近沸点的决心:她必须决定要不要杀死自己亲生的、已经疯狂的儿子。

　　传奇曲折性。情节设置不仅要紧张激烈,而且还要出奇制胜、一波三折。只有这样,才能产生最强烈的戏剧效果,使观众欲罢不能。如我国清代著名戏曲、理论家李渔的《风筝误》的情节就非常具有传奇性:风流才子韩琦仲题了诗的风筝,被纨绔子弟戚友先拿了去放,风筝断线后被美貌才女詹家二小姐淑娟拾到,她和了一首诗在风筝上。风筝被戚家书童要回来以后,韩看到所和之诗不禁赞不绝口,由此萌生了对詹小姐的爱情。于是韩又做一风筝并题上求婚诗一首,但这次风筝断线以后却没如他所愿被题诗的詹二小姐捡到,反而被貌丑的詹家大小姐爱娟所拾。爱娟于是密约韩,韩误以为是和诗的詹家二小姐淑娟所约,欣然前往,但见面后惊见心上人竟然相貌十分丑陋,于是急急告退。后来韩考中状元,他的上司詹烈侯要以自家二女儿相许。韩回想起日前见面时因为詹家小姐貌丑所受的惊吓想要不接受,但又没办法只能应允。等到洞房花烛夜,却原来二小姐是一个才貌双全的美娇娘,不禁心中大喜。而故事的另一头,那一对也是因为误会而婚配的詹家大小姐爱娟和戚友先,洞房花烛夜揭纱相见,不禁四目相对,双双愕然。又如莎士比亚的《麦克白》中出现的始终推动故事发展的三个女巫的预言;关汉卿《窦娥冤》中窦娥所发的"血溅白练"、"六月飞雪"、"亢旱三年"的三桩毒誓;郑光祖《倩女离魂》中的张倩女魂离躯体;汤显祖《牡丹亭》中杜丽娘的"游园惊梦"等等,这些故事情节的设置都非常具有传奇色彩。

4. 运用动作性和个性化的语言

　　戏剧是依靠人物自身的语言和动作来完成戏剧人物形象塑造的,因此,我们在写作时,尤其要注意戏剧语言的动作性。戏剧语言的动作性是指人物的语言要能显示人物心理的活动和变化,同时还应起着推动或暗示故事情节发展的作用。它不是静止的,它是人物性格在情节发

展中内在力的体现。也就是说,戏剧语言是有张力的。在具体的戏剧写作过程中,这种语言有时是不经意不露痕迹的,有时却是有着很强的作者的主观动机,它的目的在于推动故事情节发展。

同时,我们还要注意戏剧语言的个性化。也就是说戏剧台词的写作,要符合人物性格,体现出人物的个性特征来。不同性格的人都有其独特的说话方式,老年人与中年人不同,中年人与青年人不同,性情粗暴的人与性情温和的人不同,工人和农民不同,文化程度高的与文化程度低的不同,轻浮的人与深沉的人不同,幽默的人与忧郁的人不同,坦率开朗的人与阴险狡诈的人不同……形形色色,不一而足。这些千差万别的不同,具体地体现在人物说话时的习惯、语气、语调等等方面,所以在写作时要注意区分。

如著名剧作家老舍的作品就有一种这样的语言魅力,能让人物一开腔就显出鲜活的面貌、独特的个性特征来。我们来看《茶馆》第二幕中的一个片段:

唐铁嘴　王掌柜! 我来给你道喜!

王利发　(还生着气)哟! 唐先生? 我可不再白送茶! (打量,有了笑容)你混得不错呀! 穿上绸子啦!

唐铁嘴　比从前好了一点! 我感谢这个年月!

王利发　这个年月还值得感谢! 听着有点不搭调!

唐铁嘴　年头越乱,我的生意越好! 这年月,谁活着谁死都碰运气,怎能不多算算命、相相面呢? 你说对不对?

王利发　Yes,也有这么一说!

唐铁嘴　听说后面改了公寓,租给我一间屋子,好不好?

王利发　唐先生,你那点嗜好,在我这儿恐怕……

唐铁嘴　我已经不吃大烟了!

王利发　真的? 你可真要发财了!

唐铁嘴　我改抽"白面"啦。(指墙上的香烟广告)你看,哈德门烟是又白又松,(掏出烟来表演)一顿就空出一大块,正好放"白面儿",两大强国侍候着我一个人,这点福气还小吗?

读完这段对话,我们面前马上就立起了一个油嘴滑舌的江湖术士的茶客形象来:潦倒落魄却又自甘堕落,愚昧中又带着几分无赖,特别是他的"两大强国侍候着我一个人"的妙论,充分反映出他人格的扭曲,以及这种阿Q式的精神麻木中透出的一种无奈与凄凉。

又如著名现代京剧《沙家浜》第四场"智斗",就是用高度个性化的人物语言塑造了生动鲜活的人物形象。阿庆嫂机警沉着,一上场就对刁德一、胡传魁的到来有所警觉,她千方百计用言语稳住粗鲁、愚蠢、讲江湖义气的胡传魁,并以老板娘和老朋友的身份热情奉迎胡传魁,让他深信她是自己人,并使胡、刁二人产生了嫌隙。而对生性多疑、阴险、诡诈、阴阳怪气的刁德一,她的态度不卑不亢,柔中带刚,当刁德一步步紧逼时,她善于回避其锋芒,却又针锋相对,一语道破对方的险恶用心。同时她又胆大心细,沉着应对,没让刁德一看出任何破绽,真可谓是大智大勇。而阿庆嫂、刁德一、胡司令三人的"背躬唱"("背躬"是戏曲表演的一种程式,又名打背躬,即剧中人物将其内心活动,向观众表达出来,是一种内心独白的形式)一段,更是把三个人互相探测、彼此揣摩的心理,把利用与反利用、信任与不信任的关系表现得淋漓尽致。

影视文学

影视文学的含义

作为现代科学技术的产物,电影的诞生,经历了欧洲国家许多科学家、发明家,甚至模仿者的漫长的实验过程。而和其他审美文体不能确切地知道诞生日期不一样的是,诚如匈牙利著名电影理论家贝拉·巴拉兹所说,电影是"唯一可以让我们知道它的诞生日期的艺术"。1895年12月28日,法国的卢米埃尔兄弟在巴黎的卡普辛路14号的一个大咖啡馆里,正式向社会公映了《工厂的大门》、《火车进站》、《烧草的妇女们》、《出港的船》、《代表们登陆》等12部影片,这一天就被公认为是电影的诞生日。当被称为世界电影史上的第一部影片的《工厂的大门》打开,展现在人们面前的是以设在里昂的卢米埃尔兄弟自己家的工厂作为背景拍摄下来的工人下班的景象。系着围裙的女工们和骑着自行车的男工们有说有笑地从工厂里出来,随后,厂主乘着一辆由两匹马拉着的马车驶进工厂,大门又重新关上。这些平凡的形象、活动的人群初次出现在银幕上,给人们带来万分的惊讶和好奇。

我国放映电影的历史在1896年,这一年,在上海徐园"又一村"放映了"西洋影戏"。1905年,北京丰泰照相馆拍摄了戏曲纪录片《定军山》,这是我国摄制的第一部影片。1913年,亚细亚影戏公司拍摄了我国第一部故事短片《难夫难妻》。

作为电影的姊妹艺术的电视,最早可追溯到1930年,这一年英国广播公司(BBC)第一次播出电视独幕剧《嘴里叼花的女人》。1936年,该公司在伦敦建立了电视台,并进行了世界上第一次正规的电视播放。我国电视事业则起步较晚,从1958年中央电视台建立并播出第一部电视剧《一口菜饼子》,只有短短的几十年历史。

电影和电视,都是综合性的艺术,它们均包含了文学、戏剧、音乐、绘画、摄影、建筑、舞蹈、雕塑等艺术因素。它们都是随着现代科学技术的发展而产生的一种视听结合的艺术,都是以运动着的画面和声音来反映社会生活的。它们有很多相同和相近的特性,但在传播工具、传播媒体、传播场合、传播的容量方面都各有不同。

由于电影和电视与其他文学体裁一样,都是以人和人的灵魂、情感为研究对象和描写对象的,都具有叙事性。并且常借用文学手法来表现人物,反映生活;又采用文学的基本工具——

语言艺术来刻画人物形象。因此,这种文学样式包含了影视性和文学性两个方面的意义。

由此,我们把影视文学定义为:在影视创作过程中,用文学手段为未来影视作品创作的文学剧本,是一种和诗歌、散文、小说、戏剧文学并列的发展中的新兴文学形式或文学类型。

影视文学的三个特点

由于影视文学具有影视性和文学性的双重特性,这使它具有不同于其他文学体裁的特点。

1. 运动视像性

视像性是指用文学手段创作的影视文学剧本应该具有转化为银屏上可见的视听形象即造型的可能性。也就是说,它的语言必须是一种"镜头语言"。又由于影视艺术是以运动的画面作为其基本的表现手段,通过连续运动的画面来讲述故事,刻画人物,再现社会生活,反映创作者的主观感受、审美体验和价值取向的。因此,我们在进行影视文学剧本创作时,就应该具有空间视像意识,要让作品成为一系列可以"上镜头"的视觉形象。正如原苏联著名的电影艺术大师普多夫金在《论电影的编剧导演和演员》一书中所说:"编剧必须经常记住这一事实,即他所写的每一句话将来都要以某种视觉的、造型的形式出现在银幕上。因此,他们所写的字句并不重要。重要的是他的这些描写必须能在外形上表现出来,成为造型的形象。"[①]

如夏衍根据鲁迅先生《祝福》改编的同名电影中祥林嫂"抗婚"的一场戏,就对原著中的叙述性语言进行了视觉化的改造:

> 一个小伙子拉着贺老六和她(祥林嫂)并站,卫老二扶着祥林嫂站在香案前面。
>
> 有人喊:"掌礼⋯⋯"
>
> 一个老年人:"新郎新娘拜天地⋯⋯"
>
> 祥林嫂挣扎得厉害,老二满头大汗,抓住她,猛不防她一头撞在桌角上。
>
> 人们惊呼。
>
> 贺老六也大出意外。
>
> 贺老六拦开看热闹的人。
>
> 祥林嫂满面流血,昏厥过去了。
>
> 一个老太婆毫不迟疑地抓一把香灰合在伤口上。

2. 蒙太奇的思维方式

影视文学剧本创作时是采用蒙太奇的思维方式的。这有别于我们一般的文学创作。

蒙太奇(montage)一词来自法语,原义为建筑学上的一个术语构成、装配的意思,被借用到电影艺术中就成了剪辑、组合的意思。影视作品创作时,导演、剪辑师可以根据剧情的需要,把不同内容的镜头通过剪辑有机地组合在一起,从而产生连续、对比、悬念、强调、响应、渲染、联想、暗示、象征等艺术效果。它可以是画面和画面、画面和音响、画面和色彩的组合。

由于蒙太奇是电影创作的思维方式,因此,剧作家在写作文学剧本时,就应考虑到声音和画面,也就是说要用蒙太奇的思维方式去创作。

蒙太奇一般又分为叙事蒙太奇和表现蒙太奇两种。

(1)叙事蒙太奇

叙事蒙太奇是影片最基本、最常用的叙述方式,它将许多镜头按照逻辑或时间顺序连接在

---

① 普多夫金.论电影的编剧、导演和演员.北京:中国电影出版社,1984.34.

一起,以此来交代剧情或展示一系列事件。它一般又可细分为平行蒙太奇、交叉蒙太奇、重复蒙太奇和连续蒙太奇。

平行蒙太奇是指在不同时空(或同时异地)发生的两条或两条以上的情节线并列表现,分头叙述而统一在一个完整的结构之中。

如香港著名导演王家卫执导的电影《春光乍泄》的结尾,就是用三条平行线索反映了三个人三条不同的人生道路:黎耀辉找到自己生存的根,结束异乡的漂泊生涯返回了老家香港;何宝荣结束了糜烂的生活决心重新做人;张宛继续自己的游历生涯,但他知道有一个温暖的家在时刻欢迎他回去。

看影片结尾处这段平行蒙太奇的剪接:

黎耀辉:独自一个开车去看瀑布……终于来到瀑布前,睹物思人……来到台北张宛的父母家返回香港。

何宝荣:搬回黎耀辉曾经住过的房子——看灯上瀑布,抱着黎曾经用过的毛毯哭泣。

张宛:终于到达南美洲的最后一个塔,得偿所愿——在酒吧逗留一晚后返回台北。

交叉蒙太奇又称交替蒙太奇,它将同一时间不同地域发生的有着密切的因果关系的两条或数条情节线索迅速而频繁地交替剪接在一起,其中一条线索的发展往往影响另外线索,各条线索相互依存,最后汇合在一起。这种剪辑手法极易引起悬念,造成紧张激烈的气氛,加强矛盾冲突的尖锐性,是掌握观众情绪的有力手法。惊险片、恐怖片和战争片常用这种方法造成一种追逐和惊险的场面。如格里菲斯的惊险影片《最后一分钟营救》就是交叉蒙太奇使用的经典之作;又如我国早期战争故事片《南征北战》中抢渡大沙河一段,就将我军和敌军急行军奔赴大沙河以及游击队炸水坝三条线索交替剪接在一起,表现了那场惊心动魄的战斗。

重复蒙太奇是将具有一定寓意的镜头在关键时刻反复出现,以达到刻画人物、深化主题的目的,并造成强调、对照、渲染、象征等艺术效果。如《战舰波将金号》中的夹鼻眼镜和那面象征革命的红旗,都曾在影片中重复出现,使影片结构更为完整。又如动画片《埃及王子》对重复蒙太奇的运用尤其娴熟:具有浓厚象征意义的母亲的手指离开摩西的手指的特写第一次出现是在宛如印象派绘画的运动的图画中,重复时却是梦境中的浮雕式的跳格;母亲流泪的特写是一个"舞蹈的特写",头发、头巾、泪水、光线,一切都在舞蹈;而重复姐姐流泪时正是重复同样的流动感和舞蹈感。三次重复的戒指的特写起着成为叙事分节点、性格里程碑的作用。

连续蒙太奇是沿着一条单一的情节线索,按照事件的逻辑顺序,有节奏地连续叙事。这种叙事自然流畅、朴实平顺,是影片中最平常、最普遍的蒙太奇。如张艺谋的《一个都不能少》就是采用这种连续蒙太奇叙述故事的。

(2)表现蒙太奇

表现蒙太奇是以表现情感和寓意,揭示含义,注重激发观众的联想和想象,以此来加强作品的艺术表现和情绪感染力的一种蒙太奇类型。它一般分为心理蒙太奇、隐喻蒙太奇和对比蒙太奇。

心理蒙太奇是通过画面镜头组接或声画有机结合,形象生动地展示出人物的内心世界,常用于表现人物的梦境、回忆、闪念、幻觉、遐想、想象、思索等精神心理活动。这种蒙太奇的特点是画面和声音形象的片段性、叙述的不连贯性和节奏的跳跃性,声画形象带有剧中人强烈的主观性。如美国影片《第一滴血》中,兰博被带到警察局,警察要对他动刀子,这时,镜头一个闪回,出现的是他在越南被俘虏时遭受酷刑的画面。这组心理蒙太奇的剪接把兰博因受战争摧残而过分敏锐、恐惧的心理表现得淋漓尽致。

隐喻蒙太奇是通过镜头或场面的对列进行类比,含蓄而形象地表达创作者的某种寓意或某种事件的情绪色彩。它往往把不同事物之间某种相似的特征突现出来,以引起观众的联想,从而领会导演的寓意和领略事件的情绪色彩。如普多夫金在《母亲》一片中将工人示威游行的镜头与春天冰河水解冻的镜头组接在一起,用解冻的春河水来比喻革命运动的势不可挡。

对比蒙太奇是把两个意义相反的画面(或声音、色彩等)组合在一起,从而在镜头语言上形成强烈的对比,以加强节奏感,增强艺术感染力和表达创作者的某种寓意或情感思绪等。如影片《圣彼得堡的灭日》里,普多夫将一组俄国士兵在战场上死去的镜头和一组股票交易所黑板上股票价格飞涨的镜头交叉剪辑在一起,形成强大的反差,结果使观众获得一种联想认识:资本家用老百姓的苦难来导演战争和牟取暴利。

3. 声画结合

影视艺术是一种视听综合的艺术,因此,声音和画面的结合是其重要特点。

影视中的声音包括人声、音响、音乐。声画结合有三种情况:

一是声画合一,即画面的内容就是发声体本身,声画同步。如画面上出现闪电,就配合雷鸣声;出现小鸟,就配合鸣叫声。

二是声画分立,即声音以独立的元素出现,和画面剥离,两者不同步,也就是画面内容不是发声体本身,但表现的是和发声体相对应的人或物。如有人在楼下叫喊,画面上出现的是打开窗户探出头来往下看的人(反应镜头)。

三是声画对位,即画面和声音相互对立,产生特殊的效果,一般在为造成象征、暗示、比喻、讽刺等艺术效果时常用。如画面上两个人争吵,声音渐渐变成了狗叫声。影片《化妆舞会》中,马叫声和正在大笑的资产阶级绅士的画面相叠,鹅叫声和年轻姑娘的画面相叠,猪叫声和三个酒鬼的画面相配,产生了一种辛辣的讽刺效果。

影视文学的分类

根据不同的标准,可做不同的划分。下面是几种常见的分类方法:

1. 娱乐片和严肃片

娱乐片的娱乐性是它的主要特点,因此它的主要功能是满足观众的娱乐需求。一般又分为两类:一类是偏重对观众生理上和感官上刺激的,如惊险片、枪战片、武打片、恐怖片等;另一类是偏重让观众获得心理、精神上的愉悦和满足的,如侦探片、喜剧片、科幻片、言情片等。

严肃片追求的是思想性,注重的是对观众的教育作用。它一般以庄重的形式、严肃的内容使观众获得思想上的启迪和深刻教育。一般也分两大类:一类是通过重大的历史事件或伟人、英雄人物来塑造高大完美的银屏形象,如历史片、传记片、战争片等;另一类是通过对平凡的日常生活和"小人物"的塑造来表现各种人物形象,如问题片、政论片等。

2. 单本剧和多本剧

单本剧一般围绕一个事件展开矛盾,情节集中,结构完整,人物不多,但人物形象性格鲜明。放映时长一般两小时左右。电影文学多为单本剧,以电影故事片形式出现;电视文学则以电视短剧或电视单剧形式出现。

多本剧是指两本以上的具有连续性的影视文学剧本。它容量大,情节复杂,人物多,表现手法细腻。电影多本剧一般分为上、下两集;电视多本剧则包括电视连续剧或电视系列片等。

3. 戏剧体、小说体、散文体、诗剧体

戏剧体是指创作时更多地借鉴了戏剧文学在情节、结构、场面安排上的表现手法来塑造银屏形象。

小说体是指创作时借用小说在叙事形态上、结构上、艺术方法上的表现形式来塑造银屏形象,它以写人为主,人物性格形象刻画更为鲜明、生动、细致。

散文体是指创作时承袭散文在反映生活、表达情感方面的特长来塑造银屏形象。此类影视片比较偏重主人公情感的抒发,一般没有很强的故事情节。

诗剧体是指使影视片具有一种诗的风格,创造一种含蓄隽永的诗的意境。

影视文学写作的四个要点

影视文学写作要注意以下四个方面:了解剧本的结构方式;重视主配角的设置和人物性格的刻画;运用悬念和伏笔设置情节;熟悉影视专用术语。

1. 了解剧本的结构方式

在影视剧作中,四个基本结构要素为:开端、发展、高潮和结局。也有很多的影视剧作中还有一个片头部分。

(1)片头部分

片头是影视片在片名推出之前映出的一段精彩的短戏,有人叫它为"片头",也有人叫它为"序幕"。片头是整部影视片的"门面",也是观众的第一眼印象,因此,一般剧作者们都在片头上费尽心机,想方设法在片头上设下可能引发事件或问题矛盾的伏笔。

片头设计一要简练,即与主题紧紧相扣;二要紧凑,即从影视内容出发,使之成为影视片的有机组成部分;三要新颖,即要别出心裁,迅速将观众引入内容之中。

(2)开端部分

剧本的开端部分又叫开头部分,它将确定全片的叙述方式和风格基调,统领着整体的结构变化,因此写好开端非常关键。

开端的写作一要介绍故事发生的时间、地点和环境;二要开门见山,引发将要发生的冲突;三要产生一种先声夺人的效果,迅速吸引观众。

(3)发展部分

发展是指事件或问题各矛盾因素之间相互发展。发展部分,又称"展开部分",这是对创作主题进行展开、剪裁、概括、加工的重要部分,是影视创作结构的主干,是整个片子的核心,在本子中所占的比重最大,变化也最大。一般来说,如果某一本剧本有七段的话,在七段中,发展部分约占五段。

常见的发展部分结构类型有:一是以戏剧的冲突来结构发展部分;二是以人物的心理变化或动机来结构发展部分;三是用场面积累来结构发展部分。

(4)高潮部分

高潮部分是指剧情的发展到了高峰的段落内容,大体有三个环节:事件突变、矛盾激化、问题解决。高潮是事件中的各种矛盾纠葛汇集于一起的时候,也是主题思想最鲜明、人物性格揭示最深刻的地方,是全片最紧张的转机所在。

高潮写不好,往往就意味着作品的失败。写作高潮时,要注意使矛盾冲突贯穿始终,情节的安排、人物的塑造,一切都根据矛盾冲突律。要使矛盾激化、激化、再激化,情节紧张、紧张、再紧张,要让整个作品就像是雷雨天气,要不断形成小闪电,最后才是惊天动地的巨雷。

（5）结局部分

结局又叫"结尾",是在事件突变、矛盾激化、问题解决之后的"平和"部分。好的结尾和新颖的开头一样重要。结尾应该干净利落、画龙点睛,切忌拖泥带水、画蛇添足。

2. 重视主配角的设置和人物性格的刻画

影视作品也是以人和人的灵魂、情感为研究对象和描写对象的,因此,人物形象的塑造,可以说是影视剧本写作的核心。随着时间的推移很多影视作品的故事情节可能会让人淡忘,但个性鲜明的人物形象却会长驻我们心中。因此,我们在创作影视剧本时尤其要注意剧中主配角的设置和人物性格的刻画。

主角是作品中最能影响和推动剧情发展的人物,是作者应该极力刻画的个性最鲜明的"这一个"。主角是一个"圆形人物",他的性格应该是复杂多面、充实丰满的。一般影视作品中只设置一两个主角。

配角是作品中重要地位仅次于主角的人物,他们往往对主角的性格刻画起着衬托作用,同时也对剧情的推进起到一定的作用。配角往往都被塑造成一种类型人物。类型人物是指那些如戏剧理论家和教育家贝克在他的著作《戏剧技巧》中所描述的:"类型人物的特征如此鲜明,以至于不善于观察的人也能从他周围的人们中看出这些特征。"这种人物"每一个人都可以用某些突出的特征或一组密切相关的特征来概括"。如,在日本电影《远山的呼唤》中,作者对主要角色耕作和民子都作为圆形人物来塑造,写出了他们复杂的性格成分,这两个人物细腻复杂的情感和内心世界使我们感到了人物性格的现实性。但影片中的虹田以及民子的弟弟和弟媳,就作了类型化的性格处理。这样的方法不仅增强了影片的戏剧性,也反衬了耕作和民子这对中年人的深沉情感和性格。

在影视作品中,与情节相关的是人物的动作,而与动作相关的则是人物的性格。因此,写作时要注意通过形体动作来表现人物性格,刻画人物的心理。如冯小刚导演的电影《大撒把》的结尾机场告别一段:顾颜送即将出国的林周云到机场。广播通知乘客开始登机,已走向海关通道的林却突然说自己的护照找不到了。顾心急火燎地帮她四处翻找,可林却只是在一旁满眼泪水地看着他。登机时间就到了,可护照还是没找到,顾有些气恼地埋怨林,边下意识地摸自己的口袋。突然顾愣住了——护照在他的口袋里,是林故意放进去的……从男女主角的这些动作里我们可以看到女主角的内心矛盾冲突:一边是国外分别了几年正翘首以盼的丈夫,一边是自己已经真正爱恋上了的男主角。我们从她故意藏起护照,从她的满眼泪水中看到了她欲走还留的矛盾心理。

又如电视剧《贫嘴张大民的幸福生活》中"香山山坡"一段:

缆车从空中划过。两个人躺在草地上,孩子一样看着蓝天白云。

大民:云芳,我嗓子眼儿又痒痒了。

云芳不语。

大民:本来想到山顶再说,在这儿说了得了。

云芳:说吧。

　　大民:那我可说了啊,我……(站起来,摇摇晃晃地往前走了几步,突然使出全
身的力气朝远方大喊)李云芳,我爱你! 李云芳,我爱你! 我——爱——你!

　　山谷回音不绝。张大民一屁股坐在地上。

　　大民:怎么样,嗓门儿……还行吧?

　　他笑着,眼泪突然涌了出来。云芳抓住他一只手,紧紧地攥着。

　　云芳:……你来吧。

　　她闭着眼,等着他吻她。他激动地向那张嘴一寸一寸地凑过来,突然改变了主
意,躺回草地,把脸扭向一边了。云芳扳住他的肩膀,想看看怎么回事。

　　云芳:你怎么了?

　　大民:没事。

　　云芳要采取主动了,大民居然紧张地把嘴掩上了。

　　云芳:大民……

　　大民:咱下回再这样,下回……

　　云芳(深深疑惑):到底怎么了?

　　大民(吞吞吐吐):我……中午吃蒜了。

　　愣了片刻,共同喷声大笑,滚在了一处。

　　在这里,张大民的贫嘴和幽默的性格特征通过具体画面和对白得到了充分展示。可见,影
视作品中不仅人物动作对刻画人物性格起到重要作用,人物之间的对白对刻画人物性格也起
到重要作用。

　　日本影视理论家高桥云泽在《台词自戒》中提出的 13 条主张,可供大家写作人物语言时参考[1]:

　　①台词必须入耳即懂。

　　②台词决不可过剩。

　　③应力求避免文学的华丽辞藻。

　　④上场人物如果思路不清晰地讲话就碰上红灯。

　　⑤不要忘了人是说谎的动物。

　　⑥真话要短而有力,虚言要长而夸张。

　　⑦台词必须不停地前进。

　　⑧不要写过分。

　　⑨台词是有生命的,有时兴盛,有时沉滞。

　　⑩力求避免独白、旁白。

　　⑪要避免不易懂的方言。

　　⑫不要让作品中人物去说自己未加工的主张。

　　⑬台词必须要经常具有两种以上的目的。(所说的事情本身的意义,表示性格、传达现在
的状态,指示戏的方向。)

3. 运用悬念和伏笔设置情节

　　影视剧本的情节设置是作品能否吸引观众的关键。成功的影视作品往往能用情节牢牢地

---

①　杨松岐.大学公共写作.开封:河南大学出版社,2000.535.

抓住观众,使他们欲罢不能,急于往下看。情节的设置有很多技巧,我们这里着重介绍一下悬念和伏笔。

(1)悬念

悬念在心理学上是指人们急切期待的心理状态。在影视创作时,不断造成观众的这种急切期待的心理状态是引起观众兴趣的最重要的艺术手段,因此,在写作时要利用观众关切故事发展和人物命运的期待心理,在剧作中精心设置精彩的出人意料又在情理之中的悬而未决的矛盾现象,以吸引观众的兴趣和集中注意力,引导观众进入剧情发展,从而达到饱和状态的欣赏效果。

创造悬念的基本条件:

①造成悬念的前提必须交代清楚,关键是要使观众产生期待的心情;

②意图是产生悬念的第一条件,意图就是目标,而没有困难的意图就不能产生疑虑。在悬念的设置中,意图与困难之间的强度的比例应该基本平衡;

③悬念的实现必须由观众来感受,必须赢得观众的同情。

悬念的形式:

①观众什么都不知道,或只知道一点点,让编导把你带入迷宫;

②观众知道很多,甚至明知剧中人物的结局,而且以洞察一切的眼光来看待一切。

悬念的表现技巧:

悬念的表现技巧是指在情节发展的主要线索中作如下的技巧处理:

①通过"插入"或"切出"方式,在关键时刻拖延或抑制主要情节发展;

②通过"插入"或"切出"方式,在主情节的发展过程中,巧妙地或间隔或插入与主情节发展密切关联或相关联的内容,以增加可看性。

如陆川的处女作影片《寻枪》的悬念设置就非常成功,成为影片的看点之一。"枪在哪里?"用电影中"老树精"的话来说就是一个字:找。于是影片的情节就像剥竹笋一样地层层铺开。逐步的调查,一个个地被怀疑,又一个个地被否定,以致如人所料地出了人命。等到最后谜底揭开,谁也没有想到真正的凶手竟然是被大家以为是为了调节剧情而设置的那个小人物——卖羊肉串的"结巴"。而他偷枪的动机和电影中的叙事也存在很大关联:周小刚造假酒卖假酒殃及无辜的生命。在影片中,导演把细微的暗示藏匿得很有尺度,使我们在观看时难以预测到故事的结局,但等到真相大白时,我们在恍然大悟之余又不禁连连点头称是。

(2)伏笔

伏笔是潜藏在剧情前面部分,为将要出场的人物性格、命运变化或事件发展所作的一种预示。其作用在于加强剧情前后之间的必然联系,使后面出现的情节不至于突兀,以取得结构严谨、情节发展合理的艺术效果。也就是说前面有伏笔,后面就必然有照应。如影片《天云山传奇》中,冯晴岚在宋薇面前对罗群的赞赏,就是为以后他们的结合埋下伏笔。

又如根据莫言小说《白狗秋千架》改编,由著名导演霍建起执导的电影《暖》,伏笔的运用就非常成功。影片中欢乐的秋千是悲剧的伏笔,当悲剧将照应完成后,皮鞋又成为伏笔:女儿无意中穿出妈妈的皮鞋,"我"看到它认出是曾经送给暖的礼物;暖看到它才明白原来她多年前扔掉的礼物却被哑巴拣回来多年,然而两人却互不知晓对方的曲折,接着再补叙,照应完整皮鞋的故事。

4. 熟悉影视专用术语

影视剧本创作出来是要供拍摄用的,因此还必须要熟悉一些影视专用术语。影视专用术语除了我们前面已介绍过的蒙太奇之外,主要还有以下这些[①]:

(1)镜头

镜头:摄影机或摄像机从开拍到停止所拍下的全部影像。

长镜头:指较长时间连续拍摄一个镜头。

慢镜头:又叫慢动作。它通过改变镜头在拍摄时的运转速度对被拍摄对象进行高速拍摄,放映时仍以正常速度放映,这样演员的动作就会变慢。

快镜头:拍摄时放慢摄影机的运转速度,再以正常速度放映,会出现画面快速变换,能造成某种紧张或滑稽的效果。

空镜头:即画面中没有人物的镜头。它主要是通过景物或道具来抒发某种情感。

主观镜头:即摄影(像)机当做剧中人的眼睛,依照他(她)的主观心理感受来拍摄的画面。

定格:即根据剧情的需要而将某一画面连续复印数十张,在放映时就会产生片刻的固定不动的画面。这种方法常用在影视片的结尾,产生让人回味无穷的效果。

推:指被拍摄对象处于某一固定位置,摄影(像)机镜头由远处向所摄对象逐渐推进的拍摄方法。

拉:摄影(像)机运动方向与推相反,即将摄影(像)机从近处拍摄向后拉开的拍摄方法。

摇:摄影(像)机固定在某一位置,让镜头向上下或左右作摇动拍摄。摇镜头向上或向下摇摄,就是仰镜头或俯镜头。仰镜头给人以高大威严的感觉,俯镜头给人以渺小、压抑的感觉。

移:摄影(像)机随着主体的行动而作的移动拍摄。紧随人物的行动而移动,不间断地表现行动着的人物的动作或情感变化的镜头叫跟镜头或追镜头。作上下垂直移动拍摄的镜头又称升镜头或降镜头。

(2)景别

景,是指银屏上的单个画面图像,不同的画面叫“景别”。它可分为远景、全景、中景、近景、特写五大类。

远景:镜头在距离被拍摄对象较远的情况下所拍摄的画面。它空间开阔,可用来交代环境,渲染气氛。

全景,拍摄距离比中景远,比远景近。它取景的范围除人的全身外,还包括主体周围的背景。

中景:介于近景和全景之间,取景范围一般只拍摄人的大半身,主要表现人物双膝以上的形体动作。

近景:指视距较特写稍远的画面。它的取景范围就人体而言大约为人的小半身,即只表现人物胸部以上的活动或表情。

特写:视距最近的画面。它可写人也可写物。人的特写一般拍摄两肩以上的头部,以反映人物脸部的细微情绪变化。

(3)镜头的组接方式

显:又称淡入、渐显、渐现,即画面从空白或全黑中渐渐现出。

隐:又称淡出、渐隐,即画面逐渐退隐直至完全消失。

---

①　所列影视词汇参考了陈果安.文学写作教程.长沙:中南大学出版社,2002.452.

化：又称溶、叠化。即前一个镜头还在"渐隐"中，后一个镜头就渐显了。上一个画面在下一个画面正在显现时渐渐消失称"化出"，而下一个画面则叫"化入"。

划：前一个画面迅速向一旁退去，后一个画面逐渐扩张，代替前一个镜头。

帘出帘入：即前一个镜面被掀开或卷去，随即出另一画面。与此相类的还有圈出圈入，画面以一点开始逐渐扩大把上一个画面全部推出叫圈出。下一画面从画面外沿向内收缩直至取代上一个画面叫圈入。

切：又称切换，即将某种有内在联系的两个不同画面直接连接在一起。

第 **5** 章 **应用文体**

文体概述

【提要】

◇ 应用文体的含义

◇ 应用文体有别于审美文体的五个特点

◇ 应用文体的类型

应用文体的含义

应用文体是国家机关、社会团体、企事业单位和个人处理公务和私务过程中经常使用的具有规范格式的一类文体的总称。它是国家进行统治管理,处理政务的手段,是人们开展学习和工作、参与社会活动、交流思想、传递信息、处理事务的工具。在文章体裁中,应用文体与人们的关系最密切、最直接,使用的频率最高,范围最广。其适用范围大到国家制定政策、法令,小到各个单位和个人的日常事务,无所不包。各行各业的人们都是应用文体的写作者。

应用文体有别于审美文体的五个特点

应用文体同所有文章一样,都是对客观事物的反映,在写作过程中都需要立意,选材,谋篇布局,锤炼语言,但应用文体作为注重应用价值的文章和审美文体有着较大的区别,主要表现在以下五个方面:

1. 实用性

实用性是应用文体的根本性质。应时致用是应用文体的价值所在。审美文体对社会生活的作用不是直接的,它是通过潜移默化的影响,发挥其认识作用、教育作用的;但应用文体需要处理的事务是具体的,需要解决的问题是实际的,因此,它对社会生活的作用是直接的。应用文体的写作总是从解决实际问题的需要出发的：它所讨论的问题、情况应是现实的客观存在，它提出的观点应该对实际工作有指导性，它的目的是要推动工作的进展，因此，应用文体各种写作手段的运用也要从有利于发挥其实际效用这一根本目标出发。

应用文体的务实职能和针对性的内容决定了其必须把看法、主张、措施直截了当、明白清楚地表现出来。赞成什么，反对什么，提倡什么，禁止什么，肯定什么，否定什么，必须直截了当，旗帜鲜明，切忌含含糊糊，模棱两可。这一点和审美文体追求含蓄委婉地表达思想情感完全不同。比如，审美文体的开头，一般讲究曲径通幽；而应用文体的开头，则强调开门见山：或概述基本情况，或说明行文根据，或介绍行文目的，或交代行文原因，或阐明基本观点，或表明态度、意见，或表示慰问祝贺，都是直接入题。再如审美文体的结尾，讲究回味，希望能给人绕梁三日的余韵；而应用文体的结尾，没有这个要求，它需要的是直截了当：或是总结全文，点化主旨；或是提出希望，发出号召；或是提出意见，说明问题；或是表示祝贺，进行慰问；甚至可以戛然而止，自然结尾。

2. 真实性

应用文体具有真实性的特点。不真实就谈不上应用，而且对于大多数应用文体来说，仅仅真实性的要求已经不够，还要求具有一定的真理性，即真实、正确地反映客观事物的本质或规律。这是因为应用文体一般都担负着指导人们正确行动的任务。因此，应用文体的的内容必须符合党的路线、方针、政策，符合国家有关的法规、法令，符合客观实际的情况，否则，就会给工作造成不可弥补的损失。所以，写作者必须以非常认真严肃、实事求是的态度对待应用文体的写作，力戒敷衍、虚假。

特别要强调的是应用文体的真实性不同于审美文体的真实性。审美文体追求的是艺术上的真实。所反映的客观事物是经过艺术加工的，人物、事件、地点等都可虚拟。但应用文的真实是指其内容的完全真实、准确，所写的人、事、地、物等都应该是真实的经得起验证的，不允许有任何的艺术加工。因此，审美文体讲究文采，主要运用形象思维，致力于通过描写、想象、夸张、抒情等多种手法塑造生动鲜明乃至栩栩如生的艺术形象，以诉诸读者的情感和想象；而应用文体追求简明有力，庄重朴实，主要运用逻辑思维，以抽象的概念和确凿的事实为基础，进行判断和推理，采用记叙、说明、议论的方法，诉诸读者以无可辩驳的事实和真理。

3. 时效性

由于事务的处理必然有时间的限制，因此，应用文体具有很强的时效性，这一点与审美文体有很大的区别。审美文体可以从容地塑造形象，刻画人物，应用文体的写作和实施有时间上的要求，必须在规定的时限内完成。对读者而言，优秀的文学作品可以反复欣赏，什么时候都能看，但应用文体过了其需要的阶段，往往只能作存档备查之用了。

由于应用文体的时效性的要求，因此，其篇幅一般不宜过长，在内容上也强调一文一个中心，这也有别于众多审美文体的鸿篇巨制，中心的多元化。

4. 集体性

审美文体一般都是作者个人的精神产品，在创作时可以追求个人的风格。但应用文体的作者尤其是公文的作者往往不是个人，而是一个集体。公务应用文是一种"受命写作"，不是"我要写"，而是"要我写"，作者要根据领导集体提出的目的、要求、观点去进行拟写，要有客体意识，不能强调个人的风格。因此，审美文体重视表现形式的创新，忌讳雷同；而应用文体却往往采用稳定的、常见的甚至通用的结构形式。

5. 政治性

应用文体大多具有一定的政治性和政策性。所谓政治性,指的是其内容往往涉及社会政治问题,或者虽不是以政治问题为写作客体,但往往要从政治角度考虑问题、分析问题和解决问题。所谓政策性,指的是应用文体往往涉及党和国家的路线方针和政策,甚至本身就是以宣传政策为目的或贯彻政策、实施政策的文件。这一点与审美文体的寓教于乐也有鲜明区别。

应用文体的类型

应用文体多种多样,除通用公文外,不同领域、不同行业、不同部门,又有不同的专业文种。

1. 按内容和使用范畴划分

(1)党政机关公文。根据国务院办公厅 2012 年 4 月发布的《党政机关公文处理工作条例》规定,党政机关的公文主要包括:决议、决定、命令(令)、公报、公告、通告、意见、通知、通报、报告、请示、批复、议案、函、纪要等十五种。

(2)行政事务应用文。主要有计划、总结、调查报告、简报、规章制度、会议记录、大事记、工作日志等。

(3)经济应用文。主要有经济活动分析报告、市场调查报告、市场预测报告、可行性研究报告、经济合同、协议书、招标书、投标书、商品广告、商品说明书等。

(4)诉讼应用文。主要有起诉状、上诉状、申诉状、答辩状、仲裁申请书等。

(5)科技应用文。主要有科技论文、科技实验报告、毕业设计、科技说明书、科技情报、科普说明文等。

(6)新闻宣传应用文。主要有消息、通讯、短评、宣传资料、板报、简介等。

(7)常用书信。主要有求职信、应聘信、邀请信、婉拒信、表扬信、感谢信、申请书、决心书、建议信、倡议信、祝贺信、慰问信、介绍信、证明信等。

(8)社交礼仪应用文。主要有电报、图文传真、启事、声明、海报、请柬、聘书、演讲稿、开幕词、闭幕词、欢迎词、欢送词、答谢词、讣告、悼词等。

2. 按性质和作用划分

(1)呈报性文件　这是指下级机关向上级机关汇报工作,反映情况,请求批准、答复的应用文。

(2)指示性文件　这是指上级机关指导、指示下级机关工作的应用文。

(3)法规性文件　这是指有明确规范要求,需要认真贯彻执行,具有约法性或约束力的应用文。

(4)知照性文件　这是指通知事项、传递信息、联系工作的应用文。

(5)凭证性文件　这是指机关间进行交往协作时,作为依据的文件。

计　　划

【提要】

◇ 计划的含义

◇ 计划的三个特点:目的性、预见性、可行性

◇ 计划的三点作用:提高自觉性和科学性;加强效率和合作意识;便于督促和检查

◇ 计划的类型

◇ 计划写作的三个要点:实事求是,留有余地;目标明确,措施有可操作性;语言简明扼要

◇ 计划的写作格式

◇ 范例三则:1. 浙江红岩机械制造有限公司 2013－2022 年企业发展规划纲要

　　　　　 2. 浙江红岩机械制造有限公司营销部 2013 年度工作计划

　　　　　 3. 浙江红岩机械制造股份有限公司西南基地建设实施方案

计划的含义

计划是机关、团体、单位或个人对将要进行的实践活动预作构想安排的常用文体。计划的制定,既要体现一定的政策要求与上级指示的精神,又要结合制订者在一定时期内自身的实际情况。

计划是个统称,属于计划范畴的还有"规划"、"方案"、"安排"、"设想"、"要点"等等,它们主要的区别在于时限不同、类型不同、内容范围大小不同。

"规划"适用于比较长期间内的,涉及范围较广的计划,如《××省十年绿化荒山规划》。

"安排"适用于短期内要做事情的计划,如《迅达公司一季度工作安排》。

"设想"是对下阶段及未来发生的事情作粗线条的预测、打算,如《对××市未来经济发展方向的设想》。

"要点"适合于概括地提出下阶段工作重点的计划,如《××市两个文明建设工作的要点》。

"方案"是对某项工作的目的、方式、具体进度均作了详细安排的计划,如《××市工资与物价挂钩方案》。

计划的三个特点

计划与别的文种相比,有以下三个基本特点:

1. 目的性

计划都是有明确目的的,它总是为达到某种目标、完成某项任务而制定的。有预期的目的,才有明确的努力方向。一份计划的终极效果就是在目的是否实现中得到集中反映。盲目的计划必然失去指导行动的作用。

2．预见性

计划要具有前导性，它都是先于要进行的实践活动而制定的。要预期考虑到做什么，如何做、实施过程中可能会遇到什么情况或问题以及采取哪些相应的对策等等。

3．可行性

为了实现预期的目标，计划必须有切实可行的措施与方法，以保证目标的实现。目标远大而措施不实的计划，将难以具体执行，甚至只能流于夸夸而谈。

计划的三点作用

1．提高自觉性和科学性

制定计划是一种科学的工作方法。有了计划就有了明确的奋斗目标和具体的实施办法。目标明确，任务落实，就提高了工作的自觉意识和科学性，减少了工作中的盲目性和随意性。

2．加强效率和合作意识

有了计划就可以合理安排人力、物力、财力，少走弯路，减少损失，提高工作效率。有了计划也有利于取得有关单位和人员的支持与协作，使各方协调一致，为共同的目标去努力，这样非常有利于调动积极性，发挥大家的集体智慧，保证工作任务的顺利完成。

3．便于督促和检查

在人们日常生活、部门工作乃至整个国家的政治经济运行中，计划起着监督和指导的作用，它是对实践活动的成果进行检验或总结的依据。有了计划就可以掌握工作的进度，以便检查情况，指导和推动工作。

计划的类型

计划的种类很多，从不同的角度可以对其进行不同的分类。

按内容分，有工作计划、生产计划、科研计划、学习计划等。

按时间分，有长期规划、年度计划、季度计划、月度计划、一周计划等。

按范围分，有国家计划、地区计划、部门计划、单位计划、班组计划、个人计划等。

按性质分，有综合计划、专题计划等（或单项计划）。

按形式分，有条文式计划、表格计划、条文和表格综合使用的计划。

按作用分，有指令性计划和指导性计划。

计划写作的三条原则

1．实事求是，留有余地

制订计划时不仅要考虑到工作的需要，而且要考虑到实际的可能。制定计划时既要有理想的追求，又要脚踏实地；既要有进取性，又要留有余地。要抱着严肃的科学的态度，结合本单位、本部门的实际情况，订出切实可行的计划来。所提目标任务，不能过高，也不能偏低。

2．目标明确，措施有可操作性

计划的目标、任务要具体明确，措施步骤要切实可行，具有可操作性。切忌目标笼统，措施含糊，职责不明，分工不清。否则，执行时不得要领，检查时也缺少依据。

3．语言简明扼要

计划以叙述和说理为主，语言要简洁明了。不要作冗长的叙述和过多的议论，行文上也要力求条理清楚,段落分明。

计划的写作格式

计划类文章的结构大致分为标题、正文、结尾三大部分。

1. 标题

标题也就是计划的名称。一份计划,它的标题的好坏,直接影响到人们对这份计划的兴趣。标题定得简明扼要,恰如其分,就为更好地实施这份计划打下了基础。计划的标题包括四项内容:计划的执行者、计划的时间界限、计划的内容、表示计划这一文体的特定词。如《××公司2013年生产经营计划》、《××市2013年国民经济和社会发展计划》等等。

在结构安排上,既可将计划单位摆在前面,也可将时间摆在前面,如《今冬明春全民健身活动的打算》,但表示计划这一文体的词语,多数放在最后。如果计划不成熟或者还没有正式批准通过或者需要讨论修改,应在标题下面用括号注明"草案"、"讨论稿"、"初稿";或在计划标题下面注明"供讨论用"字样,待正式定稿时再去掉括号和说明。

2. 正文

正文是计划的主体,是整篇计划的心脏部分。计划是否合理可行,是否科学有序,是否能引起人们的注意,主要看正文部分。正文的内容通常包括三部分:

(1)依据

简要说明制定计划的指导思想、客观依据和基本情况等。计划的制定依据,即说明"为什么制定计划"或"为什么要这样制定计划"的问题。制定计划的依据一是来自国家的方针、政策;二是来自上级机关、部门的指示;三是来自部门的实际情况。这一部分主要是回答"为什么要做"的问题。

(2)目标

目标是计划所要达到的基本要求。这一部分是计划的主要内容,确定计划要达到的目标和达到这个目标的要求,明确规定"做什么"、"什么时候做完"。要分条列项写明目标、任务及完成期限等,力求明确、具体,不可笼统、含糊;同时要写清楚完成任务的数量、质量、工作步骤和时间进程。内容比较复杂的,可按主次顺序分条叙述,并可在每个问题前加上一个小标题,以示醒目。

(3)具体措施

如果没有措施去推行计划,任何计划都只能是空谈。因此制定措施应切记"十分计划,十二分措施",要把完成任务所要经过的阶段,在各个阶段所要采取的措施以及安排多少人力、物力、财力,都要写得十分具体、明确。如措施的内容较多,也可分条分项来写。(也有把这部分内容同"目的与要求"放在一起写的)

计划正文部分的写法主要有段落式、条文式、表格式、综合式四种。

(1)段落式

主要依靠文字叙述,将计划中的各项内容说清楚,形式与一般文章相同。它适用于原则要求多而具体指标少的计划。

(2)条文式

把计划中的各项列成条文,一条一条写清楚,它适用于比较具体的近期的计划。

（3）表格式

指把计划项目分成几个栏目，画成表格填写。适用于所订计划涉及部门较多，数据指标比较复杂，各个阶段时间界限比较明确的计划。

（4）综合式

在写作中既有文字叙述，又有条文，甚至还有表格的计划。它适用于内容比较复杂的计划。

3. 结尾

正文右下方，写制定计划的年、月、日，若标题中没有点明制定计划的单位或部门，这里应该写明。如果计划附有表格或其他附件，或需要抄报、抄送单位的，应在制定日期的下一行左方空二格分别依次写明。一些与计划有关的材料，如果在正文里一条条表述不太方便，也可以附表。

范例三则

［例文1］

浙江红岩机械制造有限公司2013—2022年企业发展规划纲要

为了适应新形势下企业发展的需要，促进公司全面、健康、有序的发展，结合公司前几年的运行情况，经公司理事会研究、批准，特制定公司2013—2022年十年发展规划纲要如下：

一、指导思想

以邓小平理论、江泽民"三个代表"、胡锦涛"科学发展观"为重要思想为指导，以浙江省委、浙江省人民政府《关于做大做强"浙江制造"》的有关文件为行动指南，加快公司的现代化进程，力争用10年时间，把公司建设成浙江制造行业中中等规模的著名企业。

二、十年发展的目标纲要

（一）随着V6生产线的上马，公司直接面临着厂区狭窄，生产能力不足的困难，公司计划在资金比较困难的情况下，力争用5～10年的时间，使公司的生产规模、生产能力扩大一倍，以此提高公司的生产能力，扩大产品的知名度，提升公司的竞争力。

（二）在现代企业的经营管理中，生产、管理及供销是其中的三大要素，尤其是产品的销售，它直接关系到企业的兴衰和存亡。我们要紧紧抓住V6型凿岩机投放市场后所带来的良好形势，抓住机遇，进一步拓展市场空间，狠抓产品的销售。争取在这10年时间里，产品的销售额及利税，在2012年度的基础上，每年均保持20%的增长率。

（三）要保持20%的年增长率，产品的生产质量是关键。目前，公司直接面临着生产设备陈旧、老化的现状，这种状况，已经严重地制约了公司的生产。为了扭转这一局面，公司计划在现有每年250万元技改资金的基础上，从2013年度起每年增加20%的资金，用于设备的更新改造及技术的革新。

（四）在市场经济日臻完善的今天，企业间的竞争就是人才的竞争，拥有一支吃苦耐劳、不断开拓创新、锐意进取的科研队伍，是企业在激烈的竞争中立于不败之地的重要保证。公司力争用5—10年的时间，培养建设一个以系统的人才培养、人才引进、职工继续教育为主体的人才管理及职工教育体系。为了确保体系的建立，从2013年开始，公司计划：

1.划出100万元资金，设立人才培养、人才引进及职工教育的专项基金，用于专业人才的引进、培养、对有贡献的科研人员的奖励、职工继续教育等。

2.人事部门每年要深入有关大学、科研机构或参加有关人才交流会，物色、招聘具有较强科技攻关能力的科研人员。要求每年招聘专业对口的具有副高以上职称的科技人员或专业对口的博士生 3 名;具有扎实专业基础知识的大专以上毕业生 30 名。

3.加强同有关大学和科研机构的交流合作。每年选拔具有较大潜能的、敢为企业献身的大学毕业生进有关大学和科研机构深造。同时也鼓励其他人员参加各种形式的学历教育和进修。对这些人员,公司将在时间上给予充分的保证,在资金上也给予一定的支持。

4.为了促进职工素质的全面提高,公司拟制定"职工继续教育计划"。从 2013 年起,原则上要求 45 周岁以下的职工,每两年参加一次为期 15 天的以传授"新技术、新知识、新操作"为内容的培训。

(五)V6 产品的开发成功使我们深深懂得:新产品的研制、开发是一个企业生存的生命线,是品牌名号叫得响叫得长的重要保证。联系我们公司实际,新产品开发速度缓慢、产品品种单一,真正叫得响,在市场上站得住脚跟的产品少。为了扭转这一局面,公司将在"V6 科技攻关组"原班人马的基础上,进一步充实加强科研攻关队伍,并且给予资金上的保证。从 2013年起争取每年都有 1~2 种新产品问世。

(六)质量管理:(略)

(七)生产管理:(略)

三、对策与措施

(一)提高认识,加强领导

"2013—2022 公司发展目标纲要"的制定及实施,关系到我们公司今后的生存和发展,是公司实践科学发展观和实现伟大中国复兴梦的具体体现,也是贯彻省委、省政府"做大做强,浙江制造"精神的重要举措。公司各职能部门及广大员工一定要加快转变思想观念,树立主人翁的意识,为公司的发展出谋划策。各级领导部门要切实加强领导、为"纲要"的实施制定相应的工作计划。

(二)明确职责,完善管理

"纲要"的实施涉及公司的方方面面,各有关职能部门应本着为公司负责,为个人负责的态度,根据"纲要"所提出的要求,明确分工,扎扎实实地做好本部门的工作,同时应加强对职工的政治思想教育,完善管理制度,切实做到有章可循,有据可依,从管理中出效益。

(三)艰苦创业,务实创新

"纲要"描绘了今后 10 年公司发展的宏伟蓝图,而要真正把蓝图变成现实,需要公司全体员工克服困难,继续发扬艰苦创业的精神,一切行动听指挥,在各自的岗位上扎扎实实地做好本职工作。在此基础上公司鼓励广大员工充分发挥自己的聪明才智,开拓创新。

(四)统筹安排,勤俭节约

要完成"纲要"确定的目标,资金是基础、是保障。公司财务部门要严格执行公司财务制度,统筹安排,确保各项资金的落实。其他部门也要发扬艰苦创业的精神,一方面要开源,另一方面要节流,在工作中,要做到勤俭节约,为公司节省每一分钱。

公司的远景是美好的,但是任务是艰巨的。为了实现这远大的目标,需要公司广大员工齐心协力,牢固树立"企业兴亡,匹夫有责"的意识,以主人翁的姿态,群策群力。我们相信,在公司广大员工的共同努力下,公司发展的宏大目标一定能实现。

浙江红岩机械制造股份有限公司(印章)

二〇一三年十二月十五日

［例文 2］

浙江红岩机械制造有限公司营销部 2013 年度工作计划

为了认真贯彻公司理事会 2012 年 12 月 15 日下发的公司《2013—2022 年企业发展规划纲要》精神,更好地完成或超额完成公司下达的任务,遵照公司"十年规划纲要"中对营销部的要求,结合本部门的工作实际,特制定 2013 年度工作计划如下:

一、年度工作内容

(一)巩固已有的销售市场。

(二)全力以赴做好西部基地建设市场调查及销售网点建设。

(三)努力开拓西北市场。

(四)积极参与全国有影响的工业产品展销会。

二、具体工作安排及措施

(一)2 月初邀请 2012 年度主要的客户,参加公司组织召开的"红岩牌凿岩机产品质量意见恳谈会",征求客户对我公司产品的意见和建议,并把意见和建议及时反馈给公司有关职能部门,以便及时制定有关改正措施,进一步提高产品质量和售后服务水平,巩固已有的销售市场。

(二)2 月中旬遵照公司人事处的决定,拟定赴西南基地的销售人员名单。考虑到西南基地的重要性,人员安排上,除经理外,原则上以原西南组人员为主。

(三)2 月下旬,赴西南销售人员完成本部的工作交接,并到"西南基地筹委会"办公处报到,由筹委会安排具体的工作。

(四)3 月初完成新销售人员的招聘面试工作。人员确定后派出实践经验丰富的销售员到新员工培训班当新员工岗前培训教育的教员,以确保他们在上岗后能马上进入角色。

(五)3 月中旬确定新销售人员的帮带师傅和工作安排。拟定赴广州参加"春季广交会"人员名单,并做好赴会的前期准备工作。

(六)3 月下旬,参加"广交会"。

(七)4 月初挑选有一定业务能力的业务员进驻西安,开设公司驻西安办事处,争取在 4 月中旬展开工作。

(八)5 月下旬各销售点及办事处负责人回公司汇报工作情况。

(6 - 12 月略)

红岩机械制造股份有限公司营销部(印章)

二○一二年十二月二十八日

［例文 3］

浙江红岩机械制造股份有限公司西南基地建设实施方案

西南基地的建设是我公司发展史上的里程碑,它直接关系到公司今后的发展前景,同时也关系到全体公司员工的切身利益。为了坚决贯彻公司理事会作出的"西南基地建设"的有关决议精神,切实有效地做好并完成西南基地的建设,经公司领导及"西南基地建设筹委会"讨论研究,特制定《浙江红岩机械制造股份有限公司西南基地建设实施方案》如下:

一、基本原则

（一）坚持团结协作原则。西南基地的建设涉及公司的各个职能部门，要确保基地建设的顺利进行，需要公司各职能部门，在"筹委会"的统一领导下，既分工明确又互相帮助、互相协作，决不允许互相推诿、互相扯皮。

（二）坚持艰苦创业原则。在西南办企业，意味着要远离公司本部，人地生疏，条件艰苦。我们要牢固树立艰苦创业的思想，做好吃大苦、耐大劳的准备。

（三）坚持勤俭节约原则。要严格财务制度，不利用职权贪赃枉法，做到每一分钱都用在刀口上。

二、目标任务

根据公司理事会的要求，西南基地的建设，总投资1200万元。从2013年1月15日起至2014年3月15日完成，共15个月时间。在这15个月的时间里要完成市场的调研、基地位置的考察、征地、基础设施的建设、新工人及技术人员的招聘录用、设备的采购安装及调试等开工前的准备工作，确保在2014年3月初正式投入使用，并力争产品一投放市场便取得良好的效益。

三、人员安排及各部门的工作职责

（一）"筹委会"主任负责此项目的全面实施，两位副主任协助。X副主任负责基地的建设，Y副主任负责西南四省一市的市场调查及销售网络的建设。

（二）人事处于2013年1月初派员进驻基地负责招聘技术人员，在四省一市招收新员工，并协助技术处做好新工人的岗前培训工作；在2013年底着手进行基地建成后的干部调配及分工。

（三）设备处、技术处在工程完成90%的时候派人进驻基地，分别负责设备的招标采购验收和设备的安装调试。技术处还要负责新工人的岗前培训。

（四）基建处在基地正式定址后派人进驻基地，负责基建图纸的设计、施工质量的管理及验收。

（五）财务处负责资金的筹措，保证资金按时足额的到位；派人常驻基地负责财务管理。

四、基地建设的工作步骤

（一）2013年1月中旬"筹委会"全体成员进驻重庆，落实办公、生活地址。1月20日开始分两组分别由X副主任率队入四省一市进行基地场址的考察，Y副主任率队深入矿山、水利水电、路桥建设等企业进行产品市场调研。2月20日各处室抽调人员到"筹委会"办公处报到，并开始工作。

（二）2013年3月20日集中汇报考察结果，拟定三个候选城市送总部，由总部讨论裁定，确定基地地址。财务处拨出第一批征用土地的300万元资金。

（三）3月底和总部最后确定的城市的有关部门联系土地征用的事宜，争取在4月初开始征地，在5月底完成。在此期间基建处完成基建的规划和图纸的设计。

（四）6月初开始平整土地，至6月底完成。在此期间基建处协助"筹委会"完成施工队的招标落实和合同的签订，财务处拨出第二批400万元资金。

（五）7月初施工队正式进场施工，基建处负责施工的进度及质量管理。争取在12月底完成厂房的施工。

（六）12月底人事处派员进驻基地，负责新工人的招收及技术人员的招聘，并协助技术处完成新工人的岗前培训工作。财务处拨出最后 500 万元资金。

（七）2014 年 1 月底工程队完成配套设施的建设；设备处派人进驻基地，负责机械设备的招标采购。人事处完成基地建成后的干部调配，技术处完成新工人的岗前培训。

（八）2014 年 2 月技术处负责完成机械设备的安装、调试。Y 副主任负责的西南市场的销售网络初步建成。月底，新班子、新工人及技术人员到位。

（九）2014 年 3 月初正式投入生产。

五、注意事项（略）

西南基地的建设时间紧、任务重，而且可能遇到意想不到的困难。我们相信在公司领导的直接指导下，在公司各部门的精心配合下，经过全体"筹委会"成员和职工的共同努力，一定能克服一切困难，按时、保质保量地完成这艰巨的任务。

浙江红岩机械制造股份有限公司（印章）

浙江红岩机械制造股份有限公司西南基地建设筹委会

二〇一三年一月十三日

总　结

【提要】

◇ 总结的含义

◇ 总结的四个特点：经验性、概括性、典型性、理论性

◇ 总结的类型

◇ 总结写作的四个要点：了解情况，掌握材料；总结规律，提炼观点；突出重点，写出特点；语言准确、简练、生动

◇ 总结的写作格式

◇ 范例一则：走活三步棋，选好"一把手"

总结的含义

总结是对以往的实践活动进行回顾检查、分析评价，并从中得到规律性认识，以指导今后实践的应用文体。

从认识的发展过程看，总结是感性认识向理性认识的升华，是对事物的现象与变化的过程作规律性的揭示。从这个意义上说，总结就是实践的本质的概括。它体现了实践——认识——再实践的认识发展规律。

总结的四个特点

1. 经验性

总结是在自身实践之后进行的，它既是实践活动的总结，又是人们思想认识的总结。总结

的过程,就是把平时积累的零散的、肤浅的、表面的感性认识上升为全面的、深刻的、本质的理性认识的过程。因此总结以回顾情况为主,材料必须是自身实践的事实经验。

2. 概括性

总结是对过去的工作回顾,它要用最简练的语言概述过去较长一段时间的事情经过,因而,具有高度的概括性。因此,总结以说明和概括性的叙述为主,在此基础上再作出理性的揭示,但其说理也不像议论文那样试图以大量逻辑推理来说服人,而是概括性就事论理,揭示规律,点到即止。

3. 典型性

总结具有典型性。写总结一定要善于选用典型材料。典型材料是最具代表性,最有说服力,最能反映问题本质的。从典型材料中还可以找到事物发展的规律性,从而提炼出经验的认识。

4. 理论性

总结是对实践情况的分析综合。总结的目的是把零散的、肤浅的感性认识上升为全面的、本质的理性认识,以作为未来行动的向导。好的总结,总能从自身实践活动中归纳出带有规律性的东西,从材料中提炼出正确的观点。

总结的类型

按内容分,有工作总结、生产总结、学习总结、经验总结、思想总结等;

按作者分,有部门总结、单位总结、个人总结等;

按时间分,有年度总结、季度总结、月度总结、阶段总结等;

按性质分,有综合总结、专题总结。综合性总结又叫全面总结,是对一个单位、一个部门的工作所做的比较全面的总结。专题性总结,是对一定时期某项工作或某个方面的情况进行细致、具体的总结,内容单一集中,针对性强。

总结写作的四条原则

1. 了解情况,掌握材料

总结必须从实际工作情况出发,用事实说话。任何虚报情况,夸大或缩小事实,都会使总结失去意义。不熟悉情况,手中无材料,写总结就如同无米之炊,对客观规律就无从探求。因此,在动笔前要通过观察、调查等多种渠道,尽可能获取丰富的详尽的第一手材料。典型事例、面上情况、历史背景、有关的信息与文字记录、群众的语言等等,都应广泛占有,了然于胸。

2. 总结规律,提炼观点

总结过去,是为了指导今后的工作。写总结,只是把进行过的实践活动罗列出来,那是毫无意义的。只有对实践中的成功与失败、成绩与缺点进行分析研究,把感性、分散的印象上升为理性认识,提炼出规律性的东西,才能正确地认识并掌握客观事物的规律,能动地认识世界和改造世界。所以说,找到和反映出规律性的东西,并提炼为明确的观点,是写好总结的关键所在。

3. 突出重点,写出特点

面面俱到,贪大求全,是总结写作的常见病。总结要抓精华,抓典型,以点带面,要会"牵住牛鼻子",通过个别反映一般,这样才能突出重点,抓住主要矛盾。特别是专题性总结和经验性总结,要尽量把口子收小一些,这样容易重点突出,写得集中和深刻。同时,写总结必须结合本单位实际,有针对性,写出特点。

4. 语言准确、简练、生动

总结的语体质朴简明,一般不用精雕细刻的描绘性语言,不用倾吐情怀的抒情笔调,而是以简明的叙述、准确的说明、精当的分析来反映实践的情况与本质。具体、准确的数字非常具有概括性,是最能说明问题的,但也不要变成数字的罗列。此外,总结可以适当吸取群众的语言,使语言更生动活泼。总结的语言有简明、准确的要求,但也不排斥形象生动,可以适当地运用一些修辞手段。

总结的结构和写法

总结的结构一般由标题、正文、落款三个部分组成。

1. 标题

标题要与总结的内容紧密相连,力求准确、简明、醒目。常见的有:

(1)揭示主题、归纳中心的标题。如《信息化是科技现代化的开路先锋》。

(2)概括主题、范围、内容的标题。如《我院是如何深化教育改革的》。

(3)公文式标题,即标明单位名称或时限或总结文种类。如《××学院××年党政工作总结》。

有时总结的标题除正题外,还要加上副标题。副标题可以指出总结的内容、范围,也可以对正标题起说明、限制的作用。

2. 正文

总结的正文,一般分为三个部分:

(1)概述基本情况

介绍基本情况是总结的开头,也是为后文进一步分析打下基础。这一部分要简明扼要地交代学习、生产、工作等活动的时间、背景、事情的经过等,为下一部分进行分析研究提供基本情况。有时这部分也可以对后文要详细说明的做法或经验等作总的说明。为了引起读者的注意,开头可以概括主要成绩,或说明总结目的,但不要讲客套话,也不要用抒情、描写来显示文采。

(2)介绍主要做法、经验和体会

这部分是总结的主要内容和重点所在,既要有面上材料的概括,又要有典型事实材料的叙述。可以先介绍成绩与做法,再论说经验与体会。对于工作成绩与做法的介绍,可以按照实际工作开展的具体步骤来进行,也可以只陈述基本做法和实际效果,或根据内容分成几个问题,逐个叙述,或按时间顺序来介绍。在成绩和具体做法介绍之后,要把工作的体会概括提升为经验性的认识,找出规律性的东西,使之上升到一定的理论高度,以便今后发扬成绩、克服缺点、推动工作的开展。

这一部分一般有以下几种结构形式:

①纵式结构:一般把整个工作过程分成几个阶段,按时间顺序分阶段写。时间跨度长、阶段性强的总结可以采用这种方法。如广东省惠东县平山镇第一小学的专题总结《让学生做学习主人的探索》,按时间把内容分成"开端"、"入手""扩展"和"收获"几个阶段,逐一总结每一阶段的做法和体会,总结了经过 4 年努力,该校基本克服"灌注式"教学,重视培养学生的探求精神

和自学能力,使学习质量有了明显提高的经验。这样逐一介绍各个阶段的做法,就是纵式结构。

②横式结构:按内容的逻辑关系并列地分成几个方面来写,这种方法适用于反映工作全貌的总结。

③复合式(纵横式)结构:纵横交织、全面总结是这种结构的特点。它既能体现事物发展过程,又能注意内容的逻辑关系,是纵式和横式结构方式的综合运用。这种结构方式既能了解工作的全过程,又能了解各阶段的经验,便于学习。

(3)存在问题和努力方向

这是总结的结尾部分,主要内容是分析存在的问题和教训,针对存在的问题和工作中的薄弱环节,提出切实可行的改进措施和意见,并根据当前形势和任务,提出今后的工作打算和努力方向。如果总结的目的、重点是介绍经验,可以不涉及存在的问题,除此,一般总结大体都要针对存在的问题明确提出今后工作的努力方向。

3. 落款

落款的写法同计划相同,在正文的右下方署明总结者名称或单位名称,写上总结成文的年月日。如果在标题上已标明了总结单位,落款就不必重复。

范例一则

走活三步棋,选好"一把手"
中共扶风县委

"群众富不富,关键在支部;支部强不强,关键在班长"。能否选配好支部"一把手",是加强农村基层党组织建设的核心。

在首期整组中,我们积极围绕支部班子建设这个重点,紧紧抓住配好支部书记这个关键,着力走好"选人"、"育人"、"用人"三步棋,努力把整组工作引向深入。

选人——围绕支书建班子

我县首期整组的共有30个村。为了确保整建任务圆满完成,在工作部署和指导思想上,我们突出支部班子这个核心和支部书记这个关键,主要抓了以下四个环节:

——坚持标准定调子。

首期整顿的后进村中,班子涣散软弱,缺乏凝聚力,工作拖后腿的有13个;领导班子成员不团结,工作配合不力的10个;班子不健全,主要领导成员缺额的7个。组织整顿一开始,县委明确提出了选用支部书记的三条基本标准。一是公道正派听党话;二是组织领导有能力;三是没有问题受拥护。依据以上标准,我们首先依照"看本质,看主流,看实绩"的原则,对全县30个整组村的152名村级干部进行了民主评议,积极开展思想整顿,确定出了稳定提高的14个村级班子;其次,坚持"不手软,不推诿,不回避矛盾"的原则,坚决不搞"凑合班子"、"拉手班子",对剩余16个村中只占位子、缺少点子、四平八稳、工作平庸的软班子和长期搞内耗、工作不协调的散班子和只拿补贴、不干工作、把公事当作捎带事的懒班子以及以权谋私、多吃多占的贪班子及主要领导成员缺额、工作瘫痪的瘫班子,果断予以调整。

——拓宽视野选苗子。

在工作实施上,我们改变过去在农村"一把手"选拔上,"找些人谈谈"、"几个人议议"的考察方式,坚持"不画框框,不戴帽子,不任人唯亲"和"条件公开,提名公开,评议公开,选举结果公开"的原则,坚持群众路线,拓宽选人视野,从复退军人、回乡青年、乡镇机关和企业、农村专业户及农民技术员等多渠道中筛选,真正把在改革开放中成长和成熟起来的优秀党员骨干选拔到村级领导岗位上来,全力选准和配备能够总揽全局的支部"一把手"。降帐镇的街子、春光等村,为找一个好苗子,镇党委领导和工作组分别三进省城,三上太白,动员邀请在外搞建设的能人回村任职。法门镇南佐村工作组,与镇党委紧密配合,向全村党员和群众代表发放百余份征求意见书,充分依靠群众,民主推荐书记候选人。视野的扩大,为选准支书人选创造了条件,也为选举奠定了基础。

——严格程序搞选举。

在整组初期,我们参照有关章程、条例,及时出台了《关于村级组织设置及其有关问题处理的意见》,对村级组织设置、干部配备、职能职责、选举程序和干部报酬等,提出了规范性的意见和要求。班子建设中,我们坚持程序,依照组织章程办事,选出的新班子,普遍得到群众信任。召公镇袁新村,村情比较复杂,派性斗争严重,利用小字报互相攻击。在组织整顿中,工作组严格履行有关程序,积极稳妥地选出了能为群众谋好事、办实事的新的支部班子。

——着眼长远抓后备。

为了有效解决目前农村党员老化现象和村干部难选的问题,县委要求各工作组,在整组期间,每个村支部培养 7~10 名入党积极分子,对符合入党条件的积极分子,及时吸收到党内来,按照 1∶1 的比例,与乡镇党委配合,建立起村级干部后备队伍。各工作组以此为整组工作的主要任务之一,着眼长远抓后备,积极主动搞发展。据统计,全县 30 个村,在整组期间共培养入党积极分子 271 人,建立后备干部队伍 187 名。与此同时,工作组帮助村支部,落实发展责任,形成了基层党员干部队伍发展的良好机制。

育人——解放思想换脑子

随着建立社会主义市场经济体制实践活动的深入,农村党员干部旧的思维模式和工作方法越来越不适应经济发展的需要。为此,县委在抓好"选人"的基础上,下大力气狠抓村支书特别是新上任支书的教育培养工作,以提高他们的工作能力和政策水平。一是充分发挥县乡党校的作用,对整组村支部书记集中进行党的方针、政策和建设有中国特色社会主义理论的教育,引导他们解放思想换脑子,带动本村经济快速发展。二是建立领导谈话制度。县委提出,乡镇党委主要负责同志,针对整组村支部书记在发展思路、工作方法、领导艺术和工作作风等方面的实际,坚持同他们谈心,交流思想,帮助解决思想问题和工作上的具体困难。三是分类指导,重点培养。举办支部书记读书班、座谈会、现场经验交流会,重点培养其驾驭全局、统揽整体工作的能力。对能力强、工作方法欠妥的通过教方法、教思路,帮助提高领导水平;对有群众基础,但缺少致富本领的,帮助学技术、理思路,提高发展经济的能力;对缺乏闯劲,工作疲软的,通过"结对子"、"走出去,请进来"的办法,帮助解放思想,振奋精神,不断创新;对主流是好的,但存在弱点和失误的,则通过支部班子民主生活会,开展批评与自我批评,帮助其克服不足,努力工作。

在培训方法上,努力做到四个结合:即形势教育同实用技术培训相结合;集中学习与电化教育相结合;培训学习与外出参观相结合;教思路与教方法相结合。通过多种形式的学习培训活动,新班子很快进入角色,老班子有了新的起色。南阳乡坊村、建和乡墩底村、城关镇扶乾等村支部,通过培训,进一步解放了思想。村支部班子围绕本村苹果、辣椒和笼养鸡等骨干项目,树立大市场,大流通观念,带领群众努力发展规模经济,形成了一条能够发挥各自产业优势的致富路子。

用人——明确职责压担子

在整组中,我们一方面要求驻村工作组长按整组的"五个好"目标全面完成整组任务;一方而又积极创造条件,让支部书记放手工作,不断激发村支部一班人努力进取的积极性。涉及班子调整的,在班子调整完后,县委根据新时期农村工作的任务和特点,及时明确了村党支部书记的五条工作职责,即:抓经济,带领群众致富奔小康;抓支部,发挥其在村级组织中的核心作用和战斗堡垒作用;抓干部,建设好村组两级干部队伍;抓党员,发挥其先锋模范作用;抓思想,建设一个好的村风民风。以此来规范基层支部书记的行动。

在此基础上,要求乡镇党委对支部书记制定严格的考核标准,凭政绩用干部。一是考核经济发展水平,看致富奔小康实施情况和人均纯收入增加幅度;二是考核党支部的战斗力、凝聚力,看两支队伍建设和两个作用发挥情况;三是考核思想作风建设,看能否廉洁勤政,为群众办实事;四是考核精神文明建设,看有无打架斗殴、赌博、偷盗等违法乱纪行为。

在明确职责、严格考核的同时,工作组还注意引导支部书记正确处理好四个关系:一是支部书记和支委的关系。使其明确在支委会重大问题的表决中,支部书记与其他支委享有同等的一票,支部书记起着组织、主持的作用。二是支部书记和党员的关系。支部书记有定期向党员大会报告工作的义务,自觉接受党员监督。三是支部书记与村干部的关系。村干部有为支部书记提建议的权利,支部书记要善于采纳合理化建议。四是支部书记和群众的关系。支部书记要能够倾听群众意见,走群众路线。

通过上述工作,促使支部书记和班子整体作用的发挥。不少整组村支部书记提出要"任职一届,致富一方",也出现了一批"舍小家,顾大家"的支部书记先进典型。

规章制度

【提要】

◇ 规章制度的含义

◇ 规章制度的特点:法规性、强制性、公开性、程序性

◇ 规章制度的类型

◇ 规章制度写作的四条原则:符合国家法律、法规和政策;实事求是,切实可行;内容周全;语言准确

◇ 规章制度的基本格式

◇ 条例的写作和范例:浙江省消防条例

◇ 规定的写作和范例:浙江省高层建筑消防安全管理规定

◇ 办法的写作和范例:旅游行政处罚办法

◇ 章程的写作和范例:中国共产党章程

◇ 制度的写作和范例:保密制度

规章制度的含义

规章制度是国家机关、企事业单位、社会团体为在一定范围内规范人们的行为,依据法律或在法律规定范围内,制定的具有法规性和约束力的应用文书。

规章制度的应用非常广泛,上至国家机关,下至各单位的基层科室班组乃至社会各方面都要制定相应的规章制度,以保证工作、生产、学习等活动能正常有序地进行。这类文书的制定目的或基本职能,都是为人们指出行为的准则,即在一定的社会活动中,人们应该做什么,而什么又不应该做,使人们的社会工作和生活有法可依、有章可循。

规章制度是一个总称,包括条例、规定、规则、细则、办法、章程、制度、公约、守则、标准、须知等。

规章制度的特点

1. 法规性

规章制度的法规性是由制发单位的权威性和内容的严肃性决定的。我国宪法对制定规章制度的权限有明确的规定。各级机关依法制定的各类规章制度的内容都必须符合宪法和其他有关政策、法规的规定。

2. 强制性

所有的规章制度在一定的范围内都对特定的人员具有程度不同的强制性和约束力。规章制度一经公布实施,有关人员就必须遵守;如违反或不执行,就将受到相应的纪律处分。

3. 公开性

规章制度在它的适用范围内是向所有特定人员公开的,应让一切有关人员了解并遵照执行。

4. 程序性

规章制度的制定、公布和实施,应按照国家有关规定依一定的程序进行。例如全国性行政法规由国务院总理签署发布令,且由新华社发稿,《国务院公报》《人民日报》全文刊登。而一般企事业单位的规章由行政负责人签署,在本单位内公布。

规章制度的类型

规章制度按照不同的标准,可以作多种划分。

按照涉及的对象,可分为政法、科教、财贸、工交等类。《中华人民共和国现行法规汇编》的分卷就是按对象来分的。

按照制定的程序,可分为原始性和派生性两类。原始性指首次制定发行,因没有先例,所以一般较为原则又尽可能周全。派生性指对已有同类文件的延伸,有的是补充,有的是解释,有的是结合实际情况使之具体化。派生性文书不能单独使用,必须结合原文件一并使用。

按照施行的时效,可分为暂行(试行)和正式两类。原始性的规章制度制定时,由于各种原因,会显得不够成熟,将来需要重新制定或修订,因此会在文种前加"暂行"或"试行"的定语,或在文种后加括号注明。正式的,因已经过充分酝酿,较为成熟,就直接颁布发行。

按照颁布的文种,可分为条例、规定、规则、细则、办法、章程、制度、公约、守则等。

规章制度写作的四条原则

1. 符合国家法律、法规和政策

规章制度是党和国家各项方针政策和法律法规在实际工作中的具体化。因此规章制度的内容和制定过程必须符合党的有关方针、政策,符合国家的法律、法规,这是规章制度写作的前提要求。

2. 实事求是,切实可行

规章制度是针对人们社会生活的实际作出的具体规定,必须要从实际出发,力求切实可行,这样才能对相关的工作起到管理、指导、规范的作用。制定规章制度时首先要深入基层,了解实际情况,做到合情合理。如果脱离实际,制定的规章制度不仅行不通,还会给工作带来严重损失。

3. 内容周全

规章制度具有严肃的性质,在一段时间内具有相对的稳定性,因此制定时要尽可能考虑细致、全面、周到。规章制度的内容一旦出现疏漏,会导致实际工作的被动和无所适从。在制定规章制度之前,一定要作充分细致的调查研究,切实掌握实际情况,了解可能发生和需要解决的问题。规章制度所列范围内的有关事项应完备齐全,条款之间的内在联系要紧密,逻辑顺序要清晰明了。

4. 语言准确

规章制度的语言表达要力求严谨、准确、简洁、规范,语意不能含混不清,不能存在歧义,更不能出现自相矛盾之处。在规章制度中要尽可能避免使用"大概"、"也许"、"可能"等表意模糊的用语,而应当使用诸如"必须"、"应当"等表示确切判断的词汇。在规章制度中,应该做什么、怎么做、不应做什么都要规定的清清楚楚,具体表达时应以说明为主,切忌发表议论或加以文学性的修饰。

规章制度的基本格式

虽然规章制度的种类繁多,但写法上却有共同规律,一般由标题和正文构成。

1. 标题

规章制度的标题一般有两种形式:

(1)完全式

由制文机构名称(或施行范围等)、事由、文种组成。如《中华人民共和国行政复议条例》、《中华人民共和国野生植物保护条例》。

(2)省略式

由事由与文种组成或制文机构与文种组成。如《城市绿化条例》、《中国作家协会章程》、《中学生守则》。

2. 正文

规章制度的种类很多,各个文体的写法也有所不同,但正文的结构一般有两种形式。

(1)章条式

即将规章制度的内容分为若干章,每一章又分为若干条。章条式的正文一般由总则、分则、附则三个部分组成

①总则在正文的开头,一般阐述制定本规章制度的意义、目的、指导思想、遵循原则、适用范围等,类似于文章的前言,对全文起统领作用。

②分则即规章制度的主体部分,具体阐述有关事项。从总则以下到附则以上均为分则。这个部分的内容应与文件的层次和文种相适应,满足对有关事项作实践指导的需要。同时应根据不同的内容交代不同的事项。如一些条例、规定、办法的分则部分常常交代必须遵循的具体行为规则,如做法、要求、责任、处罚方法等。而章程的分则通常写明成员的资格、条件、权利、义务、组织机构原则、纪律等。分则中章的数量视内容多少而定。这部分内容要做到完整严密,条理清晰。

③附则通常是全文的最后一章,是对文件本身的说明,主要说明法律责任、本规章制度的实施日期、实施程序与方式、解释权限以及与其他法规的关系。附责只设一章,根据需要,下分若干条,也有附在最后不单独成章的。

(2)条款式

这种文书只分条目不分章节,适用于内容较为简单的规章制度。如守则、公约、须知等。一般开头说明制定缘由、目的、要求等,主体部分则分条列出规章制度的具体内容。通常所见的守则、须知等则直接列出具体内容而省略开头。

条例

条例是国家党政机关对某一法律、法规、政策作出较为全面原则的规定以系统规范某一方面工作、活动、行为等的法规性文书。条例所涉及的是政治、经济、文化等领域的某一方面的工作活动,有一定的重要性和普遍性,执行者带有义务性,条例本身的法规性、约束力极强,在各种规章制度中它的约束力是最强的。

1. 条例的三种类型

根据制定、发布条例的机关的不同,条例可分为三类:

(1)党的中央机关制定的条例

1996 年,中共中央办公厅发布的《中国共产党机关公文处理条例》将"条例"列为正式的党的机关公文文种,规定"条例用于党的中央组织制定规范党组织的工作、活动和党的行为的规章制度"。如《中国共产党纪律处分条例》。

(2)国家行政机关制定的条例

1987 年,国务院办公厅发布《行政法规制定程序暂行条例》将"条例"定为行政法规的名称,规定:"对某一方面的行政工作作比较全面、系统的规定,称'条例'","经国务院常务会议审议通过或者经国务院总理审定的行政法规,由国务院发布,或者由国务院批准、国务院主管部门发布。"如《中华人民共和国自然保护区条例》。

(3)地方权利机关制定的条例

适用于局部地区的地方性条例,由本级人民代表大会和它的常务委员会制定,并报上一级人民代表大会常务委员会批准后施行。除此之外,地方各级政府及其职能部门、其他机构个团体,均不能自行制定和发布条例,而只能使用"规定"、"办法"、"实施细则"等文种。如《江苏省城市房屋拆迁管理条例》。

条例在党的机关系统,可以作为正式公文行文;在行政系统,不能单独行文,只能以"令"、"决定"或"通知"的形式发布,与它们同时行文。

2. 条例的写作格式

条例的形式一般由标题和正文构成。

(1)标题

有两种形式:一是由国家或机关名称、事由和文种组成;如《中华人民共和国审计条例》;二是由事由和文种组成。如《住房公积金管理条例》。

(2)正文

条例大多为某些事项的职权、方式等方面的规定,容量基本上都比较大,所以正文大都采用"分章列条款"的写法。第一章为总则,主要写明制定的目的、依据、原则及适用范围等;中间的若干章节为分则,主要是规范的具体内容;最后一章为附则,一般是对实施时间、解释权限等的说明。

条例内容中要依据党和国家的有关政策或上级部门的有关精神,全面系统地将该条例所调整的某一方面的活动原则与要求规定清楚,条文要简单明了,以避免理解和执行的困难。

范例一则

浙江省消防条例

第一章　总则

第一条　为了预防火灾和减少火灾危害,加强应急救援工作,保护人身、财产安全,维护公共安全,根据《中华人民共和国消防法》(以下简称消防法)和其他有关法律、行政法规,结合本省实际,制定本条例。

第二条　本省行政区域内的消防工作和相关应急救援工作,适用本条例。

《浙江省森林消防条例》对森林消防工作另有规定的,从其规定。

第三条　消防工作贯彻预防为主、防消结合的方针,按照政府统一领导、部门依法监管、单位全面负责、公民积极参与的原则,实行消防安全责任制,建立健全社会化的消防工作网络。

第四条　各级人民政府负责本行政区域内的消防工作,并将消防工作纳入国民经济和社会发展计划,保障消防工作与经济社会发展相适应。

县级以上人民政府公安机关对本行政区域内的消防工作实施监督管理,并由本级人民政府公安机关消防机构负责实施。

第五条　任何单位和个人都有维护消防安全、保护消防设施、预防火灾、报告火警的义务;发现消防安全违法行为和消防设施不能正常使用等情形的,有投诉、举报的权利。

任何单位和成年人都有参加有组织的灭火工作的义务。

第六条　公民应当遵守消防法律、法规,学习防火、灭火常识以及逃生技能,安全用火、用电、用气,增强自防自救互救能力。

第七条　鼓励、支持社会力量开展消防公益活动和消防宣传、火灾预防等志愿服务活动。鼓励单位和个人捐资消防设施和消防装备建设。

县级以上人民政府可以根据本地实际设立消防公益性专项资金,用于抚恤、救助因参加消防训练和防火、灭火救援等伤亡的人员。

第二章　消防职责

第八条　县级以上人民政府应当履行下列消防工作职责:

（一）建立健全防火安全委员会或者消防工作联席会议制度，研究并协调解决消防工作重大问题；

（二）将公共消防设施建设和消防业务经费纳入本级财政预算，并保障资金投入；

（三）制定并组织实施年度及重点防火期消防工作计划；

（四）组织有关部门开展消防安全检查；

（五）对下一级人民政府完成年度消防工作责任目标情况进行考核，对本级人民政府有关部门履行消防安全职责的情况进行监督检查；

（六）其他依法应当履行的消防工作职责。

发展和改革、财政、国土资源、住房和城乡建设、工商行政管理、质量技术监督、安全生产监督管理等部门应当按照本条例和同级人民政府规定的消防工作责任履行职责。

第九条 乡（镇）人民政府、街道办事处应当履行下列消防工作职责：

（一）建立健全消防工作制度，确定消防安全管理人员，落实消防安全措施；

（二）按照上级人民政府和有关部门的部署，组织开展消防安全专项治理和消防安全检查，督促消除火灾隐患；

（三）根据当地经济发展和消防工作需要，建立消防组织；

（四）上级人民政府交办的其他消防工作。

第十条 公安机关消防机构应当履行下列消防工作职责：

（一）依法实施建设工程消防设计审核、消防验收、备案和抽查以及公众聚集场所投入使用、营业前的消防安全检查；

（二）实施消防监督检查，依法处理消防安全违法行为，督促火灾隐患整改，及时报告、通报重大火灾隐患；

（三）定期分析消防安全形势，提出改善消防安全环境的建议，并提请公安机关报告本级人民政府；

（四）制定灭火作战预案并进行实地演练，实施火灾扑救和相关应急救援，依法调查火灾事故；

（五）对负有消防安全监督管理职责的部门进行业务指导；

（六）对专职消防队、志愿消防队等消防组织进行业务指导；

（七）其他依法应当履行的消防工作职责。

第十一条 公安派出所应当履行下列消防工作职责：

（一）开展消防安全宣传教育，督促和指导村（居）民委员会、物业服务企业等有关单位落实消防安全措施；

（二）开展日常消防监督检查，按照国家和省有关规定处理消防安全违法行为；

（三）协助公安机关消防机构开展火灾事故调查；

（四）国家和省公安机关规定的其他消防工作职责。

第十二条 村（居）民委员会应当履行下列消防工作职责：

（一）确定消防安全管理人，制定防火安全公约，进行防火安全检查，组织开展群众性的消防工作；

（二）协助乡（镇）人民政府、街道办事处和有关部门、公安机关消防机构进行防火安全检查，及时报告火灾隐患；

（三）协助有关部门、公安机关消防机构开展火灾扑救、火灾现场保护和火灾事故处理等工作。

第十三条　机关、团体、企业、事业等单位应当履行消防法第十六条规定的消防安全职责。

单位制定的灭火和应急疏散预案应当包括下列内容：

（一）确定灭火行动、通讯联络、疏散引导、安全防护救护等人员分工；

（二）报警和接警处置措施；

（三）扑救初起火灾和应急疏散措施；

（四）通信联络、安全防护救护措施。

学校、养老院、福利院、医院等单位制定的灭火和应急疏散预案应当包含火灾发生时优先保护未成年人、老年人、残疾人、病人的相应措施。

单位的主要负责人是本单位的消防安全责任人，应当对本单位的消防安全全面负责，落实消防安全工作所需经费和人员，组织实施各项消防安全制度。

第十四条　消防安全重点单位除应当履行消防法第十七条和本条例第十三条规定的职责外，还应当履行下列消防安全职责：

（一）落实职工岗位消防安全责任，定期开展防火检查；

（二）将每日防火巡查记录存档，期限不得少于一年；

（三）立即消除巡查、检查发现的火灾隐患；确实不能立即消除的，应当制定整改方案，明确整改时限和措施；

（四）按规定组织开展消防安全教育培训和消防演练，提高职工火场逃生自救互救基本技能。

第十五条　从事生产加工和餐饮、住宿服务等家庭生产经营活动的，应当落实消防安全措施，配备必要的消防设施、器材，做好生产、经营场所的消防安全工作。

生产经营场所具有一定规模的个体工商户，应当履行本条例第十三条规定的单位消防安全职责。履行单位消防安全职责的个体工商户的具体标准，由省公安机关规定并公告。

第十六条　物业服务企业应当在其管理区域内履行下列消防安全职责：

（一）建立健全消防安全制度，落实消防安全措施；

（二）对共用消防设施、器材和疏散通道、安全出口、消防车通道按规定进行维护管理；

（三）开展防火巡查和定期检查，及时消除火灾隐患；不能及时消除的，应当报告业主委员会或者公安机关消防机构、公安派出所；

（四）物业服务合同依法约定的其他消防安全职责。

物业服务企业对占用、堵塞、封闭疏散通道、安全出口、消防车通道和消防登高场地的行为，应当予以劝阻、制止；对不听劝阻、制止的，应当及时向公安机关消防机构或者公安派出所报告。

第十七条　用于出租的居住房屋，应当符合消防安全要求。消防安全的具体要求由省公安机关会同有关部门制定，报省人民政府批准后施行。

出租人应当遵守下列消防安全管理规定：

（一）发现火灾隐患及时消除或者通知承租人消除；

（二）对承租人改变房屋使用功能和结构是否符合消防安全要求进行监督；

（三）发现承租人有消防安全违法行为的，及时制止；

（四）国家和省规定的其他消防安全要求。

承租人应当遵守下列消防安全管理规定：

（一）对承租房屋内的消防设施、器材进行日常管理；

（二）改变房屋使用功能和结构的，应当符合消防安全要求；

（三）发现火灾隐患及时消除或者通知出租人消除；

（四）国家和省规定的其他消防安全要求。

第三章　火灾预防

第十八条　各级人民政府应当根据本地经济社会发展和消防工作的实际需要，将包括消防安全布局、消防站、消防供水、消防通信、消防车通道、消防装备等内容的消防规划纳入城乡规划，并负责组织实施。经依法批准的消防规划，未经法定程序批准不得修改。

公共消防设施建设应当与城乡其他基础设施建设同步实施。公共消防设施、消防装备不足或者不适应实际需要的，公安机关应当书面报告本级人民政府；接到报告的人民政府应当及时组织有关部门进行增建、改建、配置或者技术改造。

公共消防设施的建设、维护、管理单位，应当为公共消防设施设置醒目的消防安全标志，并保持完好。

第十九条　建筑物耐火等级低且公共消防设施不适应防火和灭火需要的建筑密集区，当地人民政府应当有计划地组织实施改造，或者采取防火分隔、提高耐火等级、增设消防车通道和消防供水设施等措施，改善消防安全条件，提高防火、灭火能力。

第二十条　设置栏杆等障碍物的道路应当预留消防车通道。

任何单位和个人不得占用、堵塞、封闭疏散通道、安全出口、消防车通道和消防登高场地。

第二十一条　县（市、区）、乡（镇）人民政府、街道办事处应当加强对农村消防工作的领导，采取措施加强农村消防水源、适合消防车通行的道路等公共消防设施建设，提高农村防火灭火能力。

农村设有生产生活供水管网的，应当设置室外公共消火栓；利用河流、池塘等天然水源作为消防水源的，应当设置便于消防车和水泵取水的设施；取水困难的，应当修建消防水池等储水设施，配置消防水泵等设备。

第二十二条　因城乡建设需要，确需拆除、迁移公共消防设施的，建设单位在依法报经有关部门批准后，报县级公安机关消防机构备案。其中，迁移公共消防设施的，还应当符合消防规划。

公安机关消防机构发现公共消防设施不能正常使用的，应当及时通知有关部门和单位采取措施，恢复正常使用。

第二十三条　对不符合消防规划的建设项目，城乡规划主管部门不得核发建设用地规划许可证和建设工程规划许可证。

依法应当进行消防设计审核的建设工程，未经依法审核或者审核不合格的，建设主管部门不得核发施工许可证。

依法应当进行消防验收的建设工程，未经消防验收或者消防验收不合格的，禁止投入使用；其他建设工程经依法抽查不合格的，应当停止使用。

第二十四条　建设单位不得擅自修改经公安机关消防机构审核合格的建设工程消防设计；确需修改的，应当重新申请消防设计审核。

建设单位不得擅自修改已报公安机关消防机构备案的建设工程消防设计;确需修改的,应当自修改之日起七个工作日内重新报公安机关消防机构备案。

第二十五条　任何单位和个人不得擅自改变经公安机关消防机构验收合格或者备案的建筑物、场所的使用性质。经有关部门批准改变使用性质,按照国家和省有关规定需要提高相应消防技术标准的,应当向公安机关消防机构重新申请消防验收或者报备案。

建筑物的外墙装修装饰、建筑屋面使用以及广告牌的设置,不得影响防火、逃生和灭火救援。

第二十六条　公众聚集场所应当确定消防安全管理人和消防安全疏散引导员,开展防火巡查,确保安全出口和疏散通道畅通;并通过视频、在醒目位置张贴图片等方式,提示安全出口和疏散路线。

公共娱乐场所在营业期间不得带入、存放、使用烟花爆竹以及其他易燃易爆危险品。

第二十七条　生产、储存、经营易燃易爆危险品的场所不得与居住场所设置在同一建筑物内,并应当与居住场所保持安全距离。

生产、储存、经营其他物品的场所确需与居住场所设置在同一建筑物内的,应当按照国家消防安全技术要求,采取防火分隔措施,设置疏散、自动灭火和火灾自动报警等设施,加强用火用电管理,确保场所消防安全。

第二十八条　车辆、船舶等交通工具应当按照国家和省有关规定配备用于灭火救援和火灾防护、逃生的消防设施、器材。

公共交通运营单位应当加强对工作人员的消防安全教育培训,提高工作人员使用灭火器材和组织、引导乘客及时疏散的技能;并通过广播、电视、宣传手册等形式,向乘客宣传消防设施、器材的使用方法和逃生自救等消防安全知识。

第二十九条　建设工程施工现场的消防安全由施工单位负责。施工单位应当建立健全施工现场消防安全制度,落实消防安全措施,设置与施工进度相适应的消防设施、器材,保持消防车通道畅通,加强用火用电管理,消除火灾隐患。

第三十条　单位、个人敷设电线、燃气管道和使用电器产品、燃气用具应当符合消防安全规定,及时更新老化电气线路,不得违反消防安全规定用电、用气。

供电企业应当定期对供电设施、电气线路进行检测,及时更换、改造老化供电设施和电气线路;加强用电管理,配合公安机关消防机构开展电气消防安全检查,督促电气火灾隐患的整改。

对用电单位和个人超负荷用电、违规拉线接电等可能引发火灾事故的行为,供电企业应当及时予以制止,电力管理部门可以依法中止供电。

第三十一条　自动消防系统应当由具有相应资质的单位安装,并由符合国家规定条件的单位每年至少进行一次全面检测,检测报告存档期限不得少于三年。

消防控制室实行二十四小时值班制度,值班操作人员应当持消防职业资格证上岗,掌握火警处置及启动消防设施设备的程序和方法,确保及时发现并准确处理火灾和故障报警。

第三十二条　物业服务企业管理区域内的共用消防设施和器材的维修、更新、改造所需经费,保修期内由建设单位承担;保修期满后,按照国家和省有关规定在物业专项维修资金中列支。

未设立物业专项维修资金或者专项维修资金不足的,前款规定的经费由业主按照约定承担;没有约定或者约定不明确的,由业主按照房屋权属证书登记的面积占建筑物总面积的比例分摊。

第三十三条　消防设施和器材的维修应当遵守消防技术标准,使用的配件、灭火剂应当符合国家标准、行业标准或者地方标准。

第三十四条　县级以上人民政府应当采取措施,鼓励、引导宾馆、饭店、商场、商品交易市场、公共娱乐场所等公众聚集场所和生产、储存、运输、销售易燃易爆危险品的企业投保火灾公众责任保险,提高其抵御火灾风险的能力。

公众聚集场所和生产、储存、运输、销售易燃易爆危险品的企业的消防安全状况,可以作为火灾公众责任保险费率确定的依据之一。

第三十五条　鼓励、引导机关、团体、企业、事业等单位实行消防安全标准化管理。消防安全地方标准由省公安机关消防机构会同有关部门制定。

第四章　宣传教育

第三十六条　各级人民政府应当根据本地实际,制定并组织实施年度消防宣传教育计划,提高公民的消防安全意识和素质。

乡(镇)人民政府、街道办事处应当指导、帮助村(居)民委员会开展群众性的消防安全宣传教育工作,普及家庭防火知识。

第三十七条　公安机关及其消防机构应当加强消防法律、法规、规章及消防安全技术、知识的宣传教育;协调有关部门指导、监督社会消防安全教育培训工作;加强互联网公共消防服务平台建设,开展网络消防宣传教育和在线消防咨询。

教育、人力资源和社会保障等部门应当将消防知识编入中小学教材和职业培训教材,督促学校、各类培训机构组织开展多种形式的消防安全宣传教育活动。

住房和城乡建设、文化、广播电影电视、安全生产监督管理、旅游等部门应当结合本系统、本行业特点,开展消防宣传教育工作,并将消防安全知识纳入相关岗位培训及考核内容。

科学技术、司法行政等部门应当将消防知识和消防法律、法规纳入科普、普法教育内容。

报刊、广播、电视等新闻媒体应当开设消防安全宣传教育栏目,开展公益性消防安全宣传教育,定期开展消防安全提示性宣传、火灾安全警示教育和自救互救知识普及活动。

工会、共产主义青年团和妇女联合会等团体应当结合各自工作对象的特点,组织开展消防宣传教育。

第三十八条　机关、团体、企业、事业等单位应当按照国家有关规定对本单位人员开展消防安全宣传教育培训工作。

消防安全重点单位应当每半年至少组织开展一次灭火和应急疏散演练。

学校及其他教育机构应当定期对师生开展消防安全、用火用电知识和火场自救互救、逃生常识的教育,每学年至少组织开展一次应急疏散演练。

第三十九条　每年11月为全省消防安全宣传月,11月9日为全省消防日。在消防安全宣传月、消防日,各级人民政府应当集中开展消防安全宣传教育活动。

第五章　灭火救援

第四十条　县级以上人民政府应当组织有关部门开展城市重大危险源火灾风险和灾害评估,根据本地区火灾特点制定应急预案,建立应急反应和处置机制,为火灾扑救和应急救援工作提供人员、装备保障。

　　第四十一条　县级人民政府应当根据经济社会发展的需要,按照消防法律、法规、规章规定的要求和消防规划,组织建立专职消防队。

　　专职消防队应当经当地公安机关消防机构验收合格后,方可投入执勤。专职消防队的组建、验收标准由省公安机关根据国家和省人民政府有关规定制定。

　　专职消防队不得擅自撤销。因组建单位被撤销或者分立、合并以及其他法定情形,确需撤销或者重新改造、组建的,应当报当地公安机关消防机构备案。

　　专职消防队的管理、使用和保障,应当符合国家和省有关规定。

　　机关、团体、企业、事业等单位以及村(居)民委员会根据需要,建立志愿消防队等多种形式的消防组织,开展群众性自防自救工作。志愿消防队等消防组织建立后,应当报当地公安机关消防机构备案。

　　第四十二条　公安消防队、专职消防队应当按照国家标准配备火灾扑救和应急救援装备,增强灭火救援能力。

　　公安消防队、专职消防队应当经常开展灭火救援演练,有关部门和单位应当予以配合。

　　志愿消防队应当定期组织开展消防技能训练,提高火灾扑救和防火检查能力。

　　第四十三条　县级以上人民政府应当根据本行政区域灭火救援工作的需要,组织建立消防调度指挥中心和设置消防应急救援通信专网。

　　公安、环境保护、交通运输、安全生产监督管理、气象等部门和供水、供电、供气、通信、医疗救护等单位,应当按照职责做好灭火救援有关工作。

　　第四十四条　任何人发现火灾都应当立即报警。任何单位、个人都应当无偿为报警提供便利,不得阻拦报警。严禁谎报火警。

　　任何单位发生火灾,必须立即组织力量扑救。邻近单位应当给予支援。

　　第四十五条　公安消防队、专职消防队实行二十四小时值勤;接到火警后,必须立即赶赴火灾现场,救助遇险人员,排除险情,扑灭火灾。

　　灭火救援时应当优先保障遇险人员的生命安全。

　　第四十六条　公安机关消防机构负责调查火灾原因,统计火灾损失。

　　火灾扑灭后,发生火灾的单位和有关人员应当按照公安机关消防机构的要求保护现场,接受事故调查,如实提供与火灾有关的情况。未经公安机关消防机构同意,任何人不得擅自进入火灾现场,不得擅自清理、移动火灾现场物品。

　　公安机关消防机构调查火灾事故,应当坚持依法、及时、客观、公正的原则。发现不属于本机构管辖的,应当移送和协助有关部门调查处理,并告知当事人。

　　第六章　监督检查

　　第四十七条　公安机关消防机构应当健全消防监督检查工作制度,建立执法档案,公开办事制度,自觉接受社会监督。

　　公安机关消防机构依法进行消防监督检查时,有权采取下列措施:

　　(一)查阅、复制有关单位的消防安全文件、记录、证书;

　　(二)抽查测试消防设施、器材、消防安全标志,抽查有关人员消防知识、技能掌握情况;

　　(三)询问有关消防安全情况;

　　(四)对发现的火灾隐患,通知有关单位或者个人立即采取措施消除;

　　(五)对不及时消除隐患可能严重威胁公共安全的危险部位或者场所,依法采取临时查封措施。

公安机关消防机构应当如实记录监督检查的情况和处理结果；监督检查记录经检查人员和被检查单位有关人员签名后归档。

第四十八条　经济和信息化、教育、宗教、民政、交通运输、商务、文化、卫生、广播电影电视、旅游、人民防空等部门应当根据本系统、本行业的特点，有针对性地开展消防安全检查，及时督促整改火灾隐患。

供水、电力、通信管理等部门应当督促供水、供电、电信企业保障公共消防设施的正常使用。

第四十九条　公安机关消防机构对消防监督检查的结果，可以通过适当方式向社会公告；对检查发现的影响公共安全的火灾隐患，应当定期公布。

第五十条　公安机关消防机构应当会同有关部门建立健全消防安全信息通报和执法协作机制。对执法中发现属于其他部门管辖的违法行为，应当通报有关部门；有关部门应当依法及时查处。

第五十一条　公安机关消防机构、公安派出所接到对消防安全违法行为和公共消防设施不能正常使用等情形的投诉、举报，应当及时登记、受理，并按照下列时限进行实地核查：

（一）对投诉、举报占用、堵塞、封闭疏散通道、安全出口或者其他妨碍安全疏散行为，以及毁坏、擅自拆除或者停用消防设施的，应当在二十四小时内进行核查；

（二）对第一项以外的投诉、举报，应当在三个工作日内进行核查。

核查后，应当依法处理，并将处理情况及时告知投诉、举报人。对不属于公安机关消防机构、公安派出所职责的，应当告知投诉、举报人向有权处理的部门投诉、举报。

第五十二条　公安机关消防机构及其工作人员应当按照法定的权限和程序进行消防设计审核、消防验收和消防安全检查，并做到公正、严格、文明、便民、高效。

公安机关消防机构及其工作人员在进行消防设计审核、消防验收、消防安全检查以及调查、处理火灾事故时，不得收取费用，不得谋取私利，不得为用户、建设单位指定或者变相指定消防产品的品牌、销售单位、消防技术服务机构、消防设施施工单位。

第五十三条　根据国家和省有关规定聘用的消防文职人员，经培训考试合格后可以协助公安机关消防机构工作人员从事消防监督检查、火灾事故调查等执法工作。

第七章法律责任

第五十四条　违反本条例规定的行为，消防法等法律、行政法规已规定行政处罚的，从其规定；构成犯罪的，依法追究刑事责任。

第五十五条　违反本条例第十三条第二款至第四款、第十四条至第十六条、第三十八条规定的，责令限期改正；逾期不改正的，对有关责任人员依法给予处分或者给予警告处罚。

第五十六条　违反本条例第十七条规定，出租的居住房屋不符合消防安全要求的，责令限期改正；逾期不改正，出租人是单位的，对单位处二千元以上二万元以下罚款，出租人是个人的，对个人处二百元以上二千元以下罚款。

违反本条例第十七条规定，承租人改变房屋使用功能和结构，不符合消防安全要求的，责令限期改正；逾期不改正的，处五百元以上五千元以下罚款。

第五十七条　违反本条例第二十四条第一款规定，未重新申请消防设计审核的，责令停止施工，并处三万元以上三十万元以下罚款。

违反本条例第二十四条第二款规定，未重新报备案的，责令限期改正，处五百元以上五千元以下罚款。

第五十八条　违反本条例第二十五条第一款规定,未重新申请消防验收的,责令停止使用或者停产停业,并处一万元以上十万元以下罚款;未重新报备案的,责令限期改正,处五百元以上五千元以下罚款。

违反本条例第二十五条第二款规定,建筑物的外墙装修装饰、建筑屋面使用以及广告牌的设置影响防火、逃生的,责令限期改正;逾期不改正的,处二千元以上二万元以下罚款。

第五十九条　违反本条例第二十九条规定,施工现场未落实消防安全措施的,责令限期改正;逾期不改正的,责令停止施工,并处二千元以上二万元以下罚款。

第六十条　违反本条例第三十一条规定,自动消防系统未定期检测、消防控制室未实行二十四小时值班制度的,责令改正,处警告或者五百元以上五千元以下罚款;未按规定保存检测报告的,处警告或者五百元以下罚款。

第六十一条　违反本条例第三十三条规定,维修消防设施和器材不符合消防技术标准,或者使用不符合国家标准、行业标准、地方标准的配件、灭火剂的,责令限期改正;逾期不改正的,处二千元以上二万元以下罚款。给他人造成损失的,依法承担赔偿责任。

第六十二条　违反本条例第四十六条第二款规定,不按要求保护火灾现场、不如实提供火灾情况、擅自进入火灾现场或者擅自清理、移动火灾现场物品的,处警告或者五百元以下罚款。

第六十三条　本条例规定的行政处罚,除法律、行政法规另有规定的外,由公安机关消防机构决定。

当事人逾期不执行停产停业、停止使用、停止施工决定的,由作出决定的公安机关消防机构强制执行。需要其他部门配合的,公安机关消防机构应当提出意见,并由公安机关报请本级人民政府组织有关部门实施。

责令停产停业,对经济和社会生活影响较大的,由公安机关消防机构提出意见,并由公安机关报请本级人民政府依法决定。本级人民政府组织公安机关等部门实施。

第六十四条　公安机关消防机构及其工作人员有下列行为之一的,由有权机关对直接负责的主管人员和其他直接责任人员依法给予处分:

（一）不履行法定监督检查职责的;

（二）对不符合消防安全要求的消防设计文件和建设工程及公众聚集场所准予审核合格、消防验收合格、消防安全检查合格的;

（三）无故拖延消防设计审核、消防验收、消防安全检查,不在法定期限内履行审批职责的;

（四）发现火灾隐患不及时通知有关单位或者个人整改的;

（五）为用户、建设单位指定或者变相指定消防产品的品牌、销售单位或者消防技术服务机构、消防设施施工单位的;

（六）违法实施行政处罚的;

（七）其他滥用职权、玩忽职守、徇私舞弊的行为。

公安、住房和城乡建设、工商行政管理、质量技术监督等部门及其工作人员在消防工作中滥用职权、玩忽职守、徇私舞弊的,由有权机关依法给予处分。

第八章　附则

第六十五条　本条例自 2010 年 9 月 1 日起施行。1998 年 12 月 15 日浙江省第九届人民代表大会常务委员会第九次会议通过、2004 年 3 月 29 日浙江省第十届人民代表大会常务委员会第九次会议修正的《浙江省实施〈中华人民共和国消防法〉办法》同时废止。

规定

规定是各级党政机关、企事业单位、社会团体对特定范围内的工作和事务作出政策性限定的法规性文书。例如,《国家行政机关工作人员回避暂行规定》是就国家行政人员执行公务时针对回避这一方面的情况作出的具体规定和限制。

规定所规范的对象和范围相对集中,措施和要求也较为具体,相对条例而言更有现实针对性,但同时也缺乏一些长期稳定性。与条例比较,规定规范的范围较小,能够制定和发布规定的机构的级别可高可低,可以是中央一级的党政领导机关,也可以是各级职能部门和社会团体、企事业单位。从使用范围来看,规定比条例要广,许多局部的、具体的工作,都可以用"规定"来规范,而"条例"规范的工作一般不涉及细微的方面。

规定,在党的系统,可以单独行文;在行政系统,要以"令"、"决定"、"通知"的形式发布,和它们同时行文;在党政公文系统以外,可以由领导机构单独发布。

1. 规定的三种类型

根据发布机关和实际作用的不同,规定可分为三类:

(1)党内规定

由党的中央机关制定,用于对党的某一方面的工作作出具体的规定。

(2)法规性规定

即按照法定程序由行政机关及有关职能部门对某一方面的行政工作或地方性工作作出具有法规性质的规定。

(3)一般性规定

由一般机关团体对某项工作作出具体规定,对一定范围内的行为具有规范作用,但不具备法规的性质。

2. 规定的写作格式

规定的写法与条例相似,结构上一般由标题和正文组成。

(1)标题

规定标题的拟写与条例相同。

(2)正文

规定正文的写法除与条例相同之外,还有一种写法与一般公文相似,开头说明制定本规定的目的、依据,然后用"现将有关事项规定如下"之类的语句过渡到下文,文的主体部分分条列项,作出具体的规定。

范例一则

浙江省高层建筑消防安全管理规定

第一条　为了加强高层建筑消防安全管理,落实消防安全责任,预防火灾和减少火灾危害,保护人身、财产安全,根据《中华人民共和国消防法》《浙江省消防条例》等法律、法规,结合本省实际,制定本规定。

第二条　本规定适用于本省行政区域内已交付使用的高层建筑的火灾预防等日常消防安

全管理。高层建筑的消防设计和施工的管理,适用有关法律、法规、规章以及国家和省的工程建设消防技术标准。

本规定所称高层建筑,是指国家工程建设消防技术标准规定的高层民用建筑,包括10层及10层以上的住宅等居住建筑和建筑高度超过24米的宾馆、饭店、商场、办公楼等公共建筑。国家相关标准调整的,从其规定。

第三条　高层建筑消防工作应当全面落实业主和使用人的消防安全责任,健全消防安全防范统一服务体系,坚持以防为主,强化监督管理。

第四条　业主是高层建筑消防安全责任人,应当依法履行消防安全职责和义务。高层建筑(或者其部分)由使用人实际使用的,使用范围和期限内的消防安全职责和义务由使用人承担,法律、法规、规章另有规定或者依法订立的相关合同另有约定的除外。

本规定所称业主,是指享有高层建筑(或者其部分)所有权的机关、团体、企业、事业等单位(以下统称单位)或者个人。

本规定所称使用人,是指以承租、承包、受委托经营等方式实际使用高层建筑的单位或者个人。

第五条　单位应当按照《中华人民共和国消防法》第十六条、第十七条和《浙江省消防条例》第十三条、第十四条、第三十八条等规定履行消防安全职责,落实单位内部消防安全相关制度,加强高层建筑日常消防安全管理。

个人及其家庭应当了解所在高层建筑消防设施的基本情况,学习消防常识和必要的灭火逃生技能。倡导家庭配备手电筒、灭火器、防烟面具等应急逃生消防器材。

第六条　任何单位和个人不得有下列危害高层建筑消防安全的行为:

(一)超负荷用电;

(二)违反规定使用瓶装液化石油气;

(三)违反法律、法规、规章的规定或者业主大会、业主委员会的决定,在禁放区域燃放烟花爆竹;

(四)制造、储存易燃易爆危险品;

(五)损坏、挪用、擅自拆除或者擅自停用消防设施及器材;

(六)占用、堵塞、封闭疏散通道、安全出口、避难层(间)或者有其他妨碍安全疏散的行为;

(七)占用、堵塞、封闭消防车通道和消防登高场地,影响消防车通行和灭火救援;

(八)拒绝履行消防安全职责、义务,或者经公安机关消防机构通知后不及时采取措施消除火灾隐患;

(九)其他危害消防安全的行为。

违反前款规定的,按照下列规定给予处罚:

(一)违反第一项规定的,由公安机关消防机构责令限期改正;逾期不改正的,责令停止使用,可以并处1000元以上5000元以下罚款。

(二)违反第二项、第三项规定的,由公安机关消防机构责令改正,对个人处100元以上200元以下罚款,对单位处500元以上2000元以下罚款;构成违反治安管理行为的,按照《中华人民共和国治安管理处罚法》有关违法使用爆炸性物质的规定给予处罚。

(三)违反第四项规定的,按照《中华人民共和国治安管理处罚法》有关违法制造、储存爆炸性物质的规定给予处罚。

（四）违反第五项至第九项规定的，由公安机关消防机构责令改正，对个人处警告或者500元以下罚款，对单位处5000元以上5万元以下罚款。

（五）单位、个人因危害消防安全的行为引起火灾或者造成火灾危害扩大的，对单位直接负责的主管人员和其他直接责任人员或者行为人个人按照《中华人民共和国消防法》第六十四条的规定给予处罚。

第七条　同一高层建筑有2个以上业主、使用人的，业主、使用人应当明确消防安全统一管理机构（以下简称统一管理机构），对共用的疏散通道、安全出口、消防设施和消防车通道进行统一管理。住宅区的物业服务企业依法承担统一管理机构的工作。

第八条　统一管理机构（含住宅区的物业服务企业，下同）应当在管理区域内做好下列消防安全工作：

（一）建立防火巡查制度，填写和张贴巡查记录表；

（二）按照规定对消防设施及器材组织维修保养、检测，对自动消防设施每年至少组织一次全面检测，并在醒目位置张贴消防设施维修保养、检测单位出具的报告书；

（三）按照规定设置消防设施及器材标志，标示使用方法；

（四）对临时停车进行管理、疏导，根据需要标示禁停警告；

（五）根据业主、使用人的授权，划定烟花爆竹禁放区域并加强管理；

（六）其他依法或者依照相关约定应当履行的消防安全职责。

巡查记录表及填写、张贴的具体要求，由省公安机关消防机构统一制订。

违反本条第一款规定的，由公安机关消防机构责令限期改正；逾期不改正的，对统一管理机构处2000元以上1万元以下罚款。

第九条　统一管理机构对违反消防安全规定的行为应当劝阻、督促改正；发现消防设施损坏、无法正常运行等情况的，应当及时通报相关业主、使用人和业主委员会。业主、使用人和业主委员会应当支持、监督统一管理机构的工作。

统一管理机构对不听劝阻、制止的行为和不能及时消除的消防隐患，除依法采取相关火灾预防措施外，应当及时向公安机关消防机构报告。

第十条　高层建筑保修期满后，其消防设施的检测、维修、更新、改造等费用，依法或者依照业主的约定从物业服务费、物业共用部位和共用设施设备等经营性收益中支出；经费不足的，可以使用物业专项维修资金或者由业主按照约定承担；没有约定或者约定不明确的，由业主依法分摊。

第十一条　高层建筑消防设施无法正常运行，公安机关消防机构判定存在重大火灾隐患的，统一管理机构应当立即组织制订维修、更新、改造计划和资金支出方案，并向业主委员会提交；业主委员会应当立即组织征求业主意见，经符合规定人数的业主同意后及时组织实施。

业主委员会应当自收到重大火灾隐患整改通知书之日起2个月内向公安机关消防机构报告整改情况。

第十二条　消防设施维修保养、检测单位应当依照法律、法规、规章、相关标准和委托合同的规定，向委托人提供消防技术服务，并对服务质量负责；完成相关服务后，应当向委托人提交维修保养报告书或者检测报告书，其内容应当包括单位名称、操作人员姓名、消防设施状况、维修保养或者检测的时间等事项。

对消防设施进行全面检测的，消防设施检测单位应当自出具检测报告书之日起5个工作日内,将检测报告书的副本报县(市、区)公安机关消防机构备案。

违反前款规定的,由公安机关消防机构责令改正,处 5000 元以上 1 万元以下罚款。

消防设施检测单位出具虚假检测报告书的,按照《中华人民共和国消防法》第六十九条的规定给予处罚;受委托人等指使出具虚假检测报告书的,由公安机关消防机构同时对指使人处 1 万元以上 5 万元以下罚款。

第十三条　从事高层建筑自动消防系统操作和消防设施检测等人员,应当按照规定要求通过消防行业特有工种职业技能鉴定,取得相应等级的消防职业资格证书。

任何单位和个人不得使用或者委托未取得相应等级的消防职业资格证书的人员从事高层建筑自动消防系统操作和检测等业务。

违反前款规定的,由公安机关消防机构责令限期改正;逾期不改正的,处 5000 元以上 1 万元以下罚款。

第十四条　鼓励建设和运营城市消防远程监控系统。

高层建筑按规定建成的火灾自动报警系统应当联入城市消防远程监控系统。

第十五条　县级以上人民政府应当高度重视高层建筑消防安全工作,协调解决高层建筑消防安全管理中的重大问题,并督促有关部门和单位落实消防安全责任制和整改重大火灾隐患。

乡(镇)人民政府、街道办事处应当按照上级人民政府及其有关部门的部署和要求,组织开展消防安全专项治理和检查,督促消除火灾隐患;对未委托物业服务企业进行管理的高层建筑,应当督促和指导有关业主、使用人确定统一管理机构。村(居)民委员会对相关工作应当予以协助。

第十六条　禁止使用易燃、可燃材料作为高层建筑外墙保温材料。

本规定实施前高层建筑经批准已使用易燃、可燃材料作为外墙保温材料的,设区的市、县(市、区)人民政府应当指定有关部门、机构,组织采取下列措施:

(一)在高层建筑主入口及周边相关醒目位置设置统一标识,标示外墙保温材料的燃烧性能、防火要求以及禁止燃放烟花爆竹的区域范围;

(二)限期拆除外墙上已安装的广告灯箱等易产生高温的设施;

(三)按照现行规定对燃烧性能等级偏低、隐患较大的部位实施改造。

第十七条　县级以上人民政府物业主管部门应当依法加强对物业服务活动的管理和指导,督促物业服务企业依法履行消防安全职责,对公安机关消防机构的执法活动予以协助、配合。

县级以上人民政府文化、工商行政管理部门应当加强对高层建筑内设立娱乐场所、互联网上网服务营业场所的审批管理,对未取得消防 批准文件的有关申请,按照各自职责依法不予发放经营许可证,依法不予注册登记、核发营业执照。

第十八条　设区的市、县(市、区)公安机关消防机构应当制订和实施高层建筑年度消防监督抽查计划,并由公安机关向本级人民政府报告年度抽查情况。

公安机关消防机构应当加强火灾隐患举报投诉中心的建设和管理;接到举报、投诉后,应当按照国家和省规定的期限及时登记、核查、处理,并将处理情况及时告知举报、投诉人。

第十九条　公安机关消防机构发现高层建筑存在火灾隐患的,应当通知有关业主、使用人、统一管理机构限期整改火灾隐患;不及时消除隐患可能严重威胁公共安全的,公安机关消防机构应当依照规定对危险部位或者场所采取临时查封措施。

整改火灾隐患通知书应当抄送业主委员会；根据具体情况，还可以抄送村（居）民委员会、街道办事处和乡（镇）人民政府。

对重大火灾隐患，公安机关消防机构应当予以通告或者公告；必要时，由公安机关书面报告本级人民政府。接到报告的人民政府应当及时核实情况，组织或者责成有关部门、单位采取措施，予以整改。

第二十条 公安机关消防机构根据管理需要，可以采取适当方式公布有关处罚决定书，但依法应当保密的除外。

公安机关消防机构对违反消防安全管理规定的物业服务企业进行处罚的，视情将处罚情况抄告物业主管部门。

第二十一条 设区的市、县（市、区）公安机关消防机构应当结合高层建筑消防工作实际，加强对统一管理机构、有关单位和村（居）民委员会的业务指导，并通过本机构网站等途径向社会提供消防服务行业的有关信息。

设区的市、县（市、区）公安机关消防机构应当会同人力资源和社会保障等部门，对从事消防安全防范服务的有关人员进行有针对性的业务培训。

第二十二条 省质量技术监督部门会同省公安机关消防机构、省住房和城乡建设等有关部门、机构，结合本省实际，按照严格管理、规范管理、科学管理的原则，制定高层建筑消防安全管理的地方标准。

第二十三条 公安机关消防机构及其工作人员有下列行为之一的，由有权机关对直接负责的主管人员和其他直接责任人员依法给予处分：

（一）不履行法定职责的；

（二）利用职务为用户、建设单位指定或者变相指定消防产品的品牌、销售单位或者消防技术服务机构、消防设施施工单位的；

（三）其他滥用职权、玩忽职守、徇私舞弊的行为。

第二十四条 本规定自 2013 年 7 月 1 日起施行。

办法

办法是各级机关、企事业单位根据国家的法律、法规和政策，为实施法规或管理工作，针对某一方面的工作或某一事项而制定具体措施、办法和要求的文书。《行政法规制定程序暂行条例》中规定：办法是"对某一项行政工作作比较具体的规定"。例如，《医疗事故处理办法》、《乡镇企业劳动卫生管理办法》、《学生伤害事故处理办法》等。办法有解释、补充、贯彻国家法律、法规、条例、规定的作用。例如《中外合资经营企业登记管理办法》第 1 条就明确指出："根据《中华人民共和国中外合资经营企业法》的规定，为了对中外合资经营企业进行登记管理，保障合法经营，制定本办法。"

办法的特点主要有两个：具体性和规定性。具体性是指办法的内容必须是具体完整、要求明确的，便于执行。规定性是指制定办法的单位对某些工作制定出规范标准，要求有关方面遵照执行。

1. 办法的类型

办法的类型主要有以下两种：

（1）实施办法

实施办法是针对一些法规中某些方面比较抽象、概括，没有具体的实施方法和措施而制定的。主要对实施法规文件提出具体的办理意见和措施。例如《互联网信息服务管理办法》是对《中华人民共和国电信条例》中互联网信息服务管理的具体实施。《学生伤害事故处理办法》是《中华人民共和国未成年人保护法》的具体实施。

（2）管理办法

管理办法是各单位部门在管理权限范围内，根据行政管理的现状和需要，为规范某一方面的具体工作而制定的管理原则和方法。例如《国家行政机关公文处理办法》。

2. 办法的写作格式

办法的写作与条例、规定基本相同，只是在内容上要求比条例、规定更为具体、详尽。

范例一则

旅游行政处罚办法

第一章　总则

第一条　为规范旅游行政处罚行为，维护旅游市场秩序，保护旅游者、旅游经营者和旅游从业人员的合法权益，根据《中华人民共和国行政处罚法》、《中华人民共和国行政强制法》、《中华人民共和国旅游法》及有关法律、法规，制定本办法。

第二条　旅游行政处罚的实施和监督，应当遵守《中华人民共和国行政处罚法》、《中华人民共和国行政强制法》、《中华人民共和国旅游法》及有关法律、法规和本办法的规定。

第三条　实施旅游行政处罚，应当遵循合法合理、公正公开、处罚与教育相结合的原则。

第四条　旅游行政处罚的种类包括：

（一）警告；

（二）罚款；

（三）没收违法所得；

（四）暂停或者取消出国（境）旅游业务经营资格；

（五）责令停业整顿；

（六）暂扣或者吊销导游证、领队证；

（七）吊销旅行社业务经营许可证；

（八）法律、行政法规规定的其他种类。

第五条　县级以上人民政府组织旅游主管部门、有关主管部门和工商行政管理、产品质量监督、交通等执法部门对相关旅游经营行为实施监督检查。

县级以上旅游主管部门应当在同级人民政府的组织和领导下，加强与相关部门的执法协作和联合检查。

县级以上地方旅游主管部门应当逐步建立跨地区协同执法机制，加强执法协作，共享旅游违法行为查处信息，配合、协助其他地区旅游主管部门依法对本地区旅游经营者和从业人员实施的行政处罚。

第六条　对在行政处罚中获取的涉及相对人商业秘密或者个人隐私的内容，旅游主管部门及其执法人员应当予以保密。

第七条 除涉及国家秘密、商业秘密和个人隐私外,行政处罚结果应当向社会公开。

第二章 旅游行政处罚的实施主体与管辖

第八条 县级以上旅游主管部门应当在法定职权范围内实施行政处罚。

法律、法规授权从事旅游执法的机构,应当在法定授权范围内以自己的名义实施行政处罚,并对该行为的后果独立承担法律责任。

第九条 旅游主管部门可以在其法定职权范围内委托符合法定条件的旅游质监执法机构实施行政处罚,并对该行为的后果承担法律责任。受委托机构在委托范围内,以作出委托的旅游主管部门的名义实施行政处罚。

旅游主管部门委托实施行政处罚的,应当与受委托机构签订书面委托书,载明受委托机构名称、委托的依据、事项、权限和责任等内容,报上一级旅游主管部门备案,并将受委托机构名称、委托权限和事项向社会公示。

委托实施行政处罚,可以设定委托期限。

第十条 县级以上旅游主管部门应当加强行政执法队伍建设,强化对执法人员的教育和培训,全面提高执法人员素质。

国家旅游局执法人员应当取得本局颁发的行政执法证件;县级以上地方旅游主管部门的执法人员应当取得县级以上地方人民政府颁发的行政执法证件。

第十一条 旅游行政处罚由违法行为发生地的县级以上地方旅游主管部门管辖。

旅行社组织境内旅游,旅游主管部门在查处地接社的违法行为时,发现组团社有其他违法行为的,应当将有关材料或其副本送组团社所在地县级以上地方旅游主管部门。旅行社组织出境旅游违法行为的处罚,由组团社所在地县级以上地方旅游主管部门管辖。

第十二条 国家旅游局负责查处在全国范围内有重大影响的案件。

省、自治区、直辖市旅游主管部门负责查处本地区内重大、复杂的案件。

设区的市级和县级旅游主管部门的管辖权限,由省、自治区、直辖市旅游主管部门确定。

吊销旅行社业务经营许可证、导游证、领队证或者取消出国(境)旅游业务经营资格的行政处罚,由设区的市级以上旅游主管部门作出。

第十三条 旅游主管部门发现已立案的案件不属于自己管辖的,应当在10日内移送有管辖权的旅游主管部门或者其他部门处理。接受移送的旅游主管部门认为案件不属于本部门管辖的,应当报上级旅游主管部门指定管辖,不得再自行移送。

违法行为构成犯罪的,应当按照《行政执法机关移送涉嫌犯罪案件的规定》,将案件移送司法机关,不得以行政处罚代替刑事处罚。

第十四条 两个以上旅游主管部门都有管辖权的行政处罚案件,由最先立案的旅游主管部门管辖,或者由相关旅游主管部门协商;协商不成的,报共同的上级旅游主管部门指定管辖。

第十五条 上级旅游主管部门有权查处下级旅游主管部门管辖的案件,也可以把自己管辖的案件移交下级旅游主管部门查处。

下级旅游主管部门对其管辖的案件,认为需要由上级旅游主管部门查处的,可以报请上级旅游主管部门决定。

第三章 旅游行政处罚的适用

第十六条 国家旅游局逐步建立、完善旅游行政裁量权指导标准。各级旅游主管部门行使旅游行政处罚裁量权应当综合考虑下列情节:

（一）违法行为的具体方式、手段、程度或者次数；

（二）违法行为危害的对象或者所造成的危害后果；

（三）当事人改正违法行为的态度、措施和效果；

（四）当事人的主观过错程度。

旅游主管部门实施处罚时，对性质相同、情节相近、危害后果基本相当、违法主体类同的违法行为，处罚种类及处罚幅度应当基本一致。

第十七条　当事人的同一违法行为同时违反两个以上法律、法规或者规章规定的，效力高的优先适用。

法律、法规、规章规定两种以上处罚可以单处或者并处的，可以选择适用；规定应当并处的，不得选择适用。

对当事人的同一违法行为，不得给予两次以上罚款的行政处罚。

第十八条　违法行为轻微并及时纠正，且没有造成危害后果的，不予处罚。违法行为在2年内未被发现的，不再给予行政处罚，但法律另有规定的除外。

第十九条　有下列情形之一的，应当从轻或者减轻处罚：

（一）主动消除或者减轻违法行为危害后果的；

（二）受他人胁迫实施违法行为的；

（三）配合行政机关查处违法行为有立功表现的；

（四）其他依法应当从轻或者减轻处罚的情形。

第二十条　执法人员在现场检查中发现违法行为或者实施行政处罚时，应当责令当事人立即改正违法行为。不能立即改正的，应当责令限期改正，限期改正期限一般不得超过15日，改正期间当事人应当停止相关违法行为。

责令改正应当以书面形式作出，可以一并列入行政处罚决定书。单独出具责令改正通知书的，应当说明违法行为的事实，以及责令改正的依据、期限、要求。

第四章　旅游行政处罚的一般程序

第一节　立案和调查

第二十一条　旅游主管部门在监督检查、接到举报、处理投诉或者接受移送、交办的案件，发现当事人的行为涉嫌违反旅游法律、法规、规章时，对符合下列条件的，应当在7个工作日内立案：

（一）对该行为可能作出行政处罚的；

（二）属于本部门管辖的；

（三）违法行为未过追责时效的。

立案应当经案件承办机构或者旅游主管部门负责人批准。

案件情况复杂的，经承办机构负责人批准，立案时间可以延长至14个工作日内。

第二十二条　旅游主管部门对不符合立案条件的，不予立案；立案后发现不符合立案条件的，应当撤销立案。

对实名投诉、举报不予立案或者撤销立案的，应当告知投诉人、举报人，并说明理由。

第二十三条　在现场检查中发现旅游违法行为时，认为证据以后难以取得的，可以先行调查取证，并在10日内决定是否立案和补办立案手续。

第二十四条　对已经立案的案件，案件承办机构应当指定两名以上的执法人员承办，及时组织调查取证。

第二十五条　执法人员有下列情形之一的,应当自行回避,当事人及其代理人也有权申请其回避:

(一)是本案当事人或者其近亲属的;

(二)本人或者其近亲属与本案有直接利害关系的;

(三)与当事人有其他关系,可能影响公正执法的。

第二十六条　需要委托其他旅游主管部门协助调查取证的,应当出具书面委托调查函。受委托的旅游主管部门应当予以协助;有正当理由确实无法协助的,应当及时函告。

第二十七条　执法人员在调查、检查时,有权采取下列措施:

(一)进入有关场所进行检查、勘验、先行登记保存证据、录音、拍照、录像;

(二)询问当事人及有关人员,要求其说明相关事项和提供有关材料;

(三)查阅、复制经营记录和其他有关材料。

第二十八条　执法人员在调查、检查时,应当遵守下列规定:

(一)不得少于两人;

(二)佩戴执法标志,并向当事人或者有关人员出示执法证件;

(三)全面、客观、及时、公正地调查违法事实、违法情节和危害后果等情况;

(四)询问当事人时,应当告知其依法享有的权利;

(五)依法收集与案件有关的证据,不得以诱导、欺骗等违法手段获取证据;

(六)如实记录当事人、证人或者其他有关人员的陈述;

(七)除必要情况外,应当避免延误团队旅游行程。

第二十九条　旅游行政处罚的证据包括当事人的陈述和辩解、证人证言、现场笔录、勘验笔录、询问笔录、听证笔录、鉴定意见、视听资料、电子数据和书证、物证等。

据以认定事实的证据,应当合法取得,并经查证属实。

旅游主管部门办理移送或者指定管辖的案件,应当对原案件办理部门依法取得的证据进行核实。

第三十条　执法人员现场检查、勘验时,应当通知当事人到场,可以采取拍照、录像或者其他方式记录现场情况,并制作笔录,载明时间、地点和事件等内容。无法找到当事人、当事人拒绝到场或者在笔录上签名、盖章的,应当注明原因。有其亲属、所在单位人员或者基层组织人员等其他人在现场的,可由其他人签名。

第三十一条　执法人员询问当事人和有关人员时,应当单独进行,并制作询问笔录,由执法人员、被询问人、陈述人、谈话人签名或者盖章。一份询问笔录只能对应一个被询问人、陈述人或者谈话人。

第三十二条　执法人员应当收集、调取与案件有关的书证、物证、视听资料和电子数据等原始凭证作为证据,调取原始证据确有困难的,可以提取相应的复印件、复制件、照片、节录本或者录像。

书证应当经核对与原件无误,注明出证日期和证据出处,由证据提供人和执法人员签名或者盖章;证据提供人拒绝签名或者盖章的,应当注明原因。

第三十三条　在证据可能灭失或者以后难以取得的情况下,经旅游主管部门负责人批准,执法人员可以采取先行登记保存措施,并移转保存。执法人员难以保存或者无须移转的,可以就地保存。

情况紧急的,执法人员可以先采取登记保存措施,再报请旅游主管部门负责人批准。

先行登记保存有关证据,应当当场出具先行登记保存证据决定书,载明先行登记保存证据的名称、单位、数量以及保存地点、时间、要求等内容,送达当事人。

第三十四条　对于先行登记保存的证据,应当在 7 日内采取下列措施:

(一)及时采取记录、复制、拍照、录像、公证等证据保全措施;

(二)需要鉴定的,送交鉴定。

旅游主管部门应当在期限届满前,解除先行登记保存措施。已移转保存的,应当返还当事人。

第三十五条　有下列情形之一的,可以终结调查:

(一)违法事实清楚、证据充分的;

(二)违法事实不成立的;

(三)作为当事人的自然人死亡的;

(四)作为当事人的法人或者其他组织终止,无法人或者其他组织承受其权利义务,又无其他关系人可以追查的;

(五)其他依法应当终结调查的情形。

调查终结后,对违法行为应当给予处罚的,执法人员应当提出行政处罚建议,并报案件承办机构或者旅游主管部门负责人批准;不予处罚或者免予处罚的,报案件承办机构或者旅游主管部门负责人批准后,终止案件。

第二节　告知和听证

第三十六条　旅游主管部门在作出行政处罚决定前,应当以书面形式告知当事人作出行政处罚决定的事实、理由、依据和当事人依法享有的陈述、申辩权利。

旅游主管部门可以就违法行为的性质、情节、危害后果、主观过错等因素,以及选择的处罚种类、幅度等情况,向当事人作出说明。

第三十七条　旅游主管部门应当充分听取当事人的陈述和申辩并制作笔录,对当事人提出的事实、理由和证据,应当进行复核。当事人提出的事实、理由或者证据成立的,应当予以采纳;不能成立而不予采纳的,应当向当事人说明理由。

旅游主管部门不得因当事人申辩而加重处罚。

第三十八条　旅游主管部门作出较大数额罚款、没收较大数额违法所得、取消出国(境)旅游业务经营资格、责令停业整顿、吊销旅行社业务经营许可证、导游证或者领队证等行政处罚决定前,应当以书面形式告知当事人有申请听证的权利。

听证告知的内容应当包括,提出听证申请的期限,未如期提出申请的法律后果,以及受理听证申请的旅游主管部门名称、地址等内容。

第一款所称较大数额,对公民为 1 万元人民币以上、对法人或者其他组织为 5 万元人民币以上;地方人民代表大会及其常务委员会或者地方人民政府另有规定的,从其规定。

第三十九条　听证应当遵循公开、公正和效率的原则,保障当事人的合法权益。

除涉及国家秘密、商业秘密或者个人隐私的外,应当公开听证。

第四十条　当事人要求听证的,应当在收到行政处罚听证告知书后 3 日内,向听证部门提出申请。

　　旅游主管部门接到申请后,应当在 30 日内举行听证,并在听证 7 日前,将举行听证的时间、地点、主持人,以及当事人可以申请听证回避、公开、延期、委托代理人、提供证据等事项,书面通知当事人。

　　申请人不是本案当事人,当事人未在规定期限内提出申请,或者有其他不符合听证条件的情形,旅游主管部门可以不举行听证,但应当向申请人说明理由。

　　第四十一条　同一旅游行政处罚案件的两个以上当事人分别提出听证申请的,可以合并举行听证;部分当事人提出听证申请的,可以只对该部分当事人的有关情况进行听证。

　　第四十二条　当事人应当按期参加听证,未按期参加听证且未事先说明理由的,视为放弃听证权利。

　　当事人有正当理由要求延期的,经听证承办机构负责人批准可以延期一次,并通知听证参加人。延期不得超过 15 日。

　　第四十三条　听证应当由旅游主管部门负责法制工作的机构承办。听证由一名主持人和若干名听证员组织,也可以由主持人一人组织。听证主持人、听证员、书记员应当由旅游主管部门负责人指定的非本案调查人员担任。

　　涉及专业知识的听证案件,可以邀请有关专家担任听证员。

　　听证参加人由案件调查人员、当事人和与本案处理结果有直接利害关系的第三人及其委托代理人等组成。公开举行的听证,公民、法人或者其他组织可以申请参加旁听。

　　当事人认为听证主持人、听证员或者书记员与本案有直接利害关系的,有权向旅游主管部门提出回避申请。

　　第四十四条　当事人在听证中有下列权利:

　　(一)对案件事实、适用法律及有关情况进行陈述和申辩;

　　(二)对案件调查人员提出的证据进行质证并提出新的证据;

　　(三)核对听证笔录,依法查阅案卷相关证据材料。

　　当事人、案件调查人员、第三人、有关证人举证、质证应当客观、真实,如实陈述案件事实和回答主持人的提问,遵守听证纪律。

　　听证主持人有权对参加人不当的辩论内容予以制止,维护正常的听证程序。听证参加人和旁听人员违反听证纪律的,听证主持人可以予以警告,情节特别严重的,可以责令其退出会场。

　　第四十五条　组织听证应当按下列程序进行:

　　(一)听证主持人询问核实案件调查人员、听证当事人、第三人的身份,宣布听证的目的、会场纪律、注意事项、当事人的权利和义务,介绍听证主持人、听证员和书记员,询问当事人、第三人是否申请回避,宣布听证开始;

　　(二)调查人员就当事人的违法事实进行陈述,并向听证主持人提交有关证据、处罚依据;

　　(三)当事人就案件的事实进行陈述和辩解,提交有关证据;

　　(四)第三人陈述事实,并就其要求提出理由,提交证据;

　　(五)调查人员、当事人、第三人对相关证据进行质证,听证主持人对重要的事实及证据予以核实;

　　(六)调查人员、当事人、第三人就与本案相关的事实、处罚理由和依据进行辩论;

　　(七)调查人员、当事人、第三人作最后陈述;

（八）主持人宣布听证结束。

听证过程应当制作笔录，案件调查人员、当事人、第三人应当在听证结束后核对听证笔录，确认无误后签名或者盖章。

第四十六条　听证主持人认为听证过程中提出的新的事实、理由、依据有待进一步调查核实或者鉴定的，可以中止听证并通知听证参加人。经调查核实或者作出鉴定意见后，应当恢复听证。

第四十七条　有下列情形之一的，终止听证：

（一）申请人撤回听证申请的；

（二）申请人无正当理由不参加听证会、在听证中擅自退场，或者严重违反听证纪律被听证主持人责令退场的；

（三）应当终止听证的其他情形。

听证举行过程中终止听证的，应当记入听证笔录。

第四十八条　听证结束后，听证主持人应当向旅游主管部门提交听证报告，并对拟作出的行政处罚决定，依照下列情形提出意见：

（一）违法事实清楚、证据充分、适用法律、法规、规章正确，过罚相当的，建议作出处罚；

（二）违法事实清楚、证据充分，但适用法律、法规、规章错误或者处罚显失公正的，建议重新作出处罚；

（三）违法事实不清、证据不足，或者由于违反法定程序可能影响案件公正处理的，建议另行指定执法人员重新调查。

听证会结束后，行政处罚决定作出前，执法人员发现新的违法事实，对当事人可能加重处罚的，应当按照本办法第三十六条、第四十条的规定，重新履行处罚决定告知和听证告知程序。

第四十九条　旅游主管部门组织听证所需费用，列入本部门行政经费，不得向当事人收取任何费用。

第三节　审查和决定

第五十条　案件调查终结并依法告知、听证后，需要作出行政处罚的，执法人员应当填写行政处罚审批表，经案件承办机构负责人同意后，报旅游主管部门负责人批准。

旅游主管部门应当对调查结果进行审查，根据下列情况，分别作出处理：

（一）确有应受行政处罚的违法行为的，根据情节轻重及具体情况，作出行政处罚决定；

（二）违法行为轻微，依法可以不予行政处罚的，不予行政处罚；

（三）违法事实不能成立的，不得给予行政处罚；

（四）违法行为已构成犯罪的，移送司法机关。

对情节复杂的案件或者因重大违法行为给予公民3万元以上罚款、法人或者其他组织20万元以上罚款，取消出国（境）旅游业务经营资格，责令停业整顿，吊销旅行社业务经营许可证、导游证、领队证等行政处罚的，旅游主管部门负责人应当集体讨论决定。地方人民代表大会及其常务委员会或者地方人民政府对集体讨论的情形另有规定的，从其规定。

第五十一条　决定给予行政处罚的，应当制作行政处罚决定书。旅游行政处罚决定书应当载明下列内容：

（一）当事人的姓名或者名称、证照号码、地址、联系方式等基本情况；

（二）违反法律、法规或者规章的事实和证据；

（三）行政处罚的种类和依据；

（四）行政处罚的履行方式和期限；

（五）逾期不缴纳罚款的后果；

（六）不服行政处罚决定，申请行政复议或者提起行政诉讼的途径和期限；

（七）作出行政处罚决定的旅游主管部门名称和作出决定的日期，并加盖部门印章。

第五十二条　旅游行政处罚案件应当自立案之日起的 3 个月内作出决定；案情复杂或者重大的，经旅游主管部门负责人批准可以延长，但不得超过 3 个月。

案件办理过程中组织听证、鉴定证据、送达文书，以及请示法律适用或者解释的时间，不计入期限。

第五十三条　旅游行政处罚文书应当送达当事人，并符合下列要求：

（一）有送达回证并直接送交受送达人，由受送达人在送达回证上载明收到的日期，并签名或者盖章；

（二）受送达人是个人的，本人不在交他的同住成年家属签收，并在送达回证上载明与受送达人的关系；

（三）受送达人或者他的同住成年家属拒绝接收的，送达人可以邀请有关基层组织的代表或者有关人员到场，说明情况，在送达回证上载明拒收的事由和日期，由送达人、见证人签名或者盖章，把文书留置受送达人的住所或者收发部门，也可以把文书留在受送达人的住所，并采用拍照、录像等方式记录送达过程；

（四）受送达人是法人或者其他组织的，应当由法人的法定代表人、其他组织的主要负责人或者该法人、组织办公室、收发室等负责收件的人签收或者盖章，拒绝签收或者盖章的，适用第（三）项留置送达的规定；

（五）经受送达人同意，可以采用传真、电子邮件等能够确认其收悉的方式送达行政处罚决定书以外的文书；

（六）受送达人有代理人或者指定代收人的，可以送交代理人或者代收人签收并载明受当事人委托的情况；

（七）直接送达确有困难的，可以用挂号信邮寄送达，也可以委托当地旅游主管部门代为送达，代收机关收到文书后，应当立即送交受送达人签收。

受送达人下落不明，或者以前款规定的方式无法送达的，可以在受送达人原住所地张贴公告，或者通过报刊、旅游部门网站公告送达，执法人员应当在送达文书上注明原因和经过。自公告发布之日起经过 60 日，即视为送达。

第五十四条　旅游行政处罚决定书应当在宣告后当场交付当事人；当事人不在场的，旅游主管部门应当按照本办法第五十三条的规定，在 7 日内送达当事人，并根据需要抄送与案件有关的单位和个人。

第五十五条　在案件处理过程中，当事人委托代理人的，应当提交授权委托书，载明委托人及其代理人的基本信息、委托事项及权限、代理权的起止日期、委托日期和委托人签名或者盖章。

第五十六条　违法行为发生地的旅游主管部门对非本部门许可的旅游经营者作出行政处罚的，应当依法将被处罚人的违法事实、处理结果告知原许可的旅游主管部门。取消出国（境）旅游业务经营资格或者吊销旅行社业务经营许可证、导游证、领队证的，原许可的旅游主管部门应当注销或者换发许可证件。

第五章 旅游行政处罚的简易程序

第五十七条 违法事实清楚、证据确凿并有法定依据,对公民处以 50 元以下、对法人或者其他组织处以 1000 元以下罚款或者警告的旅游行政处罚,可以适用本章简易程序,当场作出行政处罚决定。

第五十八条 当场作出旅游行政处罚决定时,执法人员应当制作笔录,并遵守下列规定:

(一)不得少于两人,并向当事人出示行政执法证件;

(二)向当事人说明违法的事实、处罚的理由和依据以及拟给予的行政处罚;

(三)询问当事人对违法事实、处罚依据是否有异议,并告知当事人有陈述、申辩的权利,听取当事人的陈述和申辩;

(四)责令当事人改正违法行为,并填写预定格式、编有号码、盖有旅游主管部门印章的行政处罚决定书,由执法人员和当事人签名或者盖章,并将行政处罚决定书当场交付当事人;

(五)依法当场收缴罚款的,应当向当事人出具省、自治区、直辖市财政部门统一制发的罚款收据。

当场作出行政处罚决定的,执法人员应当在决定之日起 3 日内向旅游主管部门报告;当场收缴的罚款应当在规定时限内存入指定的银行。

第五十九条 当场处罚决定书应当载明第五十一条规定的内容和作出处罚的地点。

第六章 旅游行政处罚的执行

第六十条 当事人应当在行政处罚决定书确定的期限内,履行处罚决定;被处以罚款的,应当自收到行政处罚决定书之日起 15 日内,向指定的银行缴纳罚款。

申请行政复议或者提起行政诉讼的,不停止行政处罚决定的执行,但有下列情形的除外:

(一)处罚机关认为需要停止执行的;

(二)行政复议机关认为需要停止执行的;

(三)申请人申请停止执行,行政复议机关认为其要求合理决定停止执行,或者人民法院认为执行会造成难以弥补的损失,并且停止执行不损害社会性公共利益,裁定停止执行的;

(四)法律、法规规定的其他情形。

第六十一条 当事人逾期不履行处罚决定的,作出处罚决定的旅游主管部门可以采取下列措施:

(一)到期不缴纳罚款的,每日按罚款数额的 3% 加处罚款,但加处罚款的数额不得超出罚款额;

(二)向旅游主管部门所在地有管辖权的人民法院申请强制执行。

第六十二条 申请人民法院强制执行应当在下列期限内提出:

(一)行政处罚决定书送达后,当事人未申请行政复议或者提起行政诉讼的,在处罚决定书送达之日起 3 个月后起算的 3 个月内;

(二)复议决定书送达后当事人未提起行政诉讼的,在复议决定书送达之日起 15 日后起算的 3 个月内;

(三)人民法院对当事人提起行政诉讼作出的判决、裁定生效之日起 3 个月内。

第六十三条 旅游主管部门申请人民法院强制执行前,应当催告当事人履行义务。催告应当以书面形式作出,并载明下列事项:

（一）履行义务的期限；

（二）履行义务的方式；

（三）涉及金钱给付的，应当有明确的金额和给付方式；

（四）当事人依法享有的陈述权和申辩权。

旅游主管部门应当充分听取当事人的意见，对当事人提出的事实、理由和证据，应当进行记录、复核。当事人提出的事实、理由或者证据成立的，应当采纳。

催告书送达 10 日后当事人仍未履行义务的，可以申请强制执行。

第六十四条　旅游主管部门向人民法院申请强制执行，应当提供下列材料：

（一）强制执行申请书；

（二）处罚决定书及作出决定的事实、理由和依据；

（三）旅游主管部门的催告及当事人的陈述或申辩情况；

（四）申请强制执行标的情况；

（五）法律、行政法规规定的其他材料。

强制执行申请书应当由旅游主管部门负责人签名，加盖旅游主管部门的印章，并注明日期。

第六十五条　当事人确有经济困难，需要延期或者分期缴纳罚款的，应当在行政处罚决定书确定的缴纳期限届满前，向作出行政处罚决定的旅游主管部门提出延期或者分期缴纳的书面申请。

批准当事人延期或者分期缴纳罚款的，应当制作同意延期（分期）缴纳罚款通知书，送达当事人，并告知当事人缴纳罚款时，应当向收缴机构出示。

延期、分期缴纳罚款的，最长不得超过 6 个月，或者最后一期缴纳时间不得晚于申请人民法院强制执行的最后期限。

第六十六条　旅游主管部门和执法人员应当严格执行罚缴分离的规定，不得非法自行收缴罚款。

罚没款及没收物品的变价款，应当全部上缴国库，任何单位和个人不得截留、私分或者变相私分。

第七章　旅游行政处罚的结案和归档

第六十七条　有下列情形之一的，应当结案：

（一）行政处罚决定由当事人履行完毕的；

（二）行政处罚决定依法强制执行完毕的；

（三）不予处罚或者免予处罚等无须执行的；

（四）行政处罚决定被依法撤销的；

（五）旅游主管部门认为可以结案的其他情形。

第六十八条　结案的旅游行政处罚案件，应当制作结案报告，报案件承办机构负责人批准。结案报告应当包括案由、案源、立案时间、当事人基本情况、主要案情、案件办理情况、复议和诉讼情况、执行情况、承办人结案意见等内容。

第六十九条　旅游行政处罚案件结案后 15 日内，案件承办人员应当将案件材料立卷，并符合下列要求：

（一）一案一卷；

（二）与案件相关的各类文书应当齐全，手续完备；

（三）书写文书用签字笔或者钢笔；

（四）案卷装订应当规范有序，符合文档要求。

第七十条　案卷材料可以分为正卷、副卷。主要文书、外部程序的材料立正卷；请示报告与批示、集体讨论材料、涉密文件等内部程序的材料立副卷。

第七十一条　立卷完成后应当立即将案卷统一归档。案卷保管及查阅，按档案管理有关规定执行，任何单位、个人不得非法修改、增加、抽取案卷材料。

第八章　旅游行政处罚的监督

第七十二条　各级旅游主管部门应当加强行政处罚监督工作。

各级旅游主管部门负责对本部门和受其委托的旅游质监执法机构实施的行政处罚行为，进行督促、检查和纠正；上级旅游主管部门负责对下级旅游主管部门及其委托的旅游质监执法机构实施的行政处罚行为，进行督促、检查和纠正。

各级旅游主管部门法制工作机构，应当在本级旅游主管部门的组织、领导下，具体实施、协调和指导行政处罚工作。

各级旅游主管部门应当设立法制工作机构或者配备行政执法监督检查人员。

第七十三条　旅游行政处罚监督的主要内容包括：

（一）旅游行政执法主体资格是否符合规定；

（二）执法人员及其执法证件是否合法、有效；

（三）行政检查和行政处罚行为是否符合权限；

（四）对违法行为查处是否及时；

（五）适用的行政处罚依据是否准确、规范；

（六）行政处罚的种类和幅度是否合法、适当；

（七）行政处罚程序是否合法；

（八）行政处罚文书使用是否规范；

（九）重大行政处罚备案情况。

第七十四条　对旅游行政处罚的监督，可以采取定期或者不定期方式，通过案卷评查和现场检查等形式进行；处理对行政处罚行为的投诉、举报时，可以进行调查、查询，调阅旅游行政处罚案卷和其他有关材料。

第七十五条　各级旅游主管部门及其委托的旅游质监执法机构不履行法定职责，或者实施的行政处罚行为违反法律、法规和本办法规定、处罚不当的，应当主动纠正。

上级旅游主管部门在行政处罚监督中，发现下级旅游主管部门有不履行法定职责、处罚不当或者实施的行政处罚行为违反法律、法规和本办法规定等情形的，应当责令其纠正。

第七十六条　重大旅游行政处罚案件实行备案制度。

县级以上地方旅游主管部门作出的行政处罚决定，符合本办法第三十八条第一款规定的听证条件的，应当自结案之日起15日内，将行政处罚决定书的副本，报上一级旅游主管部门备案。

第七十七条　旅游行政处罚实行工作报告制度。

县级以上地方旅游主管部门应当分别于当年7月和翌年1月，汇总本地区旅游行政处罚案件，并对旅游行政处罚工作的基本情况、存在的问题以及改进建议，提出工作报告，报上一级旅游主管部门。

省、自治区、直辖市旅游主管部门应当在当年 8 月 31 日和翌年 2 月 28 日前,将工作总结和案件汇总情况报国家旅游局。

第七十八条　承担行政复议职责的旅游主管部门应当认真履行行政复议职责,依照有关规定配备专职行政复议人员,依法对违法的行政处罚决定予以撤销、变更或者确认,保障法律、法规的正确实施和对行政处罚工作的监督。

第七十九条　各级旅游主管部门应当建立健全对案件承办机构和执法人员旅游行政处罚工作的投诉、举报制度,并公布投诉、举报电话。受理投诉、举报的机构应当按照信访、纪检等有关规定对投诉、举报内容核查处理或者责成有关机构核查处理,并将处理结果通知投诉、举报人。受理举报、投诉的部门应当为举报、投诉人保密。

第八十条　各级旅游主管部门可以采取组织考评、个人自我考评和互查互评相结合,案卷评查和听取行政相对人意见相结合,日常评议考核和年度评议考核相结合的方法,对本部门案件承办机构和执法人员的行政处罚工作进行评议考核。

第八十一条　对在行政处罚工作中做出显著成绩和贡献的单位和个人,旅游主管部门可以依照国家或者地方的有关规定给予表彰和奖励。

旅游行政执法人员有下列行为之一的,由任免机关、监察机关依法给予行政处分;构成犯罪的,依法追究刑事责任:

(一)不依法履行行政执法职责的;

(二)滥用职权、徇私舞弊的;

(三)其他失职、渎职的行为。

第九章　附　　则

第八十二条　本办法有关期间的规定,除第二十一条的规定外,均按自然日计算。期间开始之日,不计算在内。期间届满的最后一日是节假日的,以节假日后的第一日为期间届满的日期。行政处罚文书在期满前邮寄的,视为在有效期内。

第八十三条　本办法所称的"以上"包括本数或者本级,所称的"以下"不包括本数。

第八十四条　省、自治区、直辖市人民政府决定旅游行政处罚权由其他部门集中行使的,其旅游行政处罚的实施参照适用本办法。

第八十五条　本办法自 2013 年 10 月 1 日起施行。

章程

章程是党团组织、社会团体、学术组织等对其性质、宗旨、任务、组织结构、组织成员、权利、义务、纪律及其活动规则等作出的规定,如《中国共产党章程》、《中国语言学会章程》等。章程是一种根本性的规章制度,具有很强的严肃性和法规性。

章程的制定者一般是党团组织、群众团体、学术研究组织,经过这些组织的代表大会通过后发布实施,这类章程可称为组织章程。一些企业单位,如中外合资企业、股份公司、保险公司等,其组织结构复杂,活动涉及面较广,为规范经济活动和利于管理,一般也制定章程,如《中国人民保险公司章程》,这类章程可称为企业章程。另外,企事业单位针对某些事项或某项活动也制定一些具体章程以规范管理,如《奖学金章程》,这类章程可称为规范章程。

1. 章程的特点

(1)准则性强

章程是一个团体组织的最高纲领。该组织的各项活动及组织成员的行为必须严格遵守章程的内容规定,不能超越章程规定的界限,如有违背就会受到组织处罚。因此,章程的准则性很强。

(2)制发程序严格

任何一个团体组织依法成立时,按规定在注册登记的同时必须上报该组织的章程草案,以便主管部门和社团登记部门了解该组织。团体组织一旦获准成立,首先要制定和审定章程内容,以作为组织活动的准则。与其他法规性公文不同的是,章程一般由团体组织先提出草案发布,在广泛听取意见的基础上再经主管部门通过后正式发布。

2. 章程的写作格式

(1)标题

一般是组织名称加章程,而规范章程则是规范对象加章程。未经批准的章程应在标题后加注"草案"字样,已通过的,一般将批准机构或通过会议、时间标注于标题之下,作为题注。

(2)正文

章程的正文结构形式与条例等相似,也采用"章条式"和"条款式"两种形式。

章条式的第一章为总则,内容主要阐明组织的性质、宗旨、任务、隶属关系等。中间各章为分则,内容主要规定组织结构、会员、经费使用等事项。最后一章为附则,主要说明生效日期、实施要求、解释权限等。这种结构形式一般用于复杂的组织章程和企业章程。

条款式结构用于简单的规范章程,内容用序号标明即可。

范例一则

中国共产党章程

(中国共产党第十八次全国代表大会部分修改,2012 年 11 月 14 日通过)

总纲

中国共产党是中国工人阶级的先锋队,同时是中国人民和中华民族的先锋队,是中国特色社会主义事业的领导核心,代表中国先进生产力的发展要求,代表中国先进文化的前进方向,代表中国最广大人民的根本利益。党的最高理想和最终目标是实现共产主义。

中国共产党以马克思列宁主义、毛泽东思想、邓小平理论、"三个代表"重要思想和科学发展观作为自己的行动指南。

马克思列宁主义揭示了人类社会历史发展的规律,它的基本原理是正确的,具有强大的生命力。中国共产党人追求的共产主义最高理想,只有在社会主义社会充分发展和高度发达的基础上才能实现。社会主义制度的发展和完善是一个长期的历史过程。坚持马克思列宁主义的基本原理,走中国人民自愿选择的适合中国国情的道路,中国的社会主义事业必将取得最终的胜利。

以毛泽东同志为主要代表的中国共产党人,把马克思列宁主义的基本原理同中国革命的具体实践结合起来,创立了毛泽东思想。毛泽东思想是马克思列宁主义在中国的运用和发展,是被实践证明了的关于中国革命和建设的正确的理论原则和经验总结,是中国共产党集体智慧的结晶。在毛泽东思想指引下,中国共产党领导全国各族人民,经过长期的反对帝国主义、封建主义、官僚资本主义的革命斗争,取得了新民主主义革命的胜利,建立了人民民主专政的中华人民共和国;建国以后,顺利地进行了社会主义改造,完成了从新民主主义到社会主义的过渡,确立了社会主义基本制度,发展了社会主义的经济、政治和文化。

十一届三中全会以来,以邓小平同志为主要代表的中国共产党人,总结新中国成立以来正反两方面的经验,解放思想,实事求是,实现全党工作中心向经济建设的转移,实行改革开放,开辟了社会主义事业发展的新时期,逐步形成了建设中国特色社会主义的路线、方针、政策,阐明了在中国建设社会主义、巩固和发展社会主义的基本问题,创立了邓小平理论。邓小平理论是马克思列宁主义的基本原理同当代中国实践和时代特征相结合的产物,是毛泽东思想在新的历史条件下的继承和发展,是马克思主义在中国发展的新阶段,是当代中国的马克思主义,是中国共产党集体智慧的结晶,引导着我国社会主义现代化事业不断前进。

十三届四中全会以来,以江泽民同志为主要代表的中国共产党人,在建设中国特色社会主义的实践中,加深了对什么是社会主义、怎样建设社会主义和建设什么样的党、怎样建设党的认识,积累了治党治国新的宝贵经验,形成了"三个代表"重要思想。"三个代表"重要思想是对马克思列宁主义、毛泽东思想、邓小平理论的继承和发展,反映了当代世界和中国的发展变化对党和国家工作的新要求,是加强和改进党的建设、推进我国社会主义自我完善和发展的强大理论武器,是中国共产党集体智慧的结晶,是党必须长期坚持的指导思想。始终做到"三个代表",是我们党的立党之本、执政之基、力量之源。

十六大以来,以胡锦涛同志为主要代表的中国共产党人,坚持以邓小平理论和"三个代表"重要思想为指导,根据新的发展要求,深刻认识和回答了新形势下实现什么样的发展、怎样发展等重大问题,形成了以人为本、全面协调可持续发展的科学发展观。科学发展观,是同马克思列宁主义、毛泽东思想、邓小平理论、"三个代表"重要思想既一脉相承又与时俱进的科学理论,是马克思主义关于发展的世界观和方法论的集中体现,是马克思主义中国化最新成果,是中国共产党集体智慧的结晶,是发展中国特色社会主义必须坚持和贯彻的指导思想。

改革开放以来我们取得一切成绩和进步的根本原因,归结起来就是:开辟了中国特色社会主义道路,形成了中国特色社会主义理论体系,确立了中国特色社会主义制度。全党同志要倍加珍惜、长期坚持和不断发展党历经艰辛开创的这条道路、这个理论体系、这个制度,高举中国特色社会主义伟大旗帜,为实现推进现代化建设、完成祖国统一、维护世界和平与促进共同发展这三大历史任务而奋斗。

我国正处于并将长期处于社会主义初级阶段。这是在经济文化落后的中国建设社会主义现代化不可逾越的历史阶段,需要上百年的时间。我国的社会主义建设,必须从我国的国情出发,走中国特色社会主义道路。在现阶段,我国社会的主要矛盾是人民日益增长的物质文化需要同落后的社会生产之间的矛盾。由于国内的因素和国际的影响,阶级斗争还在一定范围内长期存在,在某种条件下还有可能激化,但已经不是主要矛盾。我国社会主义建设的根本任务,是进一步解放生产力,发展生产力,逐步实现社会主义现代化,并且为此而改革生产关系和上层建筑中不适应生产力发展的方面和环节。必须坚持和完善公有制为主体、多种所有制经济共同发展的基本经济制度,坚持和完善按劳分配为主体、多种分配方式并存的分配制度,鼓励一部分地区和一部分人先富起来,逐步消灭贫穷,达到共同富裕,在生产发展和社会财富增长的基础上不断满足人民日益增长的物质文化需要,促进人的全面发展。发展是我们党执政兴国的第一要务。各项工作都要把有利于发展社会主义社会的生产力,有利于增强社会主义国家的综合国力,有利于提高人民的生活水平,作为总的出发点和检验标准,尊重劳动、尊重知识、尊重人才、尊重创造,做到发展为了人民、发展依靠人民、发展成果由人民共享。跨入新世纪,我国进入全面建设小康社会、加快推进社会主义现代化的新的发展阶段。必须按照中国特色社会主义事业总体布局,全面推进经济建设、政治建设、文化建设、社会建设、生态文明建设。在新世纪新阶段,经济和社会发展的战略目标是,巩固和发展已经初步达到的小康水平,到建党一百年时,建成惠及十几亿人口的更高水平的小康社会;到建国一百年时,人均国内生产总值达到中等发达国家水平,基本实现现代化。

中国共产党在社会主义初级阶段的基本路线是:领导和团结全国各族人民,以经济建设为中心,坚持四项基本原则,坚持改革开放,自力更生,艰苦创业,为把我国建设成为富强民主文明和谐的社会主义现代化国家而奋斗。

中国共产党在领导社会主义事业中,必须坚持以经济建设为中心,其他各项工作都服从和服务于这个中心。要抓紧时机,加快发展,实施科教兴国战略、人才强国战略和可持续发展战略,充分发挥科学技术作为第一生产力的作用,依靠科技进步,提高劳动者素质,促进国民经济又好又快发展。

坚持社会主义道路、坚持人民民主专政、坚持中国共产党的领导、坚持马克思列宁主义毛泽东思想这四项基本原则,是我们的立国之本。在社会主义现代化建设的整个过程中,必须坚持四项基本原则,反对资产阶级自由化。

坚持改革开放,是我们的强国之路。只有改革开放,才能发展中国、发展社会主义、发展马克思主义。要从根本上改革束缚生产力发展的经济体制,坚持和完善社会主义市场经济体制;与此相适应,要进行政治体制改革和其他领域的改革。要坚持对外开放的基本国策,吸收和借鉴人类社会创造的一切文明成果。改革开放应当大胆探索,勇于开拓,提高改革决策的科学性,增强改革措施的协调性,在实践中开创新路。

中国共产党领导人民发展社会主义市场经济。毫不动摇地巩固和发展公有制经济,毫不动摇地鼓励、支持、引导非公有制经济发展。发挥市场在资源配置中的基础性作用,建立完善的宏观调控体系。统筹城乡发展、区域发展、经济社会发展、人与自然和谐发展、国内发展和对外开放,调整经济结构,转变经济发展方式。促进工业化、信息化、城镇化、农业现代化同步发展,建设社会主义新农村,走中国特色新型工业化道路,建设创新型国家。

中国共产党领导人民发展社会主义民主政治。坚持党的领导、人民当家做主、依法治国有机统一,走中国特色社会主义政治发展道路,扩大社会主义民主,健全社会主义法制,建设社会主义法治国家,巩固人民民主专政,建设社会主义政治文明。坚持和完善人民代表大会制度、中国共产党领导的多党合作和政治协商制度、民族区域自治制度以及基层群众自治制度。发展更加广泛、更加充分、更加健全的人民民主,切实保障人民管理国家事务和社会事务、管理经济和文化事业的权利。尊重和保障人权。广开言路,建立健全民主选举、民主决策、民主管理、民主监督的制度和程序。完善中国特色社会主义法律体系,加强法律实施工作,实现国家各项工作法治化。

中国共产党领导人民发展社会主义先进文化。建设社会主义精神文明,实行依法治国和以德治国相结合,提高全民族的思想道德素质和科学文化素质,为改革开放和社会主义现代化建设提供强大的思想保证、精神动力和智力支持,建设社会主义文化强国。加强社会主义核心价值体系建设,坚持马克思主义指导思想,树立中国特色社会主义共同理想,弘扬以爱国主义为核心的民族精神和以改革创新为核心的时代精神,倡导社会主义荣辱观,增强民族自尊、自信和自强精神,抵御资本主义和封建主义腐朽思想的侵蚀,扫除各种社会丑恶现象,努力使我国人民成为有理想、有道德、有文化、有纪律的人民。对党员还要进行共产主义远大理想教育。大力发展教育、科学、文化事业,弘扬民族优秀传统文化,繁荣和发展社会主义文化。

中国共产党领导人民构建社会主义和谐社会。按照民主法治、公平正义、诚信友爱、充满活力、安定有序、人与自然和谐相处的总要求和共同建设、共同享有的原则,以保障和改善民生为重点,解决好人民最关心、最直接、最现实的利益问题,使发展成果更多更公平惠及全体人民,努力形成全体人民各尽其能、各得其所而又和谐相处的局面。加强和创新社会管理。严格区分和正确处理敌我矛盾和人民内部矛盾这两类不同性质的矛盾。加强社会治安综合治理,依法坚决打击各种危害国家安全和利益、危害社会稳定和经济发展的犯罪活动和犯罪分子,保持社会长期稳定。

中国共产党领导人民建设社会主义生态文明。树立尊重自然、顺应自然、保护自然的生态文明理念,坚持节约资源和保护环境的基本国策,坚持节约优先、保护优先、自然恢复为主的方针,坚持生产发展、生活富裕、生态良好的文明发展道路。着力建设资源节约型、环境友好型社会,形成节约资源和保护环境的空间格局、产业结构、生产方式、生活方式,为人民创造良好生产生活环境,实现中华民族永续发展。

中国共产党坚持对人民解放军和其他人民武装力量的领导,加强人民解放军的建设,切实保证人民解放军履行新世纪新阶段军队历史使命,充分发挥人民解放军在巩固国防、保卫祖国和参加社会主义现代化建设中的作用。

中国共产党维护和发展平等团结互助和谐的社会主义民族关系,积极培养、选拔少数民族干部,帮助少数民族和民族地区发展经济、文化和社会事业,实现各民族共同团结奋斗、共同繁荣发展。全面贯彻党的宗教工作基本方针,团结信教群众为经济社会发展作贡献。

中国共产党同全国各民族工人、农民、知识分子团结在一起,同各民主党派、无党派人士、各民族的爱国力量团结在一起,进一步发展和壮大由全体社会主义劳动者、社会主义事业的建设者、拥护社会主义的爱国者、拥护祖国统一的爱国者组成的最广泛的爱国统一战线。不断加强全国人民包括香港特别行政区同胞、澳门特别行政区同胞、台湾同胞和海外侨胞的团结。按照"一个国家、两种制度"的方针,促进香港、澳门长期繁荣稳定,完成祖国统一大业。

中国共产党坚持独立自主的和平外交政策,坚持和平发展道路,坚持互利共赢的开放战略,统筹国内国际两个大局,积极发展对外关系,努力为我国的改革开放和现代化建设争取有利的国际环境。在国际事务中,维护我国的独立和主权,反对霸权主义和强权政治,维护世界和平,促进人类进步,努力推动建设持久和平、共同繁荣的和谐世界。在互相尊重主权和领土完整、互不侵犯、互不干涉内政、平等互利、和平共处五项原则的基础上,发展我国同世界各国的关系。不断发展我国同周边国家的睦邻友好关系,加强同发展中国家的团结与合作。按照独立自主、完全平等、互相尊重、互不干涉内部事务的原则,发展我党同各国共产党和其他政党的关系。

中国共产党要领导全国各族人民实现社会主义现代化的宏伟目标,必须紧密围绕党的基本路线,加强党的执政能力建设、先进性和纯洁性建设,以改革创新精神全面推进党的建设新的伟大工程,整体推进党的思想建设、组织建设、作风建设、反腐倡廉建设、制度建设,全面提高党的建设科学化水平。坚持立党为公、执政为民，坚持党要管党、从严治党，发扬党的优良传统和作风，不断提高党的领导水平和执政水平，提高拒腐防变和抵御风险的能力，不断增强党的阶级基础和扩大党的群众基础，不断提高党的创造力、凝聚力、战斗力，建设学习型、服务型、创新型的马克思主义执政党，使我们党始终走在时代前列，成为领导全国人民沿着中国特色社会主义道路不断前进的坚强核心。党的建设必须坚决实现以下四项基本要求：

第一，坚持党的基本路线。全党要用邓小平理论、"三个代表"重要思想、科学发展观和党的基本路线统一思想，统一行动，并且毫不动摇地长期坚持下去。必须把改革开放同四项基本原则统一起来，全面落实党的基本路线，全面执行党在社会主义初级阶段的基本纲领，反对一切"左"的和右的错误倾向，要警惕右，但主要是防止"左"。加强各级领导班子建设，选拔使用在改革开放和社会主义现代化建设中政绩突出、群众信任的干部，培养和造就千百万社会主义事业接班人，从组织上保证党的基本理论、基本路线、基本纲领、基本经验的贯彻落实。

第二，坚持解放思想，实事求是，与时俱进，求真务实。党的思想路线是一切从实际出发，理论联系实际，实事求是，在实践中检验真理和发展真理。全党必须坚持这条思想路线，积极探索，大胆试验，开拓创新，创造性地开展工作，不断研究新情况，总结新经验，解决新问题，在实践中丰富和发展马克思主义，推进马克思主义中国化。

第三，坚持全心全意为人民服务。党除了工人阶级和最广大人民群众的利益，没有自己特殊的利益。党在任何时候都把群众利益放在第一位，同群众同甘共苦，保持最密切的联系，坚持权为民所用、情为民所系、利为民所谋，不允许任何党员脱离群众，凌驾于群众之上。党在自己的工作中实行群众路线，一切为了群众，一切依靠群众，从群众中来，到群众中去，把党的正确主张变为群众的自觉行动。我们党的最大政治优势是密切联系群众，党执政后的最大危险是脱离群众。党风问题、党同人民群众联系问题是关系党生死存亡的问题。党坚持标本兼治、综合治理、惩防并举、注重预防的方针，建立健全惩治和预防腐败体系，坚持不懈地反对腐败，加强党风建设和廉政建设。

第四，坚持民主集中制。民主集中制是民主基础上的集中和集中指导下的民主相结合。它既是党的根本组织原则，也是群众路线在党的生活中的运用。必须充分发扬党内民主，尊重党员主体地位，保障党员民主权利，发挥各级党组织和广大党员的积极性创造性。必须实行正确的集中，保证全党的团结统一和行动一致，保证党的决定得到迅速有效的贯彻执行。加强组织性纪律性，在党的纪律面前人人平等。加强对党的领导机关和党员领导干部特别是主要领导干部的监督，不断完善党内监督制度。党在自己的政治生活中正确地开展批评和自我批评，在原则问题上进行思想斗争，坚持真理，修正错误。努力造成又有集中又有民主，又有纪律又有自由，又有统一意志又有个人心情舒畅的生动活泼的政治局面。

党的领导主要是政治、思想和组织的领导。党要适应改革开放和社会主义现代化建设的要求，坚持科学执政、民主执政、依法执政，加强和改善党的领导。党必须按照总揽全局、协调各方的原则，在同级各种组织中发挥领导核心作用。党必须集中精力领导经济建设，组织、协调各方面的力量，同心协力，围绕经济建设开展工作，促进经济社会全面发展。党必须实行民主的科学的决策，制定和执行正确的路线、方针、政策，做好党的组织工作和宣传教育工作，发挥全体党员的先锋模范作用。党必须在宪法和法律的范围内活动。党必须保证国家的立法、司法、行政机关，经济、文化组织和人民团体积极主动地、独立负责地、协调一致地工作。党必须加强对工会、共产主义青年团、妇女联合会等群众组织的领导，充分发挥它们的作用。党必须适应形势的发展和情况的变化,完善领导体制,改进领导方式,增强执政能力。共产党员必须同党外群众亲密合作,共同为建设中国特色社会主义而奋斗。

第一章　党员

第一条　年满十八岁的中国工人、农民、军人、知识分子和其他社会阶层的先进分子,承认党的纲领和章程,愿意参加党的一个组织并在其中积极工作、执行党的决议和按期交纳党费的,可以申请加入中国共产党。

第二条　中国共产党党员是中国工人阶级的有共产主义觉悟的先锋战士。

中国共产党党员必须全心全意为人民服务,不惜牺牲个人的一切,为实现共产主义奋斗终身。

中国共产党党员永远是劳动人民的普通一员。除了法律和政策规定范围内的个人利益和工作职权以外,所有共产党员都不得谋求任何私利和特权。

第三条　党员必须履行下列义务:

(一)认真学习马克思列宁主义、毛泽东思想、邓小平理论、"三个代表"重要思想和科学发展观,学习党的路线、方针、政策和决议,学习党的基本知识,学习科学、文化、法律和业务知识,努力提高为人民服务的本领。

(二)贯彻执行党的基本路线和各项方针、政策,带头参加改革开放和社会主义现代化建设,带动群众为经济发展和社会进步艰苦奋斗,在生产、工作、学习和社会生活中起先锋模范作用。

(三)坚持党和人民的利益高于一切,个人利益服从党和人民的利益,吃苦在前,享受在后,克己奉公,多做贡献。

(四)自觉遵守党的纪律,模范遵守国家的法律法规,严格保守党和国家的秘密,执行党的决定,服从组织分配,积极完成党的任务。

(五)维护党的团结和统一,对党忠诚老实,言行一致,坚决反对一切派别组织和小集团活动,反对阳奉阴违的两面派行为和一切阴谋诡计。

(六)切实开展批评和自我批评,勇于揭露和纠正工作中的缺点、错误,坚决同消极腐败现象作斗争。

(七)密切联系群众,向群众宣传党的主张,遇事同群众商量,及时向党反映群众的意见和要求,维护群众的正当利益。

(八)发扬社会主义新风尚,带头实践社会主义荣辱观,提倡共产主义道德,为了保护国家和人民的利益,在一切困难和危险的时刻挺身而出,英勇斗争,不怕牺牲。

第四条　党员享有下列权利:

(一)参加党的有关会议,阅读党的有关文件,接受党的教育和培训。

(二)在党的会议上和党报党刊上,参加关于党的政策问题的讨论。

(三)对党的工作提出建议和倡议。

(四)在党的会议上有根据地批评党的任何组织和任何党员,向党负责地揭发、检举党的任何组织和任何党员违法乱纪的事实,要求处分违法乱纪的党员,要求罢免或撤换不称职的干部。

(五)行使表决权、选举权,有被选举权。

(六)在党组织讨论决定对党员的党纪处分或作出鉴定时,本人有权参加和进行申辩,其他党员可以为他作证和辩护。

（七）对党的决议和政策如有不同意见，在坚决执行的前提下，可以声明保留，并且可以把自己的意见向党的上级组织直至中央提出。

（八）向党的上级组织直至中央提出请求、申诉和控告，并要求有关组织给以负责的答复。

党的任何一级组织直至中央都无权剥夺党员的上述权利。

第五条　发展党员，必须经过党的支部，坚持个别吸收的原则。

申请入党的人，要填写入党志愿书，要有两名正式党员作介绍人，要经过支部大会通过和上级党组织批准，并且经过预备期的考察，才能成为正式党员。

介绍人要认真了解申请人的思想、品质、经历和工作表现，向他解释党的纲领和党的章程，说明党员的条件、义务和权利，并向党组织作出负责的报告。

党的支部委员会对申请入党的人，要注意征求党内外有关群众的意见，进行严格的审查，认为合格后再提交支部大会讨论。

上级党组织在批准申请人入党以前，要派人同他谈话，作进一步的了解，并帮助他提高对党的认识。

在特殊情况下，党的中央和省、自治区、直辖市委员会可以直接接收党员。

第六条　预备党员必须面向党旗进行入党宣誓。誓词如下：我志愿加入中国共产党，拥护党的纲领，遵守党的章程，履行党员义务，执行党的决定，严守党的纪律，保守党的秘密，对党忠诚，积极工作，为共产主义奋斗终身，随时准备为党和人民牺牲一切，永不叛党。

第七条　预备党员的预备期为一年。党组织对预备党员应当认真教育和考察。

预备党员的义务同正式党员一样。预备党员的权利，除了没有表决权、选举权和被选举权以外，也同正式党员一样。

预备党员预备期满，党的支部应当及时讨论他能否转为正式党员。认真履行党员义务，具备党员条件的，应当按期转为正式党员；需要继续考察和教育的，可以延长预备期，但不能超过一年；不履行党员义务，不具备党员条件的，应当取消预备党员资格。预备党员转为正式党员，或延长预备期，或取消预备党员资格，都应当经支部大会讨论通过和上级党组织批准。

预备党员的预备期，从支部大会通过他为预备党员之日算起。党员的党龄，从预备期满转为正式党员之日算起。

第八条　每个党员，不论职务高低，都必须编入党的一个支部、小组或其他特定组织，参加党的组织生活，接受党内外群众的监督。党员领导干部还必须参加党委、党组的民主生活会。不允许有任何不参加党的组织生活、不接受党内外群众监督的特殊党员。

第九条　党员有退党的自由。党员要求退党，应当经支部大会讨论后宣布除名，并报上级党组织备案。

党员缺乏革命意志，不履行党员义务，不符合党员条件，党的支部应当对他进行教育，要求他限期改正；经教育仍无转变的，应当劝他退党。劝党员退党，应当经支部大会讨论决定，并报上级党组织批准。如被劝告退党的党员坚持不退，应当提交支部大会讨论，决定把他除名，并报上级党组织批准。

党员如果没有正当理由，连续六个月不参加党的组织生活，或不交纳党费，或不做党所分配的工作，就被认为是自行脱党。支部大会应当决定把这样的党员除名，并报上级党组织批准。

第二章　党的组织制度

第十条　党是根据自己的纲领和章程,按照民主集中制组织起来的统一整体。党的民主集中制的基本原则是:

(一)党员个人服从党的组织,少数服从多数,下级组织服从上级组织,全党各个组织和全体党员服从党的全国代表大会和中央委员会。

(二)党的各级领导机关,除它们派出的代表机关和在非党组织中的党组外,都由选举产生。

(三)党的最高领导机关,是党的全国代表大会和它所产生的中央委员会。党的地方各级领导机关,是党的地方各级代表大会和它们所产生的委员会。党的各级委员会向同级的代表大会负责并报告工作。

(四)党的上级组织要经常听取下级组织和党员群众的意见,及时解决他们提出的问题。党的下级组织既要向上级组织请示和报告工作,又要独立负责地解决自己职责范围内的问题。上下级组织之间要互通情报、互相支持和互相监督。党的各级组织要按规定实行党务公开,使党员对党内事务有更多的了解和参与。

(五)党的各级委员会实行集体领导和个人分工负责相结合的制度。凡属重大问题都要按照集体领导、民主集中、个别酝酿、会议决定的原则,由党的委员会集体讨论,作出决定;委员会成员要根据集体的决定和分工,切实履行自己的职责。

(六)党禁止任何形式的个人崇拜。要保证党的领导人的活动处于党和人民的监督之下,同时维护一切代表党和人民利益的领导人的威信。

第十一条　党的各级代表大会的代表和委员会的产生,要体现选举人的意志。选举采用无记名投票的方式。候选人名单要由党组织和选举人充分酝酿讨论。可以直接采用候选人数多于应选人数的差额选举办法进行正式选举。也可以先采用差额选举办法进行预选,产生候选人名单,然后进行正式选举。选举人有了解候选人情况、要求改变候选人、不选任何一个候选人和另选他人的权利。任何组织和个人不得以任何方式强迫选举人选举或不选举某个人。

党的地方各级代表大会和基层代表大会的选举,如果发生违反党章的情况,上一级党的委员会在调查核实后,应作出选举无效和采取相应措施的决定,并报再上一级党的委员会审查批准,正式宣布执行。

党的各级代表大会代表实行任期制。

第十二条　党的中央和地方各级委员会在必要时召集代表会议,讨论和决定需要及时解决的重大问题。代表会议代表的名额和产生办法,由召集代表会议的委员会决定。

第十三条　凡是成立党的新组织,或是撤销党的原有组织,必须由上级党组织决定。

在党的地方各级代表大会和基层代表大会闭会期间,上级党的组织认为有必要时,可以调动或者指派下级党组织的负责人。

党的中央和地方各级委员会可以派出代表机关。

党的中央和省、自治区、直辖市委员会实行巡视制度。

第十四条　党的各级领导机关,对同下级组织有关的重要问题作出决定时,在通常情况下,要征求下级组织的意见。要保证下级组织能够正常行使他们的职权。凡属应由下级组织处理的问题,如无特殊情况,上级领导机关不要干预。

第十五条　有关全国性的重大政策问题,只有党中央有权作出决定,各部门、各地方的党组织可以向中央提出建议,但不得擅自作出决定和对外发表主张。

党的下级组织必须坚决执行上级组织的决定。下级组织如果认为上级组织的决定不符合本地区、本部门的实际情况,可以请求改变;如果上级组织坚持原决定,下级组织必须执行,并不得公开发表不同意见,但有权向再上一级组织报告。

党的各级组织的报刊和其他宣传工具,必须宣传党的路线、方针、政策和决议。

第十六条　党组织讨论决定问题,必须执行少数服从多数的原则。决定重要问题,要进行表决。对于少数人的不同意见,应当认真考虑。如对重要问题发生争论,双方人数接近,除了在紧急情况下必须按多数意见执行外,应当暂缓作出决定,进一步调查研究,交换意见,下次再表决;在特殊情况下,也可将争论情况向上级组织报告,请求裁决。

党员个人代表党组织发表重要主张,如果超出党组织已有决定的范围,必须提交所在的党组织讨论决定,或向上级党组织请示。任何党员不论职务高低,都不能个人决定重大问题;如遇紧急情况,必须由个人作出决定时,事后要迅速向党组织报告。不允许任何领导人实行个人专断和把个人凌驾于组织之上。

第十七条　党的中央、地方和基层组织,都必须重视党的建设,经常讨论和检查党的宣传工作、教育工作、组织工作、纪律检查工作、群众工作、统一战线工作等,注意研究党内外的思想政治状况。

第三章　党的中央组织

第十八条　党的全国代表大会每五年举行一次,由中央委员会召集。中央委员会认为有必要,或者有三分之一以上的省一级组织提出要求,全国代表大会可以提前举行;如无非常情况,不得延期举行。

全国代表大会代表的名额和选举办法,由中央委员会决定。

第十九条　党的全国代表大会的职权是:

(一)听取和审查中央委员会的报告;

(二)听取和审查中央纪律检查委员会的报告;

(三)讨论并决定党的重大问题;

(四)修改党的章程;

(五)选举中央委员会;

(六)选举中央纪律检查委员会。

第二十条　党的全国代表会议的职权是:讨论和决定重大问题;调整和增选中央委员会、中央纪律检查委员会的部分成员。调整和增选中央委员及候补中央委员的数额,不得超过党的全国代表大会选出的中央委员及候补中央委员各自总数的五分之一。

第二十一条　党的中央委员会每届任期五年。全国代表大会如提前或延期举行,它的任期相应地改变。中央委员会委员和候补委员必须有五年以上的党龄。中央委员会委员和候补委员的名额,由全国代表大会决定。中央委员会委员出缺,由中央委员会候补委员按照得票多少依次递补。

中央委员会全体会议由中央政治局召集,每年至少举行一次。中央政治局向中央委员会全体会议报告工作,接受监督。

在全国代表大会闭会期间,中央委员会执行全国代表大会的决议,领导党的全部工作,对外代表中国共产党。

第二十二条 党的中央政治局、中央政治局常务委员会和中央委员会总书记,由中央委员会全体会议选举。中央委员会总书记必须从中央政治局常务委员会委员中产生。

中央政治局和它的常务委员会在中央委员会全体会议闭会期间,行使中央委员会的职权。

中央书记处是中央政治局和它的常务委员会的办事机构;成员由中央政治局常务委员会提名,中央委员会全体会议通过。

中央委员会总书记负责召集中央政治局会议和中央政治局常务委员会会议,并主持中央书记处的工作。

党的中央军事委员会组成人员由中央委员会决定。

每届中央委员会产生的中央领导机构和中央领导人,在下届全国代表大会开会期间,继续主持党的经常工作,直到下届中央委员会产生新的中央领导机构和中央领导人为止。

第二十三条 中国人民解放军的党组织,根据中央委员会的指示进行工作。中央军事委员会的政治工作机关是中国人民解放军总政治部,总政治部负责管理军队中党的工作和政治工作。军队中党的组织体制和机构,由中央军事委员会作出规定。

第四章 党的地方组织

第二十四条 党的省、自治区、直辖市的代表大会,设区的市和自治州的代表大会,县(旗)、自治县、不设区的市和市辖区的代表大会,每五年举行一次。

党的地方各级代表大会由同级党的委员会召集。在特殊情况下,经上一级委员会批准,可以提前或延期举行。

党的地方各级代表大会代表的名额和选举办法,由同级党的委员会决定,并报上一级党的委员会批准。

第二十五条 党的地方各级代表大会的职权是:

(一)听取和审查同级委员会的报告;

(二)听取和审查同级纪律检查委员会的报告;

(三)讨论本地区范围内的重大问题并作出决议;

(四)选举同级党的委员会,选举同级党的纪律检查委员会。

第二十六条 党的省、自治区、直辖市、设区的市和自治州的委员会,每届任期五年。这些委员会的委员和候补委员必须有五年以上的党龄。

党的县(旗)、自治县、不设区的市和市辖区的委员会,每届任期五年。这些委员会的委员和候补委员必须有三年以上的党龄。

党的地方各级代表大会如提前或延期举行,由它选举的委员会的任期相应地改变。

党的地方各级委员会的委员和候补委员的名额,分别由上一级委员会决定。党的地方各级委员会委员出缺,由候补委员按照得票多少依次递补。

党的地方各级委员会全体会议,每年至少召开两次。

党的地方各级委员会在代表大会闭会期间,执行上级党组织的指示和同级党代表大会的决议,领导本地方的工作,定期向上级党的委员会报告工作。

第二十七条 党的地方各级委员会全体会议,选举常务委员会和书记、副书记,并报上级党的委员会批准。党的地方各级委员会的常务委员会,在委员会全体会议闭会期间,行使委员会职权;在下届代表大会开会期间,继续主持经常工作,直到新的常务委员会产生为止。

党的地方各级委员会的常务委员会定期向委员会全体会议报告工作,接受监督。

第二十八条　党的地区委员会和相当于地区委员会的组织，是党的省、自治区委员会在几个县、自治县、市范围内派出的代表机关。它根据省、自治区委员会的授权，领导本地区的工作。

第五章　党的基层组织

第二十九条　企业、农村、机关、学校、科研院所、街道社区、社会组织、人民解放军连队和其他基层单位，凡是有正式党员三人以上的，都应当成立党的基层组织。

党的基层组织，根据工作需要和党员人数，经上级党组织批准，分别设立党的基层委员会、总支部委员会、支部委员会。基层委员会由党员大会或代表大会选举产生，总支部委员会和支部委员会由党员大会选举产生，提出委员候选人要广泛征求党员和群众的意见。

第三十条　党的基层委员会每届任期三年至五年，总支部委员会、支部委员会每届任期两年或三年。基层委员会、总支部委员会、支部委员会的书记、副书记选举产生后，应报上级党组织批准。

第三十一条　党的基层组织是党在社会基层组织中的战斗堡垒，是党的全部工作和战斗力的基础。它的基本任务是：

（一）宣传和执行党的路线、方针、政策，宣传和执行党中央、上级组织和本组织的决议，充分发挥党员的先锋模范作用，积极创先争优，团结、组织党内外的干部和群众，努力完成本单位所担负的任务。

（二）组织党员认真学习马克思列宁主义、毛泽东思想、邓小平理论、"三个代表"重要思想和科学发展观，学习党的路线、方针、政策和决议，学习党的基本知识，学习科学、文化、法律和业务知识。

（三）对党员进行教育、管理、监督和服务，提高党员素质，增强党性，严格党的组织生活，开展批评和自我批评，维护和执行党的纪律，监督党员切实履行义务，保障党员的权利不受侵犯。加强和改进流动党员管理。

（四）密切联系群众，经常了解群众对党员、党的工作的批评和意见，维护群众的正当权利和利益，做好群众的思想政治工作。

（五）充分发挥党员和群众的积极性创造性，发现、培养和推荐他们中间的优秀人才，鼓励和支持他们在改革开放和社会主义现代化建设中贡献自己的聪明才智。

（六）对要求入党的积极分子进行教育和培养，做好经常性的发展党员工作，重视在生产、工作第一线和青年中发展党员。

（七）监督党员干部和其他任何工作人员严格遵守国法政纪，严格遵守国家的财政经济法规和人事制度，不得侵占国家、集体和群众的利益。

（八）教育党员和群众自觉抵制不良倾向，坚决同各种违法犯罪行为作斗争。

第三十二条　街道、乡、镇党的基层委员会和村、社区党组织，领导本地区的工作，支持和保证行政组织、经济组织和群众自治组织充分行使职权。

国有企业和集体企业中党的基层组织，发挥政治核心作用，围绕企业生产经营开展工作。保证监督党和国家的方针、政策在本企业的贯彻执行；支持股东会、董事会、监事会和经理（厂长）依法行使职权；全心全意依靠职工群众，支持职工代表大会开展工作；参与企业重大问题的决策；加强党组织的自身建设，领导思想政治工作、精神文明建设和工会、共青团等群众组织。

非公有制经济组织中党的基层组织，贯彻党的方针政策，引导和监督企业遵守国家的法律法规,领导工会、共青团等群众组织,团结凝聚职工群众,维护各方的合法权益,促进企业健康发展。

实行行政领导人负责制的事业单位中党的基层组织,发挥政治核心作用。实行党委领导下的行政领导人负责制的事业单位中党的基层组织,对重大问题进行讨论和作出决定,同时保证行政领导人充分行使自己的职权。

各级党和国家机关中党的基层组织,协助行政负责人完成任务,改进工作,对包括行政负责人在内的每个党员进行监督,不领导本单位的业务工作。

第六章 党的干部

第三十三条 党的干部是党的事业的骨干,是人民的公仆。党按照德才兼备、以德为先的原则选拔干部,坚持五湖四海、任人唯贤,反对任人唯亲,努力实现干部队伍的革命化、年轻化、知识化、专业化。

党重视教育、培训、选拔、考核和监督干部,特别是培养、选拔优秀年轻干部。积极推进干部制度改革。

党重视培养、选拔女干部和少数民族干部。

第三十四条 党的各级领导干部必须模范地履行本章程第三条所规定的党员的各项义务,并且必须具备以下的基本条件:

(一)具有履行职责所需要的马克思列宁主义、毛泽东思想、邓小平理论的水平,认真实践"三个代表"重要思想,带头贯彻落实科学发展观,努力用马克思主义的立场、观点、方法分析和解决实际问题,坚持讲学习、讲政治、讲正气,经得起各种风浪的考验。

(二)具有共产主义远大理想和中国特色社会主义坚定信念,坚决执行党的基本路线和各项方针、政策,立志改革开放,献身现代化事业,在社会主义建设中艰苦创业,树立正确政绩观,做出经得起实践、人民、历史检验的实绩。

(三)坚持解放思想,实事求是,与时俱进,开拓创新,认真调查研究,能够把党的方针、政策同本地区、本部门的实际相结合,卓有成效地开展工作,讲实话,办实事,求实效,反对形式主义。

(四)有强烈的革命事业心和政治责任感,有实践经验,有胜任领导工作的组织能力、文化水平和专业知识。

(五)正确行使人民赋予的权力,坚持原则,依法办事,清正廉洁,勤政为民,以身作则,艰苦朴素,密切联系群众,坚持党的群众路线,自觉地接受党和群众的批评和监督,加强道德修养,讲党性、重品行、作表率,做到自重、自省、自警、自励,反对官僚主义,反对任何滥用职权、谋求私利的不正之风。

(六)坚持和维护党的民主集中制,有民主作风,有全局观念,善于团结同志,包括团结同自己有不同意见的同志一道工作。

第三十五条 党员干部要善于同党外干部合作共事,尊重他们,虚心学习他们的长处。

党的各级组织要善于发现和推荐有真才实学的党外干部担任领导工作,保证他们有职有权,充分发挥他们的作用。

第三十六条 党的各级领导干部,无论是由民主选举产生的,或是由领导机关任命的,他们的职务都不是终身的,都可以变动或解除。

年龄和健康状况不适宜于继续担任工作的干部,应当按照国家的规定退、离休。

第七章　党的纪律

第三十七条　党的纪律是党的各级组织和全体党员必须遵守的行为规则,是维护党的团结统一、完成党的任务的保证。党组织必须严格执行和维护党的纪律,共产党员必须自觉接受党的纪律的约束。

第三十八条　党组织对违犯党的纪律的党员,应当本着惩前毖后、治病救人的精神,按照错误性质和情节轻重,给以批评教育直至纪律处分。

严重触犯刑律的党员必须开除党籍。

党内严格禁止用违反党章和国家法律的手段对待党员,严格禁止打击报复和诬告陷害。违反这些规定的组织或个人必须受到党的纪律和国家法律的追究。

第三十九条　党的纪律处分有五种:警告、严重警告、撤销党内职务、留党察看、开除党籍。

留党察看最长不超过两年。党员在留党察看期间没有表决权、选举权和被选举权。党员经过留党察看,确已改正错误的,应当恢复其党员的权利;坚持错误不改的,应当开除党籍。

开除党籍是党内的最高处分。各级党组织在决定或批准开除党员党籍的时候,应当全面研究有关的材料和意见,采取十分慎重的态度。

第四十条　对党员的纪律处分,必须经过支部大会讨论决定,报党的基层委员会批准;如果涉及的问题比较重要或复杂,或给党员以开除党籍的处分,应分别不同情况,报县级或县级以上党的纪律检查委员会审查批准。在特殊情况下,县级和县级以上各级党的委员会和纪律检查委员会有权直接决定给党员以纪律处分。

对党的中央委员会和地方各级委员会的委员、候补委员,给以撤销党内职务、留党察看或开除党籍的处分,必须由本人所在的委员会全体会议三分之二以上的多数决定。在特殊情况下,可以先由中央政治局和地方各级委员会常务委员会作出处理决定,待召开委员会全体会议时予以追认。对地方各级委员会委员和候补委员的上述处分,必须经过上级党的委员会批准。

严重触犯刑律的中央委员会委员、候补委员,由中央政治局决定开除其党籍;严重触犯刑律的地方各级委员会委员、候补委员,由同级委员会常务委员会决定开除其党籍。

第四十一条　党组织对党员作出处分决定,应当实事求是地查清事实。处分决定所依据的事实材料和处分决定必须同本人见面,听取本人说明情况和申辩。如果本人对处分决定不服,可以提出申诉,有关党组织必须负责处理或者迅速转递,不得扣压。对于确属坚持错误意见和无理要求的人,要给以批评教育。

第四十二条　党组织如果在维护党的纪律方面失职,必须受到追究。

对于严重违犯党的纪律、本身又不能纠正的党组织,上一级党的委员会在查明核实后,应根据情节严重的程度,作出进行改组或予以解散的决定,并报再上一级党的委员会审查批准,正式宣布执行。

第八章　党的纪律检查机关

第四十三条　党的中央纪律检查委员会在党的中央委员会领导下进行工作。党的地方各级纪律检查委员会和基层纪律检查委员会在同级党的委员会和上级纪律检查委员会双重领导下进行工作。

党的各级纪律检查委员会每届任期和同级党的委员会相同。

党的中央纪律检查委员会全体会议,选举常务委员会和书记、副书记,并报党的中央委员会批准。党的地方各级纪律检查委员会全体会议,选举常务委员会和书记、副书记,并由同级党的委员会通过,报上级党的委员会批准。党的基层委员会是设立纪律检查委员会,还是设立纪律检查委员,由它的上一级党组织根据具体情况决定。党的总支部委员会和支部委员会设纪律检查委员。

党的中央纪律检查委员会根据工作需要,可以向中央一级党和国家机关派驻党的纪律检查组或纪律检查员。纪律检查组组长或纪律检查员可以列席该机关党的领导组织的有关会议。他们的工作必须受到该机关党的领导组织的支持。

第四十四条 党的各级纪律检查委员会的主要任务是:维护党的章程和其他党内法规,检查党的路线、方针、政策和决议的执行情况,协助党的委员会加强党风建设和组织协调反腐败工作。

各级纪律检查委员会要经常对党员进行遵守纪律的教育,作出关于维护党纪的决定;对党员领导干部行使权力进行监督;检查和处理党的组织和党员违反党的章程和其他党内法规的比较重要或复杂的案件,决定或取消对这些案件中的党员的处分;受理党员的控告和申诉;保障党员的权利。

各级纪律检查委员会要把处理特别重要或复杂的案件中的问题和处理的结果,向同级党的委员会报告。党的地方各级纪律检查委员会和基层纪律检查委员会要同时向上级纪律检查委员会报告。

各级纪律检查委员会发现同级党的委员会委员有违犯党的纪律的行为,可以先进行初步核实,如果需要立案检查的,应当报同级党的委员会批准,涉及常务委员的,经报告同级党的委员会后报上一级纪律检查委员会批准。

第四十五条 上级纪律检查委员会有权检查下级纪律检查委员会的工作,并且有权批准和改变下级纪律检查委员会对于案件所作的决定。如果所要改变的该下级纪律检查委员会的决定,已经得到它的同级党的委员会的批准,这种改变必须经过它的上一级党的委员会批准。

党的地方各级纪律检查委员会和基层纪律检查委员会如果对同级党的委员会处理案件的决定有不同意见,可以请求上一级纪律检查委员会予以复查;如果发现同级党的委员会或它的成员有违犯党的纪律的情况,在同级党的委员会不给予解决或不给予正确解决的时候,有权向上级纪律检查委员会提出申诉,请求协助处理。

第九章 党组

第四十六条 在中央和地方国家机关、人民团体、经济组织、文化组织和其他非党组织的领导机关中,可以成立党组。党组发挥领导核心作用。党组的任务,主要是负责贯彻执行党的路线、方针、政策;讨论和决定本单位的重大问题;做好干部管理工作;团结党外干部和群众,完成党和国家交给的任务;指导机关和直属单位党组织的工作。

第四十七条 党组的成员,由批准成立党组的党组织决定。党组设书记,必要时还可以设副书记。

党组必须服从批准它成立的党组织领导。

第四十八条 对下属单位实行集中统一领导的国家工作部门可以建立党委,党委的产生办法、职权和工作任务,由中央另行规定。

第十章 党和共产主义青年团的关系

第四十九条 中国共产主义青年团是中国共产党领导的先进青年的群众组织,是广大青年在实践中学习中国特色社会主义和共产主义的学校,是党的助手和后备军。共青团中央委员会受党中央委员会领导。共青团的地方各级组织受同级党的委员会领导,同时受共青团上级组织领导。

第五十条 党的各级委员会要加强对共青团的领导,注意团的干部的选拔和培训。党要坚决支持共青团根据广大青年的特点和需要,生动活泼地、富于创造性地进行工作,充分发挥团的突击队作用和联系广大青年的桥梁作用。

团的县级和县级以下各级委员会书记,企业事业单位的团委员会书记,是党员的,可以列席同级党的委员会和常务委员会的会议。

第十一章 党徽党旗

第五十一条 中国共产党党徽为镰刀和锤头组成的图案。

第五十二条 中国共产党党旗为旗面缀有金黄色党徽图案的红旗。

第五十三条 中国共产党的党徽党旗是中国共产党的象征和标志。党的各级组织和每一个党员都要维护党徽党旗的尊严。要按照规定制作和使用党徽党旗。

制度

制度是国家机关、社会团体和企事业单位为加强对某项工作的管理而制定的,要求有关人员共同遵守,并按一定程序办事的规定性文书。如《办公制度》、《保密制度》、《安全生产制度》等。制度的制定依据相关的法律、法规,一经颁布,有关人员必须遵守,若有违反,就要受到相应的处罚。

1. 制度的特点

(1)适用面广

制度的适用范围非常广,不论是行政工作、经济活动,还是日常生活、学习,凡要求有关人员共同遵守并按一定程序办事的,都可以使用。

(2)规定性和程序性

规定性是指它规定了有关人员在相应方面的行为。程序性是指人们在做某件事时,必须按照一定的规则、程序进行,不能想怎么办就怎么办,即便这件事应该做也应依照一定程序来办理。

2. 制度的写作格式

(1)标题

一般由制度内容和文种组成。如《实验室管理制度》、《产品检验制度》等。

(2)正文

制度正文的结构视不同内容可繁可简。内容比较繁复的制度,其正文就像条例、规定、办法可以按"三则式"去写,也可以按一般公文的结构即前言、主体、结语的方式去写。比较简短的制度,可采用前言加主体的方式,也可以按"条文式"列出即可。

范例一则

保密制度

第一章 总则

第一条 为了维护公司利益,特制订本规定,公司全体员工必须严格遵守。

第二条　秘密分为三等级：绝密、机密、密。

第二章　细则

第三条　严守秘密，不得以任何方式向公司内外无关人员散布、泄漏公司机密或涉及公司机密。

第四条　不得向其他公司员工窥探、过问非本人工作职责内的公司机密。

第五条　严格遵守文件(包括传真、计算机盘片)登记和保密制度。秘密文件存放在有保密设施的文件柜内，计算机中的秘密文件必须设置口令，并将口令报告公司总经理。不准带机密文件到与工作无关的场所。不得在公共场所谈论秘密事项和交接秘密文件。

第六条　严格遵守秘密文件、资料、档案的借用管理制度。如需借用秘密文件、资料、档案，须经总经理批准。并按规定办理借用登记手续。

第七条　秘密文件、资料不准私自翻印、复印、摘录和外传。因工作需要翻印、复制时，应按有关规定经办公室批准后办理。复制件应按照文件、资料的密级规定管理。不得在公开发表的文章中引用秘密文件和资料。

第八条　会议工作人员不得随意传播会议内容，特别是涉及人事、机构以及有争议的问题。会议记录(或录音)要集中管理，未经办公室批准不得外借。

第九条　调职、离职时，必须将自己经管的秘密文件或其他东西，交至公司总经理，切不可随意移交给其他人员。

第十条　公司员工离开办公室时，必须将文件放入抽屉和文件柜中。

第三章　责任

第十一条　发现失密、泄密现象，要及时报告，认真处理。对失密、泄密者，给予50—100元扣薪；视情节轻重，给予一定行政处分；造成公司严重损失的，送有关机关处理。

调查报告

【提要】

◇ 调查报告的含义

◇ 调查报告的四个特点：真实性、客观性、科学性、叙议结合

◇ 调查报告的五种类型：总结典型经验、反映基本情况、介绍新生事物、揭露问题、科研实践

◇ 调查研究的四大方法：典型调查、统计调查、抽样调查、问卷调查

◇ 调查报告写作的三条原则：以事实说话、夹叙夹议、简明生动

◇ 调查报告的写作格式

◇ 范例一则：社交网络对大学生网络素养的影响调查报告——以人人网为例

调查报告的含义

调查报告是根据调查研究成果写出来的反映客观事物的书面报告。它要求有事实有分析,有观点有材料,充分反映调查研究的结果。调查报告是实际工作中经常使用的一种文体,也是报刊上常见的新闻体裁之一。

调查报告的四个特点

1. 真实性

调查报告是以事实为基础的文体,它以真实的材料为依据来透析客观存在的本质。社会信息的可靠,材料的准确,是调查报告的生命所在。如果材料失实,也就难以得出正确的结论。

2. 客观性

调查报告对社会存在的反映是客观的,不以主观好恶来判别是非,不以个人的感情色彩来改变事实的存在,而是要尊重事实,由事实本身出发来认识规律,这是调查报告的力量所在。

3. 科学性

这是指提供的信息具有科学价值,结论具有科学性,符合实践的规律,揭示事物的本质。这就有必要对获取的各种信息,进行优化选择。调查报告的科学性还有赖于调查方法的科学性,方法不当,即使获得真实材料,这材料也不一定能准确反映本质。例如抽样抽查,如果抽样不科学,信息与结论均可能失真,缺乏典型意义。

4. 叙议结合

调查报告以事实报道为基础,就必然以叙述为基本的表达手段,对有关情况、典型事例、事物的发展过程等等作必要的述介,而且叙述性文字在调查报告中占主要篇幅。但是叙述情况又不是调查报告的写作目的,调查报告的职能是要回答与解决现实问题,它不只是社会现象的记录,而是要通过对现象的分析研究,探求事物的本质,引出有普遍意义的结论,这就决定了调查报告必然采取议论的方法。因此,调查报告是叙议结合的,介于新闻报导与评论文章之间的一种体裁。它既要像新闻那样叙述清楚准确,又要具有评论文章分析得当,说理切中要害的特点。

调查报告的五种类型

1. 总结典型经验的调查报告

这类调查报告经常见诸报纸杂志。这类调查报告集中反映单位或个人的经验、成果,有较强的针对性和政策性,对指导和推动工作起着重要作用。如《一个国有大型企业的出色答卷——宝钢投产十年调查》一文,详细介绍了地处上海的我国特大企业宝山钢铁公司投产十年来,自强不息,艰苦奋斗,在高起点的技术创新、管理创新、制度创新等方面取得的新鲜经验,对其他单位办好国有大型企业很有借鉴意义。

2. 反映基本情况的调查报告

反映基本情况的调查报告,即系统、深入、全面地调查和剖析某一社会基本情况,为制定工作方针、政策和措施提供依据。这类调查报告的内容比较广泛、全面,包括社会上的政治、经济、军事、文化、教育等方面的状况。目前某些企事业单位搞的民意测验、抽样调查、问卷调查后写成的报告也多属此类。如《当代大学生心理"透视"》。

3. 介绍新生事物的调查报告

这类调查报告着重介绍新形势下涌现出来的新人、新事、新发明、新创造、新经验等,从而揭示新生事物的意义、特点和成长规律,促进它的发展。它的特点是"新",这种"新"体现了时代精神,反映了社会风貌。如《放权到乡镇,服务到农村——莱芜市健全农村社会化服务体系的调查》。

4. 揭露问题的调查报告

这类调查报告是对现实社会中暴露出来的问题进行周密的调查,以核对事实,揭露真相为内容。调查目的是为了查清事实,获得足以说明问题性质、程度的材料。调查对象一般是暴露出问题和问题涉及的有关单位和人员。揭露问题的调查报告不仅可以用来澄清是非,辨别真伪,教育群众,还可直接用作对有关责任单位和责任人进行处理的重要依据。如《堂堂人大代表竟是街头恶霸》。

5. 科研实践的调查报告

这类调查报告往往是针对现实生活中有争议的、有科研价值的问题,进行调查、分析、深入研究,提出自己的看法。它的特点不仅包括对某个有关事项现状的调查分析以及对该事项相关要素的研究,还包括对这种研究的种种结果进行综合的推理论证,正确地做出对有关事项的评价,提出调整的建议。如《灵芝抗癌——来自中国癌症研究基金的调查报告》。

调查研究的四种方法

调查研究是写作调查报告的前提,一份真实、可靠的调查报告必须建立在深入调查研究的基础之上。

实事求是的调查研究,是一项重要的基本功,有很多学问。其中采用正确、有效的方法是关键,下面着重介绍典型调查、统计调查、抽样调查、问卷调查四种方法。

1. 典型调查

典型调查,又叫"解剖麻雀",是一种使用得较多的,也是传统的调查方法。它根据调查的目的,有意识地选择个别或者若干具有代表性的对象进行重点调查,从中得出调查结果或结论,借以认识典型所代表的事物的总体情况和发展规律,用以说明和指导一般。这种典型调查的优点是:调查者深入实际,直接听到群众的呼声和意见,有利于了解情况和研究问题,还可用有限的时间和人力,通过解剖个别事物,揭示事物的本质和一般规律。但这种调查方法也有一定的局限:对典型的选择缺乏科学的测定手段,容易受主观因素的干扰,同时也缺少科学的定量分析,因而典型所代表的总体范围和适用范围也就不易确定。

2. 统计调查

统计调查,即数量调查,它按照一定的目的和要求,运用数理统计的方法,找出事物变化的原因及规律,并预测其发展趋势。统计调查具有时间、空间活动范围大和调查数据精确度高的优点。运用这种调查方法,能够使我们对被调查的事物"心中有数",加深对事物的总体认识。尽管如此,统计调查不能替代其他的调查方法,尤其不能离开典型调查,因为只有充分认识事物的质和量两个方面,才能对客观事物的认识达到比较全面和科学的程度。

3. 抽样调查

抽样调查,是在所要调查的事物总体中,按照随机原则,抽取一部分单位作为样本进行调查,并以其结果推断出事物总体一般情况的一种调查方法。"管中窥豹",就是指这样的调查法。它的优点是:按照随机原则(同等机会)抽查,排除人为选择调查对象的主观随意性,有助于了解掌握真实可靠的情况资料,它可以用较少的人力物力和较短的时间,利用抽样调查的平均数和结构相对数来推算总体,达到对事物总体比较准确的认识。因而它被广泛应用于社会经济调查、产品质量调查、人口发展与计划生育情况调查、物价和居民生活情况调查等等。

4. 问卷调查

问卷调查,根据所调查的事物(或问题)的需要,拟定调查项目,交给被调查者自填回答或选择回答,取得有关情况与数据,以此来分析对某个事物的看法和评价,从而对事物的总体作出评估和推断。

问卷调查的一般步骤是:

(1)先作初步调查摸底,在此基础上确定问卷项目,编印调查问卷。

(2)向被调查者说明搞好问卷调查的意义,以取得积极配合,填上自己真实的想法和意见。

(3)清点问卷数,抽选样本,检查回收率和合格率。

(4)综合分析问卷调查结果,阐明各种数据。

搞问卷调查,被调查者人数要适中,提出的问题不要太复杂,也不可包含调查者的倾向,还要做好调查前的说明工作,力求真实地反映被调查者的意见。

调查报告写作的三条原则

1. 以事实说话

调查报告要让事实说话,从丰富的事实中引出观点是其最重要的写作要求。

(1)精选典型事例

典型事例贵精不贵多,要选得精,用得好。一般来说,一个典型材料能说明问题的就不用两个。用两个以上典型材料的,要注意选用不同的类型,或者从不同的角度、不同的侧面说明观点。

(2)巧用对比方法

巧妙而精当地运用对比,是调查报告写作中突出观点的一种好方法。通过今与昔、新与旧、美与丑、先进与落后等等纵向和横向的对比,能使观点鲜明突出,也能使读者获得鲜明而深刻的印象。对比材料是多方面的,包括典型事例对比、概括事实对比、数字对比、语言对比等等。

(3)运用精确的数字

科学的数据和精确的统计数字,能反映事物量的发展,进而引起质的变化,可以增强调查报告的准确性和说服力。

2. 夹叙夹议

夹叙夹议是调查报告的主要表达方法。在调查报告中,叙述与议论两种表达方法缺一不可。只叙不议,缺乏深度,流于表象复述;只议不叙,缺少血肉,流于空泛笼统。叙述与议论在调查报告中又不是刻板地分成先叙后议或先议后叙的两大块,它们常常是交叉运用,有机结合。

3. 简明生动

一方面,调查报告要如实地反映情况,实事求是地进行分析,就要求有准确简明的叙述与说明,有精当切要的议论;另一方面调查报告的语言在求实的同时,还要力求生动活泼。它不同于公务文书的力戒俚语俗语,可以采用新鲜活泼而又能说明问题的群众语言,使表达更生动多姿,反映情况更具体准确。

调查报告的写作格式

调查报告的结构布局,要根据报告的内容和表达的需要来精心安排。其常见的结构是由标题、正文和署名三部分组成。

1. 标题

调查报告的标题像总结一样常常直接点出文章的主旨,讲明调查对象和内容,因此也要求写得朴实、具体、明确。从形式上看,调查报告的标题有两种类型:

(1)公文式标题:这类标题由调查对象＋内容＋文种组成,可以让人一目了然。如《女大学生心理健康状况调查分析》。

(2)新闻式标题:这类标题概括了调查报告的基本内容,十分简明扼要。其中有的是单行标题,如《从储藏变化看杭州市民的消费现状》。有的是多行标题的,除了正标题外还加上副标题,一般正标题点明文章的主旨,副标题讲明被调查的对象,如《"泥巴换外汇"——陶瓷品出口情况调查》。还有些调查报告采用问题式或结论式标题,如《汽车消费离普通市民还有多远?》、《市场定位准确是取得经营成果的关键》。

2. 正文

这部分是调查报告的主体,由前言、主体、结尾三部分组成。

(1)前言

前言是调查报告的开头部分,一般简要说明调查的目的、时间、地点、范围、对象。也可以概述调查的主要内容,取得的主要收获;还可以交待调查工作的背景以及通过调查所获得的结论。在具体写作中有的采用一个段落的形式,有的把其中的几项内容如调查对象,调查方法等独立出来,单独说明;有的只交待调查的问题,有的在交待问题的基础上点明基本观点。

(2)主体

这是调查报告的中心所在。从逻辑上讲,一般包括基本情况,分析基本情况得出结论,提出建议三方面的内容。在内容安排上,主要采取纵式结构、横式结构、对比式结构。

纵式结构:按照调查的顺序、时间的顺序或是事件发生的先后过程,分成几个互相衔接的层次,层层分析说明的结构。这种结构能使文章脉络清楚,有助于读者了解事情的来龙去脉。如《安徽省农民人均纯收入距小康标准还有多远》一文的主体分为两个部分:"一、安徽省农民人均纯收入的两个特点";"二、政策建议"。

横式结构:把市场调查报告的主体按照事物性质归类,从并列的几个方面分头叙述和归纳,也称并列结构。它的优点是能使文章条理清晰,观点突出,适用于涉及面较广,问题比较复杂的调查报告。如关于某地区服装消费情况的调查,其主体就可以从服装的面料,流行趋势,适用的年龄等方面进行叙述和分析。

对比结构:把两个不同对象加以对比来写。让人们从不断的对比中认识到不同的观点、做法,因而产生的不同结果。如《两家服装店,积累水平大不同——徐汇区新春、模范服装店的对比调查》的调查报告,在对两家条件基本相仿的服装店作了调查后,用对比手法把结果清清楚楚地写了出来。

（3）结尾

调查报告的结尾可以多种多样。有话则长，无话则短。既不要草率了事，也不要画蛇添足。

3. 署名

署上作者姓名，可以是个人或调查组的称谓或其他。一般写在标题正下方或偏右，也可写在落款处右下方，并写明日期。

范例一则

社交网络对大学生网络素养的影响调查报告
——以人人网为例

摘要：随着网络以其强大的影响力全面而深刻地改变着当代大学生的生活，也已经成为大学生生活密不可分的媒介和手段，而与之相应的网络素养自然成为人们普遍关注的话题。本文以人人网代表的社交网络为切入点，以大学生的网络素养为研究的主要内容，并针对社交网络对大学生网络素养所产生的影响提出相应的对策与建议。

关键词：社交网络；大学生；网络素养

一、研究问题及背景

社交网络，即 Social Networking Services（简称 SNS），专指旨在帮助人们建立社会性网络的互联网应用服务。以"90 后"为代表的网络新生代成为了大学生主流群体，网络已成为他们学习生活中不可缺少的重要部分。社交网络作为新兴社交平台，也越来越受到大学生的青睐。据调查，目前超过 80％的大学生拥有至少一个社交网络的账号，其中 30％的学生每天至少花半小时用于该类网站，社交网络已经成为大学生交流思想的重要场所。国内最大的 SNS 网站——"校内网"成立于 2005 年，是以高校青年为主要群体，并被他们热力追捧，用于情感、信息交流的流行网络工具。它是一个真实的"虚拟"世界，也可以称为一个功能庞大的社交网站，目前是中国大学生市场具有绝对垄断地位的校园网站，对大学生的生活具有重要的影响。随着互联网的飞速发展，社交网络对当代大学生行为方式、思考方式、社会关系等方面的影响成为高校思想政治教育工作者和学界关注的热点。

社交网络是在传统网络基础上发展起来的，然而与传统网络相比，又具有其独特性。首先是真实性，现有的社交网络不再以匿名方式注册，而是要求实名注册，鼓励用户使用个人真实相片并填写真实信息，因此在社交网络中，用户都是以个人的真实身份在与他人进行交流互动，这样避免了匿名用户在公共网络中随意发表不负责任的言论，扰乱网络环境，社交网络用户往往会更加注意自己的言论及其所可能产生的影响。其次是高效性，传统的公共网络讨论方式大都缺乏即时性和互动性，很难实现网络人际交往活动中信息的及时反馈和流通共享，再加上匿名导致缺乏对交往对象的信任感，社交网络通过实名回复，大大地提高了人际交往的效率。最后是同龄化，社交网络会根据用户提供的真实信息自动提供分类检索服务，因此社交人权呈现同龄化的特点，是传统公共网络所不具备的。

随着网络以其强大的影响力全面而深刻地改变着当代大学生的生活，也已经成为大学生生活密不可分的媒介和手段，而与之相应的网络素养自然成为人们普遍关注的话题。特别是在网络环境纷繁复杂而又难以有效控制的迅猛发展时期，被人们普遍认为具有较高素质的大学生又将如何表现,这也成为了我国教育界乃至全社会所关注的网络德育主要议题之一。当代大学生的网络素养现状如何?存在哪些主要问题?我们能够通过何种途径来帮助大学生培育网络素养?这些都是与大学生健康成长密切相关的问题。

二、研究设计

(一)理论框架

本研究以大学生的网络素养为研究的核心内容,以人人网为代表的社交网络为切入点着手进行研究。在前期的准备过程中,我们通过分析总结我国社交网络的发展现状以及当代大学生网络素养的现状,在问卷调查中将"网络素养"界定为网络用户在了解网络知识的基础上,正确使用和有效利用网络,凭借网络信息理性地为个人发展服务的一种综合能力。而在实际测量过程中,亦可将其具体化为网络道德意识、网络安全素养、网络认知能力、网络使用自我控制能力等几个方面。本调查将从这四方面入手对大学生进行问卷调查,通过网络活动的主体的自身认知来探究这对互动关系中社交网络对大学生网络素养的影响。

(二)研究方法

1. 资料收集方法

本调查采用问卷调查法为主要的研究方法,以在校大学生为调查对象,主要进行定量研究。收集的数据运用 VisualFoxpro6.0 和 SPSS17.0 进行统一分析处理。课题组成员运用结构式问卷采用随机抽样的方式,对武汉地区各大高校在校大学生进行了网络问卷调查。前后共发放问卷 3000 份,回收有效问卷 2960 份。在问卷的设计过程中,我们根据简洁明确、目的性强和逐渐深入的原则将问卷分为四大板块:网络道德意识、网络安全素养、网络认知能力、网络自控能力,共 30 题。

2. 定量资料分析方法

(1)频率分析(Frequency Distribution)。主要用于对某一变量的总体分布情况做简要的描述。

(2)相关分析(Correlation Analysis)。分析几种因素相互间关系的密切程度并用适当的统计指标表示出来。

3. 本研究的局限性由于时间、人力和技术的问题,本研究只通过网络进行了问卷调查,涉及的调查对象范围较小且单一,没有进行分类,并且由于技术问题,没有能够对回收的数据进行更深更复杂的分析研究,因此,本研究只能作为限定范围内的描述性研究。

三、研究结果

(一)样本基本信息

通过随机抽样,我们调查了 2960 名在校大学生,样本的代表性与抽样的科学性可以通过样本的基本属性来反映,下面我们通过性别和专业来说明本次样本的整体情况。

图 1:样本所在年级分布情况

	大一	大二	大三	大四
人数	280	1020	1380	280
比例	9.5%	34.5%	46.6%	9.5%

在本次调查的 2960 名在读本科大学生，其中男生 1420 人，占样本总量的 48%，女生 1540 人，占样本总量的 52%，其中男女比例大致平衡，女生平时上网时比较小心谨慎，男生则显得不拘小节，这样的样本构成能够比较好地反映总体情况。

图 2：样本在专业分布情况

	理工类	文史类	文体类
人数	1040	1580	340
比例	35.1%	53.4%	11.5%

由图 2 可知，我们将专业分为了理工类、文史类和文体类，与我国大多数高等院校的专业划分情况一致。在我们所调查的对象中，理工类的学生占样本综述的 35.1%，文史类的学生占 53.4%，文体类的占 11.5%，这个比例与高校里各专业学生所占的比例也大致相当，主要以理工类和文史类为主，文体类的同学占一小部分。

（二）网络使用自我控制能力

网络以其丰富多彩和即时便利的特点，吸引着越来越多的人，其中思维活跃对新事物接受能力强的大学生自然成为了一只不可忽视的队伍。但是社交网络作为网络事物在带给大家便利愉悦的同时也难以避免的是容易引起使用者的依赖，甚至沉溺其中，本次我们也将网络自控能力作为分析大学生网络素养的第一个方面。这里我们通过分析人人网的使用频率以及使用人人网的时间来分析大学生的网络使用自我控制能力。

在我们所调查的同学中，选择"每天数次"的同学最多，占到 32.4%。这部分同学已经将人人网视为了日常学习生活中的必备品，产生了一定的依赖性，想通过实时的关注更新的信息来了解周围的事物或者重大新闻舆论走向等信息，并在人人网上花费了一定的时间。选择人数所占比例次之的是选择"每天一次"和"一周三到四次"的同学，这部分同学虽然没有将人人网视为必需品，但仍对他们具有一定的吸引力。另外还有少部分同学较少使用或者基本不使用人人网。通过分析我们可以看出，人人网在广大学生中是一个十分流行的社交网络，大家通过人人网结交新朋友、分享各类信息，在娱乐的同时展示自我收获知识。

对于"使用人人网的时间"，70.9% 的同学表示没有一定的计划随心意而定，占到样本中的大多数。这反映出大部分同学在使用人人网的过程中更多的是将它作为一种便利的休闲娱乐的途径，当然这也与每个人所拥有的好友数量以及新鲜事的数量有一定的关系。选择"上网后习惯性一只挂着"的同学占 20.9%，这部分同学上网后首先做的事情基本上是登录 QQ 和人人网，查看留言、浏览新鲜事，然后才开始查阅资料信息等其他学习计划。在所有的样本中，选择"有一定计划"的同学所占的比例最小，可见同学们在使用人人网的时候一般是随心意而定，没有一定的计划和控制。

（三）网络安全素养

网络社交已经成为一种时尚，但是"在互联网上没有人知道你是一条狗"也生动地反映出网络交往的不确定性和危险性，在社交网络中是否愿意使用自己的真实信息也能反映出一个人的网络安全意识。

在我们所调查的同学中，选择"完全接受"的同学占 23%，选择"接受，但并非没有担忧"的同学占 66.9%，这表明绝大部分的使用者能够接受作为注册条件的实名注册，另一方面，有

10.2%的同学表示不能甚至完全不能接受填写个人真实信息的做法。调查结果显示,人人网作为目前在大学生中流行的社交网络,它所要求的以真实信息注册得到了广大用户的认可和接受,同学们也乐于在这样一个相对安全和公开的环境中通过实名来联系老朋友结交新朋友,进行一定的互动,同时浏览丰富的信息以获取自己所需要的资源。但是必须要承认的是由于网络本身所固有的开放性和不确定性,所以依旧存在着一定的安全隐患,这也成了一部分用户不愿意公开个人真实信息的原因。

（四）网络认知能力

网络认知能力主要指的是能够正确认识信息在网络时代的作用同时在利用网络信息的时候抵制不良影响的能力。在这里,我们主要通过对人人网对待分享功能的看法来分析。

在"关于分享功能的使用"这个问题上,63.5%的同学选择了"以查看他人为主",占样本总量的大多数,这也如实反映了人人网用户在使用过程中非常注重的一个方面,那就是浏览搜集对自己有用的信息和资料。位居第二的是选择"不确定"的同学,占样本总量的22.3%,这部分用户更注重与他人的交流,不仅经常分享他人的有益内容,自己也乐于将有价值的东西分享给他人。有11.5%的同学选择了"以分享给他人为主",这部分同学只占少数。最后2.7%的同学表示从未使用过分享功能,占样本总量的很小一部分,从另一个方面体现出分享功能时人人网用户经常使用的一个重要功能。其中,对于"分享内容的看法",其中有61.5%的同学认为"大部分很不错",一方面能够节省自己搜集信息的时间,提高了获取信息的效率,另一方面也能够拓宽自己的知识面,关注一些同龄人普遍关注的话题。有35.1%的同学认为"只有一部分可以",因为网络环境纷繁复杂,学生群体相对比较单纯,难以避免少部分别有用心的人利用人人网进行一些虚假的广告或者传递不良信息。有2%的同学认为分享的内容"大部分不好",0.7%的同学认为"都很经典"。可见大部分的同学还是对人人网上得好友所分享的内容持肯定的态度,觉得能够有所收获。

（五）网络道德素养

网络道德是时代的产物,与信息时代相适应,在广大学生面临新的道德要求与选择的过程中,网络道德素养应运而生。在这里我们通过与匿名网站的比较来分析。

图3:使用人人网与匿名网站比较

	使用人人网更注意言行	差不多	使用人人网更随意	说不清楚
人数	400	2100	200	260
百分比	13.5%	70.9%	6.8%	8.8%

由图3可知,约71%的学生认为自己在使用人人网与使用匿名网站时言行基本一致,约13%的学生认为使用人人网时自己更注意言行,约6%和8%的学生表示使用人人网时更随意或者说不清。人人网与匿名网站的区别在于它是基于真实信息的网站,调查结果显示出大部分学生仍然具有比较良好的网络道德,不会因为处在匿名状态就放任自己的行为,这是具有积极意义的。不过应注意的是,调查结果是来自于学生的自我认定,其真实性有待商榷,而网络匿名性造成的负面问题在网络群体性事件中却有很明确的表现,作为网民主体的大学生在其中也扮演了不能忽视的角色。

四、结论和建议

通过本课题调查问卷中四个方面的分析,比较充分地体现了以人人网为例的社交网络对当代大学生网络素养的影响。人人网作为一个社交网络,对于参与主体的影响必然是两方面的。

首先,它对于大学生网络素养的积极影响在于:

第一,人人网能满足大学生的社交需求,大学生作为一个开放性强、结合搜新知识迅速的青年群体,有较强的交往需求。人人网的存在让大学生人际交往范围变得更加宽广,内容更加深入,效率更高,方式也更加灵活。大学生可将日常生活学习中获取的思想精华及时共享,萃取并传播有价值的资源和信息,让更多的人分享。同时也能通过自己的文字、图片展示自我。

第二,加强大学生的网络安全意识,有助于构建良好的网络环境。在人人网上,大家用实名制进行交流,减少了受骗的几率,降低了风险和成本,有利于维护交流环境的纯净。

第三,在社交的同时实现自我发展。在这样一个相对自由宽松的环境里,大家充分的展示自我大胆的交流,甚至能够帮助一些现实生活中不太自信的同学更好地与人交流沟通。

同时,大家能够传递知识和信息,在一定程度上增加了知识的积累,拓宽了眼界,对自己的成长有一定的帮助。当然,人人网也对大学生产生了一些负面的影响。

第一,人人网是一个以娱乐休闲和社交为主要功能的网站,分享资源是同学们在使用它的主要功能的同时获取的"副产品",处于次要地位。很多时候分享功能是作为大学生在利用"人人网"消遣娱乐时的一种心理安慰——"我在玩的时候也学到了东西,获得了信息和资源,这样休闲时间的价值就被更好地利用了。"但其实,这样的所谓学习成分在上"人人网"的过程中和实质上占到的比例很小,而消遣娱乐成分占的比例却很大。

第二,大学生在使用分享功能时存在一定的盲目性,也就是说,人人网有使人们缺乏主观判断的倾向,当然这也是网络所带来的一种普遍性的问题。我们容易被网络上铺天盖地的信息所误导,也正是由于网络的这种便捷性,导致我们的惰性,贪婪与沉迷。

第三,缺乏法制保障容易导致消极的影响。人人网缺乏相应的法律法规管理制度,可能导致某些缺乏社会责任感的用户将人人网当做个人的宣泄和表达空间,甚至提供不良链接,淡化大家的社会责任感和公德意识。大学生在运用社交网络过程中,要从自身出发提高自身的网络素养,需从以下几个方面来努力:首先,提高自身的网络道德素养,增强网络道德意识。在运用社交网络的过程中,要形成网络是非善恶评判标准,遵循人与人之间的行为准则及规范,这就要求我们要加强道德教育,无论是学校还是家庭都应该致力于其中。其次,要提高自身的网络认知能力。网络世界纷繁复杂,信息丰富,这需要我们学会明辨各种网络信息,充分利用有益信息,自觉抵制不良信息的影响,这促使我们要努力学习知识,增强网络判断能力,充分借助社交网络平台,加强互动,增强德育效果,进而全面提高自身网络素养。最后,要增强网络自制能力。社交网络充满诱惑,大学生容易沉迷于其中,从而浪费时间,进而荒废学业,调查不难发现大学生投入在人人网上的时间较多,甚至形成一种瘾,这就要求我们要增强网络自制力,合理控制时间,拒绝诱惑,形成一个良好的上社交网络的习惯。

当前社交网络环境存在一些缺点与不足,我们需从以下几个方面来努力构造良好的社交网络环境,从而来提高大学生的网络素养。

第一,完善和普及社交网络法律法规,是提高大学生网络素养的重要一环。要对大学生进行网络法律知识的渗透和普及。

　　第二,加强网站建设,开辟"绿色"社交。毋庸讳言,社交网络上存在的一些暴力、色情等不良信息在一定程度上腐蚀和影响了青年学生们的思想和行为。因此,加强"绿色社交网站"建设、净化人人网等社交网络的环境刻不容缓。

　　总之,虽然社交网络对大学生的网络素养有一些负面影响,但不可否认它与大学生网络素养的培养联系紧密,通过运用社交网络,我们的大学生活变得五彩缤纷,相信通过采取以上对策和建议,我们能真正发挥社交网络的积极作用,减少甚至避免消极作用,充分利用社交网络这个平台让我们的学习生活变得五彩斑斓。

　　参考文献:

　　[1] 古玉立,李大鎏. 从 Facebook 到校内网:我国校园 SNS 网站发展分析[J].南方论刊,2008,(7).

　　[2] 丁凯,马涛. 校园新型网络交流模式对 90 后大学生思想政治教育的影响及对策———以"人人网"为例[J].思想理论教育导刊,2011,(6).

　　[3] 姚敏.浅谈社交网络对大学生思想道德的影响及应对[J].现代阅读(教育版),2011,(9).

　　[4] 王轶.校园 SNS 网站与校园网络文化建设研究[J].东南传播,2008,(11).

　　[5] 杨威,马丽娟.当代青年学生网络素养的现状分析与培育途径之探讨[J].现代远距离教育,2011,(1).

　　[6] 黄映玲,薛胜兰.大学生网络素养的抽样调查与分析[J].湖北广播电视大学学报,2009,(3).

　　[7] 赵月.实名制网络的特点、不足及改进措施———以人人网为例[J].新闻世界,2010,(6).

（载于《湖北经济学院学报》2013 年第 1 期,作者:陈栋）

简　报

【提要】

　　◇ 简报的含义

　　◇ 简报的三个特点:短小精悍、简洁明了;真实可信,时效性强;限于内部参考

　　◇ 简报的三种类型:动态简报、会议简报、工作简报

　　◇ 简报编制的四条原则:简、快、真、活

　　◇ 简报的编制格式

　　◇ 范例一则:2013 年生态省建设工作简报

简报的含义

简报是机关、团体、企事业单位内部用于反映情况、汇报工作、交流经验、沟通信息的简短的、具有一定新闻意义的文字材料。

简报是事务文书中使用频率很高的文体之一。它不仅可上行，也可平行或下行；不仅在机关使用，也可用于机关、团体、单位之间相互交流信息和经验。各种会议、各项活动，乃至发生了一些重要事件或有新的动向与情况，都常用简报这一形式来反映。

简报是内部传阅的文字材料，一般不公开发表，但它又具有一定的新闻性质，这是由于它反映的是工作中或现实生活中的新情况、新经验、新问题，是最新的事实报道。报刊上发表的一些消息或通讯，常来源于简报，不过要公开发表得经简报制发部门的同意，而且要在文字上作必要调整，需删除某些不宜公开发表的内容。

简报的三个特点

简报最主要的特点表现在以下两个方面：

1. 短小精悍、简洁明了

简报就是因其简明扼要而取其名，因此简报字数不宜过多，一期简报有时只有一篇文章，多的也只有两三篇，一期简报的字数最多不超过两三千。1981年中共中央办公室、国务院办公厅《关于整顿内部简报的通知》明确规定了简报篇幅不要超过两千字，因此有些调查报告，经验总结等等如编入简报的话要经过压缩、改写，做到短小精悍、简洁明了。

2. 真实可信，时效性强

简报也有新闻的一些特点，如它要求内容真实，包括人名、地点、事件、时间等等所发生的所有事件都要确有其事、确有其人。简报也有消息的一些特点，如时效性强。由于简报字数少，分发快，材料新，所以易于上情下达或下情上达，开展工作。

3. 限于内部参考

简报是一种专业性、行业性很强的内部小报，仅供本部门、本行业、本地区等交流经验，通报情况，介绍信息参考而用，所以它的发行属内部发行。有些简报还限定阅读范围，标上机密等级与发送范围。这是简报与公开发行的新闻刊物不同的地方。

简报的三种类型

按照发行的日期分，有定期和不定期的；

按照内容分，有工作简报、会议简报、信息简报；

按照性质分，有综合性简报和专题性简报；

按照用途分，有汇报性简报、动态性简报、报道性简报、总结性简报和介绍性简报等。

下面介绍几种常见的简报：

1. 工作简报

工作简报是反映各行各业内部日常工作和问题的经常性简报。它可以是汇报工作、交流经验、反映情况、提出问题，也可以是报告科研成果、表扬好人好事、批评不正之风等。

2. 会议简报

会议简报主要是反映会议期间情况的简报。它可以通报会议概况、会议决定、会议议题，会议的基本精神等。只有特别重要的大型会议,才会出多期简报,一般的会议都是一会一期简报。

3. 动态简报

动态简报是反映各行各业内部基本情况和思想状况的简报。它主要给上级部门阅读,对决策作用影响较大,因此这类简报要有很强的时效性和真实性,利于上级部门作出判断,正确决策。这类决策要限定分发范围,并且有很强的机密性。

简报编制的四条原则

无论是哪种类型的简报,它都要求文字简洁、意思明了、形式多样、内容真实、迅速及时。

1. 简

简报简报,简就是它的特性。要能够迅速地将最新情况报告出来,不简不行。而简报的文字要求是千字文,最多不超过两三千,所以一定要做到语言简洁。一般都开门见山,直接涉及主题,重点突出。

2. 快

简报编写中的最主要问题就是抢时间。简报是文书中的"轻骑兵"、"快报",因此要求编印迅速,发送及时,特别是会议简报,其时限性更强,如不及时印发,等会议结束后再印发可能就无任何意义了。另外,快还表现在敏锐地感知当前的新问题、新事物、新动向等,并对它们及时加以反映。

3. 真

内容真实是简报的前提。简报中所反映的人或事一定要确有其人,确有其事,决不能虚构。另外,简报是一种仅供内部参考的文字材料,所以可以直言不讳地指出问题所在,无需文过饰非、扬善隐丑,要做到既报喜又报忧。

4. 活

简报作为一种内部刊物,形式不拘。消息、新闻、调查报告、评论、经验介绍、总结、会议纪要均可"登堂入室。"写作题材灵活多样,只要不偏离主题即可。

简报的编制格式

简报大体上分为三大部分:报头、报核、报尾。

1. 报头

报头约占简报首页的三分之一,下面用一条横线与报核分开,报头一般包括以下几个部分:

(1)简报名称:简报名称一般用红色大号字体套印,位置居报头正中。

(2)简报期号:简报期数单独排列在简报名称下方,用括号括上,可以用年度期数＋总期数组成,如"第二期(总第 15 期)",也可以不写总期数。对一些特殊情况如"增刊"或"特刊",还要在期数上注明。

(3)编印单位:编印单位位于报头最下方左侧顶格,写上全称或规范的简称。

(4)印发日期:印发日期位于报头最下方右侧,与编印单位平行,写上年月日。

(5)密级和保存要求:密级要求印在报头的左上角顶格。分别标明"机密"、"绝密"等字样。

(6)编号:编号位于报头右上方,保密性简报才用编号,一般简报不用编号。

2. 报核

报核就是简报的主体,它由标题、正文、结语三部分组成。

(1)标题:简报的标题位于横线下正中排列。正文的标题与消息类似,要求简明扼要,揭示主题,概括简报的中心思想。

(2)正文:正文是简报的中心,有些简报还会在正文之前加上按语或内容提要等。正文的内容是简报的主题,由于篇幅所限,须用简洁明了的手法把有说服力的典型材料具体化。也可以采用消息的写法,把最重要、最吸引人的材料或存在问题的调查结果写在开头,使读者有一个总的概念。

(3)结语:结尾可以对正文部分作一个简短的小结,三言两语即可。概括主题,指出发展趋势,提出问题,写明今后打算是结语部分最主要的内容。

3. 报尾

报尾部分主要包括发送范围和印刷份数。写在简报的最后一页,与正文用横线隔开,发送范围写在最后一页左下方,给上级机关的称"报",给下级机关的称"发",给没有隶属关系的机关称"送",印刷份数写在最后一页右下端。

范例一则

2013 年生态省建设工作简报

(第 22 期)

浙江省生态省建设工作领导小组办公室编   2013 年 7 月 2 日

省委、省政府领导就《我省各地"河长制"开展情况》等作出重要批示

近日,省委书记、省人大常委会主任、生态省建设工作领导小组组长夏宝龙,省委副书记、省长、生态省建设工作领导小组常务副组长李强,副省长、生态省建设工作领导小组副组长熊建平,副省长黄旭明分别就《我省各地"河长制"开展情况》(省水利厅参阅件第 3 期)、《关于在全省推行"河长制"的建议》(省政府研究室调查与思考第 50 期)上作出重要批示。

夏宝龙书记批示:"河长制"应全覆盖,大河有大河长,小河有小河长,责任到人,人人护河、净河、爱河,我省的大小河流肯定会治理好。

李强省长批示:制定方案,全省推行。

熊建平副省长批示:对河道环境整治,"河长制"确实是一个有效管理手段。关键在于主体明确、责任到人。从外省市情况来看,政府领导担任河长做法较多。河道整治又涉及很多方面,既有截污、治污、疏浚、生态修复,也有保洁、调水以及两岸整治。请水利厅、环保厅认真研究,对巡查、举报、管理、督查、考核等建立一整套规范机制,确保河道整治工作能够常态长效。

黄旭明副省长批示:有了"河长制",就有了责任制。一定要把夏书记的重要批示尽快落到实处。请水利厅抓紧制订"全覆盖"的方案和措施。

我省各地"河长制"开展情况

在省委、省政府的领导和重视下,按照创建"生态省"的部署和要求,我省水利系统已连续多年开展清水河道建设,加快建立河道长效保洁机制,深入开展河道水环境专项执法行动,努力改善全省河道水生态环境面貌。与此同时,随着人民群众生活质量的提高,对河道水环境的要求也在不断提高。近几年来,为破解河道水环境"多龙治水"问题,切实落实治理责任,我省一些地方开始探索实行"河长治"。

一、各地"河长制"开展情况

我省最早实行"河长制"的是长兴县。2008年初,随着全省"万里清水河道"建设的深入实施,为巩固建设成效,我省水利系统全面开展了河道保洁工作。长兴县政府、水利局通过多年河道保洁实践,率先在该县水口乡和夹浦镇试行"河长"负责制,由乡镇领导班子成员分别担任属地主要河道的河长,各行政村为协管单位,责任到人,并将河道保洁工作纳入考核责任制。

2008年8月,省水利厅陈川厅长带队赴长兴县水口乡召开河道保洁民主恳谈会,在倾听村民及基层干部对河道保洁工作的呼声,实地了解"河长"负责制的做法后,对水口乡实行"河长制"开展河道保洁工作的做法予以肯定和支持,要求当地政府和水利部门进一步总结完善并向全县推广,为全省逐步推行"河长制"提供经验。同年10月,长兴县政府围绕太湖流域水环境综合治理,对4条入湖的主要河流及支流实行"河长"负责制,4名副县长分别担任"河长",属地乡镇政府为实施主体,县有关部门密切配合。同时,建立了目标责任制考核办法,并将河道长效保洁列入了"河长"的政绩考核内容之一。目前,长兴县实行"河长制"的河道有125条计801公里。

2012年,嘉兴市为从根本上改善水环境质量,修复水生态功能,按照"源头治水、科学治水、联动治水"的原则,全面建立了"河长制"管理制度,实行"统一领导、分级管理、集中考核"的方式,将管理责任落实到河长,对水环境治理工作实行严格的监督考核。另外,温州市本级、绍兴市本级、慈溪市、苍南县、绍兴县等地也实行了"河长制"管理模式。据了解,其他地方也在研究制定"河长制"管理办法。

二、"河长制"的主要做法

据调查了解,已实行"河长"管理模式的市、县(市、区),主要做法有三类:

(一)政府领导任"河长",责任部门牵头,分级负责。嘉兴市及所辖各县(市、区)均为这种模式。2012年9月,嘉兴市委、市政府印发了《关于全面建立"河长制"的实施意见》,对全市范围内村级以上河道实行"河长制"。根据河流的性质分别确定市级、县级和镇级"河长"。市委、市政府领导分别担任16条市级以上河流和16条市本级河道的市级"河长",每个河长确定一个市级有关部门作为责任部门。河道流经的县(市、区)、镇(街道)由县(市、区)、镇(街道)党政领导担任辖区内河段的县级"河长"和镇(街道)级"河长"。

在对各河道全面调查摸底的基础上,为增强治理的针对性,嘉兴市的"河长制"实行"一河一策"治河方案。"河长"是所联系、包干的河道污染治理的第一责任人,具体担任包干河段治理工作的指导、协调和监督职能,推动河道保洁、排污口封堵、违章清理、河道疏浚、生态修复、水质改善等综合治理的各项工作。责任部门协助"河长"履行指导、协调和监督职能,开展日常巡查,及时发现问题,及时报告河长;负责"一河一策"治理方案的具体组织落实;负责办理举报投诉、信访来访答复;履行本部门水环境治理职责。同时,嘉兴市建立了"河长"考核机制,由各级"治水办"负责"河长制"的监督检查、考核、奖惩和督办等工作,试行河长保证金制度,建立奖惩制度。嘉兴市各县(市、区)均建立了此种模式的县、镇、村三级"河长"制。

(二)政府领导任"河长",相关部门明确职责。温州市本级、绍兴市本级、慈溪市、苍南县、长兴县等基本上为此种模式。

2012 年 10 月,绍兴市对市区二环线以内的河道实行河长制,由河道所在地社区(居委会)为三级河长单位,社区(居委会)行政负责人为三级河长,社区(居委会)所在街道(乡镇)为二级河长单位,街道(乡镇)行政主要领导为二级河长,越城区政府、绍兴高新技术开发区管委会和镜湖新区管委会为一级河长单位,行政主要领导为一级河长,并明确了各级河长单位和河长的职责。市级各有关部门按照各自职责,对河长单位发现的问题,及时采取措施抓好落实,对热点、难点问题做好牵头整治工作。其工作流程为三级河长单位组织进行河道巡查,发现问题第一时间反馈给市城市管理监督指挥中心。市城市管理监督指挥中心按照流程将受理范围内的问题分派到相关责任单位处理。三级河长单位做好反映问题的落实跟踪。

苍南县设立了四级"河长"管理体系,县长为全县总河长,对全县河道负总责;乡镇长为一级河长,对乡镇辖区内河道负责;社区主任为二级河长,负责辖区河道治理的相关日常事宜;村长为三级河长(段长),负责河道保洁工作。实行自上而下的逐级考核,县水行政主管部门和"生态办"受总河长委托,负责对河长的考核工作。一级河长是河道污染防治的第一责任人,负主要领导责任,加强纵向、横向协调联系,牵头组织所负责河道"一河一策"的制定、论证和落实,并督促属地责任主体按时实施完成各项具体任务,实行长效管理。二级河长负直接领导责任,负责组织实施"一河一策"确定的各项措施。三级河长负责配合或具体落实"一河一策"确定的各项措施。目前,苍南已有 123 条河道明确了一、二、三级河长。

(三)以政府各机关部门主要负责人为河长。2011 年 9 月,绍兴县对柯桥城区河道实行河长制,全县各机关部门认养城区一条河道,该部门为河长责任单位,主要负责人为该河道的河长。各河长单位落实专门人员每周两次负责对该河道开展巡查,定期进行深入检查。对巡查中发现的问题通过城市管理监督中心和指挥中心及时督促职能部门进行整改落实,并对专业部门的履职情况进行考核打分。目前,柯桥城区 41 条河道分别由 41 个机关部门负责人任河长。

三、取得的初步成效

"河长制"开展以来,各地在河道水环境改善方面已初见成效,河流水质污染得到有效遏制,并逐步好转,许多地方已重现"水清、流畅、岸绿、景美"的江南水乡风貌。更重要的是,河长制的建立进一步增强了各级政府领导的责任意识,引起了全社会对河道管理的重视和参与。

(一)增强了各级政府领导的责任意识。政府领导担任河长,承担着该河道水环境治理的第一职责,公示河长和责任部门名单,就是为了汇集更多的推力和合力,让各级河长和责任部门在责任心比拼中加快治水进程的实质性推进。在实际操作中,各级党委、政府、人大、政协领导,积极调研所负责河道存在的问题,研究制定治理措施,协调各有关部门按"一河一策"治理河道,效果显著。

(二)发动了全社会力量参与河道水环境的治理。"河长制"中,各责任部门作为河长的办事机构,充分履行职责,积极承担了所负责河道的治理工作。如绍兴县以县各机关部门为河长单位,充分发挥了各部门对于河道治理的主动性。另外,河长名单的公示,引起广大群众关注,并主动参与到河道治理与保护中去。

(三)变被动发现问题为主动发现问题。在以往的河道水环境治理与管理中,有关主管部门受管理力量不足等的影响,无法对区域内所有的河道开展经常性巡查,也就无法及时发现问题,需要依靠群众举报来被动发现问题。实行"河长制"后,河长及责任单位加强了对所负责河道的巡查检查工作,有利于主动发现问题并及时处理在萌芽之中。

四、"河长制"有待进一步完善和推广

实行"河长制",是各地加强河道水环境综合治理的有益尝试,已取得了初步成效。目前,从全省面上来看,此项工作尚有待进一步完善和推广。

(一)"河长制"有待完善。目前,全省尚未出台建立"河长制"的办法。各地根据当地实际制定了各不相同的"河长制";有的以政府主要领导为河长,有的以党委、政府、人大、政协所有领导为河长,有的以部门领导为河长,且责任主体和具体实施措施也不尽相同,在因地制宜的同时,需要对有关事项进行规范。

(二)履盖面有待扩大。目前,全省除嘉兴市全面开展"河长制"外,绍兴、湖州、温州、宁波市仅个别县(市、区)建立了"河长制"。已建立"河长制"的市、县(市、区)中,除极少县(市、区)对所有河道落实了"河长"外,其他县(市、区)仅对部分重要河道落实了"河长制",覆盖面较低。

(三)资金保障尚不到位。仅就河道保洁而言,各地资金保障情况不一,有的县(市、区)因资金保障不力,造成了河道保洁覆盖率低、保洁质量差等现象,离人民群众的期望尚有较大差距。

为此,全省各级水利部门要因地制宜,进一步开展调查研究,学习借鉴先进经验,为各级党委、政府建立和完善"河长制"当好参谋;积极发挥职能作用,加强服务和指导,推动和促进河道综合治理向纵深发展;结合全省"清理河道、清洁乡村"等专项行动,主动争取各级财政的支持,加大河道保洁资金投入力度,建立完善河道保洁长效管理机制。

送:环境保护部,省委、省人大常委会、省政府、省政协有关领导

发:生态省建设工作领导小组成员单位,省级有关单位,各市、县(市、区)党委、政府、生态办

(共印 500 份)

消　　息

消息的含义

消息是迅速、精短地报道新近发生的有意义的事实的一种新闻体裁。所谓有意义,是说自然现象,社会现象乃至人们的日常生活中,凡是新鲜的,对人们有所启迪或教益的事实,都具有某种新闻价值,所以,消息的报道范围是十分宽广的。

消息通过传播媒体向社会公众传播各种信息,具有很强的宣传功能,会产生很大的社会影响,是报刊、广播、电视常用的新闻体裁。

消息的三个特点

1. 真实准确

新闻是事实的报道,真实性、准确性对于消息而言更为重要,可以说是消息等新闻题材的生命。因为,读者阅读新闻的目的就是希望能够真实地了解和认识客观世界的人和事,如果报道不真实,那就会动摇读者对新闻的信赖。消息所报道的内容必须完全真实:有案可查,有证可对,确凿无疑。

2. 短小精悍

短小是就篇幅而言,一般消息的篇幅在三~五百字之间,有时一句话就是一条消息。精悍是就内容而言,正因为篇幅短小,就要求用极其精练的语言,容纳全部内容,做到简洁精炼。事实的叙述要概括,细节的描述要典型,句段要简短有力。

3. 新鲜及时

新闻界有句格言:当日的新闻是金子,隔日的新闻是银子。消息的价值在于不仅内容新鲜,而且报道也迅速及时。消息有很强的时效性,必须将新事件,新情况、新问题等,以最快的速度向大众传播。

消息的类型

从写作特点来看,消息一般可分为以下几类:

1. 动态消息

动态消息是对国内外发生的重大事件、新闻人物、新鲜事物、最新成就、最新情况或新现象的迅速及时的报道。它文字简洁,反应迅速,是各类消息中数量最大、最常见的一种新闻体裁。

2. 综合消息

综合消息是指对一个带全局性的情况、动向、报导和问题的全面、概括、综合的报道。这种消息比较注重点面结合。由于综合消息报导的面较广,声势大,又有一定的深度,故给读者印象较深,常用来宣传形势,阐明政策、报告成绩,以推动当前工作。

3. 经验消息

经验消息,也叫典型消息,是指对某地区、某部门的做法取得成功经验的报道。因此这个成功经验必须具有典型代表意义。写这类消息要有针对性,要讲明具体做法,写出变化,总结出有规律性的,可推广的材料,以便于更好地指导工作。

4. 评述消息

评述消息是指对国内外发生的重大事件或社会上有普遍意义的问题进行报道。它一般采取夹叙夹议的写作手法对新闻事实进行评述,并在评述中引出中肯的道理,就事论事,虚实结合,以理服人。

消息写作的三条原则

1. 客观公正

客观公正是消息写作者重要的态度。消息的写作必须不带主观偏见,实事求是地进行全面的分析报道。但客观公正也并非说明消息就没有立场、没有针对性,而是强调对事实的尊重,强调看问题的客观的立场、辩证科学的方法。

2. 寓理于事

消息的任务是报道客观事实,所以必须让事实说话,这是其新闻本身的特点决定的。因此,消息的写作必须寓理于事。这就决定了消息在表现手法上主要是叙述,但不要求详尽地叙述事实的过程,只要简明地概述重要事实,交待清楚所谓的消息六要素即可:何时、何地、何人、何事、何因、何果。

3. 读者意识和媒体意识

写作消息和写作别的文体的很大不同就是写作者要有很强的读者意识和媒体意识。写作者的稿子不是写给自己看的,因此,要学会从读者的立场来考虑问题。同时,由于消息必须借助媒体进行传播,因此,消息的最早读者是媒体的编辑,所以写作者还要学会从报商的角度来考虑问题。

消息的写作格式

消息的写作通常包括:标题、电头、导语、正文、结尾、背景材料六个部分。其中"电头"是消息的标志,位于消息的开头,常冠以"本报讯"或"××通讯社×××年×月×日电",这里不详述。

1. 标题

标题冠于文首,提携全文,凝聚文意,是读者阅读的导引者,因此被人们形象地比喻为文章的"眼睛"和"窗户"。通过这双眼睛和这扇窗户,读者就能了解这则消息的中心思想。"题好一半文",写作时要努力使标题新颖别致、醒目传神。

消息的标题形式多样,可以是单行标题,也可以是多行标题。

(1)单行标题

单行标题是只有一行的题目,称为正题或主题。单行标题准确、醒目,常能直接鲜明地概括出消息的主要内容或意义,引人注目。一般可以采用浓缩的方法把新闻导语中包含的事实概括为简洁、凝练的词语,使之成为既短小又醒目的新闻标题。如《我国将全面放开金融机构贷款利率管制》(载于 2013 年 7 月 20 日《中国青年报》)。

(2)多行标题

多行标题是除了正题外还有引题或副题的题目。多行标题一般是解释性的标题,其中主标题画龙点睛地报道事实,副标题则扼要地进行解释,以加深读者对新闻人物和新闻事件的理解。多行标题概括了消息的内容,揭示了事件的意义,为读者提供了更丰富的信息。如

最近的夏装打折季(引题)

商场价格要与网店拼了(正题)

(载《都市快报》2013 年 7 月 21 日)

金台铁路拟明年开工 2017 年通车（正题）

磐安、仙居将结束不通铁路的历史（副题）

（载《都市快报》2013 年 7 月 22 日）

嘉兴一男子连喝三场酒后独自回家，谁料途中溺亡家门口小河（引题）

两名酒友因护送不力各判赔三万（主题）

法院审理认为，当一个人处于醉酒状态时，共饮者负有安全保障责任（副题）

（载《钱江晚报》2013 年 7 月 21 日）

2. 导语

导语是消息开头的第一自然段，是消息特有的一个概念。导语要以极其简练、准确的语言，把消息中最新鲜，最本质的内容揭示出来，以引起读者的注意。导语有"导读之语"意思，是消息激发读者兴趣的关键，写好导语十分重要。

导语一般有以下几种类型：

（1）叙述型：用高度概括的语言，叙述的手法将新闻的精华、关键陈述给读者。例如：

4 年后，我省将再添一条东西走向的交通大动脉——金台铁路。（《金台铁路拟明年开工 2017 年通车磐安、仙居将结束不通铁路的历史》》原载 2013.7.22《都市快报》）

（2）描写型：用描绘的手法，把反映消息中主要内容的场面、事实、时间、环境用简洁的文字概括出来。如：

"扬帆"路上果飘香，"慈岩"峰下荷花艳——这是建德市把特色农业与旅游景点进行"嫁接"，所描绘出来的一幅山水田园画。这一"嫁接"使建德旅游长了翅膀，今年一季度的游客接待量比上一年同期增长了 60%。（《建德特色农业"嫁接"旅游业》原载 2001 年 4 月 10 日《杭州日报》）

（3）评论型：运用夹叙夹议的方法，对报道的事实作简洁、中肯的评论，增强消息的指导性。可以是先议后叙，或先叙后议，要求做到言简意明，抓住重点。如：

近期，银行业的"暴利"问题被频繁关注：利差利润贡献惊人，银行被指"坐地收钱"；作为转型重点的中间业务，却出现理财乱象和收费不透明。近日，记者采访了有关专家，探问银行和实体经济利润冰火两重天背后突显哪些问题？中国银行业发展究竟应该依靠什么？（《企业困窘遭遇银行"暴利"》原载 2012.2.13《中国青年报》）

3. 正文

正文就是消息的主体。主体的任务就是对导语作具体的、详细的报道。所以在内容上要以典型、充分的事实来阐述深化导语中提出的观点，回答导语中提出的问题，展示主题思想。有些在导语中没有提到的，或者只是概括提到的内容，可在主体中写出来。

正文的结构，主要有三种形式：倒金字塔结构、金字塔结构以及两者的混合式结构。

倒金字塔结构：这是消息的常用结构，也称"倒三角"，就是把消息的高潮、结果放在最前面，然后按事实重要性递减的顺序来安排材料。这种结构的安排是充分地考虑读者和媒体的注意力需求的体现。它可以保证读者能够最快地了解最重要的事实，符合人们的接受心理，也非常有利于编辑对于稿件及时有效的处理。

金字塔结构：也称为编年体结构，这是和倒金字塔结构完全相反的一种消息结构。它完全按照事件发生的时间顺序来写，其高潮出现在结尾。这种结构的优点是可以保持事件过程的完整性，可以制造悬念，引人入胜。

两者混合式结构：这种结构适用于内容复杂的消息。在按倒金字塔式结构安排了一个引人注意的开头之后，就完全按照事件发展的完整的顺序来写，在结尾处使事件真相大白。

4. 背景材料

背景是一个新闻术语，是指对新闻人物、新闻事件起作用的历史条件和环境的介绍。通过背景材料的提供，可以帮助受众加深对新闻中涉及的不大熟悉问题的认识，突出消息的主题和意义所在。

背景材料一般可以分为对比性材料、说明性材料和注释性材料三类。

对比性材料就是对事物进行前后、左右、正反、过去与现在、这个与那个、正确与错误的对比，突出所报道事件的意义。

说明性材料就是介绍与新闻消息有关的政治背景、地理环境、历史事件、工作与生产环境、人文背景，帮助读者更好地理解消息的内容。

注释性材料指对新闻事实作出评注或解释，主要是对消息中一些专业名词、产品性能、特点、使用方法、技术性名词等作解释性的说明。

背景在消息中没有固定的位子，只要能紧扣主题、内容真实可靠，不喧宾夺主，就可以穿插在导语中，也可以在主体、结尾写，甚至可以自成一段。当然，背景材料不能滥用，若背景材料较多，则应把背景材料融于消息之中。

5. 结尾

结尾是消息内容发展的自然结果。与一般文章相比，多数消息没有结尾。由于在导语中已经交待了结果，在正文中又作了叙述，因此文章也就自然结束了。但如果需要消息也可以有结尾。

消息的结尾可以是点题式的，用议论性的话语总结全文，点明主题；可以是反问式的，以发人深省的提问作结尾，引发思考；可以是比较式的，在结尾时，将本条消息所报道的事实与以前或周围同类事物进行比较，以突出所报道事实的特点，加深读者的认识；可以是预告式的，在报道事实还在发展的新闻时，一般以"观望"的口气结尾，对后续新闻可知者，可向读者做些预告。

范例一则

我国将全面放开金融机构贷款利率管制

新华社北京 7 月 19 日电（记者王宇 王培伟）中国人民银行 19 日称，将自 2013 年 7 月 20 日起全面放开金融机构贷款利率管制。

央行称，将取消金融机构贷款利率 0.7 倍的下限，由金融机构根据商业原则自主确定贷款利率水平。取消票据贴现利率管制，改变贴现利率在再贴现利率基础上加点确定的方式，由金融机构自主确定。对农村信用社贷款利率不再设立上限。

央行称，为继续严格执行差别化的住房信贷政策，促进房地产市场健康发展，个人住房贷款利率浮动区间暂不作调整。

央行表示,全面放开贷款利率管制后,金融机构与客户协商定价的空间将进一步扩大,有利于促进金融机构采取差异化的定价策略,降低企业融资成本;有利于金融机构不断提高自主定价能力,转变经营模式,提升服务水平,加大对企业、居民的金融支持力度;有利于优化金融资源配置,更好地发挥金融支持实体经济的作用,更有力地支持经济结构调整和转型升级。

(原载于《中国青年报》2013 年 7 月 20 日)

规章制度

【提要】

◇ 广义和狭义的广告

◇ 广告的三个特点:诚实性、引导性、艺术性

◇ 广告的四个要素:广告主、广告讯息、广告媒介、广告对象

◇ 广告的分类

◇ 广告文案写作的三条原则:对象原则、人性原则、单纯原则

◇ 广告文案写作的四大技巧:合理的广告定位、解除后顾之忧、利用逆反心理、新奇有趣

◇ 广告文案的写作格式

◇ 范例一则:大卫·奥格威为劳斯莱斯汽车撰写的广告文案

广义和狭义的广告

广告一词来自英文 advertising 一词。据考证,advertising 源于拉丁文 advertere,本意是"我大喊大叫",引申为"诱导"、"注意"等义。

在我国,"广告"一词最早见于 1906 年出版的《政治官报章程》:"官方银行、钱局、工艺陈列各所,钱路矿务各公司及经农工商部注册各实业,均准送报代登广告,酌照东西各国官报广告办理。"

今天,广告已发展成为一种独立的产业与独特的信息传播体式,对社会生活有很大的影响。

广告的含义有广义和狭义两种:

广义广告是指个人或单位通过传播媒体向公众宣传自身的某种信息、意愿的播扬手段,包括那些不一定具有商业性,并不都是以营利为目的的广告。如征婚广告、招聘广告、礼仪广告等,都属于广义广告之列。

狭义的广告即商业广告。它的涵义在 1995 年 2 月 1 日起施行的《中华人民共和国广告法》中已有明确的界定,它"是指商品经营者或服务提供者承担费用,通过一定媒介和形式直接或间接地介绍自己所推销的商品或者所提供的服务"的一种经济宣传手段。

广告的三个特点

1. 诚实性

这是指广告内容要真实无误,立诚守信。广告的真实性,是广告主、广告经营者或发布者的商业文明道德的体现,是对消费者负责的表现。我国商界历来提倡的"童叟无欺"就体现了这一特点。

2. 引导性

即宣传诱导性。经济学家布里特说"商品不做广告,就像姑娘在黑暗处向小伙子递送秋波,脉脉此情只有她自己知道"。广告就是以各种生动的形式进行宣传,向人们推荐某种服务范围、项目和特点,从而诱导人们产生兴趣,萌发购买或接受服务的动机。

必须指出,广告对消费者的引导,应当是健康的、正当的引导。《广告法》指出,广告不得"违背社会良好风尚",不得"含有淫秽、迷信、恐怖、暴力、丑恶的内容",不得含有"民族、种族、宗教、性别歧视的内容",不得"妨碍社会安定和危害人身、财产安全,损害社会公共利益",不得"损害未成年人和残疾人的身心健康"等等,对广告的消费引导与舆论引导作了明确的规定,不得违反。

3. 艺术性

做广告不像领导做报告,不能强制人们一定要听、要看、要读什么,而只能靠广告本身的艺术吸引力。因此广告创作中应把艺术品赏性与知识趣味性有机地结合在一起。

广告的四个要素

广告一般包含以下四个要素:

1. 广告主(who)

是指付费购买媒介的版面或时间,以促进产品销售、树立企业形象或传达消费观念的组织或个人。

在现代广告中,广告主一般以企业为主。如全球最大的广告主美国宝洁公司(P&G)1991年广告支出达 21.5 亿美元

2. 广告讯息

指广告要传达的具体内容。这里涉及的是广告的创意和策略问题,即如何制作有效的广告讯息以吸引消费者。

3. 广告媒介

指传递广告讯息的载体。报纸、杂志、广播、电视为四大媒介。

4. 广告对象

指广告所针对的目标消费者,即广告讯息的接受者。

广告的分类

按媒体分:有报纸广告、杂志广告、广播广告、电视广告、售货广告即商店招牌、门面装潢、橱窗、商品陈列、现场表演、现场广播、现场录像及专柜展销等。

按宣传方式分:有用文字书写的广告、物体相片广告、文字物像结合广告。

按内容分:有生产资料广告、生活资料广告、日用消费品广告、耐用消费品广告、技术资料

广告、劳务需求广告、服务广告。

按广告文体分:有陈述体广告、问答体广告、新闻体广告、诗歌体广告、幽默体广告、故事体广告、广告口号等。

广告文案写作的三条原则

广告要写得好,要注意遵守广告的原则。

1. 对象原则

瑞士的让－雅克·施瓦茨提出"应该想方设法尽可能精确地选定广告所针对的顾客对象。这是使广告达到最佳效果的根本原则。"也就是说,要求广告根据企业或商品(服务)的性质来确定广告的公众对象,然后选择能对这些对象发生最大影响的广告词写法以及传播媒介。

例如,一个广告已确定对象是中、高级知识分子,就得在广告写法与传播媒介方面作如下选择:

①排除电台广播。因为它的竞争力不强,广告的记住率低。

②不采用电视。因为电视对高级社会阶层缺乏特殊吸引力,对他们的影响不大。

③最好选择报纸杂志。因为这阶层的对象看报最多,而且报纸的竞争力最强;同时,报章杂志人们可以慢慢地反复地阅读,能更好地理解、记住广告内容。在广告词的写法上,语言可以高雅些,内容可以具体详细些。

2. 人性原则

世界上第一家年广告收入逾 10 亿美元的日本电通(广告)公司著名广告专家山川浩二曾把日本从二战后到 1960 年称为商品情报时代,1961 年到现在为生活情报时代。他认为,在商品情报时代,需要多于供给,只要把一种产品的好处讲出来。就立刻会爆发似地销售出去。但到了生活情报时代,消费者对商品机能渐渐失去兴趣,所感兴趣的是人与人的题目。因此,广告不可从冷冰冰的商品找主题,必须从活生生的人性找出广告的诉求。他提出一道公式:

$$商品的推销重点 ＋ 人性 ＝ 广告诉求重点$$

这就是广告的人性原则,这人性原则不仅在世界广告界广泛被遵守,中国现代广告界也重视起来,提出广告应多一点人情味。

3. 单纯原则

著名广告专家亨利·乔尼提醒人们切莫忘记众所周知的原则:"一条广告,切忌多物混用"。这就是单纯原则。即一项广告,切忌内容庞杂,而应该单纯地只向受众宣传一个企业、一种商品或服务,这样才会使主题单纯鲜明,在人心目中留下清晰、深刻的印象。

广告文案写作的四大技巧

广告已成为一门艺术,广告词的写作技巧也日臻完善多样,下面介绍一些写作技巧,供参考选用。

1. 合理的广告定位

这是美国广告界的一种著名理论。其定义是"这个产品是做什么,是给谁用的"。这种理论认为广告活动的结果,不在于怎样规划广告,而在于广告商品在顾客的头脑中建立它的形象地位。如美国的宝丽莱公司,在它决定进军照相机市场时,美国的照相机市场一半以上份额已被柯达占据,很难分杯,于是它把自己的产品定位在"立即成像照相技术",并且一举成功。又如我国的旺仔牛奶广告,它把产品的目标消费者定位于小孩,因此广告的内容、形式、播放的时间、媒介等均适合儿童。

2. 解除后顾之忧

有些商品,顾客不买的关键不在于不了解其性能,而在于心存后顾之忧,如怕耐用商品维修麻烦,怕一些药品、食品有副作用等等。在这种情况下,广告词就必须有针对性地解除其后顾之忧。如国外一家钟表公司在设计广告时,别出心裁地说了这样一句话:"本公司在世界各地的维修人员闲得无聊!"这句话有双重含意:其一为维修人员没事干,说明手表的质量好,根本不会坏;其二为即使表坏了,各处都有我们的维修人员,阁下完全不必操心,人们看了这则广告,自然会放心地购买这种手表了。

3. 利用逆反心理

逆反心理是一种普遍存在的心理现象,广告词的写作也可以适当利用之。如国外一家饮食店的门前摆了一个大酒桶,引人注目地写着"不许偷看"的大字,但是无遮无拦,路人禁不住好奇心理的驱使,都停步往桶里看个究竟。一看之下不禁令人捧腹:原来桶里写着"我店有与众不同的清醇芳香的生啤酒,一杯5元,请享用。"这"不许偷看"的生意经,就是利用人们的好奇心,吸引你"非看不可",当然,看过之后,有许多人就会花5元钱去尝一尝他的啤酒到底有什么"与众不同"的地方。

4. 新奇有趣

广告发展到今天,竞争已十分激烈,如果再说一些套话、空话、大话,会令人生厌的。广告词的写作应力求新奇有趣,别出心裁,这样才能把顾客吸引住,并留下深刻印象。如法国一家香水公司推销新产品,广告词是:"我们的最新产品最能吸引异性,因此随瓶奉送'自卫教材'一份。"又如白丽美容香皂广告语"今年二十,明年十八",用了夸张的修辞手法,于反常中见风趣。

广告文案的写作格式

广告写法也就是广告词的创作,它也与一般的实用文体一样包括标题、正文、结尾、署名这四个部分,但这四个部分在不同的广告形式制作中差异非常大,如标语性的广告,标题就是正文,也有以图示表示正文的,无论怎样制作的广告,都必须符合告之大家该产品的事和物、它的优点、售后服务情况、广告的中心内容及该产品的生产单位、通讯地址等要求。

1. 标题

无论什么文体,标题都是它的"眼睛"和"灵魂",广告词的标题就是一则广告的精华所在。人们看广告总是先看标题。标题是广告的主题或基本内容的集中表现。要使广告标题能吸引读者,就必须做到简明扼要、生动醒目,以加深印象,促使消费者购买。广告标题一般分为:

(1)直接标题

直接标题即把广告中最主要的部分,如产品名称、产品特点和企业名称等,在标题中直截了当地介绍给消费者,使消费者或受众看了标题后立即就明白广告所说的内容。直接标题有一目了然之功效。如《小白兔高级儿童牙膏》、《鼻子一通好轻松》等。直接标题必须把商品名包含在其中,但是,有时商品名较长,这样标题就会变得非常长,而根据调查,广告中题目的点击率、阅读率比正文多五倍多,因此直接标题不宜过长,能够在最短时间内抓住标题内容最好。

（2）间接标题

这类标题正好与直接标题相反,不直接介绍商品名称或广告的主题,而是采用迂回委婉的手法、利用激发诱导的作用,引人入胜、诱使受众把广告的主题看完。这类标题往往富有情趣,着力引起受众的好奇心,激发起受众的探究欲,使受众急欲了解标题后的内容如商品名称、特点和企业名称、服务等。如某则旅游广告的标题为《轻轻地踱过历代君王们的沉睡》就属于此类标题形式。

（3）复合标题

这类标题集中了直接标题和间接标题的优点,就像消息的写作一样,可以由正题、副标题或者引题、正题、副题组成。正题也称主标题,是标题的主体,它的主要功能就是揭示广告的重要事实、商品牌号、点明主题。引题也称眉题或肩题,它主要点明广告中的背景,说明商品的意义等,它没有具体、实在的内容,因此也称"虚题"。副题也称副标题,它主要是对主题起解释,补充的作用。如《为什么还要苦熬另一个夏天呢? 让通用空调机使你保持凉爽吧!》就是有引题、正题构成的。

广告标题创作形式还有很多,如暗示法、讲述法、反衬法、比喻法、对比法等。

2. 正文

正文是广告的主体,主要是把广告的内容具体化。包括产品的质量、性能特点、规格、价格、及对用户的责任、服务范围等,但不要面面俱到。正文的书写不在乎对产品描绘得如何,而在于怎样去描绘该产品,广告的正文没有固定的格式。以表现策略来看,可以采取偏重于理性诉求或偏重于感性诉求两种。

如果采用偏重于理性诉求的,可以有以下几种写作手法:

（1）写实

写实手法,就是直接陈述广告的信息,如商品的展示、说明、购买地点、价格等的介绍。写实广告的基本表现手法有:

①叙事:又叫记事。通过文字的叙述,语言的指导,把广告内容全部介绍给受众,这是广告常用的形式。

②新闻:为了引起消费者的注意,有时候把广告用新闻的形式刊登出来。如

引题　流动厕所免费、景点门票降价、外地车辆优待

正题　"五一"杭州准备好了(都市快报 2001 年 4 月 19 日)

③展示:广告直接展示商品的外观或内在结构,并加以叙述报导。如商店橱窗和商场的商品陈列、商品展销会的实物展示,介绍商品的小册子、路牌、报刊等广告,以及用图形、图片展示商品。

④布告:利用固定的格式来发布广告,如报纸上常见的书刊、电影招生等广告,都习惯用书刊目录的格式来发布广告内容。

⑤图解:运用图表方式来解释,显示广告内容。如房产广告附上户型平面图。

（2）对比

这是广告制作时常用的技巧。它可以是同种类型商品作比较,也可以是商品革新前后作比较。通过比较商品的差异来衬托商品的优点,达到吸引受众的目的。对比可以运用在功效对比、品质对比、革新对比和价格对比上。

（3）权威

这种广告策略是利用社会上有影响的人或物来推荐或证明产品的品质,提高产品价格,增加受众的信任,推动人们仿效名人促进购买。其表现手法也多种多样:如广告报道获奖情况,注明在何时获得何种奖励或称号;如利用社会上有名望的人如学者、专家、明星、体坛冠军等现身说法向公众推荐某些牌号的产品,如:"终于被我发现——舒蕾"。这则广告就邀请名模胡兵参与。

（4）示范

通过实物的实际操作、演示、表演、使用等来证明商品的质量。如 swatch 手表,为了证明它的防水功能,采用反面示范,把表浸在水中。

如果采用偏重于感性诉求的,正文的表现策略可以有:

1)想象。运用新颖的创意和各种事物的衬托,启发人们的联想,以达到宣传广告的作用。运用想象的广告策略有:

①比喻:运用人们所熟悉的事物、产品等做类比,使人产生联想,增加对该产品的认识。

②寓意:即运用有关事物间接表现广告主题,启发人去思考与领会。

③比附:用外表不相关,但有内在联系的事物表现广告商品的形象,给人以生动,深刻的印象。

④夸张:用显而易见的含义夸张或形体夸张突出商品形象,给人以强烈的印象。

2)威吓。运用不幸的遭遇,引起人们的恐惧,敦促人们要听从广告的劝告,才可免除这种不幸。这种表现手法也可以称警告型恐惧诉求。

3)文艺。利用各种文艺形式,使广告具有娱乐性、趣味性,达到使受众加深印象的作用。比如运用诗歌、音乐、说唱、对答、戏剧等。

3. 结尾

用简单明了的一段文字,或形象易记的标语口号,把广告的主题或标题意图重复一遍,诱发受众的购买欲望,最终导致购买行为。

4. 落款

写出生产企业,或广告发售单位的地址、联系电话或传真号码、网址、日期、商标牌号、经销商地点、联系人等。

可以分为两大类:

（1）直接型,如"发展商/杭州西湖房地产公司 售楼地址/杭州××路××号 周六周日售楼处照常接待 售楼电话/×××××××××"。

（2）间接型,如"附言:如果你喜爱这篇文字而没有品尝过'美达',请以明信片通知,我们即作适当的安排。函寄:杭州××路××号 美达公司收"。

范例一则

大卫·奥格威为劳斯莱斯汽车撰写的广告文案（节选）

标题:"这辆新型'劳斯莱斯'在时速 60 英里时,最大噪音是来自电钟"

副标题:"什么原因使得'劳斯莱斯'成为世界上最好的车子?"一位知名的"劳斯莱斯"工程师说:"说穿了,根本没有什么真正的戏法——这只不过是耐心地注意到细节。"

正文：

1.行车技术主任报告："在时速60英里时,最大噪音是来自电钟。引擎是出奇的寂静。3个消音装置上声音的频率在听觉上拔掉。"

2.每部"劳斯莱斯"的引擎在安装前都先以最大气门开足7小时,而每辆车子都在各种不同的路面试车数百英里。

3."劳斯莱斯"是为车主自己驾驶而设计的,它比国内制造的最大车型小18英寸。

4.本车有机动方向盘,机动刹车及自动排档,极易驾驭与停车,不需司机。

5.除驾驶速度计之外,在车身与车盘之间,互相无金属衔接。整个车身都加以封闭绝缘。

6.完成的车子要在最后测验室经过一个星期的精密调整。在这里分别受到98种严酷的考验。例如,工程师们使用听诊器来注意听轮轴所发出的低弱声音。

7."劳斯莱斯"保修3年,已有了从东岸到西岸的经销网及零件站,在服务上不再有任何麻烦了。

8.著名的"劳斯莱斯"引擎冷却器,除了"亨利·莱斯"在1933年死时,把红色的姓名第一格字母HR改为黑色外,从来没更改过。

9.汽车车身之设计制造,在全部14层油漆完成之前,先涂5层底漆,然后都用人工磨光。

10.移动在方向盘柱上的开关,你就能修调整减震器以适应道路状况(驾驭不觉疲劳,是本车显著的特点)。

11.另外有后车窗除霜开关,控制着由1360条看不见的在玻璃中的热线网。备有两套通风系统,因而你坐在车内也可随意关闭全部车窗而调节空气以求舒适。

12. 座位垫面是由8头美国牛皮所制——足够制作128双软皮鞋。

13.镶贴胡桃木的野餐桌可以从仪器板下拉出。另外有两个可在前座后面旋转出来。

14.你还能有下列各种额外随意的选择；做浓咖啡的机械、电话自动记录器、床、盥洗用冷热水、一支电动刮胡刀等。

15.你只要压一下驾驶者座下的橡板,就能使整个车盘加上润滑油。在仪器板上的计量器,指示出曲轴箱中机油的存量。

16.汽油消耗量极低,因而不需要买特价汽油,是一种使人喜悦的经济车。

17.具有两种不同传统的机动刹车：水力制动器与机械制动器。"劳斯莱斯"是非常安全的汽车——也是非常灵活的车子。可以在时速85英里时宁静地行驶。最高时速超过100英里。

18."劳斯莱斯"的工程师们定期访问以检修车主的汽车,并在服务时提出忠告。

19."班特利"是"劳斯莱斯所制造。除了引擎冷却器之外,两车完全一样,是同一工厂中同一群工程师所制造。'班特利"因为其引擎冷却器制造较为简单,所以便宜300美元。

对驾驶"劳斯莱斯"感觉没有信心的人士可买一辆"班特利"。

价格：本广告画面的丰子——在主要港口岸边交货——13550美元。

假如你想得到驾驭"劳斯莱斯"的愉快经验,请与我们的经销商接洽。他的地址写于本页的底端。

劳斯莱斯公司位于洛克菲勒广场10号

（引自刘友林《实用广告写作》,中国广播电视出版社2002年1月版）

第 6 章　涉外商务文书

◆ 文体概述
◆ 涉外商务信函的写作和例文
◆ 涉外商务电函的写作和例文
◆ 涉外商务专用文书的写作和例文
◆ 涉外商务契约的写作和例文

文体概述

【提要】

◇ 涉外商务文书的含义
◇ 涉外商务文书的六个特点：涉外性、专业性、准确性、时效性、规范性、委婉性
◇ 涉外商务文书的类型：涉外商务信函、涉外商务电函、涉外商务专用文书、涉外商务契约
◇ 涉外商务文书写作的三个要点：熟悉有关国家的政策、法规，具备一定的专业知识，具有较强的写作和辨别格式的能力

涉外商务文书的含义

在涉外商务活动中，因贸易双方地域相隔，信息、技术、商品、意见等各方面的交流，无一不需借助语言文字形式。贸易双方用于传递商务信息、开展商务活动、处理商务事务的具有特定形式的书面材料，统称为涉外商务文书。涉外商务文书是我们开展对外经济贸易业务的重要工具，在我国对外经济贸易工作中发挥着积极的作用。

涉外商务文书的六个特点

1. 涉外性

涉外商务文书的撰写，必须符合国家的有关方针、政策，必须以国家的方针、政策为指导。同时，面对国际市场的错综复杂、变化迅速，我们又要灵活机动，注意策略性。要使政策性和策

略性有机地结合。

2. 专业性

涉外商务文书用于涉外商务交易磋商、确认成交和管理的方方面面,如商务交往和联系、商品行销、商务契约等,带有很强的专业性。

3. 准确性

涉外商务文书所表述的含义必须十分准确,不能模棱两可或使人产生歧义。涉外商务文书中涉及的任何时间、地点、数量、价格甚至标点符号,都必须十分准确,不能有任何差错。例如,对某些重要商品的发盘,若写要求客户"×月×日复到有效",则不够精确,必须写明"××××年×月×日北京时间×时复到有效"才行。因为各国的度量之间是有差异的,在涉外商务文书中应特别注意这方面的用词。比如,2000 元/吨,这里,吨是公吨、长吨,还是短吨? 2000元是美元、人民币、港元还是欧元? 因此,在涉外商务文书写作过程中,要杜绝模棱两可的用词,以免产生歧义,造成不必要的损失。

4. 时效性

涉外商务活动成功的秘诀之一是要抢占商机,因此涉外商务文书的写作更要强调"及时"、"有效"。例如,报价、交货、信用证的开立,乃至索赔,都有严格的时限。如果不及时处理,就会坐失良机。

5. 规范性

涉外商务文书的格式,不能按本民族、本国的通用格式,而要按国际通行的格式和国际惯例。如与某国某商号老板联系商务,就要按国际通行函件格式;如与外商打官司,就要按国际惯例制作有关诉讼文书。

6. 委婉性

汉语涉外商务文书的语言受来自两个方面的影响比较大。一是古文。二是外语。因我国港、澳、台及东南亚地区的客商多是华人,在涉外商务文书中,往往形成了凝重而委婉的风格。在同世界各国的经贸往来中,我们也汲取了不少外来语的精华,遵循了礼貌原则,从而使涉外商务文书在一定程度上体现了西方人"从对方出发"的原则。

涉外商务文书的类型

涉外商务文书种类很多,根据性质和使用范围,一般可把涉外商务文书分为以下几类:

1. 涉外商务信函

涉外商务信函是指用邮政书信的形式与外商联系业务、洽谈生意、磋商问题、沟通信息的通讯方式。主要有:邀请信函(请约信、邀请信、应邀函、感谢函),建立贸易关系咨询函,询价与报价函,订货与确认函,信用证,保险函,装运和发货函,付款和索款函,索赔与理赔函等。由于可以传递正式书面合同等,邮政信函目前仍然是对外贸易中最常用的通讯方式之一。

2. 涉外商务电函

涉外商务电函是指用电子形式与外商联系业务、磋商贸易、处理问题的通讯方式。包括:电报、电传、传真、电子邮件(E-mail)等。传真和电子邮件因其传输快捷,费用低廉,特别是电子邮件,在必要时还能传输图像、影像和声音等,已成为当今涉外商务活动中必不可少的通讯方式。

3. 涉外商务专用文书

又叫外经贸业务专用文书,是涉外商务活动中涉及某一专项活动的文字材料。包括谈判方案、国际贸易会谈纪要、国际贸易交往备忘录、项目意向书、项目建议书、可行性研究报告、合资企业章程等。

4. 涉外商务契约

涉外商务契约是指在国际经济贸易往来中,有关双方就某项商品买卖或经济技术合作项目达成协议,明确双方的具体权利和义务,并用文字形式固定下来的书面材料。包括涉外商务协议书,合同。

涉外商务文书写作的三个要点

1. 熟悉有关国家的政策、法规

涉外商务文书具有涉外性,牵涉到贸易领域的方方面面,因此其拟写必须符合商贸双方国家的有关政策、法规,同时又不能和国际惯例相抵触。国家的对外贸易政策不是一成不变的,因此,在拟写涉外商务文书的过程中,一定要非常熟悉有关的这些政策、法规以及它们的动向。只有以相关的政策、法规作指导,对外贸易才能取得最后的成功。

2. 具备一定的专业知识

专业知识是从事涉外商务文书写作的必备条件。要写出各种符合要求的涉外商务文书,必须掌握包括进出口实务、商品知识、包装运输、索赔理赔、商品保险等一系列的外贸基本知识。只有懂得外经贸业务知识的人,才能准确地理解和表达涉外商务文书中如:发盘、报盘、实盘、虚盘、FOB 价、CFR 价、CIF 价等行业用语,写出各种符合要求的涉外商务文书。

3. 具有较强的写作和辨别格式的能力

写作能力是写好涉外商务文书的重要保证。除了要有较强的写作基本功外,还要特别注意涉外商务文书的固定格式和惯用语的使用。涉外商务文书的格式往往遵循国际惯例,而惯用语则是公文的语体特征。如对于称谓用语,第一人称为"本厂"、"我公司"等;第二人称为"你公司"、"贵商行"等;第三人称为"该公司"、"该客户"等。征询用语用"可否"、"妥否"、"是否同意"等。结构用语用"关于"、"为了"、"对于"、"根据"、"遵照"等。结尾用语用"是荷"、"为荷"、"为盼"等。

涉外商务信函

【提要】

◇ 涉外商务信函的含义
◇ 涉外商务信函写作的六个要点:准确、完整、清楚、简洁、礼貌、周到
◇ 汉语涉外商务信函的写作格式
◇ 英语涉外商务信函的书写格式
◇ 22 种常用涉外商务信函的写作和例文:请约函、邀请函、应邀函、感谢信,建立进口贸

易关系咨询函与回复函、建立出口贸易关系咨询函、申请销售代理函与回复函,询价函、报价函和还盘,订货函与确认函,信用证(催开信用证函与通知改证函),保险函(要求对方投保函与告知对方已投保函),装运通知与催促装运发货函,索赔函与理赔函

涉外商务信函的含义

涉外商务信函是指进行涉外商务活动时所使用的书信,它是国际贸易书面交际的主要方式,具有商贸联络和交易凭证的功能,在贸易流程中占有举足轻重的地位。常用的涉外商务信函内容涉及市场调查、询价、报盘、销售、订货、装运、发货、信用、付款、索赔、保险等各个涉外贸易步骤。写好商务书信有利于进行有效的业务活动,树立良好的公司形象。

涉外商务信函有汉语函件和英语函件两种。汉语函件适用于我国的香港、澳门、台湾地区和新加坡、马来西亚、日本等国家以及海外华人群体。与除此之外国家的厂商和客户联系,一般用英语函件。

涉外商务信函写作的六个要点

商函讲求实效。涉外商务信函的写作有以下六个要点:

1. 准确

因涉外商务信函牵涉到买卖双方的权利、义务和利害关系等,它的用词必须准确,内容必须准确无误。例如:时间、地点、成交价、数量、品种等是绝对不能出错的。"CFR"与"CIF",仅一个字母之差,却是两种不同的价格条款,一旦误写,将会带来巨大损失。

2. 完整

信的内容应力求完整,必须包括所有必要的细节和信息材料。例如:在报盘信函中,通常随函寄去内容包括货物名称、规格数量、包装条件、单位价格、付款条件、交货期限等情况的报价单。而在接受对方报盘时,应考虑把可能的条件全部加以说明。

3. 清楚

写信人必须尽力把自己的意思表达清楚,尽量采用直接的表达,避免使用间接的方式,做到信内无晦涩难懂之处,使读者能够准确理解。

4. 简洁

商务活动,分秒必争,因此商务信函的语言务必简明扼要,一目了然,没有无关的内容和过多的客套。做到一事一文。

5. 礼貌

为达到贸易的双赢,即赢得业务,赢得信任,双方要建立一个友好的商业氛围。在商业书信中要注意使用礼貌用语,显示双方合作的诚意。同时还要注意及时回复。

6. 周到

按照国际惯例,商务信函的写作应遵循"从对方出发",尊重和照顾对方的习惯。华人地区的商函,多套用传统文言书信的谦词敬语。并适当使用文言惯用语及繁体字。在信函的具体内容上,也要体现出友好和诚意。

汉语涉外商务信函的写作格式

涉外商务信函有其相对固定的写作格式,一般包括信头、编号、称呼、事由、正文、结尾套语、签名。有时还包括附件提示、附言等。

1. 信头

包括发信人的公司名称、地址、邮编、电话、传真、电子邮箱、网址等。有时还有公司的标识及英文地址。信头位于信笺的上部中央位置,通常已印在公司专用信笺上,以方便直接联系。

2. 编号

即信件的人为编号。有的文件需编上号码,以利于分类处理及日后查阅。编号常位于信头的下方。有些进出口公司直接把"编号"二字印在信笺的信头部分,只要在后面填上具体号码即可。

3. 称呼

即发信的对象,也指书信中的称谓、抬头。可以是公司,也可以是企业负责人如公司经理、董事等。如是写给负责人的,应在负责人姓字前加上尊称,如"尊敬的××先生、小姐、女士、夫人、太太"等。或者是在收信人姓名之后,写上"台鉴"、"雅鉴"、"惠览"之类的敬语。在中文书信中,称呼后用冒号。

4. 事由

又称主题,是以标题的形式注明信件的主旨。位于正文前。为了使对方迅速了解信函的主旨,有些信函上会写有标题。标题一定要简明扼要,让人一看就明白信函的主要内容或中心思想,或所要磋商的事由等,便于及时处理。如《向××公司介绍并推销棉织品函》、《事由:你方第 16 号订单》。

5. 正文

这是信函的中心或主体,要求内容清楚,层次分明,注意分段。正文一般包括开头、主体、结尾三部分:

(1)开头

正文的开头是引据部分,简述事由或转述对方来函要点,为下面的主体部分引好路,开好头。

如果是第一次给对方写信,开头就需简述去信理由。如"从我驻法国使馆商务处来信中获悉,贵公司希望与我国经营棉织品的外贸公司建立业务联系,我们很高兴地通知贵公司,我们非常愿意在这方面和贵公司进行合作。"

如果是回复对方,可用"非常高兴地获悉"、"非常感谢你的来信"、"来函敬悉"等。有时还需摘录对方来函的主要内容,以确保信息的准确传递。如"贵方 2 月 8 日就人造纤维毛衫要求我方报价的来函即引起我们的重视,很高兴获悉我们的产品在巴黎大受欢迎。"

(2)主体

起始语后紧接着就开门见山、直截了当地道出发函的目的、主要内容。文字力求简明扼要,叙述要求具体周全,语气要求委婉真诚。

(3)结尾

结尾一般有惯用词语。如要求对方答复的,结尾常用"候复"、"即请函复"、"希速复为盼"等词语;如不要求对方答复,可用套语"特此函达,即希知照"、"请查收"等;只是向对方提出希望或要求,传达自己的意见、建议的,可写上"希望"、"期待""不胜感激"等词语,如"如您能立即处理这件事,我方将不胜感激";如提出解决办法,可写上"请贵公司放心,我们当竭尽全力为贵公司服务"等。

6. 结尾套语

一些商函为联络感情,表示礼仪,常在结尾使用祝颂词,表示赞美、问候、祝愿之意,常用的有"顺致商安"、"顺颂台祺"、"商祺"等。

7. 附件提示

若随信附寄其他物品,如商品目录、价格表、订货单、发(收)货单、照片等附件时,须加以说明。其位置可在结尾套语左下方。

8. 签名

在结尾套语之下是写信人的亲笔签名。在涉外商务信件中,用企业名义写信时,应在签字上方或下方打印好公司的名称;在签字下面还应打上签字人的全名和职务。注意签名一定要用钢笔或签字笔。

9. 日期

即发信日期。汉语信函的日期写在签名下方。

10. 附言

正文中有遗漏的事,可在附言中加以补充。附言力求简短。一般写在信件的最后部分的左下方。

汉语涉外商务信函格式

```
                          ×××公司
        地址:中国××省××市××路××号
        传真:××××××    电话:××××××
        电子信箱:××××××
        网址:××××××
                        编号:_____

    _____:
                    事由:× × × ×
        ┌─────────────────────────────────┐
        │              正　文              │
        └─────────────────────────────────┘
        祝颂词
   附件:
                                      落款
                                年    月    日
```

英语涉外商务信函的书写格式

英语商函的书写格式和汉语商函的书写格式不尽相同,主要表现在以下几个方面:

1. 信内地址

英语中一般有信内地址,即收信人姓名、单位名称、地址等,收信人的姓名应使用全名,前面加上适当的头衔或称呼语。收信人地址必须完整准确,并按收信国家惯用的次序排列。一般使用英语国家地址的排列次序是:门牌号码、街道、城市、省份、邮编、国名。信内地址一般位于信函的左上方,约在日期下方一两行处。汉语信函往往没有信内地址。

2. 特定收信人

英语中如果写信方希望对方特定的部门或个人阅读这封信时,可在信内地址下方,写上收信人的部门或收信人的姓名及职务。如:进口部经理约翰·史密斯先生亲拆。

3. 日期

英语日期的位置根据信头的设计和采用的格式确定。可以写在信头的日期线上,也可以写在信头右下方,或左下方齐边线处。

4. 称呼

在英语书信中,称呼位于信内地址下,顶格。称呼后用逗号。

另外,英语中表示礼貌的结尾套语有:Yours truly, Very truly yours, Yours sincerely, Sincerely yours; Yours respectfully, Respectfully yours 等。

英语涉外商务信函格式

Letterhead (信头)

Date (日期)

Inside Address (收信人姓名、地址)
Particular Address (特定收信人)
Salutation (称谓)

Letter Subject (标题)

Body of the Letter
（正文）

Complimentary Close (结尾套语)
Signature　　　　　　　（签　名）

Identification Marks　（识别记号）
Enclosure Directions　（附件识别）
Postscript　　　　　　（附言）

22 种常用涉外商务信函的写作和例文

1. 出访信函

出访信函包括请约函、邀请函、应邀函、感谢信。

(1)请约函

商务交往中,一方要求出国到另一方公司了解投资环境或进行商务考察,往往先写信通知对方,以便对方提出邀请,这种写给对方的信函就叫做请约函。

请约函内容包括请约原因、人员、希望等。要求写得简明扼要,诚恳礼貌。

[例文 1]请约函

尊敬的××先生:

我公司出口部经理瓦尔特恩先生希望能在今年10月访问贵国,以便与贵国家用电器厂商建立密切的业务联系,开展对美出口业务。为此,希望能寄来西博会请帖一份,不胜感谢!

××贸易公司
××××年×月×日

(2)邀请函

邀请函,是邀请收信人前来参加某项活动的信函。在接到对方请约函后,如认为可以接待对方,就发出邀请函。在涉外商务活动中,也可主动邀请对方来访、考察,当面洽谈交易;邀请客户参加本国或本公司举办的各类出口商品交易会;邀请客户参加商务宴会、招待会等。

邀请函一般包括三部分:邀请对方参加什么活动及邀请原因;邀请的具体细节,如时间、地点、活动安排等;请对方确认是否应邀。

邀请函的写作要注意三点:活动的时间、地点、名称等要具体;邀请对象的信息要正确;措辞要体现邀请的诚意。

[例文 2]邀请函

××公司:

我公司十分高兴地通知你们,对贵公司愿与我合资经营一丝绸服装厂的建议,我们十分乐意接受。由于合资经营程序复杂,故特来函邀请贵公司派代表前来我市访问并洽谈合资业务。贵公司对丝绸服装的生产富有经验,对合资经营必多卓见,我们相信会谈定能获得成功。贵公司一经确定来访日期,请即电告具体来访人员、到达我市日期以及所乘飞机航班,以便我公司去机场迎接。欢迎来访。

××进出口公司
××××年×月×日

(3)应邀函

被邀请者在收到邀请函后答复对方表示接受对方邀请并进一步商谈具体出访事宜的书信,就叫应邀函。

[例文 3]应邀函

××进出口公司:

我公司总裁夏耐先生定于10月20日到达杭州,计划在杭州停留7天后前往香港,请为夏耐先生预订香格里拉酒店单人房一间。

××公司
××××年×月×日

（4）感谢信

出访结束后,通常要给对方写一封感谢信。感谢信要求简单诚恳。

［例文 4］感谢信

尊敬的××先生:

我已平安返国。对您给予我的热情接待,谨表衷心的感谢! 与您和您的同事们会晤,是我早已向往之事。现我只盼将来有一天能在这里接待您的来访。让我再次向您表示谢意!

××公司

总裁 ×× 敬上

××××年×月×日

2. 建立贸易关系咨询函

在国际贸易中,有时需要通过银行、外国商会、同业商行、驻外商务处等渠道,寻求与他国的商行、公司建立贸易关系的机会。这时就需要拟写寻求建立贸易关系的咨询信函。

书写建立贸易关系咨询信函时,首先要引据消息来源。接着进行自我介绍,包括介绍自己公司的基本情况,如公司的经营范围、公司规模及公司的营业状况等。然后,阐明你所感兴趣的及你能提供的进出口项目等。附寄或索取样本、价目单和其他可供参考的资料。有时也需提到具体的条件和买卖的原则。最后,表达希望双方合作,建立互惠的贸易关系的愿望,并期待对方及早回复。

一俟与客户建立了业务关系,为促进贸易的正常开展,也常有信函的往来。这类信函的内容十分具体,往往是就某一问题双方交换具体的意见,如征询客户愿否独家经销,为我方代理;具体答复客户延长代理期的要求等。

［例文 5］建立进口贸易关系咨询函

××先生台鉴:

我们从我驻外商务处得知贵公司商号与地址,特此来函,希望能同贵公司发展商务关系。

本公司经营皮革类进口生意,目前想扩展业务范围。请惠寄商品目录与报价单。如贵公司产品价格合理,本公司必向你方下定单。

等候早日赐复。

××公司

采购部主任

×× 敬上

××××年×月×日

［例文 6］建立进口贸易关系回复函

××先生台鉴:

非常高兴收悉贵公司本月二十日有关建立商务关系的来函。

谨遵要求另函奉上最新的出口商品目录及报价单。

款项须请以不可撤销保兑信用证支付。如欲订货,请寄电子邮件或传真为盼。

××公司

出口部主任

×× 敬上

××××年×月×日

[例文 7]建立出口贸易关系咨询函

××公司：

中国驻英商赞处把贵公司介绍给了我们，认为你们会成为中国棉制品的买主。由于我公司主营棉制品，因此希望尽早与贵公司建立起业务关系。为使你方了解我方目前可供出口的棉布品种的大概情况，随函附上产品说明书及剪样小册子。如果贵公司对我方的信用需进一步了解，请直接洽询中国银行。一俟得到你方具体询盘，我方将立即报价。

早复为盼。

××贸易公司

××敬上

××××年×月×日

[例文 8]申请销售代理函

××先生台览：

特去此函询问是否可能担任贵方在上海的销售代理，倘若贵方已有代理人，就请不必考虑我方之建议。

我们在上海拥有一个庞大的销售网。从我们推销员最近的报告可以看出，在这两三年内，这里对高像素的数码产品的要求旺盛，特别是数码摄像机将很走俏。如果贵方能挑选一两种有竞争性价格的产品，你们将在这里的市场上获得很大利润。

有关我公司的资信情况，你可向中国银行上海支行查询。

希望贵方对我们的建议感兴趣，并请告知贵方的条件和要求。

××商贸公司

××××年×月×日

[例文 9]回复销售代理申请并请提出具体条件函

××先生雅鉴：

贵方的来信很及时。我们最近的市场调查也表明上海对数码产品的需求日益增长。

随函附寄一本商品手册供你挑选贵方感兴趣的产品。在签订最后合同之前，我们想提出几个条件：

1. 自 2005 年×月×日起，贵方正式作为我方的独家代理，为期三年。

2. 按销售额的 10％我方每月付给你佣金。

3. 贵方不得同时担任其他厂家同类产品的代理。

4. 贵方必须每月向我方汇报销售情况以便安排下一步的工作。

贵方若来电确认以上条款，我们将立刻拟订合同，寄送贵方会签。

××敬上

××××年×月×日

3.询价与报价函

(1)询价函

贸易双方第一次进行交易，或是已建立贸易关系的买方拟订货物时，需了解货物价格、商品式样、质量标准、销售条件以及商品制造等情况，此时买方应向卖方发出询价函。又称询盘。询价函可以使买方了解情况或要求供货，是商谈进口贸易的开端，应该写得具体、完整。

[例文 10]询价函

中国纺织品进出口公司××先生台鉴：

我们在××杂志上读到一篇有关你方出口人造纤维毛衫的文章,我们对此很感兴趣。望即提供东京到岸价最低报盘,并请详尽列明规格、包装及交货期。候复。

日本××贸易公司

执事××敬启

××××年×月×日

（2）报价函

报价信函是卖方答复对方询盘的复函,内容包括货物名称、规格数量、包装条件、单位价格、支付方式、交货地点和期限等。

[例文 11]报价函

日本××贸易公司执事××先生台鉴：

贵方 5 月 28 日就人造纤维毛衫要求我方报价的来函收悉。遵照你函要求,现报价如下,以便贵方考虑决定：

商品：不同颜色、各种式样人造纤维毛衫。

规格：大、中、小三种尺码。

包装：内包装用塑料袋,外包装用标准出口纸箱。

价格：东京到岸价,包括 5％佣金,以人民币（元）计算,每打：

　　　大号：125 元

　　　中号：112 元

　　　小号：100 元

装船日期：自收到信用证 15 天后开始装货。

支付方式：以不可撤销保兑信用证支付。

本报价到 7 月 10 日前有效。期待早日订货。

中国纺织品进出口公司

出口部经理　××敬上

××××年×月×日

（3）还盘

有时,一方的报价或其他条件往往与另一方可能接受的价格或条件有一定的差距。这时,受盘人可能提出异议及修改意见,即提出还盘。还盘一般包括：引据卖方的报盘信息,对不能接受报盘表示遗憾,提出对报盘的修改意见及原因,希望对方予以接受等。

[例文 12]还盘

中国纺织品进出口公司出口部经理××台鉴：

贵公司 6 月 10 日发盘函悉,谢谢。

我们对贵公司人造纤维毛衫的质量非常满意,但很遗憾贵方报价偏高,与目前行市不一致。如贵公司愿意将报价减 5％－10％,我方将大批量订货。

鉴于双方长期的业务关系,请贵公司考虑接受我还盘价。候复。

日本××贸易公司

执事××敬启

××××年×月×日

4.订货与确认函

（1）订货函

如卖方报价合适，引起买方购买兴趣，买方会寄来订购书信。订购书信是一种书面确认，一般随信附有订单。订单上需指明商品目录编号或型号，准确无误地说明所需货物的品名、规格数量、品质、包装、单价、支付方式、装运时间及方式、唛头等各项交易条件。订单一经卖方确定，就可以成为对买卖方都有约束力的合同，所以订单的制定，必须准确和清楚，不可有任何有关商品情况、订购方式、装运方式、时间、包装或保险方面的错误，也不允许有任何打印、拼写或数字方面的错误，不可模棱两可或含糊不清，以免产生争议。

[例文 13]订货函

尊敬的××先生：

感谢贵公司 10 月 10 日报价和服装样品，我方对你方服装的质量和价格均感满意，现提出订货。请参看我方随信附上的订单，订单号为 NO.18。

当履行订单时，请将有关货运单据及汇票，以及商业发票副本寄往我公司。

希望尽快交货，并望第一批到货能证明与你方所提供的样品一致，以便今后建立长期业务关系。

顺祝

商安！

　　　　　　　　　　　　　　　　　　　　　　　　　　　××贸易公司

　　　　　　　　　　　　　　　　　　　　　　　　　　　　××敬上

　　　　　　　　　　　　　　　　　　　　　　　　　××××年×月×日

（2）确认函

对于订购函，特别是新客户的订单，必须用信函确认。确认书的内容可繁可简，简单的做法就是用电函表示接受，但是有的公司为了避免差错，会把双方同意的主要交易内容再重复一遍，把它作为正式的销售合约，寄给买方签署。因此，确认书要包括的内容和订单基本相同。有时，为保障自己的利益，卖方也可在确认书上补充相关的内容。

[例文 14]确认函

尊敬的××先生：

兹按照你×月×日第 18 号订单，现随函附上第×号售货确认书一式两份，希查收并核对确认书所订之规格、价格、装运期及其他条款。如发现问题，请立即提出；如同意该确认书内容，请即签署后寄回一份备存。上述货物请按确认书所列之日期开出信用证，以利装运。专此函达。

附件：第×号售货确认书一式两份。

　　　　　　　　　　　　　　　　　　　　　　　　　　　××贸易公司

　　　　　　　　　　　　　　　　　　　　　　　　　　　　××敬上

　　　　　　　　　　　　　　　　　　　　　　　　　××××年×月×日

5.信用证

国际贸易最常用的支付货款的方式是信用证（简称 L/C）。信用证是一种由银行作出的有条件的承诺付款的书面凭证。即银行根据开证申请人的请求和指示，向受益人开具的有一定金额、并在一定期限内凭规定的单据承诺付款的书面文件。信用证一般用于生意成交后，发货之前，发货人据此发货装车装船。

[例文 15]催开信用证函

××进出口公司：

感谢贵公司×月×日订单。按照第×号售货确认书，你方订货的装船时间迫近，但我方尚未收到有关的信用证，请你方尽力将信用证在本月 30 日前寄到我方，以便按期装船。

谨此致谢。

××贸易公司

×××ｘ年×月×日

[例文 16]通知改证函

××进出口公司：

你方合同第×号项下有关儿童运动装 5000 套的信用证已收到。由于工厂罢工，制造商不能按期出货，我方不能在×月×日前装船，希你方将信用证中装船期和有效期分别展延至×月×日和×月×日。请速复函，不胜感激。

××贸易公司

×××ｘ年×月×日

6. 保险函

保险函是货主为了当货物在装运过程中遭到损失、丢失或盗窃时能得到经济上补偿而投保时所涉及的书信。货物在运输、装卸和存储过程中，可能会遇到各种风险，从而导致货物遭受损失。为了防止货物因意外而造成的损失，买卖双方要根据合约规定的交易形式，在货物装运之前，由买方或卖方向有关保险公司为货物投保。

[例文 17]要求对方投保函

××公司：

欣告你方合同×号信用证×号项下价值总金额 200,000 美元的缝纫机将由明珠号轮装运，预期本月底离开本埠，请办理货物保险。

××贸易公司

×××ｘ年×月×日

[例文 18]告知对方已投保函

××公司：

本公司依照你方指示，今天已为贵方装运的缝纫机，投保了金额 200,000 美元的海上保险。特此函达。

××贸易公司

×××ｘ年×月×日

7. 装运发货函

装运对卖方和买方而言，是非常重要的交易阶段。通知装运发货的信函必须包括商品型号、装运日期和装运方法等。

[例文 19]装运通知

××公司：

你方五月二十日询问有关订货合约第 218 号装运情况的来信收悉。该货已于×月×日全部装运上成功号轮船，直接驶往伦敦。随函附寄下列装运文件：

一、不可转让的提货单副本一份；

二、商业发票一式两份；

三、原产地证明书一份；

四、装箱单一份；

五、险单副本一份。

希查收。

××贸易公司

××××年×月×日

[例文 20]催促装运发货函

××公司：

你方×月×日来信收悉。关于 818 号购货合约项下的 3000 台笔记本电脑，现我方函告如下：

按合约所订，上述货物应在 1 月、3 月及 5 月分三批均装，但至今第一批还没装运，我方用户等待此货，他们对你方如此拖延交货感到十分惊奇。

请尽力在 3 月底前把第一批货物及第二批货物一并运来，否则我方客户对你迟延装运将感不满，可能撤销订单，而转向他处补进所需之货。

见信后请告确切装运日期为荷。

××贸易公司

××××年×月×日

8. 索赔函与理赔函

在进出口贸易履行合同的过程中，买卖双方中的任何一方认为另一方未能全部或部分履行合同规定的责任和义务，往往产生争议，引起索赔和理赔的问题。索赔，是指遭受损失的一方，在争议发生后，向违约方提出赔偿损失的要求。理赔，是指违约方受理遭受损失的一方所提出的索赔要求。索赔和理赔是一个问题的两个方面。索赔、理赔的处理，一般都通过信函来进行。

（1）索赔函

产生争议的原因可以是卖方违约，如拖延交货、品质不良、数量短缺、破损、变质等。也可以是买方违约，如拒开信用证、以 FOB 价格条款成交时不按时租船、无理拒收货物等。因此，在书写索赔函时，首先应简洁明了地指出对方违反合约的事实，交代清楚货物的缺陷。接着用"令人遗憾"、"令人十分惊讶"等句，表示我方的态度。最后向违约方提出要求赔偿的意见。要求赔偿的各项损失要分列，并说明计算依据。有时可提供附件作为证明材料。

[例文 21]索赔函

××公司：

我方第×号订单下化肥已于四月二十日运抵本公司。很遗憾，该货物短重 1500 公斤。经浙江省商检局检查发现，短重是由于包装不善而引起的，责任应该由供货商承担。现按照报告结果向贵公司索赔：

化肥短重　　500　　美元

检验费　　　50　　美元

—————————————————————

合　计　　550　　美元

随函附上浙江(04)第 78 号商检报告,烦请早日解决赔偿事宜。

××贸易公司

××××年×月×日

(2)理赔函

理赔函是违约一方答复受损方所提出的赔偿要求的书面材料。在书写理赔函时,要体现出我方对争议的重视及解决争议的诚意。答复要及时,说理要充分,语气要温和。

[例文 22]理赔函

××公司:

就贵方五月二十日来函,因化肥短少重量 1500 公斤提出索赔一事,我们深表遗憾。经我方人员检验,发现错失是由于员工疏忽,未按订单要求以五层纸袋包装该批货物而引致。

考虑到我们长期的贸易关系,我们同意赔偿。

随函谨附 550 美元支票壹张,赔偿贵公司损失。

我们希望此次事件不致影响我们双方日后的合作。

××贸易公司

××××年×月×日

争议、索赔事件情况复杂,引起争议的原因多种多样,因此,撰写索赔函或是理赔函,难度较大。在写作时,要注意以下三个方面的要求:

(1)尊重事实,尊重证据

处理好争议的前提条件是尊重事实。作为索赔方,要提供有效的证据来说明对方应负的责任。不能笼统地说"据我们检验"、"据用户反映"等。提出索赔时,也不能含糊其辞,必须分项列明损失。作为理赔方,要注意调查研究,搜集证据,从而明确双方的责任,提出合情合理的解决方案。

(2)态度诚恳,讲究策略

在撰写索赔、理赔信函时,既要考虑到争议的解决,又要考虑到有利于双方日后业务的开展,因此,在信函中要体现出解决争议的诚意。比如理赔方,在答复索赔信中往往用上"已引起我方关注"、"对此,我们深表歉意"、"我们谨希望"等客套话,以示诚意。

(3)坚持原则,有礼有节

对于任意毁约的行为,必须坚持原则,及时提出索赔。撰写这类信函时,态度要严肃,措词要尖锐。如"引起的一切后果将由你方负责"等。

涉外商务电函

【提要】

◇ 涉外商务电函的含义

◇ 四种涉外商务电函的写作和例文:电报、电传、传真、电子邮件

涉外商务电函的含义

所谓涉外商务电函,是指在涉外商务活动中,通过电报、电传、传真、电子邮件(E－mail)等电子通讯工具与外商联系业务、磋商贸易、处理问题的书面方式。传真和电子邮件因其传输快捷,费用低廉,特别是电子邮件,在必要时还能传输图像、影像和声音等,成为涉外商务活动中广泛使用的通讯方式。

涉外商务电函的写作,必须做到意思准确、内容完整、语言简洁、讲究礼貌。

四种涉外商务电函的写作和例文

1.电报

电报(Telegram)是用户将书写好的电报文稿交由电信公司发送、传递,并由收报方投送给收报人的一种快速传递简短信息的通信业务。电报纸有固定的书写格式,发报人按格式填写即可。电报正文的拟写,应简明扼要,以最少的字来表达尽量多的内容。电报常用在一定的语境下,因此不用标点符号。由于通信事业的不断进步和发展,现在人们对电报的使用已经越来越少了。

[例文 1]电报

你 12 号电悉化肥价接受信用证开立中

你 13 日电悉实盘限 4 月 3 日复到 8.9cm × 175mm 富士彩色扩印相纸新木箱装每卷 41.40 美元成本加运费上海价 2005 年 5 月装不可撤销即期信用证

2.电传

电传(Telex)又称用户电报,是通过安装在用户办公室的电传机直接对外收、发电报的一种通讯手段。随着电子通讯的快速发展,特别是电子邮件(E－mail)和传真(Fax)的出现,电传的作用已大为减小,但仍不失为一种及时地与世界各地传递信息的手段。和电报纸一样,电传纸也有固定的格式。

[例文 2]电传

你 7 日电悉,报 LA634 号蜂蜜 550 公吨实盘,桶装,每公吨成本加运费伦敦价人民币 1395 元,佣金 2％,15 日前电复有效。(报实盘)

你 15 日电悉,接受 250 辆自行车,每辆 295 港币,CIF 香港,2％佣金,请即确认并航寄售货确认书,以便开信用证。(订货)

350 台彩电确认,AA155 号信用证已由中国银行开出,请即装运。(装运)

3.传真

传真(Fax)是指通过电话传真设备传递资料、图表、相片、真迹等静止图像的通信业务。具有快速、准确、全面等优点。在涉外商务活动中得到了广泛的使用。

传真写作格式包括:传真文头、称呼、标题、正文、文尾、附件等。

(1)传真文头

传真文头亦称信头,主要由以下几部分组成:

①印有公司名称、地址、电话、传真、网址等的传真标识。

②接收传真公司的有关条目,如收件人姓名、公司名称、所在城市、传真号等。

③发件方的有关条目,包括姓名、所在部门、公司名称等。

④日期。

⑤传真件页数,即所发传真的总页数。

(2)称呼

与商务信函一样,称呼常用礼貌用语。

(3)标题

传真的标题可以起到使人一目了然的作用,因此,常常必不可少。

(4)正文

正文行文类似商务信函。常用打印文稿。

(5)文尾

商务传真文尾应签名和加盖公章,以此表示文件的效力。签名应用钢笔,并用手写。

(6)附件

商务传真常有附件,如报价单等。可在传真正文的左下角注明附件名称,如附件不止一件,应依次写明。

[例文 3]传真稿正文

××经理:

×月×日函及×月×日传真均收悉。来传真提及我发票第××号项下袋泡茉莉花茶到货短少 100 箱,现已向有关部门调查,待情况查明后当即告知。有关来函所反映的宣传、包装等问题,我们正着手研究,俟有结果再行函复。

××进出口公司

××××年×月×日

4. 电子邮件

电子邮件(又称 E-mail),是一种通过网络实现相互传送和接收信息的现代化通信方式,它与邮局收发的普通信件一样,都是一种信息载体。电子邮件和普通邮件的显著差别是:电子邮件中除了普通文字外还可包含声音、动画、影像信息。

(1)电子邮件的特点

电子邮件与普通信件相比具有以下优点:

快速:发送电子邮件后,只需几秒钟就可通过网络传送到全球任意位置的收件人邮箱中。其速度比电话通信更为高效快捷。如果接收者在收到电子邮件后的短时间内做出回复,往往发送者仍在计算机旁工作的时候就可以收到回复的电子邮件,接受双方交换一系列简短的电子邮件就像一次次简短的会话。

方便:收发电子邮件通过电脑自动完成,双方接收邮件都无时间和地点的限制。收件人无需固定守候在线路的另一端,可以在用户方便的任意时候、任意地点,甚至是在旅途中收取电子邮件,从而跨越了时间和空间的限制。

廉价:电子邮件的另一个优点在于其低廉的价格。用户只需花极少的费用就可将重要的信息发送到远在地球另一端的用户手中。

可靠:每个电子邮箱地址都是全球惟一的,确保邮件按发件人输入的地址准确无误地发送到收件人的邮箱中。

内容丰富:电子邮件不仅可以传送文本,还可以传送软件、数据、声音、视频等多种类型的文件。

鉴于以上优点,电子邮件在现代商务往来活动中,成了最常用的商务信息交流手段。

(2)电子邮件的写作结构

电子邮件一般由收件人地址、主题栏、正文三大部分构成。此外,如果是一件多发,还可以附加抄送。对于过多的正文资料,可以放在附件中发送。

(3)电子邮件的写作要求

收信人的地址必须正确;主题要简短、醒目、切题,使收件人能在大量的电子邮件中很快识别;正文的书写语言要简洁,重点要突出,同时要用适当的礼貌用语。撰写电子邮件时应对措辞和语句特别留意,因为邮件一经发出,就再也无法修改了。

[例文 4]电子邮件

收信人地址:Peter-1234@yahoo.com

主题:给你的新产品

××经理你好:

我公司目前正在生产一种新型的、编号为 2039 的车床。现将该车床的特点以及功能的详细情况发送给你们。说明书以及产品的照片在附件中,请查阅。

如你们对我公司的产品感兴趣,请尽快订购。相信我们的产品会令你们满意。

期待着你们的回复!

祝

工作顺利!

销售经理　王小华

涉外商务专用文书

【提要】

◇ 涉外商务专用文书的含义

◇ 涉外商务谈判方案的写作和例文

◇ 国际贸易会谈纪要的写作和例文

◇ 国际贸易交往备忘录的写作和例文

涉外商务专用文书的含义

涉外商务专用文书又叫外经贸业务专用文书,是涉外商务活动中涉及某一专项活动的文字材料。在我国的涉外商务活动中,我们经常要撰写的专用文书主要有方案、会谈纪要、备忘录、项目意向书、项目建议书等。以下将主要介绍涉外商务谈判方案、国际贸易会谈纪要和国际贸易交往备忘录的写作。

涉外商务谈判方案的写作和例文

涉外商务谈判,是涉外商品买卖双方为实现一定的经济目的,明确相互的权利义务关系所进行的面对面的具体交易条件的洽商。涉外商务谈判方案,是在涉外商务活动中,买卖中的一方,在谈判前拟定的关于谈判的具体内容、方法、步骤,以及可能出现的问题、应变措施等作出安排的书面材料。一个好的谈判方案是谈判成功的重要保证。

1. 涉外商务谈判方案写作的三个要点

(1)政策性和策略性相结合

谈判方案的制订,要以国家的方针、政策和上级的指示为依据,同时也要考虑企业自身利益,使政策性和策略性有机地结合。

(2)做好调研,切实可行

谈判前要做好充分的调查研究工作,制订方案时要以所掌握的实际情况和可靠数据为决策依据,一切要从实际出发,切忌盲目冒进。

(3)重点突出,条理清新

谈判方案中的各条各款要具体,重点要突出,条理要清楚。对可能出现的情况要有一个充分的估计。

2. 涉外商务谈判方案的写作格式

涉外商务谈判方案主要由标题、正文、落款三部分构成。

(1)标题

标题一般采取公文式,常用的有"××的谈判方案"或"关于××的谈判方案"。

(2)正文

正文部分内容应包括:

①主题:明确谈判的主旨,做到有的放矢。

②目标:包括必须达到的目标、可以接受的目标和最高目标的确定。如价格,应拟订好最低价格、最高价格的幅度。

③策略和方法:根据谈判双方的特点,制订保证谈判成功的策略和方法。

④议程:包括所谈事项的次序,谈判时间、期限等。

⑤问题:预测可能遇到的问题及我方的对策。

⑥人员分工:合理安排谈判人员的分工,有助于取得谈判的成功。

(3)落款

落款处写上公司名称及拟写方案的日期,并加盖公章。

[例文 1]涉外商务谈判的方案

华阳公司出口电器产品谈判方案

华阳公司在向韩国 L 公司报盘后,将于 2004 年 10 月 21 日前往韩国 L 公司就电器产品出口问题进行谈判。该公司与我公司有多年的商贸往来,是在韩国代理我公司产品的唯一商家。由于近一段时间国际市场电器产品价格动荡不稳,此次谈判需要根据交易条件,在充分考虑各种风险因素的前提下磋商成交。

一、谈判主题

华阳公司与韩国 L 公司洽谈出口电器产品方案。

二、谈判目标

在报盘的有效期内,如无意外风险因素,拟以 32.5％的预期利润率成交。

三、谈判具体条款

1. 成交价格

按照可取得预期利润幅度的 35％报价,谈判机动幅度为 2.5％。

2. 预付金额

如对方坚持把货款的 10％放在两年保证期后支付,将预付金额由买方提出的 5％增加到 10％。

3. 交货误期罚金

取消买方提出的在保证期后才付清余款的要求,可出银行担保书代替,避免交纳罚金的风险。

4. 保证条款

要求卖方将保证期减为 1 年,力争按报盘中的交货期成交。

四、各种主要交易条件最低可接受的限度

1. 价格标准

在报盘有效期内成交的条件下,利润最大减让率为 5％。

2. 支付方式

只要不增加卖方商业费用,可以接受买方任何支付方式。

3. 交货期

可以同意对方提前交货的要求,前提条件是不可以增加额外罚金。

5. 保证期

充分考虑保证期内的各种风险因素,在确定风险概率小于 20％时,可以同意对方延长保证期的要求。

五、谈判程序

1. 第一阶段:确定成交价格。

2. 第二阶段:磋商支付方式、交货期限。

3. 第三阶段:制定保证条款。

六、谈判期限

由于超过报盘有效期增加费用,此谈判项目应在谈判开始后两个月内达成交易。

七、谈判组织成员

谈判负责人:李国栋先生(出口销售经理)

谈判成员:孙安女士(系统工程经理)

　　　　　王明涛先生(法律顾问)

华阳公司

2004 年 10 月 8 日

国际贸易会谈纪要的写作和例文

国际贸易会谈纪要又叫谈判纪要,是以简明扼要的文字,将双方会谈的主要议程、会议讨论的主要问题和结果记录下来而形成的一种文件。会谈纪要产生于会谈后期或者会谈之后,是根据会谈指导思想和目的、会谈记录和各种会谈材料,经过综合整理而形成的概括性强、凝练度高的文件。

会谈纪要在涉外商务活动中起着十分重要的作用。它可以保证谈判的连续性,为今后的谈判提供基础;便于商贸决策部门及时掌握情况,了解细节,及时制订或修正下一步谈判的策略;可作为意向书、协议书、合同的重要依据;在某种程度上可作为会谈双方认可的备查文件。

1. 国际贸易会谈纪要写作的三个要点

(1)忠于会谈记录

会谈纪要具有备忘性,要准确、全面地记录会谈中所有与会谈有关的项目,如实地反映会谈的指导思想、会谈目的、会谈主要议程、会谈内容和结果。对会谈存在的分歧意见和问题,也要真实、概况地予以反映。会谈纪要的常用句式是"甲方要求"、"乙方同意"、"双方一致同意/认为"、"双方商定"等,以显示在谈判中,与会各方的每一点意见都得到了充分的尊重和考虑。

(2)突出中心、明确重点

会谈纪要不是对会谈内容的简单再现,而是在分析、综合会谈情况的基础上,按会谈问题的性质、项目、会谈的情况分类别、分层次地进行归纳、概括而成。特别对达成一致意见的内容要重点表述。

(3)文字精练准确

写作者要有较高的业务水平和较好的语言文字表达能力。因为这种文书须在会谈结束后短时间内完成,以便送交双方代表审阅并签字认可。对于会谈中的实质问题、敏感问题、有争议的问题尤其要用准确的语言,表述要清楚,层次要分明。

2. 国际贸易会谈纪要的写作格式

会谈纪要主要由标题、正文、落款三部分组成。

(1)标题

会谈纪要的标题常在"会谈纪要"前冠以某项会谈的名称,如"关于筹建丝绸服装公司的会谈纪要"。如会谈次数较多,可以写上次数,如"第三次会谈纪要"。下方写上会谈时间。

(2)正文

开头:介绍会谈双方的简况及会谈的源起。包括双方单位的名称、会谈时间、地点、与会人员(人数、姓名)及会谈目的等。为了引用和记录方便,可在双方单位名称后面加括号分别注明"甲方"和"乙方"。

主体:这是会谈纪要的核心部分。如果会谈的内容较为单一,可以用一段文字将会谈达成的协议记录下来。如果内容比较复杂,就要分条列述。如先记双方在会谈中取得的一致意见的主要内容。再记双方分歧意见。

结尾:为留有余地,一般在纪要最后写上一条:"对未尽事宜,另行协商。"等字样。

(3)落款

写上双方单位全称,代表签字,并加盖公章。如标题下未写明日期的写上日期。

[例文 2]国际贸易会谈纪要

补偿贸易会谈纪要

2004 年×月×日

中国纺织品进出口公司××市丝绸公司(以下简称甲方),与××国××丝织厂(乙方)经过友好洽谈,为了进一步发展双方贸易,愿在平等互利的基础上,进行补偿贸易。现达成初步协议如下:

一、为了扩大丝绸服装的贸易,乙方要求甲方提供稳定生产的工厂,为乙方生产丝绸服装,甲方同意在××县××乡兴建一所服装厂,生产乙方所需的以真丝为面料,不绣花的女装衬衫、睡衣等。年产量 20 万 — 25 万件。为了确保产品质量,乙方希望该厂从一开始就注意质量和生产能力的逐步提高。甲方同意乙方的意见,并同意在工厂筹建结束时再作具体生产安排。

二、乙方向甲方提供价值大约××万美元的丝绸服装的专用设备和附属设备。设备名称、价格由乙方在协议签订后 1 个月内递交甲方确认。上述设备款项将由乙方无息垫付。甲方分两年,即在××××年和××××年内各归还 50%,在来料加工的工缴费中扣除。

三、甲方乙方的贸易和乙方的来料加工业务,其价格、规格、交货期等均应逐笔签订合同,其价格按双方签约时的出口价格为准。

四、乙方应派人员来××市××县××乡进行技术辅导,帮助工厂提高质量和产量,乙方人员(包括技术人员)来××市所需要费用,由乙方自行负担。

五、有关未尽事宜,另行约请协商解决。

甲方:	乙方:
中国纺织品进出口公司	××国××丝绸厂
××丝绸公司	
代表(签名盖章)	代表(签名盖章)

国际贸易交往备忘录的写作和例文

国际贸易交往备忘录,是在涉外商务活动中通知对方有关事项,或向对方阐明自己方面对某一问题的观点、意见和要求,或将会谈双方达成的谅解和承诺整理成备忘录形式的书面材料。备忘录可在业务中起到沟通信息、相互联系的作用,也可成为今后双方交易或合作的依据,或作为进一步洽谈时的参考。

1. 国际贸易交往备忘录写作的三个要点

(1)忠实于会谈记录。

(2)交代清楚要对方注意的事项,不可含糊其辞。

(3)语言简洁,条理要清楚。由于是"录以备忘",表达上要留有余地,可使用"初步"、"基本"、"再行商定"等词语。

2. 国际贸易交往备忘录的写作格式

备忘录在写法上有两种形式,一种是公函式的备忘录,另一种是条款式备忘录。

公函式备忘录,格式与信函格式基本相同。

条款式备忘录格式与"会谈纪要"格式类似,一般包括三部分:即标题、正文和落款。但两者的具体内容的行文是有区别的。国际贸易会谈纪要是对于双方会谈或谈判结果的记录,是一致性内容的反映,是对于要点的概括。而国际贸易交往备忘录是忠实于活动原貌的完全记录。

[例文 3]公函式备忘录

备忘录

××国××株式会社

××经理先生:

我想提醒您注意,今年12月7日上午9:00我公司副总经理××先生将到贵社驻××市办事处就200×年第一季度向贵国出口××新品种问题继续交换意见。

顺致

敬意

×　×　×(签字)

[例文 4]条款式备忘录

备忘录

×　×　×　×年×　月　×日

中国××公司××分公司(简称甲方)与×国××公司(简称乙方)的代表,于200×年×月×日在中国×市就兴办合资项目进行初步协商,双方交换了意见,达成了谅解,双方的承诺如下:

一、依据双方的交谈,乙方同意就合资经营××项目进行投资,投资金额大约××万美元。投资方式待进一步磋商。甲方所用的投资的厂房、场地、机械设备的作价原则和办法,亦待进一步协商。

二、关于利润的分配原则,乙方认为自己的投入既有资金,又有技术,应该占60%—70%,甲方则认为应该按投资比例分成。没有取得一致意见,另定时间进行协商确定。

三、合资项目生产的××产品,乙方承诺在国际市场上销售年产量的45%,甲方希望乙方提高销售额,达到70%,其余的在中国国内市场上销售。

四、工厂的规模、合营年限以及其他有关事项,均没有详细地加以讨论,双方都认为待第二项事情向各自的上级汇报确定后,其他问题都好办。

五、这次洽谈,虽未能解决主要问题,但双方都表达了合作的意愿。期望在今后的两个月再行接触,以便进一步商洽合作事宜,具体时间待双方磋商后再定。

中国××公司××分公司　　　　　　　　　×国××股份有限公司

代表×××(签章)　　　　　　　　　　　代表×××(签章)

涉外商务契约

涉外商务契约的含义

涉外商务契约即涉外商务合同或协议,是指我国各外贸进出口公司或具有外贸经营权的企业以及有关中外合资、合作的中方企业与国外客商就某种商品的买卖或技术转让、劳务输出、合资合作兴办企业等业务,根据国际贸易惯例和各自国家的法律规定,经过交易磋商,取得一致意见后所签订的具有法律效力的书面材料。涉外商务合同、协议对于签约双方实现各自的经济目的,解决商务活动中的争议和纠纷起到了重要的依据和保障作用。

涉外商务契约写作的四个要点

1. 符合平等互利、协商一致的原则

所谓平等,就是签约的双方地位都是平等的,不应强求任何特权或有强加于人的条款。互利是指在签约时,不能以损害对方的利益来满足自己的要求,而应当对双方都有利。

2. 内容完整,条款具体

合同、协议的写作要符合业务要求。拟写合同时,要考虑周全,力求把双方的权利、义务等内容写得完备、详尽,以免带来不必要的麻烦和经济损失。合同条款内容不全,既不利于合同的顺利执行,也容易引起纠纷。

3. 措辞准确,用语严谨

合同中的文字表达必须准确无误,不能有歧义。就连标点符号也必须做到无懈可击。

4. 具有法律约束力,不得随意更改

合同一经签署,即具有法律约束力,不得随意更改。合同如有错漏,内容需修改,要在修改补充处加盖双方印章;如必须终止合同,应经双方协商同意,签订撤销合同的协议,并报签证机关备案。

涉外商务契约的写作和例文

涉外商务合同、协议种类很多,主要有进口合同、出口合同、贸易协定、经销协议、代理协议、补偿贸易合同、来料加工装配合同、中外合资经营合同等。合同和协议的基本格式,主要由标题、首部、正文和尾部四部分构成。

1. 标题

合同的标题一般是合同的内容加上文种，如"中外来件装配合同"。

2. 首部

包括合同编号、签约时间及地点、当事人的名称或姓名和地址、前言。为下文说明简洁方便，通常用"甲方"、"乙方"来指代当事人。前言部分往往用简短的语言简要概述签订合同的依据和目的，并以"特签订本合同"等作为过渡语。

3. 正文

正文是合同的核心部分，以条款写明当事人双方所商定的合同内容。主要包括：商品品名、品质规格、数量、包装、单价和总值、交货期限、支付条款、保险条款、检验条款、索赔条款、仲裁条款等。

4. 尾部

合同的尾部主要有下列内容：合同的份数和保存、使用文字、双方单位的全称、法人代表及公章、签约日期。有附件的写明附件的名称及份数，作为合同不可分割的一部分。

以上的格式和内容并非一成不变，当事人可以根据各自交易情况做出调整或增删。

［例文1］独家代理协议

中国××进出口总公司××分公司（以下简称甲方）与×国××公司（以下简称乙方）经友好协商，甲方同意委托乙方为中国××商品的××地区的独家代理，现制定条款如下：

一、商品：××

二、地区：××

三、期限：自××××年×月×日至××××年×月×日，为期×年。第一年的经销量至少不低于××箱。

四、价格和付款：价格由甲乙双方在每笔交易时议定。每笔交易确认后，乙方应在售货确认书规定的期限内开立保兑的、不可撤销的、以甲方为受益人的即期信用证。

五、佣金：甲方在收妥每笔货款后，将按发票金额汇付乙方×％佣金。

六、广告宣传：甲方免费提供有关商品的宣传文稿、图片给乙方。乙方事先拟订广告计划，经甲方审核同意后进行广告宣传。有关费用按实际装运发票×％掌握，甲乙双方各负担一半。

七、双方的权利和义务：

1. 自本协议生效之日起，甲方不再在××地区向其他商号出售本协议规定之商品。

2. 在本协议有效期内，乙方代理的××地区的其他客户如向甲方洽购乙方所经销的商品，甲方应将他们介绍给乙方。

3. 在本协议有效期内，乙方不得经销或代理其他国家的同类商品。

4. 乙方应经常将业务活动情况、市场趋势、竞争者的价格、进口法令等资料，以及扩大销售的建议，提供给甲方参考。

八、在本协议执行中如果发生问题，双方应本着友好合作精神协商解决，应递交中国国际经济贸易仲裁委员会，按照该会的仲裁规定进行仲裁。仲裁裁决是终局的，对双方都有约束力。

九、在本协议期满前一个月内，如任何一方不提出异议，本协议自动延长一年。

本协议一式四份，双方各执两份。

甲方　　　　　　　　　　　　　　　　　乙方

中国××进出口总公司××分公司（盖章）　　　× 国××公司（盖章）

代表（签字）　　　　　　　　　　　　　　　　代表（签字）

　　　　　　　　　　　　　　　　　　　　　　××××年×月×日

［例文 2］中外来件装配合同

合　同

合同号：×××××

日期：200×年×月×日

甲方：中国＿＿＿＿＿＿＿＿＿＿＿公司

　　地址：＿＿＿＿＿＿＿＿＿＿＿＿＿

　　电话：＿＿＿＿＿＿＿＿＿＿＿＿＿

　　传真：＿＿＿＿＿＿＿＿＿＿＿＿＿

乙方：＿＿＿＿国＿＿＿＿＿＿公司

　　地址：＿＿＿＿＿＿＿＿＿＿＿＿＿

　　电话：＿＿＿＿＿＿＿＿＿＿＿＿＿

　　传真：＿＿＿＿＿＿＿＿＿＿＿＿＿

　　双方为开展来件装配业务，本着平等互利原则，通过友好协商，特签订本合同。

　　第一条　装配项目

　　乙方向甲方提供装配＿＿＿＿＿（产品）＿＿＿＿＿套（或件）所需的散件；甲方对乙方提供的散件进行装配，装配后将成品交付乙方。

　　第二条

　　乙方将于＿＿＿＿年＿＿＿月＿＿＿日至＿＿＿＿年＿＿＿月＿＿＿日，每月向甲方提供＿＿＿＿散件＿＿＿＿套，并负责运至＿＿＿＿港口（或车站）交付甲方；在甲方收到散件后＿＿＿＿月内（或＿＿＿年＿＿＿月＿＿＿日至＿＿＿年＿＿＿月＿＿＿日），分批将装配后的成品负责运至＿＿＿＿港口（或车站）交付乙方。

　　乙方在提供散件时，按＿＿＿＿％的备损率提供给甲方，多提供部分不计装配数量。如乙方未能按时、按质、按量提供全部散件，致使甲方停工待料造成损失，乙方在接到甲方提出的通知后，应予赔偿。如甲方未能按时、按质、按量交付成品，在乙方提出后，甲方应负责赔偿。

　　第三条　加工费

　　甲方为乙方进行装配的加工费，每件（或套）计＿＿＿＿币＿＿＿＿元。

　　第四条　付款办法

　　乙方将不作价的散件运交甲方，加工费由乙方给甲方开出即期付款信用证。

　　第五条　来厂专家和技术培训

　　根据实际需要，乙方有义务向甲方派遣专家并为甲方培训必要的技术人员，来厂专家和培训人员的数目、时间、任务以及费用负担等，由双方另行商议。

　　第六条　运费、保险费

　　乙方将散件运交甲方的运费、保险费由乙方负责；甲方将成品运交乙方的运费、保险费由甲方负责。成品的运输保险，由甲方按散件成本加上运费、保险费、加工费之和的＿＿＿＿％投保综合险、战争险（如陆上运输则投保陆上运输险）。在装配期间，由甲方负责投保火险。

第七条 质量检验

（1）甲方在收到散件后，应按乙方提供的技术标准，对其规格、品质进行验收，如发现乙方提供的散件规格、质量不符合技术标准，或数量不足，由甲方向乙方提出检验报告后，乙方负责退换或补足。

（2）乙方在收到甲方装配的成品后，按双方议定的验收标准验货，如因甲方装备不当造成质量问题，由乙方向甲方提出检验报告，甲方负责返修或赔偿。

第八条 不可抗力

由于战争或严重的自然灾害以及双方同意的其他人力不可抗拒的事故，致使一方不能履行合同时，遇有上述事故的一方应尽快将事故情况通告对方，并与对方协商延长履行合同的期限。由此发生的损失，对方不得提出赔偿要求。

第九条 违约责任

任何一方不履行合同条款，致使对方遭受经济损失时，必须承担赔偿责任，受损害方并拥有要求对方支付罚款_____元的权利。

第十条 仲裁

本合同在执行过程中，如发生争议，双方应本着友好方式进行协商解决。如未能解决时，提请_____国_____仲裁机构进行仲裁。仲裁裁决为终局裁决。仲裁费用由败诉一方负担。

第十一条 担保

为了保证双方履行合同和及时按合同规定支付罚款或赔偿损失，双方应分别向对方提供各自银行所出具的保函。

第十二条 转让

本合同所载明的权利和义务，非经双方一致同意，一方不得转让给任何第三方。

第十三条 有效期限

本合同自签字之日起生效，有效期到本合同规定的_____套（或件）由甲方装配成成品交付乙方并收进全部加工费时为止。

第十四条 续订

本合同有效期限届满之前，如一方认为需要续订合同，可以向对方提出并进行协商。

第十五条 文本及文字

本合同正本一式两份，双方各执一份。副本_____份。合同文本以中、_____国文字写，两国文字具有同等效力。

第十六条 补充或修订

本合同如有未尽事宜，双方可以进行协商补充或修订。

第十七条 使用法律

本合同适用法律为：

1.中华人民共和国加入的国际公约、条约；

2.中华人民共和国法律；

3.中国法律无明文规定时，使用国际通行的惯例。

甲方：_____（盖章）　　　　乙方：_____（盖章）

代表：_____（盖章）　　　　代表：_____（盖章）

第 7 章 党政机关公文

- ◆ 文体概述
- ◆ 案、函、纪要这十五种主要公文文种的适用范围、特点、类型、写作原则、写作格式及参考例文
- ◆ 党政机关公文处理工作条例

文体概述

【提要】

◇ 党政机关公文的含义

◇ 党政机关公文的四个特点：政治性、权威性、实用性、规范性

◇ 党政机关公文的分类

◇ 党政机关公文的五种作用：法规依据、领导指导、宣传教育、联系沟通、凭证依据

◇ 党政机关公文的格式

◇ 党政机关公文的四条行文规则：根据隶属关系行文、根据职权范围行文、党政分开行文、一文一事等。

◇ 党政机关公文语言的四个特点：准确贴切、简洁严谨、朴实庄重、得体规范

◇ 党政机关公文运用语言的五种方法：用词准确，无歧义；适当使用模糊词语；多用"的"字结构；使用公文惯用语，慎用方言、口语；选择正确的句式

党政机关公文的含义

党政机关公文是党政机关实施领导、履行职能、处理公务的具有特定效力和规范体式的文书，是传达贯彻党和国家方针政策，公布法规和规章，指导、布置和商洽工作，请示和答复问题，报告、通报和交流情况等的重要工具。

这一含义包含以下两层意思：一是党政机关公文的产生和使用必须和"党政管理过程"联系在一起，这就有别于纯属私人交往的文书；二是公文的形式要有"规范体式"，这说明党政机关公文的格式和行文必须规范，不能随意杜撰。

公文这个概念古已有之。它与文字符号的出现、行政机构的产生密不可分，只是不同历史时期名称各异而已。

我国最早的公务文书雏形——甲骨文中，就已有奴隶主祈雨占卜、追捕逃亡的奴隶等等的文书，考古学家称之谓"甲骨文书"。如《夕风》："戊戌卜，永贞：今日其夕风？贞：今日不夕风？"（戊戌日占卜，永问道：今天夜里会刮风吗？又问道：今天夜里该不会刮风吧？）

我国保存下来的第一部古代历史文献《尚书》是春秋前历代史官所藏行政公文的汇编，汇集了虞、夏、商、周四个朝代的文告、统治者的典章和讲话记录。《尚书》中已把文书分为诰、誓、命、典、谟、训几种，这对以后历代王朝行政公文的发展产生了很大的影响。

进入封建社会后，随着中央集权的加强，行政公文出现了上行文、平行文、下行文之类的配套体系，并且各个体系之间等级森严，不能混淆。如上行文有章、表、奏、议、题、状等；下行文有制、诏、命、策、谕、檄等；平行文有书、简、牒、咨、关、牒、照会等。

直到辛亥革命成功，南京临时政府废除帝制，才革除了沿袭数千年的封建文书制度。

党政机关公文的四个特点

党政机关公文是一种传递党和国家政令、政策、处理公务的特殊文字形式，与文学作品、新闻体裁和一般文章有所不同，具有自身的鲜明特点。

1. 政治性

党政机关公文是党和国家行政机关处理公务的产物，这一性质决定了它必然具有高度的政治性。它不仅表述制文机关一定的立场观点和决策意图，带有鲜明的政治色彩；而且其制发公文的目的是为了制定政策、宣传政策和执行政策，而政策性正是政治性的重要内容。在公文贯彻实施的过程中既要贯彻政治意图，又要结合本地区、本部门的实际情况，研究许多具体的政策性问题，并将实践的经验教训反馈给上级机关，以便调整政治目标，修订政策，因此，党政机关公文具有鲜明的政治性。

2. 权威性

党政机关公文具有法定的权威性，主要表现在以下两个方面：

一是公文作者的法定权威性。党政机关公文是党和国家行政机关为行使其职权而制发的，其作者必须是法定的机关、组织，以及这些机关与组织的负责人。所谓的法定机关与组织，是指依法成立的并具有法定职权的机关与组织。只有这样的机关与组织及其负责人才有权制发公文，这与其他文章或作品的作者署名情况大不一样。

二是公文内容的法定权威性。公文的内容，是法定作者依据自己法定的职责和权力，制发的有关传达贯彻党和国家的方针政策、重大部署、重要决策和各项措施办法等。这些内容具有法定的权威性，在它职权范围所属的地区和部门，都必须一律遵行，认真贯彻落实。这与文学作品和学术论文不同。文学作品的内容，人们可看可不看，也可以边看边撂；学术论文的内容和观点，人们可以赞同，也可以批评，甚至阅后置于脑后。公文的内容则需要作为人们理解、执行或处理公务的依据，因而具有明显的权威性。

3. 实用性

党政机关公文作为传达党和国家政令的有效工具和处理公务的重要手段，必然有很强的实用性。撰制公文，要以政策为依据，事实为基础，着眼于实用，为传达政令、处理公务需要而作。发文机关根据形势的发展和有关政策规定，针对实际情况和现实问题，通过制发公文来传达一定的意图,提出解决问题的对策和办法,以期达到撰文的目的和要求。收文机关以此作为处理公务、解决问题的凭证和依据,推动实际工作的发展。撰文的实用性,需要公文制发机关有正确的指导思想,真切地了解实际,加强针对性,使公文有的放矢,切合实用,发挥其合法效用和实用价值。

党政机关公文的实用价值,包括现实价值和历史价值。一般来说,每一件党政机关公文都有其具体使命,有其现实实用价值。一旦公文的具体使命完成了,或者随着时间的推移,形势的发展,情况的变化,原来的文件不适用了,失去了现实价值,需要代之以新的公文。失去现实价值的公文,经过系统整理,成为历史的真实记录。文书档案的利用价值,正是党政机关公文历史价值的体现。

4. 规范性

党政机关公文体式的规范性,是指文体和格式都有其特定的规范要求。每一种公文,都有其特定的适用范围、表现内容,固定的结构及行文格式,不能别出心裁,标新立异,也不能自搞一套,混同使用。

党政机关公文这种统一规定的体式是在公文制作和使用的长期实践中形成的,目的是保证公文准确、完整、统一、有效,保证公文的正常运转以及效用的发挥。

党政机关公文的分类

按实际需要和一定标准区分党政机关公文的种类,有利于正确认识和选择文种,以免错用和混用;有利于提高党政机关公文的质量和规范化;有利于提高公文运转和处理的效率;还有利于公文的立卷归档和科学管理。

1. 按文件来源分类

按文件的制发和文件的传递,一般分为发文、收文和内部文件三种。

(1)发文:是指本机关撰制的向外部机关发放的公文。它直接反映本机关行使职权,完成工作任务和进行各项公务活动的真实情况。

(2)收文:是指本机关收进的外部机关的公文,包括上级机关、下级机关、同级机关和不相隶属机关的各种来文。

(3)内部文件:是指本机关产生并供本机关内部使用的公文。

2. 按行文关系分类

(1)下行公文:是上级机关向下属机关或人民群众发送的各种公文。有决议、决定、命令(令)、公报、公告、通告、通知、通报、批复、纪要。

(2)上行公文:是下级机关向上级机关呈送的各种公文。有报告、请示。

(3)平行公文:是平行机关或不相隶属的机关之间相互沟通协调使用的各种公文。有函、议案。

(4)多向行文:是指可以根据实际需要,既可上行也可下行的公文。有意见。

3. 按文件性质作用分类

(1)指挥性公文:是指上级领导机关指导、指挥下级所属机关工作活动的公文。有命令(令)、决定、决议、批复、意见等。

(2)报请性公文:是指下级机关向上级领导机关汇报工作、反映情况、提建议、请求批准和解决问题的公文。有报告、请示。

（3）知照性公文：是指各机关通知事项、传递信息、联系商洽工作、知照公众的公文。有公报、公告、通告、通知、通报等。

（4）商洽性公文：是指平行机关或不相隶属的机关之间相互沟通协调使用的各种公文。有函、议案。

（5）记录性公文：是指用于记载会议主要情况和议定事项的公文。有纪要。

4. 按文件时限要求分类

（1）特急公文：是指事关重大而又十分紧急，要求以最快速度形成、运转、处理，决不允许有丝毫懈怠与拖延的公文。

（2）加急公文：相对于特急公文而言，其时限稍可容缓，但也涉及重要事项而又需快速形成、运转、处理的公文。

（3）常规公文：是指按正常速度形成、运转、处理的公文。

5. 按文件保密要求分类

（1）保密文件：是指内容涉及国家机密，需要控制时间、范围、对象的公文。按《党政机关公文处理工作条例》第九条第二款规定，保密公文应分别标明相关密级："绝密"、"机密"、"秘密"，并标明保密期限和份号。

（2）非保密文件：相对于保密文件而言，也叫普通公文。普通公文的内容虽不涉及机密，但也并非任何人可以传阅，因而要控制一定的阅读范围和时间。

党政机关公文的五种作用

党政机关公文作为传达政令、处理公务的重要工具，具有多方面的功能和作用。

1. 法规依据

党政管理工作需要有各种党政法规，作为人们行为的规范和准则，也作为各项行动、工作或活动的依据和准绳。这些文件，有关机关和人员都应以此作为处理工作和解决问题的重要依据，遵守执行，不得违反或延宕。这些公文在未作修订和废止前，始终有一定的强制性和行政约束力，对有关党政工作和活动起法规性制约。

2. 领导指导

党政机关公文是传达政令的工具。各级党政机关通过制发各类党政公文，传达和贯彻上级领导意图，有针对性地指导实际工作，解决有关问题，因而起着领导作用。有些领导机关下达的党政公文，对下级机关的党政事务和业务进行具体指导，有的比较灵活地提出"供各地参照"、"可参考执行"等；有的对下级有所指示、交办、批复，它们都具有指导作用。

3. 宣传教育

党政机关公文，带有很强的法规性、方针政策性和领导指导性，其本身就是对广大干部群众进行思想和政策的宣传教育，而且较之新闻媒体的宣传教育，更有宣传效力。许多命令（令）、决议、公报、意见、通知等"红头文件"，更具有权威性和可信性；即使一些表彰性、批评性通报，奖惩方面的决定，也与宣传教育紧密挂钩。有些通告（通报）和公告，具有暗示性和宣告性，对公众加强遵纪守法的劝诫和维护社会秩序方面，具有一定的宣传教育作用。

4. 联系沟通

党政机关公文是沟通上下左右联系的重要工具。各类各级党政机关都与党和国家或地区党政总体网络相接通，在一系列公务活动中，通过公文使上情迅速下达，下情及时上传；各党政机关之间又相互联系,传递信息,知照情况,交流经验,商洽工作,协调关系。在纵向、横向交流沟通中,使各级党政工作正常而有秩序地开展。

5. 凭证依据

党政机关公文反映了制文机关的意图,具有法定的行政效力。如下行文的决定、意见、批复等,上行文的报告、请示等,发文机关都以此作为处理工作,解决问题的依据,因此公文具有依据作用。有些公文真实记载公务联系和某项活动情况,如纪要、函等,可作现实和历史查考的依据和凭证。

党政机关公文的格式

党政机关公文在长期的使用过程中,形成了一套完整的格式,撰写公文或印制文件必须遵照执行。根据国务院办公厅颁发的《党政机关公文处理工作条例》第三章规定,党政机关公文的格式,主要由发文机关标识等18个部分组成。

1. 眉首格式

置于公文首页红色反线以上的各要素统称公文眉首。眉首包括:公文份数序号、秘密等级和保密期限、紧急程度、发文机关标识、发文字号、签发人。

(1)份号:公文印制份数的顺序号,即将同一文稿印刷若干份时每份公文的顺序编号。涉密公文应当标注份号。置于版心左上角第一行,用阿拉伯数字。

(2)秘级和保密期限:密级分为绝密、机密和秘密;保密期限是对公文秘密等级时效规定的说明。置于版心右上角第一行,两字之间空一字。

(3)紧急程度:是对公文送达和办理的时限要求。根据紧急程度,标注"特急"、"加急";紧急电报分为"特提"、"特急"、"加急"、"平急"。置于版心右上角第一行,两字之间空一字。公文同时标识秘密等级与紧急程度,秘密等级顶格标识在版心右上角第一行,紧急程度顶格标识在版心右上角第二行。

(4)发文机关标识:发文机关标识表明公文的作者,他是发文机关制作公文时使用的、规范板式的文件版头,通常称"文头"。由发文机关全称或规范化简称后加"文件"组成,居中红色套印在文件首页上端。联合行文时,发文机关标志可以并用联合发文机关名称,也可以单独用主办机关名称,"文件"二字置于发文机关名称右侧,上下居中排布。如"浙江省人民政府文件"。

(5)发文字号:发文字号是发文机关按照发文顺序编排的顺序号。由发文机关代字、年份和序号组成。置于发文机关标识下空两行,居中排布。年份、序号用阿拉伯数码标识;年份应标全称,用六角括号"〔 〕"括入;序号不编虚位(即1不编为001),不加"第"字。联合行文使用主办机关的发文字号。如"浙政〔2013〕8 号","浙政"是浙江省人民政府的机关代字,"〔2013〕"是年份,"8 号"是序号。

发文字号之下4mm处印一条与版心等宽的红色反线。

(6)签发人:签发人是在上报的公文中批准签发的领导人姓名。只用于上行文。平行排列于发文字号右侧。发文字号居左空1字,签发人姓名居右空1字;签发人用3号仿宋体字,签发人后标全角冒号,冒号后用3号楷体字标识签发人姓名。如有多个签发人,主办单位签发人姓名置于第1行,其他签发人姓名从第2行起在主办单位签发人姓名之下按发文机关顺序依次顺排,下移红色反线,应使发文字号与最后一个签发人姓名处在同一行并使红色反线与之的距离为4mm。其中"请示"应当在附注处注明联系人的姓名和电话。

2. 公文主体部分

置于公文首页红色反线(不含)以下至抄送机关(不含)之间的各要素统称主体。包括:标题、主送机关、正文、附件说明、成文日期、印章、附注、附件。

(1)公文标题:即对公文主要内容准确、简要的概括。由发文机关名称、事由和文种组成。如《国务院办公厅关于羊毛产销和质量问题的函》。除法规名称加书名号外,一般不用标点符号。位于红色反线下空两行,用 2 号小标宋体字,可分一行或多行居中排布;回行时,要做到词义完整,排列对称,间距恰当。

(2)主送机关:是指要求公文予以办理或答复的主要受理机关,应当使用机关全称、规范化简称或者同类型机关统称。标识在标题下空一行,左侧顶格 3 号仿宋体字标识,回行时仍顶格。最后一个主送机关名称后标全角冒号。

(3)公文正文:公文正文表述公文的具体内容。通常分导语、主体和结束语。在主送机关下一行,每自然段左空 2 字,回行顶格,数字、年份不回行。正文以 3 号仿宋体字,一般每面排 22 行,每行排 28 字。文中如有小标题可用 3 号小标宋体字或黑体字。

(4)附件说明:公文附件的顺序号和名称。公文如有附件,在正文下空一行左空 2 字用 3 号仿宋体字标识"附件",后标全角冒号和名称。附件如有序号使用阿拉伯数码(如"附件:1.×××××");附件名称后不加标点符号。

(5)发文机关署名(从 2012 年 7 月 1 日起):署发文机关全称或者规范化简称。

(6)成文时间:指公文生效的时间。署会议通过或者发文机关负责人签发的日期。联合行文时署最后签发机关负责人签发的日期。标识在正文之下,空两行右空 4 字。用汉字将年、月、日标全;"零"写为"○"。

(7)印章:公文中有发文机关署名的,应当加盖发文机关印章,并与署名机关相符。有特定发文机关标志的普发性公文和电报可以不加盖印章。联合上报的公文,由主办机关加盖印章,联合下发的公文,发文机关都应加盖印章。

单一机关制发的公文在落款处不署发文机关名称,只标识成文时间。加盖印章应上距正文 2mm～4mm,端正、居中、下压成文时间,印章用红色。

当印章下弧无文字时,采用下套方式,即仅以下弧压在成文时间上;当印章下弧有文字时,采用中套方式,即印章中心线压在成文时间上。

当联合行文需加盖两个印章时,应将成文时间拉开,左右各空 7 字;主办机关印章在前;两个印章均压成文时间,印章用红色。只能采用同种加盖印章方式,以保证印章排列整齐。两印章间互不相交或相切,相距不超过 3mm。

当联合行文需加盖 3 个以上印章时,为防止出现空白印章,应将各发文机关名称(可用简称)排在发文时间和正文之间。主办机关印章在前,每排最多排 3 个印章,两端不得超出版心;最后一排如余一个或两个印章,均居中排布;印章之间互不相交或相切;在最后一排印章之下右空 2 字标识成文时间。

当公文排版后所剩空白处不能容下印章位置时,应采取调整行距、字距的措施加以解决,务使印章与正文同处一面,不得采取标识"此页无正文"的方法解决。

(8)附注:是需要说明的其他事项,如公文的发放范围、使用时注意的事项、联系人及联系方式等。公文如有附注,用 3 号仿宋体字,居左空 2 字加圆括号标识在成文时间下一行。

(9)附件:公文正文的说明、补充或者参考资料。附件应与公文正文一起装订,并在附件左上角第1行顶格标识"附件",有序号时标识序号;附件的序号和名称前后标识应一致。如附件与公文正文不能一起装订,应在附件左上角第1行顶格标识公文的发文字号并在其后标识附件(或带序号)。

3. 公文版记部分

置于抄送机关以下的各要素统称为版记。包括:抄送机关、印发机关和印发日期。

(1)抄送机关:指除主送机关外需要执行或知晓公文的其他机关。公文如有抄送,在附注下一行;左空1字用3号仿宋体字标识"抄送",后标全角冒号;抄送机关间用逗号隔开,回行时与冒号后的抄送机关对齐;在最后一个抄送机关后标句号。

(2)印发机关和印发时间:印发机关是印制公文主管部门,印发时间是公文的付印时间。位于抄送机关之下(无抄送机关在附注之下)占1行位置;用3号仿宋体字。印发机关左空1字,印发时间右空1字。印发时间以公文付印的日期为准,用阿拉伯数码标识。

(3)版记中的反线。版记中各要素之下均加一条反线,宽度同版心。

下面是一张公文格式图:

党政机关公文行文的四条规则

为使公文发挥其应有的法定效用,使行文畅通有序,应遵守以下四条基本行文原则:

1. 根据隶属关系行文

各级党组织和国家行政机关、团体和企事业单位,是按照民主集中制的原则,组成一个从中央到地方的严密的组织系统和网络。它们之间有着自己特定的隶属关系。隶属关系是一种管辖与被管辖的关系。

对有隶属关系的上级机关行文,应使用上行文;对有隶属关系的下级机关行文,应使用下行文;同级机关和不相隶属机关之间,不存在隶属关系,一般应使用平行文。

2. 根据职权范围行文

各级行政机关和单位,应按照自己的职权范围行文。应当在自己职权范围内行文处理的问题而不予处理,就是失职;超越自己的职权范围行文,就是越权。失职和越权,都会造成行文关系的混乱。只有坚持按照职权范围行文,才能维护公文的严肃性和权威性。

按照职权范围行文,在上下级机关之间,下级机关应向上一级机关汇报工作、请示问题,但是属于下级机关职权范围处理的事项,上级机关不应代替行文;各级机关的职能部门在自己的权限内可以相互行文;机关职能部门与所属下一级机关职能部门之间有业务指导关系,可以互相直接行文;职能部门也可以根据党委、政府的授权和有关规定,对下一级党委、政府直接行文。

3. 党政分开行文

党的文件和行政文件,两者的效用有原则的区别,不能相互混淆与替代。党的文件,是传达党的路线、方针、政策和实施党的领导的重要工具;而国家行政机关的文件,是用于传达贯彻党和国家的方针政策,发布行政法规和规章,处理政务,实施行政管理。

党委和行政系统应按照各自的隶属关系的职权范围行文。凡属党委系统工作由党委行文,凡属政府系统工作应由政府行文。行政机关不能向党组织作指示、交任务,在向上级行政机关报告、请示时,不要不分问题性质和内容,都同时抄报给党的领导机关。

同级党政机关、党政机关与其他同级机关必要时可以联合行文。属于党委、政府各自职权范围内的工作,不得联合行文。党委、政府的部门依据职权可以相互行文。

部门内设机构除办公厅(室)外不得对外正式行文。

4. 一文一事及其他

下级机关向上级请示问题,必须一文一事,并坚持只送一个主送机关的原则,如其他上级机关确有必要知晓,可采用抄报的形式。受双重领导的机关向上级机关呈报公文时,应注明主报受理机关。无极特殊情况不要越级行文。

涉及几个机关共同的问题行文时,必须经过协商,统一认识和分别签署后方能发文,一个机关不能自做主张强行发文。联合发文必须制订统一的版头,搞好会签。

不同级别、不同层次的机关不能随意联合发文。

压缩发文的数量,减少一文多发的现象,尽量减少文件的中转层次,充分发挥公文的实施效果与功能。

党政机关公文的语言

党政机关公文传达政令、处理公务、交流经验的重要作用是通过语言这一要素来实现的。公文语言是书面语言,要求"写得一清二楚,十分明确,句稳词妥,通体通顺,让人家不折不扣地了解你说的是什么。""为了节省看公文的精力和时间,公文就该写得简而得要。"①

1. 党政机关公文语言的四个特点

(1)准确贴切

准确贴切是文章语言的普遍要求,但文体不同,准确性的含义也有所不同。如文学性语言,可运用夸张、虚构、描写等手段,可以说,只要能生动地再现形象,任何手法都是而且应当使用的,用的越新越奇越好。但公文的语言却不能用夸张、虚构、渲染、抒情等手法,否则就成了夸大其词、弄虚作假,不仅不能让人很好地理解情况、领会精神,而且给人以虚假的感觉。所以,公文语言的准确要求,和其他文体是不同的。

(2)简洁严谨

简洁是指公文语言要简明扼要,用最少的词句表达最丰富的内容。古人说:"简为文章之尽境","字则期少,义则期多","文约而事丰"等都是这个意思。

(3)朴实庄重

公文代表党政机关发言,行文是为了处理公事,不是表达个人情怀,因此,不宜体现个人风格,其文风应该是朴实庄重的。

(4)得体规范

公文的语言表达要得体,要符合作者的身份。不同的文种要采用不同的语气和句式。如命令、决定等上行文的语气应斩钉截铁,句式简短明确,使之具有极大的权威性和强制力。决不允许吞吞吐吐、犹犹豫豫、模棱两可、含糊其辞。

公文的语言要规范,即要符合约定俗成或明文规定的标准,用字用词、语句、标点符号、数字、缩略语、计量单位等都要符合规范。

2. 党政机关公文运用语言的五种方法

(1)用词准确,无歧义

词是语言可以独立运用的最小的结构单位。用词是否准确,直接影响到读者的理解问题。古人说:"一字如公文,九牛拽不出。"又说:"慎乃出令,令出必行。"意思都是说公文用词一定要准确、要慎重,因为它体现的是党政机关的意志和意图,一旦关键词语用错,将会给工作造成无可挽回的损失。

为使用词准确,可多用直义词,少用或不用婉义词,避免理解发生歧义;要注意辨别词义的轻重(例如,损坏、破坏、毁坏;损失严重、损失惨重);词义范围的小大(例如,事情、事件、事故;宽阔、广阔、辽阔);词义褒贬的感情色彩(例如,成果、结果、后果;果断、决断、武断)。

特别要注意分辨清楚近义词的细微差别,如:

北京市城镇居民每月发放副食补贴七元五角。

这是一句政策性很强的话,但如果错把"城镇居民"写成"市民",其涉及范围就完全不同,工作就会造成很大的被动。

(2)适当使用模糊词语

有时,公文语言也需要适当的委婉灵活,使表达意思留有余地,这和准确贴切并不矛盾。如:"原则上今年不安排发行地方企业债券","当前工作还存在着一定的差距","尽快将会议精神传达下去","采取适当方式向人民群众宣传保护文物的政策、法令","分别不同情况,予以妥

---

① 叶圣陶.公民写得草率的现象应当改变.新华月刊.1957,(15)

善处理"等等。其中"原则上"、"一定的"、"尽快"、"适当"、"妥善"均属于模糊词语,但在理解上却不会引起歧义。

一般来说,使用模糊词语时在三种情况下较为妥当:

其一,客观事实本身处于模糊状态。如"当前工作还存在着一定的差距"正反映了日子的不确定性;

其二,提出的意见或要求具有一定的灵活性。如"原则上今年不安排发行地方企业债券"这是考虑到各地区各企业情况不同,所以在执行上可有一定的灵活性;

其三,不必或不宜做准确表达的,意即非重点之处为图省力省字,采用模糊说法。如"我国中西部地区幅员广大",到底有多大幅员,不必做精确统计,因为这不是文中重点。

但在使用模糊词语时需注意,凡是关键、要害处必须精确,绝不能含糊其辞。在时间、地点、人物、情节、结果等重要问题上更应该表达精确。如:

> 今年 2 月 16 日晚,××县城关发生小学生重大伤亡事故。该县在县文化馆举行闹元宵晚会,给城关第一小学和第二小学布置了文艺演出任务。由于组织安排不周,现场指挥不当,人群拥挤,秩序混乱,至晚 8 时以后,文化馆彩门被挤倒,在大门正面的石阶上,挤倒了一大片人,相互挣扎践踏,秩序更加混乱。结果踩死、压死 58 人(其中小学生 40 人,中学生 2 人),伤 43 人(其中学生 8 人,教师 4 人)。

这段文字就把事情发生的时间、地点、原因、结果等表达得很准确,不会令人产生歧义。

(3)多用"的"字结构

"的"字结构是由词或词组加"的"构成,相当于一个名词。公文中的"的"字结构,大都由动词性词组加"的"构成,并常作介词"对"、"关于"的宾语,构成介词结构。例如:

> 地方各级人民政府所做的减税规定,都要逐项审查。凡违反税法规定和超越权限的,要立即纠正;在管理权限以内减免税不当的,也应停止执行。

使用"的"字结构,使语言具有简明、经济的表达效果。

(4)使用公文惯用语,慎用方言、口语

所谓公文惯用语,就是在文言语词的基础上,经过不断发展变化沿袭下来的习惯用语以及定型化、规范化的语言格式。古汉语中的一些词语至今仍然有一定的生命力,若恰当使用,不仅可为文章增色,而且可使语言更简洁。如:

> 按计划要求,完成这批建设项目,对改善城市环境,缓解交通紧张状态,具有重要意义。因此一定要大力协作,使之按期建成。

这里的"之"就相当于"这批项目"。

再如:

> 中央已原则同意《北京市人民政府关于北京市建设规划的意见》,认为其中各项办法是比较切实可行的。

凡长期旷工者,一律按情节严重程度及本人态度给予严厉处分直至开除。

这两段话中的第一段"其"相当于上述的"意见",第二段中的"者"相当于"的人"。

公文惯用语主要有以下几种:

开端用语:根据、为、按照、兹因、欣值、鉴于等。

称谓用语:第一人称用本、我;第二人称用你、贵;第三人称用该、他等。

引叙用语:前接、近悉等。

经办用语:经、兹经、业经、责成、现将、拟定等。

承启用语:为此、据此、对此、有鉴于此、答复如下等。

期请用语:请、希、望、盼等。

表态用语:同意、可行、不可、照办、迅即办理、现予转发等。

结尾用语:特此、为、希、以上报告请审查、以上请示如无不妥,请批复、以上意见当否,请批复、敬请函复、此致 敬礼等。

另外若想保证公文语言的庄重,就要尽量采用书面语言,少用或慎用方言土语或口语。因为,方言和口语虽然能增加文字的活泼和表现力,但却容易使文风显得不严肃,流于油滑。如"弄虚作假"在口语中就成了"耍花招儿"、"弄假招子","丈夫"、"妻子"就成了"老公"、"老婆";"敏捷"、"迅速"就成了"麻利"或"利落"、"利巴"等等,这都会影响读者的理解,有失文雅和庄重,从而影响公文的权威性。曹丕在《典论·论文》中所说的"奏议宜雅"正是表明公文的语言应文雅庄重。

(5)选择正确的句式

根据行政公文内容表达需要和语体特点,公文基本上采用主谓句。主谓句中有较多的长句。长句的构成主要有三种方式:

一种是用介词结构作修饰语。多用介词结构,能够使句子表意更为严密。公文的标题多用介词结构,如《××××关于××××的通知》;在正文中也常常用介词结构,如"为了充分调动饭店职工的积极性,在不断提高服务质量、努力增加经济效益的前提下,要不断改善职工的福利待遇。"常用的介词有:为了、对于、根据、依照、自从、在、由等。

一种是用并列成分。在公文句子的各个位置,可以用并列成分,使语言简约。如:"但最近几年来,在农村出现了重化肥轻有机肥、重用地轻养地、重产出轻投入的倾向。"

一种是用并列复句和递进复句。公文语言里的联合复句,两个或两个以上的分句之间不分主次,并以并列关系、递进关系的复句为多。并列关系的复句,分句之间说明几件事或几种情况,用关联词"既……又……"来表示。递进关系的复句,后一分句比前一分句更进一层意思,用关联词"不但………而且……"来表示。

决　　议

【提要】

◇ 决议的适用范围

◇ 决议的两个特点:权威性、指导性

◇ 决议的三种类型:审批性决议、发布性决议、阐释性决议

◇ 决议的三条写作原则:准确把握会议精神、使用鼓舞号召性文字、行文表述须十分慎重

◇ 决议的写作格式

◇ 范例二则：1. 浙江省第十二届人民代表大会第一次会议关于政府工作报告的决议

　　　　　　2. 中国共产党第十七次全国代表大会关于十六届中央委员会报告的决议

决议的适用范围

决议适用于会议讨论通过的重大决策事项。

值得注意的是，原则上只有经过法定程序选举或经过其他组织原则按照一定程序形成的会议、委员会会议才能形成决议，亦即必须经过一定会议议决的事项才能使用"决议"，不经会议不可能产生决议。

决议和决定均涉及重大事项，反映的均为发文者对重大问题的意见、看法，且一定范围内有强制性执行效力的公文，但两者之间又有区别：首先，决议的原则性更强，而决定更具针对性；其次，决议为会议文件，须经正式会议或代表会议讨论通过后才能形成并生效，通过决议的会议时间和名称也须写进文件中，而决定既可由会议研究作出，也可由其它程序产生，可写进文件，亦可不写；再次，决议的内容多带有全局性工作的原则性事项，而决定则既可表述全局具体工作安排，也可表述局部的。

决议的两个特点

1. 权威性

决议是通过党政会议讨论通过才能生效并由的党政领导机关发布的，是领导机关意志的体现，因此决议的内容事关重要决策事项，一经公布就必须坚决执行。

2. 指导性

决议表述的观点和对事项的评价均具有指导意义。

决议的三种类型

决议一般分审批性决议、发布性决议和阐释性决议三种类型。

1. 审批性决议

审批性决议用于审议批准法律、法规、文件、组织等。

2. 发布性决议

发布性决议用于传递党和国家对重大问题的主张或发布重要方针政策。如《中国共产党中央委员会关于建国以来党的若干历史问题的决议》(1981 年 6 月 27 日，中共中央十一届六次全会通过)。

3. 阐释性决议

阐释性决议用于阐释某一问题并作出决定。如《关于增强党的团结的决议》(1954 年 2 月 10 日，中共中央七届四次全会通过)。

决议的三条写作原则

1. 准确把握会议精神

准确把握会议中心。决议是会议的成果,体现的是会议参加者群体的意志。因此写作时一定要了解会议的背景、形势和目的,理解会议所要解决的基本问题和历史,掌握会议的肯定性意见、知晓会议决策方案的多种状态和最佳方案。

2. 使用鼓舞号召性文字

决议的结尾一般都有一段专以用来鼓舞人心的号召性文字,起到呼应开头、加深受众印象和鼓舞士气作用,有利于决议的贯彻和执行。

3. 行文表述须十分慎重

由于决议的内容一般是针对重大问题通过一定组织形式的会议讨论通过郑重作出的决定,事关重大,如全国人大及其常委会通过的一些决议本身就是法律。因此,在行文表述上要求逻辑严密,用语精确,条理分明,具体明确,要做到严谨、简练、准确。同时以正面阐述为主,要求阐述清晰,说理透彻,少作解释,对议而未决的事项,有意回避不提。常用"会议一致认为"作段首语。

决议的写作格式

决议的格式,一般由标题、通过日期、正文组成。

1. 标题

决议的标题要求三要素齐全,即发文机关(或会议名称)加事由加文种。如《中华人民共和国第五届全国人民代表大会第五次会议关于中华人民共和国国歌的决议》。

2. 通过日期

通过日期一般写在标题下,在小括号内注明会议名称和通过时间,也可只写年月日。

3. 正文

正文因类型不同有所差异。审批性决议先写什么会议审议了某个议案,依据什么理由,决定批准与否,再写对被审议的具体评价,最后以"指出""认为"等语引出号召;公布性决议先写通过决定的那次会议和作出公布议案的简单理由,再写公布内容,最后写注意事项和处理办法;阐释性决议先概述某一事实,接着加以理论分析,最后为评断。

决议无落款、无印章、无发送单位,决议在产生会议的范围、辖区、行业、系统内有效。决议除可见报、张贴外,作为公文其行文形式可由会议的常务委员会、日常办事机构印发。印发时还可由印发机关下发关于印发的通知等。

范例二则

［例文 1］

浙江省第十二届人民代表大会第一次会议关于政府工作报告的决议
(2013 年 1 月 31 日浙江省第十二届人民代表大会第一次会议通过)

浙江省第十二届人民代表大会第一次会议听取和审查了李强代省长所作的政府工作报告。会议认为,五年来,省人民政府深入实施"八八战略"和"两创"总战略,大力推进"全面小康六大行动计划",全省经济社会发展取得显著成就。会议充分肯定省人民政府过去五年的工作,同意报告提出的今后五年经济社会发展奋斗目标和主要任务,同意 2013 年工作部署,决定批准这个报告。

会议指出,今后五年是我省加快经济转型升级的攻坚时期,是建设物质富裕精神富有现代化浙江的关键时期。我们要高举中国特色社会主义伟大旗帜,以邓小平理论、"三个代表"重要思想、科学发展观为指导,全面贯彻落实党的十八大和省第十三次党代会精神,深入实施"八八战略",按照干好"一三五"、实现"四翻番"的决策部署,以科学发展为主题,以加快转变经济发展方式为主线,以富民强省、社会和谐为根本目的,全面推进经济建设、政治建设、文化建设、社会建设、生态文明建设,着力深化改革开放,着力强化创新驱动,着力优化经济结构,着力改善发展环境,着力保障改善民生,促进经济持续健康较快发展和社会全面进步,为建设物质富裕精神富有现代化浙江奠定坚实基础。

会议强调,2013 年是新一届省人民政府的开局之年。做好今年各项工作,意义十分重大。省人民政府要按照本次会议确定的全年目标任务,振奋精神,改进作风,扎实工作,深入推进自身改革和建设,加快建设服务型政府、法治政府、廉洁政府,努力实现本届政府工作的良好开局。

会议号召,全省人民更加紧密地团结在以习近平同志为总书记的党中央周围,在中共浙江省委的领导下,万众一心,攻坚克难,真抓实干,为开创浙江更加美好的未来而努力奋斗!

[例文 2]

中国共产党第十七次全国代表大会关于十六届中央委员会报告的决议
(2007 年 10 月 21 日中国共产党第十七次全国代表大会通过)

中国共产党第十七次全国代表大会批准胡锦涛同志代表十六届中央委员会所作的报告。报告以马克思列宁主义、毛泽东思想、邓小平理论和"三个代表"重要思想为指导,深入贯彻落实科学发展观,科学回答了党在改革发展关键阶段举什么旗、走什么路、以什么样的精神状态、朝着什么样的发展目标继续前进等重大问题,对继续推进改革开放和社会主义现代化建设、实现全面建设小康社会的宏伟目标作出了全面部署,对以改革创新精神全面推进党的建设新的伟大工程提出了明确要求。报告描绘了在新的时代条件下继续全面建设小康社会、加快推进社会主义现代化的宏伟蓝图,为我们继续推动党和国家事业发展指明了前进方向,是全党全国各族人民智慧的结晶,是我们党团结带领全国各族人民坚定不移走中国特色社会主义道路、在新的历史起点上继续发展中国特色社会主义的政治宣言和行动纲领,是马克思主义的纲领性文献。

大会认为,报告阐明的大会主题对我们党带领人民继往开来、开拓奋进具有十分重大的意义。全党要高举中国特色社会主义伟大旗帜,以邓小平理论和"三个代表"重要思想为指导,深入贯彻落实科学发展观,继续解放思想,坚持改革开放,推动科学发展,促进社会和谐,为夺取全面建设小康社会新胜利而奋斗。

大会强调,中国特色社会主义伟大旗帜,是当代中国发展进步的旗帜,是全党全国各族人民团结奋斗的旗帜。全党必须坚定不移地高举中国特色社会主义伟大旗帜,带领人民抓住和用好重要战略机遇期,求真务实,锐意进取,继续全面建设小康社会、加快推进社会主义现代化,完成时代赋予的崇高使命。

大会高度评价十六届中央委员会的工作。大会认为,十六大以来,面对复杂多变的国际环境和艰巨繁重的改革发展任务,党带领全国各族人民,高举邓小平理论和"三个代表"重要思想伟大旗帜,提出并贯彻科学发展观等重大战略思想,战胜各种困难和风险,推动党和国家工作取得新的重大成就、人民生活得到显著改善,开创了中国特色社会主义事业新局面,开拓了马克思主义中国化新境界。实践充分证明,十六大和十六大以来中央作出的各项重大决策是完全正确的。

大会同意报告对我国改革开放的伟大历史进程和宝贵经验的科学总结。大会认为,改革开放是党在新的时代条件下带领人民进行的新的伟大革命,符合党心民心,顺应时代潮流。改革开放29年来的成功实践雄辩地证明,改革开放是决定当代中国命运的关键抉择,是发展中国特色社会主义、实现中华民族伟大复兴的必由之路;只有社会主义才能救中国,只有改革开放才能发展中国、发展社会主义、发展马克思主义。改革开放以来我们取得一切成绩和进步的根本原因,归结起来就是:开辟了中国特色社会主义道路,形成了中国特色社会主义理论体系。全党同志要倍加珍惜、长期坚持和不断发展党历经艰辛开创的中国特色社会主义道路和中国特色社会主义理论体系,勇于变革、勇于创新,永不僵化、永不停滞,不为任何风险所惧,不被任何干扰所惑,使中国特色社会主义道路越走越宽广,让当代中国马克思主义放射出更加灿烂的真理光芒。

大会强调,新中国成立以来特别是改革开放以来,我国取得了举世瞩目的发展成就,但我国仍处于并将长期处于社会主义初级阶段的基本国情没有变,人民日益增长的物质文化需要同落后的社会生产之间的矛盾这一社会主要矛盾没有变。全党同志必须始终保持清醒头脑,坚定不移地贯彻执行社会主义初级阶段基本路线,坚持把以经济建设为中心同四项基本原则、改革开放这两个基本点统一于发展中国特色社会主义的伟大实践,任何时候都决不能动摇。

大会强调,要深入贯彻落实科学发展观。科学发展观,是对党的三代中央领导集体关于发展的重要思想的继承和发展,是马克思主义关于发展的世界观和方法论的集中体现,是同马克思列宁主义、毛泽东思想、邓小平理论和"三个代表"重要思想既一脉相承又与时俱进的科学理论,是我国经济社会发展的重要指导方针,是发展中国特色社会主义必须坚持和贯彻的重大战略思想。全党同志要全面把握科学发展观的科学内涵和精神实质,增强贯彻落实科学发展观的自觉性和坚定性,把科学发展观贯彻落实到经济社会发展各个方面。

大会指出,我们已经朝着党的十六大确立的全面建设小康社会的目标迈出了坚实步伐。今后五年是全面建设小康社会的关键时期。我们要坚定信心,埋头苦干,按照中国特色社会主义事业总体布局,努力实现经济又好又快发展,更好保障人民权益和社会公平正义,明显提高全民族文明素质,全面改善人民生活,建设生态文明,为全面建成惠及十几亿人口的更高水平的小康社会、建设富强民主文明和谐的社会主义现代化国家打下更加牢固的基础。

大会同意报告关于我国社会主义经济建设、政治建设、文化建设、社会建设的部署。大会强调,实现未来经济发展目标,关键要在加快转变经济发展方式、完善社会主义市场经济体制方面取得重大进展,大力推进经济结构战略性调整,更加注重提高自主创新能力、提高节能环保水平、提高经济整体素质和国际竞争力;坚持和完善公有制为主体、多种所有制经济共同发展的基本经济制度,从制度上更好发挥市场在资源配置中的基础性作用,形成有利于科学发展的宏观调控体系。要坚持中国特色社会主义政治发展道路,坚持党的领导、人民当家做主、依法治国有机统一,坚持和完善人民代表大会制度、中国共产党领导的多党合作和政治协商制度、民族区域自治制度以及基层群众自治制度,不断推进社会主义政治制度自我完善和发展,发展社会主义政治文明。要坚持社会主义先进文化前进方向,建设社会主义核心价值体系,兴起社会主义文化建设新高潮,激发全民族文化创造活力,提高国家文化软实力,更加自觉、更加主动地推动文化大发展大繁荣。要加快推进以改善民生为重点的社会建设,着力保障和改善民生,推进社会体制改革,扩大公共服务,完善社会管理,妥善处理人民内部矛盾,促进社会公平正义,推动建设社会主义和谐社会。大会认为,必须站在国家安全和发展战略全局的高度,统筹经济建设和国防建设,在全面建设小康社会进程中实现富国和强军的统一。

大会强调,要坚定不移地贯彻"一国两制"、"港人治港"、"澳人治澳"、高度自治的方针,严格按照特别行政区基本法办事,促进香港、澳门长期繁荣稳定;要牢牢把握两岸关系和平发展的主题,真诚为两岸同胞谋福祉、为台海地区谋和平,积极促进祖国和平统一大业,坚决反对"台独"分裂活动,维护国家主权和领土完整,维护中华民族根本利益。

大会同意报告对国际形势的分析和提出的对外工作方针,强调要奉行独立自主的和平外交政策,始终不渝走和平发展道路,始终不渝奉行互利共赢的开放战略,坚持在和平共处五项原则的基础上同所有国家发展友好合作,共同分享发展机遇,共同应对各种挑战,推动建设持久和平、共同繁荣的和谐世界,推进人类和平与发展的崇高事业。

大会强调,党要站在时代前列带领人民不断开创中国特色社会主义事业新局面,必须以改革创新精神加强自身建设。必须把党的执政能力建设和先进性建设作为主线,坚持党要管党、从严治党,贯彻为民、务实、清廉的要求,全面加强党的思想建设、组织建设、作风建设、制度建设和反腐倡廉建设,使党始终成为立党为公、执政为民,求真务实、改革创新,艰苦奋斗、清正廉洁,富有活力、团结和谐的马克思主义执政党,始终成为中国特色社会主义事业的坚强领导核心。

大会强调,坚决惩治和有效预防腐败,关系人心向背和党的生死存亡,是党必须始终抓好的重大政治任务。全党同志一定要充分认识反腐败斗争的长期性、复杂性、艰巨性,把反腐倡廉建设放在更加突出的位置,旗帜鲜明地反对腐败。

大会强调,全党同志必须清醒地认识到,实现全面建设小康社会的目标还需要继续奋斗十几年,基本实现现代化还需要继续奋斗几十年,巩固和发展社会主义制度则需要几代人、十几代人甚至几十代人坚持不懈地努力奋斗。我们必须继续承担好带领中国人民创造幸福生活、实现中华民族伟大复兴的历史使命。我们一定要居安思危、增强忧患意识,一定要戒骄戒躁、艰苦奋斗,一定要刻苦学习、埋头苦干,一定要加强团结、顾全大局,战胜一切艰难险阻,推动党和人民事业取得新的更大胜利。

大会号召,全党全国各族人民高举中国特色社会主义伟大旗帜,更加紧密地团结在党中央周围,认真学习贯彻党的十七大精神,万众一心,开拓奋进,为夺取全面建设小康社会新胜利、谱写人民美好生活新篇章而努力奋斗!

决　定

决定的适用范围

　　决定适用于对重要事项作出决策和部署、奖惩有关单位和人员、变更或者撤销下级机关不适当的决定事项。

　　应当注意的是，用决定来安排的行动必须是"重大的"，所处理的事项必须是"重要的"，而布置和处理一般的日常工作就不适宜使用这个文种。

　　决定与命令有相似之处，但命令级别规格高，内容也重要得多。命令的制发机关是人民代表大会和各级政府；决定则是任何机关、团体、企事业单位在自己职权范围内都可以作出的。

决定的两种类型

　　决定按内容性质分，有指挥性决定、知照性决定。

　　1. 指挥性决定

　　这类决定用于针对某项重要工作制定决策、安排部署，统一思想认识，指导工作。如《国务院关于加快发展中西部地区乡镇企业的决定》、《中共中央国务院关于反腐败斗争近期抓好几项工作的决定》等。

　　2. 知照性决定

　　这类决定用于对有关具体事项作出决定，如召开重要会议、安排人事、设置或撤销机构、表彰或处分有关人员，起到知照下级及有关各方的通知、关照和依据作用。如《国务院关于表彰国家测绘局第一大地测量队的决定》、《国务院关于 80 次特快旅客列车颠覆事故的处理决定》等。

决定的两条写作原则

　　1. 体现政策性、法规性

　　由于决定是对重大行动或重大事项作出的安排，因此在制发时，必须依据国家的有关法律、政策，切合所属单位的具体情况，并反映领导机关的一致性看法。只有这样，才能作出正确的决定，并在实践中行得通，做得到；否则，就有可能制发带随意性与有违国家政策的"土政策"、"土规定"，甚至错误的决定。

2. 体现指令性、规定性

决定的显著特点是带有明显的指令性、规定性和约束性，所作的决定，有关单位或个人必须遵照执行。因此，决定的事项要写得具体、明确，用语要坚决、肯定，不能模棱两可，不能引起任何歧义或可作多样理解。

决定的写作格式

决定的格式由标题、发文时间、正文组成。

1. 标题

决定的标题通常由三个因素组成，即做决定的机关，决定的事项，决定的文种。如《国务院关于出版〈国务院公报〉的决定》，"国务院"是做决定的机关名称，亦即发文机关；"关于出版〈国务院公报〉"是决定的事项、内容；"决定"是文种。决定的标题有时也可由发文事由和文种两个因素组成，但不能只标文种一个因素。

2. 发文时间

决定的日期是此决定公布的年、月、日。标在标题下的小括号里。有的决定为给执行此决定留有一段准备时间，除写上发布日期外，同时还写上生效日期，如：

中华人民共和国关于××法的决定

（××××年×月×日第×届全国人民代表大会第×次会议通过，

××××年×月×日中华人民共和国主席令第××号公布，

××××年×月×日起施行）

3. 正文

（1）指挥性决定的正文，一般包括决定缘由、决定事项、执行要求。

决定缘由：这是正文的开头，是行文的根据、缘由或目的。由于指挥性决定事关重大，这部分需要提出问题、分析问题，用较长的文字阐述作出决定的原因或根据，为下面决定事项提供基础和前提。

决定事项：这是正文的主体。针对根据、原因部分所分析的问题，作出解决问题的决策部署，将决定事项分条标项或采用小标题方式具体叙写。要注意层次分明，用语严肃准确，果断有力。

执行要求：即正文的结尾。写明执行要求与希望，也可对决定内容加以强调或补充。

（2）知照性决定的正文，一般为决定缘由、决定事项两部分，不提执行要求。只在表彰性决定中以提希望、号召作为结尾。知照性决定，要求写得简要明确，一般不作分析议论，往往篇段合一。

范例二则

[例文1]

浙江省人民政府关于 2012 年度浙江省科学技术奖励的决定
浙政发〔2013〕29 号

各市、县（市、区）人民政府,省政府直属各单位:

为全面贯彻落实科学发展观,深入实施创新驱动发展的核心战略,激发科技人员创新创业的积极性和创造性,发挥科技在经济社会发展中支撑引领作用,根据《浙江省科学技术奖励办法》等规定,决定授予"超高速数码喷印设备关键技术研发及应用"等 27 项成果省科学技术奖一等奖,授予"手性药物分析与手性药物代谢"等 88 项成果省科学技术奖二等奖,授予"半导体照明高功率 LED 外延与芯片制造产业化关键技术研发"等 162 项成果省科学技术奖三等奖;授予"GD－H122SV 型全电脑变针距横机"等 2 项成果省科技成果转化奖一等奖,授予"轿车门窗轿车密封条"等 28 项成果省科技成果转化奖二等奖,授予陈国金等 17 人省科技成果转化奖三等奖(具体获奖人员和项目由省科技厅负责印发)。希望获奖者戒骄戒躁、再接再厉,不断取得新的突破。全省科技工作者要以获奖者为榜样,继续发扬潜心钻研、开拓创新、团结协作、勇攀高峰的精神,努力创造更多更好的科技成果,推动科技成果产业化,为深入推进国家技术创新工程试点省和科技强省建设,实现科技与经济的紧密结合,打造浙江经济"升级版",全面建设惠及全省人民的小康社会作出更大的贡献。

浙江省人民政府(公章)

二〇一三年五月二十九日

[例文2]

杭州市人民政府关于追授尹进良、陈伟、尹智慧同志
杭州市"人民卫士"荣誉称号的决定
杭政函〔2013〕1 号

各区、县(市)人民政府,市政府各部门、各直属单位:

2013 年 1 月 1 日凌晨 2 点 30 分左右,杭州市萧山区瓜沥镇临港工业园区的杭州友成机工有限公司发生火灾。接到报警后,省、市、区及当地消防部门立即出动,赶赴现场全力展开扑救。在扑救过程中,杭州市消防支队萧山区大队萧山中队特勤分队长尹进良,萧山中队战士陈伟,市北中队尹智慧 3 名同志不幸遇难,壮烈牺牲。

尹进良,男,汉族,河北赵县人,1985 年 7 月出生,2003 年 12 月入伍,2007 年 11 月入党,生前系杭州市公安消防支队萧山区大队萧山中队特勤分队分队长(副连职),武警中尉警衔。入伍以来先后荣立个人三等功 1 次、个人嘉奖 1 次,被评为优秀士兵和优秀共青团员各 1 次。

陈伟,男,汉族,上海市人,1991 年 2 月出生,2010 年 12 月入伍,共青团员,生前系杭州市公安消防支队萧山区大队萧山中队战士,武警下士警衔。入伍以来荣获个人嘉奖 1 次。

尹智慧,男,汉族,浙江遂昌人,1993 年 8 月出生,2011 年 12 月入伍,共青团员,生前系杭州市公安消防支队萧山区大队市北中队战士,武警上等兵警衔。入伍以来荣获个人嘉奖 2 次。

尹进良、陈伟、尹智慧 3 名同志以实际行动履行了"永远做党和人民忠诚卫士"的神圣使命,践行了消防部队全心全意为人民服务的宗旨,展现了新时期消防官兵大无畏的革命英雄主义精神,是公安消防战线的优秀典范,是当代最可爱的人。为表彰先进,树立典型,市政府决定,追授尹进良、陈伟、尹智慧 3 名同志杭州市"人民卫士"荣誉称号。

全市广大干部群众要向尹进良、陈伟、尹智慧同志学习,学习他们忠于党、忠于祖国、忠于人民,牢记宗旨、一心为民的优秀品质;学习他们干一行、爱一行、钻一行,在岗位上忠于职守、甘于奉献的高尚情操;学习他们为了党和人民的利益赴汤蹈火、英勇顽强,在关键时刻挺身而出、舍生忘死的英雄气概。要通过学习尹进良、陈伟、尹智慧同志先进事迹,时刻牢记全心全意为人民服务的宗旨,立足岗位、扎实工作、乐于奉献,为打造东方品质之城、建设幸福和谐杭州作出新的贡献!

杭州市人民政府(公章)

二〇一三年一月三日

命令(令)

【提要】

◇ 命令的适用范围

◇ 命令的两个特点:强制性、严肃性

◇ 命令的五种类型:发布令、行政令、嘉奖令、惩戒令、撤销令

◇ 命令的三条写作原则:高度的责任感;严格的制发权限;庄重果决的行文

◇ 命令的写作格式

◇ 范例二则:1.中华人民共和国主席令

　　　　　　2.中华人民共和国国务院令

命令的适用范围

命令,也称令,适用于公布行政法规和规章、宣布施行重大强制性措施、批准授予和晋升衔级、嘉奖有关单位和人员。

命令的权威性和强制性是最高的,所以关于它的作者,《中华人民共和国宪法》也作了严格规定:只有国家主席、全国人民代表大会常务委员会和委员长、国务院总理、国务院所属各部部长、各委员会主任和乡镇以上各级政府领导人可以发布命令,其他单位和个人无权发布命令。

党的领导机关和个人一般情况下不能单独发布命令。必要时可与国家行政领导机关或领导人联合发布命令。

命令的两个特点

命令属指挥性公文,具有强制性和严肃性的特点。

所谓强制性,是指命令一经发布,有关下级机关和人员必须无条件地服从和执行,做到"令行禁止",不允许延误、干扰甚至违抗,否则将受到应有的处罚。

所谓严肃性,是指一方面命令不能随意制发,也不能朝令夕改,它是"依照有关法律规定"制定和发布的,具有某种法律效力,相当严肃庄重;另一方面,是说它的内容极为严肃,绝不允许更改、变通,语气坚决有力。

命令的五种类型

命令按作用分,主要有发布令、行政令、嘉奖令、惩戒令、撤销令。

1. 发布令

发布令是用于发布行政法规的命令。行政法规指的是国家行政机关依法指定的一些法律条文,如《中华人民共和国技术合同法》、《中华人民共和国渔业法》、《进口商品经营管理办法》、《中华人民共和国土地法》等。

2. 行政令

行政令是用于宣布施行重大强制性行政措施的命令。对于重大的、强制性的行政措施,必须用命令宣布以维护国家和群众的利益,如国务院发布的新版人民币发行的命令,发布全国统一实行法定计量单位的命令等。

3. 嘉奖令

嘉奖令是用于表彰在工作中取得突出成绩和作出重大贡献的人员的命令。

4. 惩戒令

惩戒令是用于宣布对在工作中犯了严重错误并且影响巨大的人员惩罚的决定。

5. 撤销令

惩戒令是用于撤销下级机关不适当决定的命令。对于下级机关作出的不符合党和国家的方针政策、严重违法违纪的决定,上级领导可以行使职权,依法宣布撤消,如市一级政府违反选举规定,选举产生的领导班子,省人大常委会可依法否定其选举结果,责令重新选举。

命令的三条写作原则

命令是权威性和强制性最高的文种,写作时要遵循以下三条原则:

1. 高度的责任感

有些命令虽以领导人名义发布,但它庄严地代表了国家机构的权威,集中地体现党和政府制定的政策,因而拟写者应严肃认真,一丝不苟,高度负责。

2. 严格的制发权限

命令的制发权限非常严格。根据有关规定,国家领导机关和领导人,国务院各部委、乡镇以上各级人民政府,在他们本身权限范围内,可以制发命令。

3. 庄重果决的行文

命令行文要庄重,语气要斩钉截铁。主要使用果决的祈使句,较多运用"必须"、"不得"、"均应"等决断性词语,无讨价还价的余地。另外,篇幅要简短,这样才能使受令者容易理解,便于执行。

命令的写作格式

命令一般由标题、发文字号或令号、正文、发文机关、时间等组成。

1. 标题

命令的标题有两种:

一是三要素齐全的标题。由发文机关＋事由＋文种组成,如《国务院关于严格保护珍贵稀有野生动物的通令》。

二是由发文机关＋文种"令"组成,省略了事由,如《中华人民共和国主席令》、《中华人民共和国国务院令》等。

但不管是三要素齐全还是省略了事由的标题,发文机关的名称必须是全称。

2. 发文字号或令号

行政令、奖惩令、戒严令列发文字号。发布令只列令号,令号不以年度编号,而是领导人任期内发令顺序的编列号。

3. 正文

命令的正文类别不同,内容多少也不同。

发布令的正文直接写法规或规章的名称(加书名号)、通过会议或者批准机关名称及通过或者批准时间、施行日期。发布令后面的法规或规章,不能当做附件,因此,正文之后不加附件说明。

行政令的正文一般来说由三部分组成:开头,简要说明发令的原因或根据;主体,分条叙述各项行政措施;结尾,或自然结尾不再另写结束语,或对有关单位和公众提出执行此命令的要求和号召,对违反或破坏此命令的人发出警告。

嘉奖令的正文内容较多,一般来说要写三方面的内容:一是介绍事迹并作出评价(此部分是重点);二是写明嘉奖决定;三是发出学习号召。

4. 发文机关

一般以主要领导人名义签署发布。

5. 发文时间

一般来说,发布、签发日期即为生效日期。发布令的发布日期、会议通过日期与生效日期不一致时,应分别标明。

范例二则

[例文 1]

中华人民共和国主席令

(第 1 号)

根据中华人民共和国第十二届全国人民代表大会第一次会议的决定,任命李克强为中华人民共和国国务院总理。

中华人民共和国主席　习近平

二〇一三年三月十五日

[例文 2]

中华人民共和国国务院令

（第 636 号）

现公布《国务院关于修改〈中华人民共和国外资保险公司管理条例〉的决定》，自 2013 年 8 月 1 日起施行。

国务院总理　李克强

二〇一三年五月三十日

公　报

【提要】

◇ 公报的适用范围

◇ 公报的三个特点：权威性、公开性、新闻性

◇ 公报的三种类型：会议公报、事项公报、联合公报

◇ 公报的三条写作原则：突出会议精神、重点明确、语言庄重平实

◇ 公报的写作格式

◇ 范例二则：1. 中国共产党第十八届中央委员会第一次全体会议公报

　　　　　　 2. 中华人民共和国和美利坚合众国联合公报

公报的适用范围

公报适用于公布重要决定或者重大事项。

公报亦称新闻公报，是党政机关和人民团体公开发布重要决定或者重大事项的报道性公文，是党和国家领导机关经常使用的重要文种。

值得注意的是公报和公告都是属于党和国家高级领导机关或授权机关使用的文种，它们均用于向国内外发布重大事项，内容均要求庄重严肃，但两个文种还是有较大的区别：党的机关发文一般不用公告，而行政领导机关有时也用公报告之事项；公告的内容一般比较简要，用于宣布重大消息或法定事项，而公报的内容一般比较详细具体，用于宣布重要会议内容或重大事项。

公报的三个特点

1. 权威性

公报的发布者是党和国家的高级领导机关，是党和国家意志的体现，因此，其发布的重要决定或重大事项具有权威性。

2. 公开性

公报是公告天下,一体周知的公文,无须对公报内容保密,因此也无主送机关和抄送机关,具有公开性。

3. 新闻性

公报的写法和新闻消息类似,是以新闻的形式向党内外、国内外公布重要决定或重大事项,属于人民群众关心、应知而未知的事项,且要求制作和发布迅速及时,因此又具有新闻性。

公报的三种类型

公报一般分为三大类:

1. 会议公报

会议公报是报道重要会议、会谈决定、重要情报的,一般用于党中央召开的重要会议。

2. 事项公报

事项公报一般在党和国家高级领导机关、部门向人民群众公布重大事件或情况,发布重要决策和措施、重要事项时使用。

3. 联合公报

联合公报一般在国家与国家之间、政党与政党之间、团体与团体之间就某些重大事项或问题经过会谈、协商取得一致意见或达成谅解后,双方联合签署发布公文时使用。

公报的三条写作原则

1. 突出会议精神

会议公报要突出会议中心议题、忠实会议情况和结果,要把重大核心内容放在会议的名称时间地点之后,安排在最醒目的段落上。

2. 重点明确

写作重点要放在对观点的阐述和对事件的陈述上。

3. 语言庄重、平实

要注意用语的准确性和概括性,做到用语庄重严肃、简洁平实。

公文的写作格式

公文一般由首部、正文、尾部三部分组成。

1. 首部

首部包括标题和成文时间。

标题。常见的公报标题有三种:一是直写文种《新闻公报》;二是会议名称加文种;三是由发表公报的双方或多方国家的简称加事由加文种构成联合公报。

成文时间。在标题之下正中位置用括号注明公报发布的年、月、日。

2. 正文

正文包括开头和主体两部分。

开头。会议性公报要求概述会议的名称、时间、地点、参加人员等;事件性公报要求用最鲜明,最精练的语言概述事件的核心内容,即何时、何地、发生了什么重大事件;联合公报要求概述公报的来由,即在何时、何地、谁与谁举行了什么会谈或谁对谁进行了什么性质的访问等。

主体。是公报的核心内容,要求把公报的内容完整、系统、有序地表达清楚。常见的有三种写作:一种是分段式,即每段说明一层意思或一项决定;第二种是序号式,多用于内容复杂、问题问绪较多的公报;第三种是条款式,多用于联合公报。

3. 尾部

事件性公报和会议性公报一般没有尾部;联合公报要在正文之后写明双方签署人的身份、姓名、年、月、日期、并写明签署地点。

范例二则

[例文 1]

中国共产党第十八届中央委员会第一次全体会议公报
(2012 年 11 月 15 日中国共产党第十八届中央委员会第一次全体会议通过)

中国共产党第十八届中央委员会第一次全体会议,于 2012 年 11 月 15 日在北京举行。出席会议的有中央委员 205 人,候补中央委员 171 人。中央纪律检查委员会委员列席会议。

习近平同志主持会议并作了重要讲话。

全会选举了中央政治局委员、中央政治局常务委员会委员、中央委员会总书记;根据中央政治局常务委员会的提名,通过了中央书记处成员,决定了中央军事委员会组成人员;批准了十八届中央纪律检查委员会第一次全体会议选举产生的书记、副书记和常务委员会委员人选。名单如下:

一、中央政治局委员

(按姓氏笔画为序)

习近平　马凯　王岐山　王沪宁　刘云山　刘延东(女)　刘奇葆　许其亮　孙春兰(女)
孙政才　李克强　李建国　李源潮　汪洋　张春贤　张高丽　张德江　范长龙　孟建柱
赵乐际　胡春华　俞正声　栗战书　郭金龙　韩正

二、中央政治局常务委员会委员

习近平　李克强　张德江　俞正声　刘云山　王岐山　张高丽

三、中央委员会总书记

习近平

四、中央书记处书记

刘云山　刘奇葆　赵乐际　栗战书　杜青林　赵洪祝　杨晶(蒙古族)

五、中央军事委员会主席、副主席、委员

主　席　习近平

副主席　范长龙　许其亮

委　员　常万全　房峰辉　张阳　赵克石　张又侠　吴胜利　马晓天　魏凤和

六、中央纪律检查委员会书记、副书记、常务委员会委员

书　记　王岐山

副书记　赵洪祝　黄树贤　李玉赋　杜金才　吴玉良　张军　陈文清　王伟

常务委员会委员(按姓氏笔画为序)

王伟　王岐山　刘滨　江必新　杜金才　李玉赋　吴玉良　邱学强　张军　张纪南　陈文清　周福启　赵洪祝　侯凯　俞贵麟　姚增科　黄树贤　黄晓薇（女）　崔少鹏

中华人民共和国和美利坚合众国联合公报
（一九八二年八月十七日）

一、在中华人民共和国政府和美利坚合众国政府发表的一九七九年一月一日建立外交关系的联合公报中，美利坚合众国承认中华人民共和国政府是中国的唯一合法政府，并承认中国的立场，即只有一个中国，台湾是中国的一部分。在此范围内，双方同意，美国人民将同台湾人民继续保持文化、商务和其他非官方关系。在此基础上，中美两国关系实现了正常化。

二、美国向台湾出售武器的问题在两国谈判建交的过程中没有得到解决。双方的立场不一致，中方声明在正常化以后将再次提出这个问题。双方认识到这一问题将会严重妨碍中美关系的发展，因而在赵紫阳总理与罗纳德·里根总统以及黄华副总理兼外长与亚历山大·黑格国务卿于一九八一年十月会见时以及在此以后，双方进一步就此进行了讨论。

三、互相尊重主权和领土完整，互不干涉内政是指导中美关系的根本原则。一九七二年二月二十八的上海公报确认了这些原则。一九七九年一月一日生效的建交公报又重申了这些原则。双方强调声明，这些原则仍是指导双方关系所有方面的原则。

四、中国政府重申，台湾问题是中国的内政。一九七九年一月一日中国发表的《告台湾同胞书》宣布了争取和平统一祖国的大政方针。一九八一年九月三十日中国提出的九点方针是按照这一大政方针争取和平解决台湾问题的进一步重大努力。

五、美国政府非常重视它与中国的关系，并重申，它无意侵犯中国的主权和领土完整，无意干涉中国的内政，也无意执行"两个中国"或"一中一台"政策。美国政府理解并欣赏一九七九年一月一日中国发表的《告台湾同胞书》和一九八一年九月三十日中国提出的九点方针中所表明的中国争取和平解决台湾问题的政策。台湾问题上出现的新形势也为解决中美两国在美国售台武器问题上的分歧提供了有利的条件。

六、考虑到双方的上述声明，美国政府声明，它不寻求执行一项长期向台湾出售武器的政策，它向台湾出售的武器在性能和数量上将不超过中美建交后近几年供应的水平，它准备逐步减少它对台湾的武器出售，并经过一段时间导致最后的解决。在作这样的声明时，美国承认中国关于彻底解决这一问题的一贯立场。

七、为了使美国售台武器这个历史遗留的问题，经过一段时间最终得到解决，两国政府将尽一切努力，采取措施，创造条件，以利于彻底解决这个问题。

八、中美关系的发展不仅符合两国人民的利益，而且也有利于世界和平与稳定。双方决心本着平等互利的原则，加强经济、文化、教育、科技和其他方面的联系，为继续发展中美两国政府和人民之间的关系共同作出重大努力。

九、为了使中美关系健康发展和维护世界和平，反对侵略扩张，两国政府重申《上海公报》和《建交公报》中双方一致同意的各项原则。双方将就共同关心的双边问题和国际问题保持接触并进行适当的磋商。

公　告

【提要】
　　◇ 公告的适用范围
　　◇ 公告的四个特点：公布性、知照性、庄严性、慎密性
　　◇ 公告的两种类型：告知性公告、规定性公告
　　◇ 公告的三条写作原则：以新闻媒介为载体；广而告之；语言庄重，语气平缓
　　◇ 公告的写作格式
　　◇ 范例二则：1. 中华人民共和国农业部公告
　　　　　　　　　2. 关于全国职工职业道德先进（师德楷模）评审结果公示的公告

公告的适用范围

　　公告适用于向国内外宣布重要事项或者法定事项。用公告形式宣布国家的重要事项及重要法规，目的是使人们普遍知晓或遵守。这些重要事项及重要法规，有些是与人们利益密切相关的，如颁布宪法、实行保值储蓄，发射导弹、火箭、卫星等；有些则是人们普遍关心的，如公布选举产生的国家主要领导人，国家主要领导人的病情等。

　　公告作为一种公文文种，与《现代汉语词典》中对公告的释义："向公众发出的通告"，有所不同。作为公文的"公告"，有明确而特定的含义，庄重严肃，切忌滥用。

公告的四个特点

　　公告的特点除公布性与知照性外，还有庄严性和慎密性。

　　1. 庄严性

　　庄严性是指公告发文机关级别很高，一般由国家权力机关或国家管理机关发布。内容涉及国家大事，如颁布宪法，公布国家领导人的重大国事和外交活动，国家主要领导人的健康状况，发布国家重大科研成果以及洲际导弹等。由于发布机关级别很高，内容又十分重要，因此必然体现出庄重性和严肃性。

　　2. 慎密性

　　慎密性是指公告用语的审慎、周密。公告是向国内外宣布重要事项或者法定事项，因此语言要审慎推敲，周密运用，做到凝练准确，以免有损国格和国威；但由于公告又具有新闻的公开性和知照性，因此又要求语气较为和缓。

公告的两种类型

　　公告可以分为两大类：

1. 告知性公告

告知性公告，只向国内外发布重要事项，没有执行要求或规定。

2. 规定性公告

规定性公告即在告知国内外重大事项的同时，往往还要提出一些要求、规定，作为被告知对象遵守的规范。此种公告只能由国家行政机关发布。

公告的三条写作原则

1. 以新闻媒介为载体

公告通过新闻媒介发布，不采取张贴的形式。

2. 广而告之

公告向国内外宣布，因而行文时不需要发文字号、主送机关、抄送机关。

3. 语言庄重，语气平缓

公告往往代表国家形象，语言十分庄重，但语气较之命令、决定等平缓。

公告的写作格式

公告一般由标题、编号、正文、发文机关和日期五部分组成。

1. 标题

公告的标题比较灵活：

(1)三要素齐全的标题，即发文机关＋事由＋文种，如《中国人民银行关于国家货币出入境限额的公告》；

(2)只有二要素的标题，即发文机关＋文种，如《中华人民共和国全国人民代表大会公告》；

(3)仅有文种的标题，如《公告》。

2. 编号

一般来说，公告不用发文字号。如果准备为同类事项发出若干份公告，就要在标题下居中写上编号，如"第二号"或"第三号"等。

3. 正文

公告正文由公告缘由(开头)、公告事项(主体)以及公告尾语(结尾)三部分组成。

公告缘由：开门见山，说明行文的原由、目的或依据。

公告事项：郑重宣布重要事项或者法定事项，包括时间、地点、事件、决定、要求等内容。

公告尾语：一般以"特此公告"或"现予公告"、"此告"等惯用语作结。

4. 发文机关和日期

在文尾写上发文单位的名称和发文的时间。如果发文机关的名称在标题中已经写明，则可仅写明发文日期。

范例二则

［例文 1］

中华人民共和国农业部公告

第 1964 号

根据《中华人民共和国种子法》、《农业转基因生物安全管理条例》、《植物新品种保护条例》

及《农作物种子生产经营许可管理办法》、《转基因棉花种子生产经营许可规定》等法律法规的规定,批准发放湖北省种子集团有限公司等 35 家企业《农作物种子经营许可证》(详见第三十九批《农作物种子经营许可证》企业名单),批准发放湖南隆平高科亚华棉油种业有限公司等17 家企业《转基因棉花种子生产许可证》(详见第二十九批《转基因棉花种子生产许可证》企业名单)。

　　特此公告。
　　附件:1.第三十九批《农作物种子经营许可证》企业名单
　　　　　2.第二十九批《转基因棉花种子生产许可证》企业名单

农业部
二〇一三年七月二日

[例文 2]

关于全国职工职业道德先进(师德楷模)评审结果公示的公告

　　根据中国教科文卫体工会全国委员会和教育部办公厅《关于开展全国职工职业道德建设先进(师德标兵)评选表彰活动的通知》的精神,在各省推荐的基础上,全国职工职业道德建设先进(师德楷模)评审会议从各省(自治区、直辖市)推荐的第一名师德标兵中,评审产生了十名全国职工职业道德先进(师德楷模)(以下简称全国师德楷模),其中第一名将向全国职工职业德先进评审委员会推荐参加评选,现予以公示。

　　如有意见,请向中国教科文卫体工会教育工作部反映。联系人及联系电话:贺昭平68591750、18903445981;张海港 68591756 13691365324。地址:北京市复兴门外大街 10 号,邮编:100865,传真:010－68591751。中国教科文卫体工会受理群众反映网络意见邮箱:jkwwt@acftu.org。

　　公示时间:自 2013 年 6 月 14 日起,至 2013 年 6 月 24 日止。
　　特此公告。
　　附件:全国师德楷模名单(10 名)

中国教科文卫体工会全国委员会
教育部教师工作司
二〇一三年七月二日

通　告

【提要】

◇ 通告的适用范围
◇ 通告与公告三方面的区别:内容、发布范围、作者级别
◇ 通告的两种类型:告知性公告、规定性公告
◇ 通告的写作格式

◇ 范例二则:1. 关于 2013 年春季北京国际长走大会交通管制的通告
　　　　　　2. 瑞安市人民政府关于进一步严厉打击非法采矿的通告

通告的适用范围

通告适用于在一定范围内公布应当遵守或者周知的事项。

从通告的语言限制来看,它所发布的有关事项,只要求有关人员遵守、执行,对一定范围内的公众起着制约作用。如《国务院关于保障民用航空安全的通告》、《××大学关于维护礼堂集体活动秩序的通告》、《中国邮票总公司关于出售乙丑年特种邮票的通告》等。

通告与公告三方面的区别

通告与公告一样具有知照性和规定性的特点,希望一定范围内的有关单位和人员遵守、协助和支持,但通告与公告有三方面的不同:

1. 内容有差别

公告公布的均是较重要的事项,多为国内外关注的大事;通告宣布的是在一定范围内应当遵守或者周知的事物,多数属于一般的事项。

2. 发布范围不同

公告面向国内外,与国外无关的事项就不用公告的文种;通告面向国内的一定范围,大至全国某个方面,小至一个省、一个市甚至一个单位。

3. 作者级别不同

公告的作者有一定要求,应由国家权力机关、高级领导机关或政府有关职能部门发布,一般单位特别是基层单位不使用公告。而通告则各机关、团体和企事业单位都可以使用。

通告的两种类型

通告可以分成以下两类:

1. 告知性通告

告知性通告是在一定范围内向有关单位或人员公布需要周知事项的通告,它不带有强制性,其重点是使有关单位的人员知晓。

2. 规定性通告

规定性通告是向一定范围内公布应遵守事项的通告。具有一定的法规效用,有关单位或个人必须遵守,此种通告应由具有相应职权的机关发布。

通告的写作格式

通告的格式,一般由标题、正文、发文机关和日期组成。

1.标题

通告的标题写作比较灵活:

一是可用三要素齐全的标题,即发文机关＋事由＋文种,如《国务院关于保障民用航空安全的通告》;

二是可用二要素的标题,即发文机关＋文种,如《公安部通告》,或者是省略了发文机关的标题,如《航行通告》《关于禁止贩毒吸毒的通告》;

三是可以仅有文种,如《通告》。

2. 正文

(1)开头:简要说明原因、目的和根据等。常用的语言形式是"为了……现将有关事项通告如下",或"根据……现将有关事项通告如下"。要求写得概括。

(2)主体:分条叙述所要通告的具体事项。注意条理性、严密性。

(3)结尾:常常用"特此通告"或"本通告自发布之日起执行"。

3. 发文机关和日期

如在标题上没有标明发文机关的,可在正文右下方写上发文机关,并标注日期。

范例二则

[例文 1]

关于 2013 年春季北京国际长走大会交通管制的通告
第 4 号

经市政府批准,2013 年春季北京国际长走大会定于 2013 年 5 月 11 日在房山区长沟镇举行。为保证活动顺利进行,根据《中华人民共和国道路交通安全法》的有关规定,活动期间将对长沟镇活动现场及比赛沿线途经道路分时、分段采取临时交通管制。现通告如下:

一、5 月 11 日 7 时至 8 时 50 分,房易路长沟中学路口至长云路后石门北口、长沟镇环湖路、东甘池村路、南甘池村路、西甘池村路、轩辕寺路、三座庵南路,除持有长走大会组委会核发专用证件的车辆外,禁止其他车辆通行。

8 时 50 分至比赛结束,上述比赛路段禁止所有车辆通行。房易路长沟中学路口至长云路后石门北口实施临时交通管制期间,社会车辆可绕行房易路、石水路;长沟镇环湖路至东甘池村南路实施临时交通管制期间,社会车辆可绕行东甘池村东路;南甘池村南路经西甘池村东路、轩辕寺路、三座庵南路实施临时交通管制期间,社会车辆可绕行南甘池村东路、西甘池村南路、三座庵村路。

二、在交通管制时间和区域内运营的公交车辆,运营时间和线路由公交部门进行临时调整,并发布公告周知社会。

三、前往活动现场的游客和沿线单位、市民,请提前安排好出行路线,以免影响工作和生活。

四、活动沿线的村、镇居民,请看管好自家的牲畜,以免发生意外,影响比赛。

请社会单位和广大群众给予理解和支持,自觉遵照执行。

特此通告。

北京市公安局(公章)
二〇一三年四月二十八日

[例文 2]

瑞安市人民政府关于进一步严厉打击非法采矿的通告

瑞政告〔2013〕32 号

非法采矿破坏生态环境,将会造成国家矿产资源严重流失,并诱发地质灾害和安全事故。为保证矿产资源依法有序开采,保障广大人民群众生命财产安全,根据《中华人民共和国矿产资源法》《中华人民共和国森林法》等法律法规规定,市政府决定,自即日起在全市范围内开展打击非法采矿行为的活动。现将有关事项通告如下:

一、任何单位和个人未取得矿产资源开采许可证等相关审批文件,不得擅自开采矿产资源。

二、存在下列行为的单位和个人,应当立即停止非法开采及其相关行为,并自觉到国土资源、工商等行政主管部门接受行政处罚:

(一)未取得采矿许可证擅自采矿的;

(二)超越批准的矿区范围采矿的;

(三)盗窃、抢夺矿山企业和勘查单位的矿产品和其他财物的,破坏采矿、勘查设施的,扰乱矿区和勘查作业区的生产秩序、工作秩序的;

(四)买卖、出租或者以其他形式转让矿产资源的;

(五)违反规定收购和销售国家统一收购的矿产品的;

(六)采取破坏性的开采方法开采矿产资源的。

三、国土资源、工商、农林、公安、水利、交通运输等部门、各功能区、镇街要切实履行职责,密切配合,进一步加大监管执法力度。对实施非法采矿行为的单位和个人,依据《中华人民共和国矿产资源法》《中华人民共和国森林法》等规定依法给予罚款、没收、吊销许可证等处罚;情节严重构成犯罪的,依法移送公安部门追究刑事责任。涉及党员、公职人员的,要追究党政纪责任。妨碍、阻挠执法人员依法履行职责的,由司法机关依照有关治安管理处罚法律法规严肃查处。

四、欢迎广大人民群众对非法开采行为踊跃举报,对举报人的举报行为将严格予以保密。市打击非法开采办公室举报电话:15057306554。

瑞安市人民政府(公章)

二〇一三年六月二十四日

意　　见

【提要】

◇ 意见的适用范围

◇ 意见的三个特点:行文的主动性、灵活的行文方向、浓郁的民主气氛

◇ 意见的两种类型:建设性意见、指挥性意见

◇ 意见的四条写作原则：了解上情，熟悉下情；既有原则性，又有灵活性；条理清楚，语言
　流畅
◇ 意见的写作格式
◇ 范例一则：国务院关于促进光伏产业健康发展的若干意见

意见的适用范围

意见适用于对重要问题提出见解和处理办法。

意见作为文种它的名称是二〇〇〇年以后根据《国家行政机关公文处理办法》才编定的，尽管在这以前已有公文以意见的名称出现。

意见的作者要求没有命令（令）、决定等下行文严格，国务院各部委可以发布意见，各省、自治区、直辖市人民政府可以发布意见，局级机关也可以发布意见。

意见的三个特点

1. 行文的主动性

意见的发布往往是上级机关发现了问题，感到有必要对下级机关提醒或约束才主动行文的，而非下级机关请示了以后被动行文的。

2. 灵活的行文方向

意见是行政公文中除公告和通告外，行文方向最为灵活的文种。其中建设性意见可以上行给上级机关，可以平行给不相隶属机关，也可以下行给下级机关。

3. 浓郁的民主气氛

意见是行政公文中最新的一种，是政治民主化进程在行政公文中的体现。无论是建设性意见还是指挥性意见，都充分体现出发文机关对主送机关的尊重。

意见的两种类型

意见根据使用情况，可以分为建设性意见和指挥性意见。

1. 建设性意见

主要指发文机关对某项重要工作提出自己的看法和主张，供主送机关决策时参考。

2. 指挥性意见

指发文机关对某项重要问题或工作明确提出处理办法。

意见的写作原则

1. 了解上情，熟悉下情

起草意见要研究党和国家的有关方针政策、法律法令，避免意见的内容与有关方针政策相抵触，避免出现政策性偏差；同时要熟悉下级机关工作中的重大实际问题，使意见能"对症下药"，有很强的针对性。

2. 既有原则性，又有灵活性

写作意见事项，有关原则要简明、肯定；具体措施、方法不宜写得机械死板，要有灵活性，给

下级留有余地。

3. 条理清楚, 语言流畅

意见内容可以分条列项写, 使之条理清楚, 层次分明。语言要晓畅明白, 语气较之命令相对和缓。

意见的写作格式

意见是由标题、主送机关、正文、发文机关和日期组成的。

1. 标题

意见的标题一般均是三要素齐全的形式, 即, 发文机关＋事由＋文种, 如:《全国妇联办公厅关于进一步做好信息工作的意见》、《中共中央关于加强党的建设提高党在改革和建设中的战斗力的意见》等。

2. 主送机关

意见的主送机关比较灵活, 普发性的意见可以不写主送机关, 而特殊性、局部性的意见则要标明主送机关。

3. 正文

正文包括三方面内容:

开头:说明发布意见的原因、目的依据或意义。主要目的使下级机关明了意见的目的性、重要性和针对性, 引起高度重视, 从而提高贯彻意见的自觉性和积极性。常见的语言形式是"为了……现对……提出如下意见"。

意见事项:正文的主体, 主要阐述有关方针政策, 部署工作任务, 提出工作原则以及要求措施等。

执行要求:正文的结尾, 主要写执行的要求。也可规定执行的步骤、职责, 以及如何反馈。

4. 发文机关和日期

与其他通用公文相同。

范例一则

国务院关于促进光伏产业健康发展的若干意见
国发〔2013〕24 号

各省、自治区、直辖市人民政府, 国务院各部委、各直属机构:

发展光伏产业对调整能源结构、推进能源生产和消费革命、促进生态文明建设具有重要意义。为规范和促进光伏产业健康发展, 现提出以下意见:

一、充分认识促进光伏产业健康发展的重要性

近年来, 我国光伏产业快速发展, 光伏电池制造产业规模迅速扩大, 市场占有率位居世界前列, 光伏电池制造达到世界先进水平, 多晶硅冶炼技术日趋成熟, 形成了包括硅材料及硅片、光伏电池及组件、逆变器及控制设备的完整制造产业体系。光伏发电国内应用市场逐步扩大, 发电成本显著降低, 市场竞争力明显提高。

当前, 在全球光伏市场需求增速减缓、产品出口阻力增大、光伏产业发展不协调等多重因素作用下, 我国光伏企业普遍经营困难。同时, 我国光伏产业存在产能严重过剩、市场无序竞

争，产品市场过度依赖外需、国内应用市场开发不足，技术创新能力不强、关键技术装备和材料发展缓慢，财政资金支持需要加强、补贴机制有待完善，行业管理比较薄弱、应用市场环境亟待改善等突出问题，光伏产业发展面临严峻形势。

光伏产业是全球能源科技和产业的重要发展方向，是具有巨大发展潜力的朝阳产业，也是我国具有国际竞争优势的战略性新兴产业。我国光伏产业当前遇到的问题和困难，既是对产业发展的挑战，也是促进产业调整升级的契机，特别是光伏发电成本大幅下降，为扩大国内市场提供了有利条件。要坚定信心，抓住机遇，开拓创新，毫不动摇地推进光伏产业持续健康发展。

二、总体要求

（一）指导思想

深入贯彻党的十八大精神，以邓小平理论、"三个代表"重要思想、科学发展观为指导，创新体制机制，完善支持政策，通过市场机制激发国内市场有效需求，努力巩固国际市场；健全标准体系，规范产业发展秩序，着力推进产业重组和转型升级；完善市场机制，加快技术进步，着力提高光伏产业发展质量和效益，为提升经济发展活力和竞争力作出贡献。

（二）基本原则

远近结合，标本兼治。在扩大光伏发电应用的同时，控制光伏制造总产能，加快淘汰落后产能，着力推进产业结构调整和技术进步。

统筹兼顾，综合施策。统筹考虑国内外市场需求、产业供需平衡、上下游协调等因素，采取综合措施解决产业发展面临的突出问题。

市场为主，重点扶持。发挥市场机制在推动光伏产业结构调整、优胜劣汰、优化布局以及开发利用方面的基础性作用。对不同光伏企业实行区别对待，重点支持技术水平高、市场竞争力强的骨干优势企业发展，淘汰劣质企业。

协调配合，形成合力。加强政策的协调配合和行业自律，支持地方创新发展方式，调动地方、企业和消费者的积极性，共同推动光伏产业发展。

（三）发展目标

把扩大国内市场、提高技术水平、加快产业转型升级作为促进光伏产业持续健康发展的根本出路和基本立足点，建立适应国内市场的光伏产品生产、销售和服务体系，形成有利于产业持续健康发展的法规、政策、标准体系和市场环境。2013—2015年，年均新增光伏发电装机容量1000万千瓦左右，到2015年总装机容量达到3500万千瓦以上。加快企业兼并重组，淘汰产品质量差、技术落后的生产企业，培育一批具有较强技术研发能力和市场竞争力的龙头企业。加快技术创新和产业升级，提高多晶硅等原材料自给能力和光伏电池制造技术水平，显著降低光伏发电成本，提高光伏产业竞争力。保持光伏产品在国际市场的合理份额，对外贸易和投融资合作取得新进展。

三、积极开拓光伏应用市场

（一）大力开拓分布式光伏发电市场。鼓励各类电力用户按照"自发自用，余量上网，电网调节"的方式建设分布式光伏发电系统。优先支持在用电价格较高的工商业企业、工业园区建设规模化的分布式光伏发电系统。支持在学校、医院、党政机关、事业单位、居民社区建筑和构筑物等推广小型分布式光伏发电系统。在城镇化发展过程中充分利用太阳能，结合建筑节能加强光伏发电应用，推进光伏建筑一体化建设，在新农村建设中支持光伏发电应用。依托新能源示范城市、绿色能源示范县、可再生能源建筑应用示范市(县),扩大分布式光伏发电应用,建设100个分布式光伏发电规模化应用示范区、1000个光伏发电应用示范小镇及示范村。开展适合分布式光伏发电运行特点和规模化应用的新能源智能微电网试点、示范项目建设,探索相应的电力管理体制和运行机制,形成适应分布式光伏发电发展的建设、运行和消费新体系。支持偏远地区及海岛利用光伏发电解决无电和缺电问题。鼓励在城市路灯照明、城市景观以及通讯基站、交通信号灯等领域推广分布式光伏电源。

(二)有序推进光伏电站建设。按照"合理布局、就近接入、当地消纳、有序推进"的总体思路,根据当地电力市场发展和能源结构调整需要,在落实市场消纳条件的前提下,有序推进各种类型的光伏电站建设。鼓励利用既有电网设施按多能互补方式建设光伏电站。协调光伏电站与配套电网规划和建设,保证光伏电站发电及时并网和高效利用。

(三)巩固和拓展国际市场。积极妥善应对国际贸易摩擦,推动建立公平合理的国际贸易秩序。加强对话协商,推动全球产业合作,规范光伏产品进出口秩序。鼓励光伏企业创新国际贸易方式,优化制造产地分布,在境外开展投资生产合作。鼓励企业实施"引进来"和"走出去"战略,集聚全球创新资源,促进光伏企业国际化发展。

四、加快产业结构调整和技术进步

(一)抑制光伏产能盲目扩张。严格控制新上单纯扩大产能的多晶硅、光伏电池及组件项目。光伏制造企业应拥有先进技术和较强的自主研发能力,新上光伏制造项目应满足单晶硅光伏电池转换效率不低于20%、多晶硅光伏电池转换效率不低于18%、薄膜光伏电池转换效率不低于12%,多晶硅生产综合电耗不高于100千瓦时/千克。加快淘汰能耗高、物料循环利用不完善、环保不达标的多晶硅产能,在电力净输入地区严格控制建设多晶硅项目。

(二)加快推进企业兼并重组。利用"市场倒逼"机制,鼓励企业兼并重组。加强政策引导和推动,建立健全淘汰落后产能长效机制,加快关停淘汰落后光伏产能。重点支持技术水平高、市场竞争力强的多晶硅和光伏电池制造企业发展,培育形成一批综合能耗低、物料消耗少、具有国际竞争力的多晶硅制造企业和技术研发能力强、具有自主知识产权和品牌优势的光伏电池制造企业。引导多晶硅产能向中西部能源资源优势地区聚集,鼓励多晶硅制造企业与先进化工企业合作或重组,降低综合电耗、提高副产品综合利用率。

(三)加快提高技术和装备水平。通过实施新能源集成应用工程,支持高效率晶硅电池及新型薄膜电池、电子级多晶硅、四氯化硅闭环循环装置、高端切割机、全自动丝网印刷机、平板式镀膜工艺、高纯度关键材料等的研发和产业化。提高光伏逆变器、跟踪系统、功率预测、集中监控以及智能电网等技术和装备水平,提高光伏发电的系统集成技术能力。支持企业开发硅材料生产新工艺和光伏新产品、新技术,支持骨干企业建设光伏发电工程技术研发和试验平台。支持高等院校和企业培养光伏产业相关专业人才。

(四)积极开展国际合作。鼓励企业加强国际研发合作,开展光伏产业前沿、共性技术联合研发。鼓励有条件的国内光伏企业和基地与国外研究机构、产业集群建立战略合作关系。支持有关科研院所和企业建立国际化人才引进和培养机制,重点培养创新能力强的高端专业技术人才和综合管理人才。积极参与光伏行业国际标准制定,加大自主知识产权标准体系海外推广,推动检测认证国际互认。

五、规范产业发展秩序

(一)加强规划和产业政策指导。根据光伏产业发展需要,编制实施光伏产业发展规划。

各地区可根据国家光伏产业发展规划和本地区发展需要,编制实施本地区相关规划及实施方案。加强全国规划与地方规划、制造产业与发电应用、光伏发电与配套电网建设的衔接和协调。加强光伏发电规划和年度实施指导。完善光伏电站和分布式光伏发电项目建设管理制度,促进光伏发电有序发展。

(二)推进标准化体系和检测认证体系建设。建立健全光伏材料、电池及组件、系统及部件等标准体系,完善光伏发电系统及相关电网技术标准体系。制定完善适合不同气候区及建筑类型的建筑光伏应用标准体系,在城市规划、建筑设计和旧建筑改造中统筹考虑光伏发电应用。加强硅材料及硅片、光伏电池及组件、逆变器及控制设备等产品的检测和认证平台建设,健全光伏产品检测和认证体系,及时发布符合标准的光伏产品目录。开展太阳能资源观测与评价,建立太阳能信息数据库。

(三)加强市场监管和行业管理。制定完善并严格实施光伏制造行业规范条件,规范光伏市场秩序,促进落后产能退出市场,提高产业发展水平。实行光伏电池组件、逆变器、控制设备等关键产品检测认证制度,未通过检测认证的产品不准进入市场。严格执行光伏电站设备采购、设计监理和工程建设招投标制度,反对不正当竞争,禁止地方保护。完善光伏发电工程建设、运行技术岗位资质管理。加强光伏发电电网接入和运行监管。建立光伏产业发展监测体系,及时发布产业发展信息。加强对《中华人民共和国可再生能源法》及配套政策的执法监察。地方各级政府不得以征收资源使用费等名义向太阳能发电企业收取法律法规规定之外的费用。

六、完善并网管理和服务

(一)加强配套电网建设。电网企业要加强与光伏发电相适应的电网建设和改造,保障配套电网与光伏发电项目同步建成投产。积极发展融合先进储能技术、信息技术的微电网和智能电网技术,提高电网系统接纳光伏发电的能力。接入公共电网的光伏发电项目,其接网工程以及接入引起的公共电网改造部分由电网企业投资建设。接入用户侧的分布式光伏发电,接入引起的公共电网改造部分由电网企业投资建设。

(二)完善光伏发电并网运行服务。各电网企业要为光伏发电提供并网服务,优化系统调度运行,优先保障光伏发电运行,确保光伏发电项目及时并网,全额收购所发电量。简化分布式光伏发电的电网接入方式和管理程序,公布分布式光伏发电并网服务流程,建立简捷高效的并网服务体系。对分布式光伏发电项目免收系统备用容量费和相关服务费用。加强光伏发电电网接入和并网运行监管。

七、完善支持政策

(一)大力支持用户侧光伏应用。开放用户侧分布式电源建设,支持和鼓励企业、机构、社区和家庭安装、使用光伏发电系统。鼓励专业化能源服务公司与用户合作,投资建设和经营管理为用户供电的光伏发电及相关设施。对分布式光伏发电项目实行备案管理,豁免分布式光伏发电应用发电业务许可。对不需要国家资金补贴的分布式光伏发电项目,如具备接入电网运行条件,可放开规模建设。分布式光伏发电全部电量纳入全社会发电量和用电量统计,并作为地方政府和电网企业业绩考核指标。自发自用发电量不计入阶梯电价适用范围,计入地方政府和用户节能量。

(二)完善电价和补贴政策。对分布式光伏发电实行按照电量补贴的政策。根据资源条件和建设成本,制定光伏电站分区域上网标杆电价,通过招标等竞争方式发现价格和补贴标准。

根据光伏发电成本变化等因素,合理调减光伏电站上网电价和分布式光伏发电补贴标准。上网电价及补贴的执行期限原则上为 20 年。根据光伏发电发展需要,调整可再生能源电价附加征收标准,扩大可再生能源发展基金规模。光伏发电规模与国家可再生能源发展基金规模相协调。

(三)改进补贴资金管理。严格可再生能源电价附加征收管理,保障附加资金应收尽收。完善补贴资金支付方式和程序,对光伏电站,由电网企业按照国家规定或招标确定的光伏发电上网电价与发电企业按月全额结算;对分布式光伏发电,建立由电网企业按月转付补贴资金的制度。中央财政按季度向电网企业预拨补贴资金,确保补贴资金及时足额到位。鼓励各级地方政府利用财政资金支持光伏发电应用。

(四)加大财税政策支持力度。完善中央财政资金支持光伏产业发展的机制,加大对太阳能资源测量、评价及信息系统建设、关键技术装备材料研发及产业化、标准制定及检测认证体系建设、新技术应用示范、农村和牧区光伏发电应用以及无电地区光伏发电项目建设的支持。对分布式光伏发电自发自用电量免收可再生能源电价附加等针对电量征收的政府性基金。企业研发费用符合有关条件的,可按照税法规定在计算应纳税所得额时加计扣除。企业符合条件的兼并重组,可以按照现行税收政策规定,享受税收优惠政策。

(五)完善金融支持政策。金融机构要继续实施"有保有压"的信贷政策,支持具有自主知识产权、技术先进、发展潜力大的企业做优做强,对有市场、有订单、有效益、有信誉的光伏制造企业提供信贷支持。根据光伏产业特点和企业资金运转周期,按照风险可控、商业可持续、信贷准入可达标的原则,采取灵活的信贷政策,支持优质企业正常生产经营,支持技术创新、兼并重组和境外投资等具有竞争优势的项目。创新金融产品和服务,支持中小企业和家庭自建自用分布式光伏发电系统。严禁资金流向盲目扩张产能项目和落后产能项目建设,对国家禁止建设的、不符合产业政策的光伏制造项目不予信贷支持。

(六)完善土地支持政策和建设管理。对利用戈壁荒滩等未利用土地建设光伏发电项目的,在土地规划、计划安排时予以适度倾斜,不涉及转用的,可不占用土地年度计划指标。探索采用租赁国有未利用土地的供地方式,降低工程的前期投入成本。光伏发电项目使用未利用土地的,依法办理用地审批手续后,可采取划拨方式供地。完善光伏发电项目建设管理并简化程序。

八、加强组织领导

各有关部门要根据本意见要求,按照职责分工抓紧制定相关配套文件,完善光伏发电价格、税收、金融信贷和建设用地等配套政策,确保各项任务措施的贯彻实施。各省级人民政府要加强对本地区光伏产业发展的管理,结合实际制定具体实施方案,落实政策,引导本地区光伏产业有序协调发展。健全行业组织机构,充分发挥行业组织在加强行业自律、推广先进技术和管理经验、开展统计监测和研究制定标准等方面的作用。加强产业服务,建立光伏产业监测体系,及时发布行业信息,搭建银企沟通平台,引导产业健康发展。

国务院(公章)

二〇一三年七月四日

(文件有删减)

通　知

【提要】
◇ 通知的适用范围
◇ 通知的三个特点：应用的广泛性、较强的权威性、对象的专指性
◇ 通知的六种类型：指示性通知、批转性通知、转发性通知、知照性通知、印发性通知、任免性通知
◇ 通知的三条写作原则：事项清楚明确；内容针对性强；行文快捷
◇ 通知的写作格式
◇ 范例三则：1. 国务院关于印发芦山地震灾后恢复重建总体规划的通知
　　　　　　2. 国务院办公厅关于切实做好汛期灾害防范应对工作的紧急通知
　　　　　　3. 关于举办公文处理和公文写作高级研修班的通知

通知的适用范围

通知适用于发布、传达要求下级机关执行和有关单位周知或者执行的事项，批转、转发公文。

通知是使用单位最多、用途最广泛的一种公文。各级行政机关都可以发通知，不受发文机关级别的限制。而且内容涉及面很广，可以是国家大事、重要的政策措施，也可以是具体的工作事项。它的作用也很广泛，既可以指示工作、发布规章，又可以用来批转下级公文或转发上级和不相隶属机关的公文。所以，它的使用频率是最高的。

通知的三个特点

1. 应用的广泛性

通知可以用于指示工作、发布规章、转发公文、传达有关事项、通报情况、任免和聘用干部等，其应用性相当广泛。

2. 较强的权威性

通知的精神，往往是国家的政策、法令的具体化，要求下级机关和有关人员贯彻执行和实施的，因此有较强的权威性。

3. 对象的专指性

通知大多是专门针对特定机关和有关人员发的，因此具有专指性的特点，不像公告、通告那样具有泛指性。

通知的六种类型

通知按内容和作用分有以下六种类型：

1. 指示性通知

传达要求下级机关共同执行事项的通知叫指示性通知。这类通知针对重要的社会问题或执行政策时遇到的急待解决的问题,及时提出明确的指示性意见和要求,对实际工作具有重大的指导意义。

2. 批转性通知

批转下级机关公文的通知叫批转性通知。上级机关对下级机关上报的具有普遍指导意义的公文,可连同原文用批转性通知的形式下发,用于指导下属的工作。有时上级机关在批转此公文时还要加上按语——对这份公文所作的评价。

3. 转发性通知

转发性通知即转发上级机关、同级机关和不相隶属机关公文的通知。它可以转发上级机关的公文,如《北京市人民政府转发〈国务院关于开展和保护社会主义竞争暂行规定〉的通知》;可以转发同级的公文,如《财政部、国家工商管理局关于转发〈文化部关于利用经济制裁手段加强出版管理的请示〉的通知》;也可以转发下级机关的公文,如《国务院办公厅转发〈国家外国专家局等部门关于调整外国文教专家和外籍工作人员标准报告〉的通知》;还可以转发不相隶属机关的公文,如《北京市劳动服务公司转发市税务局〈转发财政部关于颁发中华人民共和国集体企业所得税暂行条例施行细则的通知〉的通知》。

4. 知照性通知

传达要求有关单位需要周知事项的通知叫知照性通知。

会议通知也是知照性通知。会议通知有两种:

一种是比较简单的会议。它的事项不大,涉及的单位特定,只需把开会的议题、时间、地点、出席人员等交待清楚即可。

另一种是较为复杂的会议通知,它的内容事关重大,会期较长,参加人员较多,组织准备工作也较复杂,所以应具体写明以下内容:

(1)召开会议的目的、主持单位和会议名称;

(2)会议内容;

(3)会议安排;

(4)与会人员范围;

(5)与会要求:如入场凭证,报到时间及地点,与会者须携带的有关会议材料,与会人员要做的准备工作等等。

会议通知要提前发文,以便有关人员做好准备。

5. 印发性通知

印发本系统制定的规章制度的通知叫印发性通知。这类通知带有指示性,其内容往往是发布法规文件的,因为,一些内容有时不适于用"命令"类文种发布,所以采取通知的文种。

6. 任免性通知

任免人员的通知叫任免性通知。

通知的三条写作原则

1. 事项清楚明确

通知事项部分,是要受文机关具体了解和办理的,因此一定要交待得一清二楚,十分明确。

2. 内容针对性强

通知的内容要有很强的针对性和适应性。不管何种通知，都要考虑到针对或切合受文机关的实际情况。

3. 行文快捷

通知的行文一定要迅速及时，不能贻误时机。

通知的写作格式

通知虽然种类较多，写法各异，但基本格式还是较为固定的。一份通知，一般由标题、发文字号、主送机关、正文、发文机关、日期等组成。

1. 标题

通知由于种类繁多，因此标题的情况也随之有多种写法：

(1)可以是三要素齐全的标题，即由发文机关＋事由＋文种，如《国务院关于严格控制农业生产资料价格的通知》。

(2)也可以省略发文单位，即由发文事由＋文种构成，如《关于印发〈对外使用国徽图案的办法〉的通知》。

注意：省略发文机关的通知一定是已有文头的公文或机关内部发行的公文，落款处已注明发文机关的。

(3)内容简单，并在机关内部不以文件形式发布的通知还可以仅有文种，如《通知》。

(4)若通知事项十分重要或紧急，可在标题的文种之前加上"重要"或"紧急"两字，如《广东省人民政府关于加强出口结汇管理工作的紧急通知》。

(5)若是两个以上机关联合发文，可在标题的文种之前加"联合"两字，如《××局××局关于××××××的联合通知》。

(6)若是批转、转发性通知，标题中应标明批转或转发的字样。具体写法是：批转(或转发)文件机关＋事由＋文种组成，如《国务院批转国家医药管理局关于进一步加强中药工作的报告的通知》。其中的事由，一般由"批转(或转发)"两字＋"被转发文件的原标题"构成。而发文机关与批转之间省略了"关于"两字，以使标题文字简洁。

2. 发文字号和主送机关

如果是公开发布于报纸上的普发性通知或某些知照性通知，可以不写发文字号、主送机关，否则一定都要写上。在写主送机关时，要写上全称或规范化简称。

3. 正文

一般由通知缘由(开头)、通知事项(主体)及执行要求(结尾)三部分组成。

通知缘由：要开门见山，直叙行文的原由、目的或根据。一般都依据主要事实，说理分析，说明行文的必要性。

通知事项：主要包括部署工作任务，阐明工作的原则、意见、措施和办法以及应注意的问题等，应当明确、具体。一般采用并列式结构，分条列项，条理分明，便于执行。

执行要求：一般采用尾语，如"以上通知，希认真贯彻执行"、"以上通知，希研究办理"；或以说明要求式结尾；也可用"特此通知"作为尾语。

4. 发文机关、日期

这一部分写作要求，与一般通用公文基本相同。

范例三则

[例文 1]

国务院关于印发芦山地震灾后恢复重建总体规划的通知
国发〔2013〕26 号

各省、自治区、直辖市人民政府,国务院各部委、各直属机构:

现将《芦山地震灾后恢复重建总体规划》印发给你们,请认真贯彻执行。

芦山地震灾后恢复重建关系到灾区群众的切身利益和灾区的长远发展,必须全面贯彻党的十八大精神,以邓小平理论、"三个代表"重要思想、科学发展观为指导,坚持以人为本、尊重自然、统筹兼顾、立足当前、着眼长远的基本要求,突出绿色发展、可持续发展理念,创新体制机制,发扬自力更生、艰苦奋斗精神,重建美好家园。四川省和国务院有关部门要充分认识恢复重建任务的艰巨性、复杂性和紧迫性,树立全局意识,切实加强领导,精心组织实施,全面做好恢复重建的各项工作。

国务院(公章)
二○一三年七月六日

[例文 2]

国务院办公厅关于切实做好汛期灾害防范应对工作的紧急通知
国办发明电〔2013〕18 号

各省、自治区、直辖市人民政府,国务院各部委、各直属机构:

今年入汛以来,全国多地出现强降雨过程,特别是近日安徽、湖北、四川等地持续遭受暴雨袭击,一些江河部分河段发生超保证水位洪水,雅安、都江堰等地先后发生山洪、泥石流、滑坡等灾害,造成重大人员伤亡和财产损失。部分大中城市遭受短时强降雨袭击,造成严重的城市内涝、交通瘫痪,给人民群众出行和城市安全运行带来较大影响。党中央、国务院对此高度重视,李克强总理等领导同志多次作出重要批示指示,要求有关地方和部门密切关注强降雨和极端天气变化情况,加强汛情监测预警,防范洪涝及地质灾害,及时组织群众转移避让,全力搜救失踪遇险人员,确保群众和搜救人员安全,确保堤防、水库等设施安全。

目前全国已进入主汛期,台风进入活跃期,自然灾害多发,必须高度警惕。据气象部门预报,近期四川、山东、山西等部分地区还将出现强降雨过程,同时今年第7号超强台风"苏力"逐渐逼近我国东南沿海,抗灾救灾形势十分严峻。为进一步做好灾害防范应对工作,切实保障人民群众生命财产安全,根据国务院领导同志的指示,现就有关事项通知如下:

一、切实加强灾害防范和监测预警。各地区、各有关部门要认真落实国务院领导同志关于加强抗灾救灾工作的批示指示精神,把确保人民群众生命安全放在第一位,认真查找防灾抗灾中的薄弱环节,制定严密的防范措施,有效防范和应对各类灾害发生。要密切监视雨情、汛情、风情及其发展变化,充实监测力量,改进监测方法,加密监测频次,及时会商分析,滚动预测预报。重点加强局部性、突发性灾害天气的监测预报,努力提高预报精度、延长预见期,为抗灾减灾工作提供决策参考。充分利用手机短信、电子显示屏、广播电视、网络等多种途径,及时发布灾害预警信息,提醒社会公众主动采取防灾避险措施。

二、进一步做好抗灾救灾各项准备。要全力做好暴雨、山洪、泥石流、滑坡等灾害预防工作，坚决避免群死群伤事件的发生。进一步细化完善相关预案，增强针对性和可操作性。落实好各类专业抢险队伍和群众抢险队伍，加强与军队的沟通联系，及时通报情况，充分发挥人民子弟兵在抗灾救灾中的主力军和突击队作用。按照防大灾、抢大险要求，切实做好抢险救灾物资、装备等储备，确保满足抗灾救灾工作需要。

三、突出抓好各项防灾减灾措施的落实。要做好山洪泥石流灾害易发区、危险校舍、简易工棚等安全排查，遇有重大灾害性天气和险情，学校要停课、厂矿要停工、大型集会活动要取消，及时转移并妥善安置受威胁地区人员，避免造成人员伤亡。及早筛查易发生内涝的城市积水点，提前采取有效措施，将内涝积水对城市居民生活、生产的影响降到最低。前期遭受洪涝灾害地区要组织力量，加强对水利工程的巡查，做到险情早发现、早处理，确保江河防洪安全和水库安全度汛。当前，7号超强台风"苏力"即将登陆东南沿海，有关地区和部门要高度重视，密切跟踪，加强研判，及时行动，切实做好人员、船只避险等防范工作。

四、全力做好灾害抢险和应急处置工作。灾害发生后，有关地区和部门要立即启动应急预案，及时协调解放军、武警、公安以及防汛抢险等专业队伍，千方百计搜救被困人员，全力做好伤员救治和卫生防疫，及时做好废墟清理、险情抢护和有关善后工作。妥善安置受灾群众生活，确保受灾群众有饭吃、有衣穿、有住所、有洁净水喝、有病能得到及时医治。要做好损毁的基础设施、公共设施和民房等恢复重建工作，积极组织恢复生产生活秩序。交通运输、铁路、电力、通信等部门要及时采取有力措施，确保交通运输和通信安全畅通，确保电力供应。

五、严格落实抗灾救灾工作责任制。要以对人民群众生命安全和国家财产高度负责的精神，进一步加强汛期灾害防范应对工作的组织领导。主要负责同志要靠前指挥，深入一线指导抗灾救灾，现场解决抗灾救灾中的突出问题。严格落实各项抗灾救灾责任制，做到任务逐级分解，确保责任层层落实到位。要进一步加强值守应急工作，安排熟悉情况、责任心强的人员24小时值班，有关负责同志要亲自带班，保证信息沟通联络畅通。专业指挥协调机构要充分履行综合协调职能，各有关部门要按照职责分工，各司其职、各负其责，共同做好抗灾救灾工作。遇突发性灾害事件，要立即组织处置，迅速发布信息，正确引导舆论，重大情况要及时向国务院报告。对领导不力、工作疏忽或处置失当造成严重后果的，要按照规定严肃追究有关领导和人员的责任。

国务院办公厅（公章）
二〇一三年七月六日

[例文3]

<h3 align="center">关于举办公文处理和公文写作高级研修班的通知</h3>

为认真贯彻执行中办《党政机关公文处理工作条例》，提高有关领导和办公室人员公文处理和公文写作能力，更好地适应办公室工作规范化、制度化、科学化的新要求，我中心经与××市委办公室商议，拟自2013年4月起连续在××市举办"高级研修班"，现将有关事项通知如下：

一、研修主题：

办公室公文处理和公文写作规范化。

二、主要内容：

1.《党政机关公文处理工作条例》(中办发〔2012〕14 号)专题讲座；

2.公文处理规范化；

3.公文写作规范化；

4.当前秘书工作发展的形势、任务和要求；

5.现代秘书工作网上办公。

三、开班时间：

第一期 2013 年 4 月 23 日——27 日

第二期 2013 年 5 月 21 日——25 日

第三期 2013 年 6 月 25 日——29 日

四、参加对象：

1.各级党委、政府办公厅(室)有关领导及文秘工作人员；

2.国有大型企业办公室领导及文秘工作人员；

3.事业单位、社团组织办公室领导、文秘及业务人员。

五、主讲教师：

1.中央国家机关有关公文写作、公文处理的领导与专家；

2.有关高等院校、研究机构专门从事公文教学和研究的教授。

六、费用标准：

1.培训费：1000 元/人，主要用于授课费用、教学场地租金、教学器材、教材费用及其他会务开支；

2.食宿统一安排，费用自理；教学实习自愿参加，费用另收。

七、承办单位和报名方法：

三期研修班均由××市委办公室承办。

报名人员请认真填写好《报名回执表》，并于 2013 年 3 月 30 日前寄到或传真至××市委办公室。

邮编：541000

联系电话：0773—82828575

0773—82848567(兼传真)

联 系 人：×××

八、培训报到地址：

××市委办公室，即：××市榕湖南路 5 号 漓江村酒家。

联系电话：0773—82861985

××××秘书科学技术研究中心联系人：×××

联系电话：010—68929792(兼传真)；

附件：全国公文处理和公文写作高级研修班报名回执表(略)

××××秘书科学技术研究中心办公室(公章)

二○一三年三月八日

通 报

通报的适用范围

通报适用于表彰先进，批评错误，传达重要精神和告知重要情况。

从上述定义可以知道，通报的作用就是：

第一，表彰先进，弘扬正气。通过先进典型，找出经验，推动工作。

第二，批评错误，抵制歪风邪气。通过批评，找出教训，改进工作。

第三，通报情况，交流信息。通过交流信息，取长补短，共同提高。

通报的三个特点

1. 真实性

这是指通报的材料要经过核实，真实可靠，没有丝毫的失实。

2. 典型性

这是指通报的事例或情况要具有一定的普遍性、代表性和针对性，有典型教育或指导意义。

3. 及时性

这是指通报的时效性要强，要及时针对发生的情况进行通报，以发挥其效用。

通报的三种类型

按照内容分，通报有以下三种：

1. 表彰性通报

这种通报对先进单位或先进个人予以表彰，其目的是树立学习榜样，指导和推进工作。这种通报的正文内容，着重叙述先进典型值得人们学习效法的事迹，分析其精神实质，最后发出号召,提出要求,或者提出如何学习的意见,以增强通报的社会效果。

2. 批评性通报

这种通报对犯有错误的典型(单位或个人)予以批评,其目的是通过揭露或批评,以儆效尤,防止类似问题的发生。这类通报的正文内容,着重阐述错误典型的错误或问题的事实,分析其原因和危害,然后作出处理的决定,指出人们应当从中吸取的教训。

3. 情况通报

这是一种针对重要精神或情况的通报。将全局或某一方面重要情况予以通报,以引起下级机关或有关方面的注意和重视,同时采取必要的措施,更好地开展工作。这类通报的正文内容,一般要求讲清精神或情况,阐明有关道理。

通报的写作原则

1. 材料典型,主题突出

通报作为正式公文,其涉及的利害关系较大,行文前有关部门一定要分析情况,估计其价值影响,不能草率从事,否则典型与先进树不起来,批评又会引起新的纠纷,使问题更难处理。因此,写通报一定要在调查研究的基础上,选择典型的、有意义的人、事、问题,使行文的主题鲜明,目的明确,有说服力与教育作用,确保其行文的积极效果。

2. 事实准确,评述中肯

如实反映表彰或批评的人和事,成绩讲够,事迹摆足,问题不隐瞒、不缩小。表扬和激励的评价合乎事实,不有意提高吹捧;对事故和错误要触到痛处,不能文过饰非,处理意见要恰如其分;对情报互通有无,单位间彼此信赖。

3. 叙述具体,通俗易懂

各种事迹、情况、问题,应从实写作。用词造句要通俗易懂,适合各种读者阅读。

通报的写作格式

1. 标题

通报的标题有三种写法:

(1)三要素齐全的标题,即发文机关＋事由＋文种,如《国务院关于处理浙江省违反国家规定收购春蚕问题的通报》。

(2)二要素的标题,即只有事由和文种或只有发文机关和文种的标题,如《关于处理分房建房中违纪事件的通报》。

(3)只有文种的标题,用于内容单一,发文范围较窄的通报,如《通报》。

2. 正文

通报的种类不同,正文写法也有所不同:

(1)表彰性通报

表彰性通报的正文要写清楚四方面:

①概述人物(或单位)的主要事迹。具体写明人物(或单位)的姓名、单位、主要事迹(包括事情发生的时间、地点、原因、经过和结果)。

②概括事迹(或单位经验)的意义。对先进人物(或单位)的事迹进行恰如其分地分析评价,肯定其意义。

③表扬和奖励的具体措施及办法。是"晋级"、是"记功"还是给予物质奖励,或者只是"通报表彰"。

④提出希望和要求。希望是希望有关方面向先进人物(或单位)学习,要求是要求大家共同做好工作。

(2)批评性通报

批评性通报的正文也要写明四方面:

①概述事故(或错误倾向)发生的基本情况。写明事故发生的时间、地点、原因、经过和结果。

②评论事故的性质。指出其根源和危害及对责任者的处罚决定。

③分析造成事故的原因,总结其教训。

④提出希望和要求。制定出防止事故的措施,告诫责任者,教育群众。

(3)情况通报

情况通报的正文可分为两方面来写:

①将有关的信息、动向等如实全面地反映出来。

②对上述情况进行必要的评论,肯定成绩,指出存在的错误,并有针对性地提出相应的意见和要求,提出解决问题的方法。

注意:有的通报将表彰或处理决定放在正文开头部分,即将事实与决定一并叙写,接着再评析事实,提出希望和要求:

3. 发文机关

通报的发文机关即发通报的单位,置于正文右下方,并标明日期。如果发文机关在标题或正文中以在"××范围内予以通报"加以标明的,那么正文之后不再另写发文机关。

范例二则

[例文 1]

浙江省人民政府办公厅关于表彰集体林权制度改革模范县的通报

浙政办发〔2013〕64 号

各市、县(市、区)人民政府,省政府直属各单位:

近年来,全省上下认真贯彻省委、省政府关于全面推进集体林权制度改革的决策部署,积极统筹生态与产业协调发展、兴林与富民同步推进,林业经营主体持续做强,森林资源流转逐步规范,林业金融服务不断创新,林下经济蓬勃发展,公共服务平台加快构建,为现代林业和农村经济发展注入了强劲动力。经杭州等 9 个设区市推荐、省林权制度改革领导小组办公室考核,省政府同意授予临安市等 18 个县(市、区)为"浙江省集体林权制度改革模范县"称号,并予以通报表彰。

希望受表彰的县(市、区)珍惜荣誉,再接再厉,再作贡献。其他县(市、区)要向模范县学习,锐意进取,创新机制,不断巩固和扩大集体林权制度改革成果,为建设"森林浙江"、发展山区经济作出更大的贡献。

附件:浙江省集体林权制度改革模范县名单

浙江省人民政府办公厅(公章)

二〇一三年五月二十三日

[例文 2]

浙江省安全生产监督管理局
关于浙江佳和矿业集团有限公司龙泉铅锌矿"4·18"中毒窒息事故的通报

浙安监管矿〔2013〕107 号

各市安全生产监督管理局：

2013 年 4 月 18 日 12 时 30 分许,浙江佳和矿业集团有限公司龙泉铅锌矿 + 250 中段 6 号采场拉底巷发生一起中毒窒息事故,死亡 2 人。现经事故调查分析,该事故的直接原因是安装在地面的空压机储气罐内壁油膜烧灼自燃,产生大量的有毒气体一氧化碳,含有大量一氧化碳的混合气体经高压风管送至打风钻工作面直接导致打炮眼的风钻工中毒窒息死亡。事故暴露出该矿山企业主要存在以下问题:一是空压机安全管理工作不落实。空压机安全操作规程不完善,未落实对储气罐的检查、维护和保养工作,未按规定排放储气罐内油(水),导致储气罐自燃,员工擅自脱岗,未及时发现和扑灭储气罐的自燃。二是局部通风不正常。矿山采用空压机高压风进行局部通风,未按规定对独头掘进巷道进行局扇通风。三是相关个体防护装备配备使用不落实。现场作业人员未携带使用呼吸自救器和有毒有害气体检测仪。

去年以来,我省地下矿山相继发生中毒窒息事故,其中 2012 年 8 月 27 日 8 时 15 分许,遂昌凯圣矿业开发有限公司香炉岗萤石矿 + 100 中段东头 4 号天井发生中毒窒息导致作业人员坠落事故,事故造成 2 人死亡。

为深刻吸取事故教训,切实提高安全保障水平,有效防范地下矿山中毒窒息事故,遏制重特大事故发生,现就加强地下矿山通风安全管理工作提出以下要求:

一、认真贯彻落实金属非金属地下矿山中毒窒息专项整治有关要求。要根据《国家安全监管总局关于开展金属非金属地下矿山防中毒窒息专项整治的通知》(安监总管一〔2013〕32 号)和《浙江省安全生产监督管理局关于印发金属非金属地下矿山防中毒窒息专项整治工作方案的通知》(浙安监管矿〔2013〕38 号)文件要求,按照整治内容和工作要求,督促辖区内所有地下矿山企业认真贯彻落实。

二、进一步完善通风系统。矿井主风机要安装规范、型号符合设计要求,独头巷道和通风不良的采场必须安装局部通风机,机械通风系统要能实现反风,正常情况下禁止使用空压机高压风作为局部通风源。矿山企业必须为从事井下作业的每个班组配备便携式气体检测报警仪,人员进入采掘工作面时,要携带便携式气体检测报警仪从进风侧进入,一旦报警立即撤离。独头工作面有人员作业时,局部通风机要连续运转。

三、加强通风管理和应急管理。地下矿山企业要明确通风安全管理职责,按要求配备适应工作需要的通风技术人员和测风、测尘人员,并定期进行培训。要加强对通风设备设施的维护和保养,定期更换更新老化和不符合要求的旧设备。通风系统(包括空压机)和排水系统要按国家要求开展检验检测,确保设备安全运行。矿山企业应按规定配备自救器,并确保随身携带;井下主要通道明确标示避灾路线,并确保安全出口畅通;要定期组织应急演练,提高职工的现场应急处置能力。

四、加强对地下矿山通风系统的安全检查。各级安监部门要按照《浙江省安全生产监督管理局关于印发金属非金属地下矿山防中毒窒息专项整治工作方案的通知》的要求,结合当地实际,认真组织开展检查。对检查中发现的问题要抓住不放,要督促企业限期整改到位,对拒不整改和限期整改后仍不能达到安全生产条件的,要按照国办发〔2012〕54号和我省矿山整顿关闭方案的要求,提请地方人民政府依法予以关闭。

浙江省安全生产监督管理局(公章)
二〇一三年六月十四日

报　告

【提要】

◇ 报告的适用范围

◇ 报告的四个特点:陈述性、事后行文、综合性、沟通性

◇ 报告的四种类型:综合报告、专题报告、批转报告、报送材料的报告

◇ 报告的三条写作原则:情况确实;重点突出,点面结合;陈述有序

◇ 报告的写作格式

◇ 范例二则:1.关于加强工商行政管理工作的报告

　　　　　　2.关于加强群众渔港建设的报告

报告的适用范围

报告适用于向上级机关汇报工作、反映情况,回复上级机关的询问。

根据《党政机关公文处理工作条例》的规定,报告的用途主要是:

1. 向上级机关汇报工作状况

上级机关向下级机关传达某项工作的进展情况,要用通报;而下级机关向上级机关汇报自己的工作进展情况,则要用报告。各机关、团体、企事业单位都要及时向上级机关汇报工作,使上级机关能够及时了解下级机关的工作状况、工作成绩和工作中遇到的问题等。

2. 向上级机关反映情况

在工作中遇到的所有比较重要的情况,如本单位出现的模范人物和先进事迹、违纪现象、意外事故、群众的意见和动态等都要及时以报告的形式向领导机关汇报,以便让上级机关了解下级机关的各种信息,这对上级机关将来的决策是很有用处的。

3. 向上级机关提出意见和建议

在工作实践中所发现的一些问题,可以提出自己的意见和建议,然后以报告的形式反映给上级机关。

4. 回复上级机关的询问

针对上级机关询问的问题,作明确具体的回复。

报告的四个特点

1. 陈述性

报告的任务和职能就是向上级机关反映下级机关的各种情况,叙述汇报清楚下情或提出必要的建设性意见和想法。报告所写的情况一般不需要上级领导的批阅答复,只有批转式的报告,领导才需要批转表态。

2. 事后行文

报告是事情做完以后,或事情做了一段时间大体有了头绪时才执笔写作的,它是事后或事中行文。报告实际上是对以前所做工作的总结与概括。

3. 综合性

报告反映的情况有时是多方面的,行文的内容较为丰富,涉及的工作面较广。

4. 沟通性

报告虽是常用的上行文,但对下级机关来说,它是"下情上达"的主要手段,以此取得上级领导的支持、指导;对上级机关来说,通过报告获得信息,了解下情,成为决策、指导和协调工作的依据。尤其是向上级机关提出意见和建议,对于调动下级机关的积极性和推行上级机关的民主化,更具重要意义。

报告的四种类型

报告主要有以下四种类型:

1. 综合报告

这类报告是对一个系统或时期机关工作的全面概括与总结。它涉及的内容多,材料丰富,一文常讲几个问题。如重大事情的系统报告、机关工作的年终汇报等。

2. 专题报告

这类报告就某一问题或某项工作集中地做汇报。一个报告解决一个问题,反映一种情况,核心内容集中突出,开拓往往较深,经验性也较强。如某一试点工作的总结、某一阶段学习任务的情况汇报等。

3. 批转报告

这类报告涉及具有普遍意义的问题,或这些问题需要让更多的单位学习实施,推广其经验做法。下级机关写报告,通过上级领导机关的批转推荐,以增强行文的权威性和庄重性,促使相关的单位给予重视与借鉴。这类报告不仅要反映情况,更重要的是提出经验、建议与要求,在尾语部分须写明请求批转执行的字样。

4. 报送材料的报告

向上级机关报送各种材料,包括下级机关主动呈送的,或上级机关指示要求的。在报送时,写个简明的报告介绍说明报送材料的有关情况。

报告的三条写作原则

1. 情况要确实

报告中所汇报的情况、反映的问题,必须实事求是,真实可靠。概述事实要全面、准确;典型事例要具体而有代表性;各种数据要精确无误。不允许夸大或缩小,坚决反对欺上瞒下,弄虚作假。

2. 重点突出,点面结合

各种类型的报告,都要围绕主旨,使内容充实而集中,重点明确而突出,做到主次分明,详略得当,切忌面面俱到。同时要注意有点有面。

3. 陈述有序

撰写报告要讲究陈述的有序性和条理性,做到逻辑缜密,层次清晰、秩序井然。

报告的写作格式

报告一般由标题、主送机关、正文、发文机关和日期组成。

1. 标题

报告的标题一般有两种写法:

一种是三要素齐全的标题,即发文机关+事由+文种组成,如《××财贸学院关于为××市代培全日制本科走读生初步安排的报告》;

另一种是只有文头,标题两要素,即事由+文种,省略了发文机关,如《关于全国清理三角债工作情况的报告》就省略了发文机关"国务院清理三角债领导小组"。

2. 主送机关

大多数情况下只有一个主送机关,即发文机关的直属上级机关。

3. 正文

一般由报告缘由、报告事项、结尾组成。

报告缘由:是报告的正文开头,交代报告的起因、原由,或说明报告的目的、主旨、意义。它承接标题中的事由,落笔入题。缘由要写得直接、开宗明义,并用"现将有关情况报告如下"承启下文。

报告事项:即报告主体内容,一般写主要情况、措施与结果、成效与存在问题;有些还要写经验或教训,意见或建议,打算或安排。这部分内容较多,可以根据需要分条分项写,也可以分若干部分写,要求围绕主旨展开陈述。

报告结尾:一般用惯用尾语,如"特此报告"、"以上意见如无不妥,请批转各地区、各部门执行"、"以上报告,如有不当,请指正"等。

4. 发文机关和日期

这一部分与其他通用公文相同。

范例二则

[例文 1]

关于加强工商行政管理工作的报告

国务院:

为深化改革,促进社会主义市场经济持续、稳定、直辖市发展创造良好的条件,根据国务院赋予工商行政管理机关的职能,进一步拓宽监督管理的广度,增加监督管理的深度,强化监督管理的力度,为此,今年全国工商行政管理局长会议进行了专门研究,对下一步工作提出以下意见:

一、进一步依法加强对生产资料市场的监督管理,不断提高集贸市场的管理水平。(略)

二、加强对国有和集体企业的监督管理,积极支持企业集团的建立和发展。(略)

三、切实加强对个体、私营经济的监督管理,引导它们健康发展。(略)

四、严肃查处制造、经营伪劣商品和刊播虚假广告的行为,切实维护国家和人民群众的利益。(略)

五、依法保护注册商标专用权,加强商标领域中的国际合作。(略)

六、加强廉政建设,提高工商行政管理队伍的素质。(略)

以上报告如无不妥,请批转各地区、各部门执行。

国家工商行政管理局(公章)

二〇××年×月×日

[例文 2]

关于加强群众渔港建设的报告

国务院:

党的十一届三中全会以来,在改革开放政策的推动下,我国的水产事业有很大的发展。1990 年水产品产量达到 1218 万吨,比 1979 年增加近 800 万吨,其中海洋捕捞量为 551 万吨,增加 274 万吨,增长 98.7%,高于世界同期增长水平。海洋捕捞业生产规模不断扩大,从事捕捞的渔民由 1979 年的 84 万人增加到 1990 年的 130 万人;海洋机动渔船由四万三千艘、二百九十三万马力增加到二十四万四千艘、九百二十五万马力。在海洋捕捞能力和生产规模不断扩大的同时,渔港建设却没有相应跟上。由于投资体制改变等原因,渔港建设受到一定影响和削弱。尤其是群众渔港建设,严重滞后于捕捞业生产的发展。码头泊位少,按最低标准,平均每条渔船应占一米长的码头,现在仅为 0.25 米;避风条件差,现有渔港中具有避风条件的仅一百五十六处,只占全部渔港的三分之一;缺乏通讯、导航设施,在沿海四百八十九处渔港中,有通讯设施的仅一百二十一处,有导航设施的仅一百七十六处;渔港淤积严重,渔船进出港困难,有些渔港一遇退潮即成为旱港。

为了切实加强群众渔港建设,尽快改变群众的渔港建设严重不适应捕捞业生产发展的状况,特提出以下意见:

一、各级人民政府要高度重视群众渔港建设。渔港既是渔民从事捕捞业生产的生产设施,又是为渔民的生命财产提高保障的安全设施。各地要根据捕捞业的生产能力和规模,相应增加渔港建设投资。要明确港权,加强对渔港的管理,努力使渔港及其设施稳定地处于良好状态。

二、今后十年,群众渔港建设以改造、扩建现有渔港为主。各级人民政府应责成同级农业(水产)主管部门提出渔港建设规划,并具体负责组织实施。渔港区陆上经营性设施建设,应与水工建设统一规划。

三、群众渔港按其服务范围和吞吐能力划分为三个等级:几省(市、区)渔船共用或常有外籍渔船停靠,年卸港量在二万吨以上的为一级渔港;主要供本省(区、市)渔船使用,年卸港量在一万吨以上、二万吨以下的为二级渔港;一般属本县(市)渔船停泊,年卸港量在二万吨以上的为一级渔港;主要供本省(区、市)渔船使用,年卸港量在一万吨以上、二万吨以下的为二级渔港;一般属本县(市)渔船停泊,年卸港量在一万吨以下的为三级渔港。群众渔港建设资金仍采取民办公助方式,以渔民自筹为主。各地要注重组织和引导渔民集资建港。二级和三级渔港建设由地方政府给予资助,中央主要对一级渔港建设给予适应扶持,所需投资列入我部基建计划。

四、重申渔业附加税"取之于渔,用之于渔"的政策不变,以渔业附加税为来源设立的渔港建设资金,主要用于渔港的维护、疏浚等。此项基金用于渔港建设及维护,从 1991 年至 1993 年免征能源交通建设基金和预算调节基金。

以上意见,如无不妥,建议批转各地区、有关部门贯彻执行。

农业部(公章)

一九九一年一月四日

请　　示

【提要】

◇ 请示的适用范围

◇ 请示的六个特点:行文方向单一,不要多头请示;事先行文;一文一事;不能越级请示;请示不得直接送领导者个人;请示不能抄送下级机关

◇ 请示与报告的三点区别:性质不同、行文时间不同、表述要求不同

◇ 请示的三种类型:请求指示的请示;请求审批的请示;请求批转的请示

◇ 请示的四条写作原则:明确请示事项、一文一事、拟准主送机关、逐级请示

◇ 请示的写作格式

◇ 范例二则:1.关于建立中国工程院有关问题的请示
　　　　　　2.关于要求设立杭州之江国家旅游度假区海关的请示

请示的适用范围

请示适用于向上级机关请求指示、批准。

请示是期望上级机关给予答复的上行文。下级机关是在工作中遇到了问题,如无章可循的新情况、新问题,人员编制、资产购置、财款的动用等,才向上级机关请求指示或批准的,因此,请示只适用于有直接隶属关系的上下级之间。

请示的六个特点

1. 行文方向单一,不要多头请示

请示只能是上行文,而且只能是给自己的直接主管上级的上行文,不要同时给自己的多个上级机关请示,如果同时请示可能导致:其一,多头请示,却没有一个上级机关具体答复的结果;其二,得到多个上级机关不同的答复。无论是哪一种情况出现,都会给工作增加困难。所

以请示只能呈送自己的直接上级机关。

2．事先行文

请示必须事先行文,必须等上级机关明确表态后才能付诸行动。如果事情已经开始做了或已经做完了才请示的话,都属于"先斩后奏","先斩后奏"是违反管理规定和组织纪律的。

3．一文一事

请示内容要单一,一篇请示只能写一件事,即一事一请示,不要一文多事。一文多事往往会因为其中的某一件事被卡住而影响了其余事情的办理。如果有几件事要请示上级机关,可以分别写成几份呈送。

4．不能越级请示

既然请示是给自己的直接主管上级机关的,那么,一般来说,就不要越过直接的上级机关向更高一级的上级机关请示问题。自己的直接上级机关解决不了的问题,应由上级机关向它的上级机关请示。

5．请示不得直接送领导者个人

按照规定,请示不得直接呈送给领导者个人,除非是领导者直接交办的事项。

6．请示不能抄送下级机关

因为请示尚未得到上级机关的批准,是否能够批准也是未知数,若同时抄送给了下级机关,就容易给工作带来麻烦。

请示与报告的三点区别

请示与报告在行政公文中同属一类,都是上行文,又都反映下情和问题,而且写作规格上又大致相近。因此两种文种使用上混淆的现象时有出现,如把"××的请示"写成"××的请示报告"。据沿海某市统计,在一年度中,收到请示 1930 份,其中写成请示报告的 1489 份。虽然由于事物本身的复杂性,出现交叉现象在所难免。但它们毕竟是两个不同的文种,有着不同的使用价值,所以两者不能混同,它们之间的主要区别在于:

1．性质不同

报告是陈述性公文,它反映情况,汇报工作,或向上级机关提出意见或建议,不要批复;请示是请求性,它要求上级机关批复。

2．行文时间不同

报告的行文时间较为灵活,事前事后都可行文;请示必须事前行文,不能"先斩后奏"。

3．表述要求不同

报告陈述工作情况,提出意见或建议,涉及内容较为广泛,行文也较长;请示要求一文一事,行文较短。报告中不能夹带请示事项;请示中可以陈述情况,但所陈述的情况,是作为请示事项的依据而存在。还有,两者尾语不同,报告的尾语如前述;请示的尾语一般用"以上请示当否,请批复"。此外,报告一般不用发文字号;请示一般都有发文字号。

请示的三种类型

根据目的来分,请示主要有三种类型:

1．请求指示的请示

这种请示主要是在工作中遇到重要的疑难问题,或新情况新问题,需要请求上级机关作出指示或解释说明;或对上级指示和有关政策不明确、有疑问和有不同理解,需要请求上级机关进一步明确指示。

2. 请求审批的请示

这种请示是为了使某一事项的解决办法得到上级机关的审批认可的一种请求,即因权限关系,对涉及经济、物资、编制等问题自己不能做主,需要上级审批的请示。如《关于成立××公司的请示》、《关于××县撤县设市的请示》、《关于××建设项目需要资金的请示》等。

3. 请求批转的请示

这种请示是一个地区或业务主管部门就某一带全局性的问题提出解决的办法,因涉及其他地区或部门,请求上级机关批转才能贯彻执行的请示。

请示的四条写作原则

1. 明确请示事项

所谓请示事项明确,包含两方面的意思:一是请示的内容确是本机关职权范围内难以解决的或没有明文规定可遵循的,需报请上级领导批准才能办理的事项;二是向上级请示,不能光反映情况,提出问题,要上级答复,还要提出明确的看法、建议和处理意见,以便领导研究审批。

2. 一文一事

撰写请示,一定要一文一事,避免一文数事或在报告中夹带请示事项,以免需要批复的事项由涉及多个机关分别辗转办理而延时误事。

3. 拟准主送机关

请示一般只写一个主送机关,不要多头请示。如请示的事项需同时送其他机关,应用抄报或抄送的形式。

4. 逐级请示

请示的行文关系,一般情况下应根据隶属关系逐级行文请示,不得越级请示,如遇特殊情况,必须越级请示时,应抄报越过的机关。

请示的写作格式

请示的格式,包括标题、发文字号、正文和日期等。

1. 标题

请示的标题和其他的文种格式大体相同,可以是三要素齐全的标题,也可以是只有两要素的标题。

2. 发文字号和主送机关

发文字号与其他通用公文相同。主送机关和其他文种略有不同,因为,请示不能多头请示,所以请示的主送机关一般来说只有一个,尤其是请求批准的请示。

3. 正文

请示的正文需要写清楚三方面内容:

(1)请示的理由

即为什么要请示,依据是什么或理由是什么。为使上级机关能够批准,必须阐明理由。理由的阐述要求:

一具体充分。把事实摆清楚,把理由说充分。不要概括成一句话,给人的印象不清不楚,那就达不到目的了。

二准确简要。在陈述理由时要老老实实,有一说一,有二说二,不能为了达到目的而夸大其辞,用一些形容词如"极端困难"、"非常不便"、"严重影响"等。

三语言简练。不要为达到目的而尽量拉长篇幅,反而啰里啰嗦让人抓不住重点。

(2)请示的事项

请示的事项即下级机关向上级机关提出的具体请示事项。内容少的可独立成段;内容较多的可分条叙述。

(3)结尾

有些文种的结尾即结束语可省略,但请示的结束语决不能省略。因为它是期复性的公文,又是上行文,其期复性和上行文的语气在结束语上显示得很充分,所以不能省略。请示结尾的惯用语是"妥否,请批示"、"当否,请批准"、"当否,请审批"、"妥否,请审核批准"等。一般要单独占一行。

4. 发文机关和日期

与一般通用公文相同。

范例二则

[例文 1]

关于建立中国工程院有关问题的请示

国务院:

近年来,我国科学家、工程技术专家和有关人士,曾多次提出建立中国工程院问题。

全国政协七届五次会议和中国科学院第六次学部委员大会期间,不少政协委员、学部委员和工程技术专家,又先后提出提案和建议。党中央和国务院领导同志十分重视这一建议。曾就建立中国工程院问题,多次作过批示。根据党中央和国务院领导同志的批示精神,组成了专家研究小组,经过广泛调查研究,听取各方面人士和有关产业部门的意见,进行反复酝酿和讨论,形成工程院的初步方案。现就建立中国工程院的有关问题报告如下。

一、关于建立中国工程院的必要性。(略)

二、关于组建中国工程院的一些原则。

(一)关于名称(略)

(二)关于中国工程院的性质和作用(略)

(三)关于中国工程院成员的称谓(略)

(四)关于中国工程院与中国科学院(学部)的关系(略)

(五)关于中国工程院院士的标准和条件(略)

(六)关于中国工程院第一批院士的产生及以后的增选制度(略)

(七)关于中国工程院的领导体制及学部设置(略)

三、关于中国工程院的筹建工作及进度安排(略)

以上请示当否,请批示。

附件：中国工程院筹备领导小组名单。

国家科委（公章）

中国科学院（公章）

××××年××月××日

［例文 2］

关于要求设立杭州之江国家旅游度假区海关的请示

浙江省人民政府：

　　杭州之江国家旅游度假区是经国务院批准建立的 12 个国家旅游度假区之一。根据国务院批复精神，杭州之江国家旅游度假区规划面积 9.88 平方公里，划分为度假别墅区、商业游乐区、高尔夫球场、娱乐城等 9 个功能区块，建成后的度假区融休闲、游乐、商务、康复等多种功能于一体，成为环境优雅、风格独特、功能齐全，具有国际先进水准的旅游度假胜地。建设规划 3 年初具规模、5 年初步建成、8 年全部完工。目前，总投资达 13 亿元的区内基础设施建设全面展开；已批准进区的 10 余个外商投资项目总投资 2.20 亿美元又 2.61 亿人民币相继开工，急需进口钢材、电缆、通讯设备、污水处理设备、各类建筑装潢材料、配套家具、办公用品、交通工具等。随着区内的建设和发展，此类进口业务量将日益增大。

　　为了改善投资环境，健全涉外经济服务体系，市政府认为，在杭州之江国家旅游度假区设立海关已迫在眉睫，它将直接影响到杭州之江国家旅游度假区建设的规模和档次。为此，特要求在杭州之江国家旅游度假区设立海关（正处级）。根据海关的工作性质，拟报请定编 60 人。市政府将在度假区 3 号区块内新建海关技术用房和验货场，建筑面积 4000 平方米，并负责提供必需的开办经费、交通工具、生活用品等。

　　以上请示如无不妥，请报转国务院审批。

杭州市人民政府（公章）

××××年×月×日

批　　复

【提要】

　　◇ 批复的适用范围

　　◇ 批复的四个特点：被动性、针对性、权威性、鲜明性

　　◇ 批复的两种类型：对请示帮助解决问题的批复、对请求批准事项的批复

　　◇ 批复的四条写作原则：坚持一请示一批复；态度明确、意见清楚；语言简洁；行文及时

　　◇ 批复的写作格式

　　◇ 范例二则：1. 浙江省物价局关于桐乡市非居民生活用户污水处理费标准的批复

　　　　　　　　2. 国务院关于同意××省设立××市给××省人民政府的批复

批复的适用范围

批复适用于答复下级机关的请示事项。

批复的用途比较单一,它仅对下级机关的请示作出具体明确的答复,而且只作用于有直接隶属关系的上下级之间,而不能在不相隶属的机关之间使用。

批复的四个特点

1. 被动性

批复是所有行政公文中唯一具有这一特点的公文。它是以下级机关的请示作为存在的先决条件。先有请示,才会有批复,这与其他公文的主动性行文特点是截然不同的。

2. 针对性

批复是针对下级机关请示的批答公文,有请必复。要针对下级机关提出的问题行文,不能自己另寻话题,而对原来所请示的问题避而不谈。

3. 权威性

上级机关所作的批复,体现领导意图和领导权威,能够解决或审批下级机关请示事项和问题。请示一经批复,下级机关必须遵行。

4. 鲜明性

批复对请示事项作批答,表意准确,态度鲜明。不能含糊其辞、模棱两可。

批复的两种类型

批复与请示是正式行政公文中唯一一对相互对应的文种。根据请示的不同内容,批复可以分为相应不同的种类。

1. 对请示帮助解决问题的批复

这类批复,针对下级机关提出的难以解决的政策界限问题和没有明文规定的疑难问题,作出具体的解释或答复,表明意见或态度。

2. 对请求批准事项的批复

这类批复,针对下级机关请求批准的事项,进行认可或审批,带有手续性。

批复的四条写作原则

1. 坚持一请示一批复

批复是为了解决下级机关困难问题而发的批准与指示性的意见。请示要求一文一事,批复则也应有针对性的一文一批复。切忌一文多批复。上下行文要相互对应。

2. 态度明确,意见清楚

批复是对下级机关请示的答复。不管篇幅长短和内容多少,对问题的答复都要依据有关方针、政策和工作的条件与可能,明确同意与否,应该怎么办等意见,不能办或办不到的也应态度明朗,不能含糊其辞,或模棱两可,以免下级接文后无所适从。

3. 语言简洁

批复是对请示的原则性答复,即便有具体的指示性意见,也应用简括的文字加以概括集中,问题表述清楚即可,不必做具体的分析和阐述。批复的内容单纯集中,文字简短而精当。

4. 行文及时

接到请示后,上级机关要及时作出批复。如若拖延时间,贻误工作甚至造成重大经济损失,那就是失职。

批复的写作格式

批复由标题、发文字号、主送机关、正文、发文机关和日期等组成。

1. 标题

批复的标题与一般的公文不完全相同:

一种是三要素齐全的标题,即发文机关+事由+文种组成,如《国务院关于设立武汉经济技术开发区的批复》、《国务院关于调整珠海经济特区范围的批复》等。

另一种是有四要素的标题,即发文机关+事由+主送机关+文种,如《国务院关于同意河北省地市体制改革调整行政区划给河北省人民政府的批复》、《国务院关于将辽宁蛇岛、老铁山列为国家自然保护区给辽宁省人民政府的批复》等。

2. 发文字号和主送单位

批复的发文字号可以与其他的文种相同,也可以用"函"字代替"发"字,如国务院的批复,其发文字号便可以写成"国函〔200×〕×号"。主送单位只有一个,即请示的下级机关。

3. 正文

正文由批复引据、批复内容、批复尾语三部分组成。

批复引据:即正文起首语,是批复的起因与依据。因为批复是被动行文,所以要在文章开头把来文的标题及发文字号引叙出来,以标明此份批复是针对哪一份请示的,惯用写法是:"你省(市、区、所、校等)××××年×月×日《关于×××××的请示》(××发〔19××〕×号)收悉。"当然,也可以省略日期或发文字号,但下级机关请示的名称一定不能不写。

批复内容:针对请示事项给以具体明确的答复。请示什么问题,就答复什么问题。批复意见一定要明确表明同意还是不同意的态度,不能模棱两可,含糊其辞,让下级机关不知如何理解。内容较多的批复,除了要表明态度之外,还要阐明办事的原则,提出具体的措施和要求,这就需要分条列项的来写。不同意的也要说明不同意的依据和理由。

批复尾语:一般用"此复"、"特此批复"惯用尾语作结,也可省略尾语。尾语不提执行要求。

4. 发文机关和日期

如果标题中已写明发文机关名称,文尾可省略发文机关名称,如果标题没有写明的,应在正文右下方写上发文机关名称。发文日期可以写在正文之后发文机关之下,与发文机关连结在一起。如果发文机关文后不单列,发文日期可列于标题之下。

范例二则

[例文 1]

浙江省物价局关于桐乡市非居民生活用户污水处理费标准的批复

浙价资〔2013〕17 号

桐乡市物价局:

你局《关于调整桐乡市非居民生活用户污水处理费标准的请示》(桐发改价〔2012〕159 号)

悉。经研究,现批复如下:

一、同意调整你市非居民生活用户(即工业及非工业)污水处理费收费标准。工业污水按入网 COD 浓度分档计价,实测 400＜COD≤500 时,高污染工业用户污水处理费的收费标准由现行每立方米 2.20 元调整为 2.80 元,其他工业用户污水处理费的收费标准由现行每立方米 1.80 元调整为 2.20 元,具体详见附件 1。非工业用户污水处理费的收费标准由现行每立方米 1.50 元调整为 1.90 元。

二、同意在对工业污水按入网 COD 浓度分档计价的同时,试行按入网污水中有害污染物浓度多因子复合计收污水处理费的办法。具体详见附件 2。

三、调整后的非居民生活用户污水处理费的收取范围按我局《关于简化水价分类规范执行范围实行差别水价政策加快"腾笼换鸟"工作的通知》(浙价资〔2013〕1 号)规定执行。

四、本批复自 2013 年 3 月 1 日起执行。请你局在当地政府领导下,会同有关部门切实做好宣传解释工作,努力取得各方的理解和支持,确保调价方案顺利实施和社会稳定。有关调价方案的实施情况及时报告我局。

附件:1.桐乡市工业污水按入网 COD 浓度分档计价标准
　　　2.桐乡市工业污水按入网污水有害物质浓度分档收费标准

浙江省物价局(公章)
二〇一三年一月十七日

附件 1

桐乡市工业污水按入网 COD 浓度分档计价标准

单位:元/立方米

收费标准 实测污水 COD 值(mg/L)	高污染工业企业	其他工业企业
COD≤100	2.28	1.80
100＜COD≤200	2.42	1.90
200＜COD≤300	2.56	2.00
300＜COD≤400	2.70	2.10
400＜COD≤500	2.80	2.20
500＜COD≤600	3.20	2.30
600＜COD≤700	3.60	2.40
700＜COD≤800	4.00	2.50
COD＞800 时	每档比上一档提高 0.50 元	

注:1.COD 值以 100 mg/L 为一档。

　　2.实测污水 COD 值按收费月度平均值确定。

附件 2

桐乡市工业污水按入网有害物质浓度分档收费标准

有害物质名称	基准值	每档值	超基准值按每一档收取污水处理费
pH 值	6—9	1	＜6 时,每档加收 0.40 元/立方米,＞9 时,每档加收 0.20 元/立方米
SS(悬浮物)	400(mg/l)	50(mg/l)	0.20 元/立方米
磷酸盐(以 P 计)	8(mg/l)	0.5(mg/l)	0.20 元/立方米
NH3—N(氨氮)	45(mg/l)	5(mg/l)	0.20 元/立方米

注:实测有害物质按月度收费。

［例文 2］

国务院关于同意××省设立××市
给××省人民政府的批复
国发［20××］×号

××省人民政府:

你省《关于撤销××县设立××市的请示》(×政发［20××］×号)收悉,国务院同意撤销××县,设立××市(县级)由省直辖,以原××县的行政区域为××市的行政区域,不增加人员编制。

此复。

国务院(公章)

二〇××年×月×日

议　　案

【提要】

◇ 议案的适用范围

◇ 议案的五个特点:制文机关的法定性、特定性、时效性、定向性、必要可行性

◇ 议案的四种类型:立法性议案、重大事项决策性议案、任免性议案、建议性议案

◇ 议案的两条写作原则:一案一事,言之有理;按法定职权行文,内容可行

◇ 议案的写作格式

◇ 范例二则:1. 国务院关于提请审议《中华人民共和国劳动法(草案)》的议案

2. 国务院关于提请审议批准《中华人民共和国和俄罗斯联邦关于中俄国界西段的协定》的议案

议案的适用范围

议案适用于各级人民政府按照法律程序向同级人民代表大会或者人民代表大会常务委员会提请审议事项。

需要注意的是议案和提案是两个不同的文体。它们虽只有一字之差，却有本质区别。首先是提出的主体不同，议案多用于人大，而提案专用于人民政协；其次内容要求不同，议案内容相对狭窄，必须是在本级人民代表职权范围内，而提案内容则基本不受限制；再次通过方式不同，议案须提请人民代表大会或人大常委会审议后表决通过并形成相应决议或决定，而提案只需提案委员会审查，符合《政协提案工作条例》即可立案；四是时限要求不同，议案一般只在大会期间提出，提案则会间或休会期间均可；最后法律效力不同，议案具有法律约束力，而提案则不具法律约束力，只起民主监督作用。

议案的五个特点

1. 制文机关的法定性

各级人民政府是议案的制发机关，政府的职能部门无权制发。

2. 特定性

人民政府所提议案的内容，必须是该人民代表大会或常务委员会职权范围内的有关事项。

3. 时效性

各级人民政府的议案，必须在同级人民代表大会或其常务委员会举行会议规定的限期前提出，否则不能列为议案，超过期限提交的议案一般改作"建议"处理，或移交下次人大会议处理。提交大会审议的议案，必须限期审议表决或提出处理意见。

4. 定向性

议案只能由各级人民政府向同级人民代表大会或其常务委员会行文，不能向其他部门单位行文，主送机关也只有一个。

5. 必要可行性

提交人大议案审议的事项，必须是符合人民群众意愿和要求的重要事项，且议案中提出的方案、措施和办法必须是切实可行的。

议案的四种类型

1. 立法性议案

立法性议案主要在政府机构制定了某项法律或法规之后提请人大审议通过或建议、请求某行政机构制定某项法规使用。如《国务院关于提请审议〈中华人民共和国著作权法（草案）〉的议案》、《关于尽早制定我省普及九年制义务教育实施条例的议案》等。

2. 重大事项决策性议案

当政府机构在政治、经济、文化、教育、科技、卫生等领域或财政预决算、城乡发展规划、重大工程上马等重大事项决策时，需提请人民代表大会审议批准，此类议案就属重大事项决策性议案。如《国务院关于提请审议兴建长江三峡工程的议案》。

3. 任免性议案

任免性议案是行政机关向权力机关提请任命、免去或撤销行政机关工作人员职务，请求人民代表大会审议批准的议案。如《国务院关于提请××等同志职务任免的议案》。

4. 建议性议案

建议性议案是以行政部门的身份向权力部门提出建议报告,供人民代表大会审议、采纳的议案。

议案的两条写作原则

1. 一事一案,言之有理

要一事一案,内容单一,且要将理由和根据说清楚,文字表达严谨准确,条理清晰。

2. 按法定职权行文,内容可行

行文内容必须为同级人大及常委会职权范围,要符合国家和人民利益,符合国家有关法律法规方针政策,方案要经过调查研究论证,合理可行。

议案的写作格式

议案一般由标题、主送机关、正文、签署和日期五部分组成。

1. 标题

议案标题有两种写法:一是发文机关加案由加文种,二是案由加文种。第一种如《××市人民政府关于提请审议〈××市安全生产条例〉的议案》,第二种如《关于提请审议修改后的国务院机构改革方案的议案》。

2. 议案的主送机关

议案只能有一个主送机关,即只能是同级人民代表大会及其常务委员会。主送机关要采用全称或规范化简称,不能随意简化。

3. 正文

议案内容由提请审议内容、说明(缘由、目的、意义、形成过程等)和要求组成。议案一般多以"要求"结尾外,也可从提出审议事项开头,然后加以说明;也可在开头部分说明议案的缘起或目的意义或形成过程,然后再提出审议事项,最后结尾。

4. 签署

议案一般由政府首长签署。如国务院提交全国人大的议案,由总理签署,各省、市、自治区提交给同级人民代表大会的议案,由省长、市长或自治区主席签署。

5. 日期

日期格式同其他行政公文。

范例二则

国务院关于提请审议《中华人民共和国劳动法(草案)》的议案

国函〔1994〕11 号

全国人民代表大会常务委员会:

为了适应建立社会主义市场经济体制的需要,推动劳动制度改革,保护劳动者的合法权益,确立、维护和发展用人单位与劳动者之间稳定和谐的劳动关系,促进经济发展和社会进步,劳动部门同有关部门草拟了《中华人民共和国劳动法(草案)》。这个草案已经国务院常务会议讨论通过,现提请审议。

国务院总理　李鹏(印)

一九九四年二月十八日

国务院关于提请审议批准

《中华人民共和国和俄罗斯联邦关于中俄国界西段的协定》的议案

国函〔1994〕126 号

全国人民代表大会常务委员会:

　　《中华人民共和国和俄罗斯联邦关于中俄国界西段的协定》已由国务院副总理兼外交部长钱其琛和俄罗斯外交部长科济列夫于 1994 年 9 月 3 日在莫斯科分别代表本国签署。

　　《中华人民共和国和俄罗斯联邦关于中俄国界西段的协定》是中俄双方以目前有关中俄边界的条约为基础,本着平等协商、互谅互让的精神,经过谈判达成一致的。经审核,该协定的各项条款是公平合理的,符合中俄边界的实际情况。该协定的签订,有利于中俄边界的稳定并将进一步促进两国关系的正常发展。

　　国务院同意《中华人民共和国和俄罗斯联邦关于中俄国界西段的协定》。现提请审议,并请作出批准的决定。

国务院总理　李鹏(印)

一九九四年十二月五日

函

【提要】

　　◇ 函的适用范围

　　◇ 函的三个特点:灵活性、单一性、凭证性

　　◇ 函的三种类型:商洽函、答询函、请批函

　　◇ 函的两条写作原则:一函一事,内容明确;态度诚恳,用语得体

　　◇ 函的写作格式

　　◇ 范例三则:1.关于建立××民福贸易公司的函

　　　　　　　　2.关于成立××民福贸易公司的复函

　　　　　　　　3.浙江省物价局 浙江省财政厅关于核定全国专利代理人资格考试收费标准的复函

函的适用范围

　　函适用于不相隶属机关之间商洽工作、询问和答复问题、请求批准和答复审批事项。

用正式的公文纸,按照规范的格式要求并加盖公章的函称为公函。公函属于正式公文,有文头、发文代号、标题等。

不用正式的公文纸,格式比较灵活的函称为便函。便函不属于正式公文,不编发文代号,不列标题,用机关信笺直接书写即可发出。用于询问、答复、联系、介绍某些一般性的公务事宜。但便函也是在公务活动中使用的。

函的三个特点

1. 灵活性

函一般不具有法规约束力或强制性指令作用,不受权力的限制。不仅可以用于平行或不相隶属的机关之间,而且上下级之间也可以用,任何机关、团体,企事业单位都可以用函联系公务事宜。

2. 单一性

函一般不涉及机密事宜,所谈的多为工作中的事务性问题。

3. 凭证性

函一般不具有指挥性和指示性作用,但有着较为突出的凭证性。有时上下级机关之间的往来函件,也有着一定的指挥性和指示性,但明显地弱于命令、决定、通知等文种。

函的三种类型

按应用范围分,函主要有三种类型:

1. 商洽函

商洽函用于不相隶属机关之间商洽工作,联系参观、学习,邀请讲学或业务指导,干部、人才调动等。

2. 答询函

答询函用于机关和部门之间相互询问和答复问题。有些不明确问题向有关机关和部门询问,用询问函;对有关部门询问的问题作出解释答复,用答复函。但下级机关对上级机关的询问,如涉及内容重大,应以"报告"行文,不宜用"函"。

3. 请批函

请批函是向有关主管部门请求批准有关事项的函。

请批函与请示有所区别:向上级机关请求批准,用请示;向不相隶属机关和主管部门请求批准,用请批函。

函的两条写作原则

1. 一函一事,内容明确

函要一函一事,内容单一集中。这样,受函单位便于处理,有助于提高工作效率。同时,要把商洽、询问、请求的事项写明确,切忌模糊、笼统,以免误解或往来查询,延时误事。

2. 态度诚恳,用语得体

收函一般要求对方关照、支持,因此态度要诚恳,语气要平和;即使是上级机关向所属下级机关的发函,也不要居高临下,盛气凌人,也应以平等商洽的口吻来写。复函用语要明快,以诚待人,不要显得生硬和冷漠。如果是请求帮助的,语气也不能太谦卑、肉麻,要有分寸感。

函的写作格式

函一般由标题、发文字号、主送机关、正文、发文机关和日期组成。

1. 标题

函的标题一般来说有四种写法：

(1)发文对象＋文种,如《给××学院的函》。

(2)发文事由＋文种,如《关于接受××日报社记者进修的复函》。

(3)发文机关＋事由＋文种,如《北京市林业局关于将红叶斋列为旅游定点商店的函》。

(4)发文机关＋事由＋发文机关＋文种,这种形式主要是复函所用的,如《杭州市人民政府办公厅关于杭州人文景观有关问题给省政协办公厅的复函》。

2. 发文字号和主送机关

发文字号有些和其他的文种相同,有些要加一个"函"字,如《×省总工会关于处理职工因游泳伤亡后的待遇问题的函》的发文字号就是"×工函〔20××〕××号"。

主送机关和请示一样,只写一个主送机关,即询问或答复的机关。

3. 正文

正文一般由开头、主体、结尾组成。

开头：如是发函,开头简述发函的缘由和目的;如是复函,应以引述来函日期、发文字号作起首语。如"你单位×年×月×日《关于××××的函》收悉"或"贵部×字〔20××〕×号来函收悉。"并表示已进行了研究处理。

主体：是函的事项部分。如是发函,要写清楚商洽、询问或请求的主要事项;如有复函,则应针对来函事项逐一郑重作答。应表明自己的态度,同意就写清楚同意的意见、办法,不同意或不完全同意,也应当简要说明理由。

结尾：不同种类的函结束语的写法不一样。

告知函的结束语一般是"特此函告"、"特此函达"等;

询问函的结束语一般是"即请函复"、"盼复"、"盼予函告"、"请复函"等;

请批函的结束语一般是"请予审核批准"等;

复函的结束语一般是"特此函复"、"此复"等。

4. 发文机关和日期

函的发文机关及日期和其他文种的写法相同。

范例三则

[例文 1]

关于建立××民福贸易公司的函

××〔20××〕××号

××省计划经济委员会：

为促进我省民政工业的发展,拓宽福利生产市场,积极发展外向型经济,经研究,决定建立××民福贸易公司。

该公司为集体所有制,实行独立核算,自负盈亏。

经营范围：主营民政福利企业产品及出口创汇产品外贸经营。兼营各类生产资料，经济技术咨询，产品开发有偿服务及其他民用商品。

经营方式：零售、批发、代购、代销及调拨。

当否，请函复。

××省民政厅（公章）

二○×× 年×月×日

[例文 2]

关于成立××民福贸易公司的复函

××〔20××〕××号

××省民政厅

你厅《关于建立××民福贸易公司的函》（××〔20××〕××号）收悉。经研究，同意成立××民福贸易公司。该公司为集体所有制企业，实行独立核算，自负盈亏，自主经营，具有法人地位。公司由民政工业公司管理，编制暂定为××名。公司经营范围：主营民政福利企业产品，兼营与其产品有关的原辅助材料。经营方式：零售、批发、代购、代销及调拨。公司注册资金为××××，开业地点为××。

××省计划经济委员会（公章）

二○××年×月×日

[例文 3]

浙江省物价局　浙江省财政厅

关于核定全国专利代理人资格考试收费标准的复函

浙价费〔2013〕147 号

省科技厅：

你厅《关于申请核定我省全国专利代理人资格考试收费标准的函》（浙科函知〔2013〕49号）悉。根据国家发展改革委、财政部《关于调整全国专利代理人资格考试收费标准及有关问题的通知》（发改价格〔2010〕1258 号）和国家发展改革委、财政部《关于进一步规范职业资格类考试收费标准管理等有关问题的通知》（发改价格〔2012〕328 号）规定，经研究，现函复如下：

一、核定全国专利代理人资格考试（含 3 科，分别为《专利法律知识》、《相关法律知识》、《专利代理实务》）收费标准为每人每科 70 元。以上收费标准均已包含上交国家的费用，不得在上述标准之外加收其他费用。

二、收费单位应按规定到价格主管部门办理《收费许可证》，并使用省财政厅统一印制的政府非税收入票据，收费收入上缴财政，实行"收支两条线"管理；并自觉接受价格、财政主管部门的监督检查。

三、本通知自 2013 年 6 月 1 日起执行。

浙江省物价局（公章）

浙江省财政厅（公章）

二○一三年五月二十九日

纪　　要

会议纪要的适用范围

纪要适用于记载会议主要情况和议定事项。

纪要是在会议记录的基础上整理而成的。作为公文的纪要主要指的是有关党政机关领导人参加的办公或重要的专题工作会议。一些学术会议纪要一般不作为公文发布，主要起着传播信息的作用。

纪要的三个特点

1. 纪要性

纪要是在会议记录的基础上，通过分析综合，摘其要点，舍其芜杂，按一定逻辑顺序整理而成的。不是事无大小，有闻必录，而要突出一个"要"字，突出会议的主要内容与精神。

2. 记载性

纪要适用于记载和传达会议情况和议定事项。有些会议的重要情况、决定和决议，或由于某种原因，或由于与出席会议的地点距离太远，无法查找会议的原始记录，那就要以纪要所载录的内容为准，所以记载性也是会议纪要的一大特点。

3. 周知性

纪要有的要求传达并贯彻执行；有的虽不要求贯彻执行，但也要通报给有关领导和有关人员以及一定范围的群众，因而具有周知性的特点。

纪要的两种类型

纪要按形式来分，一般分为办公会议纪要、专题会议纪要。

1. 办公会议纪要

办公会议纪要是各机关、团体、企事业单位领导人在研究决定日常工作事项的行政会议上形成的纪要。

2. 专题会议纪要

专题会议纪要是领导机关就某个方面或某一项专题工作所召开的会议上形成的纪要。这类会议纪要对下级机关的工作有着指导的意义,需要下级机关贯彻执行。

纪要的三条写作原则

1. 看记录

起草纪要,要认真收集会议的有关文件和材料,认真地阅读会议记录。这一方面为了保证纪要反映会议情况的真实性,另一方面也是为纪要写作确立主题和选择材料。

2. 抓要点

纪要,是记其要点。纪要不能照搬会议文件和会议记录,而要摘要地写,突出重点。切忌巨细不分,甚至以次要内容冲淡了会议的主要精神。

3. 讲条理

纪要要对会议讨论的问题、议程、发言内容、决定等分层次、分类别、分顺序加以归纳,这样不仅能使纪要笔墨经济,而且使人感到纪要的内容明确,条理清晰。

纪要的写作格式

纪要一般由标题、正文组成。

1. 标题

纪要的标题和一般公文的标题不太一样,它是由会议名称＋文种构成,如《全国农村工作会议纪要》、《全国城市经济体制改革试点工作座谈会纪要》等。

2. 正文

纪要正文一般写三方面的内容:

(1)会议情况

这是在开头中所写的内容。办公会议纪要的开头,一般写上召开会议的时间、地点、参加人员、主持人等就可以了。专题会议还要写上会议的名称、会议的议题、出席会议并作指示的领导人等。

(2)议定事项

这是在主体中所写的内容。分项叙述会议议定的一些事项,如今后工作的任务、方针、政策、措施、要求等。在写作时常常使用第三人称,如"会议认为"、"会议要求"、"会议决定"、"会议强调"等一些惯用语。

(3)希望号召

这是在结尾中所写的内容。办公会议纪要一般不再写一段单独的结尾,议项写完就自然结束;专题会议纪要,一般来说还要加上一段希望和号召的文字作为结尾,以起到激励和鼓舞的作用。

纪要因为是普发性公文,所以不用写发文字号和主送机关。

范例二则

[例文 1]

××市人民政府
市长、副市长办公会议纪要

时间：20××年×月×日
地点：市政府会议室
主持人：×××同志
出席者：(略)
列席者：(略)
会议讨论和决定的事项如下：
一、同意市计划生育领导小组代表市人民政府拟写《进一步做好计划生育工作的决定》,可按会议讨论的意见修改补充后在《××日报》上发布,不另行文。
二、审查了解放大道立交桥的设计方案。会议同意这个设计方案。有关施工的筹备问题,决定另外召开专门会议进行研究。

[例文 2]

抓住机遇　扩大开放——沿长江五市对外开放研讨会纪要

沿长江五市(重庆、岳阳、武汉、九江、芜湖)对外开放研讨会,于20××年7月15～16日在庐山经纬宾馆举行。这次会议是在党中央和国务院作出以上海浦东为龙头,进一步开放长江沿岸城市的战略决策之后,由求是杂志社经济部、江西省体改委、九江市人民政府联合召开的,来自五市的领导和有关方面的负责同志及部分新闻单位的代表共40余人参加了会议。与会代表围绕着如何搞好沿长江对外开放的问题,进行了热烈发言和深入讨论。

与会代表一致认为,搞好沿长江的对外开放意义深远重大。过去13年,我们的开放政策主要是向沿海地区倾斜,这是完全必要的,它为全国的对外开放起了先行探索和示范的作用。现在,中央提出进一步扩大沿长江和沿边的对外开放,这对于在沿海开放的基础上,形成"沿海—沿江—沿边"的整体开放格局,实现我国对外开放"全方位、多元化"的战略目标,推动对外开放向内地深入,促进沿江经济的发展有重要意义。长江在我国国民经济和社会发展中占有重要地位。长江流域占国土面积的1/5,人口近4亿,工农业总产值占全国的40%多。这里资源丰富,交通方便,城市密布,市场发达,人才荟萃,是我国最具自然地理优势和社会经济发展综合优势相结合的地方,开发潜力巨大,前景良好。扩大沿长江的对外开放,通过利用外资、引进技术和人才,开拓国际市场,可增大开发长江的力度,加快开发步伐,从而为国民经济发展增添后劲。

扩大沿长江的对外开放,对五市来说是机遇和挑战并存。为此,代表们指出,搞好沿长江的对外开放,首先要解放思想、破除迷信,联系实际找差距,真正解决和克服长期束缚人们手脚的认识问题。要增强以经济建设为中心的观念,形成齐抓经济工作的活力;要进一步认识对外开放的重要性和迫切性,开拓搞好对外开放的新思路、新办法和新途径;要强化商品经济意识,克服温饱即满,不愿冒风险,不敢迈大步的小农思想,自觉按照经济规律办事;要树立全局观念,防止和克服狭隘的部门利益,树立一盘棋的战略思想。

扩大开放,必须深化改革。代表们提出,与沿海地区相比,沿长江城市在对外开放方面已滞后了一步,旧的体制严重阻碍着对外开放的扩大。因此,应通过深化改革,克服"左"的思想和守旧观念,给企业以更大自主权,使各项政策措施相互配套,逐步完善。改革需要探索,要敢想、敢干、敢闯、勇于实验,对的就大胆推广,错的就加以纠正。

开放是促进和带动一切的重要途径和手段。代表们认为,应围绕开发抓开放,通过开放促开发。通过开放,要开发新产品,新技术、新行业,解决内陆城市产业单调、技术陈旧、产品老化的问题,使经济发展具有新的活力;通过开放,不断开发利用资源,提高资源的综合利用率,提高经济效益;通过开放,把利用外资和老企业嫁接起来,加速技术改造和产品更新换代。

搞好长江的开放开发,必须走联合协作的路子。代表们认为,长江流域自然地理条件的多样性和社会经济发展的综合优势,决定了要通过联合协作的方式来搞好开放开发,如果化整为零,搞区域割据、市场封闭,长江的优势就发挥不出来,开放开发就会事倍功半,甚至会有负效应。因此,希望国家有关部门尽快拿出长江开放开发的总体规划,各省、各中心城市、各中小经济区域要在总体规划的基础上,通力合作,加强横向联系;要以上海浦东为龙头,加强政策的对接和连贯,使龙头、龙身、龙尾一起摆动,努力在生产力布局、产业结构、交通运输、资源开发利用、长江生态环境保护、市场开发等方面,做到协调一致。

投资环境建设是对外开放的重要内容,代表们认为应把它放在对外开放的重要地位来看待,作为一项持久的基础性工作来抓。既要搞好投资硬环境的建设,努力使"七通一平"符合国际标准;又要加强各项软环境的建设,使有关政策措施符合国际规范。还要大力发展第三产业,培养大批懂业务、善经营、敢开拓的外向型经济人才。

附 　 录

党政机关公文处理工作条例

中办发〔2012〕14 号

第一章 　 总 　 则

第一条 　 为了适应中国共产党机关和国家行政机关(以下简称党政机关)工作需要,推进党政机关公文处理工作科学化、制度化、规范化,制定本条例。

第二条 　 本条例适用于各级党政机关公文处理工作。

第三条 　 党政机关公文是党政机关实施领导、履行职能、处理公务的具有特定效力和规范体式的文书,是传达贯彻党和国家方针政策,公布法规和规章,指导、布置和商洽工作,请示和答复问题,报告、通报和交流情况等的重要工具。

第四条 　 公文处理工作是指公文拟制、办理、管理等一系列相互关联、衔接有序的工作。

第五条 　 公文处理工作应当坚持实事求是、准确规范、精简高效、安全保密的原则。

第六条 　 各级党政机关应当高度重视公文处理工作,加强组织领导,强化队伍建设,设立文秘部门或者由专人负责公文处理工作。

第七条 　 各级党政机关办公厅(室)主管本机关的公文处理工作,并对下级机关的公文处理工作进行业务指导和督促检查。

第二章 　 公文种类

第八条 　 公文种类主要有:

(一)决议。适用于会议讨论通过的重大决策事项。

(二)决定。适用于对重要事项作出决策和部署、奖惩有关单位和人员、变更或者撤销下级机关不适当的决定事项。

(三)命令(令)。适用于公布行政法规和规章、宣布施行重大强制性措施、批准授予和晋升衔级、嘉奖有关单位和人员。

(四)公报。适用于公布重要决定或者重大事项。

(五)公告。适用于向国内外宣布重要事项或者法定事项。

(六)通告。适用于在一定范围内公布应当遵守或者周知的事项。

(七)意见。适用于对重要问题提出见解和处理办法。

(八)通知。适用于发布、传达要求下级机关执行和有关单位周知或者执行的事项,批转、转发公文。

(九)通报。适用于表彰先进、批评错误、传达重要精神和告知重要情况。

(十)报告。适用于向上级机关汇报工作、反映情况,回复上级机关的询问。

(十一)请示。适用于向上级机关请求指示、批准。

(十二)批复。适用于答复下级机关请示事项。

(十三)议案。适用于各级人民政府按照法律程序向同级人民代表大会或者人民代表大会常务委员会提请审议事项。

（十四）函。适用于不相隶属机关之间商洽工作、询问和答复问题、请求批准和答复审批事项。

（十五）纪要。适用于记载会议主要情况和议定事项。

第三章　公文格式

第九条　公文一般由份号、密级和保密期限、紧急程度、发文机关标志、发文字号、签发人、标题、主送机关、正文、附件说明、发文机关署名、成文日期、印章、附注、附件、抄送机关、印发机关和印发日期、页码等组成。

（一）份号。公文印制份数的顺序号。涉密公文应当标注份号。

（二）密级和保密期限。公文的秘密等级和保密的期限。涉密公文应当根据涉密程度分别标注"绝密""机密""秘密"和保密期限。

（三）紧急程度。公文送达和办理的时限要求。根据紧急程度，紧急公文应当分别标注"特急""加急"，电报应当分别标注"特提""特急""加急""平急"。

（四）发文机关标志。由发文机关全称或者规范化简称加"文件"二字组成，也可以使用发文机关全称或者规范化简称。联合行文时，发文机关标志可以并用联合发文机关名称，也可以单独用主办机关名称。

（五）发文字号。由发文机关代字、年份、发文顺序号组成。联合行文时，使用主办机关的发文字号。

（六）签发人。上行文应当标注签发人姓名。

（七）标题。由发文机关名称、事由和文种组成。

（八）主送机关。公文的主要受理机关，应当使用机关全称、规范化简称或者同类型机关统称。

（九）正文。公文的主体，用来表述公文的内容。

（十）附件说明。公文附件的顺序号和名称。

（十一）发文机关署名。署发文机关全称或者规范化简称。

（十二）成文日期。署会议通过或者发文机关负责人签发的日期。联合行文时，署最后签发机关负责人签发的日期。

（十三）印章。公文中有发文机关署名的，应当加盖发文机关印章，并与署名机关相符。有特定发文机关标志的普发性公文和电报可以不加盖印章。

（十四）附注。公文印发传达范围等需要说明的事项。

（十五）附件。公文正文的说明、补充或者参考资料。

（十六）抄送机关。除主送机关外需要执行或者知晓公文内容的其他机关，应当使用机关全称、规范化简称或者同类型机关统称。

（十七）印发机关和印发日期。公文的送印机关和送印日期。

（十八）页码。公文页数顺序号。

第十条　公文的版式按照《党政机关公文格式》国家标准执行。

第十一条　公文使用的汉字、数字、外文字符、计量单位和标点符号等，按照有关国家标准和规定执行。民族自治地方的公文，可以并用汉字和当地通用的少数民族文字。

第十二条　公文用纸幅面采用国际标准 A4 型。特殊形式的公文用纸幅面，根据实际需要确定。

第四章　行文规则

第十三条　行文应当确有必要，讲求实效，注重针对性和可操作性。

第十四条　行文关系根据隶属关系和职权范围确定。一般不得越级行文，特殊情况需要越级行文的,应当同时抄送被越过的机关。

第十五条　向上级机关行文,应当遵循以下规则:

(一)原则上主送一个上级机关,根据需要同时抄送相关上级机关和同级机关,不抄送下级机关。

(二)党委、政府的部门向上级主管部门请示、报告重大事项,应当经本级党委、政府同意或者授权;属于部门职权范围内的事项应当直接报送上级主管部门。

(三)下级机关的请示事项,如需以本机关名义向上级机关请示,应当提出倾向性意见后上报,不得原文转报上级机关。

(四)请示应当一文一事。不得在报告等非请示性公文中夹带请示事项。

(五)除上级机关负责人直接交办事项外,不得以本机关名义向上级机关负责人报送公文,不得以本机关负责人名义向上级机关报送公文。

(六)受双重领导的机关向一个上级机关行文,必要时抄送另一个上级机关。

第十六条　向下级机关行文,应当遵循以下规则:

(一)主送受理机关,根据需要抄送相关机关。重要行文应当同时抄送发文机关的直接上级机关。

(二)党委、政府的办公厅(室)根据本级党委、政府授权,可以向下级党委、政府行文,其他部门和单位不得向下级党委、政府发布指令性公文或者在公文中向下级党委、政府提出指令性要求。需经政府审批的具体事项,经政府同意后可以由政府职能部门行文,文中须注明已经政府同意。

(三)党委、政府的部门在各自职权范围内可以向下级党委、政府的相关部门行文。

(四)涉及多个部门职权范围内的事务,部门之间未协商一致的,不得向下行文;擅自行文的,上级机关应当责令其纠正或者撤销。

(五)上级机关向受双重领导的下级机关行文,必要时抄送该下级机关的另一个上级机关。

第十七条　同级党政机关、党政机关与其他同级机关必要时可以联合行文。属于党委、政府各自职权范围内的工作,不得联合行文。

党委、政府的部门依据职权可以相互行文。

部门内设机构除办公厅(室)外不得对外正式行文。

第五章　公文拟制

第十八条　公文拟制包括公文的起草、审核、签发等程序。

第十九条　公文起草应当做到:

(一)符合国家法律法规和党的路线方针政策,完整准确体现发文机关意图,并同现行有关公文相衔接。

(二)一切从实际出发,分析问题实事求是,所提政策措施和办法切实可行。

(三)内容简洁,主题突出,观点鲜明,结构严谨,表述准确,文字精练。

(四)文种正确,格式规范。

(五)深入调查研究,充分进行论证,广泛听取意见。

(六)公文涉及其他地区或者部门职权范围内的事项,起草单位必须征求相关地区或者部门意见,力求达成一致。

(七)机关负责人应当主持、指导重要公文起草工作。

第二十条　公文文稿签发前,应当由发文机关办公厅(室)进行审核。审核的重点是:

(一)行文理由是否充分,行文依据是否准确。

（二）内容是否符合国家法律法规和党的路线方针政策；是否完整准确体现发文机关意图；是否同现行有关公文相衔接；所提政策措施和办法是否切实可行。

（三）涉及有关地区或者部门职权范围内的事项是否经过充分协商并达成一致意见。

（四）文种是否正确，格式是否规范；人名、地名、时间、数字、段落顺序、引文等是否准确；文字、数字、计量单位和标点符号等用法是否规范。

（五）其他内容是否符合公文起草的有关要求。需要发文机关审议的重要公文文稿，审议前由发文机关办公厅（室）进行初核。

第二十一条　经审核不宜发文的公文文稿，应当退回起草单位并说明理由；符合发文条件但内容需作进一步研究和修改的，由起草单位修改后重新报送。

第二十二条　公文应当经本机关负责人审批签发。重要公文和上行文由机关主要负责人签发。党委、政府的办公厅（室）根据党委、政府授权制发的公文，由受权机关主要负责人签发或者按照有关规定签发。签发人签发公文，应当签署意见、姓名和完整日期；圈阅或者签名的，视为同意。联合发文由所有联署机关的负责人会签。

第六章　公文办理

第二十三条　公文办理包括收文办理、发文办理和整理归档。

第二十四条　收文办理主要程序是：

（一）签收。对收到的公文应当逐件清点，核对无误后签字或者盖章，并注明签收时间。

（二）登记。对公文的主要信息和办理情况应当详细记载。

（三）初审。对收到的公文应当进行初审。初审的重点是：是否应当由本机关办理，是否符合行文规则，文种、格式是否符合要求，涉及其他地区或者部门职权范围内的事项是否已经协商、会签，是否符合公文起草的其他要求。经初审不符合规定的公文，应当及时退回来文单位并说明理由。

（四）承办。阅知性公文应当根据公文内容、要求和工作需要确定范围后分送。批办性公文应当提出拟办意见报本机关负责人批示或者转有关部门办理；需要两个以上部门办理的，应当明确主办部门。紧急公文应当明确办理时限。承办部门对交办的公文应当及时办理，有明确办理时限要求的应当在规定时限内办理完毕。

（五）传阅。根据领导批示和工作需要将公文及时送传阅对象阅知或者批示。办理公文传阅应当随时掌握公文去向，不得漏传、误传、延误。

（六）催办。及时了解掌握公文的办理进展情况，督促承办部门按期办结。紧急公文或者重要公文应当由专人负责催办。

（七）答复。公文的办理结果应当及时答复来文单位，并根据需要告知相关单位。

第二十五条　发文办理主要程序是：

（一）复核。已经发文机关负责人签批的公文，印发前应当对公文的审批手续、内容、文种、格式等进行复核；需作实质性修改的，应当报原签批人复审。

（二）登记。对复核后的公文，应当确定发文字号、分送范围和印制份数并详细记载。

（三）印制。公文印制必须确保质量和时效。涉密公文应当在符合保密要求的场所印制。

（四）核发。公文印制完毕，应当对公文的文字、格式和印刷质量进行检查后分发。

第二十六条　涉密公文应当通过机要交通、邮政机要通信、城市机要文件交换站或者收发件机关机要收发人员进行传递，通过密码电报或者符合国家保密规定的计算机信息系统进行传输。

第二十七条 需要归档的公文及有关材料,应当根据有关档案法律法规以及机关档案管理规定,及时收集齐全、整理归档。两个以上机关联合办理的公文,原件由主办机关归档,相关机关保存复制件。机关负责人兼任其他机关职务的,在履行所兼职务过程中形成的公文,由其兼职机关归档。

第七章 公文管理

第二十八条 各级党政机关应当建立健全本机关公文管理制度,确保管理严格规范,充分发挥公文效用。

第二十九条 党政机关公文由文秘部门或者专人统一管理。设立党委(党组)的县级以上单位应当建立机要保密室和机要阅文室,并按照有关保密规定配备工作人员和必要的安全保密设施设备。

第三十条 公文确定密级前,应当按照拟定的密级先行采取保密措施。确定密级后,应当按照所定密级严格管理。绝密级公文应当由专人管理。

公文的密级需要变更或者解除的,由原确定密级的机关或者其上级机关决定。

第三十一条 公文的印发传达范围应当按照发文机关的要求执行;需要变更的,应当经发文机关批准。涉密公文公开发布前应当履行解密程序。公开发布的时间、形式和渠道,由发文机关确定。经批准公开发布的公文,同发文机关正式印发的公文具有同等效力。

第三十二条 复制、汇编机密级、秘密级公文,应当符合有关规定并经本机关负责人批准。绝密级公文一般不得复制、汇编,确有工作需要的,应当经发文机关或者其上级机关批准。复制、汇编的公文视同原件管理。复制件应当加盖复制机关戳记。翻印件应当注明翻印的机关名称、日期。汇编本的密级按照编入公文的最高密级标注。

第三十三条 公文的撤销和废止,由发文机关、上级机关或者权力机关根据职权范围和有关法律法规决定。公文被撤销的,视为自始无效;公文被废止的,视为自废止之日起失效。

第三十四条 涉密公文应当按照发文机关的要求和有关规定进行清退或者销毁。

第三十五条 不具备归档和保存价值的公文,经批准后可以销毁。销毁涉密公文必须严格按照有关规定履行审批登记手续,确保不丢失、不漏销。个人不得私自销毁、留存涉密公文。

第三十六条 机关合并时,全部公文应当随之合并管理;机关撤销时,需要归档的公文经整理后按照有关规定移交档案管理部门。

工作人员离岗离职时,所在机关应当督促其将暂存、借用的公文按照有关规定移交、清退。

第三十七条 新设立的机关应当向本级党委、政府的办公厅(室)提出发文立户申请。经审查符合条件的,列为发文单位,机关合并或者撤销时,相应进行调整。

第八章 附 则

第三十八条 党政机关公文含电子公文。电子公文处理工作的具体办法另行制定。

第三十九条 法规、规章方面的公文,依照有关规定处理。外事方面的公文,依照外事主管部门的有关规定处理。

第四十条 其他机关和单位的公文处理工作,可以参照本条例执行。

第四十一条 本条例由中共中央办公厅、国务院办公厅负责解释。

第四十二条 本条例自 2012 年 7 月 1 日起施行。1996 年 5 月 3 日中共中央办公厅发布的《中国共产党机关公文处理条例》和 2000 年 8 月 24 日国务院发布的《国家行政机关公文处理办法》停止执行。

第 8 章 学术论文

◆ 文体概述
◆ 完成论文写作的六个过程:选择论题、搜集资料、展开研究、安排结构、行文表达、修改成文
◆ 不同类型论文写作举要
◆ 不同专业类型论文写作举要

文体概述

【提要】

◇ 学术论文的概念
◇ 学术论文的六个特点:科学性、学术性、独创性、理论性、实践性、规范性
◇ 学术论文的价值:知识的创新和知识的应用
◇ 学术论文的类型
◇ 毕业论文的三大功能:教学功能、考核功能、成果功能
◇ 学位论文的答辩
◇ 学术论文的写作流程:选题论题、搜集材料、展开研究、安排结构、行文表达、修改成文

学术论文的概念

学术论文是研究人员进行科学研究之后,为表述科学研究成果而撰写的理论性文体,又称科学论文,简称论文。科学研究是人类认识世界、改造世界、推动社会发展的有效手段。随着科学的发展,新的见解、新的发明创造层出不穷,旧的观点得以不断地更新,论文就是这些新观点、新见解、新发明的文字阐述。

学术论文的六个特点

论文属于应用文体,有非常鲜明的特点和严格的规范。无论哪类学科,哪门专业,哪种类型的论文一般都具备以下六点共性:

1. 科学性

科学性是学术论文的前提。科学研究的目的在于发现真理,科学的过程是一个以客观事实为依据,探求客观规律的求真的过程。论文的科学性要求写作者从探求科学真理的目标出发,以科学的世界观和方法论为指导,坚持实事求是的精神,用认真、严谨的治学态度来发现问题、研究问题、解决问题,并将揭示出来的客观规律予以严密的论证和准确的表述。

2. 学术性

论文反映的是某专业领域最新的学术研究成果,论文的价值即体现在学术性上,而论文的学术性又突出地体现在学科性、专业性上。

学术是有系统、较专门的学问,它往往以学科的形式表现出来。学科门类繁多,各学科之间虽然有许多相同、相通之处,但差别是主要的。各学科都有自己特定的研究领域,有自己专业研究的基本方法和技巧,有自己的理论体系和科学术语,形成了专门化的知识体系。因此,各学科分析问题的方法、工具、表述方式都必须符合各自不同的要求。论文要阐述的就是这些学科专业知识中的某一个问题。因此,只有在掌握专业知识的基础上,对本学科的研究领域、研究方法、理论体系等基本问题有了充分的了解,才能进行学术研究,撰写学术论文。

3. 独创性

是否有创见,是衡量学术论文价值高低的根本标准。创造性是科研的本质特性,科学技术之所以被称为第一生产力也正在于科研的创造性特征使科研劳动成为推动社会生产力发展的最活跃的起决定性作用的因素。

论文不仅要进行专业化的学术研究,而且还要报告自己独到的研究成果。论文不同于一般的教科书,它不能重复已有的知识,甚至也不同于一些学术专著,有些学术专著主要用于专业知识的传播和普及,因而比较强调知识的系统性和常规性。但论文必须创造性地解决某一专业领域的理论问题或实践问题。不同的研究者创造能力可以有大小,创造水平可以有高低。大到能够开创一门新学科、创立一个新学派,小到发现一条有价值的资料,但无论对于哪个层次的研究者而言,独创性这一点都必须是研究者从发现问题开始,到研究问题,解决问题,最后到撰写论文的整个过程中自始至终、坚持不懈的追求。研究者要力争在选题、角度、材料、方法、观点等各方面都有所创新,实现马克思所说的"思想增值"。

4. 理论性

论文不能停留于事实、现象的罗列,必须探究事物的本质及规律。写论文必须运用理论思维,通过对事实的抽象、概括、说理、辨析和严密的逻辑论证将一般现象上升到一定的理论高度。论文的基本框架是逻辑的,是以中心论点为核心,以分论点为支柱的严密的逻辑体系,其中充满了一般与个别、整体与部分、主要与次要、原因与结果、现象与本质等事理关系。

5. 实践性

论文要充分考虑到文章的实践性和现实意义。只有从社会现实需要出发,从科学进步需要出发,才能写出满足时代发展要求的有价值的论文。

不同学科的论文其应用性、实践性的表现形式也不同。自然科学方面的论文,它的应用性和社会价值往往比较直观,有时可以直接产生社会效益,对生产技术的发展及其所研究的学科本身都具有较明显的现实意义;社会科学方面论文的应用性和社会价值虽然常常不如自然科学方面论文那么直接和明显,但社会科学方面论文提出的新观点、新发现、新理论,对本学科的发展和社会的进步同样具有指导和推动作用,因而也同样具有实践性和现实意义。

6. 规范性

论文具有统一的书写格式和语言规范。科技报告、学位论文等的编写格式已由国家制定了统一的标准。为了便于交流和应用，论文必须运用规范的语言文字系统和符号系统进行表述。

学术论文的价值

论文作为知识产品的价值体现在知识的创新与知识的应用两个方面。或者是在理论上能够有所创新，有理论价值；或者是对解决实际问题能够提出一些可行的策略和方法，具有实践价值；或者是两种价值兼而有之。

科研上的重大发明创造或理论上的重大突破往往会引发该领域质的变革，从而对人类的实践活动产生重大影响。一个国家、地区科学技术发展的规模、速度及水平，很大程度上可以通过学术论文的质量、数量以及发明、创造程度反映出来。通过有效的科技管理和合理的科技政策，使学术观点和科学理论迅速转化为生产力，是推动经济快速发展的良好途径。

黄津孚先生认为论文的价值体现在以下 8 个方面[①]：

①新现象、新事实的揭示

②新概念的提出或概念的新界定

③新观点的提出或对原有观点的新表述

④对原有结论或实践方法的新论证

⑤新方法的提出和应用

⑥新工具、新手段的发明和采用

⑦新政策、新策略的提出和实施

⑧建立新的理论体系和策略体系

任何论文至少应包含以上 8 种价值因素中的 1 种，很多论文同时包含多种价值因素。

学术论文的类型

从不同的角度可以将学术论文分为不同的类型。

按论文的内容分，有自然科学论文、社会科学论文。自然科学论文又可分门别类地分作数、理、化、天文、地理等各学科专业的论文；社会科学论文又可分为文、史、哲、经等各学科专业的论文。

按论文在表述方面的特点分，又可分为论说型、述评型、评析型、调研型、说明型等几种类型。

按论文的写作目的分，有参加学术交流的交流性论文，如各学术刊物上发表的论文；有参加学术考核的考核性论文，如学年论文、毕业论文、学位论文。

学年论文是高等院校针对学生所学专业知识的运用而在某一学年设置的一项独立作业。它是学生运用初步具备的、较为系统和基本的专业知识，对本学科理论或社会生产实践领域内的某些问题进行探讨后所形成的具有一定的独立见解的研究性文章。学年论文是大学高年级学生利用所学知识进行科学研究的初次尝试，其目的在于帮助学生深入掌握书本知识，锻炼学

①　黄津孚. 学位论文写作与研究方法. 北京：经济科学出版社，2000.5－19.

生运用已有的知识去分析和解决一个学术问题的能力,为撰写毕业论文打下基础。

　　毕业论文是高等院校应届毕业生综合运用自己所学专业的基础理论、基本知识和基本技能,对本学科理论或社会生产实践领域内的某些问题进行探讨后所形成的具有一定的创见的研究性文章,反映的是学生运用大学四年所学的专业知识去分析、解决本学科内某一问题的学识水平和能力,是大学阶段全部学习成果的总结。相对于学年论文,毕业论文的选题要大一些,深一些,要求也要高一些。它要以此衡量学生够不够资格毕业。

　　学位论文是高等院校根据国家授予学位的程序和标准,要求具备学位授予资格的本科生、硕士生、博士生撰写的论文。学位论文在选题、内容、结构、文字、篇幅、完成时限等方面都有严格的规定。自从我国实行学位制以来,本科生、硕士生、博士生的毕业论文一般即是提出申请授予相应学位时评审用的学位论文。

毕业论文的三大功能

　　毕业论文是高等学校学生学业的重要组成部分。毕业论文具有三大功能:第一是教学,第二是考核,第三是成果。作为教学手段,它是对高等学校学生各方面能力的综合培养和提高;作为考核手段,毕业论文应达到一定的水平,反映与毕业等级相称的学识和能力;作为成果,毕业论文是高校学生向社会提供的知识产品,具有一定的社会效用。

　　1. 教学功能

　　毕业论文是培养学生科研素质和科研能力的重要环节。

　　(1)养育科学道德,弘扬科学精神

　　毕业论文的写作过程是学生对科学道德和科学精神的一次较为彻底的体验和领悟。

　　培根认为研究真理、认识真理、相信真理是人性中最高的美德。现代社会崇尚科学是因为科学不仅可以作为一种工具和手段满足人们在物质生活方面的需要,还可以提高人类的精神文化生活水平和道德文明水平。科学中所包含的求实、宽容、自由、平等的价值导向是推动人类社会道德进步、促进现代人类文明道德体系建立的基石。研究者只有抱着发现真理,促进人类知识进步,推动社会发展的崇高的科学理想和强烈的社会责任感才能拥有克服重重困难,完成复杂的研究工作的充沛的精神动力;才能养育开拓创新,刚正不阿,坚持真理,实事求是,不盲从、不迷信、不独断、不偏执、不僵化的科学精神;才能克服急功近利的浮躁心态,拥有如我国现代著名历史学家范文澜先生"板凳甘坐十年冷,文章不写一句空"那般脚踏实地,厚积薄发,严谨求知的治学精神;才能充分尊重他人劳动成果,消除门户之见,正确对待学术争鸣和学术竞争,精诚合作,不嫉贤妒能,不侵犯他人的著作权。

　　(2)整合知识积累,提升专业知识

　　论文写作既要有宽厚扎实的基础文化素养,又要有精深的专业文化素养;既要有所研究专业的学科基础理论知识和专业理论知识,清楚该学科及专业基本的概念、原理、研究方法、理论体系;也要有交叉学科、边缘学科、分支学科等相关学科和专业的理论知识。因此,论文写作是大学生对自己四年所学知识的全面整合和提升,它要求学生在基础课程学习的基础上,在专业领域内选择某一论题作专门化的深入研究。

　　(3)激发科研兴趣

　　毕业论文写作可以激发学生的科研兴趣。兴趣是科研的动力,而兴趣往往又是在对未知世界探求的过程逐步被激发出来的。爱因斯坦在《自述》中说:"当我还是一个四五岁的小孩,在父亲给我看一个罗盘的时候,就经历过一种惊奇。这只指南针以如此确定的方式行动,……这种经验给我一个深刻而持久的印象……在我们之外有一个巨大的世界,它离开我们而独立存在,它在我们面前就像一个伟大而永恒的谜,然而至少部分地是我们观察和思维所能及的。对这个世界的凝视深思,就像得到解放一样吸引着我们,而且我不久就注意到,许多我所尊敬和敬佩的人,在专心从事这项事业中,找到了内心的自由和安宁。"①学术的兴趣是可以培养的。科学研究能给研究者带来极高的精神享受和美感体验。很多同学写作论文时一开始无所谓兴趣,随着研究的深入,反而兴趣日浓。深入研究,不断地有所发现,有所收获,可以让学生体验到发现真理过程中极大的精神愉悦,获得成就感。

(4)训练科研能力,培养创新精神

科研能力是指运用科学理论和知识开展研究工作所必须具备的技能。主要包括创造能力、观察能力、调查研究能力、抽象概括能力、文献资料的搜集与鉴别能力、语言表达能力。毕业论文的完成要先后经过读书、选题、查阅文献、形成假说、社会调查、实验、数据分析、撰写论文等诸多环节,每个环节都是对课堂教学模式的突破,在这种挑战性的学习中学生实现了从被动接受到主动求知的角色重大转换,经历了科研的基本环节,了解了科学研究的基本方法,强化了科研意识,科研能力得到全面锻炼。

(5)培养开放与合作的精神

现代科学技术发展的特点是高度分化与高度融合并存。研究开发工作已经从个人或手工作坊式转向集体研究、国家研究甚至国际合作研究。论文写作,要求学生一方面广泛搜集文献资料,虚心向同行学习,博采众长;另一方面又要求学生深入社会,进行观察、调查,实验,获得大量的实证材料。这些对于学生养成"海纳百川"的开放胸怀和合作精神都有莫大的益处。

(6)锻炼意志,塑造性格

科学研究需要良好的心理素质。研究的创造性决定了在追求正义和真理的过程中需要有大胆创新、突破传统的勇气和意志。研究的复杂性决定了研究者需要有不怕艰苦,不怕失败,百折不挠,锲而不舍的坚强意志和韧劲。毕业论文的写作,不仅能使学生在专业研究能力等智力因素方面有很大进展,而且通过实事求是、脚踏实地、锲而不舍的科研态度的培养,对大学生意志、性格等非智力因素方面的素质的提高也能起到重大帮助。

任何科学研究工作都是出于对世界的合理性和可知性信念的坚持。科研仅仅依靠兴趣还不行,科研需要执著而坚忍的意志。在克服困难,完成论文的过程中,意志的自觉性、果断性、坚持性、自制性、独立性得到有效的磨炼,甚至性格中的很多不利因素也可以随之改正。例如,一个性格怯弱的人,常常患得患失,对挫折和失败怀有深深的恐惧,在这种心理状态下,思维活动是无法自由展开的;一个缺乏工作热情的人,一般不会忘我地求索,沉浸在创造的快乐之中;一个缺乏自制力,过于情绪化的人,很容易在受挫时灰心丧气,失去克服困难的信心和勇气;一个懒惰的人,则可能敷衍了事,不愿意从事艰苦的科研活动;一个墨守成规、缺乏自信心的人,往往难于坚持自己的独立见解;一个胸怀和视野都很狭隘的人,往往难于发现有价值的课题;一个着眼于细枝末节,没有大局观、整体观的人,往往难以抓住事物的本质;一个没有批判精神、怀疑精神的人,往往难于提出自己独创的见解;一个缺乏恒心的人,往往三天打鱼,两天晒网,很难把研究工作深入下去;一个粗心大意、马马虎虎的人,科研中很难做到严谨周密;一个

---

① 　朱清时.从中外著名科学家身上得到的领悟.中国高等教育,1999 年,(1).

自暴自弃的人,或是贪图享受的人,很难对自己的科研提出严格的要求,等等。写作论文,可以通过自我控制、自我调节,发展积极因素,克服不利因素,使自己的性格结构趋于合理。①

2. 考核功能

毕业论文不是一般的论文,要求达到一定的水平。各个高等院校都把论文作为衡量学生综合掌握本学科专业知识和技能,具备从事科学研究工作的基本能力和水平的重要尺度。

作为考核学生的手段,毕业论文在选题、内容、结构、文字、篇幅、完成时限、答辩等方面都有一定的考核标准。例如,学士论文要求能够表明作者确已较好地掌握了本门学科的基础理论、专门知识和基本技能,并具有从事科学研究工作或担负专门技术工作的初步能力。硕士论文要求能表明作者确已在本门学科上掌握了坚实的基础理论和系统的专门知识,并对所研究课题有新的见解,有从事科学研究工作或独立担负专门技术工作的能力。博士论文则要求能表明作者确已在本门学科上掌握了坚实宽广的基础理论和系统深入的专门知识,并具有独立从事科学研究工作的能力,在科学或专门技术上做出了创造性的成果。

3. 成果功能

毕业论文同样具有论文的价值。国内外著名大学、图书馆、研究院都十分重视优秀毕业论文的搜集出版工作。我国自 1982 年恢复硕士研究生招考制度以来,规定由北京图书馆、中国社会科学院文献信息中心和中国科学院科技信息研究所三个单位为我国的学位论文收藏点,各研究生培养单位应该按照规定,在本学位培养的研究生通过论文答辩后的半年之内,将其论文按学科分别缴送以上三个机构进行收藏。各研究生培养机构的图书馆也有收藏本单位研究生毕业论文的任务。

学生完成毕业论文,经过反复修改,通过答辩之后,应该选择合适的报刊杂志,争取正式发表。毕业论文的发表标志着论文的社会价值得到了认可,从而使科研成果转化为生产力,在经济建设和社会发展中发挥应有的作用。

学位论文的答辩

与一般的论文不同,学位论文的成绩由文字部分成绩和现场答辩成绩两部分组成。答辩的目的是将论文"公之于众",接受专家的审核评定。学生必须在由规定资格专家组成的答辩委员会会议上,简要介绍自己的论文,独立回答答辩委员提出的与论文有关的问题。

1. 答辩是审查学位论文水平的必要形式

(1)答辩是验证毕业论文真实性的有效手段

毕业论文要求学生独立完成。如果没有答辩这一环节,将难以杜绝捉刀代笔、抄袭、剽窃的不良现象。通过答辩,能够辨别真伪,端正学术态度。

(2)答辩是对学生论文水平的进一步考察和验证

通过答辩,可以考查学生对自己在论文中引用的理论和方法理解程度如何,从而了解学生对基本理论和专业知识的掌握情况,以便对其理论功底做出评价;可以考查学生对所论述的问题是否有深广的知识基础,是否有创造性的见解,见解是否成熟,能否自圆其说,从而了解学生对选题研究的深刻性和全面性。

---

① 陈果安,王进庄等.中文专业论文写作概论.长沙:中南大学出版社,2000.36-37.

(3)答辩可以弥补毕业论文的不足,为学生进一步研究打下基础

答辩为学生进一步陈述和发挥论文观点提供了机会。答辩为学生创造了与专家沟通的机会。在答辩时,学生就专家指出的论文中的不足之处进行回答,可以弥补论文的缺陷。学生还可以在专家引导下进一步更深层次地探讨与论文有关的问题,求得对问题的深入认识,以取得更好的研究成效。通过答辩,使学生明确了自己在独立进行科学研究方面能力的高低,方法的优劣,以便作为今后研究其他问题的参考和借鉴。

(4)答辩是对学生应变能力和口头表达能力的考察和锻炼

答辩时,反应要敏捷,思绪要清晰,表达要流畅,要有从容面对专家的勇气和自信,这是对怯懦心理的超越,也是学生将来走向社会,迎接竞争必须具备的心理素质。

2. 答辩前的准备

论文答辩前,学生要认真做好准备。准备的内容包括:

(1)熟悉论文,写好论文概要报告

答辩时学生要在规定时间内向专家组介绍自己的论文。介绍时要分配好论文各部分的时间,应该重点介绍研究的意义和论文的价值。论文概要报告包括以下内容:

①自己为什么选择这个课题,研究这个题目有何科学价值和理论意义。

②对这个课题曾有何人做过哪些研究,他们的主要研究成果及观点是什么,各有哪些代表性的著作或文章,自己有何新发展,提出和解决了什么问题。

③论文的基本观点及其论证的过程和立论的主要依据。

④重要的引文、版本、出处。

⑤论文还有哪些应该涉及或解决但又因力所不及未能探讨的问题。

⑥还有哪些问题在论文中未涉及到或涉及得很少,而在研究过程中却已接触到了,并有了一定见解,只是由于觉得与论文表述的中心关联不大而没有写入,等等。

(2)准备好与论文有关的展示材料

准备好重要的参考书和报刊、杂志、挂图、幻灯片、光盘等。运用多媒体手段介绍论文,既节约时间,又有良好的效果。

(3)准备好应对专家可能提出的问题

在答辩会上,专家虽然会提出各种各样的问题,但都是围绕论题展开的,一般来说,所提问题主要有以下五个方面:

①与论文主要内容相关的,探测学生知识的广度、深度,以判断论文水平的问题的题目。如对论文涉的重要概念和理论的理解、当前学术研究的动向、学术上有分歧的观点、论文的创新价值、论文中观点的主要依据、论证方法等等。

②与论文成果的现实价值有关的题目。如运用科研成果的条件、对实际情况的了解、现实意义、实践方面的难点等等。

③针对论文薄弱环节的题目。如论文中没有说周全、没有论述清楚或限于篇幅结构没有详细展开细说的问题。

④针对论文真实性的题目。如你的选题理由、目标是什么? 前人的研究成果有哪些? 材料的来源有哪些? 你的结论是如何得出的? 有什么依据? 你采用了哪些研究方法? 某专家对此问题有不同观点,你怎么看?

⑤拔高题。如与选题相关学科领域的某些理论问题、前沿问题、难点问题、论文涉及但尚

未解决的问题、论文观点可延伸之处、进一步研究的方向和思路等等。

（4）注意答辩的技巧

①要冷静思考，判明专家提问的意图，针对专家所提的问题展开阐述、分析，不要生拉硬扯。任何答非所问，牵强附会都会影响答辩成绩。

②要全面地、联系地、辩证地把握论文观点。不要顾此失彼，漏洞百出。学生由于知识积累的局限，往往只知其一，不知其二，知识之间的衔接和转化能力差，不能融会贯通。面对一些观点的延伸题、比较分析题常常不知所措。这就要求学生对论文涉及的基本概念、理论、要点、逻辑关系等要非常熟悉。

③要有良好的心理状态。答辩时一定要树立信心，调整心态，克服紧张心理，临阵不乱，才能很好地表达自己的观点。答辩场合学生经历得不多，甚至从来没有经历过。许多答辩者由于心理负担过大，答辩时脸红心跳、口齿不清，思绪混乱，甚至大脑一片空白，记不起论文内容。答辩前要尽可能放松，走上答辩席前作一些深呼吸，缓解紧张情绪；答辩过程中要多给自己一些积极的心理暗示，告诉自己一定能行。

④与专家有不同意见，可以进行辩论，但态度要诚恳、阐述要简明。

3. 答辩的成绩评定

答辩结束，答辩委员会经过合议，根据论文质量和答辩水平评定成绩。

答辩中能准确回答问题，思路清楚，具有一定的应变能力，可评为优；

答辩中能较好地回答问题，思维比较清楚，可评为良；

答辩中回答问题基本清楚，可评为中；

答辩中经过提示能正确回答问题，可评为及格；

答辩中经过提示仍不能正确回答问题，则为不及格。

学术论文的写作流程

学术论文写作是一个非常复杂的过程，分为研究和行文两个阶段。论文的本质是报告自己的研究成果，因此论文写作不同于一般的文章写作，它必须有一个研究的过程。只有经过充分、深入的研究，并且形成了自己独创性的研究成果，才能执笔行文。

1. 论文的研究阶段

论文的研究阶段可以分为三个环节：

（1）选择论题，即明确自己所要研究的对象。

（2）搜集材料，即围绕选题广泛搜集材料。

（3）展开研究，即按照科学研究的原则，对材料进行深入细致的分析，明确解决问题的途径和方法，形成自己独到的学术见解。

2. 论文的行文阶段

论文的行文阶段也可分为三个环节：

（1）安排结构，即科学、合理地安排论文内容，确保论证的严密性。

（2）行文表达，即按照论文特定的格式规范和语言要求，将研究成果加以表述。

（3）修改成文，即反复审视，发现论文的毛病，进行修订。

选择论题

好的选题是论文成功的一半

　　选题就是确定研究什么论题。选题是科研工作的起始环节，也是决定论文内容和价值的关键性因素。爱因斯坦曾经说过："提出一个问题往往比解决一个问题更重要。因为解决一个问题也许仅是一个数字上或实验上的技能而已，而提出新的问题、新的可能性，从新的角度去看旧的问题，却需要有创造性的想象力，而且标志着科学的真正进步。"[①]

　　论题不同于标题。标题是论文的题目，它用一句话或一个词组准确概括论文的内容。标题一般是论文写成定稿后所取的"名称"，属于形式要素；论题属于内容要素，是在论文写作前研究者自己在主观上所确定的研究的对象和目标。随着研究的深入，作者可能保持原有的题目，也有可能改为其他更为合适的题目。

　　1. 选题决定论文价值的高低

　　提出科学的、具有研究价值的论题是实现论文价值的先决条件。研究者所提出的选题首先必须是科学的，是通过科学的研究能够解答的；其次所提出的选题必须是有研究价值的，是能够对科学与社会的发展产生一定的促进作用的。虽然具有研究价值的选题未必一定能够产生有价值的论文，但是选题具有研究价值是前提。如果选题的研究意义不大，甚至没有意义，即使研究时做了很多的努力，文章写得再漂亮，该论文也没有价值。

　　选题的研究价值主要体现在学术价值、创新价值、理论价值、实践价值和发展价值五个方面。

　　（1）学术价值

　　选题要有专业眼光。判断选题是否具有学术价值主要看该选题是否能够促进其学科的发展。无论是宏观的、微观的，理论性的、实践性的，本学科之内的、跨学科的，重要的、一般的，只要具有促进学科发展的作用，都是具有学术价值的选题。

　　（2）创新价值

　　选题要刻意求新。选题时要突出强调自己最有可能写出新意的部分。新意一方面体现为

―――――――――――

①　爱因斯坦等.物理学的进化.上海：上海科技出版社，1962.66.

选题要有一定的难度,能发挥自己的潜力和创造力;另一方面体现为一定要在前人的基础之上在某一方面有所突破,形成自己独到的见解。

（3）理论价值

选题要有理论高度。论文重在探索事物发展的客观规律,因此,选题要具有普遍的指导意义,能够通过分析和综合,从个别上升到一般,从具体上升到抽象。

（4）实践价值

选题要注重社会效用。有些选题未必在理论上有很大创新,但能够解决实际问题,具有现实意义;或者虽然不能产生直接的、实际的作用,但能够对现实有借鉴作用,也是优秀的选题。

（5）发展价值

选题要有后续研究的可能。用发展的眼光,高瞻远瞩地选择那些代表某种趋势,在未来能够产生重大影响的问题进行系列的研究,可以帮助研究者明确科研的方向和目标,促使他们集中精力进行深入的研究。选择具有拓展价值的选题,非常有助于研究人员在较短的时间内取得丰硕的成果。

2. 选题影响研究能否顺利进行

论题的类型、范围的大小、研究方法的可行性、获取材料的可能性等因素都制约着研究能否顺利进行。选题不当就如同决策失误一般,必然导致事倍功半,甚至半途而废,造成巨大损失。并不是所有具有研究价值的选题都能够取得预期的成果,因为,并非每一个具有研究价值的选题都适合自己。研究者必须要根据自己的兴趣、优势、条件,扬长避短地选择所要研究的问题。

（1）科研兴趣

科研兴趣是研究成功的动力。对于那些缺乏兴趣的事物,人们很难产生持久的激情。只有研究符合自己兴趣的题目,艰难的科学研究过程才会变成一种快乐。而兴趣的产生又可以使大脑中枢在研究过程中始终处于较为兴奋的状态,这样非常有利于灵感的涌现。科学研究不仅仅是一种理性活动,需要运用知识和逻辑推理、分析综合等理性方法;同时科学研究还是一种创新活动,具有非理性的一面,需要强烈的好奇心,澎湃的激情,迎接挑战、与不确定性"作战"的亢奋,追求认知完美的执著等等。

（2）科研优势

科研优势即研究者学识修养和专长之所在。由于不同类别和层次的选题对于研究者的知识结构、研究能力、研究条件都有不同的要求,因此,选题时研究者要"知彼知己",扬长避短,根据自己的知识积累和专长,选择一个能够发挥优势,对于自己而言大小、难易程度都适宜的问题进行研究。

在众多具有价值的论题中,研究者要了解不同类型选题之于研究目的、研究内容、研究方法的不同,从中选择适宜于自己研究水平和条件的类型进行研究。

例如,根据所研究问题在学科中的作用,大致可分为研究学科基本理论的选题,研究学科发展史的选题,研究学科应用价值的选题。属于基本理论研究的选题,要求作者有比较好的理论修养与理论思维能力;属于"史"的研究选题,要求作者有较深厚的学科基础和语言阅读能力;属于实践问题研究的选题,则要求作者有较敏锐、及时的洞察力。

再如,描述性选题的研究目的是详细地描述新现象,它要求客观、准确地描述这些新出现的社会现象的状况、过程和特征:这些现象是什么,它是如何发展的,它的性质和特点是什么。

研究者只需要告诉大家什么事情、什么情况正在出现,让大家明白发生了的现象"是什么",但却不需要回答"为什么"会发生以及发生了"怎么办"。研究者一般都从观察入手来说明问题。而解释性选题的研究目的是要说明这些社会现象产生的原因、分析现象间的因果联系,解释现象为什么会产生,为什么会变化,并以此预测事物的发展趋势和后果。它的研究重点是"为什么"和"怎么办"的问题。研究者要具有文献研究和实证研究的综合能力。

又如,横向研究选题是在某一时间点上对各种类型的研究对象的全貌进行研究,重在从事物发展的过程中取一个时间点来做研究,涉及面较广,常以调查统计的研究方式为主。

而纵向研究选题是在对不同时间点或较长时期内的社会现象进行研究,重在对研究对象一段时期内的连贯性情况进行分析,以了解现象的发展过程,比较出研究对象在不同时期的变化,这需要搜集较长时间段内的资料,往往要花费较多的时间和金钱。

不同大小的题目对研究者也有不同的要求。大的论题,涉及面广,研究头绪多,准备要充分。如果时间、精力、能力有限就不能选择太大的课题。

选题时既要充分了解所选论题已有的研究成果和当前的研究动态,充分估计研究过程中可能出现的困难;又要对自己的知识储备和分析问题、解决问题的能力有一个实事求是的、客观的评价。量力而行,尽可能选择那些能够发挥自己的专长,在学习过程中确实有所发现、有所领悟的问题进行研究。例如从事企业管理研究,如果数学底子好,可以考虑搞数量分析,选择与建模有关的问题进行研究;如果外语基础好,可以考虑选择与外国企业管理有关的研究课题或进行中外管理思想、管理模式等的比较研究;而熟悉企业的研究者则可以选择与企业管理的具体实务结合紧密的问题进行研究。

(3)科研条件

科研条件指的是开展科学研究工作所必需的资源保证,包括文献资料、资金、时间、必要的实验设施等。

科学研究工作首先需要有足够的相关领域的文献资料。现有资料有多少? 能否方便地查阅? 资料的可靠性如何? 如果要实证考查,能否得到有关部门的配合、支持? 这些在选题时都要考虑清楚。即使选题很有意义,如果很难取得研究资料,也只能忍痛割爱。研究周期太长、费用太高、缺乏实验室条件的选题往往很容易半途而废,更要慎重考虑。

3. 选题决定论文的基本框架

选题是对问题的初步研究。能提出一个像样的问题,并不是一件容易的事。选题得以确定即表明研究者有了明确的研究对象,对研究的方向、范围、角度等都有了基本估计。只有在作者对论文的基本观点、研究方法、材料、结构、论证方式等等都有了初步的构思之后,论题才得以真正确定。

明确选题可以有效地开展研究性的学习。很多论文写作者都会有知识储备不足的缺陷。在知识不够齐备的情况下,早些确定选题,明确研究方向,进入研究过程,就可以根据研究的需要补充、搜集有关资料,有针对性地、高效地弥补知识储备的不足。在信息爆炸的时代,带着问题去学习是提高学习效率最为有效的手段。

选题的三种基本类型

按照不同的标准,可以把选题划分成不同的类型:

从选题涉及的专业范围而言,有自然科学的选题、社会科学的选题;

从研究范围的不同而言,有宏观研究的选题、中观研究的选题、微观研究的选题;

从研究对象的发展阶段而言,有超前研究的选题、现实研究的选题、历史研究的选题;

从研究方式的不同而言,有个体研究的选题、群体研究的选题。

由于基础研究、应用研究、开发研究反映了科研活动从认识世界到改造世界的三个相互衔接的发展阶段,因此,有关这三种类型的研究就构成了选题的基本类型。

1. 基础研究

基础研究是一种宏观性的理论研究,要求揭示具有普遍性和广泛性的最本质的规律,强调运用概念、判断和推理,通过分析、综合、归纳、演绎、比较等方法,以达到科学的抽象,获得深刻的理性认识,实现建立新的理论体系或发展现存的理论体系的目标。研究成果表现为发现新领域、新规律,提出新概念、新范畴、新学说、新理论。基础研究的成果虽然没有直接的应用价值,却能够较长时间地影响整个社会的发展。基础研究具有研究周期长、耗资少,非保密,成功率低,没有特定的商业目的等特点。成果形式为学术论文和学术专著。

2. 应用研究

应用研究以社会发展过程中急需解决的重要理论问题和实际问题为研究对象,有着明确的目的性,其成果对社会现实的发展有重要的指导价值。由于解决一个现实问题往往需要融合较多方面的理论知识,因此,应用研究的成果一般具有综合性。应用研究成果实现商业化的可能性较大,有一定的保密性,其影响有一定的时效性。应用研究十分注重调查研究,通常运用定性和定量相结合的分析方法,所需研究经费较多。成果形式为学术论文、专利、原理模型。

3. 开发研究

开发研究是以解决社会发展中的某一现实问题为目的,以基础研究、应用研究所获得的研究成果为指导所进行的技术研究或个案研究活动。开发研究有明确而具体的目标,商业性和计划性很强,所需经费较多,研究周期短,保密性强。成果形式为论证报告、专利设计、图纸、试产品等。

基础研究、应用研究、开发研究在整个研究体系中具有各自不同的地位、作用和功能。由基础研究扩散到应用研究、开发研究,三者形成相互衔接、相互推进、相互交融、互为因果的循环系统。开发研究需要基础研究、应用研究成果的运用和扩展;应用研究需要基础研究成果的指导和开发研究成果的补充;基础研究需要应用研究、开发研究成果的佐证。社会实践向开发研究和应用研究提出了理论需求;应用研究、开发研究使基础研究有了实践的检验,从而促进了基础研究的发展;基础研究的发展又推动了应用研究、开发研究的深入,使之可以满足不断发展变化的实践需要。如此良性地循环往复,保证了科学研究能够随着社会实践的发展不断向前推进。

确定选题的四个步骤

选题是一个艰难而复杂的过程,我们常常苦于无题可选,自己想好的问题似乎别人都已经进行了研究,很多人甚至把选题视为研究工作中最为复杂的一个阶段。

选题的途径无外乎有两种,一种是由他人指定,一种是由自己提出来。

为了鼓励科学研究,各国政府、民间组织和一些企业都设立了科学基金。多数基金会都定期发布研究指南,提出一些重点研究课题。如我国的国家哲学社会科学基金,国家自然科学基金,联合国教科文组织基金等,研究者可以根据基金项目提出申请。如果觉得申请各类基金项目获得批准的可能性不大,也可将这些课题指南作为自己选题时的参考。因为这些课题涉及的都是有关专家经过认真研究,认为是当前比较重要的一些理论和实践问题。我们还可以从有关研究报告、学术研究会和科学著作中发现研究课题。

自己提出选题则可以通过明确研究方向、划定研究范围、发现研究角度、确定研究标题这四个步骤逐步完成。

1. 明确研究方向

选题首先要明确研究方向。确定研究方向就是明确自己将从事哪个学科领域的研究工作:是涉及自然科学还是人文社会科学? 如果是人文社会科学,是涉及哲学、政治学、经济学、管理学、法学、心理学、教育学等等,还是具有多门学科交叉性质? 在各个学科内又是从事哪个学科层次问题的研究:是关于学科基本理论、基本原理的研究? 还是关于学科发展史的研究? 或是关于学科应用问题的研究? 只有明确了研究的学科领域才能依据该学科领域的有关理论知识,采用研究该学科领域所特有的方法和手段开展研究工作。

各门学科都有很多分支学科,有不同的专业研究领域。例如有关管理学的研究,研究者可以从管理学中选择有关管理诸行业,如企业管理学、行政管理学、国民经济管理学等学科分支作为研究方向;可以选择有关管理诸要素,如人事管理学、物资管理学、资金管理学等学科分支作为研究方向;可以选择有关管理方法论,如管理心理学、管理哲学、管理经济学等学科分支作为研究方向;还可以选择有关管理过程,如决策科学、领导科学等学科分支作为研究方向。

选题时研究者要客观地认识和评价自己在知识结构方面的优势和局限性,在自己熟悉的专业学科中选择平时关注最多,已经看过有关的书籍和论文,有一些自己的理解和认识,有较多的材料积累的领域作为自己的基本研究方向。

研究者若能尽早确定一个自己感兴趣的专业领域作为长期研究的方向,经过不断的学识积累和研究实践,就可以逐步形成自己的研究专长,在某些学术领域自成一家,取得杰出的研究成果。

黄津孚先生设计了一个用来发现经济学、社会学、管理学等方面课题的搜索模型,可供初学论文写作的人作为参考。黄先生认为空间维、时间维、专业维可以构成一个选题的搜索空间,明确选题的方向。例如,企业管理学的研究者在寻找课题时既可以从空间角度研究典型企业的管理经验教训,研究某个行业或地区的企业管理状况,研究某个国家的企业管理,甚至比较世界各国的企业管理;也可以从时间角度总结企业管理的历史经验,考察某一方面企业管理现状,预测企业管理发展趋势;还可以从不同专业角度,对研究开发、采购、生产、市场营销、人力资源管理、财务投资等方面进行深入的研究。[①]

2. 划定研究范围

研究方向的明确只是规划了研究的专业学科类别和大致的研究领域。每一个专业研究领域中都存在着许多可研究的问题。论文写作与撰写论著不同,它所要做的工作是从中选择一些较为具体的问题进行研究。因此,在选题的研究方向确定以后,还要在初步研究的基础之上,一步一步地缩小研究的区域,直至把自己的论题限定在自己力所能及并且能够取得最佳成果的范围之内。

写作论文时确定研究范围要小一些,即切入点要集中,不要全面铺开,不要试图在一篇论

---

① 黄津孚. 学位论文写作与研究方法. 北京:经济科学出版社,2000.74—76.

文中把方方面面全都研究透。一个课题可以分成若干个子课题来做,如果觉得子课题作为论文的论题仍然偏大,还可进一步缩小范围。范围小,研究就可深入。初涉科研人的一个通病就是把选题的范围定得过大,以自己的能力和水平无法把握。

缩小研究范围的过程也是研究者的研究思路逐渐清晰,观点逐渐凸现的过程。我们来看下面两个例子是如何一步一步地把选题范围变小,直至出现一个较为具体的研究目标。

文学研究——作家作品研究——中国现当代作家作品研究——沈从文小说研究——沈从文湘西小说研究——沈从文湘西小说中的风俗描写

管理学研究——管理心理学研究——西方激励理论研究——马斯洛"需要层次理论"研究——马斯洛"需要层次理论"在中国的运用研究——马斯洛"需要层次理论"在中国企业的运用研究

确定一个能够发现优秀论题的研究范围并不是一件容易的事。研究者只有在对某一学科领域已有文献资料作广泛的浏览,充分了解前人研究成果,并进行深入细致的比较之后才能慢慢地明确自己的研究范围。

3. 发现研究角度

所谓研究角度,也就是研究、探讨客观事物的视点、视角。在论题的研究范围确定之后,要取得研究的成功,还要选择一个良好的研究角度。一座山出现在我们面前,"横看成岭侧成峰,远近高低各不同",我们可以平视,可以俯视,可以仰视。视点不同,这座山呈现在我们视野中的风貌也就不同,我们对它们的认识也就有了差异。选题过程中最困难的在于如何确定一个独特的研究视角。

研究角度的形成,体现了研究者对研究对象逻辑机制的发现,标志着有价值的选题得以确立。由于研究对象是由多种要素、多个层面、多种联系、多种特点构成的统一体,研究时只能取其一端,从某一个或几个方面入手。研究角度是研究者主体意识介入到研究对象的一种体现。在对资料的初步研读过程中如果发现了一个能够把相关资料联系起来,找到彼此之间的内在关系,从而获得一些新的认识的独特角度,那就意味着找到了研究的突破口,表明自己的独立判断和见解已经基本形成。

任何一个研究角度的确定都有它的客观制约性。这种制约性首先来自于研究对象的内在规定性。角度的选择,是对研究对象以及已有研究成果全盘比较的结果。另一方面研究角度受制于研究者的理论思维水平。学术研究的角度总是以一定的专业理论作为支撑的。例如从社会学、文化学的角度去研究《红楼梦》,那就不同于文学的角度,研究者就必须掌握社会学、文化学的相关理论知识。

研究者一定要选择一个较有利于自己出研究成果的角度进行研究。对于同一个研究对象,研究者可以从各个不同的角度进行研究。由于前人研究的程度和自身研究条件的限制,有一般性角度和较有利于出研究成果角度的区别。角度选得好,选得巧,研究起来就得心应手,容易出成果;角度选得不好,则研究起来往往费力而不讨好。针对多种角度的选择,研究者可以提出几种选题的设想。然后,运用选题的学术性、可行性等原则对这些设想进行初步的验证,把那些别人没有论及或论及得很少,而自己却考虑最成熟,有较多的创新思想,并且能够掌握较充分的资料和较熟练的研究方法的问题作为自己首选的研究角度。

对于初涉科研的人来说,研究角度强调"小而新"。

　　"小而有容量"的题目,即"口子"开得小,但研究时却可以开掘得很深的题目,是初学者首选的题目。这就像游览地下宫殿,由一个细小的、独特的入口进入,但进去后却别有洞天。研究者立足一点,展望八方,神驰千里,纵横古今,研究对象的丰富内涵和全面性得以体现,文章就显得深厚起来了。

　　好的研究者都善于通过小题目做出大文章。抓住某一点进行研究,虽然研究的范围看上去比较小,但由于把研究对象放在了广阔的背景上,在宏观观照的基础上,通过纵向的联系以及横向的比较,通过多角度以及多层次的分析就可以较深入地揭示研究对象的本质特点及其发展规律,写出有广度,有深度,有分量的好文章。

　　语言学家研究语言词汇问题时,往往从一个字,几个词深入下去,旁征博引,多方求证,从词汇的演变可以探寻出文化习俗、社会制度的变迁,如《从"美"字看汉民族审美心理》《从汉语新词看新时期社会心态》。这种研究问题的方法很值得初学者学习。

　　当然,论题也并不能无原则地小,如果小到失去了学术价值,那就没有意义了。论题自然要有一定的"容量"。太小的题目无法展开,同样不适宜写论文。如果题目所包含的容量还不足以写成一篇论文,这时候就要适当地扩大自己的研究范围,直至挖掘出一定的学术价值。

　　选择"新"的研究角度是指研究者要尽量从一个别人没有用过或用得很少的角度展开自己的研究。角度新,容易提出新见解。例如,《红楼梦》是众多专家学者都评析过、论述过的,从已有的角度一般的研究者很难再推陈出新。但如果研究者选取了从法的角度看《红楼梦》,通过《红楼梦》中众多法律方面的案例,对《红楼梦》中反映出来的清代法律制度、法律思想做了深入的阐述,这一新的角度就使选题很有新意,也使论文更有价值。

4. 确定研究标题

　　文章标题是文章信息最集中的反映之所在。标题是对文章主题、立意、材料、风格、语气、体裁等诸多因素的提示和指引。虽然文章的标题未必一定要在动笔之前明确,写作者可以在写作过程中确定,也可以在文章写成之后反复斟酌全文而确定。但由于论文内容较多,篇幅较长,行文中要求有很强的严密性和规范性,在选题时明确标题有助于研究者紧密围绕标题的提示进行研究和写作,有助于使论文成为一个血脉贯通、水乳交融的有机整体。

　　论文是一种以提出观点、阐述思想为主的理论性、逻辑性非常强的文体。因此,论文的标题与内容之间的关系十分密切,一般要求直接提示文章的立意、主题,如《试论我国经济与社会发展中的制度创新》《国有企业活力不足的深层原因及其对策》;或是体现文章的基本观点,如《西部大开发应该管理先行》《以人为本是提高企业竞争力的根本途径》。但是,汹涌而来的信息浪潮也对标题的丰富性提出了要求。原先仅仅在诗歌、散文、小说、戏剧等文学作品中出现的具有直观性、形象性、感性化的标题也开始大量出现在学术文章的写作之中。同时,论文也不再像以前那样总是从一个平面、一个角度、一个层次来出题。为了通过标题表达更加丰富的主题、立意的信息,论文标题也常采用二重甚至三重结构。主副标题的结构关系可以是观点与范围说明的关系,如《从形象本体到生命本体——20世纪王国维境界美学研究述评》;也可以是本质与现象的关系,如《一朵带刺的玫瑰——网络对当代青年价值观的影响》;还可以是研究对象与思考角度之间的关系,如《我国企业的跨国经营策略——从海尔集团的海外扩张之路来看》。

　　具体说来,论文标题的表达方式是多种多样的。常见的表达方式有如下几种:

　　(1)综述式

　　常用于对某个学术问题的研究现状和历史发展过程进行描述和评析的论文。如《论目前经济学研究中的若干问题》、《国际关系中殖民主义的演变与新经济殖民主义》。

（2）专题式

常用于对某一学术现象、学术思想、学术理论进行系统研究，并进而提出自己新的见解和观点的论文。如《全球经济一体化趋势对发展中国家的影响》、《关于我国涉外税收优惠政策的探讨》。

（3）评析式

常用于对学术流派、论著、理论、观点等进行评论、分析的论文。如《终身教育思潮对教育变革的意义》、《贝尔＜资本主义文化矛盾＞评析》、《新贸易保护理论及其对国际贸易的影响》。

（4）比较式

常用于对不同国家之间或同一国家不同时期在内容和方法上具有相似性或相关性的作家、作品、组织团体、理论学说、思潮流派等进行比较、分析的论文。如《中西方哲学中的无神论思想研究》、《中美外交政策比较》。这类标题也适用于运用不同学科相关的理论和方法来进行研究的论文。如《博弈论在经济学中的运用》、《当代科技发展过程中的伦理问题》。

（5）商榷式

常用于对某一学术观点、理论、方法进行讨论、争鸣、辩驳的论文。如《西部大开发到底是缺资金还是缺管理》、《网络经济是泡沫吗?》。

选题的四个良好途径

一般来说，研究者可以从各个学科领域的"空白处"、"空缺处"、"热点"、"交叉口"中去寻找较佳的选题。

1."空白处"

"空白处"，就是本学科领域别人尚未涉猎研究过的课题。这是一种开辟新领域的创造性研究。自觉地探索和发现尚未被人们认识的客观真理，创造和开拓新的知识领域，提出解决自然和社会问题的新概念、新理论、新方法，是人类对客观世界认知能力不断得以深化和扩大的标志，也是人类文明不断由低级向高级发展的内在动力。由于事物发展本身的阶段性以及人们对其认识的阶段性，还有出于客观需要带来的研究力量投入的不平衡性等原因，使得科学的发展也存在着不平衡性，学科研究中总会有很多"空白处"。这些"空白"既表现在学科与学科之间，有些学科受到了重视，而另外一些学科则被忽视了；"空白"也出现在一个学科范围之内，某些问题的研究受到了重视，取得了显著的成果，而另一些问题则很少有人涉及。

填补"空白"的选题往往是前沿性的、探索性的选题。这类选题参考文献较少，甚至无从借鉴，有较大的研究难度，但由于其可供研究的空间较大，研究中所受的束缚较少，因此，作者在研究中发挥创造性的余地较大，具有很高的研究价值，一旦有所突破，对学科的发展将起到重大的推动作用。

2."空缺处"

随着社会的发展以及认识的深化，很多原有的科研成果会日益显示出其局限性。科研的创造性也体现在改正过去研究中由于受生产力发展水平和历史条件等方面限制而得出的过时的甚至错误的结论，使原有的知识有所突破，有所发展，进入更准确、更完善的境界。"空缺处"，就是本学科领域中别人已经研究过，但还有科学探讨余地的课题。这类补充前说的选题是对前人成果的发展性研究，可以使人们对某一问题的认识更全面、更合理、更深入，可以促进科学的不断完善,因此,这类选题同样具有很高的研究价值。

研究者可以从疑问入手,在研究前人成果的基础上,或指出前人认识上的不足之处,遗漏之处及其错误之处;或为前人的结论提供新的材料和论证;或发现自己对通行观点持不同看法之处;发现理论与实践脱节之处等等。如《对历史上人性假设的再思考》、《反思马斯洛的需求层次理论》这样的选题就是对前人理论的质疑和进一步的探讨。这类选题较适合那些初涉科研,初学论文写作的人。

3.“热点”

每个学科,常常都会出现一段时期内大家比较关注,讨论热烈的学术“热点”。这些“热点”或是对以前已经有定论的问题的争论,或是具有很强的现实意义。了解学术动态、社会动态,从大家普遍关注的“热点”问题中比较容易找到选题。

学术“热点”之“热”在于问题具有很强的争议性,人们对此众说纷纭,观点不一。选择有争议的问题进行研究,作者的发散性思维可以得到很好的训练。受各种学术观点汇集而成的“头脑风暴”的影响,作者的学术观点能够不断地得到引申、发展、深化和完善。作者可以通过吸取争论各方的合理成分,另辟蹊径,创立新说;可以通过辩驳别人的观点,提出自己的新见解;可以通过补充新的论据,改变论证方法,使论证更为充分、更加严密,从而使自己认为正确的观点得到更有力的支持。

需要强调的是选择“热点”问题展开争鸣,一定要有实事求是的科学精神,批评别人的观点、提出自己的观点都要有理有据,要为学术本身的意义而争鸣。并且,“热”与“冷”是相对的,今天的冷门明天可能成为热门。选择“热点”问题也要具有前瞻性眼光,如果能够选择那些即将成为热门的冷门问题率先进行研究,今后就可以在该领域占有优势。

4.“交叉口”

“交叉口”,就是在学科与学科的交叉地带选择课题。当代科学发展越来越多地呈现出多学科互相渗透、互相交叉、互相综合的趋势,在学科与学科的交叉地带已经出现了许多新的学科门类。在各门学科的交叉处选题,比较容易发现问题。从各个学科不同的特点入手,在综合和比较中往往能够独辟蹊径,找到研究的突破口。例如,我们可以运用新兴学科的理论和方法来研究传统学科的一些传统命题,从中发现新意。林兴宅在《论阿 Q 性格系统》一文中,运用系统论的方法解剖阿 Q 性格。他把阿 Q 性格作为一个有机系统来看待,考察了系统内部阿 Q 各种性格因素的联系以及它们构成整体的结构和层面;同时,又把阿 Q 形象放在社会的系统中,考察了阿 Q 形象在不同时间、空间和读者群体中产生的不同审美效应和审美意义。运用系统理论和方法重新考察阿 Q 形象,使阿 Q 形象的全部复杂性获得了崭新的、全面的阐释,有令人耳目一新之感。

科学在不断地发展,每个时期都会有新的课题出现。研究者只要始终保持旺盛的学习热情,勤于思考,总能找到适宜的、有价值的研究选题。特别需要指出的是科学发展在不同国家存在的时间差和文化语言方面的差异,这也为不同国家的人们提供了进一步研究、应用和发展的空间。国际化的研究视野在全球一体化时代正在到来的今天应该引起研究者的充分重视。

选题的研究设计

研究设计是为了顺利达到预期目标而制定的行动计划。选题确定以后,研究者要根据客观允许的程度,对研究的具体内容、程序、方式、研究中的各种细节以及所要采取的各种策略进行规划,制定一个尽可能明确、周密而具有可操作性的研究方案,从而使研究任务能够有目的、有步骤、有计划地完成。研究之前进行研究设计可以有效地克服研究工作中的无序性和盲目性。

1. 科研设计书(项目申报表)

研究设计书也是争取立项的项目申请书。研究者在研究时如果要得到有关部门在人力、物力、财力等方面的支持,使自己的选题能够获得立项,撰写一份详尽的科研设计书是必不可少的工作。科研设计书或者称为课题申报表可以让有关部门了解项目的意义、内容、完成方法和条件,从而为审查、批准科研立项提供依据;科研设计书还可以使科研管理部门对科研项目的完成情况进行定期的检查,也便于对科研工作进行统计。

一个好的研究设计既要详细地阐述研究的意义和内容,又要强调其科学性、创新性,证明其理论价值或实际应用价值和效益,还要说明研究的方法和基础,证明其合理性和可行性。具体说来,一份科研课题申报表主要有以下内容:

(1)课题申报表封面

包括课题类别、研究学科类别、研究课题名称、课题负责人姓名、承担单位、填表日期。

(2)课题设计论证

①研究目的和意义

说明课题立项的依据和价值,包括课题的理论价值或实际应用价值分析,国内外研究现状述评,主要参考文献及其出处。对于基础研究项目,应着重结合国际科学发展趋势,论述该项目的科学意义;对于应用基础研究,应着重结合学科前沿,围绕国民经济和社会发展中的重要问题,论述其应用前景;对于应用研究、开发研究,应着重论述项目完成后的实用价值、经济效益预期、示范意义和推广前景。

②研究内容

论述课题研究的基本思路、拟解决的关键问题、主要观点。要特别强调本课题的特色和创新之处,如研究的新视角,提出的新观点、新论据、新材料,采取的新方法等。

③研究方法

说明本课题拟采取的研究方法、技术路线、实验方案。即搜集何种资料,如何进行搜集,需不需要进行调查,调查范围如何,采用何种调查方法,如何分析研究资料等等。

④研究步骤

说明课题的起止年限,年度研究计划及预期进展,预期研究成果和提交成果的形式。

⑤研究基础

说明实施本课题已经具备的人力、物力、财力等可行性条件。一方面要介绍研究者曾经完成哪些重要的研究课题,取得了哪些研究成果,这些成果的社会评价如何,在与本课题有关的研究工作中有哪些积累,课题负责人及主要成员的概况,在本课题中的分工如何,每年能够用于本课题的工作时间有多少,列出近期发表的与本课题有关的论文、取得的科研成果和奖励情况;另一方面要说明已经具备的图书资料、设备、实验设施、经费等条件,同时说明尚缺少的研究条件和拟解决的途径。

(3)经费预算

包括需要资助的经费数、自筹的经费数和其他来源的经费数。列出支出的明细清单:科研业务费、实验材料费、仪器设备费、协作费、印刷费、管理费,实验室改造费及一些不可预见的其他开支等,写明各项开支的金额数和核算根据。

（4）数据表

课题基本情况的一览表,便于课题的计算机管理。有的置于课题申报书的最前面,也有的置于课题申报书的最后面。包括课题名称、主题词、课题类别、学科分类、负责人和课题组成员基本情况、工作单位、通信地址和电话、预期成果形式、字数、完成时间、申请经费数额、研究设计摘要等。

2. 开题报告

一般情况下,科研设计完成之后,研究者要向专家、领导、管理者等有关人员报告科研课题的基本情况,其内容与课题申报表的内容相同,称为开题报告。大学毕业生在动手写作毕业论文之前也必须向毕业论文指导教师做一次开题报告,征求指导教师对论文选题及研究思路的意见,以保证研究能够在正确思路的指导下进行,避免出现最后大面积返工的被动局面。申请立项的课题常常以项目申请书代替开题报告。项目申请书提交科研管理部门后,由管理部门对填写的申报表包括填表格式、内容、创新性、可行性等进行初审。

3. 课题论证会议

通过初审的项目,由管理部门邀请有关专家、领导组成"项目论证委员会",召开课题论证会议对提交的研究项目进行论证和评议。国家科学基金项目等重大项目,在通过初审后一般须送交国内同学科的6位专家、教授进行评审。如果有一半以上专家认为该项目很有价值,选题有新意,研究方法科学,采取的技术路线合理,成果有学术价值、社会效益或经济效益,则可以将该项目提交论证会评议;如果有一半以上专家予以否定,项目则不能上论证会。论证会评议的重点如下:

（1）项目的科学性和创新性,完成后的理论意义以及实践意义。

（2）可行性:是否具备完成本项目的基础条件,如申请人和项目组成员的素质,现有的仪器设备,原有的工作基础等。

（3）运用的研究方法是否科学、先进,采取的技术路线是否合理,科研设计是否严密等。

（4）经费及其所列开支是否合理。

项目论证委员会对项目进行论证和评议之后,须写出一份评议意见,由到会委员分别签字认可。

搜集资料

【提要】

◇ 搜集资料是研究的基础

◇ 六组不同类型的研究资料:信息性资料、对象性资料和辅助性资料;实证资料和文献资料;事实资料和观念资料;个别资料和综合资料;历史资料和现实资料;正面资料和反面资料

◇ 研究资料的搜集原则

◇ 重点搜集五个方面的资料:第一手资料、理论和方法论资料、现有的研究成果、背景资

搜集资料是研究的基础

　　科学地搜集资料的能力是科研的基本功。任何创见都只有在掌握大量的、丰富的具有客观真实性的研究资料的基础上才能获得。通过资料的搜集可以使我们对某一学科及其研究的对象、范围、方法有一个比较具体、直观的印象，并从中学到科研的基本思路和方法。一般认为，作大学本科毕业论文应该看过 50～100 篇文献资料；硕士毕业论文应该看过 100～150 篇文献资料；博士毕业论文应该看过 150～200 篇文献资料。

　　搜集资料的过程也就是研究工作得以深入并逐步取得进展的过程。

　　1. 选题阶段，资料的搜集过程也就是选题逐步明确、具体，研究角度得以确定的过程

　　在实际的研究过程中，选题往往是伴随着资料搜集的深入才慢慢确立的。只有拥有了足够的资料，才能知道在我们的研究范围内有哪些问题没有解决，又有哪些问题没有发现。然后再围绕这些问题去寻找更多的资料，然后才能知道问题的关键在哪里，才能最终确定自己的研究选题。

　　2. 研究阶段，不同类型的资料需要采用不同的研究方法

　　通过观察、体验、调查、实验等得到的实证性资料往往较多地采用抽样、统计、建立模型等实证研究的方法；通过检索得到的文献性资料则较多地采用逻辑推理、历史比较、文化心理分析等文献研究的方法。

　　3. 观点的形成阶段，资料是形成观点的依据

　　研究者只有通过对资料的比较、分析、综合，才能获得对所研究问题的新的认识。资料是否充分直接关系到论文观点的能否形成，观点的深刻与否，观点的独创性如何，从而最终关系到论文的价值。

　　4. 写作阶段，资料是表现观点的依据，并制约着论文结构的组织和语言的风格

　　论文的观点在文中不可能孤立地、抽象地存在，必须要由一定数量的确凿而真实有力的资料来加以表现、支持和证明。没有资料，言之无物，观点将成为空中楼阁。资料不充分，或虽然充分但和观点的关系不密切，或使用的资料欠准确，观点都会发生偏离或无法确立。

　　结构的主要任务是组织资料，但论文中资料的类别、多寡、复杂程度等都会影响和制约结构的安排，写作时要"看料裁衣"，依体制作。

叙述型、说明型、议论型、描写型等不同类型的资料在论文中的运用往往决定了论文不同的语言风格。

此外,论文中的资料越丰富、越翔实,论文传递的信息量就越大,人们通过阅读、思考而获得的新鲜、有用的信息就越多,就越能激发读者的创造力,使文章增大附加值,为他人的研究提供更多有价值的帮助。

六组不同类型的研究资料

根据不同的分类标准,可将研究资料分成种种不同的类型。

1. 信息性资料、对象性资料和辅助性资料

信息性资料是指为研究提供科研情报信息的资料。它是研究者寻找资料的"线索",它告诉研究者关于这个选题有哪些资料可找,这些资料可以从哪里找到。信息性资料可以通过查阅目录、索引、文摘等文献检索的工具书获得。

对象性资料是指与课题研究对象密切相关的各种文献资料或实证资料,它是研究者所要搜集的最重要的资料目标。面对浩如烟海的资料信息,研究者要根据自己的学识基础和时间安排,确定自己所要研究的对象性资料,以便搜集时做到重点突出,范围适度,宽窄深浅得当。

辅助性资料是指在研究过程中用于解决一些具体的细节问题的资料,如解释某个词语的意义、判断某个年代、明确某个概念、了解某个资料的出处等等。辅助性资料可以通过查阅文献检索的工具书,如:字典、词典、百科全书、年鉴、手册、类书、年表、历表、图录等获得。

2. 实证资料和文献资料

实证资料是指作者经过亲自的观察、体验、感受、调查、实验而直接获得的第一手原始资料。这是科学研究中最可贵的资料。这类资料较为可靠真实,又是作者个人所获,作者可在此资料的基础上发觉较多的独到性认识。

文献资料是指从各种各样的信息和知识的载体中间接获得的资料,如图书、报纸、期刊、录像带、录音带、光盘等。这些资料有的是原始的资料,但很多都是第二手资料,只有相对的可靠性,使用时要参照其他资料进行鉴别、比较和验证。

3. 事实资料和观念资料

事实资料是指人物、事件、场景、科学统计的数据等可以作为论文的事实性论据的资料。

观念资料是可以作为论文的理论性论据的资料,也称理论资料,包括被确认的科学原理、定义、公式,已经发表的文章中的看法、结论,以及人们在日常生活中约定俗成的、公认的常理,如民间的俗谚、格言、成语等。

在论文写作中如果只有事实资料而缺少理论资料,论文就没有深度;反之,如果只有理论资料而没有事实资料,论文则缺乏说服力。

4. 个别资料和综合资料

个别资料是指单独存在和使用的资料。这类资料较为具体、通俗,但使用时要考察其是否具有代表性,能否揭示事物的真相和本质,要防止以简单枚举的方法来说明事物的一般属性。

综合资料是指将若干同类的个别资料加以归纳、综合后而形成的资料。这类资料体现了同类事物之间的内部联系,覆盖面广,信息量大,具有较强的说服力,但具体性、通俗性较差。

论文既要有反映具体的、点上的、局部的、特殊情况的个别材料,也要有反映整体的、面上的、一般情况的综合的材料,点面结合,才能避免内容的狭窄和空泛,深刻反映全面情况。

5. 历史资料和现实资料

历史资料是指距离本项研究时间较远的资料。历史资料厚重,具有纵深感。

现实资料是指距离本项研究时间较近的资料。现实资料新鲜,有很强的针对性。

历史资料和现实资料相结合,可以形成鲜明的对照,清楚地说明事物的发展变化。

6. 正面资料和反面资料

正面资料和反面资料的划分由于作者观点的差异以及历史文化背景的变化,具有很大的相对性。你视为正面的资料,他或许看成是反面的资料;此一时是反面的资料,在彼一时却是正面的。在论文写作中,我们可根据资料在文章中的作用来判别,把支持作者观点的资料视作正面资料,把与作者观点不相符,作者在文中作为质疑、反对、驳斥对象的资料视作反面资料。

研究资料的搜集原则

研究资料的搜集要遵循以下四条原则:

1. 围绕选题,全面地搜集资料

所谓全面,首先是指要围绕选题,尽可能将选题所涉及到的方方面面的资料都搜集到。其次是指要客观、公正地搜集资料,不能预定框框,随意取舍。

2. 高度重视资料来源的真实性和准确性

搜集资料特别要注意资料来源的真实性和准确性。良莠不辨,真伪不分是资料搜集的大忌。无论是文献资料还是实证资料,无论是直接引用还是间接引用,资料的来源、出处都要不厌其烦地认真核对,决不能盲目照抄或道听途说。

3. 抓住主要资料和新资料,不断调整搜集的范围

研究任何一个课题都有主要资料和次要资料之别,如果不能辨其轻重,只在次要的资料中打转,那就"捡了芝麻丢了西瓜"。在所有资料中,研究对象本身是最核心的资料。

在研究中,新资料的发现往往能带来认识和研究的突破。在搜集资料时,要尽可能地拓展自己的搜集范围,这样就有可能发现一些遗漏的或未被发现的资料。

在研究中随着选题的逐步明确,研究思路的拓展和深入,搜集资料的范围不是一成不变的,需要及时加以调整和补充。

4. 采用科学的方法搜集资料

搜集资料的途径主要有两个方面:

一是通过阅读从文献中获得文献性资料。文献性资料是科学研究尤其是社会科学研究的基础;

二是通过观察、调查、实验等从社会现实生活实践中获得实证性资料。实证资料的采集过程也是实证研究进行的过程。科学研究不能仅仅依靠图书馆的文献资料,许多课题都要通过观察、调查、实验等方法去获得第一手的资料。因为总会有许多新鲜而有价值的资料尚未被发现或尚未及时反映到书本里,甚至有些动态的资料是有限的书刊无法包容的。如政治学、经济学、社会学等方面的研究就必须通过观察、调查获取直接的、经验性的资料。

无论是哪种途径都要强调方法的科学性。只有用科学的方法搜集资料才能保证所搜集到资料的正确性以及搜集的效率。

重点搜集五个方面的资料

虽然资料是多多益善,但研究工作往往有一定的时限性要求,但面对难以计数的资料,研究者一定要有明确的搜集目标。选题初步形成以后,研究者就要根据选题的范围、研究对象的内涵和外延以及自己的研究条件制定一个资料搜集的计划。

开展研究工作时可围绕选题,重点搜集以下五个方面的资料:

1. 第一手资料

第一手资料是指与研究课题有着最根本关系的原始性的资料,包括原始的文字资料、数字资料,自己在实践中获得的感性资料。如研究一位历史人物,不能只读后人撰写的传记等著作,还必须研究他本人的作品、日记、书信,他的朋友和当时其他人的记述,史书的记载以及其他有关档案资料。第一手资料是观点形成的基本依据,甚至也是选题时灵感的“触发点”。

2. 理论和方法论资料

理论和方法论资料是指与研究课题有关的专业基础理论知识和方法论知识。科学研究一定要以本学科专业基础理论知识为支撑,运用科学研究的一般方法和专业研究的基本方法,深入探讨研究对象内在的规律,展开理论论证,形成严密的理论体系,达到一定的理论高度和深度。

党和国家重大的方针、政策、法律、法规、制度等资料,由于具有很强的指导性和规范性,也是理论性资料。在研究中熟练地、准确无误地运用政策、法规方面的有关资料,既可以增强论文的理论性,同时还能增强论文的现实价值和权威性。

3. 现有的研究成果

现有的研究成果是指前人在研究中所取得的与本研究课题密切相关的成果,包括出版的专著、发表的论文以及一些未正式发表的研究成果。无论哪种类型的研究都是在他人研究成果的基础上进行的,而且只有站在前人肩膀上进行研究才有可能超越前人的研究水平。

4. 背景资料

背景资料是指所有能够影响研究对象的生成、发展、变化的社会背景、历史条件以及各种主客体方面的因素。只有尽可能全面地掌握这些资料,才能更好地把握研究对象的特殊性和普遍性。例如,研究某个城镇的经济,对于该城镇形成和发展的历史、现有的政治格局、人口、教育、文化等背景因素都要有全面的了解,才能高瞻远瞩地确立观点,游刃有余地展开论证。

5. 相关的其他学科的资料

与课题有关的其他学科的资料是指其他学科如分支学科、边缘学科、交叉学科中与研究对象有关的知识、理论、研究方法、研究成果。在信息时代,人类传统的学科分界逐渐被打破,一个经济学的课题也许会用上大量的管理学、社会学、心理学、人口学的知识。掌握一些相关学科的资料,可以使研究者的视野更加开阔,思维更加活跃,研究方法更加具有多样性,研究思路更加具有创造性。

文献检索技术在科研中的重要价值

文献既是记录知识的物质形式,也是传递知识的工具。现代意义的文献范围非常广泛,包括用文字、图形、符号、声频和视频等手段记录于载体的一切有价值的人类知识。

文献检索是指借助图书情报部门所编制的检索工具,运用科学的方法,从众多的文献资源中迅速而准确地查找所需文献的过程和技术。在今天,每一个准备开展科学研究和论文写作的人都必须清楚地知道如何利用文献检索技术来搜集自己所需要的文献资料。

科学研究既具有创造性的一面,又具有继承性的一面,而创造是在继承前人研究的基础上发展起来的。一个科研人员花费在查找资料,了解同行工作进展信息所需的时间要占其研究工作时间的一半以上,甚至还更多。国外各个科学部门工作的创造性和非创造性时间的比例为1:6~1:9。我们正处在一个知识量激增的年代。知识的更新速度也不断加快,知识的有效期大大缩短。正如担任过国际教育发展委员会主席的埃德加·富尔所说的那样,我们再也不能仅仅依靠刻苦的精神,期望一劳永逸地获得知识,我们必须终身学习如何建立一个不断演进的知识体系。增强知识的吸收和运用能力是知识经济时代终身学习的必然要求。因此,在浩如烟海的文献信息中,能否快速、准确地找到所需的信息,能否以最少的时间和精力,最充分地占有所需的文献资料,已经成为衡量一个人科研能力高低的标准之一。

文献检索技术对搜集文献资料,开展科学研究工作的促进作用有以下四个方面:

1. 文献检索可以有效地弥补研究者知识结构的不足,克服语言障碍,提高科研素质

掌握文献检索的技术,就如同找到了一条利用大量的新鲜资料的捷径,可以及时地调整知识结构。

人们常说现在的科研工作者在吸取知识,开展科学研究工作的过程中有三大语言障碍:

一是自然语言障碍,这是指由于外语水平低会造成科研工作者无法阅读那些用他们不懂的语言发表的科技文献,从而失去很多有价值的信息。

二是指学科专业语言障碍,这是指由于学科越分越细,各门学科所用的术语、符号也越来越专深,科研人员难以广泛涉猎相邻领域的新成就、新信息,"隔行如隔山"之感越来越强。

三是检索语言的障碍,这是指由于没有掌握文献检索的方法和技能,因而不能有效地利用文献检索系统搜集资料,开展科学研究工作。

如果掌握了文献检索的方法和技能,克服了检索语言的障碍,那么,在一定程度上也可以消除自然语言和学科专业语言的障碍。例如,即使是一个没有掌握几门外语的人也可以通过他所熟悉的文字的文摘杂志的阅读,广泛地了解国外有关领域的发展趋势。一些报道性文摘甚至可以帮助读者不必查阅原文就能了解其主要的思想、方法、观点、结论等内容。而通过百科全书、年鉴、手册、综述、述评等的使用也能在一定程度上消除学科语言障碍,获得新的、跨学科的研究信息和资料。

2. 文献检索极大地缩短了查找文献资料的时间,提高了科学研究的效率

文献资料的搜集、利用贯穿着科学研究和写作的全过程。一个研究课题,从选题开始到研究工作结束,既可以说是一个逐步提高、不断深化认识的过程,也可以说是一个从对已有文献资料的搜集、利用到产生新知识的过程。文献资料是确定选题,对选题进行评价、论证的重要依据。

掌握文献检索的方法和技能,利用图书馆、文献中心和互联网的各种检索系统可以迅速、准确、全面地获取所需的文献资料信息,从而使大脑从繁重的记忆活动中解放出来,大大缩短科研人员查寻文献资料的时间,使科研人员可以有更多的时间从事知识创新的工作,提高科研的效率。

3. 文献检索是开展科研查新,避免重复研究的重要手段

在科研过程中如果不重视对文献资料的利用,不及时获取相关的、最新的科研信息资料,研究往往就会重复,造成智力、财力、物力上的巨大浪费。据1995年的报道,全球重复研究造成的浪费占科研经费的10%,金额高达百亿美元。

诺贝尔奖获得者杨振宁博士曾经指出,中国的科研项目曾一度有40%与国外的研究成果重复。

如果在确定选题之前能够系统地检索相关的文献资料,全面了解选题的研究历史和现况,就能开拓思路,扬长避短,从新的起点上开展研究工作,避免重复劳动造成的巨大损失。

现在科研管理部门为了提高科研立项和成果鉴定、评奖工作的严肃性、公正性、准确性、权威性,都把利用文献检索技术进行科技查新作为其管理工作中不可缺少的重要环节。

4. 文献检索可以迅速查明阅读资料中参考文献和引文的出处,便于鉴别真假、优劣

利用文献检索技术可以方便地查到原始文献。通过研究资料中参考文献和引文出处的核实,能够对这些参考文献和引文的真实性和质量有一个较全面、客观、正确的认识。

文献检索的基本原理

了解文献检索的基本原理是科学地搜集文献性资料的前提。

1. 文献的分类

按照文献的出版形式、载体形式、加工程度等的不同可以把文献划分成不同的类型。

(1)根据文献的出版形式,文献可以分为以下十类

图书。图书内容全面完整,成熟可靠,是系统了解和掌握某一特定知识领域的重要文献类型。

期刊。学术期刊刊载的论文能较及时地反映某学科发展的最新动态和科学研究的最新成果,对于科研人员具有重要的参考价值。

报纸。报纸是科研人员了解各方面新动向、新信息最及时的渠道。

科技报告。科技报告是关于某项科研活动的成果或进展情况的正式报告或记录,科研人员可以从中获得大量内容新颖、质量可靠的情报信息。

学位论文。学位论文学术水平较高,论述较为系统,对课题的背景、意义,前人的工作,研究的现状,研究的方法、结论等都有详细论述。

会议文献。在国内外各种学术会议上交流的论文、报告等会议文献往往反映某一专业领域国内外的最新发展趋势和研究动态。

专利文献。专利文献泛指与专利发明有关的文献,如专利说明书、专利申请书、专利文摘、专利法规等。专利文献在内容上具有创造性、广泛性、实用性、法律性等特点,利用专利文献可以指导科研方向,衡量科研水平,少走弯路,避免重复劳动和投资。

标准文献。标准文献主要指具有一定的法律约束力的以文件形式体现的标准化工作成果。标准文献按照审批机构颁发的级别可分为国际标准、国家标准、部颁标准、企业标准等。标准文献有使用时间的限制,反映的内容虽然不能代表最新的水平,但却是科研开发、生产加工、技术服务、监督管理等活动中必须参考或遵循的依据。

档案文献。档案文献是在科研和生产活动中形成的技术文件、图样、图表、图片、原始记录的原件或副本。档案文献是科研和生产活动的真实历史记录,内容可靠、具体、准确、全面,是直接的第一手资料,是继续进行科研工作和生产活动的重要依据,具有重要的史料价值。一般有密级限制,借阅手续严格。

政府出版物。政府出版物是各个国家的各级政府部门及其所属机构定期或不定期发表的行政性文件或科技文献。行政性文件包括政府法令、方针政策、规章制度、会议纪要、决议指示、调查报告、统计资料等;科技文献包括技术政策文件、科技报告、科普资料等。政府出版物

所包含的内容十分广泛,集中反映政府各部门对有关工作的观点、方针、政策,具有权威性,对于了解一个国家或地区的社会发展、政治形势、经济建设、科技发展、政策走向等情况具有较高的参考价值。

(2)根据文献的不同载体形式,文献可分为以下五类

手写型文献、印刷型文献、缩微型文献、声像型文献、计算机可读型文献。

(3)根据文献被加工处理的深度,文献可分为以下三类

一次文献是指以作者本人的观察、思考或研究成果为基础撰写的原始文献。前面介绍的期刊论文、学位论文、科技报告、会议文献等出版物都是一次文献。此外,一次文献还包括实验记录、日记、备忘录、手稿、信件等等。

一次文献记录的知识详尽、具体,或多或少都包含着著者的原创性,是对知识的第一次加工,有较高的理论和使用价值,是文献检索的主要对象和最终目标。

二次文献是指根据需要,将特定范围内分散、无序的一次文献进行筛选、加工、整理后,按照文献的内容特征或外部特征进行提炼、浓缩、重组后编辑而成的,作为管理、查找和利用一次文献的工具性出版物,如各种书目、索引、文摘、图书馆目录等。

二次文献不仅提供大量信息,而且具有报道和便捷检索的功能。二次文献较全面、系统地反映了某学科某专业文献的线索,是检索一次文献的常用工具。

三次文献是指通过二次文献提供的线索,运用科学方法和专业知识,对一定范围内的一次文献进行分析综合后编写而成的文献,包括综述研究如专题述评、动态综述和参考工具如字典、词典、辞典、百科全书、年鉴、数据手册等。

三次文献是经过对一次、二次文献系统分析、综合、筛选、评价后浓缩而成的,科研人员据此可以较迅速、系统、全面地了解有关研究的历史发展与趋势,对科学研究具有很大的指导和参考作用。

总之,一次文献是对知识的创造性加工,是知识积累和社会进步的基石,是原创作者的产品,它是文献检索的对象;二次文献是对知识的有序化加工,是使知识得到充分利用的工具,是文献信息工作者的产物,它是文献检索的工具;三次文献对知识的加工既体现了有序化又带有创造性,是在一个更高层次上系统再现一次文献并返回一次文献,从而完成了知识的又一个社会循环,它是那些深谙专业知识又熟悉文献信息的专家的研究成果,既可以作为检索的对象又可以作为检索的工具。从一次文献到二次文献再到三次文献是一个由分散到集中,由无组织到系统化的过程。从检索和利用文献的角度看,首先要借助三次文献了解二次文献,查检到有关线索,进而检索出一次文献,在原始文献中获得有关信息。

2. 文献检索的类型

文献检索通常有五种类型:

(1)书目检索,主要是查找与某文献问题有关的书刊论文及线索,提供有关的书目资料。

(2)事实检索,也称事项检索,是指查找与某一事项有关的内容,如字词、文句、人物、地名、事件、年代日期等。

(3)数据检索,是指查找某一方面的具体数字资料。

(4)图像、声音检索,是指查找某一方面的照片、录音等。现在,利用多媒体技术处理、检索声像信息,使图像、声音的检索非常快捷、方便。

(5)数据库检索,包含了电子文献、数据、事实、图像、声音等多种媒体所载信息的检索。

3. 文献检索的语言

检索语言是人们根据文献检索的需要，在自然语言的基础上创制的一种人工语言，用于各种检索工具的编制和使用。对于科研工作者来说，了解和熟悉各种检索语言，可以大大提高文献资料的查准率和查全率。

目前世界上有多种检索语言，比较常用的有分类语言和主题语言。

4. 文献检索的工具

检索工具是指用来存储、报道和查找文献线索的工具，是由图书情报部门对一次文献进行分类、加工整理后编制而成的二次文献。熟悉检索工具，可以减少文献检索的盲目性。

常用的文献检索工具有三种：书目、文摘、索引。

（1）书目

书目记录了一定历史时期文献的出版概况，可以帮助科研人员全面了解某门学科的历史，及时掌握它的现状和发展趋势。因此，目录之学历来被称为"学中第一紧要事"、"读书治学之门径"。

（2）文摘

文摘是在描述文献外部特征的基础上，进一步摘录原文的内容要点来报道、检索一次文献的检索工具。它是检索工具的核心。

文摘在研究中有诸多作用：

①可以在一定程度上消除自然语言所造成的障碍；

②可以避免阅读一些无关紧要的原文，节约时间；

③将散见在各个期刊上的文献以摘要的形式重新分类编排报道，便于对相关文献进行集中阅读；

④可以帮助读者进行回溯性检索，避免漏检和误检；

⑤可以帮助读者判断检索的文献内容与研究课题的相关程度，便于选择和利用原始文献；

⑥文摘是撰写述评性论文、研究学科发展史的重要素材。报道性文摘在许多情况下就是原始文献的代用品。

文摘有综合性文摘和专题性文摘。查找文献，通常是先找专题性的检索工具，如果在专题性的检索工具中找不到，就要考虑综合性的检索工具。

（3）索引

索引也称题录，是将一种或多种文献中具有检索意义特征的书名、篇名、主题等分别摘录出来，以供查检的检索工具。利用索引可以迅速查阅到与选题相关的研究资料，并准确查到文献的原文。检索水平的高低，主要就是看读者能否有效地利用各种索引。

文摘类检索工具一般都由文摘和索引两部分组成，其中文摘部分起报道作用，索引部分起检索作用。主题索引、字句索引、作者索引、机构索引、号码索引、报刊索引等都是从不同角度揭示文摘的内容。

检索事实和数据常用的工具是专供查找特定资料而编写的各种参考工具书，如辞书、年鉴、百科全书、类书、政书、手册、表谱、图录、名录等。

5. 文献检索的途径

根据不同的检索途径，可以从不同角度查找到所需要的文献资料。查找文献的途径主要有五种：分类途径、主题途径、题名途径、著者途径、号码途径。

6. 文献检索的方法

人们在文献检索的长期实践中,摸索出许多有效的检索方法。归纳起来,主要有常用法、追溯法、循环法三种。

(1)常用法

常用法也称普通法或延伸法,是目前人们最常用的查找文献的方法。它又可分为顺查法和倒查法。

顺查法是按文献发表时间的顺序,由远及近追根寻源的检索方法。它特别适用于检索理论性和学术性的文献资料。开始时,检索的范围可能宽一些,然后再精选,这样不至于因漏检而返工。这种方法的优点是查得全面、系统、无遗漏;缺点是费时、费力、效率不高。

倒查法与顺查法相反,是按文献发表的时间顺序由近及远的检索方法,即根据课题研究需要先查当年的,再逐年往上查,直到查得所需文献资料为止。这种方法常在新课题或探讨老课题新发展时使用。近期文献不仅反映了最新情况,而且也会引用、论证、概述早期的文献。因此,这种方法比顺查法收效高,但有可能会遗漏有价值的文献资料。

在检索实践中,也可以将顺查法和倒查法结合起来运用,如根据课题需要,划出一定的时间范围,先用顺查法检索,如查出的文献资料不够用,再倒查一段时间,直到资料充足为止。

(2)追溯法

追溯法也称跟踪法或跟踪追查法,即以著作者在著作中的注释和著作后所附的"参考文献"为线索,进行跟踪检索,逐一查找原文。然后对这些新检索到的原文后面所附的参考文献再依据此法继续追溯。这种查找方法就像滚雪球一样,在一次一次地连续追查下,不断扩大检索范围,直至满足课题需要为止。采用这种方法,在缺乏检索工具的情况下,仍然可以获得一些必要的文献资料。

一些治学严谨、集大成学者的著作,其开列的"参考文献"和注释中所涉及的文献,往往是研究该专题的基本书目。

在研究工作中利用前人研究中使用的参考文献,能很有针对性地解决问题。但运用追溯法查找文献比较费时,漏检和误检的可能性较大。

(3)循环法

循环法实际上是常用法和追溯法的结合。先利用检索工具查出一定时期内的一批有用的文献,然后利用这些文献后所附的参考文献,用追溯法查找出前一时期的文献。

由于参考文献对于五年内的重要文献一般都会引用,因此,可以跳过引用的五年,然后用检索工具再找出一批文献进行追溯,如此循环使用两种查找方法直至满足检索需要为止。

循环法兼有前面两种方法的优点,可以查得全面而准确。

7. 文献检索的手段

随着科学技术的发展,文献检索的手段经历了一个手工检索到脱机批处理检索到联机检索到光盘检索到网络化联机检索的发展过程。计算机检索技术大大提高了文献检索的查准率和查全率,使耗时、费力的手工检索作业变成了高速的自动化过程。而计算机互联网络的迅速发展和广泛应用则使人们可以从网络的任何一个终端检索到全网络内任何一个系统的文献,实现跨部门、跨地区、跨国的资源共享。

对应传统的文献资源分类,科研工作人员可供利用的网络信息资源主要有以下五种:图书馆馆藏目录、电子出版物、参考工具书、数据库、出版物目录。

在研究中开展文献检索的六个步骤

在研究工作中查找文献资料可以按照下面六个步骤进行检索：

1. 制定检索策略

在开始检索文献资料之前，一定要对自己的研究课题作认真的分析。分析研究课题的目的在于明确检索的要求、范围，掌握检索的线索，制定检索的策略。

首先要根据研究课题所需文献的内容、性质和特点，明确课题主要解决什么问题，要找什么性质和内容的文献。研究课题不同，检索的任务就不同，对于文献检索的查全率和查准率也就有不同的要求。

一般来说论文开题、基础研究、应用理论研究、编写教材等的研究者，往往需要全面地搜集某一主题范围的文献资料，检索要求是普查，要查全。

研究、开发和应用新技术、新理论的研究者，需要了解国内外的最新动态和研究成果，对于文献的要求是新颖、及时，查全率和查准率要求有时不一定很高。

在科研中遇到的与课题紧密相关的实质性问题、关键问题，即使是细微的问题，对查全率、查准率也有很高的要求。

课题的检索要求明确以后，还要在分析课题的基础上形成主题概念，包括所需文献的主题概念有几个，概念的专指度是否合适，哪些是主要的，哪些是次要的，等等，力求使检索的主题概念能够准确反映检索的需要。

然后，根据检索的主题概念的学科性质明确检索的学科范围、时间范围。学科范围是指自己所要查找的文献资料属于哪个学科、哪个专业。学科范围越具体，越有利于检索。时间范围是指自己所需的资料是近几个月的，近几年的，还是若干年或者是有史以来的全部文献。

通过对所需文献语种、学科、类型、主题、责任者、国家、年代等检索标识的了解，研究者掌握了检索的基本线索，就可以据此制定出一个合理的检索方案，使文献的检索行动能够有目的、有计划、有步骤地进行。

2. 选择检索工具

检索文献时要根据所确定的检索范围，选择一个最合适的检索工具，并且要掌握该检索工具的内容和使用方法。一般都选用文种熟悉、文献齐全、报道时间快、使用方便的检索工具。

检索的效果常取决于人们对检索工具书的熟悉和了解程度。在查找文献资料前，必须了解哪些检索工具中收录了与所查课题有关的文献资料，在哪些检索工具中该课题的文献资料比较丰富，哪些检索工具中选录的文献资料质量较高，还要了解这些检索工具报道速度的快慢、分类编排的粗细、附录索引的完备与否等等情况。

选择检索工具时，可优先选择主要的和权威的检索工具，后利用一般的检索工具；优先选择现行的检索刊物，后利用回溯性的专题目录。

由于现代学科发展互相渗透、互相交叉的特征越来越明显，选择检索工具时，既要利用专业性的文摘、目录、索引，也要利用综合性的检索工具，以免漏检。

研究者可以通过浏览图书馆检索工具室陈列的全部检索书刊，从中挑选最为合适的检索工具；也可以通过查阅国内外出版的检索工具指南的介绍，挑选检索工具。一般说来，只要掌握了几种常用的检索工具，就能满足查找文献的常规要求。

3. 确定检索途径

要根据课题研究的具体情况确定检索的途径。如果已经掌握与该课题有关的某种文献的特征和线索,则可利用相应的索引。

如果已经知道有关文献的作者,就可利用检索工具的作者索引,查获该作者所著的文献,然后根据该文献在检索工具中标引的分类号或主题词,继续查找,即可获得与该文献主题内容相同的其他文献。

如果什么线索也不知道,则要按课题的学科范围选择分类途径,根据族性检索得到范围较广的文献资料。

如果课题专指性较强,则可选择主题途径,以便获得较好的特性检索效果。

4. 确定检索方法

要根据检索工具的实际情况确定采用何种检索的方法。

在检索工具比较齐全的情况下可采用常用法,利用检索工具查找文献。

如果没有检索工具或检索工具不够齐全时采用追溯法,利用文献末尾所附的参考文献逐一跟踪查找。

检索时还可以利用各个学科的核心期刊年末所附的索引进行查找,这样可以在短时间内查找到近年来发表的与课题有关的重要文献。

检索时可以在估计最有可能获得文献资料的年代范围内先试查 1～2 年,从中得到较多的线索之后来检验检索的范围是否恰当,是否需要扩检或缩检。

5. 查找文献线索

要根据检索工具的结构来查找文献线索。

若用分类法,则查阅分类表、目次表,依照确定的类目类号查阅题录或文献正文。

若用主题法,则用主题词表确定主题词,再查阅主题索引有关主题词下的条目。

若根据已知外表特征查阅其他索引,则要记下条目顺序号(文献号),据此查阅文献正文,以便进一步查到符合需要的文献线索。

选中的文献线索一定要准确记下文献篇名、著者姓名、出处等著录项目,以便索取原文。

6. 查找原始文献

如果认为查获的文献线索有参考的价值,就需要索取原始文献,以便进一步详细阅读。熟悉文献检索系统和国内外收藏情况是迅速取得原文的关键。

查找时可由近而远进行:先找本单位图书馆、信息单位馆藏目录,然后找本市、本省、全国乃至国外的图书馆、信息单位馆藏及联合目录。

任何图书馆的藏书都不可能完全满足读者的要求,可以依靠国内外出版的各种检索工具查到收藏单位,通过复制或馆际互借获得所需的原始文献。

如果花了很多时间仍然查不到所需文献,则可以求助于图书馆、信息所的咨询人员。在较大的图书馆、信息所一般都有专职的参考咨询和检索的服务人员,他们的任务就是向读者介绍文献的查找方法,帮助读者解决文献检索中遇到的困难和问题。

文献资料搜集案例:鲁迅及其作品研究

某高校教授在给学生讲授"鲁迅及其作品"的课程时,为了使学生全面了解鲁迅及其在中国文学史上的重要地位,要求学生查找有关方面的资料。

检索文献资料的工作可分三步进行。

1. 分析研究课题,确定检索要求

本课题为专题性文献检索课题,查询的课题涉及鲁迅的生平简介、作品概况和鲁迅及鲁迅作品评论与研究性文献。具体检索时应从生平、作品和评论三方面分别检索。

2. 检索工具的选取

(1)生平资料检索工具的选取

鲁迅词条的获取主要借助于词典、百科全书等,如:《辞海》、《中国文学大辞典》、《鲁迅简明词典》、《中国大百科全书》、《鲁迅笔名研究资料索引》、《鲁迅笔名探索》等。

鲁迅生平事迹的获取,主要来源于日记、书信、年谱、传记等,可通过《鲁迅年谱》等获取。

(2)查询鲁迅作品的工具

可利用《全国总书目》、《全国新书目》、《中国国家书目》、《中国现代作家著作目录》、《中国现代文学史资料编目》、《中国现代文学作家著作联合目录》等纸质文献了解鲁迅所发表的作品。也可以登录国家图书馆,通过馆藏目录的检索,了解国家图书馆有关鲁迅作品的收藏情况。

(3)作品评论与研究性文献的获取工具(系统)

①利用专科和综合性工具书。如《鲁迅研究书录》、《鲁迅研究资料编目索引》、《全国报刊索引》、《复印报刊资料》、《全国高等院校社会科学学报 1906－1949 总目录》等,均可按专题查到相关的报刊上发表的研究和评论性论文。

②鲁迅生平史料的获取。利用各图书馆的公共目录查询系统,从分类号 K825.6 或主题词“鲁迅—生平事迹”、“鲁迅—传记”获取文献。

③从网络数据库和网站中获取,如《中国学术期刊全文数据库》、《人大复印资料全文数据库》、鲁迅网站(http://luxun.top263.net;http://book.ok8.net;http://member.netease.com;http://weiter.onchina.net)等上获取。

3. 检索方法

依据各检索工具(系统)的检索方法检索文献。

用观察法搜集资料

观察法是指在自然的条件下,借助人的感官(主要是视觉)和一定的辅助工具(如音像器材等),不加控制条件,但有目的、有计划地对客观对象(人、自然现象和社会现象)的客观形态和运动形式作直接的、全面的、系统的考察和记录,以取得研究所需的资料,从而准确地描述和认识客观对象,获得经验事实的方法。观察法既是一种独立的方法,也是调查、实验的基础。

1. 观察法的利弊

观察法简单易行,适用广泛。观察法是最古老的获取资料信息的方法。它不需要像调查法那样制订严密的调查表,也不需要像实验法那样对各种变量加以严格控制。人类正是通过观察,记录现象,积累数据,总结规律,建立了古、近代科学知识体系。

但是,通过观察法获得的资料其信度和有效性比较难以保证。原因在于:

(1)观察法是在“自然”条件对人或客观现象进行的考察,观察者没有主动权,对于影响观察的种种因素难以控制,因而,观察法要受到时间和空间的很大限制,不易完全统一标准,有被动性、偶然性、片面性的缺点;

（2）观察所得的结果一般是描述性的，不利于进行统计处理，所得资料不可避免地会受到观察者世界观、学术观、意愿、情感、能力等主观因素的影响；

（3）研究者通过观察仅仅只能获得表层现象，难以了解各种现象之间的内在联系，因此，单凭观察法得到的结果往往不够科学，科学研究时还需要与调查、实验等其他方法配合使用。

当然，随着科学技术的发展，人们在观察时所采用的手段也日趋完善和科学。人们越来越多地借助于各种科学仪器和现代技术克服人的感官的种种局限。科学的方法和现代化的手段已经使观察的效果和质量得到很大的提高。

2. 观察法的类型

按照不同的分类标准，观察可以分成不同的类型：

（1）按对观察对象的全面性来分，分为一般观察和系列观察

一般观察又称全面观察，指对观察对象进行全面的整体观察。

系列观察又称重点观察，指对观察对象的某种或某些方面进行连续的定期观察。

（2）按对观察对象的直接程度来分，分为直接观察和间接观察

直接观察指观察者在观察对象行为发生的现象时直接通过感官来获得事实资料。

间接观察指观察对象或行为、事件发生的当时，观察者并不在现场，而是通过对某些特定现象的观察来获取相关资料，或通过仪器的记录来推断研究对象。间接观察可以弥补直接观察因人的主观能力的局限而不能或不能准确观察的缺陷，两者结合使用，可使观察更加完整和严密。

（3）按观察者是否直接参与被观察者的活动来分，分为参与性观察和非参与性观察

参与性观察指观察者深入到被观察者之中，以其中一员的角色参加活动。

非参与性观察指观察者以局外人的身份对被观察者进行观察。参与性观察可以获得一些深层的或隐藏性较强的资料，非参与性观察所得的结果较为客观，较少有观察者自身的个人色彩。

（4）按观察活动的标准化程度来分，分为有结构观察和无结构观察

有结构观察指有明确的目标、具体的要求、详尽的计划、步骤和方法的观察，取得的结果周详精确，便于比较分析。

无结构观察指对观察对象无明确的目的要求，也不确定具体的观察方案，不作控制，随时可根据观察者的需要而采用灵活的方式来进行的观察，这种观察可随时发现新问题，补充新资料。

（5）按观察时观察对象的数量或时间来分，分为抽样观察和追踪观察

抽样观察指因受各种条件的限制，只能根据研究目的，从研究对象的总体中抽取有代表性的样本来作为观察对象的观察。

追踪观察指对研究对象进行长期、系统、全面的观察。这种观察方法虽然费时较长，但对探究观察对象的规律性可起到其他观察所没有的作用。

这些根据不同标准划分的观察方法互有联系、互有交叉，在实践时可尽量采用多种形式进行观察，以使观察得到更为满意的结果。

3. 科学地运用观察法

运用观察法搜集资料要注意方法的科学性。

（1）观察是一种目的明确的行为，要专注

观察不能走马观花、漫不经心。观察是有目的的"看"，是有意识的"注意"。观察要专注，要细致，要耐心，否则就会被表象、假象所迷惑、所误导，不可能获得对事物和现象的正确的认识。

（2）观察具有独立性、客观性，要实事求是

为了科学研究服务的观察是在研究目的和假设的指导下进行的观察，研究者具有自觉性、主动性、选择性。

只有以实事求是的科学的立场和态度进行实地观察，才能获取大量真实、准确的资料。

观察的内容、时间、地点要根据自己的研究目的随机选定，不能由观察单位事先布置。

观察要隐蔽化，不要对现场产生干扰，要尽量在观察对象没有察觉，保持常态的情况下进行观察，以免产生假象。

如果有条件要尽量进行较长时间的全面、系统、反复的观察，因为只有当观察具有普遍性和连续性时，才能对观察结果加以对照或检验，从而获得对观察对象的准确、真实的信息。

（3）观察要透过现象看本质

观察虽然主要是了解事物和现象外部的形态和特征，但也要进一步运用理性思维，对于观察到的现象进行分析，透视其内在的本质，发现事实后面所反映的问题。只有在"看"的过程中，由表象深入到本质，由局部扩展到全体，由此物旁及彼物，才能更周密、系统地认识事物和现象。

（4）用比较观察的方法提高观察的质量

为了提高观察的质量，可采用比较观察的方法。观察的目的首先是要了解客观对象的特征，而特征只有在比较中才得到鲜明的显现。运用比较观察方法时要选择一个合适的、科学的参照系。

4. 观察的三个步骤

科学意义的观察和生活中的观察截然不同。观察要有计划、有步骤的进行。

（1）准备阶段

①确定目标。为了获得比较系统、准确的资料，在观察实施前，首先必须根据研究的目的，预先明确观察的目标、任务、内容和要求。适宜的目标是观察成功的前提。

②设计方案。观察前要精心设计方案，并制定详尽的观察计划。

观察的对象、数量、时间、地点、具体手段、工具、注意事项以及观察过程中出现的各种可能性的应答办法等都要仔细考虑，这样可以保证观察有目的、有系统、有组织地进行，避免观察时的盲目性和偶然性，避免各种意外因素如观察者自身的兴趣、情绪的影响以及客观环境因素可能会产生的干扰。

③掌握相关的知识和方法。观察者在观察之前要做好相应的知识准备，熟练地掌握观察的方法。知识准备可以通过资料检索、专家访谈、经验交流来获得。

④准备好记录纸、表格和器材等。科学的观察除了利用人的感觉器官外，还要借用科学的观察仪器如照相机、摄像机、录像机等准确、详细地记录观察的结果。借助现代化的观察仪器可以扩大观察的范围，提高观察的精确度和感官的反应速度，消除感官的某些错觉。

（2）实施阶段

实施阶段主要要做好以下工作：

① 认真对待观察过程中的各个细节,注意与研究问题有关的所有现象。

以研究企业管理现状的观察为例:

通过观察车间布置如流程、照明、色彩等细节可以观察其科学性和人性化程度;

通过观察办公室的图表、表语、设施等可以观察其文化气氛;

通过观察卫生、条理化、设备维护、安全性等可以观察其文明生产的情况;

通过工作的紧张程度可以观察工人的工作积极性。

准备好必要的工具,如摄录机、照相机、录音机、计时器、噪音测定、光照测定等仪器,以便对全厂进行细致观察,车间布置和生产情况都要留下影像资料。

② 严格按照原有计划观察,以便整个观察能够有条不紊地进行。

③ 随机应变、灵活处理观察中遇到的意外情况。

④ 协调好与观察对象和有关人员的关系。

⑤及时、准确地做好观察记录。记录时要力求详尽,即使有不明晰之处也要加以记录。记录不能带有倾向性,不管是否符合自己喜好、意愿都要记下来。

(3)总结阶段

总结阶段要做的工作主要有:

①对照原定观察计划检查是否有缺漏。如果有遗漏,要及时组织有关人员回忆、补充。

②做好整理原始记录资料的工作,使资料条理化、系统化。

③分析观察结果,讨论发现的问题,得出基本结论。

④对有疑义之处做进一步的观察。

用调查法搜集资料

调查法是指研究者根据选题研究的需要,运用观察、访谈、问卷、测验、个案追踪等各种科学手段对客观实际作针对性的考察和了解,以搜集研究对象的有关资料的方法。调查法具有综合性,在调查中不能仅仅只运用一种单一的方法,它需要综合多种科学手段。调查法自 17 世纪下半叶的英国兴起之后,在 19 世纪已成为社会学研究的主要方法。现代社会发展突飞猛进,通过调查了解不断变化的社会风貌,了解人们的思想动态、行为方式已经与文献的检索能力一样成为研究者的基本功。无论是现状研究、溯因研究还是发展研究、比较研究,调查法都是不可缺少的重要方法。

1. 调查法的利弊

调查的目的性明确、计划性强。调查与观察的不同在于观察是在自然条件下对客观对象的直接感知和体验,而调查需要借助经过科学设计的调查表、问卷等从当事人或知情者那里了解情况,获取信息。调查有明确的调查对象,周密的计划,通过调查法获取的资料较为真实、有效。搜集到的大量数据经过专业人员的统计处理,也可以保证其结果的客观性、有效性。

但调查法的结论仍然存在误差的可能。由于调查法的设计不如实验法严谨,对样本、变量等的要求较为宽松,如果样本与所要代表的总体之间存在一定的差异,结论就可能有较大误差;调查所用的工具多为根据需要自编,大多未经标准化处理,没有常模可供参照,因此,只具有相对性;另外,调查对象的文化、能力、情绪、态度等都会影响到结果的精确性。

调查要以尊重事实,客观中立,方法科学为原则。调查以了解事实,获取真实的资料为目的,如果调查资料失实,研究就难以得出正确的结论。调查对社会存在的反映应该是客观的,不能以主观好恶来判别是非，不能以个人的感情色彩来改变事实的存在。特别强调要注重调查方法的科学性。方法不当，即使获得真实资料，这些资料也不一定能够准确反映本质。例如抽样抽查，如果抽样不科学，信息与结论均可能失真，缺乏典型意义。

2. 调查法的类型

按照不同的分类标准，调查法可分为不同的类型：

(1)按调查的对象范围来分，分为全面调查和非全面调查

全面调查又称普遍调查，指对调查研究对象总体的每一个体进行全面的调查的方法。

非全面调查指按统计学要求，从调查对象总体中抽取出一部分有代表性的对象作为样本进行调查，从而推断总体结果的调查。非全面调查包括抽样调查、典型调查、重点调查三种。

(2)按调查的时间范围的不同可分为纵向调查和横向调查

纵向调查指在某一个时间段内，随着时间的推移对研究对象进行调查，获取研究对象纵向发展变化的比较性资料。

横向调查指在某个同一时间点上对某个研究对象的不同方面或几个不同的研究对象的同一方面进行调查，获取研究对象横向比较的异同性资料。

(3)按调查的内容来分可分为现状调查、追溯调查、前瞻调查、追踪调查、常模调查、比较调查

现状调查指对目前正在发生、存在或进行的情况进行调查。

追溯调查又称回顾性调查，指"由果溯因"，对已发生的情况进行调查，目的在于追溯造成目前状况的原因及各种变量、各种因素之间的相互关系。

前瞻调查指"由因溯果"，在调查前进行各种假设，然后据此开展调查，获得对各种假设可能产生的结果的资料。

追踪调查指对研究对象进行较长时间的调查，来获得对象变化的规律性资料。

常模调查指通过调查获得研究对象总体的常模标准的资料。

比较调查指通过调查获得不同时期、不同地域、不同背景的研究对象的状况的资料，以分析异同，寻求对策。

(4)按调查的方式来分可分为访问调查、问卷调查

访问调查指采取个别面谈、座谈、电话访问等与调查对象交谈、问话的方式来了解事实，征求观点，反应态度，搜集资料。

问卷调查指调查者将所要调查的问题编制成问卷或表格，由被调查者填写，从而搜集资料的方法。

3. 调查的步骤

严格的程序是做好调查的前提。调查工作一般可按照以下这些步骤进行：

(1)确定调查的对象、内容、样本规模

根据研究课题的性质、目的、任务，依据研究者所具备的主客观条件来确定调查的对象、内容、样本规模。

(2)设计一个尽量详尽的调查方案和计划

调查的具体项目和内容、调查对象的数量、调查的时间、地点、步骤、手段、工具、组织工作、人员安排、意外情况的补救措施等等都要有细致的规划。拟好调查的提纲。调查的方案、计划和提纲要印发给每个调查主持者，以便遵照执行。

在设计调查方案时美国学者贝蒂·H·齐斯克提出 8 个关键性的问题可以给我们一些启发[①]：

①调查将在哪些人中进行？

②在全部人口中进行研究，还是抽样进行研究就够了？如果选择抽样的方法，那抽样应该在什么基础上进行？多大的抽样范围才是充分的？

③进行调查将采用邮寄调查表格方式、电话采集方式、个人或小组采访方式，还是联合使用这些技术的方式？

④调查应包括哪些主题？有无时间约束？

⑤应以什么级别来组织问题？这些问题是限制性的，还是非限制性的？对所有采访对象提出的问题是否在语言表达及叙述方面采取同样的形式？还是由采访人员自由地、没有层次地提问？

⑥是否存在被隐蔽起来的特别敏感的题目？在不损害采访者与采访对象的关系的前提下，怎样使敏感问题包括在调查内容之中？对所研究的公众是否存在难于接近、语言障碍、不信任或文化倾向性等问题？如何解决这些问题？

⑦什么样的人最适合担任采访员或资料搜集者？需要对他们进行何种训练？

⑧谁提供研究经费？什么人是研究结果报告的最终听众，是有权威的学者、政府、公众，还是某些综合体？由于选择资助人或听众的结果，是否有可能产生令人增添麻烦的限制性因素。

（3）做好调查的各项准备工作

调查涉及的因素很多，人、财、物各个方面都要有充分的准备。具体包括调查人员的培训，被调查者情况的了解，相关的史料、档案等背景资料的掌握，调查问卷及表格的设计，录音机、记录纸、笔等调查工具的准备以及资金、后勤的保障等各方面。

（4）试探性调查

复杂的调查可先进行试探性调查，获得对被调查对象的初步认识，在此基础上调整调查方案和提纲，修订调查表格和问卷，以确保正式调查的质量和效率。

（5）实施调查

在调查过程中要严格按照计划搜集计划中规定要采集的各项资料。调查时要运用科学的方法和技术，注意技巧。调查中不但要口问手记，还要善于启发和交流。每次调查结束后要及时整理笔记、录音等记录，看看是否达到了调查的要求，还有哪些遗漏的问题？新发现了哪些问题？互相交流，总结经验教训，以便下一轮调查时及时修正。

（6）得出调查结论

调查结束后及时整理、分析所得的全部资料，得出调查结论。可重点关注如下问题：事实是什么？结果如何？有何因果关系？反映出什么问题？问题的严重性如何？存在什么不同意见？

4. 问卷调查

很多调查都是采用问卷进行的。

（1）问卷调查的利弊

问卷调查的好处在于：

---

①　陈果安,王进庄等.中文专业论文写作概论.长沙:中南大学出版社,2000.11.

①用规范化、标准化的问卷进行调查,操作相对简单,比较容易掌握,便于调查的开展,同时也便于对所获得的资料进行数据处理、定量分析和研究。

②用问卷进行调查较少受地域和空间的限制,能够减少调查成本的投入,节省人力、物力、财力和时间,可以在较短的时间内,在较大的范围内搜集资料。

③问卷调查一般采用匿名形式,可以避免访问调查的许多弊端,容易获得真实的信息。

采用问卷进行调查的局限性在于:

①对调查问卷的设计要求较高。

②问卷调查缺乏双向沟通,调查不够深入,不适于作深度研究。

③问卷调查要求调查对象有一定的知识水平,由于受到被调查者态度、兴趣等主观因素的影响较大,调查样卷的回收率、可信度较难得到保证和检验。

(2)问卷的类型

根据不同的划分标准,问卷可分为不同的类型:

①根据卷中问题的详尽程度以及问题的关联程度可以把问卷划分为结构性问卷、非结构性问卷和半结构性问卷

结构性问卷是指调查者根据课题的要求对所提出的问题在提问方式、措辞、顺序以及问卷的格式等方面都按照一定的规则进行制作。

非结构性问卷是指不对调查的各个具体问题预先作详尽的设定,而是根据课题的需要对调查的方向、内容作大致的限定。

半结构性问卷是综合前两种问卷的优点而形成的问卷,其好处在于既便于统计分析,又可以得到一定深度的答案。

②根据问卷调查的方式可以将问卷划分为访问型问卷和自填型问卷

访问型问卷是指由调查员根据问卷向调查对象提问并就其回答在问卷上填写的问卷。这种问卷较适合于复杂的调查或调查对象文化程度不高的情况。

自填型问卷是指调查对象根据问卷的提问自己在问卷上回答,做完后由调查员收回或调查对象送回的问卷。这种问卷的格式不能太复杂,语言要简单易懂,以便调查对象能够顺利作答。

(3)问卷设计的六个环节

科学的问卷设计是保证问卷调查质量的根本。问卷设计一般要经过以下六个环节:

①明确调查目标。围绕课题进行专访,了解与课题有关的社会现实,确定调查的主题、范围、对象、时间和地点等问题。

②搜集资料。查阅有关资料,通过对所要调查的问题的研究进行理论的准备。观察个案,了解各类被调查者所属社会阶层、工作和生活环境、一般行为规范、传统习俗、文化程度、理解能力等问题。

③建立理论假设和研究架构。理论假设是指研究者根据对问题的了解,假定现象与现象之间的关系。研究架构是指理论假设的各变项(包括一系列的社会性事实和心理性事实)之间的关系和结构。

④问卷的制作。从理论假设和研究构架出发确定调查项目和提问项目。既要穷尽与调查项目有关的各项重要问题,也要对列出的问题进行筛选,剔除不必要或不恰当的问题。对问卷的提问顺序、问答格式、整体布局进行安排,形成问卷的初稿。

⑤回溯分析检验。初稿完成后要通过回溯分析检验所提问题是否紧密围绕调研主题而展开。

⑥试填、修改、定稿。通过模拟调查搜集关于问卷初稿的意见，如问卷的长度、语言表达、难易程度等问题，以便制作人员对问卷进行修改后定稿。

（4）问卷设计的方法

①问卷的基本构成。问卷的名称、封面信、指导语、问题和答案这四个部分是所有问卷都必须具有的，称为问卷的基本构成。问卷的基本构成不可遗漏。

问卷名称的功能在于揭示问卷的内容，旨在使调查对象迅速了解调查的主题和范围。问卷名称应该简单明了，不能太长。

封面信也称说明信。一般要说明调查者的身份、调查的内容和范围、调查的意义和目的、调查对象的选取方法、请求被调查者的支持与合作并表示感谢、回收问卷的方式和时间等事项。

指导语的功能是用来指导访问员和调查对象按照正确的方式开展工作，对问题进行回答。指导语起着使用说明书的作用。卷头指导语即填表说明，须对填表的要求、方法、注意事项等作一个总的说明。卷中指导语是针对某些特殊的问题所作的特别说明。凡是在回答问题的过程中出现不清楚、有歧义或理解有困难的地方都要作详细的说明，要为被调查者排除答题可能出现的障碍。

问题和答案是问卷的主体，制作好问题和答案是问卷设计的根本所在。有的问卷还有样本编号、编码、登记地址、调查员记录等其他构成。

②问卷的长度。问卷的长度就是问题的数量。根据调研的需要确定问卷的长度。一般来说，问题过多，问卷过长往往会引起被调查者心理上的厌烦或为难情绪，影响回答的质量和回收率。问卷的长度要尽可能短小精悍，通常以回答者能够在30分钟内完成为宜。

③问题的设计。问题是问卷的核心。设计问题要讲究一定的原则：

一是语言要简短明晰、通俗易懂，尽可能不使用抽象的概念、复杂的句子、专业的术语、俚语方言。

二是问题要具体、单一，一项提问只能包含一项内容。如果一个问题包含双重或多重含义，被调查者往往会无从回答。

三是提问不能带有诱导性，要保持客观、中立的态度，不要在提问中隐含调查者个人的倾向和观点。

四是问题要在调查对象的记忆范围之内制作，已经有较为一致答案的问题不要列入，对容易使人反感的问题特别要注意提问方法。

问题一般有关于事实的问题、关于原因或理由的问题、关于态度或情感的问题三大类。不同类型的问题适宜于不同的调研目的和不同的调查对象。在设计时又可按需要设计成开放型问题、封闭型问题、半开放半封闭型问题三种不同的形式。

开放型问题不为回答者提供备选答案，要求回答者自己思考后填写。这类问题设计简单，由于回答不受限制，可以得到较丰富的信息，但容易答非所问，统计较为困难，要求回答者有一定的语言表达能力。

封闭型问题的答案由设计者提供，被调查者只需根据自己的情况选择其中之一项或几项即可。这类问题回答简便，回收率高，便于编码和统计分析，但所得信息容易失真，对问题的误

解难以察觉,个体差异易被忽略。封闭型问题可以有多种形式:

二项选择型,只能在互相排斥的两项中选择其一。

多项选择型,问题的答案有三项以上,既可以要求单一回答,又可以要求限量回答,还可以不受数量限制地回答。

评定尺度型,根据提问的内容设计若干有差等的基准和水平(如对于我国今后几年经济增长状况的态度可设计充满信心、较有信心、信心不足、没有信心、不知道五种程度),让回答者选择。

依序选择型,从答案中选择一定的项目并将其按一定的标准排序后填写。备选答案要保证其穷尽性和排斥性,即答案已经包含所有信息,各个答案之间互相排斥,没有兼容和重叠。

半开放半封闭型问题既为回答者提供一些可供选择的答案,又提供了一定的自由回答的空间,一般可采用答案之后添加其他这一栏来加以体现。

(4)问题的排序

要知彼知己,把握回答者的心理活动过程,按照一定的逻辑顺序来安排问题,以保证回答者有清晰、连贯的答题思路。通常可以由易而难,把容易回答的问题放在前面;把事实性问题放在前面,把原因、态度的问题放在后面;把被调查者较关心的问题安排在前面,以激发兴趣;把重要的问题放在问卷的前半部分;把敏感性问题、专业性问题、开放性问题放在后面。

4. 访问调查

访谈是调查的基本方式和手段。熟练的访谈技巧是做好调查的基本功。

(1)访问调查的利弊

访问调查较之问卷调查灵活机动,适用面广。由于可以互相沟通交流,容易调动起被调查者的积极性,了解到较为深入、全面的情况。通过访问当事人、目击者等可以了解到事情的真相及其事物间的因果联系。其局限性在于访谈的效率较低,调查的面受到限制;访谈成本较高;访谈所得资料主观性较强;需要较高的人际沟通的技巧。

(2)访谈的类型

①按照访谈的人数多少,访谈可分为个别访谈和集体访谈。个别访谈可以进行得较为深入;集体访谈可以互相启发,往往采用开座谈会的方式,但人数也不宜过多,10人以下为佳。

②按照访谈进行的严密程度,可分为结构性访谈和非结构性访谈。

结构性访谈也称"标准化访谈",指严格按照设计好的结构式问卷或详细的调查提纲进行访谈。结构性访谈访问者较少主动性,较呆板,但能极大地减少访谈误差。

非结构性访谈指根据调查课题确定的基本内容和总的要求,或预先拟定较灵活、松散的提纲进行访谈。非结构性访谈访问者可以见机行事,内容有较大的伸缩性,有利于发现一些新问题,但误差较大。

(3)掌握熟练的访谈技巧

访谈一般都是调查者与被调查者作面对面的直接调查,是一种通过口头交流获取信息的方式。其最大特点在于整个访谈过程是调查主客体互相影响、互相作用的过程。调查者要熟悉访谈的技巧,有效地控制整个访谈的过程,掌握主动权,积极地影响被访者,尽可能使他们按照预订的计划回答问题。

访谈的技巧主要包括访谈前的准备、访谈时的沟通、提问、记录几个方面。

①访谈前的准备

访谈前要做好各方面的充分准备。准备的内容主要有以下五个方面:

一是专业知识的了解。要事先了解有关专业知识、接受适当的专业培训,熟练掌握访谈的基本方法。

二是背景资料的搜集。搜集有关被访者的资料,了解其经历、个性、职业、地位、专长、兴趣等,以便在访谈时取得被访者的信任和好感,防止访谈时说外行话。

三是访谈方案的设计。明确访谈目的,明确通过访谈希望了解哪些信息,从哪些访谈对象中可获得所需信息。要选择一个对于双方都较方便的时间及安静的访谈环境,以便双方能够在较少干扰的情况下专心致志地进行谈话。

四是谈话提纲的拟制。谈话前至少要准备一个框架性的提纲,这样可以使谈话有一个基本的顺序,避免漫无边际、毫无意义的闲扯,以保证访谈目的的实现。

五是访谈心态的调节。访问者在访谈前要调整好自己的心理状态,放松自己。

②沟通的技巧

一要尊重对方,平等交流,要告知对方身份及访谈的目的、意义和要求,保证访谈内容的保密性,以消除疑虑,给对方以安全感。

二要克服焦虑,放弃自我,用价值中立的态度,耐心地"倾听"对方的谈话,不断鼓励对方多谈,不要与对方发生争论,不要做不友好的批评。

三要仔细观察被访者的外貌、行为、表情、周围环境等非语言因素,这些信息有助于访问者做出更为正确的判断。在访谈过程中访问者也要以这些非语言的各种信息积极地影响被访问者,以促进访谈的成功。

四要随机应变,做好访谈过程中的心理调控。

③提问的技巧

提问是访谈的主要手段,控制访谈最重要的是善于提问。

访谈过程中提出的问题,有实质性问题和功能性问题两类。

实质性问题指为了掌握调查所要了解的实际内容所提的问题,包括事实性问题、观念性问题、情感和态度方面的问题等。

功能性问题指在访问过程中为了对被访问者发生某种作用而提出的问题,包括接触性问题、试探性问题、过渡性问题、检验性问题。

一个熟练的访问者不仅要善于以恰当的方式提出各种实质性的问题,而且要善于灵活运用各种功能性问题,促进访谈的顺利进行。

提问的方式可以多种多样,或开门见山,或投石问路。采取何种方式提问要考虑三个方面的因素:一是问题本身的性质和特点;二是被访者的具体情况;三是与被访者的关系。

一般来说,见面伊始,没有与被访问者建立基本信任和初步感情时要耐心、慎重。对于比较尖锐、敏感的问题,对于性格孤僻、多疑、顾虑深的被访者,应当采取谨慎、迂回的方式。在访谈中常会有跑题或欲言又止的情况,访问者要对被访问者及时进行巧妙的引导,可采取重复提出问题,或恰当的时候直接要求对方对所提问题进行再思考,或通过询问其他相关问题以获得此前未作回答或回答不全的问题的答案。

④记录的技巧

笔记是访谈最基本的记录形式,在征得被访者同意的情况下,也可用采访机、录音机等设备配合记录。

访谈时要着重记录以下几点:

要点：即主要的事实、过程、经验、教训、观点、意见等等；

特点：即具有特色的事件、情节，关键性的语言、具有个性的表情；

疑点：即各种有疑问的问题；

易忘点：即人名、组织、时间、地点、各种数据等；

触点：即自己的主要感受以及片段的联想和思考；

为了保证记录的准确性，同时也为了消除被访问者的疑虑，在访谈结束前最好将访谈记录的主要内容给被访问者过目，以便更正和补充，必要时还可请对方签字。

用实验法搜集资料

实验法是根据研究需要，人为地控制或模拟客观现象，探索事物规律的特定研究方法。通过实验获得大量的数据、图表等是撰写很多自然科学论文必不可少的手段。现在实验法也被越来越多的社会科学研究者所采用。

实验与观察不同。观察对研究对象不施加任何人为的影响，任其自然而然地发生、发展，然后加以记录和研究。实验正好相反，它是按照研究的目的，有计划地严密控制或创造某种条件，以主动引起或改变某些客观对象，从而发现其间的因果关系。实验的目的在于揭示单个或多个自变量与单个或多个因变量之间的因果关系。自变量是引起因变量发生变化的因素或条件；因变量是由于自变量的变化而产生的现象变化或结果；无关变量是指实验中除所规定的自变量外的一切能影响实验结果的变量。实验中除自变量外可能影响因变量的因素很多，实验时要对这些无关变量加以控制，以保证自变量和因变量的因果关系的确定和证实。

1. 实验法的利弊

（1）实验法的优点

①通过严格的实验设计和实验程序而产生的结果较为精确，能突破经验的束缚，发现事物间的因果关系、内部联系，从而揭示其规律性。

②实验结果的准确性能够通过重复实验进行验证；

③可以积极主动地进行实验，避免消极等待，从而节约成本。

（2）实验法的局限性

①实验对象、环境、情景不可能与实际状况完全一致，难以具备完全的代表性。

②严密控制实验条件极为困难，实验设计、测量工具、分析手段等无法准确无误地测量到某些复杂的行为和结果。

③社会科学的实验与自然科学不同，其研究对象是人及人所参与的活动，容易受到多种无关变量的影响和干扰，一般适用于自变量少而清楚又易于控制的研究。

2. 实验的类型

按照不同的分类标准，实验可以分成不同的类型：

（1）按照实验进行的场所不同，分为实验室实验和自然实验

实验室实验是在专门的实验室内，使用各种仪器、设备，严格控制各种条件进行的实验。

自然实验又称现场实验，是在日常生活、工作、学习的条件下，控制或改变某些条件来加以研究。

（2）按照实验的研究对象的不同，分为定性研究和定量研究

定性研究的实验在于判定研究对象所具有的性质、关系而不涉及数量关系。

定量研究的实验在于判定研究对象所涉及的各因素之间的数量关系。

（3）按照实验的研究目的不同,分为开创性实验、验证性实验、改造性实验

开创性实验是探索前人从未做过的实验。

验证性实验是用同一种方法再一次进行实验,以确认以往的实验结果。

改造性实验是在他人曾经作过的实验的基础上加以一定的改造后而进行的实验。

（4）按照自变量因素多少的不同,分为单因素实验、双因素实验、多因素实验

单因素实验在实验中只施加一种实验的变量。

双因素实验在实验中施加两种实验的变量。

多因素实验在实验中施加两种以上的实验变量。

（5）按照实验涉及的学科研究范围不同可分为单科单项实验、多科实验、整体实验

单科单项实验其范围仅涉及一个领域或一门学科或一项专门性活动。

多科实验其范围涉及两门以上学科的一项或多项活动。

整体实验又称综合实验,是对整体内部各要素及组成结构按系统论思想进行设计,以求达到整体最优化效果的实验。各种为了改革目的而进行的实验一般都是整体性的实验。

3. 实验的步骤

实验的过程可分为以下三个阶段:

（1）实验的准备阶段

准备阶段的主要任务是进行实验的规划设计和各方面的准备工作,包括:

①根据课题的需要提出实验假设;

②拟定完善可行的实验计划,包括实验的目的、思路、途径、要求、程序、项目、指标,选择实验对象的要求、数量、抽样的方法,时间的限制,结果的预期,统计方案等等;

③做好实验所需的物质及人员、知识等的准备。对实验人员进行训练,准备好实验的资料、设施和场地。

（2）实验的实施阶段

实施阶段的工作主要有:

按照实验要求对实验对象进行实验前的测试,了解他们的初始情况;

依据不同的情况对实验对象进行编组,一般要确定实验组和对照组;

按照实验计划控制实验进程,准确、客观、详尽地记录实验过程中的各种信息;

很多实验还要进行实验后的测试,通过与前测的比较来评定实验因素在实验中的效果。

（3）实验的总结阶段

总结阶段的工作主要有:

对实验所获得的数据进行统计处理;

根据实验的目的和计划检验实验的结果,评判实验假设成立与否;

撰写实验报告,对实验的过程和结果做出恰当的评价;

分析研究所得的实验资料。

观察、调查、实验三种方法的运用

观察、调查、实验是研究者获得实证资料,开展实证研究的主要途径。选用何种方法获取实证资料最为适宜决定于课题的性质、研究思路、研究关键和研究成果的形式。选用时既要考

虑到各种方法的可用性和适用性,也要考虑到其效率和成本。当多种方法都适用时要优先选择用时短、经费省、效率高的方法。在实际运用中,这三种方法既可以单独使用,又可以相互包容,融合在一个过程中综合地加以运用。一般来说,复杂的课题在搜集资料的过程中都需要将多种方法配合起来使用。例如,著名的霍桑实验所经历的照明实验、继电器装配实验、访谈、布线观察室实验 4 个阶段就融合了观察、调查、实验这 3 种方法。又如在研究制定某项新政策的过程中,既可以通过观察法搜集新旧政策下人们的行为的资料,也可以通过访问调查搜集专家及业内人士的看法的资料,通过问卷调查搜集有关群体对新旧政策的不同态度的资料,还可以通过实验试点搜集新政策实施效果的资料。

展开研究

【提要】

◇ 普通逻辑思维的运用:研究对象与思路的确定,因果联系的探求,假说的形成

◇ 辩证逻辑思维的运用:分析与综合相统一,归纳与演绎相统一,从抽象上升到具体

◇ 形象思维的运用

◇ 灵感思维的运用

◇ 选择研究方法的四条原则

◇ 七种常用的研究方法:文献分析方法、数学方法、统计方法、系统科学方法、理想化方法、移植方法、预测方法

◇ 研究的三个重要环节:阅读、记录和整理

◇ 观点的逻辑论证:提出论题、确定论据、进行论证

研究是指材料搜集完毕之后,根据科学研究的特点以及思维的一般规律,在科学方法论的指导下,通过对材料深入细致的分析概括形成科学结论的过程。

科学研究的目的是要探究客观事物的普遍规律和因果关系,因此,正确思维是科学研究的基础和前提。逻辑思维的方式是科学研究中思维的主要方式,但由于科学研究是一种极具创造力的活动,因此,在研究中不仅需要用逻辑思维揭示事物发展的必然规律,还需要通过以形象、灵感为思维基本单位的非逻辑思维来发现、丰富和完善对事物的理性认识。

普通逻辑思维的运用

普通逻辑思维是科学研究中基本的思维形式。概念、判断、推理是逻辑思维的三种基本形式。科学研究活动的过程就是通过明确的概念、恰当的判断、符合逻辑性的推理,把握事物各现象间的因果联系,最终获得对研究对象本质和规律的认识的过程。

普通逻辑思维的规律和方法在研究对象与思路的确定、事物间因果联系的探求、假说的形成这三个科学研究的关键性环节中起着重大的作用。

1. 研究对象与思路的确定

客观事物的确定性要求思维具有确定性。同一律、矛盾律、排中律这三个逻辑基本规律体现了正确思维确定性的要求。

(1)同一律

同一律是思维具有同一性的规律,要求同一思维过程中同一思想所反映的对象应该是相同的,不能偷换概念或偷换论题。同一律要求在研究中要有一个而非多个的目标和方向,并且要始终保持研究对象和研究方向的同一性、一贯性,不能节外生枝,中途转换研究目标,改变论题。

(2)矛盾律

矛盾律是思维具有无矛盾性的规律,要求同一思维过程中思想前后一贯,不能自相矛盾。矛盾律要求对研究对象所作的判断要排除思维中的矛盾之处,或是肯定或是否定,不能无所断定,自相矛盾。

(3)排中律

排中律是思维具有明确性的规律。排中律要求研究时确切地具体地知道自己要研究些什么,通过下定义、作划分、进行概括和限制等方法明确概念与它所反映的事物之间的对应关系。

2. 因果联系的探求

因果联系是客观事物之间普遍的必然的联系。科学研究的主要任务就是揭示客观事物之间这种相互制约、相互生成、相互决定的内在因果联系:或是根据现象间的关联探索某一现象的因,或是根据现象间的内在联系预测新的现象。

科研中寻求现象之间的因果联系是一个复杂的过程。人们在长期的社会实践过程中总结出来的探求因果联系的逻辑方法,对于科学研究的解释和预测工作具有重大帮助。

根据不同场合中有关现象的特征推断因果关系的逻辑方法主要有以下五种:

(1)求同法

求同法又称契合法,即如果某一现象在不同的场合发生,这些不同的场合只有一种情况是共同的,那么,这个共同的情况可能就是该现象发生的全部或部分的原因。

求同法的作用在于从错综复杂的不同场合中排除不相干的因素,找出共同的因素作为被考察的现象的原因,其目的在于异中求同,求同除异。当然要得出可靠的结论必须与实证的调查研究相结合,通过深入、细致的调查,全面、准确地了解被研究对象先行的情况,一一排除那些并无实质性因果联系的情况。

(2)求异法

求异法也称差异法,即如果某一对象在一个场合下发生,而在另一场合下不发生,这两个不同的场合所有的其他情况都相同,只有一个情况不同,那么,这个情况就是该对象在某场合发生的原因或部分原因。

求异法只要通过试验对两种不同场合作精确的研究,判明其区别只有一个情况,就可以正确判断研究对象发生的原因,因此,求异法比求同法所得出的结论具有更高的可靠性。运用求异法可以检验通过求同法得到的假定和推测。当然,如果不同情况不止一个,就要进行反复的试验和分析,排除那些与被研究对象没有因果联系的不同情况。

(3)求同求异并用法

求同求异并用法首先通过求同法确定某一对象不出现的各个场合的共同情况,其次又通过求同法确定某一对象不出现的各个场合是由于不具有该情况,最后通过求异法得出结论:第一种场合下共有的,第二种场合下不具有的情况是某一现象发生的原因。

求同求异并用法,与先用求同法确定现象的原因,后用求异法来检查结论的方法不同。在第一次运用求同法得出结论后,再次运用求同法是因为对于第一次运用求同法所得出的结论没有把握,因此,才继续考察该现象不出现的各个场合是否也只是不具有该情况,最后再用求异法作结论。由于求异法的运用是建立在求同法得出的带有或然性结论的基础上,因此,最终的结论是或然性的。

(4)共变法

共变法即如果某一现象有某些变化,另一现象也随之发生一定的变化,那么,这两个现象之间有因果联系。

共变法可作为判明现象间因果联系的方法,也可作为反驳事物具有因果联系的根据,只要能够证明某一原因的变化并不能引起所预想的结果的变化时,即可否定它们之间可能存在的因果联系。

(5)剩余法

剩余法即已知某一复杂现象是由另一复杂原因引起的,把其中确有因果联系的部分减去,则其余部分亦必互为因果。

剩余法可用来研究有几个原因同时起作用而发生的那些现象的原因。应用剩余法推论现象的原因必须首先通过试验和理论的分析知道某一复杂现象的一部分原因和结果。

上述五种判断现象间因果联系的方法中求同法是最初步的方法,通过求同法发现因果联系,实际上只能得到具有假设性质的结论;人们在实验过程中通过求异法改变事物的现行条件,可以从反面来检验求同法所得到的结论;运用上述两种方法只能定性地知道事物的原因,但未能确定因果之间在数量上的依存关系,共变法则能定量地判明事物的原因;剩余法也能够定量地判明因果联系,在五种方法中是唯一能够指导人们揭示新的未知原因的方法,但只有在通过前述各种方法,认识了某些现象的原因之后才能运用。

3. 假说的形成

假说是人们在已知的事实和科学原理的基础上,经过一定的推演,对在实践中遇到的未知事物或规律所作的假定性的理论解释。

科学研究的过程就是一个提出假说,验证假说的过程,也是一个逻辑推理的过程。科学研究的目的就是提出假说,验证假说,使假说逐步向科学理论转化。

(1)假说的提出

初步假定。首先,研究者需要围绕某个特定的问题,根据已有的经验和科学的原理,搜集尽可能多的事实材料,运用类比、归纳等逻辑方法提出尝试性的初步假定。初步假定是多元的。研究者可以从不同的角度作出多种不同的尝试性设想,在反复比较之后再选择一个最可能成立的初步假定。

逻辑推导。研究者在提出初步假说之后还必须通过事实材料的扩充和科学原理的广泛论证,使初始的假说扩展成为一个结构稳定的系统,使之比其他可能作出的假设都能更有力地说明事实的存在及其原因,不仅能够较圆满地解释已有的事实,而且还能够演绎、推导出其他的事实,即预言未知。

提出假说,既要尊重已有的科学理论,把其作为进一步深入认识的起点;又要保持敢于突破,勇于挑战的勇气,不被固有的理论和观念所束缚。但无论如何,假说的提出都必须以事实为依据,不能和已知的客观事实相矛盾。不尊重事实,仅从主观愿望出发的"大胆想象"则远离了科学的本质。

(2)假说的验证

验证假说的客观标准是实践。由于很多的假设往往很难直接进行实践的检验,便要借助逻辑验证和事实验证的方法,对其进行间接的验证。

逻辑验证是指从所形成假说的基本观点出发,运用演绎推理引出一系列可供检验的事实陈述。选言推理是对假说进行逻辑验证的重要办法。如果能够证明除假说本身之外一切可能成为该推断的理由都不是该推理的真正理由,那么,假说也就被证实了。

事实验证是指通过观察和实验验证逻辑推导出来的事实,以达到验证假说的目的。如果观察和实验的结果与假说的推断相一致,则假说成立,否则,假说被推翻。通过事实验证假说的方法有假说的确证和证伪两种。假说的确证是指根据有限的事实证据对假说提供部分的证实或一定程度的支持。假说的证伪是指依据假说所蕴涵的事实命题的虚假来否定假说的真实性。科学不断发展的过程也是假说不断被确证和证伪的过程,是假说不断修正、完善的过程。

辩证逻辑思维的运用

辩证思维是使运动着的包含多样性规定的客观对象在人脑中得到再现的思维。由于客观世界既具有多样性,又具有统一性,而客观对象又是运动的,因此,重在反映处于相对稳定状态的思维形式的普通逻辑并不能完全满足科学研究正确认识事物的需要。辩证逻辑以辩证思维的形式和规律为研究对象,揭示了思维形式之间发展的内在必然性,反映了思维形式由低级到高级的发展过程,是科学研究中必不可少的思维方式。

1. 分析与综合相统一

分析是指把研究对象分解为各个组成部分、各个方面和各个要素,分别对它们加以研究,揭示它们在整体中的地位和作用的思维过程。分析时要着重了解在事物运动变化的过程中各个方面居于何种地位,起了何种作用,以何种方式与其他方面发生联系,受到什么制约,如何实现转化等问题。矛盾分析、因果分析、历史分析、对比分析是分析的基本方法。

综合是指将研究对象的各个组成部分、各个方面和各种要素有机联系起来加以考察,从而把握认识对象整体的功能、结构和性质的思维过程。综合从决定事物基础的本质的简单概念出发,一步一步地由此及彼,把关于事物的各种抽象的规定性按照其内在联系依次组合起来,把内部和外部、本质和现象、统一和多样、一般和个别、常住和变异统一起来,在事物的各个方面和属性的多样性中达到对其本质的整体认识。

在辩证思维中分析和综合相互依赖、相互渗透。为了深刻把握事物,还必须对事物进行多层次的分析与综合。正是分析、综合不断地相互交替、相互转化才能使人类对客观事物的认识不断地得到深入。

分析和综合相统一对于科学研究具有重大意义:

分析与综合是人类最基本的思维方法,也是其他科学研究方法的基础。在归纳和演绎中要通过分析和综合才能确定个别和一般的关系;在抽象和具体中抽象的过程是分析的过程,具体的过程是综合的过程;在对比或类比中,只有通过分析和综合才能找出对象的共同点和不同点。

分析和综合是加工、整理材料的基本方法。通过对材料的分析分门别类地揭示出研究对象的内部联系和规律性,然后,把各类材料的内部联系和规律性连接起来,获得完整而具体的认识。

分析和综合是形成和发展各门学科,提出和完善科学理论的基本方法。任何需要把握事物内部对立统一关系的研究都必须运用分析和综合的方法。科学研究中学科门类的建立就必须基于对物质运动的形式及其联系进行分析和综合的研究;通过分析找出彼此之间的不同,建立相应的学科门类;通过综合找出彼此之间的联系,建立综合性的边缘学科,从而使新学科不断出现。科学的理论也是在分析与综合循环往复的统一过程中达到对客观世界物质运动的形式及其相互关系的全面、准确的认识。

2. 归纳与演绎相统一

归纳是由一般性程度较小的知识的前提过渡到一般性程度较大的新知识的结论的推理,也就是从个别、特殊到一般的推理。

演绎是由一般性程度较大的知识的前提过渡到一般性较小的新知识的结论的推理,也就是从一般到个别、特殊的推理。

完整的思维活动总是同时包含着归纳和演绎,两者相互为用,互为前提,互相补充。归纳和演绎相统一的辩证思维在科学研究中具有重要意义。只有通过归纳和演绎的结合才能从观察、调查、实验所获得的经验性材料中得出理论性的认识,才能据此形成科学的新概念、新论断、新理论。从大量个别事物的特殊本质中总结概括出事物的一般本质,再以一般为指导去认识没有研究或尚未充分研究的个别事物,人类对事物的认识正是在从个别到一般再由一般到个别的循环中不断深化和发展的。

3. 从抽象上升到具体

抽象是事物某一方面本质规定在思维中的反映。在这个过程中科学抽象有着重要意义。科学抽象的先决条件是大量占有感性材料以获得"完整的表象"。

具体是事物各方面本质规定在思维中的完整反映。作为认识对象的任何客观事物都是具体的。思维的具体性就在于思维不仅要反映认识对象内部各方面的性质、因素及其内在联系,而且还要反映它与周围环境的相互联系。

抽象和具体具有辩证关系。辩证思维要求人们反映客观对象时能够从思维抽象的阶段进展到思维具体的阶段,把客观对象作为一个多样性统一的有机整体反映出来。从感性具体到思维抽象,再由思维抽象到理性具体的发展过程是一个对客观事物的认识由片面到全面,由贫乏到丰富的过程,也是科学研究理论思维的发展过程。在研究时我们要力求能够从许多不同角度、不同侧面、不同层次、不同表现形式以及不同的联系中去认识每一个研究对象。

从抽象上升到具体是科学研究过程中形成概念、建立理论的方法。科学概念是抽象性和具体性的统一。科学理论的逻辑起点是关于研究对象最一般、最基本的抽象规定即概念。只有抽象出能够反映研究对象本质特点的概念,并以它为逻辑的出发点,才有可能具体地认识研究对象,建立科学的理论体系。由概念出发,通过逻辑推演导出关于研究对象的进一步的新的规定,从而使客观对象丰富的多样性得到全面的具体的反映,这个过程正是从抽象上升到具体的思维过程,而每一个新规定的产生又都是一个从感性具体上升到抽象的过程。可以说,科学研究反映客观现实,认识真理的目的就是在从感性具体上升到抽象再上升到理性具体的过程中实现的。

形象思维的运用

形象思维是借助形象来思考问题的思维方式。它通常以直觉的方式,通过创造性的想象来理解事物,是一种不离开具体表象的思维活动。

形象思维可以跳跃性地拓展认知。运用逻辑思维思考问题时所必须遵守的逻辑规范在一定程度上也制约了思维的发展。形象思维则可以不受现有知识的局限,在逻辑中断的情况下借助想象、幻想、联想等跳跃性地认识未知,因此,形象思维在科学研究中有着逻辑思维所不能替代的重要作用。借助形象思维可以使人们把有限的认识扩展为无限的认识,把个别性的认识扩展为普遍性的认识,把对现状的认识扩展为对未来的认识。如果没有形象思维的扩展作用,科学研究中极为重要的归纳概括就无法进行。

形象思维在科学假说的形成中更是有着重要的推动作用。在对研究对象有了初步认识之后,就可以把未知对象与已知事物、现象、知识、规律等进行对比,根据两者之间的联系进行联想,用这些已知的事物、现象、知识、规律等大胆地想象、猜测未知的事物,提出假说,并继续借助想象活动,在需要解决的问题和用来解决问题的假说之间,架起一座桥梁,促使假说得到解答。

灵感思维的运用

灵感思维是一种近似于无意识或潜意识的非逻辑思维活动,指偶尔在头脑中闪过的对于纷繁复杂事物的顿悟,是一种新思想突然出现的"顿开茅塞"般的感觉。灵感思维既不同于用概念、判断、推理认识事物的逻辑思维,也不同于用典型形象、记忆表象把握事物的形象思维。它主要发生在潜意识,是潜意识和显意识相互碰撞、相互交融、相互作用的结果。当人的潜在的、非自觉的、不可控制的潜意识与显现的、自觉的、可控制的显意识突然贯通时,灵感就蕴育成形了。

灵感思维是一种典型的创造性思维。科学创见只有在不断突破原有思维定势的过程中才能形成。极具独创性和个性色彩的灵感是形成科学创见的源泉。回眸科学发展的历史,许多创新成果都得益于灵感的重大作用,因此,科学家们都十分强调灵感思维在研究过程中的重要价值,认为灵感思维可以导致"智力上的跃进"。

灵感思维具有变通性。在研究过程中灵感思维的发散性特征使研究者的思维能够向外扩散、辐射,从多重角度、多个方位、多种途径展开对问题的思考,从而使思路变得开放、宽广、自由、灵活。灵感思维不是按照规定好的思维程序向前发展,而是以非逻辑的形式出现,通过顿悟感知事物,跳跃式地行进。从实践经验看,灵感往往产生于形象思维、逻辑思维活动似乎都已山穷水尽,问题仍未得到解决,形成巨大精神压力之时突然间的"灵机一动"。冥思苦想的问题在出其不意的刹那间突然步入"柳暗花明又一村"的崭新境界,最重要的原因在于灵感对于思维定势的突破。研究者在其思维发展的进程中如果在一个方向遇到障碍,就要破除固有思维框架的局限,改变思维的角度、路径和程序,寻找新的方向。

一个问题从这个角度这个侧面看是一种说法,而换一个角度换一个侧面看则是另一种说法,在多种说法中如何择取一种最接近真理的说法,或在多种假说中另立新的假说等等都需要灵感思维的积极参与。在研究完成之后用文字表述思想的行文阶段也需要用灵感思维寻找思想的准确对应物,即语词。当然,由于灵感思维的模糊性,在科学研究中灵感思维的结果并不是精确的,有待于逻辑思维进一步地分析验证。

灵感思维虽然"来不可遏,去不可止",具有突发性与偶然性,犹如闪电掠过,稍纵即逝,但灵感思维并不是凭空产生的空中楼阁。灵感是长期的实践经验、深厚的知识底蕴、敏捷的思维能力积淀到一定程度之后所实现的思维的质的飞跃,是"踏破铁鞋无觅处","为伊消得人憔悴"之后才能获得的清澄通透的境界。只有具有"众里寻她千百度","衣带渐宽终不悔"的坚持精神才能使灵感不期而至。

自由遐想、科学幻想、大胆质疑、多向反思、类别、联想等都是诱发灵感因素的办法。由于灵感只有在某一偶然事件的触发下才能产生,因此,在开展科学研究时研究者要努力去寻找能够诱发灵感产生的因素。类比和联想在诱发灵感时具有独特的作用。只有通过类比和联想才能唤起潜意识,发现看似无关的原型与亟待解决问题间的相似性和潜在的联合点,从而引起灵感的迸发。

及时捕捉灵感。一旦灵感出现就要及时捕捉,一方面立刻加以记录以防遗忘;另一方面迅速调动可以与灵感沟通的知识储备和相关材料,跟踪追捕,使灵感思维的模糊认识逐渐清晰起来,并对其真伪进行科学的验证。很多研究者、写作者在思如泉涌之时,常常忘乎所以、旁若无人、废寝忘食,目的就是为了捕捉灵感,令自己一鼓作气地在灵感思维高度活跃的状态下顺利地完成创造性的劳动。反过来,在研究过程中如果某个问题总是难以解决,则不妨把它暂时搁置一边,换一换环境或先去研究别的问题,有时灵感就会在思维转换之时突然而至,顿悟出解决问题的好办法。

每个人的知识基础和思维能力不同,认识问题的角度不同,灵感产生的方式也不同,研究者可在研究实践中总结自己灵感产生的方式,发现规律,以利于提高自己的科研成效。

选择研究方法的四条原则

研究方法是指开展科学研究工作时应该遵循的程序和应该采取的途径和手段。研究方法按照其抽象化和适用程度,可以分为五个层次:第一层次是方法论原理;第二个层次是一般方法论,包括哲学方法、逻辑学方法、心理学方法、数学方法、系统科学方法、符号学方法等;第三个层次是三大学科领域的方法论,即自然科学方法、社会科学方法、文艺学方法;第四个层次是各学科分支实证方法,如物理学方法、化学方法、生物学方法、经济学方法、社会学方法等;第五个层次是工程技术方法论,是科学技术转化为生产力的方法,如采矿研究方法、机械制造工艺研究方法、杂交育种研究方法、教育研究方法、激励研究方法、成本控制研究方法等等。①

科学方法的演变轨迹反映了人类认识能力和认知水平由低到高的发展历程。新理论的产生和新方法的出现和运用总是互为因果,相辅相成,共同推动着世界历史的发展进程。一部科学发展史在某种意义时就是认识论和方法论方面不断进步,认识工具和认识手段不断完善的历史。

研究方法影响和制约了研究主体的思维方式和行为方式。科学的研究方法对于各门学科研究成果的取得以及整个科学发展的水平都具有决定性的意义。科学方法的变革可以使研究者形成新的研究视野和研究思路,更有效地获得研究对象的各种信息,更有效地减少研究过程中的失误,更准确地获得新的认识。

---

① 李志才.方法论全书(自然科学方法).南京:南京大学出版社,1995.6—7.

任何一种科学方法都有其适用性和合理性的限度。研究方法受制于研究客体的内在规定性和研究主体的认识能力与认识目的,研究时必须合理、有效地选用合适的方法。选用时要注意以下几点:

1. 最恰当地适用于研究对象

我们要根据研究对象性质和特征的不同采用相应的研究方法。对象不同,方法也随之变化。研究时一定要尽力寻找到对于研究对象而言最为适当的方法。

2. 扬长避短,发挥潜能

要了解每种方法的利弊,了解自己研究的优势,力求选择能使主客体实现最佳结合的方法,这样可以少走很多弯路。

3. 综合运用多种方法

各种不同的方法,具有研究层次的区别,但又具有互补性,研究过程中很少单用一种方法。根据具体情况灵活地运用多种适宜的方法展开研究工作,有助于开拓思路,使研究具有相当的广度和深度,而不至于停留在问题的一个角度、一个侧面或一个层次上,从而达到对研究对象全面、深刻的认识。

4. 采用新方法

新理论和新方法总是相伴而生,在科学研究中,特别是涉及面较宽的社会科学研究中,掌握和理解新方法显得尤为重要。

七种常用的研究方法

1. 文献分析方法

对搜集到的文献进行分析以获取所需信息的方法是任何科学研究都不可缺少的方法。分析文献的方法很多,信息推理法和内容分析法是主要的方法。

(1)信息推理法

信息推理法是从过去的资料或少量的资料出发,利用自己已有的背景知识和相关知识,运用一系列假设性、创造性的演绎推理,导出结论的方法。

信息推理一般经过下面四个步骤:

①获取所要研究问题的各种信息和数据。

②通过异质结合,将一些初看来毫无关系的信息联系在一起。

③运用创造性思维,充分发挥想象能力,进行大胆推测。

④对推测进行检验和证实。

(2)内容分析法

内容分析法是指通过对文献中的词、短语、概念、主题、字符、句子、段落、人物等进行量的分析,从而比较精确地揭示文献的内涵的方法。

文献分析的过程类似于社会调查的过程,一般包括以下几个步骤:

①抽取文献样本。

②确定分析单位。最主要的分析单位有词汇、句子、段落、主题、人物、书籍、作者。

③界定内容的类别。根据特定的概念框架对所分析的文献信息进行分类。研究目的不同,分类的标准和类别也不同。

④对内容进行定量处理和计算。主要的定量处理方法有:统计各类别在文献中出现的频

率、统计分配给某一类别的篇幅量、统计各类别所展示的详尽程度。

内容分析法可以消除研究过程中的倾向性，减少主观的程度，是研究者比较精确地获取文献信息的手段。

2. 数学方法

数学方法是通过数学方程或模型，用数学语言来表达事物发展的状态，演化的关系，以形成对事物发展过程的解释、预测和判断的方法。

数学方法具有普遍的应用性。数学方法用符号间严格的逻辑演算规则来精确地预测所研究对象未来的运动变化行为，具有形式上的高度抽象性，应用上的高度精确性和预言性，为科学研究提供了一种精确的语言表述和深入进行逻辑推理的工具，是进行定量分析和理论预测必不可少的有效方法。

数学方法运用的主要模式有提炼和运用数学模型的方法、公理化方法、数学分析和综合的方法、创造和运用新的数学工具的方法、"数学实验"的方法。建立数学模型是数学方法运用的关键所在。

3. 统计方法

统计方法是指运用统计学的理论对研究资料进行整理处理以获得有序的结论的方法。

在统计之前首先要对资料进行初步整理。整理统计资料可分三步走：

（1）统计资料的审核

仔细检查原始资料，看看是否有遗漏之处、可疑之处、错误之处。从理论上、常识上检查各个指标的关系是否有不合理之处。按一定比例抽查复核，如果误差率较高，就要进行全面复核。

（2）统计资料的分组和列表

为了研究不同组别的差异和相互关系，只有同质的材料才能分在一组，分组的界线要清晰，不可模棱两可。既可按质量进行分组，也可按数量进行分组。

（3）对原始数据资料进行分类汇总

研究时除了对资料进行分组列表之外，还需要将相关的表格排列成有系统的总表，必要时也可作成各种图示，如线形图、条形图、圆形图等。

经过列表、作图等的初步整理，大量无序的数字资料就成为了条理分明的有序的系统资料，就可采用统计方法对这些资料进行分析了。

统计方法主要有描述统计和推断统计两大类。

（1）描述统计

描述统计是指对所搜集的大量数字资料进行整理、概括，寻找数据的分布特征，用以反映研究对象的内容和实质的方法。

描述统计是推断统计的基础，它可以使零乱、无序而庞杂的原始数字资料成为有序而清晰的有效材料。例如可以通过计算算术平均数、中位数等集中量指标反映数据的集中趋势；通过标准差、百分位距等反映数据的离散程度；通过相关系数等反映数据的相关程度。

（2）推断统计

推断统计是在随机抽样的基础上，根据来自样本的数据推断总体的性质的方法。

推断统计有两种方法：

一是估计，用样本的统计量去估计总体的某一未知参数，如标准差、平均数等统计值。

二是假设检验,先根据以往的资料和其他知识对总体作出某种假设,然后通过样本来检验假设是否正确。推断统计是科学预测的必须手段。

4. 系统科学方法

系统科学方法是指把研究对象作为一个系统,从系统和要素、要素和要素、系统和环境的相互联系和相互作用的关系中来揭示系统性质及其运动规律的方法。系统科学方法是二十世纪四十年代以来随着系统科学的兴起而发展起来的现代科学研究方法。

整体性是系统科学方法的基本出发点,它要求现代科学研究必须把研究对象置于它所属的大系统中去考察。综合性是系统科学方法的逻辑起点和基本要求。它在对系统中的要素、层次、结构、功能与所处环境的相互联系和制约关系的综合考察的基础上,提出最佳地处理和解决问题的方法。研究的目标是要使系统达到结构最优和功能最优。

系统科学方法可以通过一系列科学的方法和步骤把确定目标和实现目标、定性分析和定量分析统一起来,为人们更优化地解决复杂系统的规划、设计、研制、管理和控制提供了有效的手段,为跨学科问题的研究提供了钥匙,为解决综合性问题如人口问题、能源问题、环境问题等提供了指导原则。

5. 理想化方法

理想化方法是通过源于实际而高于实际的科学抽象,完全排除次要因素的干扰,抓住研究对象的主要矛盾、主要方面、主要特性,使研究条件达到或接近理想化程度后再进行研究的方法。

理想化方法主要是通过塑造和建立理想化模型和设计理想实验来代替客观研究对象或真实的实验,从而使研究对象超越了许多复杂的限制条件变得简单,使在现实中不可能进行的实验变得容易。

在研究中运用理想化方法有助于人们抓住事物发展的主要因素,有助于人们发挥想象力,使研究出现新的方向,有助于科学预见的形成,有助于社会科学研究中将各种社会现象提高到定量化的水平。但理想化方法仅仅是研究者接近事物本质的一种手段,所得出的结论只能是对研究对象的一种近似的反映,必须要用科学实验来进一步验证其真伪。

6. 移植方法

移植方法是指将一个学科领域中所发现或创造的新原理或新技术应用或移植到其他领域的研究中去,从而使研究取得实质性进展的方法。

移植方法的应用主要体现在两个方面:一是将某门学科已有的概念和原理通过内涵的拓延应用到新的学科中,成为新学科发展的主要概念或理论依据;二是将某门学科领域中的原理和技术移植到其他领域的研究中,为该领域的研究提供指导原则和技术手段,以产生新的技术和开辟新的研究领域。

移植方法可以打破固有学术思维的限制,在新概念、原理、方法的启发下,使研究思路豁然开朗。掌握其他学科尤其是邻近学科和带头学科领域的基本原理和技术的重大发展往往可以使自己的研究取得突破性的进展。在一些综合性强的学科的研究中移植方法的运用是必不可少的。例如管理学的研究方法就具有多学科移植交叉的特点。由于管理的问题往往要涉及组织内外的多种错综复杂的政治、经济、社会、文化、科学技术、心理等方面因素,研究时就要运用经济学、数学、运筹学、工程技术、心理学、社会学、系统工程、控制论、信息论等多种学科的方法和研究成果对管理活动进行定性的描述和定量的分析。

7. 预测方法

预测方法是指利用已有的知识、经验和工具等手段，在对研究对象过去、现在的认识的基础上，对其未知的状况及未来的发展趋势作出估计和推测的方法。

常用的预测方法有直观预测法、类推法、定期变动预测法等。

（1）直观预测法

直观预测法是利用预测者的专长和经验知识，通过对预测对象过去和当前状况的直观了解，归纳、综合出预测对象的发展规律，对其未来发展作出预测的方法。通过专家的个人判断或召开专家会议形式的专家评估法和采取专家匿名答卷形式的特尔斐法是常用的直观预测法。

（2）类推法

类推法是利用两个不同事件之间的相似性，通过类比推理，从先导事件的发展规律来预测迟发事件的发展趋势的方法。运用类推法进行预测时要对预测事件和被类比事件作全面的比较，找出各方面的相同点和不同点。相似性结果出现的频率越大，类推预测的可靠性越强。类推法特别适用于对没有或缺乏历史资料，难以利用其过去和现在资料找出发展规律的新事物的预测。

（3）定期变动预测法

定期变动预测法是指在预测时考虑了事物发展变化的重复性和周期性的方法。如季节变动系数分配法、滚动预测法。

此外，统计和数学也可以说是预测的基本方法。许多统计处理方法如平均数法、时间序列、回归分析等都是常用的预测方法。很多数学理论都可用于预测。数学模型的重要功能就是预测。

研究的三个重要环节

研究是一个不断对资料展开阅读、记录和整理，以形成观点的过程。

1. 研究性阅读的特点和方法

以研究为目的的阅读不是一般的无明确目的性的阅读，它是一种有明确的研究动机、目标、任务、对象、条件的阅读。

（1）研究性阅读的特点

①研究性阅读是一种以论题为中心的专题性阅读

研究性阅读要求研究者以论题为中心，紧密围绕着论题，以论题的需要为阅读范围进行阅读。因此，这是一种有高度选择性的阅读，面对丰富的密集的知识信息，研究者必须做到"有所不为"，然后才能"有所为"。

②研究性阅读是一种以解决问题为目的的探索性阅读

研究性阅读与以获得知识为目的的学习性阅读、以陶冶情操为目的的审美性阅读、以娱乐为目的的消遣性阅读不同，它是一种以发现问题、解决问题为目的的探索性阅读。

研究性阅读要求通过阅读揭示事物之间内在的关系，将资料中所饱含的人类集体的创造性智慧吸收、转化成为自己的新认识、新思想、新方法。研究性阅读的过程是积极思考，创造性接受知识的过程。研究性阅读不仅要把握资料表面的、明确的内容与意义，更要善于发现和挖掘隐含在资料深层的非确定性的内容和意义。

　　由于研究性阅读需要研究者对资料中的思想、意义、作用、价值、方法、资料来源以及问题、缺陷等方面做出正确的、适宜的评价。因此,研究性阅读不能拘泥于某一本书或某一篇文章,而是要根据论题研究的需要同时对同一研究领域甚至不同研究领域的各种资料进行横向的或纵向的比较,要求把不同资料中的相关部分联系起来,进行综合地考察,以求激活思维,提升认识,形成思想,创新方法。

　　③研究性阅读是一种有着明显学科特点的专业性阅读

　　研究性阅读由于研究课题内容的规定性而具有明显的学科性、专业性特点。不同学科、专业的论题,由于着眼点不同,阅读的重点也有异。

　　例如,语言学方面的资料阅读时应该注重的是文字、词汇、语法结构、修辞现象等;文学方面的资料注重的是作品的人物、情节、结构、手法、风格等;管理学方面的资料注重的是决策、计划、组织、协调、控制、绩效评价等;经济学方面的资料注重的是资源有效配置的全过程以及影响资源配置的因素,如生产、分配、交换、消费等。

　　④研究性阅读是一种非常讲求方法的技术性阅读

　　面对众多的资料研究者要根据资料对于研究的重要程度,分清主次,采取不同的阅读方式。对于一般性的资料,可以采取快速阅读的方式作大致的了解,对于重要的资料,则要采取精读的方式深入细致地进行阅读。

　　(2)研究性阅读的方法

　　①快读法

　　这是一种强调阅读的速度而非阅读的质量的方法,它重在感受资料信息的密集程度而不是理解资料的广度和深度。

　　阅读时研究者可先根据课题的基本研究方向,确定资料大致的阅读范围,采取浏览、跳读、泛读的方式,对信息密集程度较大的书名、目录、序言、摘要、标题、重要的语句、段落、章节、图表等进行一目十行的扫描式阅读或书目式阅读,获得对资料基本内容和重要思想的大概了解和整体上的感受,追求在尽可能短的时间范围内最大限度地把握自己认为有价值的知识信息。

　　在研究的初始阶段由于研究者还很难辨别资料的孰轻孰重,因此,在阅读时大多可以采取快速阅读的方法。通过快速阅读,研究者可以在短时间内对所有与研究课题有关基本资料进行广泛的、全面的阅读,迅速地了解该论题的知识背景、研究的历史、现状、趋势、前景等,较快地积累知识,提升自己的感受和体验能力,丰富自己的思想厚度,从而激活自己的创造力。

　　快速阅读是研究时面对浩如烟海的资料的一种必要而有效的选择性了解。在大多数的研究中,研究者都要在短时间内根据资料的基本内容对资料的价值做出大概的判断,以便决定资料的取舍。这就要求研究者具有敏锐地捕捉信息和准确地判断信息的能力。这种对资料的敏感性对于研究工作而言非常重要。广泛的浏览、快速的阅读反过来也是提高研究者研究敏感性的良好途径。

　　②精读法

　　与快读法相反,这是一种强调阅读的质量而非阅读的数量的方法,它重在深刻理解资料信息的基础上有所发现,有所创新。在对众多的资料做了快速的广泛浏览,对于课题的研究背景有了基本了解之后,研究者就要进入到对重要资料的精读阶段。

　　精读之"精"字主要体现在三点:一是细致;二是深刻;三是思考。精读首先要求阅读时对资料进行逐字逐句的深入细致的钻研,通过反反复复的咀嚼、品评、分析、比较,获得对资料整体内容和各部分之间内在关系的清楚认识;然后在此基础上还要进一步地阅读思考,以达到对资料的深刻理解,获得扩张性的认识,实现资料的增值。

精读重点资料对于研究者而言既具有奠基性功能又具有模仿性功能。

奠基性功能是指在研究开始阶段把那些专业学科领域中经典的教材、理论论著、方法论书籍、著名学者的重要论文等等作为自己的入门之书、根底之学,由点及面、由浅入深地进行反复的精读,可以达到积淀坚实的专业知识基础的目的。

模仿性功能是指通过精读可以了解资料中所显现的独特的思维方式、研究视角、研究方法、表达思路、结构方式、论证技巧、语言风格等等,从而自觉或不自觉地获得研究和写作的基本训练。在精读时通过对资料内容、结构、方法、技巧的换位审视,阅读者可以在较短时间内提高自己的研究能力和论文写作的水平。

2. 记录研究资料的方法和重点

在研究过程中研究者要养成随时记录资料的好习惯。随时记录可以避免重复查阅同一资料,缩短查阅资料的时间,同时也保证了资料的准确性。

(1)记录研究资料的方法

记录资料的方法很多,每个人都可根据自己的喜好、习惯加以选择。传统的记录手段有做笔记、做卡片或活页、剪贴等。随着办公设备的现代化,网上下载、复印、拍摄、翻录、软件储存等先进的记录手段也已经被广泛地运用。

以研究为目的的记录不是一种简单的资料记载,必然要紧密地与研究者对资料的思考联系起来。在记录方法中可以较多地体现研究者思考的摘录、摘要、索引、提纲、批注、札记等一直被研究者视为是最为重要的记录方法。

①摘录

摘录是指直接抄录资料的论点、论述、典型事例、重要数据等。摘录要准确完整,做到包括标点符号在内一字不差。

②摘要

摘要是指在通晓原文的基础上,抓住原文的要点、重点,对原文进行准确地简要地概述。摘要一定要符合原意,决不能断章取义。

摘要和摘录一样都是对原文思想的忠实记录,不需要加进阅读者自己的想法。

③索引

索引是指不记录文献的内容,只记录文献资料的名称、作者、出版者、出版日期、版次、页码等。对于暂时不用的资料或能很方便地查阅到的资料可以采取做索引的方法,以便节约时间,提高搜集和阅读的效率。

④提纲

提纲是指在阅读论著或篇幅较长的论文时编写的能够体现资料作者基本思路的结构大纲。通过编写提纲可以对文章的总论点与分论点之间的逻辑关系、论点与资料之间的对应关系以及层次与层次、层次与段落之间关系是否严密等等有清楚的了解。

⑤批注

批注是指阅读者一边读一边在资料上所作的记号和批语。这种带有笔记性质的阅读方式在我国古代极为常见。对属于自己的重要著作,在反复、深入地阅读之时,用批注可以方便、及时地记下自己的感受、体会和思想灵感。

⑥札记

札记是指将资料中的重要内容与自己的学识、思想、实践经验等结合在一起而写成的一种心得笔记。好的札记本身就是很有价值的著作。如恩格斯的《自然辩证法》、列宁的《哲学笔记》就是札记。

(2)记录研究资料的重点

记录时要注意两点:

一是尽量用卡片或活页纸作记录

记录资料时除批注外,摘录、摘要、索引、提纲、札记都要尽量采用卡片或活页纸的形式。摘抄在笔记本上,资料多了以后,不便于按照需要进行分类组合,在复杂的研究工作中利用起来很费时间。卡片或活页纸具有灵活性,可根据需要多次地进行分类组合。

作记录时一般可按主题进行分类,及时写上类别名称,这样非常便于资料的保存、整理和调用。

二是详尽地标示资料的出处

无论哪种形式的记录都要把资料的出处,包括作者、书名(篇名)、出版单位(报刊、杂志的名称)、发行时间、页码、版次(期号)等标注准确详尽,以便日后查找和使用。

研读资料的过程中需要记录的东西很多,我们可以围绕选题,着重记录以下五个方面的内容:

①前人研究中已经形成的共识

前人研究中已经获得的对本选题较为一致的认识是研究的基础。研究者从这些已经获得共识的资料中,可以形成初步的见解,然后从新的角度去思考,使这些见解不断得到补充和深化,就可以使自己的见解逐步地明朗、成熟起来,直至产生新的观点。

②可供映照、比较的对立性资料

各家的不同意见、引起争论的地方、可疑的值得商榷的内容等资料可以帮助我们启发思维,全面地、辨证地分析问题,找到研究的突破口。一个事物的特点往往总是在和它的近似事物或对立事物的相互作用中形成的。如果缺少这些可供对照、比较的资料,我们对于所要研究的对象的特点的认识就会模糊不清,研究就难以开拓和延伸。

③阅读过程中引发的心得体会、思想火花

这些资料是创造性见解的雏形,是记录时最重要的内容。在广泛地阅读资料的过程中常常会突然产生思想的火花,这就是所谓的灵感。灵感是对某一问题做了大量的研究之后的理性的升华,虽然很朦胧、很粗略,但很有价值。灵感是转瞬即逝的,研究者如果能够及时捕捉,加以记录,然后顺势追溯,自己的创造性的见解就可以逐步成形。如此一般,长此以往,集腋成裘,是学术研究的必经之路。

④确凿、典型、新颖的论据性资料

著名专家、学者经典的思想和言论、典型的例证、可贵的数据等资料可供自己阐述或论证观点时使用或参考。

⑤日后研究所需资料

与本课题研究关系不大,但与自己的专业研究方向紧密相关,以后会用到的重要资料,虽然暂时不用,也要做成索引以备日后使用。

3. 整理研究资料的七个环节

只有经过鉴别、比较、分类、分析与综合、概括、统计等一系列的整理工作,研究者才能称得上真正地占有资料,观点也才能脱颖而出。

研究资料的整理过程是一个对资料的再认识过程,一个对资料进行加工的过程,一个观点的形成过程,也是一个积累写作能量、酝酿写作冲动的过程。通过整理使资料条理化、系统化,既加深了对资料的理解和认识,又可以从中发现缺漏,及时加以补充。资料的整理工作就如同酿酒一般,放入酿酒的原料后,需要让原料在酒缸中发酵一段时间,才能成为酒。研究者需要通过整理这一过程对搜集到的资料进行反复地体验、感悟、解读,才可能把外在的资料变成自己的见识。

研究资料的整理有以下七个环节:

(1)鉴别

鉴别的主要任务就是验证搜集到的资料的真伪,评估资料的价值。获得资料之后,对重要资料的真实性和价值还要做进一步的验证和评估,以保证其准确性和说服力。马克思对《资本论》中所有的引文和资料包括每一个事实、每一个数字都进行过认真地考证。恩格斯曾经说马克思引文的正确性只有一次被人怀疑过,而这唯一的一次怀疑经过 20 多年的争论其结果是让任何人从此都再也不敢怀疑马克思写作上的认真态度了。

验证评估的方法很多。

①查核法

查核法是指通过查核资料来源和出处、搜集资料时的主客观条件、采用的方法等查证、核实资料的可靠性和质量的方法。

②互证法

互证法是指通过各种不同来源的同一类资料的相互印证以辨别真伪和优劣的方法。同类资料的比较中如果发现许多资料存在出入甚至矛盾,那么这部分资料就属于可疑资料,应该继续搜集同类资料,待资料更加全面、充足时再作判断。互证法也是发现资料是否有遗漏之处的好办法。

③内证法

内证法是指通过深入、细致地分析资料内容的逻辑关系的科学性、合理性来辨别资料质量的方法。有逻辑矛盾的资料必然是不完整的或不真实的可疑资料或错误资料。发现不合事理、不合情理的资料就要大胆地怀疑,新的发现很多时候都源于对资料的质疑。

(2)比较

比较的主要任务是把有关的论文资料放在一起对照,目的在于找出其性质、特征、作用等方面的相同点和不同点,以便确定资料间的联系和区别,为分类打下基础。比较资料的过程是一个去伪存真、去粗取精、区别优劣的过程。

在研究工作中由于资料非常庞杂,比较具有重要价值。

通过正比较,寻找出资料之间的共同之处即共性,可以发现资料的抽象性和普遍性;

通过反比较,寻找出资料之间的不同之处即差异性,可以发现资料所反映事物的本质特点的矛盾;

通过正反面相结合的比较,可以全面地了解资料的特征,更深刻地理解资料。

比较一定要在以同一标准而言具备可比性的前提下进行,不要把毫不相干的或虽然相关但背景、条件等极不相同的资料放在一起比较。一定要从资料表面的相似性入手直至找到其实质上的相似性,这样才能得出正确的结论。

（3）分类

分类是科学研究的入门,任何学科都需要将研究对象分类以后再分别进行研究。通过比较之后,就可以按照资料的异同程度,对资料进行分门别类的处理。分类有助于明确认识研究对象的属性和各因素间的相互关系,是作者进行深入地有序地分析研究的基础;同时,如何分类也体现了作者的创造性。因为按照什么标准,依据何种逻辑进行分类本身就蕴含了作者个人独特的思维方式和对问题独到的认识;并且,分类还为今后撰写论文时有条理地表达做好了准备。

分类工作类似于数学上的合并同类项。在资料的分类中,要按照事物的内部联系来分类。分类要按层次进行。可以先把具有相同性质的资料汇成几个小的类,再把几个较小的类集合成一个大类,依此类推。所分的每一个小类之间要有内在的共同性,每一小类组成的各个大类也要有内在的共同性,只有这样才能把它们按类排列在一起。不同层次的类有不同的标准,但同一层次的分类中,一定要使用同一标准,这样才能保证同一层次的各类资料都有各自的范围,避免前后重合交叉的混乱现象,使分类后的各个事物之间有清楚的界限,从而使资料从零散、杂乱的状态转变成为一个条理清楚的有序的系统。

下面介绍四种在整理过程中经常使用的分类方法:

①阶段分类法

这是一种按照研究对象发生、发展的变化阶段进行分类整理的方法。如研究某个地区经济的发展情况,就可以按照该地区经济不同的发展阶段来整理资料,十分清晰有序。

②逻辑分类法

这是一种按照所研究问题的逻辑关系,即逻辑学中概念的内涵和外延及其相互间的关系进行分类整理的方法。如研究社会这个问题,既可以从概念的本质属性角度,把社会分成原始社会、奴隶社会、封建社会、资本主义社会、社会主义社会五个形态,并按照这五个类分别归类资料;也可以从概念的外延角度,把社会分为政治、经济、文化、军事等几个方面,并按照这些方面来归类资料;我们还可以按照其内在的相互关系,把社会分成农业社会、工业社会、知识经济社会等等。

③观点分类法

这是一种按照一定的观点,把资料中所有与这个观点同类的论点、论据等组合成一个系列进行分类整理的方法。"一定的观点"既可以是总论点,也可以是分论点及其下面更小的论点。按照观点统领资料本来就是论文写作的基本要求,因此,按照观点进行资料的分类整理将大大提高论文写作的效率,可以迅速地使研究者对于各类资料的认识达到理性的高度。

观点分类法是论文写作者最为常用的方法,当然,采用这种方法的前提是研究者分类前已经对资料进行了较为深入的研究,形成了对于所研究问题的大致的看法和观点。

④项目分类法

这是一种按照资料的内容属性及其今后将在论文中所起的作用进行分类整理的方法。可以把资料分为理论类、事实类、心得类。同属理论类资料,又可以按照概念、观点、政策、法规、名言警句等分别归类;事实类可以按照事例、数字、图表等分别归类;心得类可以按照观察所得、调查所得、实验所得、阅读所得等分别归类。这些资料将分别成为今后写作论文时理论论据、事实论据以及观点的来源。

项目分类法既适用于刚刚开始研究资料,对资料间的逻辑关系还缺乏明晰的认识,观点尚未形成之时的整理分类,同时,它又适用于研究阶段的工作已经完成,进入到论文构思阶段,对已经按照前面三种方法分类整理过的资料,再次进行写作前的梳理、布局之时。从这个意义上可以说,对资料进行项目分类是所有论文写作都必须经过的一个环节。

(4)分析与综合

分析是指对资料尤其是典型资料从各个类别以及各个部分分别加以考察,以求获得对资料各个方面的较为本质的认识。经过分析的资料由于尚未反映整体本质,因此还不够完全和深入。

综合就是在分析之后进一步从整体上认识各类资料在整体中的地位、作用以及资料间的内在关系。论文是高度凝练的体现创见的文体,写进论文的资料往往是分析各部分资料后得出的综合性结论。这就更需要作者正确地认识各个部分以及部分与部分之间、部分与整体之间的内在联系,使经过分析综合之后的整体认识能够准确地反映研究对象的本质。经过分析与综合我们可以对资料的优劣以及在论文中所能起的作用有基本的判断。

(5)概括

概括是指在全面、具体、深入地了解事实性资料的前提下,用简明的语言概要地叙述事物的基本情况、基本过程。在搜集、阅读、记录事实性资料时往往要求详尽、细致,但当这些资料写入论文时一般都要经过概括。对资料进行概括是论文写作中一项持续不断的工作。记录时要概括资料,整理时也要做大量的概括资料的工作,写作时仍然要根据观点表达的需要进一步地概括资料。

(6)统计

统计是对资料数据性的说明,是概括的另一种表达形式。对事物做数量分析,可以帮助我们抓住事物的主要方面和主要矛盾,从而比较准确地把握事物的本质。

(7)补充欠缺资料

通过研究资料的整理,可以弥补初次搜集资料时由于对研究问题认识的不清以及时间的限制等原因必然会留下的缺憾。在整理的一系列过程中,如果发现资料有薄弱之处、遗漏之处、可疑之处都要及时地再次展开资料的搜集工作,直至达到在自身现有条件下最为完善的程度。

观点的逻辑论证

论证是指确定某个命题真实性的思维过程。论证有两种,一种是实践论证,主要通过事实来论证;一种是逻辑论证,根据已知为真的命题,通过逻辑推理来确定某个命题的真实性。实践论证是逻辑论证的基础,没有人类的实践活动,逻辑论证的方法就不可能产生和发展,逻辑论证的论据及其所运用的推理形式都是从实践中概括出来的,逻辑论证的结果是否正确最终也要靠实践来检验。逻辑论证是实践论证的理论概括和升华。逻辑论证的思维过程较之实践活动的直观性和具体性具有更大的普遍性和概括性;逻辑论证可以通过推理活动,从已知推测未知,从现在推测未来,较之现实的实践活动具有某种超前性、预见性;逻辑论证是揭示客观规律,论证和传播真理,建立科学的理论体系的重要工具。在实际运用时,实践论证和逻辑论证往往交织在一起,互相渗透、相辅相成。

逻辑论证由论题、论据和论证方式三个要素构成。它的思维过程是提出论题,运用论据证明论题,归结论题,得出结论。

1. 提出论题

在逻辑学上,论题是论证的对象,即真实性需要加以确定的命题。在论文中论题就是真实性需要加以确定的学术见解、观点,称为论点。研究时论点的形成经历了由朦胧到清晰、由散乱到有序、由感性到理性,由一般到深刻的过程。

论点的要求可用六个字概括:正确、独到、鲜明。

论点要正确,不能与常理和事实相背离,要经得起实践的检验。论点要经过深思熟虑,不要夸大其词,防止把话说过头,有失偏颇,缺乏科学性和辩证性;

论点要独到,即必须是创造性的创见。在研究中一定要突出自己的独立见解,避免重复一些人所共知的常识;

论点要鲜明,不能含糊其辞。把创见形诸文字,用语言概括出来的过程就是使观点明确、清晰的过程。创见如果仍停留在朦胧的、大致的、粗糙的"说不出","说不清"阶段,那就意味着创见尚未真正形成。论文写作能促进科学研究的意义也就在于它促使了研究者创见的明确和清晰。

在提出论点时要多问自己一些问题:论点的新意如何? 论点的形成过程是否有疏忽? 论点是否集中? 各分论点是否与中心论点构成严密的体系? 有无自相矛盾之处? 自己掌握的材料能否有力地支撑自己的论点? 能否提出反证? 如果有反证,怎么解决?

研究者对客观对象展开全方位、多角度、多层面的研究之时,可能会形成许许多多的认识、看法,但是,研究者只能把最主要的、最具个人创见和学术价值的思想作为论题阐述的中心,这就是总论点。总论点是逻辑论证时的核心。一个总论点需要从几个不同的方面去证明,这就是论文的分论点。有时候,分论点之下还有小论点。分论点是某个论证层次的论题,是这个论证层次的纲领,但从全篇看,它又是总纲之下的目,是总论点的论据。论文的论点,如同一棵大树主干上长出若干分枝,每根分枝上又长出若干小枝,它们构成了论文的基本骨骼。这些论点之间要有层次性,不能混杂,不能"越级"纠杂在一起,而应形成一个周密谨严的逻辑网络。一个缺乏严格训练的作者,往往容易在这方面失误。比如,如果一个总论点明明可以从三个方面或四个方面去论述,却丢掉了其中一个方面,思路就会显得残缺;如果一个总论点不能统领所有的分论点、小论点,论文就会驳杂、游离;如果各分论点之间缺乏有机的联系,各分论点之间不是在同一个逻辑层面展开而是相互包容交错,论证就无法周密。写作时一定要凭借严密的思路和严谨的逻辑,准确把握论文的总论点与分论点,使论点既明确又成系统。

2. 确定论据

论据是用来论证论题真实性的根据。在研究中作者提出了自己的学术观点、思想,还要说明这些观点、思想真实性的理由。

论据主要有事实性论据和理论性论据两大类。用客观事实作为论据论证论点的真实性具有无可辩驳的力量。科学的定义、科学的公理、原理、定理、政策法令、经典言论、箴言格言、谚语典故、生活常理等理论性论据是对客观事物本质和规律的反映,是经过严格的科学论证,又被实践所反复验证的,都是已知为真的命题,以其作为论证的依据,具有理论的深刻性。

3. 进行论证

论证是指用论据来证明论点和反驳谬论的推理形式和思维过程。学术论文所追求的逻辑力量正是通过论证体现出来的。研究时的重点就是要通过严密的逻辑论证手段,深刻地分析、揭示论点与论据之间的必然联系。

(1)论证的方式

论证方式指的是依据论据证实论题的过程及其所运用的推理形式。在长期的认识过程中,人们总结出很多科学有效的论证方式。常用的论证方式有以下几种:

①直接论证和间接论证

这是从论证过程的不同而分的。

直接论证是从论据的真实性直接推出论题的真实性的论证,即从正面直接为论题提出论据证明其真实性,不用对其矛盾论题进行证伪。直接论证是最重要最常用的论证方法,绝大多数的论证都是直接论证。

间接论证是通过论证与论题相矛盾的命题的虚假性来间接推出论题的真实性的论证。如果无法直接从正面论证,或为了使自己的论证更有说服力,就需要进行间接论证。经常使用的间接论证有反证法和选言证法两种。

反证法就是从反面论证论题的真实性的方法。这是一种通过论证与原论题相矛盾的反论题为假,然后根据排中律来确定原论题为真的论证方法。它不直接论证作者观点能够成立,而是从反面入手,证明与论点相矛盾的反面论点的错误,从而间接证明论点正确的论证方法。有时反证法比正面论证更有力度,若能正反论证结合,可相得益彰,增强说服力。

选言证法又称排除法、淘汰法,这是一种先找出与论题有关的互相排斥的全部可能情况,使论题成为其中的一种可能,然后论证除论题外的其他可能虚假,再通过选言推理的否定肯定式确定论题真实的论证方法。

喻证法也是一种间接论证,它是用与论点有着某种联系的通俗易懂的形象、故事、典故作为论据进行推论,从而证明观点的论证方法。喻证法可使抽象枯燥的道理阐述得具体化、形象化,但也要注意找准两种事物之间类似的"对应点",阐明两者之间的逻辑关系。喻证法使用时要结合直接论证,才能把论点说透。

②演绎论证、归纳论证、比较论证

这是从推理形式的不同而分的。

演绎论证是用一般性的论据去论证特殊性论题的论证方法。这是一种运用已被论证为真的科学原理、定义、定律、公理、规律作为论据来推论自己观点的论证方法,有很强的证明力,前提是一般性论据必须真实可靠,并且与特殊性论题之间具有必然的联系。演绎论证最基本的形式是三段论,即由一个共同概念联系着的两个大小前提推出结论的推理。论文写作时常用的引证法、因果法都是演绎推理形式的运用。引证法又叫事理论证,是以一般事理为论据进行推论,从而证明论点的方法。引证法所引用的是经过实践检验证明的客观真理或观点,如科学公理、生活常理、名人名言。引文要忠于原文精神。引证要围绕自己的观点少而精地引用,切忌引证过滥,影响观点的创造性。因果法是根据事物之间的因果联系来证明论点正确的论证方法。因果法实际上是一种省略的演绎论证,既可以用原因作论据证明结果,也可以由结果作论据证明原因,还可以由一种结果推论出另一种结果。运用因果法的关键是要正确分辨因果关系的复杂性。两种现象之间一定要确定存在必然的因果联系。

归纳论证是以个别或特殊命题作为论据来确定一般性论题真实性的论证方式。归纳论证又分为完全归纳论证和不完全归纳论证。运用完全归纳推理形式,归纳论证的有效性是不容置疑的。运用不完全归纳推理形式如简单枚举进行论证,不能完全有效地确定论题的真实性,只能给予某种程度的证据支持。如果掌握了大量的材料,经过科学的分析,判明了现象间的因果联系,这样的归纳论证是科学而有效的。但是,如果不是从事实的全部总和以及内在的联系中掌握事实,只是片段地、随意地、没有经过科学分析地使用材料,这样的归纳论证是非科学的,因而是无效的。用典型事例为论据来证明论点的例证法就是运用归纳推理形式来进行论证的最基本、最常见的方法。例证法所举事例可以是具体的,也可以是概括的,但都必须确凿而典型。在运用时,要对事例进行具体分析,找出对导致结论有重大关系的论据之间的内在联系,做到事理结合。事例不能用得过多,否则就流于肤浅。

比较论证是一种从个别到个别的论证方法。根据比较对象性质的不同可分为类比论证和对比论证。类比论证是把两个或两类在许多属性上有相似或相同点的对象进行比较,然后用一对象具有某一属性来类推另一对象也具有该属性的方法。运用时要注意进行类比的两者在性质、特征上必须有相同、相近点,两者之间的共同属性越多越有说服力。类比论证可以深入浅出,把抽象的事理说得通俗明白,但其结论是或然性的,并不完全可靠,只能是一种辅助性的论证方法。对比论证是指把两种或两种以上属性对立或有差异的不同事物进行比较,来辨别是非,推导出论点的论证方法。对比论证有横比和纵比两种。横比是对同一时期不同事物或事物的对立面作比较,揭示事物之间的矛盾。纵比是把不同时期的同一事物的状况作比较,揭示出事物在不同阶段的属性。横比和纵比也可结合起来运用,通过反复比较,使论证层层深入。由于对比法可充分揭示事物在本质属性方面的特点,使论点鲜明突出,在论文中运用得很普遍。把正反两方面的论点加以对比,可以清楚地揭示反面论点的错误,衬托正面论点的正确。

(2)论证的规则

论证必须遵循逻辑规则。遵循逻辑规则是确保论证正确的必要条件,违反任何一条逻辑规则,都可能发生逻辑错误,导致论证失败。

①关于论题的规则

一是论题必须明确,不能论题不清。论题是论述的目的。所谓论题必须明确就是论证什么,驳斥什么,论证的对象必须清楚,不能模糊,否则,论证就会无的放矢,没有明确的目标。明确论题首先要对论述的问题了如指掌,形成明确的见解,才能在论证中提出明确的论题。如果对论述的问题似懂非懂,则很难提出明确的论题;其次,要用清晰、精练的语言把论题简明扼要地提炼和概括出来。如果表达论题的语言拉杂拖沓就会犯“论题不清”的错误。

二是论题必须同一,不能偷换论题或者转移论题。所谓论题同一就是按照同一律的要求,在同一个论证过程中论题只能有一个,要前后保持一致,不能中途改变论证对象,去论证和原论题有某种联系的或者比较近似的其他论题。改变论题的情况主要有两种:

三是改变原论题断定的内容。论题是用命题表达的,每一个具体命题都有具体的断定内容,不能改变。

四是改变原论题的论证范围。每个论题都有大体的论证范围,不能把论题范围扩大或缩小。如果在论证过程中不去论证原来的论题,而去论证比原来的论题断定更多的或真或假的命题,就犯了“论证过多”的错误。这是偷换论题常犯的一种逻辑错误。反过来,在论证过程中,如果不去充分地论证原有论题,而去论证比原论题断定内容少的命题,缩小了原论题要求论证的范围,“论证过少”也是犯了偷换论题的错误。

　　在论证时为了更有力地论证论题,可以对真实性不够明显的论据进行论证,可以把一个论题分成几个分论题分别进行论证,但是必须一个问题论证清楚了再去论证另一个问题。不同的论题只能出现在不同的论证过程中,同一个论证过程只能出现同一个论题。

　　②关于论据的规则

　　所有的论据都必须是已知为真的命题。这一论据的规则有三个方面的要求。

　　一是所有的论据都必须真实。论据是论证论题的根据,论证是从论据的真实性推出论题的真实性。如果犯了"论据虚假"的逻辑错误就不能从论据中推导出真实可靠的结论来论证论题的真实性;

　　二是论据的真实性必须已经得到证实,不能是待定的假说或猜想。如果引用真实性尚未得到验证的命题作为论据进行论证就犯了"预期理由"的逻辑错误;

　　三是论据的真实性不应当靠论题来论证。在论证中,论题与论据的关系是不可逆的。论题的真实性是依靠论据的真实性来论证的,所以,论据的真实性就不能依靠论题的真实性来论证。如果论题与论据互相论证,就犯了"循环论证"的逻辑错误,其结果是论证毫无意义,什么也没有证明。

　　③关于论证方式的规则

　　论证所使用的推理必须合乎逻辑规则,这是对论证方式的基本要求。如果推理过程违背推理规则,就会犯"以偏概全"、"草率论证"等"推不出"的逻辑错误。如简单枚举只举有限的、片面的材料,却推出了全面性的结论。统计归纳中抽样对象没有代表性,却得出普遍性结论。鲁迅在《论辩的魂灵》中有一段揭示诡辩的话:

　　　　你说甲生疮。甲是中国人,你就是说中国人生疮了。既然中国人生疮,你是中
　　国人,你也生疮了。

　　这一段话包含了两个直言三段论推理。第一个直言三段论推理是:甲是生疮的人,甲是中国人,所以,中国人都生疮了。这一直言三段论推出的结论应该是一个特称命题,推不出全称命题的结论,结果却推出了全称命题,犯了"推不出"的逻辑错误。第二个直言三段论的推理是:中国人都生疮了,你是中国人,所以你也生疮了。这个三段论的大前提"中国人都生疮了"是虚假的。根据虚假的前提"推不出"必然正确的结论,所以也是错误的。

安排结构

【提要】

　　◇ 论文结构的三条原则:顺理成章,依理定形,逻辑严密;以中心论点为核心安排结构,详略适宜,次第有序;完整统一、接榫自然、气血贯通

　　◇ 论文的逻辑结构

　　◇ 论文的开头与结尾

　　◇ 论文的段落与层次

　　◇ 本论的五种逻辑结构形式:总分式、递进式、接续式、并列式、综合式

◇ 论文提纲的拟制：提纲的重要性、拟制的方法、步骤、提纲的两种表现形式（列项式提纲和陈述式提纲）

论文结构的三条原则

文章的结构是客观事物固有的条理、联系、秩序和作者认识、表现客观事物的独特思路的辨证统一体。紧凑的无懈可击的具有强大的逻辑力量的结构是表达论文内容不可或缺的因素。写作论文必须根据论题观点的表达和论证的需要，把分散的各种材料按照论文特有的结构原则，组织成论题集中，观点鲜明，内容充实，论据有力，层次清楚、衔接自然，全文完整、统一、连贯，具有很强的说服力、表现力和感染力的有机整体。

论文在安排结构时要遵循以下三条原则：

1. 顺理成章，依理定形，逻辑严密

理，即事理，指客观事物内在的规律。论文是对研究对象规律性独有认识的反映，因此，写作时要依照人类思维的规律和内容表达的需要来安排结构，要有严密的逻辑性。

严密的逻辑性首先要求文章的各个部分之间要有深层的内在的逻辑联系。论文主要从逻辑关系的角度展开论证。客观事物都由若干部分和矛盾的侧面构成，存在着现象与本质、局部与整体、个别与一般等很多方面的关系，论文在安排结构时就必须体现客观研究对象这些固有的内在的联系和规律，强调逻辑性。其次，文章的各个部分要相互支持，保持逻辑的统一性，不能发生抵牾、矛盾甚至分离。

2. 以中心论点为核心安排结构，详略适宜，次第有序

论文结构的任务就是通过对材料进行最优化的排列组合，达到把材料有次序、有条理地组织在一起，从而使论文的结构成为表现中心论点最适当、最有力的形式。论文的结构必须自始至终围绕中心论点展开。要从论证中心观点的需要出发来区分文章内容的主次，确定论文各个部分在文章中合理的地位和适度的量的比例，安排文字的详略、层次的轻重、段落的先后。

论文内容复杂，篇幅较大，只有紧密围绕中心论点，首尾一贯，主次详略得当，层次分明，条理清楚地安排结构，才能清楚地表达思想，形成中心突出、无懈可击的论证体系，完美地体现论文科学、严谨的要求。

3. 完整统一、接榫自然、气血贯通

结构的完整性强调论文的各个组成部分要结合成一个完美统一的整体。构成整体的这些局部要齐全，不可无故残缺或另生枝蔓。论文的结构都是由逻辑推理、演绎过程中若干个必要的环节所组成，遗漏任何一个环节或节外生枝，都会使结构松动，破坏结构的完整性、统一性，影响内容的表达。

优秀的论文和任何美文一样，不仅要求结构的完整，还要求结构具有审美的价值，具有艺术性。结构的连贯性是在完整性之上进一步的要求，指的是论文的各个部分在意念脉络上要和谐贯通，在语言形式上要紧密衔接，浑然如一体，形成一气呵成的论证气势，使外在结构形式成为体现作者思想内容和创造性的有机载体，这是论文组织结构的最终目标。

论文的逻辑结构

论文的逻辑结构是指隐含在文章语言中用以论证论题的逻辑形式。论文重在用清晰的逻辑表明观点,因此,论文写作与其他叙事、抒情类写作在结构上的重大区别就是安排结构时特别强调逻辑性。论文谋篇布局的目标是既要形成一个完整、连贯的外在的篇章结构系统,又要形成一个严密、有力的内在的逻辑结构系统。开头与结尾、段落与层次、过渡与照应这些结构的基本要素并不能单独承担反映文章主旨的作用,只有将它们按照研究对象本身固有的逻辑联系严密地组合在一起,形成有机的逻辑体,才能具备论证观点的功能。

1. 论文逻辑结构的特点

论文的逻辑结构具有三个特点:一是隐蔽的而非显性的,需要运用分析的方法才能正确地加以认识;二是多层次的而非单层次的,其论证结构总是由若干个论证部分组成;三是网络状的而非单层的,论题与论证层次之间、各论证层次彼此之间、每一论证层次内部各段落之间形成纵横交错的网络状关系。

2. 论文逻辑结构的建构

论文的逻辑结构主要是通过三个方面来建构的:

第一,从全文整体而言,逻辑结构体现为开头、中间、结尾三个基本部分必须形成具有内在联系的有机整体。

第二,从论文的中间部分而言,逻辑结构体现为本论各个层次之间必须形成一定的逻辑关系。

第三,从上下文、前后文、题文的关系而言,逻辑结构体现为句子、段落、层次、标题这些具体结构单位之间形成具有内在联系的有机组合。第三个方面是微观结构的问题,主要是通过过渡和照应来实现其逻辑性。过渡和照应的问题在第二章的结构部分已经阐明,这里就不再详述了。

3. 论文的基本逻辑形式

一篇文章从整体上看由开头、中间、结尾三个大部分构成。论文结构的逻辑性首先就是这三个基本部分必须组合成一个有机整体。

开头、中间、结尾划分的依据就是任何客观事物总是有从发生到发展到结束这样一个完整的运动过程。论文是作者对研究对象的客观发展过程的规律性认识的体现,因此,在安排开头、中间、结尾这三个基本部分时更应该体现客观事物发展的这种内在必然性。

按照人们在科学研究时对研究对象客观发展的这种内在必然性的认识规律,在长期的写作实践中形成了论文正文结构的基本逻辑形式,即序论、本论、结论。

序论,是论文的开头部分,也称前言、引言、导言、引论、导论。序论的主要任务是对论题的内涵和外延作一个高屋建瓴式的概述,说明本论题研究的目的、意义、范围、现状等。本论部分,是论文的中间部分、主体部分。本论的主要任务是提出基本观点,并以此为中心运用科学的方法展开深入的分析和严密的论证。结论部分,是论文的结尾部分。作者在序论中提出的问题,经过本论的分析论证,到结尾时要做出总结。结论的主要任务是对本论的研究结果做理论性的归纳、强调。

序论、本论、结论这三者之间体现着严密的逻辑联系。它们是按照客观事物发展由始至终的过程以及人们认识这一过程的思维规律排列的。序论、本论、结论的结构安排反映了人们认识客观事物的逻辑思维过程,即问题提出、问题的分析、问题的解决。序论提出的问题是本论所要分析、讨论的对象;本论进行分析、论证的目的是要解决序论提出的问题,证明结论中的论断;结论是序论所提问题的答案,是本论推理、论证的必然结果。序论、本论、结论三者环环相扣,思想的过程就如同一个头、身、尾齐备的有机体,整齐而不可分离。

为了确保序论、本论、结论三者之间内容上严密的逻辑性,在论文写作过程中要注意两点:

一是序论、结论的内容应该都是从本论中概括出来的。序论、结论是对本论主要内容的综述、总结、提炼、归纳,这样,论文的开头、结尾和中间部分就有了内容上内在的关联性;

二是序论、本论、结论体现了一种因果逻辑关系。本论是对序论提出的"为什么"问题的回答,是对结论"是什么"问题的解释。这样,论文的开头、结尾和中间部分又有了形式上的内在关联性。

正因为序论、本论、结论三者之间有紧密的逻辑关联性,是体现论文结构开头、中间、结尾之间有机性的极好的方式,所以,序论、本论、结论成为论文结构的基本形式,为众多的论文写作者所采用。

论文的开头与结尾

1. 开头

论文的开头一般都是开门见山,开宗明义的。

根据论题的内容和表达的需要,论文在开头时可以有四种不同的侧重面:

(1)论文的开头如果是立论可直接简明扼要地提出全文的基本观点,让读者马上能够了解作者的基本思想和思路。

(2)如果是驳论则可先简明概括对方的基本观点,再提出自己的观点,为正文的批驳和论证树立目标。

(3)如果是探讨一个较为新颖或较为复杂的问题,则可在开头对论述对象的概念、范围先行做出解释。

(4)讨论具有一定的历史渊源和现实背景的问题,则可以通过首先交代写作的背景、动机、意义的方式来开头。

论文的开头是论文逻辑结构中序论的重要内容,很多论文的开头段就是完整的序论,对该篇论文写作的背景、目的、意义、研究对象、范围、框架、基本观点等都有一个简略的介绍。无论采用何种方式,论文开头的基本要求是迅速接近研究论题的中心;尽力让人了解你的研究的重要性;尽可能一开始就把你的独到的见解简明地告诉他人。论文开头最忌讳的就是"下笔千言,离题万里",开头不知所云、言之无物会令人立刻对论文的价值产生怀疑甚至失去继续阅读的兴趣。

2. 结尾

论文结尾的目的是使观点更加明晰,使论文的意义、价值得到突显。

具体说来,论文的结尾可以有以下四种不同的侧重面:

(1)归结论文的观点,指在结尾对分散在全文各个层次中的观点进行归纳、总结。

(2)重申论文的观点,指在结尾对正文已经明确提出并得到论证的观点再次进行强调、补充,以给人深刻印象。

(3)引申论文的观点,指在结尾继论文已有的观点之后提出需要注意的问题、更进一步研究的方向。这些问题是由本论文引发出来的,但在本论文中没有或者不适宜于展开研究,于是在结尾提出来以引起注意,以便进行后续研究。

(4)点明论文意义,指在结尾着重指出、强调论文的理论意义和现实意义,以表明论文的价值。

　　论文的结尾是论文逻辑结构中结论部分的重要内容。很多论文的结尾段就是完整的结论,要对全文的观点、意义、价值、不足之处、今后的研究思路作一个概括。当然,如果论文的主要观点在正文的各个部分中都表述得非常清楚,各个部分的内容又相对独立,论文也可以自然结尾,不需要画蛇添足。

论文的段落与层次

1. 段落

　　较之其他文艺类作品,分段在论文写作中的作用更大,要求也更为严格。论文内容复杂,科学性、专业性很强,讨论的都是学科领域中的疑难问题、前沿问题,写作、阅读都较为困难。通过分段,作者可以非常有条理地展开论述,清晰地表现作者逻辑思维进程中的每一个转折、间歇,清晰地反映文章内在的逻辑层次,使文章眉目清楚,易于接受。另外,论文非常需要给读者在阅读、理解时以"停顿"的机会,以便可以有思考、回味的余地。

　　论文在构段上的三点要求:

　　(1)保持逻辑上的完整性

　　文艺类作品由于情节发展的需要,由于情感表达的需要,分段较为灵活、自由,可以一两句话就分段,可以好几层意思夹杂在一个段落中,甚至可以较长篇幅不分段。但是,论文是逻辑的构成。论文无论从整篇文章来看,还是从各个小的部分来看,都是由论点、若干个论据和作者的论证组成,它们构成了统一的、完整的、不可分割的独立单位。论文写作在构段时,就要保持这种固有的逻辑上的完整性,把表达某个意义的论点、论据、论证统一组织成相对独立、完整的一个段落,一段集中表述一个完整的意义,既要防止意思残缺,也要避免意思重复,更不能把任何与这一意义无关的句子写入该段落中,否则,都会影响内容和结构上的明晰性。

　　(2)充分运用段中主句显示段旨

　　段旨指段落的中心意思,段落的主题。一般来说,论文每个段落都要体现一个较小论点的论证过程。这个小论点就是该段的段旨。在构段时要尽量用一个或两个精练的句子把段旨明确地揭示出来,这句话就称为段中主句。

　　论文写作要充分运用段中主句显示段旨。作者明确了该段落的主题之后,就可用段中主句的形式先写下来,然后,以此为中心铺陈、展开,这样,就可以很好地避免段意不统一和段中观点发生变化的情况出现。段中主句并无固定的位置,段首、段尾、段中皆可。为了论文表达时意义明确,眉清目楚,初学者可尽量把段中主句放在段首。这样,就可以非常方便地通过段中主句的联合来检查思路的清晰性、结构的条理性、逻辑的严密性。

　　(3)段落长度适中

　　论文段落的长短没有固定的标准,依据其所表达内容的多少而定。但是,论文的段落一般来说应该长一点。这是由于其内容的复杂性所决定的。在一个小段里,很难对某一观点展开周密、细致的论述。如果用几个小段来论述一个观点,又容易割裂推理的严密性和逻辑结构的清晰性。当然,段落过长,内容也容易混合,并会造成阅读的困难。因此,构段时要在兼顾段落内容完整性和可读性的基础上,做到长短适度。

2. 层次

　　层次是文章思想内容的表现次序。对于论文写作而言"层次"是一个非常重要的概念,层次安排的合理性直接关系着本论部分逻辑论证的有效性。

由于层次在表现形式上并没有明显的标志,往往会被很多初学写作的人所忽视。而论文完成后思绪混乱、观点分散、重点不明等等的毛病很大程度上都是由于论文的结构层次安排不当所造成的。层次安排时杂乱无章、前后无序、互相交叉必然导致逻辑不清、论证无力。

论文的层次与作者的逻辑思路之间是一种辨证的关系。首先,思路是层次安排的前提和依据。层次的合理性和清晰性必须依赖于作者思维演变轨迹的合理性和清晰性。写作前进行细致的构思,锤炼出一条合理、清晰的思路是写作时文章层次合理性、清晰性的保证;其次,层次是思路的体现形式,层次的划分有助于思路的明晰、定型。从写作实践来看,思路并不是一开始就能够非常清晰地被确定下来,有一个从模糊到清晰的寻思、探索过程。从作者的“眼中之竹”成为“笔下之竹”有一个重要的传递媒介就是“胸中之竹”。胸有成竹的过程就是理清思路的过程。在写作论文时如果作者有很强的层次意识,在构思过程中始终不忘把建立严密的逻辑层次体系作为首要任务,那么,合理、清晰的思路的形成就是水到渠成的事了。由于层次对于论文写作有重要作用,因此,在论文写作时要通过以下方法强化“层次意识”:

(1)明确表达每个层次的主题

每个大层次的主题,每个大层次下面若干个小层次的主题都要尽量采用层中主题句的方式加以明确。层中主题句最好置于每个层次的开始,以便使读者迅速把握各个层次的中心。

(2)理顺层次之间关系,使之排列有序

要按照研究对象内在固有的逻辑联系理清各个层次之间的关系,按照一定的逻辑顺序排列,不能随意颠倒次序。

(3)明确标示论文各级层次之间的关系

论文本论部分一般要求用小标题、序号、空行等形式来标明层次,这样可以使论文各级层次间逻辑关系清楚,思绪清晰。用标题加序号标注层次可使论文层意突出,主次分明。标题层次一般以 3～4 级为宜。各级层次序号可用汉字和阿拉伯数字相结合的方式加以标注。书写时用汉字表示的序码后面用顿号,用阿拉伯数字或外文字母表示的序码后面用底线圆点“.”,加括号的汉字或阿拉伯数字表示的序码后面不用标点符号:

第 1 级层次为一、、二、、三、、四、、……;

第 2 级层次为(一),(二),(三),(四)……;

第 3 级层次为 1. ,2. ,3. ,4. ,……;

第 4 级层次为(1),(2),(3),(4),……。

也可以采用阿拉伯数字分级、连续的国际层次序号表示法加以标注。第一层次的数字在行的顶格书写,不同层次序号之间用下圆点相隔,最后数字后不加圆点,空一格后书写内容:

第 1 级层次为 1 2 3 4 ……;

第 2 级层次为 1.1 1.2 1.3 1.4 ……;

第三层次为 1.1.1 1.1.2 1.1.3 1.1.4 ……;

第四层次为 1.1.1.1 1.1.1.2 1.1.1.3 1.1.1.4 ……。

篇幅较短或较小的层次可用一是、二是、三是、四是……表示,或者用首先、其次、再次、最后等序列词来表示。

(4)层次之间要有恰当的比例关系

各个层次的详略要合理、适当,避免过于庞大或者过于单薄,以保证结构布局的匀称。

本论的五种逻辑结构形式

　　本论是全文的重心,担负分析论题,论证观点的任务。论文强有力的逻辑力量很大程度上就取决于本论部分各个层次间逻辑关系的形成和体现。

　　论文的层次不是一种形式上的、人为的联系,它一方面要反映研究对象客观上存在的秩序,另一方面要反映人们对于研究对象认识的程序和规律。比如乙问题由甲问题产生,安排层次时就应该甲问题在前,乙问题在后,这是问题自身的客观层次;如果甲问题不说清楚,乙问题就说不清楚,这是问题说法上的层次;如果甲问题不解决,乙问题就不能解决,这是解决问题做法上的层次。

　　由于论文论题内容的丰富性、复杂性,一个论题一般都要根据研究对象的特点分为几个方面进行论述,这就是论文的分论点。一个分论点就构成论文的一个大层次。一篇论文由几个分论点组成,全文就包含几个大的层次。安排层次的关键是根据论证中心论点的需要,根据材料和观点之间的关系,理顺各个层次之间内在的逻辑关系,如前提与结论、原因与结果、主体与从属、现象与本质等等,并使各个层次的排列顺序能够体现这些内在的逻辑关系。

　　依据层次间不同的逻辑关系,本论部分一般有以下五种不同的结构形式:

　　1. 总分式结构

　　这是论文常用的结构方式。总方式结构有三种不同的表现形态:

　　一是总分式,即先提出中心论点,然后分别从几个方面来阐述中心论点;

　　二是分总式,即先从几个方面进行分析、比较,然后归纳出结论;

　　三是总分总式,即先提出中心论点,然后从几个方面展开分述,最后再进行总述,以强调中心论点或进一步完善中心论点。总分关系结构如同结构的基本型序论、本论、结论的安排一样,是按提出问题,分别予以分析,总结结论的步骤展开论述的,或演绎,或归纳,或演绎、归纳兼而有之,条分缕析,观点明确,条理分明。

　　以探讨事物间因果关系为目的的论文,其结构基本上是总分式的,层次之间的关系从内容而言是原因与结果的关系,或者先说因,后说果;或者先说果,后说因。

　　2. 递进式结构

　　这一结构形式各个层次之间的关系不是平行的,而是步步加深,层层深入,前一部分论证的问题往往是后一部分论证的基础,各层次之间有着清晰的递进关系,缺一不可,其先后次序不可颠倒。递进式结构一环紧扣一环,如剥茧抽丝般地显示了作者对于研究对象不断深入的认识过程,如果把其中任何一个层次遗漏或换位,都会严重地损害其逻辑的严密性,导致主次不清、逻辑混乱,削弱论证的力量。递进式结构可使文章具有严密的逻辑力量,引导读者逐步深入地认识事物的本质,非常适合需要全面、深入地进行理论分析的论题。

　　运用递进式结构的前提是作者对研究对象有透彻的研究,能够很好地认识和把握其整体特征及其内在各种矛盾发展演变的轨迹。一般说来,递进式结构可以这样来安排层次间的递进关系:第一层次,提出问题;第二层次,叙述现象;第三层次,分析原因;第四层次,找出症结;第五层次,解决问题,得出结论。

　　3. 接续式结构

　　这一结构形式各个层次之间的关系是一种合乎逻辑的延续性关系,前一部分未尽之意有待后一部分接续,层次虽分,但意义未断。接续式结构层次间的逻辑关系较之递进式结构要松散一些,不是由浅入深,层层深入的递进关系,但是它不同于并列式结构各个层次意义的平等性、独立性。接续式结构强调各个层次之间内容上的关联性、连贯性以及所构成整体意义上的完整性,层次顺序不能互换。

比如进行纵向问题的研究时,往往按照缘起、发展、完善或者历史、现状、预测这样一个具有行进性的层次结构来表示研究对象随着时间的延续而发生的状态的演变。

另外,一些从概念角度分析研究对象的含义、性质、特点、作用等的论文,由于其具有概念上的连续性,也可视为接续式结构。

4. 并列式结构

这一结构形式按中心论点所包含的若干分论点,将文章划分为若干层次,这几个层次分别论述中心论点的各个侧面或各个部分。在写作时根据并列部分的内容与中心论点关系的密切程度分为两种情况。一种情况是各个层次对于中心论点的论证而言同等重要,彼此间没有主从关系,在内容的铺陈上不分轻重详略,在排列的顺序上不分先后;另一种情况是各个层次虽然都是论证中心论点不可缺少的一个方面,彼此间仍然是并列的关系,但是其重要性却有不同,在内容的铺陈上有主次详略的区别。要分清主次,把重要的层次安排在前面详细论述。并列式结构的优点是各层次之间关系简单明了,轻重主次一目了然。

另外,各个层次按照对立统一关系或比较关系安排的结构也可以从形式上视之为并列式结构。论述对立统一关系时,各个层次之间既有联系,又有区别。论述的重点在于阐明两者的关系是辩证的统一关系。在论述过程中不能强调一方面而忽略另一方面,否则就犯片面性的错误。进行比较研究时,具有可比性的各个层次要对照着来安排,以显示共同性或差异性,突出观点。

5. 综合式结构

这一结构形式是根据论述的需要把前面几种方式结合起来运用所形成的。论文一般都要论及许多事物,牵涉到许多方面,在写作中往往难以用一种单一的结构形式来说明清楚错综复杂的问题,而需要采用能够体现多种逻辑思维方式的综合式结构。前面介绍的这些大层次间的结构形式也是各个大层次下面中小层次以及各个段落之间连接的逻辑结构方式。因此,一篇论文在整体结构上可能是总分式的结构,在分论点层次上却是并列式的结构,而在分论点内部的小层次上又是递进式结构,反之亦然,等等不一。

例如一篇题名为《国内若干大城市综合竞争力比较研究》的论文,全文分5个部分,以纵向层层深入的递进式结构方式展开逻辑论证:提高城市综合竞争力的背景、城市综合竞争力的内涵及中国特色、比较研究的基本思路及其指标体系、国内若干大城市的比较结果及评价、对上海城市综合竞争力的分析评价及对策建议。每个部分的结构也井然有序:第1部分用总分式结构说明提高城市综合竞争力的必要性;第2部分用递进式结构,从竞争力的一般理论、城市综合竞争力的内涵及本质、中国城市综合竞争力的特色,步步深入地阐释了论题所涉及的“城市综合竞争力”这一核心概念;第3部分用并列式结构分别说明比较研究的基本思路与评价体系;第4部分结果与评价、第5部分评价与对策建议则各包含一个递进式结构。全文虽然内容复杂,篇幅较长,但条理清晰,层次分明,逻辑严密,标识清楚,体现了作者清晰的思路。通过多种结构形式的有机组合,全文形成了严密的逻辑结构。

论文提纲的拟制

1. 拟制提纲的重要性

论文内容丰富、观点较多、结构复杂、篇幅较长,字数动辄数千字、上万字,甚至几万字,仅仅通过"打腹稿"的方式不可能把构思过程中关于中心论点、分论点、小论点的提炼,关于如何开头,如何结尾,关于分几个层次展开论述,如何安排层次间的逻辑关系,关于材料与观点的合理搭配,关于如何过渡,如何照应等等众多的问题都明确无误地牢记在心。因此,通过拟制写作提纲的方式,用简洁的语言符号把构思阶段的种种设想记录下来,就成为写作论文必不可少的一个环节。在实际的论文写作过程中,构思的过程往往就是提纲拟写的过程,提纲的拟定就意味着构思阶段的完成,标志着结构的定型。

提纲的拟制对于论文写作的重要性具体表现在以下四个方面:

(1)有利于思路畅通,形成清晰、明确的逻辑结构

提纲是由序号和文字组成的逻辑结构图表,是全篇逻辑构成的写作设计图。在提纲拟定之前,作者脑海中关于论文整体轮廓的设计还处于模糊的、朦胧的状态,作者对于如何构成严密的观点体系、如何合理编排众多的材料使它们成为一个合乎逻辑的整体的写作思路只是初步成型、十分粗糙。只有采用提纲的形式,"挈领而顿",纲举目张,才能真正有效地把观点与材料统一整合成一个有说服力的逻辑体系,形成一条通畅、明晰的思路。因此,提纲的编写过程,就是作者不断地整理思路,并借助文字符号使其系统化、定型化的过程,也是论文逻辑结构的形成过程。

(2)有利于全文连贯,形成浑然一体的篇章结构

提纲是论文整体格局的表现形式。依据提纲,可以考察论文的整体格局以及各个局部,以便及时加以调整,避免行文以后再出现大的返工。事实上,论点是在提纲的拟制过程中才最后确定的。有了提纲,中心论点和分论点之间、观点和材料之间的关系就十分清楚。写作者就可以以此为依据,从容地检查中心论点是否已经明确,分论点是否已经紧扣中心论点;材料是否已经充分;各个层次所占的地位、所起的作用、所占的篇幅与其在全局中的地位是否很相称;各层次之间、段落之间的逻辑关系是否已经成立;层次、段落的划分是否清晰、合理;结构是否已经完整;重要地方的过渡、照应是否已经有了考虑等等。通过对提纲的反复斟酌、调整、修改,就可形成一个上下连贯、前后呼应、层次清楚、重点分明、主次详略得当的最佳的篇章结构方案。

(3)有利于起笔行文时有章可循,确保行文的顺利

提纲是论文行文的依据。论文不可能一蹴而就,作者的思路很容易遗忘,如果没有提纲,行文时思维就会经常中断。借助于提纲,重新提笔行文时就可以很快恢复原来的思路。同时,在论文的行文过程中,思维又非常活跃,受到具体材料的启发,常常会临时出现一些新的思想。这些思想虽然可能蕴涵着作者事先没有想到的创造性见解,有可贵之处,但这些行文时临时出现的灵感,由于没有经过深思熟虑,往往是不成熟的。即使有些思想很有新意,由于它们并没有经过构思阶段深谋远虑地仔细权衡过,突然出现在本来已经齐整、统一的篇章结构体系中,常常会很不合时宜,破坏整个篇章结构体系的完整性、协调性。事实上,很多时候作者往往会被一些自己感兴趣的,但实际上对于本文论述的中心而言并不重要的材料或想法所左右,在行文时对这些材料和观点大加渲染。论文写作时偷换论题、偏离中心、观点模糊、重点不清的严

重问题主要就是这样造成的。写作时没有遵循行文前对于文章的布局自然还会造成材料不当、主次失调、层次混乱、衔接脱节等等毛病。可见,写作时没有提纲作依据,就很难控制整个行文的格局,或者信马由缰地随意书写,"脚踩西瓜皮,划到哪里是哪里",或者"眉毛胡子一把抓",或者"东一榔头西一棒槌",都无法很好地体现构思的成果。所以,为了保证行文的顺利和质量,必须在写作前制定一个尽量周密、严谨、详尽的提纲,这样,写作时只要按图索骥、照图施工就可以保证论文中心突出、内容均衡、层次清楚、逻辑严密,从而避免重大失误。对于初学论文写作的人来说,由于缺乏把握全局的经验,行文时更加要老老实实、按部就班地依据提纲来写作。经过深思熟虑、反复修改确定的提纲不能轻易地改动。如果行文时不得已确实需要对观点体系、结构体系进行调整,则必须把所作的每一处变动都重新纳入到提纲之中仔细斟酌,确信不妨碍全局的严密性、逻辑性才能定夺。在全文起草完毕,修改定稿时,仍然要以提纲为参照去发现初稿中的不足与缺陷,对症下药。

(4)提纲是需要多人合作研究的联合课题论文写作的必需

在做课题论文时,提纲为每一位研究者提供了论文的整体布局,可以避免分头撰写时容易出现的重复与疏漏,保证论文的整体性、统一性。

2.拟制论文提纲的方法

每个作者都有自己的运思习惯,拟制写作提纲的方法、步骤因人而异。朱光潜先生介绍自己的构思方式是这样的:"在定了题目之后,我取一张纸条摆在面前,抱着题目四面八方地想。想时全凭心理学家所谓'自由联想',不拘大小,不问次序,想得一点意思,就用三五个字的小标题写在纸条上,如此一直想下去记下去,到当时所能想到的意思都记下来了为止,这种寻思的工作做完了,我于是把杂乱无章的小标题看一眼,仔细加一番衡量,把无关重要的无须说的各点一齐丢开,把应该说的选择出来,再在其中理出一个线索和次第,另取一张纸条,顺这个线索和次第用小标题写成一个纲要。这纲要写好了,文章的轮廓已成。"[①]朱光潜先生的构思过程经历了确定论题、围绕论题展开全面的自由联想、用小标题形式记录联想过程中的思想见解、把小标题整理归类、把具有联系的各个小标题连缀起来形成纲要这样五个阶段。朱光潜先生的构思过程也是其提纲的拟制过程。

拟制写作提纲的目的是形成论文的写作框架,一篇论文的写作主要有四个方面的问题:一是观点,二是材料,三是结构,四是文字。通过写作提纲确立论文框架时对于这四个方面都要有一个基本考虑。

(1)从观点出发考虑三个方面的问题

①明确本文的中心论点;

②明确如何对中心论点分而论之,确立分论点;

③明确中心论点和分论点之间、分论点与分论点之间的内在关系。中心论点就是论文的"纲",分论点是论文的"目",纲举目张就是中心论点要能够统率各个分论点,分论点要能够有秩序、有层次、有步骤地表现中心论点,从而形成一个严密的论点体系。

(2)从材料出发考虑两个方面的问题

①材料的取舍问题。要从各个论点出发决定材料的取舍,把与论述中心无关或者关系不大的材料毫不可惜地舍弃。有所失才能有所得,只有舍弃不重要的材料才能保证留下来的材

---

① 　朱光潜.朱光潜美学文集.上海:上海文艺出版社,1983.285.

料都是与论述中心密切相关的材料；

②材料的对号入座问题，就是要明确材料和观点的关系。编写提纲时要把重要的材料分门别类地、有序地纳入到各个论点之下，并用序号加以表示，以便检查、核对。论点和论据关系的紧密程度直接决定论证的有效性。

（3）从结构出发考虑两个方面的问题

①结构的完整性。文章的整体结构是否完备、统一；

②各个层次、段落的划分是否合理，层次与层次之间、段落与段落之间严密的逻辑关系是否成立。这两点本身就是编写提纲的目的所在。

（4）从文字出发考虑篇幅问题

①全篇的文字规模问题。全篇的文字规模首先取决于论题的大小，其次取决于不同的写作目的。全篇的文字规模是编写提纲时不可忽视的。虽然篇幅的长短主要取决于内容的多寡，但篇幅的规定反过来也限制了内容的展开程度；

②各个部分的文字规模问题。要根据各个部分在全篇中的重要程度确定合理的比例，详略得当。在提纲中要明确各个主要层次大致的文字数量，以便控制文字的整体规模。

3. 论文提纲拟制的步骤

在编写提纲的具体过程中，可以按照以下几个步骤进行：

（1）拟好论文总标题。

（2）简明扼要地概括论文的中心论点、分论点。

（3）安排全篇的结构骨架。确定用几个层次，以什么顺序、大概多少篇幅来论述中心论点。写明各个层次的大意。最好用小标题的形式简明标示各个层次。

（4）分别考虑大层次下各个中、小层次的论点、排列顺序、篇幅。详尽的提纲要直至重要的段落一级。写明各个层次、段落的大意。最好还是用小标题的形式标注各个重要的层次和段落。提纲中的这些三级、四级标题，在行文时有些可以省略，但提纲中列出则可以使思路明晰。

（5）精选材料，把材料分属于它们所要证明的各个大小论点，按照论述的需要排列先后顺序，标上序号，纳入各个层次、段落之中。

（6）反复推敲、修改提纲。一是检查代表总论题和各级分论题的各个标题是否完全、准确地概括了论述的范畴。可以把各个主要层次的标题用关联词语等连接起来，形成一个论文提要，看看这个提要是否能够囊括你所要表达的全部重要思想，以此来检查标题的恰当与否，提纲的完备与否；二是检查阐述中心论点以及分论点的各个层次的划分是否合理，可以充分地说明问题；层次、段落间是否具有严密的逻辑。

3. 论文提纲的表现形式

论文提纲从表达方式和详略程度的不同可以分为列项式和陈述式两种。

列项式提纲较为简单，只提示论文的主要论点。它通过写标题和主题句的方式对各个部分的内容、中心论点、分论点加以高度概括，用序号标示，粗线条地搭起全文的骨架，以显示论文的结构脉络。列项式提纲对于材料不展开，仅用编号或材料标题予以标注。其优点是大线条清晰、简明扼要、一目了然、制作方便。

陈述式提纲较为详细，不仅提示论文的要点，还涉及如何展开，如何运用主要材料、如何衔接等等。它通过写层次大意、段落大意的方式概括地把总论点、分论点、材料，分层、分段地表述出来，显示论文的主要骨架和梗概。其优点是详细、具体、成熟。陈述式提纲的编写较为费时费力,需要对全篇的观点、材料、结构都了然于心。陈述式提纲事实上就是论文的概述,是论文的缩影。编写毕业论文的提纲给指导教师审阅,或者论文答辩时对论文作概要地介绍都需要用陈述式提纲。

　　列项式提纲的编写简单、方便,是论文写作者的首选。陈述式提纲虽然编写困难,但已经具有论文的雏形,所谓"磨刀不误砍柴工",以此展开,行文可以通畅无阻。论文写作者编写提纲时可以根据自己对于内容的熟悉程度决定采取何种方式编制提纲。写作时往往可以把两种形式的提纲结合起来,对于文章的论述重点、难点采用陈述式予以详细地说明,以保证这些核心部分的内容能够得到充分有力的表达。对于其他简明的部分则用列项式予以粗略地说明。

　　编写提纲的一个重要原则是自己越不熟悉、越模糊、越没有把握的部分越要想方设法弄明白,理清其思路,明确其论点、论据、论证的关系,这样,提纲就越要写得详细、具体,对于熟悉的部分则可以简单一些。如果反其道而行之,对于熟知的十分详尽,对于陌生的则几笔带过,这样的提纲仅仅是一种形式,对于论文的行文在实际上并无多大的帮助。

　　如果有足够的写作时间则尽量编写一个详尽的提纲。可以采取先编写一个简明的列项式提纲,然后在这个提纲的基础上对重要部分展开详细陈述这样"两步走"的方式来进行。详尽的陈述式提纲一般都是在列项式提纲的基础上不断扩充而成的。提纲编写得越详细,行文时就越顺利。深思熟虑的详尽的提纲是行文时一气呵成的前提。

　　下面以一篇题为《论西部欠发达地区小城镇建设的意义、困境和措施》的论文为例,说明列项式提纲的编写形式。

论西部欠发达地区小城镇建设的意义、困境和措施

一、序论

1.提出中心论题。

2.说明写作意图。

二、本论

(一)西部欠发达地区小城镇建设的意义

1.有利于加快欠发达地区农村产业结构的调整,提高农业劳动生产力,增加农民收入。(材料:①目前西部欠发达地区的农业基础、②农业人口比例、③农民的收入状况)

2.有利于加快欠发达地区经济的发展,有效地缩小地区差距。(材料:①城镇人口占总人口的比重与人均国民生产总值的关系、②改革开放以来广东、珠江三角洲、温州、苏南等东部沿海地区农村城市化带动经济发展的事实)

3.有利于实现欠发达地区经济的可持续发展。(材料:①西部地区现在显现出来的人与自然资源矛盾的现状、②生态平衡、环境污染的危机)

(二)西部欠发达地区小城镇建设的困境

1.农村人口比重大,城市化总体水平低。(材料:东、西部地区城市人口占总人口比重的统计数据)

2.城市数量少,规模小。(材料:①东、中、西部地区设市城市占全国城市总数比重的统计数据、②东、中、西部地区城镇辖区面积比)

3.城市功能单一,辐射范围小。(材料:西部小城镇自然经济的传统格局没有打破)

(三)提高西部欠发达地区城镇化水平的措施

1.大力发展乡镇企业,引导乡镇企业向小城镇聚集。(材料:①西部乡镇企业现状、②乡

镇企业发展与城镇发展之间的辩证关系）

2. 把促进小城镇建设与农业产业化相结合。（材料：①农业产业化的性质、特点、②农业产业化与城镇发展之间的辩证关系）

3. 把大力发展非公有制经济与小城镇建设相结合。（材料：①西部地区非公有制经济现状、②理论上、实践中合理的所有制结构对于经济发展的促进作用）

4. 加强基础设施建设，完善小城镇功能，提高城市化水平的质量。（材料：①西部小城镇基础设施落后的情况、②加强小城镇基础设施建设的途径）

三、结论

强调加快小城镇建设，提高西部欠发达地区城镇化水平的意义，呼应开头。

行文表达

【提要】

◇ 论文的行文要求

◇ 论文语言的五个特点：专业性、精确性、简明性、庄重性、适当的文采

◇ 数字的使用

◇ 名词术语、单位名称、人名、地名的使用

◇ 缩略词的使用

◇ 符号、量和单位的使用

◇ 表格、图的使用

◇ 论文的基本格式：前置部分（题名、署名、摘要、关键词、序或前言、目次页等）、主体部分（引言、正文、结论、致谢、引文、注释、参考文献）、附录、其他需要注意的问题

论文的行文要求

行文的过程就是将构思阶段的思维成果转换成书面语言，用文字进行话语书写的过程。寻求相应的词语，合适的句式，并把字、词、句组织连贯成为段落，成为篇章，从而用书面语言准确、精当地将构思时朦胧的、飘忽不定的、无形的思想予以赋形，用文字符号的形式固定下来，使之物化成为思绪清晰、井然有序的有形的文章，这一行文过程是语言由内而外升华的过程，是作者创造精神最集中的体现，是文章写作最终目的之所在。

文章强调文脉贯通、气势酣畅，行文时多提倡一气呵成，不重"小节"。但是，论文一般篇幅都较长、内容涉及范围较广，逻辑性又很强，在行文起草时往往不可能一气呵成，那就需要根据结构提纲中各个逻辑层次的安排，把论文化整为零，分成若干相对独立的部分，一部分一部分地来完成。既可以依据拟定的提纲顺序，从序论、本论到结论，顺理成章，逐步推进，以确保文

脉的贯通,也可以采取各个击破的方式,从自己准备最充分的部分开始动笔,成熟一部分写一部分,以确保每一部分的质量。无论采用哪种方式行文都要尽量选择在内容上已经告一个段落,可以暂时停歇,容易衔接的地方停笔,以便使相对独立的每一部分内容都能在思如泉涌般良好的写作状态中一气呵成地完成,从而保证全文的完整性、连贯性,也保证写作进度能够按计划地完成。

当然,行文时如果遇到不能很好地表达原有的意图,实在写不下去的情况就不能硬写。俗话说:"袖手于前,方能疾书于后。"写不下去就表明你的准备工作还没有做好,行文的时机还不成熟,你遇到了在构思时没有想到的重大障碍,比如,材料不够充分,论据不足不准;观点有互相矛盾之处,不能自圆其说;论证有偏颇等等。这时候就需要明智地停笔,静下心来,仔细分析写不出的原因,找出问题的症结,对症下药,如再搜集一些材料,使材料更充分有力一些;或者对材料作进一步深入、细致地研究,获得对问题更透彻、深刻的理解和认识之后再继续行文,以免写完后不如意,作更大的返工。进入写作阶段后,如果发现足以影响论文全局的问题,还要重新审视提纲,适时地对提纲进行调整和修改。

行文时要把想到的内容尽可能都写进初稿。初稿的篇幅较长,内容充分、丰富,修改起来就很方便。

论文语言的五个特点

写论文不仅要有好的观点和论证,而且要用合乎规范的语言将这些观点准确地表述出来。语体不对、用词不当、语句不通、修饰不得体、表述毛糙等语言上的毛病都将严重影响论文的质量。论文的语言要符合科学文体学术性、逻辑性、严密性、准确性等文体特征的规定。

1. 专业性

论文不是教科书,也不是科普文章,论文的阅读对象是专业工作者,因此,大量使用专业语言,是论文语言的显著特征。论文表达的一般都是某一学科专业领域内对某一专业问题的研究成果,其语言必然要体现出这种专业性特征。论文需要运用许多专业性的概念、术语、定律、法则、理论、知识等来描述事物、说明道理、阐述观点。构成论文语言的核心部分不是人们日常生活中的词汇,而是各个专业自己的专业语言。因此,写论文要掌握一定的专业语言,明确其内涵,并能运用这些专业语言进行思维,这才称得上规范的语言表达。如果论文语言没有专业色彩,会直接影响论文的学术价值。当然,也要注意专业语言的准确性和普遍适用性,不要造成晦涩,破坏论文的可读性,造成接受的困难。

2. 精确性

写作论文就要把作者所达到的认识用恰当的语言文字确切无误地表述出来。语言表达不准确,反映的是作者对问题的认识不够清晰、思维不够缜密。语言准确性的要求主要有三个方面:

(1)用词准确,词义相符

论文中所用的词语语义要明晰、确定和不可变更。论文较多地使用单义性词语,不使用有歧义的词语,较少使用模糊语言和婉曲语言。对一些相似或相近的概念,尤其要区分清楚,不能含糊。凡是需要用修饰性的形容词或副词来限制名词或动词时,要谨慎为之,做到准确描述,避免夸大或重复。

（2）造句合乎语法、逻辑的规范

论文的语言是非常规范的书面语言。句子结构要求完整，主、谓、宾等句子成分一般不能省略；词语的搭配要符合语法、逻辑、一般情理及约定俗成的话语习惯；词序的安排要有条理。论文较多地采用长句句式来表达对于复杂的理论问题的认识，附加成分和联合成分较多，使用关联词语较多，甚至还经常使用一些文言词和文言句式，要特别注意正确使用关联词语，熟练掌握关联词语的固定组合形式，不要错用、漏用。句义要合逻辑，一句话之内或一段话之间要注意判断的准确性和推理的严密性；一个层次中各个段落之间要保持意念上的一致性。

（3）规范使用数字、符号、图表等语言

论文语言的准确性还体现在要使用规范无误的数字、图表、缩略语、标点符号等。

3. 简明性

论文虽然要有一定的篇幅，但并非以文字的多寡来衡量价值。论文十分注重简明性。要实现语言简明就要做到以下三点：

（1）思维清晰

语言简练是思维清晰、严密的体现。要深入认识研究对象，锤炼思想，理清思路，抓住论题的核心，找到症结、要害，直截了当、果断鲜明地予以论述。

（2）使用概述性的语言进行论述

语言不简练往往在于对材料的概括不够，叙说的详略不当，前后语句的关系表述不清楚，堆砌重复了没有实际意义的词语等。论文主要采用概括的、抽象的、理性的表达方式，不要过于修饰文词。要尽可能用平实、朴素的语言把深奥的道理讲清楚，不要让过于雕琢、矫揉造作的语言进入到论文中，以至于妨碍论文本身信息的传递。

（3）节约用字，删繁就简

努力压缩文章篇幅；杜绝空话、废话、套话，避免一切不必要的重复和解释；不要把别人当外行，凡事从 ABC 写起，一般性地叙述本领域内人所皆知的常识要能简则简；删去一切与论点表达不相干的多余部分以及冗字、冗词、冗句。

4. 庄重性

用来表述高度科学化、理论化内容的论文语言用语要庄重、典雅、严谨。凡有损于语言庄重感的词语，都要避免使用。

口头语言以及口语色彩过于浓重的日常生活用语、方言、土语、歇后语以及粗俗语，都要坚决不用。

感情色彩过于浓烈的形容词、副词、叹词以及象声词要严格控制使用。

过多的短句、单句、非主谓句、省略句等都会破坏论文的庄重性，要尽量用合乎语法规则的、严整的句式。

5. 适当的文采

论文的语言在具备了准确、简明、庄重的条件下，也可以适当地讲究文采修辞，做到辞理俱佳，以增强论文的说服力和感染力。在不损害论文内容的科学性和表述的准确性的前提下，力求精美、生动，可提高论文的可读性。恰当地使用一些修辞手法，如比喻，赋予深奥、抽象的理论内容以形象、具体的语言形式，可以增加说理的明确性。排比、反复、设问、反问等，都能增加论述的气势。论文的文采要把握好"度"，在论文中任何修饰都必须传达实实在在的内容。文采只是为了更加有效、更加准确地表达自己的学术观点。

数字的使用

在论文中经常涉及许多的数字,如表示时间、长度、重量、面积、容积和其他量值。数字有汉字和阿拉伯数字两种。1987 年 1 月,国家语言文字工作委员会、国家出版局、国家标准局、国家计量局、国务院办公厅秘书局、中共中央宣传部新闻局和出版局等七个单位对"出版物上数字用法"作了规定,在全国试行。在写作论文时,凡是应用数字的地方应当按照这个"试行规定"来书写。

这个规定"总的原则":凡是可以使用阿拉伯数字而且又很得体的地方,都应该使用阿拉伯数字。遇有特殊情形,可以灵活变通,但应力求保持相对统一。

1. 应当使用阿拉伯数字的三种主要情况

(1)公元世纪、年代、年、月、日和时刻

例如:公元前 6 世纪、20 世纪 70 年代、公元前 450 年、2001 年 5 月 1 日、5 时 30 分、6 时 3 刻、下午 4 点、鲁迅(1881.9.25—1936.10.19)。

这种情况有三点需要注意:

①年份不能简写,如:1999 年不能写作 99 年,1949—1999 年不能写作 1949—99 年。

②星期几一律用汉字,如:星期五。

③夏历和中国清代以前历史纪年用汉字。如:正月初六、秦文公四十四年(公元前 722 年)。

④国际标准 ISO2014《全数字式日期表示法》2003 年 10 月 1 日可表示为:20031001、2003 -10-01、2003 10 01。当日期与时间组合时,两者之间加"T"标志符。如 2003 年 9 月 10 日下午 6 时 6 分 30 秒可表示为:2003-09-10T18-06-30 或 20030910T180630。

(2)记数与计量(包括正负整数、分数、小数、百分比、约数等)

这种情况有以下几点需要注意:

①一个数值的书写形式要照顾至上下文。不是出现在一组表示科学计量和具有统计意义数字中的一位数可以用汉字。如:一个人、二本书、三种产品、读了四遍。

②4 位和 4 位以上的数字采用国际通行的三位分写法,以小数点起,向左或向右每三位数一组,组与组之间空半个阿拉伯数字的位置,小数点后的位数应保持一致,如果末位数为"0"时必须将其写出。5 位以上的数字,尾数可以改写为以万、亿作单位的数。一般情况下,不得以十、百、千、十万、百万、千万、十亿、百亿、千亿作单位。如:345000000 公里可改写为 3.45 亿公里或 34500 万公里,不能写作 3 亿 4500 万公里或 3 亿 4 千 5 百万公里。

③表示数值范围起止数的单位相同时,前一个数字后的单位符号可以省略,单位不同时要分别表明;当以位数字表达起止数时,前后两个数均应表明位数,如 500 000~600 000 应写成 50 万~60 万。

④一个用阿拉伯数字书写的多位数不能断开移行。

⑤"约"、"近"、"左右"等表示约数的词不能连用。如"约 10 年左右"的表达是不正确的。

⑥最大值和最小值不能与约数连用。如:"不宜超过 4~6 小时"、"最低工资为 500 左右"等表述都是不妥当的。

(3)引文标注

引文标注中版次、卷次、页码,表格,索引,年表等除古籍应与所据版本一致外,一般均使用阿拉伯数字。

2. 应当使用汉字的三种主要情况

（1）整数一至十的非物理量，如果不是出现在具有统计意义上的一组数字，可以用汉字。如：一个人，五个百分点。

（2）数字作为词素构成定型的词、词组、习惯用语、缩略语或具有修辞色彩的语句。如：一律、五省一市、第三世界。

（3）邻近的两个数字并列连用，表示概数（连用的两个数字之间不应用顿号隔开）。如：十之八九、七八十种、四十五六岁。

名词术语、单位名称、人名、地名的使用

1. 学术名词术语应以国家标准局公布的和全国自然科学名词审定委员会审定的为准。

2. 国内机关、学校、工厂等单位的名称要写全称，不要写简称。外国团体、机构、公司等的名称，应按全称翻译成中文。除常见者之外，应在首次出现时用括号注明原文。

3. 论文首次提及人名时须用全称。外国人的姓名已有通用译名的，按习惯写出，一般只将其姓译成中文，名用外文正体大写的缩写字写在前面。国外人名也可以不用中文用原文表达。当第二次提及人名时，宜用简称。外文人的名字、父名和姓的第一个字母用大写。国家、组织、会议、学校、机关、月份、星期、书名、期刊名、论文名等名词的每个实词第一个字母要用大写。

4. 中国国内的地名应以地图出版社出版的《中国地名录》作为标准。鲜为人知的地名首次提及时，应扼要说明。外国地名一般音译，首次提及的地名要注上外文名称。使用外文地名可参阅一些专门的手册和词典，如《世界地名译名手册》（商务印书馆）、《世界地名录》（中国大百科全书出版社）、《外国地名译名手册》（商务印书馆）。

5. 文稿中使用的名词术语、人名、地名以及机构、团体、学校和公司等名称必须前后一致。

缩略词的使用

缩略词的使用应当遵照国家标准的有关规定执行。如无标准可循，可采纳本学科或本专业的权威性机构或学术团体所公布的规定，也可采用全国自然科学名词审定委员会编印的各学科词汇的用词。

使用缩略语要注意以下几点：

1. 引用频率高、文字过长的名词术语、科研机构、行政区域、学术组织、学术会议名称等，在论文中首次出现时可以先写全称，然后用括号注明简称或外文缩写，再次出现时便可直接使用缩写的形式。

2. 常见的、已经通用的缩略词可如中文词一样叙述，不必加上注解。

3. 如果不得不引用某些不是公知公用的、且不易为同行读者所理解的、或系作者自定义的缩略词，为了使读者明确缩略词的确切含义，应在第一次出现时加以说明，明确其定义。

4. 外文略语如果在论文中首次出现，应在其后括号内进行注释，写出外文全称并译成中文。如 OSRD(Office of Scientific Research and Development 科学研究发展总局)。

5. 一篇论文之中缩略词应该统一，并且不宜太多，特别要控制自拟的缩略词。若论文中使用缩略词较多时，应在文后列出"索引"，以便读者查阅。

6. 在题目、摘要中一般不用缩略词。

7.各种专业性刊物,对缩略词的注释方法和格式要求并不完全一致。在撰写论文时,可参考有关刊物的"投稿须知"。

符号、量和单位的使用

1.符号

在科技文献中,许多没有直观含义的符号常用来代替科技术语和语法词。符号是高度形式化的语言,是对文字语言的再次抽象。符号结构紧凑,形式简洁,既可以提高科技文献的信息载量和表达的精确性,也可以按照语法和逻辑的规则进行符号的逻辑推理和演算,从而得出新的结论,获得新发现、新发明。为了便于国际学术交流,各门学科的科技符号在世界各国都是统一的。

2.量和单位

论文中经常涉及各种各样的量,量有专门的单位和符号。一定要使用法定的计量单位。有关标准可参照《中华人民共和国法定计量单位》、《中华人民共和国法定计量单位使用方法》、《国际单位制及其应用》。

使用计量单位时要注意以下几点:

(1)阿拉伯数字之后有计量单位时,一律使用单位的国际符号而不使用单位的中文符号,如 2cm 不能写成 2 厘米。

(2)当叙述到计量单位时,一般均应写成汉字,如"每升"不能写成"每 L"。

(3)一组同一计量单位的数字,应在最后一个数字之后表明计量单位符号,如 4、6、10kg。

表格、图的使用

表格、图已经成为现代科学技术广泛使用的传递信息的手段和工具,具有同文字一样的语言功能,被称为图形语言。图形语言的最大优点是其直观性。有些科技信息如果用文字来说明,往往冗长、模糊,难以取得令人满意的效果;而改用图表、绘画、照片等图形语言,就能将之简单、准确、鲜明地表现出来,使读者获得具体、清晰的印象。因此,论文写作时巧妙地使用表格和插图既可精简文字,又可更直观地说明问题,是文字表达有效的有时甚至是不可缺少的补充。

1.表格

运用表格可以使大量的数据和问题系统化,它比文字更客观、更简明地表达了实验、统计的结果,便于阅读,易于比较。在以统计方法为主的论文中,表格的作用更为重要。

表格可分为两类:主要用数字表明研究对象的表格,适用于实验数据的精确统计,以及用于显示研究对象的某种变化趋势或若干因素间相互关系的约略数字统计;主要用文字而非数字来表明研究对象的表格适用于对研究对象的性质、特点及发展变化进行分类、分析、对照、比较等。

(1)表格的基本构成

任何一个表格都有表题、表序、主栏、宾栏四个部分。

①表题是表格的名称、标题,置于表号的后面空一格处,居中。表题要简明、确切,能概括表格的内容;

②表序用来说明表格在论文中出现的顺序,全文有两个以上表格时,应按先后顺序用阿拉

伯数字编号。不分章的可直接标明先后序号,如表 1、表 2;分章节的则先标明章的编号,再标明该表格在这一章中的顺序号,两数字之间用半格连线"—"或"."连接,如表 2—1 或表 2.1 表示第 2 章第 1 表;

③主栏表示表格的主辞,包括组别、研究对象、名称、统计项目等,位于表格左侧第一栏;

④宾栏用来说明主辞的部分,包括指标、分析内容等。必要时可将表中的符号、标记、代码以及需要说明的事项用最简练的文字横排于表题下或表下,作为表注。

(2)制作表格的注意事项

①表内数据的排列应体现出一定的规律性。

②表内文字一般应横写,重复的文字或数据要全部写出,其字号应区别于正文。表内不宜用"同上"、"同左"等类似词,应一律填入具体数字或文字。表内空白代表未测或无此项,"—"或"…"代表未发现,"0"表示实测结果确为零。

③数字的"总计"一般放在表格最下面的横行上,"合计"放在表格最右侧的纵列上。

④表内同一栏的数字必须上下对齐。

⑤表中的缩略词和符号必须与正文中一致。

⑥表内文字也需正确使用标点符号,但每一格中的文字最末一律不加标点。

⑦一个表格最好不要太复杂,内容要尽量简化,变化不能太多,最好一个表格表示一个中心内容。与其制造一个复杂的表格,不如分成几个表格,让人一看就明白。

2. 图

图包括曲线图、构造图、示意图、图解、框图、流程图、记录图、布置图、地图、照片、图版等,是论文中表示客观事物变化的规律性以及对不同变化条件进行相互对比的最直观的方法,尤其可以表示变量的分布、对比、构成、变异、动态,可以使各种统计资料明确易懂,加深对内容的理解。

(1)常用的图型

①柱状图经常用于表示相对数量关系。图中的直方块宽度应相等,以免引起误解。表示数据的是方块的高度,与宽度无关。

②圆比例图是用来表示各种数字比例关系的统计图。圆的面积表示百分之百,各个构成成分的数量按在整体中所占的份额通过线条的分隔来表示。

③曲线图是科技文献中用得最多的图,用于标明事物量的变化和变化的原因。一般有纵横两个坐标,表示两个可变因素。自变量沿横坐标方向标绘,因变量沿纵坐标方向标绘。纵横坐标一般要标注"量、标准规定符号、单位"。坐标上标注的量的符号和缩略词必须与正文中一致。

④示意图是科技文献中大量运用的具有形象表现力的图形语言。它用简单的线条和符号来显示设备、机器、仪器的外形和构造,工作原理概况,也常用来形象地说明某一概念或现象。特点是主题突出,清晰易读。表示事物的发展变化过程、工作原理的示意图大都采用框图的形式,把工作过程所使用的设备或方法用简短的词语标出,外加方框,依照流程排列,用箭头表示流程方向。

⑤流程图可以用图式简明、清晰地表示一些复杂的理论体系和逻辑过程。

⑥记录图可以用来说明某一事物随时间的发展而变化的过程。

⑦点图用于表示某个事件在不同条件下的出现频率度和分布的疏密程度。

⑧实物图和照片适宜于表现物体的具体形象。实物图同示意图相比生动、细腻,具有真实感。照片作为图形语言,比实物图更能够真实、准确而无遗漏地反映事物的本来面貌,具有描述和证实的双重作用,表现力和说服力很大。照片要求主要显示部分的轮廓鲜明,便于制版。照片上应该有表示目的物尺寸的标度。

(2)图形制作的注意事项

①图的标题称为图题,图题要一目了然,意义明确,字数不宜太多,通常将图题写在图的下方,与图号同行,居中表示。

②全文有两幅以上的插图时,应按出现前后用阿拉伯数字编排序号,如图 1、图 2。划分章节的论文按章编排图号,如:图 3－2 或图 3.2,表示第 3 章第 1 个图。

③图中文字应力求简明扼要,在有些需要较多文字的地方可用数码或符号标出,然后在图例中给予说明。

④图的大小应根据其所表达的内容、重要性、线条的疏密等进行设计。插图应与正文中内容紧密配合,图的位置应紧接正文相关内容处。

表和图都应具有"自明性",即只看表、图,不阅读正文,就可以理解表意和图意。成功的图形语言,常常收到文字所不能取得的良好效果。但也不可滥用图形语言,可有可无的图表则要坚决地予以删除。

论文的基本格式

人们在长期的论文写作实践中逐渐形成了一套比较稳定的行文格式。这些定型化的格式体现了人类共同的思维规律,一方面便于作者阐述研究成果,另一方面也便于读者阅读和理解。科学技术的迅猛发展对科技论文的发表、利用、管理、流通提出了更高的要求。为了规范论文的编写格式,便于信息系统的搜集、整理、加工、存储及检索、利用、交流、传播,1987 年,国家标准局颁布了《科学技术报告、学位论文和学术论文的编写格式》(GB7713－87)、《文后参考文献著录规则》(GB7714－87),使论文的写作格式趋向标准化。根据国家标准的规定,论文全篇主要由前置部分和主体部分构成,有的论文还有附录部分。论文的前置部分主要包含题名、署名、摘要、关键词等项目;论文的主体部分主要包含引言、正文、结论、致谢、参考文献等项目。

一、前置部分

1.题名

题名又称标题、题目,是以最恰当、最简明的词语反映论文中最重要的特定内容的逻辑组合。

写作题名要注意以下几点:

(1)能准确、鲜明地反映论题的内容、范围和深度,使读者对论文的写作意图、内容、独到之处一目了然。

(2)题目不要过大或过小。

(3)用字要朴实,实事求是,不要过于抽象、空洞,更不能似是而非、哗众取宠、夸大其词。

(4)避免使用不常见的缩略词、首字母缩写字、字符、代号和公式等。

(5)短而贴切。中文题名一般不超过 20 个字,外文题名一般不宜超过 10 个实词。题目偏长的可用副标题来补充。

(6)由于题名是编制题录和索引等二次文献的重要内容,题名所用的每一个词语要考虑到有助于选定关键词和编制可供检索的特定实用信息。

2. 署名

公开发表的论文要签署作者的姓名及工作单位,以表示此科研成果归谁所有,也表示对此论文负责。

个人研究成果由个人署名,集体研究成果按实际贡献大小排列名次,但作者只限于那些对于选定研究课题和制订研究方案、直接参加全部或主要部分研究工作并作出主要贡献、参加论文撰写并能对内容负责的人。

参加部分工作的合作者、按研究计划分工负责具体小项的工作者、某一项测试的承担者、接受委托进行分析检验和观察的辅助人员等,均不能作为作者,只能作为参加工作的人员列入致谢部分,或排于脚注。

作者的署名一般写在题名之下。署名下面再用括号标明作者的工作单位全称、单位所在省份和城市、邮政编码。如果是多位作者,各个姓名之间应用逗号隔开。

有的期刊还要求写出作者简介。简介主要包括以下几项:性别、出生年月、职称和职务、最高学位、从事的专业工作、研究方向等。

3. 摘要

摘要是不加注释和评论,简明、确切地记述文献重要内容的短文,目的在于使读者可以在短时间内能对论文有一个真实、概括的了解,并供文摘等二次文献采用。摘要应具有独立性和自含性,即摘要应该是一篇可以独立使用、引用的完整的短文,其内容应包含与论文同等量的主要信息,使读者不阅读全文就能获得必要的信息,并据此确定有无必要阅读全文。

(1)摘要的基本内容

①研究目的。概述该项研究工作的缘起、需要解决的问题及其重要性。

②研究方法。简要介绍研究的范围、途径、具体的方法。

③研究结果和结论。论文的主要研究结论及其研究成果的价值和意义是摘要的重点。

(2)摘要写作的注意事项

①论文一般均要有摘要,为了国际交流,还应有外文(多用英文)摘要,中英文摘要互相要对应,但不必逐字翻译。

②摘要一般不分段落、不举例、不与其他研究工作比较、不加注释、不引参考文献。除了实在无变通办法可用以外,摘要中不用图、表、化学结构式、非公知公用的符号和术语。

③摘要要求用很少的篇幅概括全文的精华,因此,用词要惜墨如金,充分概括,尽量简短;中文摘要字数一般不超过 300 字,外文摘要不宜超过 250 个实词,用于学术会议、论文评审的摘要,字数可以不受此限制。

④摘要一般置于题名和作者之后、正文之前,也可以用另页置于题名页之后。

⑤紧扣论题,明确重心,开门见山道出中心观点,要把论文中最有价值、最具特色的东西介绍给读者。

⑥表达要准确、客观,无须评论,采用第三人称写作,以保证内容的客观性、公正性。

4. 关键词

关键词是为了文献标引工作从论文中选取出来用以表示全文主题内容信息款目的单词或术语。

关键词选择要注意以下几个方面：

(1)关键词是论文中起关键作用、最能反映内容特征、揭示论文主旨、出现频率较高的术语或其他名词词语。

(2)关键词一般可选用3—8个左右。

(3)无检索价值的词语不能作为关键词。尽可能从《汉语主题词表》等词表中选择已规范化的主题词,可优先选择在论文的题目及摘要中出现过的重要词语。

(4)关键词要另起一行,位于摘要的左下方。

(5)为了国际交流,应标注与中文对应的英文关键词。中文关键词可用空格隔开,英文关键词必须用","或";"分隔。

(6)不要用缩略语做关键词。

5. 序或前言、目次页等

(1)序或前言

序或前言并非必须,一般是作者或他人对本篇基本特征的简介,如说明研究工作的缘起、背景、主旨、目的、意义、编写体例,以及资助、支持、协作经过等;也可以评述和对相关问题研究的阐述。这些内容也可以在正文引言中说明。

(2)目次页

长篇的论文由于理论体系复杂,内容的层次较多,为了使读者在阅读论文前对全文的内容、结构有一个大致的了解,通常应编制目次页。目次页由论文的篇、章、条、款、项、附录、题录等的序号、名称和页码组成,另页排列在序之后。目录要清楚无误、完整准确,与全文的纲目相一致。

(3)插图和附表清单

论文中如果图表较多,可以分别列出清单置于目次页之后。图表的清单应有序号、图题(表题)、页码。

(4)符号、标志、缩略词、首字母缩写、单位、术语、名词等注释表

必要时可将符号、标志、缩略词、首字母缩写、单位、术语、名词等的注释说明汇集成表,置于图表清单之后。

二、主体部分

1. 引言

引言也称绪论、序论、导论、引论,用来简要地说明研究工作的目的、范围、相关领域的前人工作和知识空白、理论基础和分析、研究设想、研究方法和实验设计、预期结果和意义等。目的是为了引导读者迅速进入论文主题,勾画轮廓,显示价值。

(1)引言的内容

①撰写论文的背景、目的、重要性:即该项研究的由来和意义。问题的提出是引言的重点。引言与摘要的不同在于摘要主要说明研究对象是什么,有何创新成果;引言主要说明为什么要从事本课题研究,研究该问题有何理论和实践意义? 预期达到什么目标。

②国内外有关研究文献的回顾:前人作了哪些研究,研究到什么程度? 哪些问题解决了? 哪些问题没有解决? 哪些问题有较大的分歧? 哪些问题自己有不同看法? 引言中有关参考文献的介绍和评论,一方面反映了作者对本课题研究对象了解的深度和广度,另一方面也显示出

作者对文献的综合、分析、判断能力。

③研究方案的扼要介绍:说明论文主要应用了哪些主要理论,采用了哪些研究方法等,以此表明论文的可信程度。

④论文的基本观点和主要思路。论文的正文包括哪些部分,主要内容是什么?

⑤论文的贡献。简单介绍研究中取得的主要成果。论文的特色和创新之处是论文的价值所在,必须明确指出以引起读者格外的注意。

(2)引言写作的注意事项

①引言要开门见山、迅速入题、言简意赅、简洁有力,对上述内容只需要作简要的交代,也可以有所侧重。

②文字不宜过长,一般控制在 200~300 字,约占正文的 1/10。

③一些长篇论文,特别是学位论文为了反映作者确已掌握了坚实的基础理论和系统的专门知识,具有开阔的科学视野,对研究方案已经作了充分论证等的需要,有关历史回顾和前人工作的综合评述、理论分析、研究方案等可以单独成章,用足够的文字加以叙述。

④不要在引言中赘述人所共知的、显而易见的常识。

⑤不要展开解释、论证、不列图表,以免与正文重复,特别注意不要与摘要雷同。

⑥不要夸大论文的意义、不能贬低前人的研究成果而抬高自己论文的价值。

⑦不需写上"才疏学浅"、"水平有限"、"疏漏谬误之处,恳请指教"等客套话。

2. 正文

正文是论文的主体、核心部分,是作者理论水平和创造能力的集中体现。论文的价值主要在这部分得到体现。由于研究工作涉及的学科、选题、研究方法、工作进程、结果表达方式等有很大的差异,正文的内容无法作统一的规定。但是,必须实事求是,合乎逻辑,结构严谨,层次分明,论证充分,表达规范,行文流畅。

3. 结论

结论是论文全文最终的、总体的归结。结论不是正文中各段小结的简单重复,应该是反映作者经过高度的理论概括之后完整的综合的研究成果。结论的语言应该准确、完整、明确、精练。

(1)结论的内容

①研究结果是什么,有什么规律,解决了什么问题。

②对前人的研究做了哪些检验、修订和发展。

③本文的不足之处,本文涉及但尚未深入研究的问题,与本研究有关的建议,进一步研究的设想等。

(2)结论写作的注意事项

①结论的语言要审慎,要字斟句酌。

②一般说来,结论是全文最短的部分。

③结论是你此项研究的唯一答案,或是肯定,或是否定,语气要斩钉截铁,不能含糊其辞,模棱两可。不能用"大概"、"像"、"似乎"、"可能"等含糊不清的词予以表述。

④收拢全文,不节外生枝。为了使结论能够收结全文,一般不再在结论中提出新的观点或材料。

4. 致谢

科学研究往往不是一个人或几个人的力量所能完成,需要多方面人力、物力、财力的支持。凡对论文的研究提供过重要指导和帮助的单位或个人,都应在论文的结尾处书面致谢。致谢的范围主要包括:

(1)国家科学基金、资助研究工作的奖学金基金、合同单位、资助或支持的企业、组织或个人。

(2)协助完成研究工作和提供便利条件的组织或个人。

(3)在研究工作中提出建议和提供帮助的人。如指导过某项研究或论文的撰写的人,参加过本研究的资料搜集、图表绘制、实验任务等的人。

(4)给予转载和引用权的资料、图片、文献、研究思想和设想的所有者。

5. 引文

撰写论文,常常要引用他人著作、论文中的重要观点、理论、数据等资料作为自己的论据,这些被引用的文字材料统称为引文。引用文献时要注意以下几点:

(1)引用的文献必须是与论文的论题、方法、结论关系密切、对于本项研究有较大帮助的。尽可能引用最新的文献,不要引用众所周知的、无关紧要的内容。

(2)所引用的文献应该是已公开发表的论文和资料,应以原文、原著为主,尽量不要引用未公开发表的文献。

(3)运用引文要规范化。如果直接节录了他人原著中的一段话、一句话或者几个词语时,引文要加引号;如果作者不是原原本本地引用原文,而是用自己的语言间接地转述了他人的某个观点或材料,就不必加引号。所引文献的名称、作者、出版社、出版年月、引文页码都要按照规定标注齐全。

(4)引用要有分寸,切忌太多太滥。引用数量太多,不仅削弱自己的创造性,还有剽窃他人成果之嫌。

6. 注释

注释是对文章中引文的出处以及读者难以理解的名词、概念、人物、事件等所做的说明。注释可分为四种:

(1)夹注,即在正文中间需要注释的文字后边加注,用圆括号标明。夹注在文中不宜过多出现,否则影响阅读效果,适宜于加注较少,注释内容不复杂的论文中使用。

(2)尾注,即把注释内容放在全文或全书的末尾依次一并加注。这是篇幅不长的单篇论文最常用的方法。由于尾注较集中,不利于长篇文章阅读时翻检。

(3)脚注,即在需要注释的项目的当页下端加注。这种方法多用于专著的写作,非常便于阅读时查阅参考。

(4)章、节附注。写在一章或一节的末尾。

夹注,脚注,尾注,章、节附注四种形式,除了位置不同外,在使用时,无论采用哪一种注释方法都可以。需要注意的是,在一篇文章里,只能采用一种注释方法。

7. 参考文献

参考文献又叫参考书目,是作者在撰写论文过程中曾经借鉴、引用过的重要文章和著作,它是构成论文不可缺少的重要组成部分。

(1)参考文献的作用

参考文献的作用主要体现在以下四个方面：

①尊重他人劳动，履行法律职责。注明所引用的他人研究成果的来源是科学工作的基本道德规范，也是每个公民应尽的法律义务。

②反映作者的学术态度，增强论文的可信度。参考文献的利用贯穿于科研工作的全过程，从选题、实验到总结成果的每个阶段都需要从文献中汲取有益的资料。一般说来，作者写作论文时参考的文献越多，说明作者的学术态度越是认真、严谨，论文的可信度越高。

③有利于反映论文的起点和深度，评估学术水平。参考文献从一定程度上反映成果的科学性和前沿性。读者从引用文献的新旧、水平的高低，就能够对作者研究的广度和深度有基本了解，从而可以对该论文的水平作出初步判断。论文所引用的文献越新，说明该研究的前沿性越强，特别是在不少学科领域我国明显落后于发达国家的情况下，是否参阅了最新的外文文献，在一定程度上可以反映出学术成果是否具有前沿性。

④便于同行考证、比较和做进一步研究。例如有些在论文中引用的理论观点已经被作者加工，是否准确反映原作者的意图，阅读时就需要以原著作依据。

(2)参考文献标注法

论文在引用参考文献时有两种标注方法：顺序编码制和"著者－出版年"制。

①顺序编码制

顺序编码制在标注引文时按文章正文部分引用文献出现的先后顺序，用阿拉伯数字连续编号，并在后引号右上方写上注释序号，一般将序号用方括号括起。若引文出自同一个作者的几篇文章，只需将各篇文献的序号在方括号内全部列出，各序号间用逗号隔开。

据此方式编制参考文献表，可按照正文中标注的序号，将著录好的参考文献依次列出。序号后面不加任何标点符号，可在序号外用方括号括住。我国绝大部分专业期刊都采用顺序编码制标注参考文献。

②"著者－出版年"制

采用"著者－出版年"制标注参考文献时，在正文中引用了某一篇文献后，紧接在引文之后，加圆括号，并在括号内标出引文的著者和出版年。外国著者只标姓，名的首字母大写，置于姓之后，不用缩写点。集体著者可标注机关团体的名称。按"著者－出版年"制著录单篇参考文献，只须把"出版年"一项提前到著者之后，加上句点，其余各项著录内容不变。

据此方式编制参考文献表时，首先将各篇参考文献按文种集中，并按中文、日文、西文、俄文、其他文种的顺序排列。然后，同一文种的文献再按著者字顺排列。中文文献可按著者笔画、笔顺排列，也可按汉语拼音排列。在英文文献中按字母顺序排列。

(3)参考文献的著录项目

参考文献的著录内容主要有以下7项：

①主要责任者：包括专著作者、论文集作者、学位申报人、专利申请人、报告撰写人、期刊文章作者、析出文章作者。多个责任者之间用"，"分隔；责任人不超过三个，应将作者全部列出；超过三个的，只录前三个，其后加"等"字。主要责任者只列姓名，其后不加"著"、"编"、"编著"、"主编"、"合编"等责任说明。著录时一律姓在前，名在后。

②文献题名及版本，第一版可省略版次。文献题名、报刊名都要用全称。期次为两位数，当实际期次为一位数时需在前面加"0"，如第1期为"01"。

③文献类型及标识。根据 GB3469 规定,各种参考文献类型以单字母方式标识如下:专著[M];论文集[C];报纸文章[N];期刊文章[J];学位论文[D];报告[R];标准[S];专利[P]。电子文献类型的标识。引用非纸张型载体的电子文献时,需在参考文献类型标识中同时标明其载体类型,其标识方法是:[文献类型标识/载体类型标识]。用双字母标识电子文献类型及电子文献载体类型:数据库(database)[DB];计算机程序(computer program)[CP];电子公告(electronic bulletin board)[EB]。磁带(magnetic tape)[MT];磁盘(disk)[DK];光盘(CD-ROM)[CD];联机网络(online)[OL]。例如:[DB/OL]为联机网上数据库;[J/OL]为网上期刊;[CP/DK]为磁盘软件。

④出版项:出版地、出版者、出版年。

⑤文献出处或电子文献可获得地址。

⑥文献起止页码。

⑦文献标准编号,如标准号、专利号等。

(4)各类参考文献的编排格式

根据国家标准局 GB7714－87《文后参考文献著录规则》,现将常用的几种文献著录格式介绍如下:

①专著、译著、论文集、学位论文、报告集

[序号]主要责任者.文献题名[文献标识类型].版本(第 1 版不标注).译者.出版地:出版者,出版年.起止页码.

例如:

[1]赵家祥,丰子义.马克思东方社会理论的历史考察和当代意义[M].北京:高等教育出版社,2002.8.

[2][美]亚历山大·温特.国际政治的社会理论[M].秦亚青译.上海:上海人民出版社,2000.1－3.

②期刊文章

[序号]主要责任者.文献题名[J].期刊名,年,卷(期):起止页码.

例如:

[3]邹加怡.国际经济关系中的中国理念[J]世界经济与政治,2003 年,(07):4－10.

③论文集中的析出文献

[序号]析出文献主要责任者.析出文献题名[A].原文献主要责任者.原文献题名.出版地:出版者,出版年.析出文献起止页码.

例如:

[4]俞可平.全球化研究中的中国视角[A].特茨拉夫.全球化压力下的世界文化:来自各大洲的经验和反应.南昌:江西人民出版社 2001 年版.107－108.

④报纸文章

[序号]主要责任者.文献题名[N]报纸名,出版日期(版次).

例如:

[5]马润海.北京市东城区对构建公民道德建设新格局的探索与实践[N].新华每日电讯,2003－11－7(7).

⑤国际、国家标准

[序号]标准编号,标准名称[S]

例如:

[6]GB7713-87 科学技术报告、学位论文和学术论文的编写格式[S]

⑥专利

[序号]专利所有者.专利题名[P].专利国别:专利号,出版日期.

例如:

[7]Gennari. Stable sulpho-adendoyl-L-methionine(SAMe)salts,particularly suitable for parenteral use[P]. 美国专利:US 5102791,1992-04-07.

⑦电子文献

[序号]主要责任者.电子文献题目[电子文献及载体类型标识].电子文献的出处或可获得地址,发表或更新日期/引用日期(任选).

例如:

[8]王明亮.关于中国学术期刊标准化数据库系统工程的进展[EB/OL]. http://www.cajcd. edu. cn/pub/wml. txt/980810-2. html,1998-08-16/1998-10-04.

三、附录部分

为了保持正文行文的流畅,有些论文把确实有必要,但编入正文又有损于编排的条理性和逻辑性的材料作为附录,放在正文之后。附录是论文主体的补充项目,是帮助读者阅读、理解和进一步研究的说明,附录并不是必须的。附录的材料包括以下几类:

1.比正文更为详尽的信息、研究方法和技术更深入的叙述,建议可以阅读的参考文献题录,对了解正文内容有用的补充信息等。

2.由于篇幅过大或取材于复制品而不便于编入正文的材料。

3.不便于编入正文的罕见珍贵资料。

4.对一般读者并非必要阅读,但对本专业同行有参考价值的资料。

5.某些重要的原始数据、公式推导、计算程序、框图、结构图、注释、统计表等。

四、其他需要注意的问题

1.论文中的图、表、附注、参考文献、公式、算式等一律用阿拉伯数字分别依序连续编排序号

序号可以就论文全篇按出现先后顺序编码,长篇论文可以按章依序编码。标注形式要互相便于区别。如:图 1、图 2.1;表 2、表 3.2;附注(1);文献[4]等。

2.论文一律用阿拉伯数字连续编排页码

页码从首页开始。封面、封二、封三和封底不编入页码。可以将题名页、前言、目次页等前置部分单独编排页码。如在一个总题下装成两册以上,应连续编页码;如各册有其副题名,则可分别独立编页码。

修改成文

【提要】
◇ 修改对于论文的重要性
◇ 修改的两条原则:立足全篇、符合程序
◇ 修改的五项内容:修正论点、调整结构、增删材料、锤炼语句、订正注释
◇ 论文常见的八个方面的毛病:选题、标题、观点、结构、材料、论证、格式、语言

修改对于论文的重要性

1. 科学研究的复杂性决定了论文修改的必然性

论文反映的是科研工作者对研究对象客观规律性的认识。客观事物是曲折复杂的,人们对其规律性的认识不可能一次性地完成。只有在一个实践、认识、再实践、再认识的不断反复中才能完成从错误到正确、从片面到全面、从现象到本质的复杂认识过程。完成初稿后的修改是一系列复杂的研究、写作过程之后对其研究成果所进行的一次全面、系统、清晰的审视,是一次重新认识自己思想,补充先前研究的不足,纠正失误的机会。通过反复地修改就可以使研究者逐步达到对研究对象全面、深刻、准确地认识。

2. 反映科学研究认识的艰难性决定了论文修改的必要性

在把研究者对客观规律的主观认识用书面语言加以"赋形"的过程中往往会出现"词不达意",即写成的文章不能完整、全面地反映研究者的思想观点的问题。而修改正是使人们对研究成果的反映由不准确、不恰当转变为比较准确和恰当的必需环节。在写作初稿时,为了思路的连贯,不可能对每个论点、论据都仔细推敲,言不达意、粗糙、不严密、不连贯之处在所难免。修改时,论文成了作者的审视对象,文本被客观化了,作者可以从既定的思路中走出来,以一个审读者的立场客观地、从容地对论文反复自评,因此,修改是提高论文反映科学研究成果准确度的必须环节。

修改的两条原则

修改论文要遵循两个原则:

1. 立足全篇

要从大处着手,统筹安排,不能在缺乏系统的、整体的观照的前提下,津津乐道于局部细节的雕凿,其结果必然是事倍功半。

2. 符合程序

安排程序的原则是先整体后局部,先大处后细节,先内容后形式。一般按照论点、结构、材料、语言的顺序,由主到次,从大到小地进行修改。

修改的五项内容

1. 修正论点

论点是论文的统帅,论点的更动"牵一发而动全身",结构、材料、语言都将随之变动。因此,修改论文首先要从审查、修正论点入手。只有观点校正后,各步的修改才有准绳。修改论点可着重关注三个问题:

(1)论文的中心论点是否正确、集中、鲜明、深刻,是否具有创新性

中心论点是全文的主旨所在,一旦这基本观点把握不准,有某种失误和偏颇,不能把最典型、最具本质意义的思想和规律揭示出来,或者观点主观、片面、陈旧等,围绕其展开的分论点、组织的材料就没有意义了,整篇论文就站不住脚,就要动大手术,进行大改,重新概括中心论点,重新构思全文。

(2)分论点与中心论点是否一致

在动笔写作之后随着对材料的深入挖掘,观点会有新的拓展和补充,许多新思想甚至会冲击原有的构思。因此,在初稿中各个分论点、小论点可能难以互相谐和成完整统一的总论点。这时就需要对文中各种观点加以重新整顿,从中抽象出一个更具概括性的总论点。并随之调整各个分论点和小论点。论点错误的,要订正;论点片面的,要补充;论点模糊的,要明确;论点繁杂的,要削减;论点肤浅的,要深化;论点陈旧的,要更新。最后达到论点体系的明确、严谨和统一。

(3)文题是否相符

题目是论文的"眼睛",概括地指明了论文的中心论点和研究范围,因此,题文一定要相符,文要切题,题要配文。有时候写作前拟定的题目在论文写完后却发现并不能与论文的中心内容完全吻合。两者或是在论述范围上,或是在论述重心上,或是在用字措辞上存在偏差。因此,初稿完成后,就应该重新考虑,确定一个更合适的题目。

2. 调整结构

修改论文的结构即是对论文行文顺序的调整,包括总体的部分顺序,每一部分的层次顺序,每一层次中的段落句子顺序,目的是进一步理顺作者的思路,使全文各部分脉络清晰,布局合理。修改时可着重关注以下问题:

(1)正文各部分层次、段落是否紧紧围绕中心论点进行论证。

(2)层次的划分是否用了同一个标准,各个子层次所表达的意义之和是否等同于母层次之含义,各母层次和子层次在内容、意义上是否没有包容、重复和交叉,层次之间关系是否井然有序。

(3)各级标题是否已按层次安排妥当,标题之间有无脱节现象。

(4)段落的划分是否合适。

(5)主次详略是否得当。

(6)开头、结尾以及正文各个部分是否完整、齐备,有无遗漏之处。

(7)过渡、照应是否自然通畅,语气是否连贯。

3. 增删材料

全文写完以后,作者对于所掌握的各则材料与观点之间关系的密切程度及重要性都有了更深入的认识,对于材料在全文中的使用是否恰当也就有了更明确的判断。材料的增删时关

注以下问题：

(1)引用的材料是否真实、准确、有出处。

(2)材料是否充分、恰当,确凿有力,合乎逻辑。

(3)材料间是否能够相互配合,有无自相矛盾之处。

要把多余的删除,薄弱的补充,分散的集中,脱节的连贯,空泛的变实在,陈旧的换新颖。材料的修改特别要强调舍得割舍。凡是不能充分体现论点的材料,与论点关系不紧密的可用可不用的材料,失误、失实,让人觉得有疑点、有歧义的材料都要毫不可惜地删去,从而保证材料能有力地支持论点,论文精练而不臃肿。

4. 锤炼语句

学术论文在表达上要求用词精确、句法严整。因此论文语句包括字、词、句、标点符号的检查、校订也必不可少。修改时着重关注以下问题：

(1)字词的选择推敲。对于用词不当,意义含混的要调换上更精确、更明白晓畅的词语,特别要注意一些概念、术语用词的精确性。文字不足以表达观点时则要增加字句,同时要尽可能删去一切多余的文字,使文字简练。一定要逐字逐句检查有无错别字。

(2)检查段落、句子是否合乎汉语语法。论文中经常出现语法关系复杂的长句,使用上切忌犯语法错误,出现病句。

(3)标点符号及书写格式。要检查标点符号是否准确无误地体现了语句、段落、层次、篇章的秩序和逻辑,有无使用不当的标点。论文书写时有特定的格式与规范,这在修改时也要加以注意。

5. 订正注释

论文的注释是论文科学价值的重要体现,是论点及论证过程正确的保证。修改时,一定要对照原文,逐字核对,并按照论文的引文规范作出准确注释。要注意检查正文中参考文献的顺序号是否与文后参考文献表中的序号一致。

论文常见的八个方面的毛病

初写论文的人一般不注意修改自己的初稿,其原因一方面是没有认识到修改的重要性,没有养成修改的习惯；另一方面更为主要的因素则在于鉴别能力差,无从发现初稿中的错误和缺陷。写作者要提高自己的修改能力必须根据前面所讲的论文文体在选题、内容、结构、表达等各方面的要求,善于从文章中发现毛病和不足。只有找出了"不应该这样写"的地方,才能精益求精地去探寻"怎样写才更好"的问题,修改的工作才有可能进行。现将论文常见的毛病总结如下：

1. 选题方面的毛病

(1)选题过大或过难

选题涉及范围过宽或难度太大,超出了自己的知识和能力范围,受研究基础、资料、时间、精力等方面的限制,无力把握,造成论述不清或内容空泛的毛病。

(2)选题过小或过易

选题范围过小或太容易,选题的意义不大,同时也不能正确反映自己的能力和水平。

(3)选题陈旧

选题缺乏新意,研究的问题是别人已经研究或解决了的,理论价值和实践价值不高。

（4）选题超出自己的专业领域

论文有很强的学术性。"隔行如隔山"，每个专业的论文都有自己特殊的学科要求，跨专业选题，往往很难深入地开展研究，甚至容易犯一些常识性错误。

2. 标题方面的毛病

（1）标题的含义模糊、不明确

标题过于笼统、抽象，含义不具体，使读者看了题目后抓不住中心和要领，不知道要论述什么。

（2）题文不符，即题大于文或题小于文

标题涉及的范围不能与论文的中心内容相对称。

（3）标题不够新颖

标题不能体现论文的创新之处，缺乏新鲜感，不能吸引注意力，失去"窗口"的功效。

（4）标题过长

标题概括性不够，字数过多，不够精练，不便于阅读、记忆，影响全文的美感。

3. 观点方面的毛病

（1）基本观点错误

如果统帅全文的总论点发生谬误，是不科学、不正确的，全文就根本站不住脚。

（2）观点主观、片面

没有以实事求是的态度提出论点，而是想当然，走极端，顾此失彼，妄下定论，缺乏全面性、辩证性和真实性。

（3）观点不鲜明

观点提炼得不够，概括得不准确，含糊不清，似是而非，空泛肤浅，论述重心不突出。

（4）观点平庸，缺乏创造性

研究信息掌握不足，对问题缺乏深入的钻研，就事论事，人云亦云，提不出个人独特的见解。

4. 结构方面的毛病

（1）结构无序，即条理不清楚、层次不分明

造成结构无序的原因一方面是由于思路混乱，材料之间的相互关系认识不清，在层次的安排上把不同等级的概念或论证放在了同一个层面上，导致内容纠缠不清，意义不连贯；另一方面，写作前没有进行总体的布局，缺乏详尽的提纲，导致写作时颠三倒四、东拉西扯、前后不衔接，甚至有很多重复、矛盾之处。

（2）结构不完整，即论文的构成要素有残缺

论文全篇乃至各个部分中的基本构成如果有缺漏，论文的内容就无法得到完整、清晰的表述。例如，假若没有开头对选题研究目的、意义、方法的交代，正文的论述就失去了基础；假若没有结尾，论文就失去了明确的结论，无法将全篇内容作总结性地概括。

（3）结构失衡，即段落层次的详略安排不适当

论文一方面要根据论题的要求，分清各个部分的轻重主次，做到疏密有致；另一方面，也要考虑到论述时一般要把各个问题分成地位相等的几个方面进行论述。这几个方面在内容安排上应该相对均匀，从而使结构显得均衡、美观。

5. 材料方面的毛病

（1）材料不够真实、准确

选用了不真实或没有得到验证的材料，论文就不能令人信服。在选用材料时没有调查核

实,照搬他人,很容易出现失误。对于引用的历史人物、事件、时间、地点、数字、引文等都要进行认真的核对。对事实性材料不能搞"合理推理",凭主观臆想,推测事实。

（2）材料脱离主题

材料必须紧密围绕主题,一些与主题无关或关系不大的材料,要毫不可惜地舍弃。不要把不能充分说明问题的材料写入文中进行牵强附会的解释。

（3）材料不够典型

即使是与主题有关的材料也不能随意地写入论文,要精选出典型的、能揭示研究对象本质的材料。否则,会造成材料堆积,文章臃肿,观点却得不到鲜明体现的情况。

（4）材料多寡、详略不当

要善于剪裁,根据论证中心观点的难易程度决定材料的多寡;根据论证时的重要程度安排材料的详略,不能不分轻重主次,胡子眉毛一把抓。

（5）材料陈旧

不能总用一些人们熟知的老例子。选择新颖的材料能够增强现实性、说服力和吸引力。特别是一些实践性很强的论文更要注意多选择一些新出现的有特色的材料。数据的使用尤其要注意其时效性。

6.论证方面的毛病

（1）入题缓慢

论文要开宗明义,下笔就直接进入中心问题,不能从离题很远的地方说起,以至迟迟不能入题。

（2）论点有矛盾

中心论点概括力不强,不能统领各个分论点;各个分论点之间意义有交叉;前后论点有矛盾等等。

（3）论证游离题旨

论证时要紧扣中心论题,不能随意生发开去。题外论述、一般性论述、常识性论述太多都会影响论证的有效性。

（4）论证缺乏逻辑性

没有按照逻辑论证的规则、方式组织论证,论证时出现如前所述的各种逻辑错误。

（5）论证方法单调

不能根据内容的需要灵活地运用演绎、归纳、比较、喻证、归谬等多种论证方法展开论证,论证过于平板,也将影响论证的力度。

（6）论据不足,牵强附会

具体表现为:论据不充分,或缺少理论论据,或缺少事实论据;论据缺乏典型性,仅凭特定环境中的某些个别事实作为论据来论证论题;论据缺乏必要性,论据与论点之间没有必要的联系,有脱节,甚至有矛盾;对论据缺乏透彻、深入的说明、分析,只是材料的堆砌。

7.格式方面的毛病

（1）行文不符合格式要求

书写时没有按照国家及有关部门的格式规定行文。标题、署名、摘要、关键词、绪论、本论、结论、注释、参考文献等构成要素有缺漏。

（2）绪论、结论写作不当

不了解绪论、结论的作用，不重视绪论、结论的写作，不知道绪论、结论的写作规范。例如，写作绪论时如果没有抓住阐述选题的意义这一要害，缺乏对该选题前人研究状况的回顾，以及研究方法、论文贡献的交代，写了大量与说明论题没有多大关系甚至是无用的话，内容庞杂却离题千里，这样的绪论不仅不能起到引导本论的作用，反而是混淆视听、误导阅读。同样，写作结论时如果只是作一些简单的复述，讲一些肤浅的、老生常谈的套话，不能从理论的高度对全文的内容进行归纳、总结，指明论文的贡献以及提出进一步研究的推想等，这样的结论不仅不能升华论题的意义，反而使论文显得画蛇添足、拖沓累赘。

（3）参考文献标注不全

标注参考文献有疏漏或错误，使读者无从考证，难辨真伪。论文十分重视参考文献的使用。凡有引用，修改时都要对照原文，逐字逐句校对，并按照参考文献格式编排要求进行标注。

8. 语言文字方面的毛病

（1）词汇贫乏，用词不准确、不规范

例如，错别字多，生造杜撰词语，误用成语典故，过于口语化，半文不白、语义不明等等。

（2）语法、句法不通

句子成分欠缺、搭配不当，不合逻辑。

（3）不符合论文文体要求

语言缺乏专业性；文字不简练，堆砌辞藻，华而不实；滥用修辞手法和抒情、描写等表达方式。

（4）标点符号使用不规范

标点符号使用不当，直接关系到文义的通顺与连贯。要重视标点符号的修改，用准确无误的标点体现语句、段落、层次、篇章的脉络和逻辑。

（5）图形语言运用不妥

图表过多，安排不适当，设计不合理、制作粗糙，不能很好地起到说明文字的作用。

不同类型论文写作举要

【提要】

◇ 综述型论文

◇ 理论型论文

◇ 调查研究型论文

◇ 案例分析型论文

◇ 比较型论文

◇ 批驳型论文

综述型论文

综述型论文是指针对某一研究对象,归纳、综合前人已有的研究成果,并加以评论的论文。通过综述可以反映某一领域、某一专题研究的历史背景、前人工作、争论焦点、研究现状和发展前景等,具有资料性和评论性的特点,可为有关部门工作的开展提供重要的参考。

综述包括"综"与"述"两个方面:"综"是指写作时要对占有的大量材料进行分类、归纳、综合,使材料能够纳入一定的分析系统;"述"是指评述,指对所写的专题进行比较全面、深入、系统的评论。

根据对于原始文献材料提炼加工程度的不同,可将综述分为以"综"为主的归纳型综述和以"述"为主的评论型综述。

归纳型综述是作者将搜集到的文献材料进行整理归纳,并按一定顺序进行分类排列,使它们互相关联而撰写的具有条理性、系统性和逻辑性的论文。它集中地反映了当前研究进展的情况,体现了作者一定的倾向性,但作者较少直接发表自己的见解和观点。

评论性综述不仅要对文献材料进行分类、归纳、综合,还要直接对这些材料进行评判,包含作者自己较多的见解和观点。

综述型论文应该选择前人未曾写过的,近年来研究进展较快,内容较新,知识尚未普及,观点有争议,有较多研究论文产生的问题进行评述。最好选择与自己从事的专业密切相关的、即将开展研究的问题进行综述。题目要明确具体,范围不宜过大。

综述型论文要特别重视文献材料的搜集工作。文献是综述的基础,搜集的文献越多、越全、越新,综述就可以写得越好。

阅读文献时要做好文献摘录卡片和读书笔记,可按照综述的主题的要求进行分类编排,使材料条理化、系列化。

写入综述的材料必须忠于原文,切不可断章取义,阉割或歪曲前人的观点。

与一般论文重视逻辑论证不同,综述型论文重在写出详细的情报资料。以简略的叙述为主,夹叙夹议或先叙后议是综述型论文写作时基本的表达方式。

综述型论文的写作格式:

1. 前言

综述的前言主要叙述综述的目的和意义,概述主题的有关概念和定义,限定综述的范围。

2. 主体

主体部分一般可按年代,或问题,或不同观点,或发展阶段把主体分成几个相对独立的部分。每部分基本上都有历史发展、现状评述和发展前景预测三个方面的内容。

历史发展主要是按时间顺序,简述主题的来龙去脉、发展概况及各个阶段的研究水平。

现状评述主要是阐述当前国内外的研究现状,着重说明哪些问题已经解决,哪些问题还没有解决,可能解决的途径有哪些,目前存在的争论焦点是什么,各种观点的异同在哪里,作者自己的观点是什么。要重点地、详细地介绍有创造性和发展前途的理论和假说。

发展前景预测主要是通过纵横对比,肯定该主题目前的研究水平,指出存在的问题,提出可能的发展趋势,指明今后研究的方向及其途径。

3. 结论

结论部分是总结,可以对主体部分的主要内容作出简要的概括,提出自己的见解,或提出一些意见或建议。

篇幅较短的综述如果在主体各个部分已经作了简明的概括总结,则可以不单独列出结论。

4.参考文献

参考文献是综述型论文的原始素材,因此,列出足够的参考文献格外重要。除了表示尊重他人的劳动,表明所引用的材料有确切来源,真实可靠之外,更重要的作用是可以为读者深入探讨该主题提供查找有关文献的线索,而这正是综述型论文的重要价值之所在。

理论型论文

理论性是所有学术论文的一个共同特性。这里所指的理论型论文是相对于调研、案例分析等实践型论文而言的,专指以学科领域中某一理论问题为研究对象,以补充和修正现有理论的不足和缺陷为目的论文。

理论型论文的写作要点有:

一是对研究对象所涉及的理论范畴要作出明确的概述。

二是一般采用历史的、逻辑的、辩证的研究方法。

三是思辨性强,要善于通过把握事物的内部规律及相互关系来展开分析与综合。

四是主要运用概念、判断,通过逻辑推理的形式展开论证。

五是进行理论推导时,一般用公认的理论原理为大前提,以研究对象的基本特征为小前提,演绎推导出研究对象所具有的理论价值,因此,要特别重视对经典理论、言论、著作等文献材料的引用。

六是在内容上具有高度的概括性,在结构上具有严密逻辑性,在表达上十分强调准确、规范。由于概念、观点、理论体系是构成理论类论文的核心内容,因此,概念是否明晰、观点是否成立、理论体系是否严密是反映理论类论文水平最主要的方面。

1.概念

概念是反映对象的本质属性的最基本的思维形式,是决定某事物所以成为某事物并区别于它事物的属性,是理性认识的第一种形式,是人们进行判断和推理的基本单位。

概念的研究、界定和运用是科学研究的重要内容。概念是建立理论的基石。任何理论体系的展开都必须以明确、公认的概念含义为基础,概念的表述和运用是否清晰、准确、科学,直接关系到观点等的表述是否清晰、准确、科学,关系到论证的有效性。概念的含混会导致理论的含混。

首先,概念是构成理论的基石。任何理论体系都要以明确清晰的概念为基础。对人们不够理解,或在理解上有歧义、运用上有偏颇的概念予以明确、澄清,是对科学理论的完善。

其次,概念是实践的依据,新概念的建立往往能为实践的突破提供依据。当原有概念不能很好地解释实践中出现的新现象、新问题之时,就需要提出新的概念,以便更有效地指导实践,这是对科学理论的发展。

第三,概念是讨论问题的共同语言。概念不明,彼此就无法互相交流。在论文写作中,如果对处于重要地位的概念不进行必要的逻辑界定,常常容易产生逻辑错误。对所用概念作精确的审定和必要的阐释是逻辑论证最根本的一环,起着非常关键的作用。理论型论文尤其要细致审定所用的概念,弄清重要概念可能包含的各种义项,通过概念的明确将论题限制在一个适当的范畴之内,从而确定论证的逻辑安排和论述的准确方向。

明确概念就是明确概念的内涵和外延。一个概念由内涵和外延构成。内涵就是概念所反映的对象的本质属性,也就是通常所说的定义,说明概念所反映的对象是什么;外延是指具有概念所反映的本质属性的对象类,也就是通常所说的概念的适用范围,说明概念所反映的对象有哪些。两者相互制约、相互依存。一个概念的内涵越多,外延就越少;内涵越少,外延就越多。具体说来,明确概念的方法有以下四种:

（1）定义

定义是一种揭示概念内涵的逻辑方法。通过定义,揭示概念所反映的事物的本质属性,把一事物同他事物区别开来。定义既具有明确概念含义的作用,也有检验所用概念是否明确的作用。人们在思维过程中往往需要运用许多概念,如果对所用的概念能给出正确的定义,那么对概念内涵的认识就是明确的,否则就是不明确或不够明确的。定义是总结和巩固认识成果的一种重要方式,有助于人们准确地掌握和传授知识。在论文写作中定义是科学而明确地阐释概念,形成观点,展开论证的必不可少的手段。

给概念下定义,必须遵守以下的规则:

①定义必须相应相称。定义概念的外延与被定义概念的外延必须相等,二者具有全同关系。违反这条规则,就会犯"定义过宽"或"定义过窄"的错误。

②定义概念不能直接或间接地包含被定义概念。即定义概念不能依靠被定义概念来说明,否则,就始终不能说明被定义概念的内涵是什么。违反这条规则,就会犯"同语反复"或"循环定义"的错误。

③定义必须用肯定形式。否定定义只说明事物不具有什么属性,而不能说明事物具有什么属性,不能起到揭示事物的本质属性,明确概念内涵的作用。

④定义必须清楚明白,不能用比喻。定义概念不能用含混不清、隐晦难懂的语言或比喻性语言。

（2）划分

划分是明确概念外延的逻辑方法。有些概念的外延包括的对象少,要明确它可用列举的方法一一指出来。但有的概念的外延包括的对象很多,不可能一一列举,这就需要对它进行划分。划分就是把属概念分为若干个种概念。每一划分都要依据一定的属性,即划分标准。由于一个事物有不同的属性,所以可充当划分根据的标准有多个。划分时各子项外延之和必须与母项的外延相等,子项外延要互相排斥,要按照同一标准逐级进行划分,层次要清楚。如果越级划分,概念就容易模糊。

（3）限制

限制是通过增加概念的内涵以缩小概念的外延来明确概念的一种逻辑方法。为了明确概念,常常需要对外延过宽的概念加以限制。限制的极限是再也不能继续限制下去的单独概念。限制必须在具有属种关系的概念间进行,由外延较大的概念过渡到外延较小的概念。

（4）概括

概括是通过减少概念的内涵以扩大概念的外延来明确概念的逻辑方法。概括的极限是哲学范畴。概括要恰当,既不能概括过度,也不能概括不够。如果对于不属于种属关系的概念进行概括,就犯了"概括不当"的毛病。掌握概念的概括法能够帮助我们把具体的、个别的问题提高到一般的、原则性的高度来认识,使认识由特殊上升到一般,掌握事物的共同本质,指出事物的所属范围。

总之,概念的运用要准确、科学、严密。所谓准确,一指要准确把握概念的内涵,辨明具有同一关系概念内涵的差别;二指要准确地把握概念间的关系,注意不要把具有全同关系的概念、交叉关系的概念、属种关系的概念分别并列使用;三指要恰当地对概念进行限制,缺少必要的限制或作多余的限制都会影响概念的准确使用;四指写作时不仅要明确概念,更要注意用语词准确地表达概念,做到用词恰当,不使人产生歧义。所谓科学,是指体现概念的定义要有深刻的科学内涵。要防止定义过宽、过窄、同义反复、循环说明等逻辑错误的出现。

科学的概念只有在采用分析、综合、抽象、概括等逻辑的方法,对感性材料进行科学地研究之后才能形成。人们对事物本质的研究越深入,形成的概念也就越深刻。所谓严密,是指概念的划分要严密。要严格遵守划分的规则,否则,就会漏洞百出、混乱不堪。此外,概念的界定和运用还要注意其普遍适用性以及各国文化差异而导致的语义上的差别。

2. 观点

观点是人们在已知的事实和科学原理的基础上,经过一定的推演,对研究对象及其发展规律所作的理论解释。通过概念的界定明确了认识对象是什么之后就可以运用概念对认识对象的因果关系、发展规律、是非曲直等方面的情况作出断定,形成观点。观点是构成理论的主要内容,从某种意义上说,理论就是相关观点的集合。科学研究的目的就是要提出富有创新性的理论观点,并加以论证。观点是所有学术论文的核心,即使在实践型论文中也必须有作者在大量事实性材料基础上概括、总结出来的理论性观点,否则,文章就只是事例的堆积,有失深刻。

关于观点的提出与论证前面各章节都有详尽的阐述,在此仅举其要,略作强调:

(1)所提观点要揭示问题的实质,有一定的理论深度和创新性。

(2)要将所研究的理论问题分解为若干方面,逐一进行论证。

(3)要用逻辑的方法进行科学论证。

(4)结构要完整、严密,要熟练地掌握安排逻辑结构的技巧。

(5)可较多地引用理论性的文献材料。

(6)表达要通畅精练,形成论说的气势。

3. 体系

理论型论文的目的是针对现有理论体系的不足,找出问题,重新建构更为科学、更能促进实践发展的新体系。因此,写作理论型论文必须要以学科理论体系为出发点,有一个系统的观念。

理论体系是对某一学科领域的一系列根本性问题的系统解答。在一个理论体系结构框架中包含着对这一学科领域的概念、范畴、规律、目标、任务、原则、功能、过程、方法、手段等基本内容的明确认定。理论体系一般要回答三个问题,即"做什么?"(对象、任务、目标)、"为什么这么做?"(背景、理论、经验)、"如何做?"(程序、方法、原则)。

理论研究者一定不能局限于既有的知识体系,而是要站在促进学科发展的高度,用历史和将来相结合的眼光,深入地认识该学科的本质及其发展的规律性,博采众长,大胆创新,将各种思想和方法重新加以整理、归纳,将新概念、新观点统一起来,形成有机的新体系,对所要研究的问题给予全面的、系统的解释。

调查研究型论文

调查研究型论文是指以调查研究中所获得的材料的分析为中心内容而撰写的论文。这类论文需要在某一学科理论的指导下,通过问卷、列表、访谈等科学调查的方式,有目的、有计划、有系统地搜集第一手材料,然后在对材料进行科学分析的基础上提出相应的解决问题的对策、建议和方案。调查研究型论文在社会生活的各个行业、各个领域中发挥着越来越重要的作用。

1. 调研型论文的特点

(1)现实针对性强

与一般论文的写作动因相比,调研型论文有着更强的现实针对性。写作目的很明确。调研的对象、目的、要求,都来自于人们所关心和迫切要求解决的问题。一般都是针对工作生活中出现的新问题、新变化,组成调查组,开展调查研究工作。如果现实生活中没有出现某些问题和变化,就不会有与之相应的调研论文。因此,选题时现实针对性越强,论文的学术价值就越高。

(2)反映面广,决策价值高

调研型论文可以反映新生事物产生的时代背景,发展过程,揭示其成长的规律及意义,以达到促进新生事物成长和推广的指导作用;可以总结先进单位或个人典型的做法与体会,将之上升到理论高度加以概括、提炼,以点带面,促进发展;可以反映、揭露实际工作中存在的缺点与不足,指出其后果、影响及严重性,以引起有关部门的注意,并提出解决问题的合理化建议。由于调研型论文反映情况较为全面、真实、可靠,往往可以作为管理部门制定方针政策,采取相应措施时的参考。

(3)高度的事与理的统一

这是调研型论文的重要特征。一方面,调研型论文不像理论型论文那样主要依靠逻辑的推理和论证,它不需要建立非常系统、严密的理论体系。调研型论文的重要价值在于其记实性。这类论文的写作以掌握大量的实证性材料为前提,重在能够如实地反映调查所得的客观情况。客观事实贯穿于整个调研论文写作的全过程。调查问题的提出由事实引起,事件的变化发展过程,要让事实说话,调查结论的得出,要用事实证明。但另一方面,调研型论文又有别于一般的调查报告。调研论文不可仅仅罗列现象,必须将事实性与理论性相结合。要在客观事实基础之上,对调查所得的事实用科学的手段进行分析、归纳,寻找到事物发展的规律,把感性的认识上升到理论高度,达到事与理的统一。既通过调查知道"是什么",又通过分析、研究知道"为什么"、"怎么办"。

(4)叙述性与议论性相结合

事与理相统一的特征决定了调研类论文在写法上的重要特点是叙述性与议论性相结合。叙述事实是其重要内容,或先叙后议,或夹叙夹议。

(5)鲜明的量化分析特征

调研型论文较多使用定量分析的方法,对调查所得的材料进行系统分析处理,使研究成果向精确化方向发展,从而拓展研究空间,揭示仅靠定性分析不足以表达的错综复杂的相互关系及其变动趋势。行文中常用数字图表,文字高度简约。

2. 调研型论文的基本要求

研究有理论基础,结论有示范功能,调查方法科学,样本有代表性是调研型论文的基本要求。例如,陆立军教授《浙江省 1162 家民营科技企业问卷调查与分析报告》一文,选择民营科技企业这一当前的热点问题进行研究,以改革开放以来民营经济发达,最具经济活力的省份之一浙江的民营科技企业为调查对象,用问卷的形式调查了全省 74 个市、县、区以及杭州市、宁波市高新技术开发区、宁波市经济技术开发区 1162 家民营科技企业,样本既有典型性又有广泛性,由此所获得的数据具有说服力。论文以现代经济学、企业管理学理论为指导,建立了一个科学的评估体系。用企业经营效益、R&D 活动、产品创新能力、现代企业制度的建立、财务、产品质量、营销等各个方面详尽的数据材料,全面客观地反映了当前浙江民营科技企业发展的现状及存在的问题。同时,作者没有停留在事实材料的表层,而是层层深入,分析了科技企业的发展趋势和模式,从企业和政府两个角度,系统地提出了具有可操作性的加快民营企业发展的政策建议,其结论具有示范功能,可以供有关部门决策时参考。

3. 调研型论文的基本格式

(1)前言部分简明交代调研的目的、调查的对象和方法。

(2)主体部分首先归纳调研的情况(现状),其次分析出结论性认识(问题)。

(3)结论部分提出解决问题的意见、建议。

案例分析型论文

案例分析型论文就是以典型个案的分析、评判和研究为论题的论文。这类论文重在以一定的理论为指导,从具体案例的分析中得出规律性的结论。案例既可以用于佐证理论,使理论具有说服力,又可以用于解释、验证理论,使理论易于理解。运用案例来说明问题,现实性强,生动直观,可以清楚地告诉人们"事实是什么","问题实际上是如何解决的"。

案例研究可分为纵向研究和横向研究两类:纵向研究指在一段较长的时间内,对同一个或一批对象进行全面、系统的研究,并随时间的进程记录其发展变化,由此可获得完整、系统的资料,得出既有连续性又有阶段性的结论;横向研究指在同一特定时间内,对许多不同对象进行系统研究,探讨其发展规律和特点,由此可在短时间内获取较多的结果。

采集案例时需要对研究对象某一方面或多方面的特点进行较长期的连续性追踪研究。研究时可针对研究对象的具体情况,灵活机动地采取直接研究或间接研究的方式,通过谈话、观察、测验等多种方法对研究对象进行较全面、较系统的考察,研究其发展变化的过程,在一般性经验总结的基础上,通过科学地概括和抽象揭示出研究对象的内在联系与规律性,全面、准确地将感性认识上升为理性认识,将经验上升为理论,以得出较为科学的结论。经过案例分析所得出的经验性认识必须能够充分反映现实,有普遍的代表性,适宜于作借鉴和推广的共识。

案例研究是一种深入、细致的研究,可以避免团体研究的粗糙性。其缺点在于案例往往有较多的特殊性,缺乏代表性,据此,较难得出具有普遍意义的推断性结论,因此,用个别的案例说明其所代表的总体时要慎之又慎。要防止犯"只见树木,不见森林",把局部经验误认为普遍真理,以偏概全以及夸大感性经验的片面性、主观性毛病。

例如一篇探讨行政管理学中有关政企关系改革问题的论文,以美的集团为案例研究了地方政府与企业关系的重塑问题,角度虽小,挖掘却很深。作者运用委托/代理理论,以美的集团的发展历程为案例,探讨了政企关系如何突破以行政隶属为基础的庇护/依附关系,如何按照现代公司制度建构市场导向的委托/代理机制问题。主体四大部分层层深入,环环相扣:一讲历史(计划经济为主导时期的政企关系);二讲缺陷(市场条件下计划经济为主导的政企关系的不足之处);三讲怎么办(建立市场为导向的政企关系:委托/代理);四讲发展方向(绩效政府与强势企业并举)。全文以案例为据,有了事实确凿的可靠性;同时又以学科理论为支持,使观点具有相当的理论深度,因此,其结论就具有了普遍的代表性。

比较型论文

　　比较型论文是指主要采用比较研究的方法,通过对某一研究对象在不同时期、不同地点、不同情况下的不同表现的比较分析而写成的论文。

　　任何事物都有区别于他事物的特殊性,又有与他事物相联系的共同性。通过比较找出该事物与他事物的共同点和不同点是人们认识客观事物最常用、最重要的方法之一。比较提供了认识问题的独特视野,拓展了研究的范围,并可使理论的假说在实践中得以验证,因此,比较是社会科学研究中的基本方法。

1. 比较的原则

　　运用比较的方法分析问题时要遵循三个原则:

　　(1)可比较性原则,即只有在具有相应的可比关系的事物(同类事物或可用同一个标准衡量的事物)之中才能使用比较方法;

　　(2)同一标准原则,即对同一些事物某方面或某属性的比较必须按相同的标准进行;

　　(3)比较完全性准则,即对比较对象的比较必须进行完全。只比较某些方面极有可能得出错误的结论。

2. 比较的类型

　　按照不同的标准可以划分不同的比较研究类型:

　　(1)根据事物之间存在的差异和同一性,可分为同类比较研究和异类比较研究

　　同类比较即对比,是比较两者或两种以上同类事物而认识异同的方法;异类比较即类比,是比较两种或两种以上性质相反的事物或一个事物的正反两方面,以发现异中之同,然后,以此为根据,把其中某一对象的有关知识或结论推移到另一类对象中去的方法。类比在社会科学研究中有重要作用:通过类比推理可以提出科学的假说,提供解决科学问题的思路,辅助证明,建立数学模型等。

　　(2)根据比较对象的历史发展和相互联系,可分为纵向比较研究与横向比较研究

　　纵向比较研究是比较同一事物在不同时期内的发展变化;横向比较研究是对同时存在的现象进行比较。

　　(3)由于事物是质与量的统一体,可分为定性分析比较研究与定量分析比较研究

　　定性分析比较研究是通过事物间本质属性的比较来确定事物的性质;定量分析比较研究是对事物属性进行量的分析以判断事物的发展变化。

3. 比较的步骤

　　运用比较的方法进行研究时可按以下步骤进行:

　　(1)明确比较的目的,确定比较的主题。依据主题限定比较的范围,确定比较的内容,从而使比较的目标明确而集中。一定要根据比较的主题确定一个统一的具有可比性和稳定性的比较标准。

　　(2)广泛搜集、整理材料。通过查阅文献、做调查、做实验等多种方法,尽可能多地搜集所需的材料,并进行初步整理。

　　(3)比较分析材料。这是比较研究的关键环节。对搜集的材料进行反复的、全面的、深入的分析、综合、归类、评价,得出基本观点。

　　(4)用理论和实践论证、验证所得出的结论。

例如,《国内若干大城市综合竞争力比较研究》一文,以上海等 10 个有代表性的城市为比较研究对象,以综合竞争力的横向比较研究为主要目的,综合地运用了对比、类比、定性分析比较、定量分析比较等多种比较方式对论题及其相关概念、理论展开了全面、深入、科学的比较。全文在比较了各种国外企业竞争力和国家竞争力理论的基础上提出了具有中国特色的城市综合竞争力概念,创造性地提出了"比较城市综合竞争力主要是比较城市经济功能"、"集聚和扩散功能是城市综合竞争力的本质体现"等比较标准,建立了城市综合竞争力比较的指标体系,设置了评判城市综合竞争力的 3 个一级指标、14 个二级指标、79 个三级指标。通过这样的比较研究可以清楚地了解中国城市综合竞争力的状况、水平和特点,发现促进城市综合竞争力提高的主要因素。

批驳型论文

学术研究必然存在争鸣,正是各种不同的思想、观点、态度、方法促进了学术研究的不断进步。批驳型论文就是指以反驳他人的观点为论题的论文。

1. 批驳型论文的写作要求

批驳型论文的水平主要表现在针对性、说理性、艺术性三个方面。具体要求如下:

(1)要有的放矢,实事求是,不能牵强附会,断章取义。

(2)要有理有据,以理服人,不能强词夺理,信口开河。

(3)要有辩论的艺术,有礼有节,掌握学术之争的分寸感。

(4)切忌"以人为据"的题外论证。反驳时绝不能混淆对方论题和对方本身存在的缺点这样两个不同性质的问题,犯偷换论题的逻辑错误。

在论证过程中,立与破是相反相成的。论证一个论题真实就意味着与论题相矛盾的论题虚假;而论证一个论题虚假则意味着与之相矛盾的论题真实。批驳型论文的目的在于斥假,要以破为主,用有力的论据反驳别人错误的观点,从而来证明自己观点的正确。

2. 驳论的基本方法

展开有效的反驳是批驳型论文写作的关键。反驳是论证的一种特殊形式。由于对立论点总是由论据及论证支持的,因此,反驳论题、反驳论据、反驳论证是驳论的基本方法。

(1)反驳论题

反驳论题就是论证对方的论题虚假,可以直接反驳,用确凿的事实或一般原理从正面直接论证对方的论题是虚假的,也可以间接反驳。间接反驳主要有反题法和归谬法两种。反题法是通过论证一个与对方论题相矛盾或相反的论题真实,然后根据两个互相矛盾或反对的命题不能同真,必有一假的矛盾律,从而确定对方论题是虚假的。归谬法是指不直接指出对方论题错误,而是假设其为真,然后将其论点作合乎逻辑的引申,推导出一个荒谬的结论,从而确定对方论题虚假的论证方法。归谬法通过引申,有意放大错误的论点,使人更明显意识到它的荒谬性,从而使错误的论点不攻自破,这是一种经常使用的简洁有力的反驳方法。

(2)反驳论据

反驳论据就是论证对方的论据是虚假的,从而使对方的论题不能成立。因为论题靠论据来论证,如果论据虚假,论题就丧失了根据。反驳论题的各种方法都适用于反驳论据。但是必须注意,驳倒了论据并不等于驳倒了论题。因为论据与论题之间并不是论据虚假论题必然虚假的关系。驳倒了论据,只能使对方的论题丧失根据而不能成立。

（3）反驳论证

反驳论证方式就是论证对方的论据与论题之间没有必然的逻辑联系，从而使对方的论证不能成立。由于论证过程是依靠一定的推理形式完成的，如果指出其论证的方法存在不合逻辑的错误，论据就不能说明论点的真实性。但是，驳倒对方的论证方式也不等于驳倒了论题，只能表明对方的论题得不到论证，论题依然存在可能是真亦可能是假的两种情况。在实际论证过程中反驳论证一般不能完全独立使用，常常渗透在反驳论点和论据的过程之中。

通过反驳论据使论题不能成立或通过反驳论证使对方论据推不出论题与直接反驳论题一样都是一种有效的反驳方法。在反驳时采取何种方式进行反驳要根据对方展开论证的具体情况，选择一种较合适的反驳方法。也可以把几种方法结合起来使用，以增强反驳的力量。

不同专业论文写作举要

【提要】

◇ 中文专业论文

◇ 外语专业论文

◇ 艺术设计专业论文

◇ 经济专业论文

◇ 法学专业论文

◇ 教育、心理专业论文

◇ 理科专业论文

◇ 工科专业毕业设计

论文的专业性特点要求不同专业的论文在写作时要符合各自专业的一些特殊规范。

中文专业论文

中文专业论文，即指汉语言文学专业的论文。中文专业论文大多以作品为研究对象，以与作品有关的问题，如文艺思潮、文艺流派、作品主题、结构风格、语言等为研究内容。

文艺学研究主要包括马克思主义文艺学、文学理论、文艺批评学、文艺美学、中国文艺学、外国文艺学、比较文艺学等的研究，要求写作者有扎实的理论修养和正确的指导思想，掌握多种传统和现代的研究方法。

中国古代文学、中国现当代文学、外国文学的研究，主要是对古今中外的作家作品、文学发展史、文学发展规律、文学社团、流派、思潮和创作群体进行探讨，要求写作者弄清事实，做好大量的文献阅读、整理与事实考证工作，努力提高自己的思辨能力；外国文学的研究要求在熟练运用外语的基础上，在世界文学的广阔背景下，对重要的文艺思潮、文学现象和作家作品进行研究，探索其发展规律。

比较文学研究主要包括文学范围的比较研究和跨学科的研究两个方面。文学范围的比较研究包括影响研究、平行研究、历史类型研究等；跨学科研究有文学与艺术、文学与宗教、文学与人文社会科学、文学与自然科学等的研究。

语言文字学的研究主要包括训诂、音韵、文字、语音、方言、词汇、语法、修辞等方面的研究。语言学研究强调掌握第一手的文献和语言材料，做好调查和定量分析工作，多用描述和解释的表达方法。

中文专业论文的突出特点是论证不离作品。作者的观点建立在对所引作品评析的基础之上。由于作品具有形象性、情感性的特点，因此，论述时往往形象思维与逻辑思维互相交织，科学论证和形象表述融为一体，语言风格明白流畅，生动活泼，富有一定的感情色彩。

外语专业论文

外语专业论文，是指英语、德语、法语、日语等专业的论文，可以分为文学类论文、语言及语言学类论文、翻译类论文等几大方面。随着外语专业教学内容的拓展和社会对外语素养的需求，外语与其他学科的交叉已势在必行，这就使外语专业论文的选题突破了狭窄的领域，呈现了外语与文化、外交、经贸、新闻等交叉综合的跨学科现象。

文学类论文是作者通过对文学原著的阅读、理解，利用所掌握的文学批评的基本知识和方法，对不同地域、不同时期、不同作家、不同形式的文学作品进行评论，对作品产生的背景、作家的风格、派别等进行分析和评论，对不同语种的作家作品进行比较研究等。

语言及语言学类论文可以以语言词汇学为中心来展开，如研究构词法、修辞方式、词义变化、同义词、惯用语、语境与词义理解等等；可以以语法为中心来展开，如研究时态、语态、虚拟式、间接引语、句式倒装等等；可以以当代语言学及其理论为中心来展开，如研究词语的文体色彩、词语的修辞功能、语言的历史发展和变体、语言能力和语言运用、词典的评价等等；还可以以教学法为中心展开，如研究语言学与外语教学法的关系、词汇教学如何与语法教学相结合、学生外语记忆能力训练等等。

翻译类论文是作者运用双语翻译的基本理论和词语、长句及各种文体的翻译技巧，来研究翻译中的形象转换、翻译中的变通与补偿手段、当代语言学理论在翻译中的运用、文化差异与不可译性、语境理论与翻译实践、翻译中的常用技巧等等。

外语专业论文一般要求正文长度在 5500—8500 个单词以内。与其他专业的论文不同的是外语类毕业论文要求必须用外语进行写作。由于存在着文化和思维的差异，语言表达时尤其要做到准确、得体和生动。准确，即语句要符合外语的句法；得体，即写作时要用正式的语体，多用高语域的词汇、长句和复合句等；生动，即力求流畅，增强论文的可读性。

另外，特别强调的是外语类论文应用外语思维来写，不提倡为了讲究逻辑而先写好中文再翻译成外语。

艺术设计专业论文

艺术设计的概念很大，包含人们的衣、食、住、行、用各个方面，目前主要有服装设计、视觉传达设计、环境艺术设计、工业设计、陶瓷艺术设计、工艺美术史论等专业方向。总体而言，艺术设计是艺术、科学和技术的交融，集成性和跨学科性是它的本质特征。艺术设计理论的形成必须以哲学、社会学、美学、艺术学、经济学、文化学、人体工程学、工艺学等多个学科领域的知识为基础。

选题的过程是对专业理论学习的梳理、归纳、分析、总结、提高的过程。艺术设计专业论文的选题既可以从艺术设计这一大专业概念着手，也可以从本专业的一个方向如环境、装潢、造型等学科寻找论题，还可以跨学科地在两个或多个学科的边缘交界处进行选题。

艺术设计论文的选题可着眼于本专业领域的新发现、新方法、新潮流。设计认识的新理念、设计方法上的新突破、设计文化的新潮流及其发展方向都是选题的关注点。

另外，艺术设计论文的选题还可特别关注周边学科的新进展对艺术设计产生的新影响。比如，计算机软硬件的发展和图片处理功能的开发对广告、装潢的影响；机械工业的发展对服装工艺学、服装业的生产方式、服装的外形产生的影响；新型材料的开发对工业设计中的产品造型、结构、功能及生活方式产生的影响；人体生命科学、生化研究等方面的新发现以及以人为本口号的提出对设计新的要求等等。

艺术设计专业的选题一般宜小不宜大。要有感而作，不要选择一些不切实际的、空洞的、自己不熟悉的、难度过大的题目。"论我国服装业的前景"、"中西视觉传达形式之比较"、"论WTO对我国广告业的冲击"等题目都太大，不是短短一篇几千字论文能够阐述清楚的。

选题时研究范围和切入点的选择非常重要。如《唐代胡服研究》论文就是通过对中国服装史的研究，并结合中国古代文化进行分析后认为：唐代是中国历史上最为辉煌的盛世，文化交流广泛唐代服饰辉煌灿烂，无论是宫廷服饰还是民间服饰都呈现出开放、大气的风格。因此深入研究其流行款式与文化间的关系将是非常有意义和有趣的。这样就确定了研究的范围：唐朝。但仅此选题还太宽泛，还要进一步选择一个能凸现创见的切入点。胡服是唐代服饰的另类，是西域少数民族服饰的总称。唐代汉人着胡服，尤其是妇女着胡服正说明唐代文化的开放性与包容性。因此将切入点选择在胡服的流行与文化交流方面就具有代表性意义。同时通过研究还可以就当前服饰流行与中西方文化交流相联系，这样对今天服饰流行时尚也具有指导意义。

艺术设计类毕业论文选题切忌大而空，重点不突出。如《唐代服饰研究》与《唐代胡服研究》比较，前者包括唐代所有的服装类型和装饰，一篇论文是无法论述清楚的；后者只是针对唐代服饰中的一种服饰现象进行研究，针对性强，便于展开论述。

艺术设计类论文可分为论说型、评析型、说明型三类。论说型毕业论文一般适合硕士学位和博士学位论文，评析型、说明型则较适合学士学位论文。如《汉代画像与汉代漆器》、《从紧身胸衣到三寸金莲》都属于评析型的论文，《功能与风格的思考——中科院数学与系统科学研究院大楼改造工程》则属于说明型论文。

说明型毕业论文对于本科毕业生而言主要是结合毕业设计进行写作。写作时不能就事论事，要对毕业设计进行总结和提升，要有设计理论与创新的总结及其推广的价值分析。说明型论文的写作对今后实际工作中设计文本策划有重大帮助。说明型论文的结构包括：项目概况、设计依据、设计理念、设计构思、具体设计介绍和结束语六个部分。

经济专业论文

经济专业论文一般可分为两大类：经济研究论文和经济管理论文。

经济研究论文主要用于宏观经济理论研究，它以整个国民经济甚至世界经济为研究对象，探讨经济形态及其运行机制，研究经济体系及其产业结构，分析并调整经济成分比例关系，揭示社会经济行为发生发展过程及其客观规律。它为社会总体经济工程设计提供参考、依据,所以立足点高、囊括面广、概括性较强,理论水平要求也较高。经济管理论文主要用于微观经济理论研究。它以具体经济系统、部门、单位甚至具体经济工作为研究对象,探讨企业管理体制、原则,分析生产组织形式、方式,研究经营方式、手段,调整生产关系、经济利益,总结管理技术、业务经验。它为社会具体经济工作的开展作指导、教方法、送技术、供经验。它立足现实经济工作,针对性强,选题具体、实际。

选题对于经济论文写作非常重要。论题选得好,便于发挥主观优势,也便于发挥论文的社会价值。选题要在自己熟悉的专业基础范围之内进行。如果有实际经济工作的经验,把感性的经验经过归纳分析,上升到理论的高度,也是一种很好的选题方法。经济论文选题时还要注意论题的现实意义,应该选那些与国家经济建设关系密切,对社会经济行为有重要指导意义,或是受到人们普遍关注的问题进行探讨。

经济论文除了运用逻辑论证方法之外,还较多地使用统计推理法和数学模型法对问题做定量的分析。

统计推理法是由总体中部分单位所具有的某种属性推出总体具有某种属性的方法。其部分单位的属性是运用数学统计方法归纳出来的。它又分为典型统计推理和抽样统计推理两种。典型统计推理是选取有典型性和代表性的单位进行调查,统计调查结果,进而推断总体属性的方法。抽样统计推理和典型统计推理方法基本相同,所不同的是其部分统计调查对象是根据随机原则从调查总体中抽选出来的。统计推理法是归纳推理和类比推理的结合:其调查统计阶段用的是归纳法。以部分单位统计结果推断总体情况用的是类比法。

经济数学模型,是客观经济过程数量关系的一种简化反映,是反映经济内容的数学公式或公式体系,是对客观经济过程中数量依存关系的数学描述。它具有严密的逻辑推导,简明精确,可以输入基础数据进行运算求解,准确地测定经济系统各要素间的数量依存关系以及发展的目标值。经济系统中的数量关系是复杂的,因而经济数学模型也必然是多种多样的。针对不同的经济问题,可以建立不同的经济数学模型。数学模型法是归纳推理和演绎推理的结合:其数学模型的建立过程靠归纳推理,运用模型推导具体部分的结论是演绎推理。

经济论文使用的概念较多,表述时一定要准确清楚,避免含糊不清。语言要求简练、平直。说理言简意赅,叙事客观直接。经济论文经常运用数据、图表进行表述。运用数据要符合规范。常见的图表有统计表、分类表、曲线图、直方图、圆比例图等。

法学专业论文

法学专业论文是指以法学作为研究对象所撰写的论文。其范围包括国内法学(其中又可分为宪法、民法、刑法、行政法、经济法、诉讼法等)、国际法学(其中又可分为国际公法、国际私法、国际经济法等)、法律史学(其中又可分为法制史与法律思想史)、比较法学与外国法学、立法学、法律解释学、法律社会学、理论法学以及法学的边缘学科。法学专业论文有以下几个特点:

1. 内容涉及面广泛,兼具社会性与专业性

法学体系内容丰富,每一门法学学科中都包含许多具体的法律制度、法律规范以及相关的理论。比如撰写有关专利、商标保护方面的文章时,除了要运用知识产权的法律知识外,还需运用宪法学、经济法学、民法学、行政法学等诸多相关知识。写作时要在对法学体系基础知识全面把握的基础之上,融会贯通,找准不同学科法学知识的联结点,灵活运用。同时,法学与社会科学中其他学科关系密切。撰写法学类专业论文,不仅涉及法学知识,还要涉及政治学、经济学、社会学、历史学、心理学、教育学等学科门类。比如写作青少年犯罪问题时,既需要掌握法学方面的基本知识,还需要了解青少年犯罪的心理,各种社会环境包括家庭对青少年思想、生活等方面的影响,青少年犯罪预防及教育等相关的知识。

2. 专业术语规范、严谨

法律术语是具有特定法律含义的专门术语。这些词语具有含义特定化、规范、严谨的特征。法律术语不同于日常用语。有时含义相同,但表达不同。有时表达相同,但含义不同。法律术语讲究实事求是,准确规范。在运用时,特别注意不要混同于日常用语,要从法律意义的角度来使用,避免产生歧义,不要随意添加想象,不要追求生动形象和情感的表现。

3. 理论和实践密切结合

法学研究的很大特点是实践性。法学是人们在实践的基础上建立和发展起来的一门学科。撰写论文时,既要注重法学的基本理论的学习运用,更要密切关注现实生活中许多与法律有关的问题。近年来,我国社会发展非常迅猛,各种社会实践活动引发出许许多多需要研究的法学问题。从立法、司法活动的实际需要入手是法学研究中常用的选题方法。其内容或以具体的法律规则、法律制度为研究对象,或以法律在实践中出现的问题为研究对象。其研究目的是为了完善相应的法律制度,说明法律、法规的实践意义,提高人们认识、理解、运用法律法规的水平,给立法、司法等法律实践活动提供有意义的指导。

4. 时效性强

法学以不断变动中的法为研究对象,法的变动性决定了法学的时效性。我国正处于大的社会变革之中,社会主义市场经济体系在逐步建立和完善,相应地,旧法需要不断地被修改甚至废止,新法、新的补充规定不断出台。撰写论文时,要随时关注法的发展动向。一定要以新颁布的法为准则,搜集最新资料,在准确把握新的法律条文的基础上撰写相关论文。

5. 多采用比较研究的方法

法学论文的写作者要善于吸收和借鉴中外历史上和当前世界各国中有益的法律思想和法律知识,因此,比较分析是写作法学论文常用的方法。通过比较,有助于了解和借鉴不同国家、不同政权的法理和法律,了解立法、司法实践中带有共同规律性的东西以及彼此差异之所在。

此外,法学论文由于在介绍背景资料、立法过程、当前状况等情况,以及阐述论点、展开论证、得出结论时都要大量地运用叙述、说明的表达方式,因此,对概要地进行叙述和说明的能力有很高的要求。

教育、心理专业论文

教育专业论文内容涉及教育学、教学论、教育史、比较教育、教育统计学、教育社会学、教育经济学、教育测量与评价、教育改革与实验等。心理专业论文内容涉及普通心理学、教育心理学、幼儿心理学、青少年心理学、管理心理学、心理测量等。

教育、心理类论文非常强调论文能够提供某一教育、心理问题的真实情况和解决这个问题的理论依据、建议、方案和办法。所得出的研究成果不仅要求具有理论意义上的突破,还要求有重要的实际意义和可应用性,并且其理论和实践都要有普遍的指导意义。

教育、心理类论文在研究方法上要重视实证研究和定量分析。通常采用的研究方法有:

1. 观察法

观察是认识教育及心理现象,搜集科学事实和各种资料的基本途径,也是发展和检验教育、心理理论的实践基础。前苏联瓦·阿·苏霍姆林斯基为了研究道德教育问题,仔细观察了3700 名"差生"和"调皮学生"的心理状态、行为表现,做了观察记录,他能够准确地说出 25 年中 178 名"最难教育"学生的曲折成长过程。

2. 调查法

调查法一般以当前教育、心理现状中存在的问题为研究对象,通过调查,找出问题症结,然后提出解决问题的新见解、新理论,从而推动学科发展和社会进步。调查虽然只说明一种现象,但真实性强,说服力大。访谈法、问卷法、测量法是三种在教育、心理类论文写作中常用的调查方法。

3. 实验法

实验法是根据一定的理论或设想,组织有计划的实践,并就实践结果进行比较分析,从而得出科学结论的方法。实验法在教育和心理研究中起着非常重要的作用。大如一种教育学说的创建,一种心理学派的形成,小如一种教学方法的提倡,一种心理特征的确立,往往都是以长期的或反复的实验作为其立论的根据的。

教育、心理类论文在写作时要准确地描述研究方法,详细说明假设的设计和程序、样本和使用的测验或测量手段,以便读者有可能重复这项研究。需要说明的内容如下:

(1)说明被试的数目、取样方法、特征(年龄、性别、来源等),若为动物测试,则应报告其种类等。

(2)说明研究时所用设备仪器、测量工具、问卷等评定量表的设计和参数等。

(3)说明研究的程序、指导语、变量的水平及其测量、被试的分配和实验设计、对无关变量的处理方法、主试的情况、研究的步骤等。

在论文中要报告所有有关结果,包括与自己假设不一致的结果。当需要报告大量研究数据时,可以用图表明确、简洁地显示主要结果,在图表后应加上简短的解释,使人能看懂内容。讨论部分是对研究结果进行评价,要说明结果是否支持了研究假设,并讨论其效度、理论意义和实际意义。讨论中还应指出研究的局限或进一步需要研究的问题。

总之,教育、心理类论文写作时要做到论点正确,论证方法严密,数据精确、可靠,实验结果有可重复性。

理科专业论文

理科专业论文,是指数学、物理、化学、生物等专业的论文。理科专业论文以自然科学理论和科技研究中的各类现象、问题作为研究对象。这类论文按照研究内容和方法的不同,可分为理论研究论文和应用研究论文两类。

理论研究论文一般从作者发现的问题入手,经过一系列的逻辑推理,得出结论。论文由提出问题、分析问题、解决问题三部分组成。所提问题要有独创性:新的发现、新的设想、新的理论、新的方法等等;要阐明研究该问题的必要性:理论价值和现实价值;要阐述该问题目前的研究现状;要对自己的论点进行合理的、充分的论证;要用精练的语言概括出结论,并指出有待于进一步研究的有关问题。

应用研究论文反映已知的科学理论、原理或技术在实践中的应用。应用研究论文非常重视真实性和实用性,一般以科学实验为着眼点,通过对实验结果的分析,得出结论。应用研究论文的结论必然是经过实验而被证实的结果,要用客观事实和翔实的数据资料证实结论的真实性和可靠性。要忠于实验结果,不能为了论文的需要而修改实验数据,更不能主观臆造。若时间许可,应将实验过程重复一遍,以验证实验数据的准确性,或者进行一些补充实验,搜集更多的数据,增加论文的说服力。

应用研究论文的正文包含理论分析、实验方法、结果的介绍和分析、讨论和结论等内容。

1. 原理

原理是作者从事该项研究的理论依据。作者可以用已经被证明是可靠的科学理论、实验原理作为实验的理论根据;也可以提出该项实验所要探索的原理或设想。提出设想,则需对该设想的合理性进行理论论证。

2. 材料和方法

实验材料泛指实验中涉及的实验对象、仪器、设备、原料、样品、试剂、添加物等,有关材料的名称、厂家、型号、精纯度等都要交代清楚。实验中所需的材料没必要全部列出,可选择具有代表性的给予说明。选择的原则是:保证同行阅读后,可根据文中提供的材料及其工作条件,能进行重复实验,以核对结果的可靠性。必要时可运用图示法来说明实验装置。

方法也称作实验过程或操作步骤。方法的叙述,一般应按实验进行的时间先后顺序来写。对已有方法或已有方法的改进,应注明方法来源,并把改进内容写清楚;对自行设计的方法,应详加介绍。叙述实验过程要精练,以免写成实验报告。在叙述实验过程时不要对实验结果进行分析和讨论,以免重复。

3. 实验结果

实验结果是作者研究过程的必然,是论文的关键,其后的分析、讨论由此展开,结论也由此获得。实验结果一般用数据、图、表来表示。对实验过程中取得的数据进行计算,要说明计算的方法。对于比较复杂的计算,应该重复多次,或用不同方法进行计算,以保证计算结果的正确。在科学实验中,对于任一物理量的测定,其准确度是有一定限度的,应根据本学科的要求,确定有效数字的保留位数。数据最好用表或图表示。写作前应把实验记录的数据或计算结果,根据论文内容要求进行分类,依次填入所列表中。对于有规律性的实验数据,应尽可能把数据之间的关系用图表表达出来。在论文写作时,根据需要有选择地进行取舍。

4. 实验结果的分析、讨论

实验结果的分析、讨论是论文的核心。实验结果是一切结论和推论的重要依据,要对结果作出定性或定量的分析,说明其必然性,所有数据都应在找到确凿证据说明其确系错误或无关紧要方可剔除。在分析中要抓住疑点、难点问题深入研究,不要轻易放弃;否则,就有可能失去获得重要进展的机缘。

讨论是作者依据实验结果的分析发挥自己的见解,论述本项研究发现的意义及其限度。在此,作者要对研究所得的材料进行归纳、概括、探讨,进行理论上的论证,包括主要的原理和概念、新发明、新见解、与他人结果之异同、研究的思路、存在的问题等,探索事物的内在联系和客观规律。

5. 结论

结论不是实验结果的简单重复,它是在对实验结果所显示出来的各种因素的关系的分析、讨论的基础上得出的对有关问题的规律性的认识。结论部分要突出本项研究新的和重要的方面,还要指出尚待解决的问题以及进一步研究的方向。对无法解释的现象或结果,也要在结论中明确指出,以便以后继续研究。

理科类毕业论文写作时还要特别注意公式表述的规范性。公式一般包括数学式、关系式、方程式和化学反应式。通常,公式都应专行居中书写,其后不加标点符号。文中有多个公式出现,应按出现顺序连续编号,写在公式右边,加圆括号,行末顶格。引用公式时用"见式(×)"表述。较短的公式最好一行写完。较长的公式若要转行,尽可能在"=、<>、≥、≤、+、−、×、÷、→"等关系符号处转行,运算符号写在转行的行首,与前行等号后的字对齐。公式符号需说明时,应在左顶格用"式中"字样,不加标点符号,空一格写说明文字。

符号与解释文字用破折号连接,每个说明末尾加分号,文末加句号。如:$R = Nm$

式中 R——光栅摄谱仪的分辨率;

　　　　N——光栅的总刻线数;

　　　　m——光栅的衍射级次。

工科专业毕业设计

工科是指土木、机械、计算机应用、电子、信息等专业。工科专业毕业论文一般称为毕业设计。

工科是应用的科学,各学科发展变化非常之快,往往教科书刚进课堂,内容就已经落后了。待学生毕业时,所学知识可能已几近淘汰。学生选题时要能跟上学科的发展。搜集与论题相关的资料时,可采用倒查的方法,即利用书目索引或期刊索引,先查阅近期出版的相关书籍和杂志,再查过去的相关文献资料,以适应工科日新月异的知识更新速度,保证论文材料的新颖性、有效性。

工科的毕业设计特别强调实践性,只有通过工程实践的训练,才能作出一个好的毕业设计。工科注重利用相关的理论知识对原有的工作方式、工作程序、工作工具进行改进,以提高工作效率。

毕业设计开始前首先要明确设计项目的目标、主要功能、性能要求、系统界面以及各种资源(人力资源、硬件资源、软件资源)等;然后,根据设计题目的各项要求,制定出多种实现其要求的方案。在进行全方位的比较论证(包括成本估算等)之后,确定一种最佳方案,经指导教师审核通过后,再开始具体的设计。设计时要在总体布局的基础上,按照功能设置和使用要求不断调整总体与单体的布局,并运用所学的专业理论知识以及构造设计的原理、方式、方法,把设计方案用图纸的形式反映出来,绘制结束后还要写好简明扼要的设计说明书。

毕业设计的基本格式如下:

1. 封面

封面一般由每个学校统一印刷,发给学生填写,包括课题名称、学校及院(系)、专业、设计者、指导教师、完成时间等。

2. 设计任务书

毕业设计的课题一般由学生自行确定,也可由指导教师选定,下达给学生。选题确定后,指导教师要下达设计任务书。任务书包括课题名称、研究任务及要求、设计条件、设计提纲(提纲视具体情况可详可简)、完成期限及进度。设计任务书除了帮助、指导学生顺利地完成毕业设计外,还可以用来检查学生的完成情况。

3.正文

毕业设计的书写格式与一般论文差不多,只不过其中正文的很多内容要用设计的图纸来代替。毕业设计的正文包括:

(1)前言:简述该设计项目的目的、理论意义、实际价值,也即设计的依据和理由,以及实际使用的可能性。

(2)内容:主要包括设计项目概述,设计方案合理性的论证、设计所需的原始数据。设计项目概述主要包括设计原理、设计内容、设计阶段所进行的工作(方案比较、计算的方法、结果等)、设计期限、现有条件、发展趋势、社会效益和经济效益以及其他需要说明的问题。

(3)结语:设计所能解决的问题就是毕业设计的结论或结语。若有没有解决的问题,可以对此作简单的分析、评论,提出建议。

4.附录

把正文中用到的设计图纸、表格、计算各种数据、程序清单等,放在正文后面。

5.参考文献

把引用过的资料、文献的出处列在毕业设计最后。

毕业设计的写作要求主要是文字简明扼要,设计图纸规范、清晰、准确。工程图的绘制必须按照国家标准,所有图表都应编号。使用的术语要统一。表格一定要在真实、准确的计算结果基础之上制作,不得为附和设计意图而随意改变计算结果。计算过程要经得起反复推敲,使用数据要准确。设计完成后要认真、仔细地核对,一旦发现错误应立即改正。由于设计说明书是施工的依据,因此,来不得半点马虎。严谨、精益求精的设计态度、实事求是的设计风格、规范的制作格式,是对学生开展毕业设计工作的基本要求。

第 9 章 演讲辞

◆ 演讲概述
◆ 演讲的准备
◆ 演讲稿的写作
◆ 演讲辞的表达
◆ 两篇演讲辞评析

演讲概述

【提要】

◇ 演讲的三大特征：现实性、艺术性、道德性
◇ 演讲的七个要素：演讲者、演讲信息、听众、渠道、反馈、干扰、场合
◇ 演讲的类型
◇ 演讲的五项功能：社交功能、调适功能、激励功能、传播功能、说服功能

演讲的三大特征

演讲，又称演说或讲演，是一种在现实的时空环境中，以有声语言为主，无声语言为辅，针对某一问题，面对广大听众发表意见、说明事理、抒发情感，从而达到感召和影响听众行为的语言交流活动。

1. 现实性

演讲属于现实活动范畴，不属于艺术活动范畴。演讲不是为了满足听众欣赏语言艺术的需要，而是为了满足现实的种种需要，其根本目的在于影响人们的思想和行为。演讲者的自我身份、强烈的责任意识，内容的真实性、时代性是演讲现实性的突出体现。演讲者必须以其真实的身份而不是艺术的角色，向广大听众陈述自己的观点和主张，表达自己的情感及态度。它讲述的是真人、真事、真理，表达的是真情、实感。

2. 艺术性

演讲又是一门口头语言表达的艺术。在由主体形象、有声语言、态势语言等手段构成的综

合传达系统中,演讲超越了文字表达的局限,同时作用于听众的听觉器官和视觉器官。演讲通过灵活多变的声音以及丰富的表情、手势和姿态等多种表达手段的协调运用,使字里行间的意义溢于言表,使表达由单一的、平面的转为综合的、立体的,从而把语言表情达意的功能发挥到极致,达到艺术的境界,给人以美的享受。演讲的艺术性表现为演讲不仅在遣词造句及内容结构上非常讲究,要力求简练、鲜明、生动、流畅;而且在声音表达上要力求吐字清楚、准确,音色清亮、圆润,语气和语调富于节奏美和韵律美。与此同时,演讲还要通过主体形象以及一些自然的或刻意设计的姿态、动作、手势、表情等态势语言使有声语言能更准确地表情达意,更加富于感染性和鼓动性。

现实性与艺术性相结合,"讲"和"演"相统一是演讲的基本特征。在现实性和艺术性两大特征中,现实性是根本的。这是演讲有别于相声、说书、戏剧、朗诵等以表演与欣赏为主的口语艺术形式的根本。演讲者以自身真实的思想情感、态度意愿影响听众。它反映的真实的现实生活,而不是对现实生活的艺术的反映,它是演讲者自我真情的表白而非角色人物情感的艺术表现。现实性的这一根本特征决定了演讲必须是以"讲"为主,以"演"为辅。艺术的"演"必须建立在有关现实内容的"讲"的基础之上。"演"的目的是为了更形象生动地传达"讲"所包含的复杂的思想情感,使演讲具有更强的情感震撼力,因此,演讲也就有别于一般性的说话、交谈、汇报等没有较多地进行艺术性地"演"的要求的纯粹的口语表达。所以,既讲又演,以讲为主,以演为辅是演讲区别于其他艺术口语表达形式和现实口语表达形式的关键。

3. 道德性

由于演讲是一种对社会公众发表见解的活动,具有相当的社会影响力,因此,它必然是一种担负着道德责任的行为。

被誉为全球演讲学首席导师的 S. 卢卡斯认为有道德的公共演讲有五条基本的指导原则[①]:

> 第一条是确保自己的目标从道德上讲站得住脚——目标符合社会和听众的利益。
>
> 第二条是要为每一次演讲做好充分的准备。不管是在课堂上还是在别的场合,你演讲的每一个对象都值得你做最充分的准备。你不希望浪费听众的时间,也不希望用劣等的准备工作或模糊不清的思想来误导他们。
>
> 第三条指导原则是诚实地表达自己想说的话。传递消息和传递消息的方法都应该准确和公平。在所有的道德问题上,一个公共演讲人能够犯下的最大错误莫过于剽窃。每次演讲的时候,你都应该确保这篇演讲代表的是你自己的工作,你自己的思想,你自己的话。
>
> 第四条指导原则是要避免谩骂和其他辱骂性的语言。
>
> 最后一条指导原则是实践公共演讲中的道德原则,在困难的条件下遵循这些原则,而不仅仅是在便利的时候这么做。

另一位演讲家鲁道夫·F.维德伯则把讲真话、不夸大信息、避免对反对你意见的人进行人身攻击、给出所有批评性资料的来源、指出全部引语和释义的来源作为有道德演讲的

---

① S.卢卡斯.演讲的艺术.海口:海南出版社,2002.48.

指导性原则。[①]

演讲的七个要素

演讲作为一个交流活动的整体包括七个要素:演讲者、演讲信息、渠道、听众、反馈、干扰以及场合。

1. 演讲者

演讲者是指演讲活动的中心,是演讲内容和形式的发生者和体现者。演讲者个人的可信度,态度,知识,表达能力,准备等对演讲者活动的成败起决定作用。

2. 演讲信息

演讲信息是指演讲者所传达的思想感情、知识信息。演讲信息是实现演讲目的的载体。演讲就是要将你想传达出去的内容(即说什么)通过一定的表达形式(即如何说)成为实际交流出去的信息。

3. 听众

听众是指接受演讲信息的人。演讲必须是以听众为中心的活动,演讲者总是抱着某一影响听众的特定的目的进行演讲,因此,听众不仅是演讲内容的接受者,也是演讲活动的参与者,更是演讲水平的最终评判者。因此听众决定了演讲目的是否能够实现以及实现的程度。演讲者必须认真调整自己的演讲信息,使其适合听众的经验、兴趣、知识和价值观。

4. 渠道

渠道是指演讲信息得以交流的方法。现场、电台、电视都是演讲的信息渠道。演讲者可利用一个或多个渠道进行演讲。现场是听众获取信息最直接的渠道,不仅可以听到声音,还能目睹演讲者并感受到场上的气氛。

5. 反馈

反馈是指听众对演讲信息所作出的反应。听众对演讲的反应,通过表情、声音以及行动等渠道,反馈给演讲者。反馈对演讲者很重要,它是演讲者调节内容和节奏的唯一依据。

6. 干扰

干扰是指阻碍演讲信息交流的东西。在演讲中,干扰分为两种类型,一种干扰对听众来说是外部的,比如噪音,气温等,这些因素会使听众分神;另一种干扰是内在的,来自听众,例如有的听众在担心下一节课的考试,有的听众刚刚和朋友吵架。演讲者必须努力排除干扰,保持听众的注意力。

7. 场合

场合是指演讲发生的地点和时间。场合同样影响着演讲者对演讲内容的组织。如演讲是在户外进行还是在室内进行,是对一群人还是对少数几个人,时间是白天还是夜晚,餐前还是餐后,排序如何等都会对演讲的内容产生影响。

演讲的类型

从不同的角度,演讲可以划分为许多不同的类型:

从内容的不同,可以分为政治演讲、经济演讲、军事演讲、学术演讲、法律演讲、宗教演讲、

---

① 鲁道夫·F.维德伯.讲话的艺术.北京:中信出版社,2003.16—17.

社会生活演讲等;

从演讲目的不同,可以分为传授性演讲、说服性演讲、娱乐性演讲等;

从演讲场合的不同,可以分为集会演讲、课堂演讲、法庭演讲、宴会演讲、街头演讲、战地演讲、议会演讲等。

从事先准备程度的不同,可以分为备稿演讲和即兴演讲;

从风格的不同,可以分为激昂型演讲、深沉型演讲、严谨型演讲、活泼型演讲、幽默型演讲等。

演讲的五项功能

我国著名学者周谷城在《演讲精粹系列丛书》的总序中写到:"一篇好的演说,或事实有据、逻辑严密,或慷慨激昂、豪气凌云,或声情并茂、引人入胜,或机智幽默、妙趣横生,或数者兼而有之,是以使人坚定对崇高理想之信念;是以使人增加知识,明白道理;是以动人心弦,催人奋发;是以使人欢乐,得到美的享受。"可见,演讲具有强大的力量,其作用不可低估。

1. 社交功能

社会生活中的人们,彼此间需要交流思想,交换意见,联络感情。演讲既是一种高级的沟通手段,同时其本身就是交际的一种重要形式,演讲的场合往往即是一个重要的社交场所。通过演讲可以广泛地与他人建立联系,增进人际间的了解和协作,促进工作的开展,提高生活的质量。

2. 调适功能

演讲的调适功能主要体现在两个方面,即心理调适和社会调适。心理调适就是通过演讲解答人们的思想问题,消除心理障碍,克服心理疾病,达到心理平衡,保持良好心境。比如针对人们日常生活中吃、穿、住、行等切身问题,以及社会发展给人们生活方式带来的变革所作的演讲,可以帮助人们确定新的生活观。社会调适就是通过演讲对社会问题的分析,有助于克服社会弊端,确定社会价值取向,实现社会协调发展。

3. 激励功能

激励功能是指演讲可以通过对人的动机的心理诱导与激发,唤起人们积极的思想意识,鼓舞人们的意志,促使人们产生积极的行动。美国著名黑人律师约翰在 1962 年马萨诸塞州反奴隶协会年会上,发表《要求解放黑人奴隶的演说》,他抓住了当时美国民众普遍关心的问题,一针见血地指出:"奴隶制是战争的根源","蓄奴主留恋奴隶制的秘密就在于金钱"。这个演讲成为激励民众反对奴隶制的号角。

4. 传播功能

在特定时境作用下,演讲能对人体感官作多重的综合刺激,高度调动人们的注意力,使听众在情绪、情感、意志等方面同时受到影响,因而,演讲这种形式能最大限度地发挥语言在传授知识、探讨学问、宣传成果、交流经验方面的作用,具有重要的传播功能。各行各业的人都可以利用演讲这个经济、方便、有效的工具来传情达意、交流信息。

5. 说服功能

亚里士多德把说服力定义为发掘能够影响他人的所有可行方法的能力。演讲就具有说服听众接受你所讲的信息并使听众有所行动的功能。古希腊演讲家德摩斯梯尼曾经对他的朋友这样说道:"你所讲的,只令人说个'好'字,而我却能使听的人一起跳起来,众口同声地说:'让我们赶快去抵抗腓力！'"德摩斯梯尼的这种演讲效果就是演讲鼓动、说服功能的体现。

演讲的准备

【提要】

◇ 确定话题：适合演讲者、适合听众、适合组织者、设计精练新颖的题目
◇ 分析听众：搜集有关听众的重要信息；预测听众对你的话题的兴趣、了解程度和立场；了解听众的规模及其对你的态度
◇ 搜集材料：适合听众的材料、多种不同类型的材料、额外准备的材料、真实的材料，及时将材料记录在卡片上
◇ 正确使用演讲稿：演讲稿的四个积极作用、备稿演讲三步曲——写记扔
◇ 制作和使用视觉辅助物
◇ 调整态势语言：站姿、坐姿、走姿；眼神；微笑；手势
◇ 修饰形象：容貌、服装、风度
◇ 编制摘要：摘要的重要性、如何编制摘要
◇ 反复演练：熟记演讲稿、记录演练过程、模拟演练、问题分析、再演练、着装试讲
◇ 熟悉演讲环境：演讲地点、演讲房间、场地设施

　　演讲是一个相当复杂的工程，要求思想精湛、内容翔实、艺术形式完美，因此，必须经过精心的准备。缺乏准备或准备不充分会令听众十分恼怒。他们会立即丧失对你的信心，并对你所讲的内容失去兴趣。同时只有充分的准备才能让你成为一个很有信心的演讲者。一位职业演讲咨询人员估计，合适的准备工作可使怯场的可能性降低 75％。

　　那么，准备演讲到底需要多长时间呢？林肯的已经被铸成金文保存在英国牛津大学，成为英语演讲典范的《在葛底斯堡烈士公墓落成典礼上的演说》，只有 10 个句子，600 来字，用了不到 3 分钟的时间，却准备了两个星期。美国第 28 届总统威尔逊曾说准备一份十分钟的演讲需要花两个星期的时间，准备 30 分钟的演讲要花一个星期，而两个小时的演讲则可以马上开讲。他的意思是越是短的演讲准备就越要充分。演讲总是以短而精取胜的。短而精的演讲必然要以渊博的知识、充分的材料、谨严的逻辑、准确的语言、清晰的结构为前提。然而如果没有经历对大量材料删繁就简的过程，又如何能达到内容的精美呢？没有对演讲各个环节的仔细斟酌、周详安排，又如何能顺利完成这样一个"讲"与"演"于一体的复杂的充满各种变数的交流活动呢？因此，很多资深的演讲家都说演讲一分钟，要求有一两个小时的准备时间，如果资料难以寻找，也许还要更长。

确定话题

　　做演讲的第一步就是确定一个合适的话题。话题就是演讲的主题。演讲是否成功，话题

选择的好坏是关键。话题的确定受主客体多方面因素的制约,要遵循三条原则:

1.适合演讲者

演讲者一定要弄明白自己能讲什么。话题的指向应该符合自己的年龄、身份、气质、价值观。要尽量选择自己关心的、熟悉的、有真切、深刻感受的,最好是学有所长的话题。这些话题给听众的说服力、感染力将是那些毫无切身之感的道听途说之事所远远不能比。因为只有谈论在你心中蕴藏已久的让你有不吐不快之感的东西,才能展现你的真知灼见,真情实感,才能使演讲颇具价值。演讲者可从自身的经历、兴趣、爱好、技能、信仰中发现良好话题。

2.适合听众

听众是演讲的对象和目标。选择话题时演讲者一定要弄明白听众想听什么。尽量选择为听众所关注的重要的问题进行讨论。电视、广播、报纸、杂志、校园新闻等都是话题的来源。利用互联网站的主题目录也能寻找到合适的话题。时事热点问题、社会焦点问题、国计民生问题都是易受听众关注的问题。

3.适合组织者

有组织的演讲总有一个特定的目的,因此话题要切合演讲组织者的意图,所讲的主题要与时间的安排、组织者的背景、现场的布置风格、场上的气氛相一致。

选择话题时一定要考虑到演讲时间的规定。演讲时间的长短对演讲的内容范围以及如何展开演讲影响很大。由于听众注意力集中的时间是有限度的,一般情况下演讲以 5-30 分钟为宜。除学术演讲外,1 小时的演讲对于听众来说肯定是"信息超载"了。选择的话题一定是要在适宜的时间之内能够从容讲完的问题。例如,"环境恶化的三个主要原因"能在 5 分钟内讲完,但"人类影响环境的历史"却不能。

话题确定之后,要尝试着用一个简单的肯定的短句将之清楚地陈述出来,因为思想只有转化成文字才会更清晰。然后再回过头去检查一下这陈述是否符合了演讲的目的? 是否满足了听众的需要? 难度如何? 是否是自己在一定的时间内能够完成的?

需要说明的是,话题的确定只是明确了演讲的内容范围和主题,并不意味着演讲题目的固定。演讲题目除了命题演讲之外,一般都要在确定话题,分析听众,搜集材料,并对材料进行深入研究确定了基本观点之后才能定下来,有时甚至是在演讲稿完成之后统揽全局,再冠以总领全文的题眼。但若能够早些明确题目,则十分有利于搜集材料、组织材料时主题的集中。

4.设计精练新颖的题目

题目是演讲开头的"开头"。一个好的题目也就是一个好的构思。题目要既能提供信息又能吸引人的眼球,做到生动、精练、新颖。设计演讲题目时可做如下考虑:

(1)把题目设计得具体些、简短些,这样才能醒目好记,让听众"一听便知,过目不忘"。如《路》、《选择》、《责任》、《未来的三个思考》。

(2)运用比喻、婉曲、比较、设问、反问、呼吁、对比等修辞方法,让题目意味深长而有表现力。如《祖国——母亲》、《生与死》、《人才在哪里?》、《如此"公仆"怎能服务于民?》、《向压力挑战!》。

(3)用人们熟悉的一句名言、一本书、一首歌、一部电影的名字作标题,会收到出奇制胜的效果。如《知识就是力量》、《根》、《常回家看看》、《一个都不能少》。

分析听众

听众分析是指具体地研究你的演讲对象。"我准备对谁讲话?""我希望他们听完我的演讲之后知道、相信或做什么?"演讲是讲给听众听的而不是为了自我欣赏,因此,好的演讲都是以听众为中心的演讲。不管你的话题是什么,你怎样开展话题的讨论在很大程度上应该取决于听众的特点和需求。因而,在话题确定之后,必须深入细致地研究、分析你未来的听众,只有这样才能够有的放矢地根据听众的想法和兴趣来准备演讲。

听众分析主要做三个方面的工作:

1. 搜集有关听众的重要信息,以确定大部分听众的相似点

通过搜集你所观察到的信息资料、询问演讲的组织者、查找听众人口统计资料等可获得听众的大量信息。年龄、性别、宗教、种族、民族、文化背景、职业、经济地位、社会地位、教育水平、智力水平、社团联系是听众统计分析时所要考虑的因素。统计分析的目的是从中找到线索,预测听众对你的演讲的反馈。

2. 预测听众对你的话题的兴趣、了解程度和立场,以决定你的演讲内容

预测听众会如何看待你的演讲话题,包括兴趣、相关知识的了解程度、原有的对有关问题所持的立场、对你的接受程度等等就可以有针对性地选择支持性材料,采用最为听众所接受的方法来组织材料。有时在选择一些比较有争议的话题时还需要在演讲前做一定的调查研究,以便更有针对性地提出观点。

3. 了解听众的规模及其对你的态度,以制定演讲的战略

听众的人数将制约你的演讲形式。如果你预计听众较少(大约不到 50 人),你可以采用与听众更为亲近的方式进行演讲:对话的风格、更多的提问,更接近听众的场景布置,更多自由的走动会让你的演讲在听众热烈的反馈中获得成功;相反,如果你预计听众较多,那么你就需要采用更为正式的风格。另外,听众来听演讲的动机、对你的接受程度也将决定着你采取什么样的演讲战略开展演讲。

搜集材料

一篇有价值的演说必然有着十分丰富的材料。只有拥有充分的材料,你的演讲才能有充分的把握。法国著名的史学家泰尔湃女士,有一次她在巴黎,麦克鲁杂志的编辑特地给她一个电报,要她写一篇关于大西洋海底电信的短文,她为了要写这篇文章的缘故,特地到伦敦去拜访欧洲重要海底电信的经理,从而得到了很多的材料。但是,她并不以这些所得的材料为满足,因此她又到英国的博物馆里去参观各种的电信展览。她再读讲述海底电信发展史的书籍,更赴伦敦郊外的工厂中,去看那海底电信构造的步骤,然后再动笔为文。[①]

从上述例子我们可以明白一个演讲材料的搜集可能同时需要采用观察、调查采访、查阅文献等多种的方法。挖掘自己已有的知识,确定要不要进行实地考察,列出一个查找的书目,尽早开始搜集材料的工作。书本、期刊、百科全书、统计资料、传记资料、报纸、政府出版物、电子数据库和因特网都是文献资料的来源。

搜集材料时要注意以下四点:

1. 搜集适合听众的材料

演讲的目的并不是告诉大家你知道什么,而是告诉听众他们所需要知道的,一定要搜集听众能够理解并感兴趣的材料,然后再以一种最适合你听众的方式来选用材料、组织材料。

---

① 林语堂,怎样说话与演讲,北京:文化艺术出版社,2004.162.

2. 搜集多种不同类型的材料

名人轶事、统计数字、实例、引文等等多样化的材料会使演讲更加生动有趣,这样,每位听众都能从中找到自己感兴趣的东西。

3. 要有额外的材料准备

一定要保留一些材料,比如额外的实例、统计数据、名人轶事等。你永远不知道什么时候会用到它们。例如,当在你前面的演讲者已经讲过了你所用的材料,你就必须要有新材料的补充才能吸引听众。

4. 确保材料的真实性

演讲所用的材料一定要说明其来源,这是演讲道德性原则的规定,也是材料可信度的依据。

5. 及时记录材料

把搜集到的材料连同其材料来源一起写在单独的笔记卡片上,并将这些资料卡片按标题进行分类,这样你就可以灵活地排列、组合这些材料。

正确使用演讲稿

演讲稿是指演讲者准备的文字稿。

演讲究竟需不需要文字稿?很多演讲者总结演讲失败的教训时常常都会谈到由于受制于演讲稿的局限,演讲时总是不自觉地想依赖着稿子一字不漏地念稿子、背稿子,结果要不就是顾着念稿、背稿而忽视了和听众的交流,让听众觉得枯燥乏味;要不就是在中途突然有所遗忘背不下去了;同时,由于文字稿中有太多的书面语,与演讲口语风格的要求必然会有相当的距离。因此,许多有经验的演讲者都主张用详细的演讲摘要代替演讲稿,以便伸缩自如地展开演讲。

但是,对于一个缺乏经验的演讲者又如何呢?我们认为准备一个演讲摘要固然是必须的,但撰写一份完整的演讲稿仍然十分有必要,它将大大有助于演讲者精心地设计、调整自己的演讲。那些能作精彩的即兴演讲的演讲家们,一般也都有从写备演讲稿到列提纲再到即兴演讲的历程。

具体地说,演讲稿对于演讲的积极作用主要体现在以下四个方面:

1. 演讲稿的四个积极作用

(1)保证演讲内容的正确性、全面性和逻辑性

语言在没有形成文字的时候总会处于较为模糊的状态。如果没有形成成熟的文字稿,演讲者就不能仔细地选择材料、理清内容的逻辑结构,就难以避免口语表述中常会出现的内容凌乱、思想模糊,重复□嗦、无以为继等问题。

(2)加强语言的规范性和表现力

经过文字稿在语法、修辞方面的推敲,可以使语言同时具有口语"上口"的优点和书面语规范化的特点,避免用词不当、词不达意、带口头禅等弊病,使演讲的语言更加规范化,更有表现力。

(3)克服怯场,增强信心

写好演讲稿,演讲者对所讲内容及形式就胸有成竹,演讲时就不必因为需要临时理清思路,以致惊惶失措,就可以有效地消除心理上的顾虑和紧张,充满自信地开始演讲。

（4）帮助演讲者恰当地掌握时间

没有演讲稿，往往在演讲中就难以很好地掌握演讲的时间进程，出现虎头蛇尾，比例失当的情况。写好完整的演讲稿，演练时就可以发现问题，及时地加以调整，演讲时就不会出现前松后紧的现象。

2. 备稿演讲三步曲

有了演讲稿之后很重要的还要知道如何用才能避免稿子给演讲带来的限制。写、记、扔被很多演讲者称为备稿演讲三步曲。法国总统戴高乐发表演讲从来不用讲稿。1969 年，他在为来访的美国代表团举行的国宴上，即席发表了热情流畅的祝酒词。尼克松的秘书大表赞叹。戴高乐坦率回答道："这没什么，把讲稿写了记在脑子里，然后把稿纸扔了。"美国前总统布什访问匈牙利，发表演讲那天雨下个不停，国会大厦前的广场上一片伞的海洋。布什走上讲台，先挥手致意，然后从衣袋里掏出讲稿，双手举过头顶，嚓嚓几下撕成碎片。他说讲稿太长了，为了让大家少淋雨，讲短些，不按讲稿讲了。他这一"扔"，人群中立即爆发出热烈的掌声和欢呼声。我国演讲家曲啸也主张"扔"掉讲稿。他认为成功的演讲必须与听众融为一体，被讲稿"牵着鼻子走"不可能进入这个境界。讲稿是"脚本"，是依据，到讲时要有勇气"扔"，才可能相时而动，与现场形成交融。"扔"的前提是"记"。记住讲稿之后让讲稿烂熟于心，就可以扔掉讲稿，做到既依据讲稿又不受制于讲稿，能够根据现场情况作从容的调整。

演讲稿的写作我们将在下一节作专门的讲述。

制作和使用视觉辅助物

心理学研究表明：人感觉印象的 77％来自眼睛，14％来自耳朵，视觉印象在头脑中保持时间超过其他器官，因此，当人们既通过眼睛又通过耳朵接受思想时，就可以记住更多的信息。

据统计，听众对利用视觉辅助物的演讲者抱着更多的好感，认为他们很专业，准备得很充分，因而更可信。视觉辅助物直观、形象，强调了重要的观点和信息，能使听众集中注意力，使他们更容易更一致地理解你的演讲，并始终怀着浓厚的兴趣积极参与。由于视觉辅助物能引发联想，增强记忆，就可以使你的演讲在听众的脑海里扎根。同时，视觉辅助物也节约了大量的时间，并且由于它转移了听众的注意力，也有助于演讲者消除面对听众的紧张心理。

最常用的视觉辅助物有实物、模型、表格、简图、地图、图画、计算机制图、照片、黑板或白板、散发的印刷品、幻灯片、投影片、卡通片、录像片、音乐、影视片段、广告、采访资料、报纸等等。特别要强调的是随着计算机和多媒体技术的普及，用计算机软件合成的，融合了图像、文字、声音多种视觉辅助的多媒体演示已经越来越多地在商务会议、学术报告、课堂讲授等各类演讲中运用。目前比较流行的辅助演讲的多媒体制作软件有微软公司的 Powerpoint，还有 Adobe Persuasion, Lotus Freelance 和 Corel Presentation 等等。这些软件除了能够制作计算机生成的图形用在演讲中以外，还能把图表和图形、幻灯片和照片结合起来，甚至还可以利用动画、录像剪辑材料和声音，从而大大增加了演讲的生动性和吸引力。

决定制作、使用视觉辅助物之前，你需要考虑许多问题，如听众有多少？演讲时间多长？可以使用几个视觉辅助物？何时使用最恰当？必需的设备可以方便地使用吗？有足够多的时间制作吗？

1. 制作视觉辅助物的注意事项

(1)从听众的接受能力出发

视觉辅助物主要是为了让听众更清楚地听明白你的演讲服务的,而不是为了给自己演讲时做提示的,虽然它也常常起到这个作用,因此一定要充分考虑到听众的接受能力。要根据听众不同的文化层次选用不同的视觉辅助物。

(2)适当使用

不要过多地依赖视觉辅助物的帮助。视觉辅助物过多,会分散听众注意力。

(3)提前制作

要保证有足够多的时间和资料进行设计、制作和练习。

(4)简单清晰

不要制作过于复杂的视觉辅助物。既要包含足够多的信息,又不能让听众理解模糊,注意力分心。不要写太多文字、尽量用短语而不是完整的句子来表达信息;使用赏心悦目的字体和颜色以及能被所有听众轻易看见的字号、把大小写字母混合使用等方法都可以使文字类的视觉辅助物更容易阅读;不要用过于鲜艳或过多的颜色以及过于醒目的标志,否则会分散听众的注意力。

(5)仔细检查

做完后要非常仔细地检查视觉辅助物,决不能出现拼写、数据等方面的错误。

2. 使用视觉辅助物的注意事项

视觉辅助物使用不当会弄巧成拙,严重影响演讲的秩序和演讲者的情绪,转移听众的注意力,使用时要注意以下几点:

(1)分类编序存放

演讲前一定要把幻灯片、照片、图表等各类视觉辅助物分类编号存放,以免混乱。

(2)留下宽裕的使用时间

要给视觉辅助物的使用留下足够的时间。演练时记下使用每个视觉辅助物所需的时间,以便控制整个演讲的时间。

(3)熟练使用

反复练习,直至你可以熟练使用所有的视觉辅助物,同时注意手势、眼神、脚步的配合。特别强调要自己动手操作,直至能够熟练地使用视觉辅助物所需的各种设备,如投影仪、计算机,视频、音频设备。

(4)让大家看见

要把视觉辅助物放在所有听众都看得见的地方,但不要挡住听众的视线。

(5)适时使用

视觉辅助物显示太久会分散听众的注意力。演讲之前不要让听众看到这些辅助物,可将之遮盖或藏起来,直到讨论到相关地方再展示;用完之后最好马上把辅助物收起;不要在听众中传看视觉辅助物,以免听讲时分心。

(6)面向听众演示

要一边演示一边清晰简洁地解释视觉辅助物。要面向听众而不是对着视觉辅助物进行演讲。

调整态势语言

演讲的态势语言既是一种表情达意的手段,同时也是听众的审美对象。它一方面要求演讲者能够在公众面前保持自然、优雅的身姿体态,以体现演讲者从容、自信的精神状态;另一方面还要借助态势语言加强演讲的表现力。

很多人都有过上台演讲,手足无措的体会:不能潇洒大方地走上讲台;站在台上总觉得别扭,身姿呆板僵硬;抓耳挠腮,不知道手该往哪儿放,眼该往哪儿看;微笑变成了似笑非笑;腿不停地抖动,东摇西晃。

总之,到了演讲台上往往就丧失了平常自然的体态。试想,这样的演讲又怎会成功呢?

演讲时讲究的态势语言主要有以下四种:

1. 身姿

(1)站姿

一般来说,演讲都是站着讲的,既表示对听众的尊重,也便于挥洒自如地进行演讲。演讲者的站姿,要利于发声,利于演示,利于走动,要体现昂扬、饱满的精神状态。

比较好的站姿有两种:

一种是自然式站姿:双脚自然分开,不超过肩的宽度。这种站姿给人一种注意力集中,精神抖擞的印象。

另一种是前进式站姿:一脚在前,一脚在后,两足稍有距离,成45度角,身躯微向前倾。这种站姿会给听众一种向上的振奋的感觉。

无论哪种站姿都要抬头挺胸收腹,双手轻松自如地沿着身体两侧下垂,不要用手拄着桌子,不要把手插在口袋里,更不要把身体靠在讲台上。垂头缩脑、弯腰曲背、左右摇晃都是不良的站姿。

(2)坐姿

也有一些演讲是采用坐姿进行的,如一些政治演讲、外交演讲、学术演讲、法庭演讲。要坐端正,抬头看着听众,胸脯不要靠在讲台上;两只手轻松自然地抚着讲稿或桌面,两脚平放在地上,决不可跷起二郎腿。凳子不要坐得太满,坐凳子的二分之一或者三分之一即可,不可靠背。

(3)走姿

在演讲过程中,演讲者不能死板地一直站立不动,而要根据演讲的内容和会场的气氛前后左右有所走动。走动时需要注意以下几点:

一是不要盲目地走动。没有意义的走动,会让听众感到不自然,而且容易让人心烦。

二是走动不可太频繁,也不宜幅度太大,以避免分散听众的注意力。

三是在一层意思没有终结时尽量不要改变走动的方向,以免不协调。

若能做到平时勇于上台,注意发现和改正自己面对众人说话时的不良姿态,避免不时挠头抓耳、掏口袋、弄衣领等无意识的无效行为,演讲前做好充分的准备,那么,充满自信地上台,气定神闲地面对听众,保持自然从容的体态就不是一件难事了。

2. 眼神

眼睛是心灵的窗户。演讲者要始终与听众保持眼神的交流,并且顾及全场听众,只有这样才能掌控全场局势,吸引听众注意。眼睛只是盯着稿子,或者仅停留在前面的听众身上都会令听众失去对你的兴趣。要记住当你演讲时,听众很想看到你的脸,特别是你的眼睛。当你与听众建立目光交流时,听众会非常投入。当然,眼神也要随着感情的起伏而有变化,但不能过分地左顾右盼,游移不定,更不能畏缩慌乱。

3. 微笑

在众多表情之中微笑是至关重要的。演讲时面带微笑,表示了对听众的友好与信赖,拉近了与听众的距离,也表明了自己的从容和教养,有助于赢得听众的好感。

4. 手势

手势一定要与有声语言同步,与身姿表情协调。由于手势幅度较大,因而不能繁杂,否则会让听众头昏目眩。手势要干净利索,有变化,切忌模棱两可、死板单调。

修饰形象

演讲者的形象是演讲中一个很重要的因素,它是演讲者思想、道德、情操、学识及个性的外在体现。演讲者是听众的审美对象,良好的形象可以让听众赏心悦目,是对听众的一种尊重,而且也是演讲者自尊的体现,令其自我感觉良好,增强自信心。衣着、发型、妆容、风度是演讲者性格气质,文化品位的反映。恰当的形象修饰可以展示演讲者良好的内在修养及其独特的个人魅力,形成良好的第一印象,为演讲的成功奠定基础。演讲者的形象修饰要与演讲内容和演讲环境的格调相吻合,要与听众的审美品位和需求相吻合。

1. 容貌

演讲者事先应认真地"打扫"自己,把脸洗干净,头发梳整齐。发型要自然大方,可打些发胶让其光亮定型。男士还要注意修刮胡子。女士的妆容要高雅,一定要化淡妆,千万不可浓妆艳抹。

2. 服装

服装直接影响演讲者的形象。一个衣着不整,过于随便的演讲者是得不到听众的信任和尊敬的。演讲者要根据自己的身体形态、个性爱好、年龄职业、气质涵养以及演讲主题来选择合适的服装,做到得体、简洁、和谐、舒适。

(1)得体

与演讲的主题、场上的气氛相协调是择衣的一个重要原则。如果演讲的氛围比较严肃,演讲者就要穿得正式些,穿西服、套装,给人一种庄重之感。如对青年学生演讲,着装则可以活泼些。

(2)简洁

要让听众注意演讲的内容而非服装,因此,简洁的服装会令演讲者显得干练、高雅、端庄。演讲的着装不能过于华丽,华丽的着装会分散听众的注意力。

(3)和谐

演讲者的穿着强调和谐,讲求线条、轮廓、颜色等多方面的和谐美。上装和下装,服饰与发型、肤色、高矮、胖瘦都应和谐。

(4)舒适

崭新的服饰容易造成紧张感。演讲时应该穿上平时比较爱穿的服装,七八成新即可,这样演讲时就能找到日常自然随意的感觉。由于演讲时需要各种手势的配合,衣着要轻便些,如果穿戴臃肿,就不能自如地做出动作。特别强调要穿一双舒适的鞋子。

3.风度

拥有翩翩的风度是每一个演讲者对自身形象美的高级追求。翩翩的风度远不是短时间内所能修饰出来的,它是一个人精神气质、文化修养、心理禀赋等诸因素的外化。只有经过长时间的"内功"修炼,才能形成个人独特的风格和气度,令演讲独具个性魅力。只有内外兼修,才能塑造演讲者良好的自我形象。

编制摘要

扔掉稿子,准备一份提示性的演讲摘要是很多演讲大师获得成功的经验之谈。有人问温斯顿·丘吉尔,为什么他在演讲时总是准备摘要,但却很少用它。丘吉尔说:"我买火灾保险,但是我不希望我的房子着火。"丘吉尔的话说明了使用摘要的最大好处——它就是防备遗忘的"保险单"。

为什么在演讲时不能带上写好的完整的演讲稿,而要另外准备一份摘要呢? 其原因在于:

第一,简明易读。演讲稿内容繁多,远不及简明的摘要易读。

第二,确保演"讲"而不是演"背"。摘要有助于实现演讲者和听众的对话式交流。摘要是演讲内容的高度概括,既反映了演讲中必须准确表达的重要信息,如主要观点、结构、重要材料,但又可以避免死板地逐字逐句地用读稿子或者背稿子的形式作演讲。也就是说,使用摘要这种演讲方式可以保证你是在向听众"说"稿子而不是"背"稿子。

第三,灵活多变。摘要很灵活,非常有助于演讲者现场根据听众的反应随时增减调整内容,控制好演讲的进程。

1.演讲摘要的编制步骤

(1)写出要点和次要点

把你演讲主题的具体内容用几个完整的陈述句清楚地概括出来,这就是你的要点。这些句子意思要明晰,句式要平行。一般而言,一场演讲的要点不要超过五个(让听众可以用一只手数得过来),太多的信息听众无法接受。依照上述方法,再写出每个要点下面的次级要点。

(2)列结构提纲

提纲在演讲稿的写作和演讲时都是必不可少的,它是对演讲的轮廓性描述,是演讲结构脉络的体现。把要点按照一定的逻辑进行排列,或并列、或总分、或递进就构建了结构。符合人类思维发展规律的逻辑性结构具有让听众信服的强大力量。用数字清楚地标示出结构就形成提纲。通过列提纲可以很好地理清你所要讲的要点以及要点之间的逻辑联系,帮助你思路清晰、重点分明、有条不紊地进行演讲。为了更好地理清思路,在提纲中还要写出各要点之间起衔接作用的过渡段。

(3)摘录重要材料的关键性信息

提纲只是提供了演讲的骨架,为了避免演讲时因为紧张忘了如何展开而束手无策,还需要用能够刺激记忆的关键词和短语提示过渡段、例证等重要材料的信息。在摘要中要完整地记录诸如引语和统计数字这样需要精确表达的内容,以免出现差错。如果引语较长则可以单独做成一张卡片。从听众心理而言,在演讲时用准备好的卡片宣读这些统计数据和引语较之背出这些材料反而更加具有可信度。

(4)提示词和标记

摘要中还要用提示词和标记标示出音量、语气、语调、节奏、态势等练习时的表达线索,以便提醒自己。如给难发音的单词注上音标,在需要强调停顿的地方做上标记。特别强调要在摘要上做好增删标记,以便根据现场演讲时间的变化、听众的反应对演讲内容随时加以增减。演讲时,调整时间是很正常的。比如留给你的时间被缩短了,比如前面的演讲者讲过你准备的很多材料,比如听众比你预想的更加不耐烦,这些都需要你改变预先的计划,增减一些内容。在摘要中预先有了安排就不至于临阵手忙脚乱了。当然,摘要中也不宜做太多标记,如果用颜色来强调标记,颜色的种类也不要太多,以免难以辨别。

2. 制作一份简明易读的摘要

摘要一定要制作得简明易读。下面这些方法可以有助于你制作一份简明易读的摘要:

(1)卡片的底色应该是白色。

(2)卡片不要写得太满。要留有足够的上下左右边距以及行间距、段间距。

(3)用足够大的字号,以便不需要太低头,从远处或者较暗的光线下就能看清。

(4)不要让一个观点被换行或者换页分割开来。每一行、每一页的末尾都应该是完整的句子。特别是如果一个句子被分割在不同的页,当你翻页的时候就不得不停顿一下。这种停顿会让你听起来像忘了词似的,使演讲很不流利。统计量、连接词、人名也都应该放在同一行里,如果将它们分割在不同的行,就可能会出错。

(5)只使用卡片的单面,除非你能用一张卡片写下所有的摘要。

(6)给每一张卡片编上号码,以免混乱。

3. 使用演讲摘要的注意事项

(1)不要把摘要做在本子上或订在一起,以免翻页困难。最好选择较硬的不易损坏的纸张,把摘要做成卡片大小,以便可以轻易地放在口袋里随身携带。

(2)要准备一至两份备用的摘要,以便遗失或损坏时用。如果用幻灯片等准备摘要,也仍然要准备文字型的备份摘要,以防止视频设备可能会发生的故障。

(3)按照摘要进行演练,直至烂熟于心。

(4)演讲时不要频繁地看摘要,更不要下意识地不停地摆弄卡片,否则会让听众觉得你很紧张,并且这么做很容易弄坏卡片。

(5)用完一张摘要卡片,就将之放到一叠里的最下面。

反复演练

演练是指对演讲进行全面的练习,包括熟悉内容,强化声音、体态的表达,视觉辅助物的运用等等。一定要反复地演练,直至你的措辞已经十分完美、流利,你的表达已经十分自然、生动、充满感染力,你的操作已经十分准确、娴熟。

演练可以按照以下步骤进行:

1. 熟记演讲稿

演练前首先要通过朗读、列提纲、画形象的记忆图、联想等方法熟记演讲稿,特别是开头结尾、主要的观点、关键性的材料。然后,丢掉演讲稿,按照演讲摘要进行记忆,在摘要上标示出需要停顿、强调的地方。

2. 记录演练过程

准备好录音、摄像等设备,以记录你的演练情况。也可以到镜子前进行演练。如有可能,请同学、室友、朋友来做你的"镜子",听你练习,以增加现场感。

3. 模拟演练

模拟正式演讲的场景：

(1)准备好视觉辅助物并在练习时使用它们。

(2)手持摘要,对着话筒(即使是假设的),站着面对你想象中的听众,大声地进行练习。

(3)确保所有的内容都是以谈话的方式讲出来的。

(4)每次的练习都要从头至尾完整地进行,即使有错误也不要从头开始,以免不能得到全面的演练。

(5)记下每次练习所用的时间,以便能够通过增减内容、调整语速等把演讲控制在合适的时间内完成。

(6)做一个演练日记,记下做得好的地方和需要改进的地方。

4. 问题分析

问题分析是完善演讲的必需环节。

对照摘要,重放磁带、录像:检查有无漏掉要点和重要材料,有无详略不当,声音的快慢、高低、节奏、语气、姿态是否都恰当,有没有让听众分心的不良举动。

如果有朋友或亲戚听你的练习,请他一块帮你分析。

鲁道夫·F.维德伯的演讲评估清单[①]有非常具体的项目和内容,可供练习演讲时的分析存在问题的依据。

内容

——(1)演讲目标清楚吗?

——(2)演讲者有高质量的信息吗?

——(3)演讲者使用了多种多样的发展材料吗?

——(4)视觉辅助工具使用得恰当合适吗?

——(5)演讲者与听众建立了共同基础吗? 把内容调整得适合听众的兴趣、知识和态度了吗?

组织结构

——(6)引言吸引听众注意力建立良好关系、设定基调、建立可信性并引出演讲正文了吗?

——(7)要点是清楚、并列、有意义的完整句子吗?

——(8)过渡段引导一个要点向另一个要点自然过渡了吗?

——(9)结论把演讲联系到一起了吗?

语言

——(10)语言清楚吗?

——(11)语言生动吗?

——(12)语言重点突出吗?

——(13)语言适当吗?

表达

——(14)演讲者听起来充满热情吗?

——(15)演讲者显示出足够的声音表现力了吗?

——(16)演讲自然吗?

---

① [美]鲁道夫·F.维德伯.讲话的艺术.北京:中信出版社,2003.258—259.

——(17)演讲流利吗?

——(18)演讲者看着听众了吗?

——(19)发音与吐字可以接受吗?

——(20)演讲者姿势好吗?

——(21)演讲者足够泰然自若吗?

基于这些衡量标准,评价这篇演讲为(选择其一):

优秀_____良好_____一般_____尚可_____差_____

5. 再演练

通过分析之后进行第二次练习,包括分析的完整演练至少进行两轮以上,直至你感到完全掌握了演讲的内容。即使如此,在演讲前每天还要进行一次复习,最好是在临睡之前进行,这是增强记忆的一个好办法。

6. 着装试讲

在演讲前一定要进行一次着装试讲。穿上你准备在演讲那天穿的服装,如正式演讲一样修饰容貌,以便自我适应,这样也可以估算出演讲那天穿着打扮所需的时间,以便从容计划。试讲时如果觉得衣物有别扭、不适之处要及时更换,以免正式演讲时难堪。

熟悉演讲环境

演讲环境的好坏也是演讲能否成功的重要因素。人们常说一个很糟糕的房间会将一次最好的演讲变成一场灾难。演讲前熟悉环境可以保证你的演讲能够有序地进行,也可以消除由于环境陌生而产生的紧张感。了解环境之后,你还可以根据演讲的需要向组织者提出一些要求,尽力为自己的演讲创造一个良好的外在条件。所以,演讲前一定要了解演讲环境的详细信息,尽量争取到现场考察一下。

需要了解的环境信息主要有:

1. 演讲地点

确切了解演讲地点所在位置。诸如:可使用什么交通工具到达? 停车位在哪儿? 通常需要多少时间到达,高峰时段又是如何? 需不需要乘坐电梯,电梯在哪里? 是否有休息室,休息室与演讲房间有多大距离?

2. 演讲房间

诸如:房间形状、容纳人数、座位排数、演讲者与第一排的距离、讲台高度等等。演讲房间的空间将制约你和听众的亲密关系、传递信息的速度和容量,因此,房间的大小、座位的多少要与听众人数相匹配。尽量让座位集中些,以便你与听众的目光接触。确保房间内没有阻碍听众视线的物件。确定周围景观不会分散听众的注意力。如果发现实际到场的听众少于计划的人数,可及时改变一下座位布置的方式,或撤掉多余的座位,以免由于听众太少而过于冷清,但千万注意要在后排为迟到者留一些座位。

3. 场地设施

确定视觉辅助物及麦克风、黑板,投影机或幻灯机、电脑、屏幕等视频、音频设备的摆放位置。熟悉照明设施。

演讲稿的写作

【提要】

◇ 演讲辞的三大语体特点：受众的明确性、语言的即时性、表达的现场性

◇ 演讲辞的四点语言要求：简练、生动、流畅、通俗

◇ 演讲稿的写作原则

◇ 开场白的设计：开场白的目标（决定听众的期望值、发展与听众交流的共同基础、建立演讲者的可信度、奠定演讲的基调、预告演讲的框架）；开场白的原则（长度适中、最后写开场白、避免通病）；开场白的方式（故事、共同基础、个人参照、个人经历、赞美、惊人的陈述、悬念、抒情、比喻、提问、排比、幽默、双关）

◇ 正文组织的四个要点：安排完整、有序、清晰的结构；充分论证观点；设置情感高潮；安排内容预告、过渡语和内部小结

◇ 结束语的设计：结尾的原则（发出信号、构建高潮、富有鼓动性、简洁凝练、留有时间）；常用结尾方式（总结式、呼吁式、表态式、提升式、颂扬式、感召式）

演讲辞的三大语体特点

演讲辞有着十分独特的文体特性，较之其他书面文体，它是一种成文性的口语；但较之其他口头语言，它又是一种口语化的文章。

较之书面文体，演讲辞具有口头语言的三个突出特点：

1. 受众的明确性

演讲辞是在特定场合中面对特定听众发表的演说，有十分明确的听众对象，因而必须根据听众的文化程度、思想状况、职业特点、年龄心理、愿望要求和接受习惯，选择听众喜闻乐见的内容和形式，使演讲易于为听众接受。

2. 语言的即时性

听演讲不能像看书面文章那样，不明白时还可以回过头来重读一遍，仔细考虑。演讲辞不能修改，听众只能听一遍——即使没听懂，也无法倒带、重播、暂停，因而，在语言的组织上较之可以反复琢磨、修改写成的书面语文体的难度更大。演讲辞必须避免口头语言信息的模糊性、杂乱性，确保听众能够听得明白。

3. 表达的现场性

演讲辞具有很强的现场性。演讲者总是要根据现场的实际情况灵活地对准备好的演讲稿做出相应的变动，因此，演讲辞无论准备得多么充分，在演讲结束前都不能最后定稿。所以，林语堂才会这样说："一个好的演说家，在他的演说讲完之后，他会感觉到他的演说有着四份的，一份是他原来预备的；一份是他实际讲出的；一份是在报纸上刊登的；还有一份，就是他在回家

的途中想到当时应该怎样讲法的。"①演讲者在组织演讲辞时应该尽量事先估计临场的多种反应,尽可能多做几手准备,以便临场应变。

演讲辞的四点语言要求

演讲时如果听众不能很快地理解你所讲的内容,注意力就会分散,演讲的预期目标就难以达到,因此,演讲辞的语言一定要符合听得明白,说得上口的独特要求,做到简练、生动、流畅、通俗。

1. 简练

即语言要准确、简洁。演讲特别讲究言简意赅、辞约意丰。海涅曾经说过做演讲不能像皇帝出行,前簇后拥着一大队人马。演讲是靠具有实际意义的内容来打动听众的,而不是靠言词的繁丽。选用能够精确描述意思的规范性词语,不用模糊的、有歧义的词汇;不堆砌华丽的辞藻;去除那些没有太多意义和表现力的词汇;文法符合汉语规范,不出现句子成分残缺不全、搭配不当的语病;避免不必要的重复;不说空话、废话。语言简练是思维清晰、严密的表现,这就要求演讲者有清晰的思路和很强的概括能力。

2. 生动

即语言要形象可感。听众更易接受感性的、形象化的表达,所以要用具体的而不是抽象的词汇,用具有较强的感情有力度的而不是平淡的词汇。诸如"有趣的、不平常的、决定性的、令人激动的、新的、批判性的、紧急的"这样一些词语具有较强的感情力度,容易抓住听众的注意力。演讲还要通过明喻、暗喻、排比、反复、对比等修辞手段加强表达的生动性。如使用比喻可以把话说得生动形象;用喻证类比推理,可以把道理讲得平易近人;在叙述、议论、抒情时皆可使用句式整齐的对偶、排比,增强语言的节奏感和韵律感,使演讲形成磅礴激越的气势,产生强烈的情感力量。

3. 流畅

即语言要连贯,富有节奏感。据《说文解字》注解,演讲的"演",本义即水流,说明演讲要流利和顺畅。用简单的句式,说简短的话可以帮助演讲者做到表达的畅达。尽力把长句子编辑成直截了当的短句子,就可以有效地避免由于使用语法结构复杂的长句子而容易出现的思维阻塞,防止出现结结巴巴、断断续续的毛病。要改正不良的演讲习惯,去除"这个这个"、"那个那个"和"嗯嗯"、"啊啊"这些并无意义的口头禅和多余的感叹词。同时简单的句式有更强的力度和节奏感,十分有利于听众的记忆。

4. 通俗

即语言要质朴,多用大众化的语言。质朴的风格能给人一种自然亲切的感觉,可以体现表达者坦诚率直的品格,增强演讲的可信度。尽力用听众能够很方便理解的语言深入浅出地表达意思,不要故作高深,装腔作势。可多用一些谚语、俗语、成语等听众熟悉的语言,不要用听众不熟悉的生僻词语、文言和方言土语。尽量少用深奥的专业术语,如果必须使用专业术语时,也要给予通俗的解释。

---

① 林语堂.怎样说话与演讲.北京:文化艺术出版社,2004.169.

演讲稿的写作原则

写作演讲稿时最容易犯的一个错误就是不区分口头语体和书面语体,把演讲稿写得像议论文、报告一样。

一定要记住演讲辞是为人的耳朵,而不是为眼睛设计的。要改变长久以来写作书面语文章所形成的习惯,时刻意识到演讲辞对话性的特征,使演讲辞体现出口语的风格。但较之一般的交际性口头语言,演讲辞又在成文性、说理性、艺术性方面有着很高的要求。它是一种经过高度的概括、提炼和艺术加工而成的口语。

演讲稿的写作原则:

(1)既要求保留口语简洁、流畅、生动、活泼的特点,又要求具备书面语言精确、规范、优美、典雅的特征。

(2)既要具有论述性作品中心突出、逻辑严密、说理性强的特征,同时又要具有文艺性作品讲求声韵美,形式美,意境美,感情色彩浓厚的特点。

李燕杰在其《演讲美学》中甚至还强调演讲要有相声般的幽默,小说般的人物形象,戏剧般的矛盾冲突,蒙太奇般的手法。

开场白的设计

据统计,人们用 10 秒钟的时间形成对一个人的印象,因此,演讲的开场是多么重要就可想而知了。它是听众对你的"第一眼",是你与听众之间建立起来的第一座情感桥梁。演讲者一定要充分考虑演讲目的、演讲内容、演讲对象、演讲场合的具体要求,从新颖的角度,用精辟感人的语言,巧妙的形式精心设计自己的开场白,以达到迅速吸引听众、感染听众的目的。同时好的开头也是演讲者信心的极大增强剂。开场的成功将极大地调动演讲者自身的情绪,令其充满信心地继续下面的演讲。

1. 开场白的目标

开场白主要有着以下五个方面的目标:

(1)决定听众的期望值

开场白的好坏决定了听众对接下去内容的期望值,因此,开场白必须要从听众的期待出发,满足听众的期望,并且争取超过听众的期望值。必须运用各种手段给听众一个自觉自愿地听你演讲的理由,引起听众对你所讲话题的兴趣,调动起听众的情绪,集中起听众的注意力,激发起听众继续听讲的强烈欲望。

(2)发展与听众交流的共同基础

演讲者要在开场中发展与听众的共同基础,让听众意识到你将与他们分享相同或相似的信息、感情和经验,从而铸就与听众进行良好交流的和谐气氛。要仔细研究听众信息,在开场白中消除你与听众之间由于陌生而必然产生的心理距离,打消听众心中存在的演讲与自己无关的想法,以赢得听众的支持和认同。共同的基础,真诚、热情、友善的态度,将使你具有很强的亲和力。

(3)建立演讲者的可信度

演讲者要在开场中树立起听众对你的信任感。你可以巧妙地向听众提供一些你的个人信息,如学历、经历、专业知识水平和技能、个性、演讲动机等,让听众相信你有资格就这一话题进行发言,以建立起听众对你的信心。

(4)奠定演讲的基调

开场白将设定全篇的基调,如严肃的开场白预示一个较庄重的基调,幽默的开场白预示一个轻松的基调。演讲者要善于选择不同形式的开场白,为全篇设定一个与演讲内容、对象、环境和气氛相吻合的基调。如可以选用设问式、警语式开头奠定慷慨激昂的基调;选择排比式、比喻式开头奠定充满抒情意味的基调;选择故事式、悬念式开头奠定引人沉思的基调;选择幽默式、俗语式开头,奠定轻松诙谐的基调。

(5)预告演讲的框架

开场白还要向听众宣示题目,介绍演讲的来龙去脉,预告演讲的主要内容和框架,让听众清楚地知道预期要达到的目标,以便集中注意力,更好地理解你的演讲,并使演讲自然而然地步入正题。常常可以这样进行预告:"今天我的演讲题目是……我将从三个方面来讨论这个问题:一是……二是……三是……。下面让我们从第一个问题谈起"。必要时还要介绍一些话题的背景知识。

2. 开场白的原则

写作开场白要注意以下几个问题:

(1)长度适中

开场白的篇幅只能占整个演讲的 10％至 15％,不能太长。

(2)最后写开场白

由于开场白是演讲整体内容的介绍,只有写完演讲的主体和结论之后,你才知道如何介绍,因此,要最后再写开场白。

(3)避免通病

平淡无奇、绕大弯子、自我吹嘘、趾高气扬、谦词过多等都是开场的大忌。千万不要说你不得不来这儿演讲,不要说你没准备,不要说你已经很多次做过同样的演讲,这样会让听众失望。关于这点林语堂先生所举的一个例子可以让我们引以为戒。

"诸君,对不起得很!(不要客气了,你不曾有了什么得罪我们的地方,何必说出这种话来呢!)我的学识浅陋,所以实在没有什么可说的话,(你觉得学识浅陋,你不妨去多读些书,在这里讲些什么废话呢!你既没有什么可说的话,那你闭了嘴立刻走出去!还要唠叨些什么呢?)而且我近来有些俗务事很忙,(人家也是很忙呢!你还是闭嘴走吧,我们可以去忙我们的事,你可以去忙你的事,我们两便,岂不更好!)所以也没有怎么好好地预备,(不要再□嗦了,你还是去好好地预备以后再来说吧!)今天在这里,实在没有什么话可说,(你还是走吧,既是没有什么话可说,那你再要说些什么话呢?)再加之我又是不会说话的人,(不会说话,不必说话好了,有谁来强迫你说呢?)勉强地讲着,我自知有了不少的错误,(请你不必勉强,没有人来勉强你的。你既自知有不少的错误,为什么不先自行改正了再说呢?讲些错误的东西给人家听,这算什么!你不"自知",我们还可以原谅你;你既"自知",那当然对你不能原谅的。我要问你,你自知错误而不改正,而且还要说出来,你是不是患着神经病的?)如有不对的地方,还要请诸位来给我原谅,给我指正。(照你这种样子,实在对你无可原谅;如要给你指正,就是请你不说为妙!))[1]

3. 开场白的方式

无论什么样的开场白归根到底是要取得先声夺人、出奇制胜的现场效应。开场白的设计要有创造性。故事、个人经历、有趣的或令人震惊的事例、历史事件、共同参照、名言轶事、数据等都可以成为开场白的精彩内容。比喻、抒情、设问、反问、悬念、幽默等修辞手段都可以成为开场白的有效形式。下面介绍一些开场白的精彩例证。

(1)故事

故事的生动性、形象性、趣味性能立刻吸引听众的注意中心和兴趣中心。选择与演讲主题密切相关的故事,挖掘其内涵,将之巧妙地引申到演讲的主题上来几乎是演讲不败的一种开场方法。下面例子中这位医学院的教授在给刚入学的新生们讲述第一堂课时就首先讲了一个富有寓意的小故事,然后由此及彼地引申,让学生们明白了一个医务工作者的责任,构思十分巧妙。

> 在暴风雨后的一个早晨,一个男人到海边散步。沙滩上有许多被昨夜暴风雨卷上岸的小鱼,被困在浅水坑里,挣扎着,想要回到大海的怀抱。走着走着这个男人发现远方有一条瘦小的身影,不知疲倦地忙碌着。走近一看,原来是一个大约七八岁的小男孩,他正弯腰捡起水洼里的小鱼,然后再用力地扔回大海,一条又一条不停地重复着相同的动作。男人问道:"孩子,这海滩上有成千上万条小鱼,你一个人救不过来的。""我知道。"小男孩头不也抬地回答着,但并没有停止动作。"既然知道,干嘛还干傻事呢?"男人又问。小男孩只是默默地捡起小鱼,再把它们扔回大海,并不回答。男人忍不住又问了一句:"你这么做,又有谁在乎?"小男孩边扔边说:"这条小鱼在乎! 这条,还有这条……"讲完这个故事,教授接着说:"今天,你们在这里开始了大学生活,你们每一个人都将在这里学会如何去拯救生命。虽然你们救不了所有的病人,但是你们可以救一部分人,为他们减轻痛苦。因为你们的存在,人们的生活从此有所不同——你们可以使大家的生活变得更加美好,这是你能够而且必须做到的。"

(2)共同基础

讲述与听众具有共同经历、性趣爱好,个性特征,可以很快缩短与听众的感情距离。美国副总统戈尔在加利福尼亚大学的传媒学院发表演说时就这样开场:

> 今天来到传媒学院演讲,我很高兴。我感觉我与学院中的同学有很多共同之处:我曾经是学校的优秀运动员,我也曾经尝试写作。我现在仍然期待着再次经历那样的生活。

(3)个人参照

听众的兴趣很大程度上取决于他们是否认为演讲话题对于自己很重要。用更贴近听众的信息,并强调这些信息的重要性不仅能够激发听众兴趣,吸引注意力,还能特别有效地促使听众成为演讲的积极参与者。请看下面这个例子:

---

[1] 林语堂. 怎样说话与演讲. 北京:文化艺术出版社,2004.269—270.

嘿,你们今天早晨爬上这四层楼梯顶时喘粗气了吗?我敢打赌有些人发誓他们再也不爬到这个楼的顶层来听课了。但是你有没有停下来想过,恐怕问题不在于在顶层上课,而大概在于你没有进行足够的锻炼。今天我想要与你们说,你们可以怎么制定锻炼计划以获得一个健康的身体并保持下去,这样做一星期只要花3小时,且不费一个钢镚儿!

个人的小故事对于一名演讲者来说是最有价值的部分。它们会使人们非常感兴趣,因为它们是真实的。所以你必须储存你能记住的所有这些故事。你是否需要一些帮助来回想起这些来源于自身经历的小故事呢?美国著名的演说家马尔科姆·库什纳列出了一些可以帮助你回忆的小技巧[①]:

你最尴尬的经历

曾经最使你生气的事

你曾经收到的最不适当的信件

你的第一次

你的同事、朋友或是亲属的最奇怪的习惯

你听说过的最愚蠢的事

你工作的第一天

你曾经有过的最差劲的老板

曾经发生在你的朋友身上最令人难过的事

你曾经犯过的最大错误

一个奇怪的梦

你曾经听到或是看到的最奇怪的事

你最疯狂的一次度假的故事

在商务会议中发生的一件最不可思议的事

在外吃饭:奇怪的饭店、侍者、食物或是糟糕的服务

亲属

学习驾驶

高中经历:舞会、老师、同学

大学:宿舍、教授、考试

你父母给你讲过的名人轶事

你第一次工作面试

一些现在看起来很可笑但当时却不可笑的事

你曾经收到的最奇怪的礼物

(4)个人经历

个人的生活经历,琐碎的生活细节都会让你显得十分真挚坦率,具有亲和力。环境保护基金执行官弗洛伊德·克虏伯作的关于环境保护的演讲就这样开头:

---

① [美]马尔科姆·库什纳.公众演讲.廉莉莉译.北京:机械工业出版社,2003.52.

　　　　非常感谢您的介绍,但是您漏掉了最重要的一点:我经常要照顾我的三个儿子——年龄分别是 7 岁、4 岁和 14 个月,所以我很了解该怎样清扫垃圾。

(5)赞美

人人都愿意听别人的欣赏和赞美。倘若演讲者用真诚的赞美开头,往往能够迅速激发起听众强烈的荣誉感和自豪感,起到激励和鼓舞的作用。下面这个例子是拿破仑在蒙特诺战役中的演说开场,拿破仑作为元帅,运用确切的数字,肯定了士兵们取得的卓越战绩,极大地鼓舞了士兵们继续进军的勇气。

　　　　士兵们! 你们在 15 天内赢得了 6 次胜利,缴获了 21 面旗子和 55 门大炮,攻下了几座要塞,征服了皮埃蒙特最富饶的地方,你们捉住 15000 名俘虏,杀伤了 1 万多敌人。

(6)惊人的陈述

抓住听众注意力并迅速转向话题的一个极好办法是以惊人的陈述做开场白。下面这个例子仅用 100 多个字,大约 30 秒,便抓住了听众的注意力,并引出了演讲的主题。

　　　　如果我拿手枪指着你,你理所当然会害怕。至少你知道它对你生命的威胁。然而每天我们让人用对我们钱包和心灵都有危险的信息向我们开火,我们却几乎不说一个字。我讲的是电视广告商。今天我要谈谈我们,应如何让人知道我们对广告的感觉。

(7)悬念

悬念可以立即激发听众的好奇心,引发紧密关注的兴趣。遇到不容易引发听众兴趣的话题,用悬念开场会有出奇制胜的效果。

　　　　它每年花掉美国 1.16 亿美元。它使人们比经济衰退时失去的工作还多。它每年造成将近 10 万起死亡。我现在谈的不是吸食可卡因,这个问题是酗酒。今天我要向你们说明如何通过戒酒来躲避这个残忍的杀手。

(8)抒情

开门见山地直抒胸臆能够渲染气氛,感染听众。美国前国务卿埃弗雷特在葛底斯堡国家烈士公墓揭墓式上所作演说的开场白,直抒胸臆,描绘了墓地四周肃穆、庄严的景象,表达了对烈士无比的敬仰之情,情深义重,极富感染力。

　　　　站在明静的长天之下,从这片经过人们终年耕耘而现在还安静憩息的广阔田野放眼望去,那雄伟的阿勒格尼山脉隐约地耸立在我们前方,弟兄们的坟墓就在我们脚下,我真不敢用我这微不足道的声音,来打破这上帝和大自然所安排下的这意味无穷的寂静……

(9)比喻

比喻式的开场白生动形象,可以引发听众的联想和想象,非常引人入胜。下面这篇开场白作者通过比喻将如今的大学生分成对号入座的、坐着的、站着的和挤在门口的几个档次。然后再分析不同人的不同心态,引出张海迪与师专生们相比。这样就很自然地切入了主题——不管你处在什么位置,不要怨天尤人,只要努力奋斗,就会有所成就。

　　我们这些大学生,都像是坐在一辆公共汽车上的乘客。坐着的是名牌大学的,站着的是一般院校的,挤在车门口的则是我们这些师专生。坐着的自命不凡,沾沾自喜;站在坐椅旁边的,有些愤愤不平,总认为自己应该坐着;挤在车门口的,有人因挤上了车而暗自庆幸,但更多的人则唉声叹气,悲叹怀才不遇,错失良机,挤到了这倒霉的教书匠的角落里。是啊,跟坐着的相比,没有那般舒适与可靠;与站着的相比,也似乎是低了一大截。朋友,假如生活像一辆车,载着我们这些还算幸运的乘客,那么,张海迪,她的位置又在哪里? 生活赐予她的,也是一辆车,但是一辆轮椅车! 可是,就是在这样的一辆车上,却书写着光辉与成就。

(10)提问

　　经验表明,开场提出问题、进行设问或反问都是集中听众注意力,引导听众积极思考,参与到演讲之中的好办法。所提问题要紧扣主题,有鲜明的针对性。例如:妇女运动的先驱蔡畅在一次演讲的时候,曾以直截了当的提问开篇:

　　　　今天讲一个问题,就是一个女人能干什么?

　　而下面这个开场白通过对人才在哪里的设问和回答,巧妙地博得了听众的好感。

　　　　人才在哪里? 人才在960万平方公里的土地上,在12亿人民中间,在当今改革的激流里,在你们——我尊敬的听众之中。

(11)排比

　　排比的开场具有强大的先声夺人的情感力度。例如,戴高乐将军于1939年6月18日发表的反法西斯广播演说,针对法国公众在希特勒的军队威压之下的心理防线濒于崩溃的现实,用下面这个由设问构成的排比句开头,斩钉截铁地否定了悲观主义的论调。

　　　　事情已经定局了吗? 希望已经没有了吗? 失败已经确定了吗? 没有。

(12)幽默

　　幽默的开场诙谐风趣,是制造轻松和谐气氛的好方法。幽默大师马克·吐温的著名演讲《婴儿》别出心裁地以"婴儿"开题谈论人生,极富情趣在对比的强烈反差中归结出"我们都曾是婴儿"的"共同点",就更让听众忍俊不禁。

　　　　"婴儿"是我们每个人都曾有的特点。我们不幸不能生为女人,我们也并非都是将军、诗人或政治家,但是话题说到婴儿时,我们便有了共同点——因为我们都曾是婴儿。(听众大笑)

(13)双关

　　借助人们熟悉的具有双关意义的词语开场含蓄而意味深长。1938年陈毅率领新四军在浙江开化县华埠镇休整。当时一抗日组织召开欢迎大会,主持人作介绍称陈毅为"将军"。陈毅接过话头机智地利用"将军"这个词语的两重含义,引出了演讲的主题,令人折服。

　　　　我叫陈毅,耳东陈,毅力的毅。刚才主持先生称我将军,实在不敢当,我现在还不是将军。当然叫我将军也可以。我是受全国老百姓的委托去'将'日本鬼子的'军'。这一'将'直到把它们'将'死为止……

正文组织的四个要点

演讲辞的正文是指对话题展开论述的部分,它是演讲的核心,担负着阐述、论证观点,达到说服和感染听众目的的重要任务。正文部分的总体要求是结构完整清晰,观点全面正确,论据准确新颖,论证充分有力,有情感高潮、有内容预告、过渡和内部小结。

正文部分的写作要考虑以下四个要求:

1. 安排完整、有序、清晰的结构

演讲者为了充分地表现主题,必须把散乱的、零碎的材料,有机地、巧妙地组织成一个有序的整体。安排结构时首先要把论述主题的主要论点准确地表达出来。一篇演讲辞一般只需设置两三个主要论点。论点太多,不利于听众的理解。每个论点下面再设置一两个次论点。同一个层次的论点要尽量均衡。然后给各个论点一个合理的顺序,言之无序将直接影响论证的说服力。时间顺序、空间顺序、逻辑顺序皆可根据情况采用。

演讲中为了保障听众能够清楚地明白演讲者的思路,十分强调用标志性语言来标示结构,以加强结构的明晰性。使用数字、提问等标志性词语可以帮助听众较快地把握住演讲的层次结构,例如,在演讲的开头部分,即提出自己在这篇演讲中是"想谈三个问题",使听众对自己的演讲内容有一个总体的把握。在中间部分,再用"第一个问题","第二个问题"、"第三个问题",在每个问题里面,再继续用序数词对各个内容进行标示。这些鲜明的结构标识语对演讲内容进行了有序的归类,给了听众一个明晰的脉络线索,从而使整场演讲内容丰富却有条不紊。

2. 充分论证观点

演讲如同其他论述文一样也需要借助分析、判断、推理、归纳等逻辑手段说理论证。

一般可采用并列、递进、正反等方式来安排论证。并列式是从不同的角度来对自己的论题展开论证;递进式是层层深入地对自己的论题展开论证;正反式是从正反两个方面来对自己的论题展开论证。这些论证方式体现了很强的条理性和逻辑性,被演讲者广泛采用。

只有运用充分的材料论证观点才能让听众信服。要选择真实、典型、生动、新颖的材料;要确保你的论证材料是准确的、相关的、可信的;论据要精干。一个突出的例子比两个平常的例子要好;要采用多种形式的材料作为论据,因为不同的人会对不同的材料作出反应。如有些人喜欢统计数据,有些人喜欢名言和趣闻。一般来说,带有悬念、妙趣横生、具有幽默感、寓意深刻的材料更具激发听众兴趣的力量。

只有在事实以及基于事实的一系列基本判断真实可信的条件下才能得出富于说服力的结论,因此事例、数据、名言警句、对比性材料具有很强的论证力量。

(1)事例

具体、生动的事实性例子对于听众的行为有重大影响,因此,演讲中有一条经验法则就是:一条归纳至少附有一个例子。用个人经历、故事、寓言、轶事、趣闻等生活中真实的事例可以使抽象的原则变得清晰,使演讲变得生动有趣,因而也更有感染力和说服力。

使用事例时要确保它们清晰、生动、没有误导作用,并且与所要作的归纳有密切的关系。只有足够清晰明确的事例才能展现给听众一幅清楚的画面。例如,"现在蜂窝电话比80年代便宜很多。""便宜很多"这个说法就远不及"在80年代中期,摩托罗拉每部蜂窝电话售价5000美元,而现在一个人可以低于150美元的价格购买一部摩托罗拉蜂窝电话"这样的表述清晰而有说服力。

（2）统计数据

统计数据是说明和支持观点的有效工具。恰当地引用数据不仅能够使说话变得形象生动，而且能够大大增加演讲的可信度，并令听众印象深刻。但使用之前一定要评估准备引用的统计资料的价值：是否有代表性？来源是否可靠？是否正确理解了这些数据？只能引用你可以证实其可信性的统计数据以及最近的统计数据，这样听众就不会被误导。不要过多使用统计数据，否则会让人乏味。

利用视觉辅助物说明统计数据是让听众更好地理解这些数据的好办法，必须较多地使用统计数据时可将之制作成一张表。

（3）名言警语

名言警句凝练、智慧，既具有深邃的理性力量，又具有"权威效应"，符合听众中普遍存在的从众、从上心理。因此，恰当地引用一些名言警句将使论证更有力量。引用时既不能引用太深奥的，以免听众一时难以理解，也不能引用过于熟悉的，以免失去新鲜感。另外，演讲者也可以自己概括精练的口号式的警句。

成功的演讲中，演讲者都会尽力把一些经过情感的凝聚和思想的升华的精辟见解提炼成具有高度概括力和号召力的警语，以加强其演讲的感召力。如亨利的"不自由，毋宁死"，肯尼迪的"不要问你的国家愿为你做些什么——而要问你自己为你的国家做了些什么"，巴斯德的"科学固然没有国界，然而，科学家应该有自己的国家"，就是演讲者自己提炼的警句，不仅在演讲时具有很强的震撼力，也成为传世的名言。

（4）对比性材料

在演讲中利用具有鲜明的差异性的对比性材料来说明问题，具有很强的说服力，因而也是一个通用的论证方法。孙中山先生在《民报》创刊周年会上的讲话《三民主义》中首先用汉人与地球人数的比较说明以中国之大不能亡国，然后又比较了非洲杜国被英国侵略、菲律宾被美国侵略的情形有力地论证了我们汉人要坚持民族主义，不应甘于亡国的观点。

> 我们想一想，现在国在哪里？政权在哪里？我们已经成了亡国之民了！地球上人数不过1000几百兆，我们汉人有400兆，占了1/4，算得地球上最大的民族，且是地球上最老最文明的民族。到了今天，却成为亡国之民，这不是大可怪的吗？那非洲杜国不过20多万人，英国去灭他，尚且相争至3年之久；菲律宾岛不过数百万人，美国去灭他，尚且相持数岁；难道我们汉人，就甘心于亡国！

3. 设置情感高潮

设置高潮是指演讲中对激情和气势的营造。演讲讲求节奏鲜明，张弛相间，跌宕起伏，力避平铺直叙。因此，组织正文时演讲者一定要有意识地设置一处或多处情感的高潮。高潮的出现意味着形成了一吐为快，一泻千里的激情，意味着具有了万马奔腾，山陵崩裂，巨浪排空，雷霆万钧的气势，因此，高潮可谓是演讲者感情最真挚、最动情的时刻，是听众最受震撼，情绪最激动、精神最振奋的时刻，也是演讲者与听众达到精神和情感的共鸣的时刻。成功的演讲，总能掀起几次高潮，使听众进入"快者掀髯，愤者扼腕，悲者掩泣，羡者色飞"的佳境。

高潮必须依靠演讲者有意识地向前推进才能形成，对此李燕杰在《演讲美学》中曾经作过较为精深的论述。他说："一次演讲，怎样达到高潮？这需要演讲者在感情上一步一步地说服听众，在理论上一步一步地抓住听众，在内容上一步一步地吸引听众，使听众的内心激情逐渐地燃烧起来,演讲将自然推向高潮。"

具体说来,酿造高潮的方法是多样的:或通过对所举事例的精辟分析,提炼出精彩的观点、深刻的哲理而语出惊人,使听众为之折服而掀起高潮;或用充满感情的语言、叙述动人的经历而达到高潮;或用诙谐幽默,制造悬念等使听众情绪起伏而掀起高潮。修辞手段的运用是营造高潮所必不可少的手段。

酿制高潮常用的修辞手法有:

(1)重复

作为一种积极的修辞手法,重复就是在演讲中将某一句、某几句或某一段紧接着重复一遍甚至数遍。在演讲过程中安排这样的重复,不仅是为了让听众听清一些重要的词句,更重要的是在重复时通过有声语言的变化来加强语气、强调观点、升华感情,从而增强语言表达的效果。如亨利在弗吉尼亚州议会上的两段演讲中运用了两个重复把其感情表现得淋漓尽致,也把听众的情绪推向了高潮。

> "假如我们想得到自由并拯救我们为之长期奋斗的珍贵的权力的话,假如我们不愿彻底放弃我们长期从事的曾经发誓不取得最后胜利而决不放弃的光荣斗争的话,那么,我们必须战斗! 我再重复一遍,必须战斗!"
>
> "……囚禁我们的锁链已经铸就,波士顿草原上已经响起镣铐的叮当响声。战争已不可避免——那么就让它来吧! 我再重复一遍,就让它来吧!"

(2)排比句

排比句可以化一般性的叙述为激情洋溢的抒情,形成一种排山倒海的气势。美国副总统沃尔特·蒙代尔在与里根总统对垒时发表《向里根先生挑战》的演讲。他首先用了九个排比句形成一个逼人的气势,无情地鞭笞了里根政府的种种弊端,然后又用七个排比句设想了一个理想的社会,表达了自己当选总统后的奋斗目标,气势非凡,再次形成了高潮。

> 你们投票支持的,不是 2000 亿美元的赤字。
> 你们投票支持的,不是军备竞赛。
> 你们投票支持的,不是将天空变为战场。
> 你们不是为了破坏社会保障制度和老年保健医疗制度而投票的。
> 你们不是为了破坏家庭农场而投票的。
> 你们不是为了破坏公民权利法而投票的。
> 你们不是为了毒化环境而投票的。
> 你们不是为了打击穷人、病人、残疾人而投票的。
> 你们不是为了用 50 美元购买一只 50 美分的灯泡而投票的。
> ……
> 我和副总统费拉罗的第二任任期将在 1989 年开始。在下一个 10 年开始时——
> 我要向孩子们询问他们的理想,我不会再听到关于核战争噩梦的话,一个字也听不到。
> 我将走进美国任何一个教室,同一些最聪明的教师和学生交谈,听到学生们告诉我:"我要成为一名教师。"

我将走进美国任何一家公立诊所,听到医生说:"今年我们没见到一个孩子挨饿。"

我将走进美国任何一家商店,随手拿起质量最好、价格最适宜的最佳产品,把它翻过来,读到"美国制造"的字样。

我将在美国任何地方都遇到非常成功的企业领导人,在他们中间看到像今晚这里一样多的妇女和少数民族成员。

我将指着最高法院说:"司法权掌握在最正直的人手中。"

我将走向我的第二次就职典礼,举起右手,宣誓"保存,维护和捍卫"包括平等权利修正案在内的宪法。

(3)设问和反问

设问可形成咄咄逼人的气势,反问具有不容置疑、无可辩驳的强劲力量,两者皆可造就激昂的情绪。梁启超在一次围绕孔子的"知者不惑,仁者不忧,勇者不惧"主题的演讲中就一口气用了四个设问,然后再用三个排比句式做了回答,酣畅淋漓地论证了观点,形成高潮。

诸君啊! 你现在怀疑吗? 沉闷吗? 悲哀痛苦吗? 觉得外边的压迫你不能抵抗吗? 我告诉你:你怀疑和沉闷,便是你因不知才会惑;你悲哀痛苦,便是你因不仁才会忧;你觉得你不能抵抗外界的压迫,便是你因不勇才有惧。

英国思想家欧文在他的著名演讲《让更多的人获得幸福》中在分析了自己肩负的责任之后,就用了三个非常有力的反问形成强大的论辩力量,把演讲推向高潮。

现在,我所肩负的责任使我不得不指出:他们照这样进行 100 年,也会一直停留在黑暗中,始终不能对这攸关全帝国福利的重大问题通过一项合理的法案。我有这种看法,而且它在我的心目中就像我现在看到大家一样清楚。这样我难道还能袖手旁观,无动于衷吗? 难道我应当讲究毫无意义的形式和习惯而闭口不言吗? 不,就我目前所能获得的知识来说,假定我为了任何一种个人打算而不设法让大家听到迄今仍然微弱的真理之声,那我岂不是成了人类的头号罪魁了吗? 这种真理之声已经像方舟上的鸽子一样飞出去,再也不会回来了。

4. 安排内容预告、过渡语和内部小结

演讲辞正文的组织过程中十分注重过渡、预告和小结。演讲辞不像书面文章那样有标题、子标题和分段,听众也不能像读者一样可以通过反复阅读直至很清楚地了解作者思想发展的脉络、全篇的主题、重点内容和事例,听众很难掌握演讲辞的结构,因此,演讲要用大量的归纳和提示性的语言,为听众提供内容线索,以便他们能够更好地理解和记忆你所说的内容。

(1)内容预告

听众总想知道"下一步做什么",因此,对于重要的观点,演讲者可事先预告听众接下来你将要从哪几个方面讨论问题,以便澄清听众的思路、帮助听众实现思绪的顺利过渡。

(2)过渡语

在演讲中只有运用一些强有力的过渡手段才能让听众明白各个要点之间的相互关系,自然地把听众从一个问题带入另一个问题。

在演讲中使用过渡语要注意三个问题:

　　一是过渡不能太简单。过渡如果太简单,就很容易被听众忽略;

　　二是过渡不能太相似。要使用不同表达的过渡语,不要反复使用相同的过渡词,这会令听众感到厌烦。下面这些过渡语的例子可以给你一些启发:"现在,让我们看一下……"、"除此以外……"、"让我们换个角度……"、"下一点……"、"另一方面……""让我们把话题转到……"、"需要考虑的另一个问题是……";

　　三是过渡宁多勿少。如果你对是否需要过渡有疑问,不妨采用演讲大师库什纳的过渡原则:当你拿不定主意的时候,就加上。

　　(3)内部小结

　　演讲时在讲完了一个重要的或复杂的要点之后要先略作小结再转移到下一个要点。内部小结是对要点的一种重复,通过小结,反复申说了要点,就可以让听众彻底了解演讲的主旨,有效地纠正听众注意力的偏离,加强记忆。同时内部小结清楚地界定了一个要点的结束和下一个要点的开始,就像是一幢结构错综复杂的大楼里的"您的位置是……"这样的标志,随时让听众了解清楚演讲进行到哪里了,已经讲过了什么,因此,每个要点都要用一句话进行小结。在重要的较长的子要点的转移中,也要用内部小结。可以说,在任何演讲中,内部小结都非常重要,演讲越长,需要做的内部小结就越多。

　　为了避免重复,有经验的演讲者常常把内容预告、过渡和内部小节结合成一体,不断提醒听众你的演讲是如何组织起来的,你讲到哪里了,接下去要讲什么,从而帮助听众能够自始至终地紧跟上你的思路。

结束语的设计

　　虽然结束语是演讲的一个较小部分,但却是不可缺少的,也是不可忽视的,它与开头同等重要,是演讲者表述思想,打动听众的最后机会。良好的结尾能使演讲在热烈的气氛中圆满结束,给听众留下强烈的印象;相反,没有结论或蹩脚的结论则会令原本有效的演讲黯然失色。

　　1. 结尾的原则

　　(1)发出信号

　　演讲的末尾必须发出结束的信号,让听众知道你已经进入演讲的结尾部分,不能在听众毫无心理准备的时候太突然地结束。因此,当你进入演讲结尾时,要说一些诸如"最后,还有一个问题……"、"我最后的结论是……"、"总而言之……"、"结论是……"之类的短语,使结尾的标志突出,让观众明白演讲即将结束。

　　(2)构建高潮

　　演讲结尾的特殊之处在于它既要起到收束全篇的作用,又要构建起一个最后的情感高潮。演讲者应该调动一切积极因素,用充满感情和力量的语言总结全文,提升主题,升华情感,从而把听众的情绪推到最高的浪峰上,使听众情绪激昂,给听众以希望和信心,以实现说服听众采取行动的目的。

　　(3)富有鼓动性

　　演讲的结束语要激情洋溢,铿锵有力,富有鼓动性,不能平淡无味,落入俗套。

　　(4)简洁凝练

　　结尾只能占全部演讲内容的5%到10%,不能拖沓冗长。要收拢全文,提示题旨,但不要过多地重复前面的内容,更不能节外生枝。如不能再提出新的观点,否则会引起歧义;不能说前面忘了什么,再补充一下,否则会让人觉得思路混乱。

(5)留有时间

要给结尾留下足够的时间,不能匆匆了事。要耐人寻味,让听众在兴趣未尽时戛然而止,从而令听众余兴未尽。正如萨拉·迪金森所说结尾留下些没讲的东西应该与你讲过的东西同等重要。

2. 常用的结尾方式

(1)总结式

对演讲的主要内容和大意进行概括,作出结论是一种常用的结尾方法。1938 年,毛泽东在延安抗日战争研究会上作了著名的演讲《论持久战》,结尾时毛泽东用简明有力的语言,将演讲的内容做了高度的概括,明确提出了"抗日战争是持久战,最后的胜利是中国的"这一凝练有力的结论。

> 亡国论者看敌人如神物,视自己如草芥;速胜论者看敌人如草芥,看自己如神物,这些都是错误的。我们的意见相反:抗日战争是持久战,最后的胜利是中国的——这就是我们的结论。

(2)呼吁式

演讲者用充满激情的语言重提目标,呼吁行动,具有很强的鼓动性。例如丘吉尔第一次首相就职演讲《我奉献的只是热血、辛劳、眼泪和汗水》的结尾在说明了为什么必须"不惜一切代价,去赢得胜利"的道理后,用激昂的呼吁来结束演讲,同时也把演讲推向了情感的高潮。

> 摆在我们面前的,是一场极为痛苦的严峻的考验。在我们面前,有许多漫长的斗争和苦难的岁月。因为没有胜利,就不能生存。大家必须认识到这一点:没有胜利,就没有英帝国的存在,就没有英帝国所代表的一切,就没有促使人类朝着自己目标奋勇前进这一世代相因的强烈欲望和动力。但是当我挑起这个担子的时候,我是心情愉快,满怀希望的。我深信,人们不会听任我们的事业遭受失败。此时此刻,我觉得我有权利要求大家的支持,我要说:"来吧,让我们同心协力,一道前进。"

(3)表态式

用铿锵有力的句子表明自己对某些问题的鲜明态度,昭示自己对某些问题的坚定信心。闻一多先生在《最后一次演讲》的结尾用三个排比短句慷慨激昂地表明了自己英勇无畏的态度,气壮山河!

> 我们不怕死,我们有牺牲的精神!我们随时准备像李先生一样,前脚跨出大门,后脚就不准备再跨进大门!

(4)提升式

结尾还可以引用一些鼓舞人心或发人深省的名言警句以激励听众,升华主旨。下面是富兰克林国际有限公司总经理威廉·E.富兰克林在哥伦比亚大学的日本商业协会和国际商业协会所做演讲《国际贸易中的职业:五条理念或原则》①的结尾。它首先对演讲内容做了清楚的回顾,然后通过引用和阐释孟德斯鸠的名言深化了全篇的主题。

---

① 鲁道夫·F·维德伯.讲话的艺术.北京:中信出版社,2003.420.

总结一下。

第一条理念：从其他文化中学习有益的东西。

第二条理念：忠实于你的个人价值观。你将明白,从总体而言,成功更多地取决于品质而不是智力或运气。

第三条理念：抓住任何担任领导职务的机会。领导才能必须通过亲身经历才能学来。

第四条理念：在思想的王国中,一切都取决于热情,在现实世界中,一切都依赖于坚忍不拔。

最后一条理念：关系网、关系网、关系网。

200 年前巴伦·查尔斯说："商务是治疗偏见的良药,和平是贸易的自然结果。"如果在 18 世纪那是正确的,那么在 21 世纪它会更正确。贸易与投资带来的不仅仅是金钱与商品,它们更带来了思想。作为 21 世纪的领导者,你们有很多机会帮助我们所有人克服偏见,为全人类带来理解与和平。我坚信那正是你们所要做的。

(5)颂扬式

诚挚的赞美具有强大的情感力量,用赞美作结尾,能够引起听众的强烈共鸣。如林肯赞美尼亚加拉瀑布的演讲词的结尾,用排比的句式、抒情的语调把演讲推向了情感的高峰。

> 很古以前,当哥伦布最初发现这一块大陆,当耶稣基督被钉在十字架上,当摩西率领了以色列人渡过红海时,甚至亚当从创世主的手里出来,一直到现在,那尼亚加拉瀑布一直在这里发着怒吼。古代的伟人,像我们现代人一样,他们曾经见到过那尼亚加拉瀑布。那时的尼亚加拉瀑布和现在的瀑布同样的新鲜有力,前世纪的庞大的巨象和爬虫,也曾见到过那尼亚加拉瀑布。从那样永久的年代,一直到现在,那尼亚加拉瀑布从未有过一刻钟的静止,从不干涸,从不冰冻,从不睡去,从不休息。

(6)感召式

1962 年,82 岁高龄的麦克阿瑟将军应邀回到西点军校,参加母校为他举行的授勋仪式,发表了著名的演讲《责任——荣誉——国家》。西点军校是麦克阿瑟少年时的一个梦想,也是他成功的起点。在结尾时他深情地叙述了自己对西点军校的无限怀念之情,诚挚地表达了由西点军校焕发的高度的责任意识和荣誉意识,具有强烈的感召力。

> 我的年事渐高,已近黄昏。我的过去已经消失了音调与色彩,它们已经随着往事的梦境模模糊糊地溜走了。这些回忆是非常美好的,是以泪水洗涤,以昨天的微笑抚慰的,我以渴望的耳朵徒然地聆听着微弱的起床号声的迷人旋律,远处咚咚作响的鼓声。在我的梦境里,又听到劈啪的枪炮声,咯咯的步枪射击声,战场上古怪而悲伤的低语声,可是,在我记忆的黄昏,我总是来到西点,那里始终在我的耳边回响着:责任——荣誉——国家。今天,标志着我对你们的最后一次点名。但是,我希望你们知道,当我死去时,我最后自觉的思想一定是这个部队的——这个部队的——这个部队的。我向你们告别了!

演讲辞的表达

【提要】

◇ 克服怯场的五种方法：周密准备、调节心绪、树立信心、专注目标、巧妙掩饰
◇ 提升情感表现力的四种手段：真挚的态度、感性的主题和材料、富有情感表现力的语音系统、有一定力度的态势语言
◇ 从容控制全场的四个方面：热情开场、掌控时间、巧妙处理意外、漂亮收场
◇ 实现与听众交流的五种方法：拉近与听众的情感距离、吸引并保持听众的注意力、重视反馈、化解过激反应、尊重提问

　　演讲稿不仅要写得好，更重要的是要在临场演说时讲得好。演讲辞的完美表达受到多方面因素的制约，比如心理素质、情感表现力、控场的能力、与听众交流的能力。

克服怯场的五种方法

　　只有拥有良好的心理素质才能完成一次出色的演讲。事实上，许多在日常生活中谈吐自如的人，一想到要站在一群人面前做演讲就会紧张，甚至害怕到恐惧的程度。很多调查都表明当众演讲往往被视为是一件最让人担心的事，是引发焦虑感的顶层因素。如果你在演讲前出现心慌意乱、心跳加快、呼吸失控、脸色发白、两腿颤抖、手掌出汗、手足无措等不适的生理反应，继而产生你将会表现得非常糟糕以及听众的反应会非常可怕的幻想，这就表明你怯场了。怯场是由面对公众演说时的羞怯心理导致的一种心理障碍。怯场并不可怕，它是很多演讲者都曾经有过的经历。但如果不能及时采取有效措施，排除怯场的不良情绪，演讲就无法顺利进行。多次出现因怯场而导致演讲失败的情况，还会产生演讲恐惧症，影响身心健康。

　　造成"怯场"的原因主要是由于过度的担心而造成的精神紧张。导致演讲者心理紧张的因素主要有三个方面：

　　一是缺乏自信，担心演讲失误。如担心准备不足，担心内容不受欢迎，担心讲时出错忘稿，担心环境干扰。

　　二是担心演讲不被听众接受。如担心听众不理解，担心听众嘲笑，担心听众会不耐烦，甚至离场。

　　三是担心失败给自己带来不良影响。如担心给听众留下不好印象，担心会影响同事、领导或亲朋好友对自己的评价。

　　上述种种担心必然导致思想压力过重而产生高度的心理紧张。

　　只有排除这些紧张因素，才能克服"怯场"心理。那么如何排除这些紧张因素，克服"怯场"呢？

　　1. 周密准备

　　精心的准备是克服怯场的根本保障。很多时候怯场都是由于缺乏准备，心中无数而造成

的。演讲前要熟悉演讲的内容,准备好演讲的着装、饰物,了解听众的情况,熟悉现场的环境,预想各种演讲可能出现的状况及应变措施。当演讲者自己觉得已经胸有成竹,一切准备就绪时,紧张心理自然而然就减轻了。

2. 调节心绪

演讲前要有意识地做一些调节心绪、放松自己的工作,保持轻松的精神和生理状态:

演讲之前的晚上好好睡一觉;

上台前通过说笑话、听音乐、看画册等转移思想上的"兴奋点";

等待演讲的时候,做一些舒缓紧张情绪的运动。深呼吸、令大腿肌肉绷紧后再放松、把两手放在一起用力捏紧然后再放松、伸展运动、散步都能有效缓解紧张情绪;

心理学家说作演讲的时候随身带着一件熟悉的物品,可以让人感到舒服并且能减轻紧张气氛。

3. 树立信心

缺乏成功的信念是怯场的根本原因。经验告诉我们,如果你不断地告诉自己你的演讲将搞得一团糟,那么很有可能真的就会这样。总感到自己准备不充分,自己的普通话讲得不够好,自己的形象欠佳,自己的音色不好、态势动作不如别人优美等等诸如此类的"我会失败"的消极想法是致命的,它必将导致演讲者的自卑感和畏惧感,从而产生怯场情绪。

在你走向讲台之前一定要放弃无稽的想法,把想象集中到积极的方面,用精神胜利法,多做积极的自我暗示。通过回想自己有过的成功经历、自己的优势进行自我肯定、自我欣赏,以形成"我一定成功"的心理定势。可以设想一下最糟糕的情况,告诉自己即使如此也不是世界末日,你将由此获得经验。

可以想象自己做了一次非常成功的演讲:你自信、优雅地站在演讲台上,从容地面对听众,声音响亮,表达清晰、流畅,听众被你深深吸引,演讲非常顺利,没有故障,你赢得了无数的掌声。事实表明,演讲前多次进行这样的心理预演可以有效地帮助你控制紧张情绪,增强自信心。

4. 专注目标

过高的期望值、过强烈的成功欲都会让演讲者患得患失,增大心理的压力,导致怯场。

演讲时演讲者往往会因为追求完美而对自己吹毛求疵,出现一点点失误或听众有些不耐烦就慌乱不已,就认为演讲已经失败,甚至决定放弃演讲。事实上,听众是准备与你进行交流的朋友,而不是苛刻的欣赏者或裁判,听众并没有用完美的尺度来衡量你,他们最大的希望是你能够把思想准确、清晰地传达出来,出现一些小的失误并不会影响他们对你的评价,很多时候听众甚至都不能发现你的错误。

专注于自己的演讲目标,不要担心犯错误,更完全没有必要因为说错一句话或做出一个不当的手势就沮丧。放下追求尽善尽美的心理负担,信心百倍地走上演讲台就会变得容易得多。

5. 巧妙掩饰

很多时候,紧张是你自己内心的感觉,听众其实并不能明察秋毫地发现你有多么紧张。因此,不管你内心多么紧张,都要尽力做出十分自信从容的样子。

由于人们在紧张时都会出现一些习惯性的动作表现,因此演讲者要善于借助良好的态势语言等手段掩饰自己内心的紧张情绪。如果你在紧张时常会用食指摸脸,或者擦鼻子,或者抓嘴唇,那么你可以把手摆成"塔形"放在自己的前面,或者放在讲台上;如果紧张时你会不时地踱步,那么,在你靠近听众时请停一会儿再接着往别的地方走;如果紧张时你会不停地想喝水,你就不要带大罐的水,用玻璃杯装少量的水,以减少饮用的次数;如果你的手到时会不停地颤抖,你就把稿子写在卡片上而不是在一页页稿纸上,因为卡片较重,可以掩饰手的颤抖。

提升情感表现力的四种手段

演讲的目的在于说服,而只有演讲者自己动情,并且能够运用一定的方法和技巧让听众动情,才能实现演讲令人动容,促人行动的目的。纽约著名的演说家李特登说:"人们都愿意说自己只受理智的支配,但其实整个的世界,都是被感情所转移的。一个人如果努力地装作着严谨或极伶俐,那是会很容易失败的;但是,一位以真正的坚信来向你叙说的演讲者,他是决不会失败的。不论他所讲的题目是重大的政治经济政策或是极小的个人旅行杂谈,只要他确实觉得心里有不能不告诉你的事情,他的演说就会像火一样的炎热。他的坚信是用哪一种的形式表达的,那倒没有什么重要,这全在他用怎样的真诚和感情之力向你演讲。所以,具有恳切和热诚的演说,他对于听众的影响力有如蒸汽一般的膨胀,他可以在修辞上犯有不少的错误,但是,他的演说是不会遭受到失败的。"[①]情感对于演讲者和听众来说都是一种重要的驱动力。一方面演讲者激情洋溢的表达是对演讲内容的充分展示;另一方面听众受此感染,就会和演讲者产生情感的"共鸣",使双方迅速化解沟通的障碍,达到思想共识,促成行动的"共振"。反过来,得到听众的积极反馈,演讲者就会深受鼓舞,精神振奋,把自己的情感及演讲水平发挥得更为淋漓尽致。如此良性循环,演讲必然能在热烈、和谐的气氛中获得成功。

真挚的态度、感性的主题和材料、富有情感表现力的语音系统、有一定力度的态势语言是表达情感的重要手段。

1. 真挚的态度

最强烈的情感来源就是演讲者坚定的信念和诚心。它是一种内在的、征服人心的力量。李燕杰说得好:"在演讲和一切艺术活动中,唯真情,才能使人怒;唯真情,才能使人怜;唯真情,才能使人笑;唯真情,才能使听众信服。"演讲者坦诚的态度、率真的言辞中表现出来的坚定的信念、明确的立场、深刻的感受具有强大的情感力量,最容易打动听众的心灵。

2. 感性的主题和材料

不同的演讲主题有不同的情感诉求。选用具有不同情感诉求的材料可以将悲伤与喜悦、爱与恨等多种对立性的感情组合在一起,造成强烈的情感撞击,从而震动人的心灵。演讲者围绕主题组织材料时要尽量选用生动的、感人的例证来增强演讲的情感力度,使自己的思想有血有肉。

不同的材料会唤起不同的情感。材料的丰富性可以表现情感的丰富性。如严重的疾病、自然灾害、不安全的航空标准、经济困难等事实可诉之担心;关于残疾者、失业者、饥饿的儿童、绝症患者等主题的探讨可诉之同情;国家的历史、事业的发展、个人的成就可诉之自豪;有关恐怖行动、政治腐败、盗窃、欺诈等行为的陈述诉之愤怒;没有帮助比自己更不幸的人、没有考虑别人的权利、没有尽自己最大努力等诉之内疚;关于传统、英雄、伟人、名人的述说诉之尊敬等。

3. 富有情感表现力的语音系统

由语音、语速、语调、语气构成的千变万化的语音系统,具有无穷的情感表现力,可以表达

---

① 林语堂.怎样说话与演讲.北京:文化艺术出版社,2004.187.

喜怒哀乐各种丰富的情感。

声音的四个主要特征是音高、音量、语速和音质,在演讲过程中要变换音量、音调、语速,造成抑扬顿挫的变化感以满足情感表达的不同需求。

(1)在演讲中可以通过音高的变化即变调来表达不同的意义和情绪。音调的变化可以反映你的态度,如是诚心还是讥讽,是肯定还是怀疑,是高兴还是悲伤,是激动还是冷静,是紧张还是放松,是兴趣盎然还是漠不关心。

(2)较快的语速频率有助于营造激动的、欢快的感觉;而较慢的频率则更适合于表达庄严的、沉重的情感。

(3)演讲中为了加强语音的表现力,演讲者还常常使用拖腔、气音、喷口、颤音等特殊的发声技巧。比如可以用把字尾拖长一些的拖腔来表达内心矛盾的、缠绵的、深沉的情感;用语音中央带着呼吸音的气音渲染激动的、感人的、紧张的、疲惫的情绪;用戏剧的喷口把声母发得特别有力,使字音洪亮,以加强愤怒、激昂等情感的力度;用不稳定的颤音表达异常的激动或悲伤的情感。

(4)语气也具有很强的情感表现力。如高声大气表示强调、鼓励、愤怒;粗声粗气表示不满、怨恨、驳斥;冷声冷气表示蔑视、敌视、挖苦;唉声叹气表示苦恼、遗憾、痛苦;泣声悲气表示恐惧、伤感、无奈。

概括说来,喜悦、激动、亢奋、紧迫等感情可运用快速、重音、升调、停顿、短句、轻松的方式来表现;而悲伤、思索、从容、深沉、庄严等感情可以运用轻读、降调、慢速、长句、沉稳等方式表达。

4. 有一定力度的态势语言

"言之不足手之舞之足之蹈之"。态势语言具有丰富的情感表现力,可以把有声语言说不出、不便说、未说尽的意思表达出来,因此,演讲时要充分发挥态势语言表情达意的功能,借助眼神、动作、表情等更完满地表达内容。尤其在感情强烈之处要辅以一定力度的态势语言来表达情感的诉求,以求传情达意的言行一致。

(1)面部表情

很多演说家都把表情作为演讲的重要因素。演讲者要善于通过面部表情准确、逼真地传达出高兴、关切、同情、痛苦、悲伤、愤怒、失望、好奇、疑惑、烦恼等丰富复杂的情感。

表情中最有情感表现力的是笑与哭。法国作家诺阿诺·葛拉索说:"笑是没有副作用的镇静剂!"赞美鼓励的笑、兴奋喜悦的笑、冷嘲热讽的笑、诙谐幽默的笑都显示着不同的情感态度和力度。哭虽然不如微笑运用得广泛,但当演讲者讲到悲伤处、凄惨处作出痛苦的表情,流下情不自禁的眼泪,往往能把听众感动得潸然泪下。运用笑与哭表示情感时要把握好语境,善于自控,有分寸,不要矫情做作。

眉目语言也具有很强的表现力。眼神是演讲者和听众之间情感交流的视觉通讯工具。目光炯炯表示精神饱满,热情自信;目光如炬表示威严;目光明澈表示坦诚;眼皮下垂,眼神呆滞表示哀伤;两眼圆睁,双眉倒竖表示激愤;眼光斜视表示鄙夷等等。

眉目语言与其他态势语言配合使用就具有更加明确的情感表现力。例如,闻一多先生在说"这些无耻的东西,不知他们是什么想法? 他们的心理是什么? 他们的心是怎么长的?"这几句话时,不仅昂头斜视,显示一种极为蔑视的神情,而且还重重捶击桌子,表示了极大的愤慨之情,铸造了大义凛然的形象。

（2）手势

手势是指演讲中手臂、手掌和手指的动作。激动时可以挥手,愤怒时可以挥拳,痛苦时可以揪胸等等,手势的使用频率很高,表现力很强。罗丹说过:"没有灵敏的手,最强烈的感情也是瘫痪的。"据林肯的朋友赫思登说,林肯对听众演讲时,非常善于借助手势把自己的思想情感表现得淋漓尽致:讲到欢乐处,便把手臂举成 50 度的角,手掌向上,好像已抓住了他渴望的喜悦。讲到痛心处,如痛斥奴隶制时,他便紧握双拳,在空中挥动。

演讲中常见的表达情感的手形主要有三类:

①指法,由手指的不同形状来表达不同的感情。如伸直食指,向上或向下,起强调作用;翘起拇指,表示赞许,既可向鼻前翘称道自我,也可向前或向后翘夸奖他人。

②掌法,由手掌运动的不同方向所构成的不同形状来表达情感。如五指合拢,手掌平伸,掌心向上表示征求意见,掌心向下表示要抑制和安定听众的情绪,制止某种行为的发生;掌心向前,表示回避;掌心向内,并向胸前缩拢或向外推,表示慰抚;摊开双手掌,表示希望听众理解;手掌挺直展开,像一把斧子劈下,表明果断的态度;双手慢慢合拢,一只手搭在另一只手上,表明有必胜的把握。

③拳法,由拳头运动的方式所构成的手势来表达感情。举拳向上在不同语境下可以表示挑衅、义愤、示威、拥护等多种情感,能给持不同观点的人以打击性的印象。

需要强调的是态势语言的运用必须建立在演讲内容的基础之上,是对演讲内容的一种恰如其分的补充,起着突出、强调、渲染的作用,不能与内容的表达脱节,不能喧宾夺主。运用时要做到如林语堂所言:"既防止'过',也不要'不足'。'过'则手舞足蹈,矫揉造作,破坏演讲的真实感和严肃性,使演讲成了表演;'不足'则容易形象拘谨、神情麻木,缺少艺术感染力。"[①]

从容控制全场的四个方面

控场是指演讲者对演讲场面进行有效的把握和控制。演讲是一个动态的过程,在开场、中场、收场的整个过程中,都需要演讲者善于运用一定的技巧集中听众注意力,调动听众情绪,驾驭场上气氛,稳定全场秩序,以保证演讲的顺利进行。

1. 热情开场

开场相当于其他表演艺术的"亮相",一定要达到"镇场"的效果。整个上台"亮相"过程要给听众传达一个精神饱满、态度热忱、庄重有礼、坚定自信的第一印象。研究显示,演讲者的焦虑水平在头三十秒之后会大幅下降。良好的开场将令接下来的演说进展顺利。

（1）开场前的准备

演讲者应在出发前做最后的检查,看看是否带齐了所需要的每一件东西,如演讲稿和演讲摘要及其备份、视觉辅助物及其所需的设备。一定要确保能够提早抵达演讲现场,以便让自己有时间适应环境。讲前要找地方做一些发声练习,让声音热热身,以免声音卡壳。一定要检查麦克风、音响、照明等场上所有设施,确保不会发生故障。

（2）上台

会议主持介绍之后自然起立,以平常的步伐从容、稳健地走上讲台,步幅速度要适中,不要有丝毫的匆忙和慌张,否则让人觉得毛躁。一般应走到前台中间,这样可以使演讲者统观全

---

① 林语堂. 怎样说话与演讲. 北京:文化艺术出版社,2004.260.

场,也能使处在不同位置的听众看到演讲者。

走上讲台面向听众自然站定之后,演讲者不要急于开口说话,要有意识地用眼神环顾全场的每个听众,建立起与听众初步的情感联系。此时的环视有四个重要作用:

①稳定自身情绪,演讲者可借此做一次深呼吸,平静心绪。

②向听众致意,表示对听众的礼仪及前来听讲的谢意。

③帮助静场,起到稳定听众情绪,组织听众的作用。

④体验听众情绪和现场情况,以便把握好演讲的方式与重点。

如果听众人数较多,应先注视中部听众,然后再移目左右前后环视一周。演讲者还可从中选定一两个你觉得易于接近的听众,加以较多的关注,这样有助于你建立起与听众交流的信心。当然,要避免过长的目光接触,那样可能激怒人。

(3)致问候语和开场白

演讲者要待全场都安静下来之后再开始致问候语和开场白。要选择切合听众身份的问候语。致问候语时要抬头环顾全场,说完后要停顿一下,以集中听众的注意力。声音要响亮一些,做到"先声夺人"。此时千万不要看摘要,否则会减弱开场白的力度。开场后就要一心一意地、大胆地、毫不犹豫地讲下去,使自己的演讲渐入佳境。

2. 掌控时间

演讲要考虑时间的限制。一方面很多演讲活动都规定了时间,另一方面即使没有限制时间,演讲也不能太长。

很多演讲者的经验表明听众的注意力能充分集中的时间最长不超过 20 分钟。演讲者没有时间观念会降低听众对你的信任程度,也会影响他们对演讲内容的兴趣。一般来说,听众会很高兴你按时或者提前 5 分钟结束演讲,但哪怕你只拖延了几分钟,听众就会变得烦躁不安。这就是为什么曾任哥伦比亚大学校长的艾森豪威尔发现会议已经超时就放弃原来准备要作的演讲而立即收场的原因。他只说了一句话:"每篇演讲不论是什么形式,都会有标点符号。今天我就是句号。"可就是这仅有的一句话却为他赢得了震耳欲聋的掌声,成为一次为人所称道的著名演讲。

虽然在事先的排练中,演讲者估计过时间,但由于演讲是一个与听众不断交流的过程,需要不时地注意听众的反应,语速自然就会放慢。据统计,正式演讲往往比单独练习时要多三分之一的时间。那么,在演讲过程中该如何掌控时间呢?

(1)一定要给听众的反应留下足够的时间

如果你精彩的观点、生动幽默的表达引起了听众多次的持久的笑声和掌声,你就要减缩一部分原定的内容,而不是生硬地去阻止听众的反应。热烈的气氛本身就是你追求的目标。

(2)一定不能用加快语速的方法来压缩演讲时间

如果在演讲时,演讲者被临时通知由于其他人的拖延、由于计划的改变,演讲时间需要压缩。比如你原定 30 分钟的演讲现在只能讲 15 分钟了。这时你要删减内容,比如在原定的五点内容中选择最为重要的两点展开,其余三点则简略提过。切不可用加快语速的方式试图在短时间内讲完全部内容,这样你的听众必然会由于你过快的语速而什么都没听明白。

(3)一定要给结论留下时间

如果发现演讲时间不够,只能删减演讲主体的内容,而不能让演讲匆匆结束,因为没有结论的演讲就如同飞行着的飞机突然坠地一般。找一个合适的地方停下来,并对讲过的内容作个总结,这样你的演讲才是平稳着陆的。

(4)一定要告诉听众你有足够的时间观念

听众对于超时的演讲会十分恼怒,特别是经过了漫长的会议或者是听了众多的演讲之后。有这样一句笑话"恢复正常呼吸就是演讲者说'总之'的时候"。演讲时,你要用诸如"在接下来10分钟的演讲中,我将……"、"现在我要讲最后一点……"、"最后让我用两分钟时间总结一下……"、"我是今天你们不得不忍受的最后一名演讲者,所以我承诺我会很简练"这样的语句让听众明白你有很强的时间观念。听众能够估计出结束的时间,就不会再为超时而担忧,可以安心听你的演说了。下面这个例子能够很好地证明这一点:

> 通用电气公司的杰出领袖还在担任部门主管时候,有一次,他想召开全体员工大会,但是,在会场上他发现大部分人居然都昏昏欲睡。于是,韦尔奇抬手看了一下表,说:"劳驾诸位——请大家对一下表。"会场上的人吃了一惊,心想开会对表干什么? 众多疑惑的目光对准了韦尔奇。韦尔奇伸出胳膊,注视着自己的手表,极为认真地重复道:"劳驾,请对一下表。"大家惊奇不已,但都将自己的手表拿在手上。"现在是下午 4 点 30 分,不准的请拨正。我的发言只需 15 分钟,也就是说 4 点 45分你们就可以离开这里。请前排的各位注意,如果到时间我讲不完,你们可以将我从窗口扔出去!"顿时,会场上爆发出一阵欢笑,接着便鸦雀无声,大家都在全神贯注地听他只有 15 分钟的发言。

3. 巧妙处理意外

演讲者面对演讲过程中出现的意外情况,要敏锐、及时、准确地做出反应,迅速、果断、巧妙地排除障碍。在演讲过程中,不论是初涉讲台的演讲者,还是久经沙场的演讲者,出现失误和意外都是常有的事,这并不可怕。最重要的是演讲者要善于随机应变,尽量减少这些突发性事件所造成的不良影响,保持镇静,及时采取适当的措施予以补救,使演讲得以顺利地继续进行。

(1)摆脱"卡壳"

"卡壳"是指在演讲过程中演讲者的思维链条突然中断,以致忘却了下面内容的情况。造成"卡壳"的主要原因有自信心不强,准备不够充分,受到听众不良反应的刺激、环境的干扰。

"卡壳"是很多演讲者都曾有过的经历,演讲者不必因此给自己下不善于演讲的结论。这是因为,首先"卡壳"是可以通过适当的准备加以避免的;其次即使出现"卡壳"也是可以采取有效手段加以补救的。

采取下面这些方法可以有效地避免"卡壳"现象的出现:

①保持自信、振奋、专注的精神状态。良好的精神状态可以使演讲者有效地抵制来自听众、环境等因素的干扰,保持思绪的清晰、连贯,避免"卡壳"。

②未雨绸缪,巧记演讲稿。充分准备,熟悉演讲稿是避免"卡壳"的根本途径。采用联想记忆法熟悉稿子是消除"卡壳"的好方法。演讲中容易出现忘词"卡壳"的地方往往就是稿子中难以记忆之处。而这些难以记忆之处其实在练习就已经被发现。练习时把经常"卡壳"的地方作上标记,然后采用联想记忆法加以记忆可以很好地避免卡壳。所联想的事物,最好是与演讲现场有关的,在讲台上随时能看到、听到、感觉到的东西。这样,当演讲"卡壳"时,只要看到、听到、感觉到现场的事物,便会立即联想到被忘却的内容。

③用与练习相同的语速、语调进行演讲。在演讲时用练习时已经成为习惯的语速、语调进

行演讲就不会由于语速、语调的突然改变而产生陌生感出现"卡壳"。

　　演讲者一旦发现自己有出现记忆不清的忘词迹象就要稳定情绪,减慢语速,在"卡壳"之前拿出提示卡片,边看边讲。如果演讲已经临近结束,也可以在陷入窘境之前见机打住,"见好就收",以免出丑。

　　如果在演讲过程中已经无可挽回地出现了"卡壳",演讲者也完全不必惊慌失措、沮丧懊恼,更不能耿耿于怀、信心全无,不堪承受听众的嘲笑中途退场,只需把它视为演讲中的一个小小的失误,保持清醒、冷静、镇定自若地采取一些及时的补救措施加以挽回就可以了。下面这三种方法可作为补救时的参考:

　　①重复衔接法。把最后一两句话用加重语气重复一遍,争取把断了的思绪链条在重复回顾中接起来。

　　②插话衔接法。插入一些事先准备好的与主题相关的材料如小故事、笑话等,或是向听众进行提问,以避免尴尬,并借此回忆下面要讲的内容。

　　③跳跃衔接法。把忘却部分暂且丢开,当机立断地跳跃到没有忘记的部分继续讲述。如果忘掉的内容很重要,后面又想起来了,就巧妙地补进去。如果想不起来就丢掉算了。可不必向听众说明、道歉,也许听众根本就没有注意你的错误。

　　(2)纠正"口误"

　　"口误"是演讲时最普遍的毛病,比如张冠李戴,讲错了词句、数字、年代等。演讲者心情紧张、情绪不高或过激、思想走神、语速过快等都会造成演讲时出现各种"口误"。当演讲者觉察到这种失误时不能置之不理,将错就错,以免误导听众,但也要讲究补救的方法。演讲者没有必要立即声明"刚才讲错了"以强化听众的意识。最好的方法是把讲错的话搁置一旁,接着把正确的讲法再讲一遍予以纠正。也可以把讲错的话当做反面论题使用,即兴加进一些话来驳斥以圆场。一些无关大体的错误则可以不必纠正。

　　需要强调的是"讲错话"时一定要放慢语速。很多没有经验的演讲者在出错时往往试图用加快语速的方法,以免引起听众的注意,其实突然变速,不仅更容易引起听众注意,而且大大提高了继续犯错误的可能。

　　(3)避免"撞车"

　　在会议进行时如果发现自己的演讲主题与他人撞车,内容与前面的演讲者重复太多时就不能再原封不动地按照原稿讲述,必须重新进行组稿。

　　打破原有框架,现场重新组稿是对演讲者应变能力的很大考验。如果会议没有限制主题,遇到"撞车"时最好是另选其他自己熟悉的有准备的主题进行讲述。如果主题有限制或者临时准备有困难,也可不改变主题,通过转换切入角度的方法重新组织材料。这一点在专题演讲中显得尤为重要。演讲者还可以通过抽取原稿中别人没有具体展开阐述的部分进行详尽、深入地讲述的方法来避免"撞车"。联系现场情况,巧妙地从前面演讲者令人印象深刻的观点、材料中生发开去予以别出心裁的阐述更是一种避免"撞车",吸引听众注意和兴趣的好方法,可给听众留下聪明机智的好印象。

　　(4)应付"难堪"

　　在演讲过程中演讲者还会遇到一些令人难堪的事情,如听众人数奇少,突然发现衣冠有不整之处,上台时摔了一跤等等。遇到这些难堪的事件,最好的解决办法是借题发挥,以"变"制"变"。

听众对象出乎意料的少,会令演讲者和组织者都十分难堪。采取主动,通过调整座位,改变交谈方式可以及时避免演讲时因听众过少而出现的冷场。一次,Asymetrix LeamingSystems 公司全球销售部高级副总裁乔·迪努奇要在一个产品展销会上演讲。他以为会有 50 名听众,结果只来了 4 名,而且其中的两个还不会说英语。待一切安静下来之后他先脱掉了外套,以表现得更加随便。然后,他对听众能来参加会议表示了感谢,并强调演讲中他将充分利用听众少的优势更多地与他们交流。他的这些举动马上改变了场上尴尬的气氛。

在 1952 年的奥斯卡颁奖晚会上,当年的最佳女主角奖颁给了雪莉·布丝莱。也许是太激动了,布丝莱在上台领奖时被台阶绊了一下,险些摔到。在这种场合,在全世界瞩目的舞台上,这种失态行为显然令人难堪。但雪莉·布丝莱却巧妙地借题发挥,在领奖之后的答谢演讲上,她说道:

　　我知道能得到这个奖很不容易,就像我刚才差点摔跤一样,我经历了漫长的艰苦跋涉,才到达事业的高峰。

她的这番话既巧妙地为自己摆脱了尴尬,又说出了自己获这个奖是通过艰苦的努力得来的,真可谓一语双关。

4. 漂亮收场

演讲者说完演讲的最后一句话并不代表整个演讲到此结束,演讲的收场工作才刚刚开始,还有很多事情要做。演讲者即使时间再紧,都不能匆匆忙忙地收起稿子立刻离开讲台,否则你给听众的印象和影响力将大为逊色。

(1)以积极情绪收场

要以热情、自信等积极的情绪结束演讲,不要以抱怨、道歉等消极的情绪结束演讲。不需要在收场时为演讲中的失误做解释,表示歉意,也许听众对你的失误根本就没有意识到。

(2)真诚地谢场

不论演讲的结尾有没有伴有听众的赞许声,演讲者都要对听众听完了自己的演讲表示真诚的感谢。说完感谢之词再行一个短暂的鞠躬礼,一般听众都会报以热烈的掌声,此时,演讲者可再次表示感谢,也可颔首示意。要记住,即使你刚刚做了一个全世界最糟糕的演讲也要表现得好像演讲很成功似的表示感谢,这样能改善你在听众心目中的形象。

(3)从容地离场

离开演讲台前要从容地整理好发言材料,面带微笑地最后环视一次听众,像上场时一样稳步地离开讲台。如果用的是挂在身上的或者是无线的麦克风,千万别忘了摘下你的麦克风,否则可能会让你十分尴尬。在回自己座位的路上要对听众报以微笑,如果听众情绪热烈,还可挥手致谢。如果后面还有另外的演讲者,要以热切的、期待的神态等待他的出场,做一名好听众,如此你会赢得人们的尊敬。只要有听众在场,你就需要保持适宜的礼仪。很多演讲者都说只有离开演讲的地点,不再和任何听众们接触,回到家里的床上,演讲才算完成。

实现与听众交流的五种方法

演讲是一个信息与反馈不断往返的动态过程。演讲者不仅要很好地"说"出自己的演讲辞,而且要充分重视在"说"的过程中与听众的交流。演讲者要善于采取一定的手段来加强听众与自己的亲密性;善于根据听众反馈准确揣摩听众心理,并据此调整自己的演讲;要善于运用各种语言技巧吸引听众注意，调动听众情绪，创造和谐气氛，以实现成功的交流。

1. 拉近与听众的情感距离

听众对待演讲者及其话题的不同态度直接影响演讲的成效。抱有肯定态度的听众自然会以较积极的态度参与演讲，但持中立甚至反对态度的听众则会与演讲者保持相当的情感距离，以一种不合作的消极态度来对待演讲。演讲者在演讲中要针对听众的不同态度，采取相应的措施设法拉近与听众的情感距离，改善听众的消极情绪。强调共同体验，运用幽默手段是拉近与听众情感距离的有效方法。

(1)强调共同体验，建立共同立场

演讲中，特别是开场时，说一些显示你与听众有共同之处的个人经历、家世背景和家庭情况可以让听众相信你很了解他们，能够理解他们的感情，从而对你产生亲切感和信任感；对听众及其所属的国家、城市进行恰如其分的赞美可以让听众觉得你以他们为荣，对你顿生好感；适时地采用"我们"而不是"我"的表述方式，可以将听众与自己置于同一立场；使用一些听众所属行业、团体的专门性词语，既引发听众兴趣，又能向听众表明你努力地了解过他们；把演讲的材料与听众的具体情况联系起来，尽量利用听众熟悉的知识来表达自己的观点，通过有针对性的具体比较来说明问题，可以使听众更易理解和接受。比如介绍听众不熟悉的异国他乡的情况就可将之与听众熟悉的本国本土的情况相比较。

林肯1858年竞选美国上议院议员时，在南伊里诺斯州的演讲可以说是这方面的一个范例。南伊里诺斯州当时并未废除奴隶制，林肯要到这个州来宣传废奴，很多蓄奴者都扬言要在其演讲时杀死林肯。在这种情况下，不能以硬碰硬，当务之急是要化解对方对自己的仇恨，清除演讲的障碍。所以，林肯在他的演讲里，一再强调自己和听众的共同点："同乡"，同是"爽直的平民"，同是"从苦难的环境中挣扎出来的"，反复表白自己"不是来干涉你们的"，"并不是做与你们不利的事"，希望大家"以朋友的态度交往"。林肯的话终于赢得了南伊里诺斯州人的好感。南伊里诺斯州人不仅没有为难他，而且还平心静气地听完他的废奴演讲。在场的大部分人都成为了林肯竞选总统的支持者。

(2)运用幽默手段，营造和谐气氛

幽默是一种高超的语言表达能力。演讲中恰当地运用幽默手段可以集中听众注意力，调动听众情绪，消除隔阂，化解分歧，其引发的笑声可以打破沉闷格局，营造轻松、愉快、和谐的场上气氛。

听众喜欢具有幽默感的演讲者。一位职业演说家说，一旦你让人发笑，那说明他们正在听你讲话，这时你告诉他们任何事情，他们都感兴趣。例如，汤姆·彼得斯与别人合著的《追求卓越》取得了巨大的成功，在一次演讲中好多经营主管人员都期待见到这位当时最畅销书的作者。可是会议临时决定必须由被誉为幽默大师的马尔科姆·库什纳代替汤姆·彼得斯作演讲。库什纳极好地使用了幽默，消除了听众的排斥情绪。他这样开场："你们中有多少人读过《追求卓越》这本书？"所有人都把手举起来了。"那你们肯定知道汤姆·彼得斯先生要讲什么了，下面我将给你们讲点新东西。"听众们都笑了，并且开始鼓掌。拉近了与听众的距离后，他讲了自己擅长的话题"幽默与沟通"，演讲取得了巨大成功。

需要注意的是，演讲时一定要避免使用那些容易让听众生气、发怒和警戒的语言，特别不能使用带有性别、种族歧视的语言，以免引发对立情绪，激化矛盾，导致演讲无法正常进行。

2. 吸引并保持听众的注意力

吸引听众的注意力,保持听众对演讲的关注度,是演讲取得成功的关键。

吸引听众注意力是指演讲者要主动地运用眼神、声音、语言等多种手段引发听众的兴趣和注意力,使听众不易出现分神的现象。

(1)进行密切的眼神交流

保持眼神交流非常有助于听众集中注意力,提高对演讲信息的关注程度。整个演讲过程中,演讲者的目光都要在全场不断扫视,以造成演讲者与全场听众之间的交流感。

(2)面带微笑

微笑可以说是演讲中与听众交流的不二法宝:上台时表示亲近;讲述时表示理解、欣赏、肯定;面对听众提问时表示鼓励、赞同;面对喧哗时表示含蓄的批评等等。演讲者适时的微笑会使演讲魅力无穷。

(3)声音响亮,富有变化

一方面演讲者要用响亮的声音确保自己的演讲能够让全场的听众很清楚地听到。如果听众连你说什么都听不清楚,就无法吸引听众的注意,接受效果更无从谈起。另一方面,演讲者要通过语速、语调、语气的变化造成听众的心理反差,以吸引听众的注意。重点之处可提高音量、放慢速度或作必要的重复,以引起听众的重视。

(4)巧用停顿

停顿是演讲中一个非常有用的工具。突然的停顿可以使听众感到新奇,从而不由自主地把注意力集中到演讲者身上,并给了听众思考的余地。马克·吐温甚至说:合适的字眼也许是极有效的,但是,时机把握得当的停顿比任何一个字眼的效果更好。停顿的时候,要确保在一层意思的末尾进行,而不要在一个想法的中间停顿,要不然听众会跟不上你的思路,从而分散注意。

(5)设置悬念

设置既能扣住演讲主题,又为听众鲜知的悬念,可以有效地激发听众的兴趣,调动听众的情绪。在好奇心的驱使下,听众会在整个演讲过程中保持高度的注意。但是不能故弄玄虚,否则会适得其反。

(6)有意提问

提出一些问题,特别是一些只需听众在心里做出回答而不需实际说出答案的问题,可以促使听众进行积极的思考,吸引听众关注演讲者将作何解答,调动听众的参与热情,在对话中增进对听众的了解。

(7)运用道具

运用道具或者和听众分享一些道具,如发给一些纸、笔以及一些听众不清楚用途的物品,可以激起听众的好奇心,唤起听众的注意。

3. 重视反馈

演讲者一定要设法读懂听众的反应,并根据听众的反馈信息调整自己的演讲,以始终保持听众对演讲的关注与热情。

在交谈中,听众的反应可能同时是语言的和非语言的。而在演讲中,听众的反应更多的是通过非语言线索如精神状态和四肢语言等显示出来。可以使用眼神的环视法来观察听众的反应:在讲完一个内容或一个层次,尤其是讲完某些重要内容或某个重要观点后,演讲者作一个短暂的停顿,环视一下全场,进行现场情况的调查。通过看听众是否精神饱满,是否认真听讲,有无不耐烦举动等来了解听众对演讲的接受程度。

(1)如果听众身体向前倾,微笑地看着你,不时地点头,甚至鼓掌,就表明听众对你的演讲很感兴趣,你可投去一丝亲切的目光,表示赞许和感谢。

(2)如果听众作出困惑的表情,皱着眉头,或是轻轻摇头,甚至还在嘀咕着什么,这表明听众不能理解,就需要采取更通俗的方式进一步加以说明,然后可以再次看看这些听众,征询一下对于调整的满意程度。

(3)如果听众情绪呆滞,甚至木然,这是表示对演讲非常冷漠,需要采取一些生动有趣的例子以引起注意。

(4)如果听众注意力减弱,流露出对演讲失去兴趣的不安表现时,如交头接耳、看表、看窗外、咳嗽、清嗓子、打哈欠甚至打瞌睡时,这表明听众已经失去了对演讲的兴趣,就需要通过改变话题和演讲的方式、做一次短暂的停顿、提高音量、改变语调、强调下面内容的重要性、突然发问要求听众举手回答、走下台请听众参与、说明演讲已经到了最后一部分等等方法,以求重新引起听众的注意。

4.化解过激反应

在演讲过程中,由于多种因素的影响,会场有时会出现一些极为不利的过激场面,如骚动、起哄、喝倒彩、谩骂、退场等。面对听众的这些过激反应,演讲者切勿生气,要理智地控制好自己的情绪,镇定自若地根据不同情况予以处理。既可采取"冷处理",也可采用"热办法"。

所谓"冷处理",就是指如果有过激反应的仅仅是少数听众,只要不过分影响演讲秩序,则可置之不理,不动声色地继续从容讲述,不要过长时间地把目光停留在这些骚乱之处,否则会分散其他听众的注意力。如听到台下捣乱性的喝倒彩声、唏嘘声,演讲者可作出一副见怪不怪的样子冷眼相视。当这些捣乱者自觉无趣或受到其他听众谴责时便自然会有所收敛。如有听众恶意谩骂,演讲者也不必反唇相讥,宽容的态度会令谩骂者自惭形秽,使你赢得其他听众的赞赏和尊敬。英国首相威尔逊在一次群众大会上演讲时,反对者在下面鼓噪,其中一人高声大骂:"狗屎! 垃圾!"面对听众可能发生的误解和骚动,威尔逊首相沉稳地报以宽厚的微笑,非常严肃地举起双手表示赞同,说:"这位先生说得好,我们一会儿就要讨论你特别感兴趣的脏乱问题了。"捣乱分子顿时哑口无言,听众则报以热烈的掌声。

所谓"热办法",是指如果有较多听众出现过激反应,演讲者就不能听之任之,硬着头皮讲,应付了事,而要立即分析其原因并采取果断措施。如果是内容太过枯燥,则要插一些与主题有关的生动有趣的故事或事例以提高兴趣;如果是表达太过沉闷、单调,则要提高音量,加快语速,以振奋听众情绪;如果是时间已晚,则要压缩部分内容,使演讲更精要些。面对哄闹的场面,演讲者不妨暂时停止演讲,等全场安静下来后,再讲述调整过后的内容,以使演讲能够重新引起听众的关注。此时,如果能够巧妙地辅以幽默则可起到迅速缓解紧张气氛,调动听众情绪的作用。俄国早期革命理论家普列汉诺夫,有一次在日内瓦发表演讲时,会场上的一些反对者蓄意捣乱、破坏。他们大声地吹口哨,吵吵嚷嚷使演讲难以进行。见此情景,普列汉诺夫并未生气,双手交叉放在胸前,两眼巡视一遍会场,略微沉息了一会,大声说道:"诸位,如果我也想用这种武器同你们斗争的话,我来时就会……"普列汉诺夫故意停住不说,会场顿时静寂无声,听众都想得到下文,于是,普列汉诺夫才接着说:"我来时就会带着冷若冰霜的美女。"话音未落,会场上顿时发出一阵大笑,连那些反对者也禁不住笑了起来。于是,演讲就在新的气氛中重新进行下去。

5. 尊重提问

演讲者应用积极的态度对待听众的提问,把它视为强化补充观点,与听众深入交流的机会。演讲时一定要给听众提问的机会,预留下提问与回答所需的时间。那么,该如何组织听众提问,回答听众提问,达到和听众良好沟通的目的呢?

(1)事先充分准备

演讲者要运用其知识和推理,根据演讲的主题,预测听众可能会提问的问题,准备好每个问题的答案。答案要简洁些,并在演练时反复练习如何回答这些问题。

(2)做好提问的组织工作

为了顺利展开与听众的交流,演讲者除了要回答好听众的提问之外,还要做好提问的组织工作。

在时间安排上,提问最好安排在演讲的最后而不是中间,否则会分散听众的注意力,甚至会使演讲难以继续。演讲者在演讲开始时可以这样说:"谈话结束之后,我将很高兴接受大家的提问。"这样听众就明白了什么时候可以提问。

如果担心没有人提问,演讲者可事先安排一两个听众提问,或让主持人问几个问题,或向自己提一个可能他人会问的问题。要及时发现那些犹豫不决的提问者,用眼神鼓励他们提问。

要用微笑、和善的眼神、温和的提示帮助提问者消除紧张情绪。对羞怯或紧张的提问人要鼓励地说:"提得好!"不要用不屑一顾、不耐烦、咄咄逼人的表情让提问者觉得问题很愚蠢,进而尴尬、气馁。不要只回答一两个人的提问,否则会让大多数人失望。同时也不要只是面对提问者回答问题,要让你的眼神面向全体听众。

要把握听众的提问时间。不要让提问者滔滔不绝地发表演说,你才是演讲和回答问题的主角。不必多次询问还有没有问题,也不必答完所有的问题,在一个漂亮的回答之后果断结束答疑。意犹未尽的答疑会让你的演讲记忆深刻。如有时间可请希望继续讨论的听众会后与你交流。

(3)巧妙回答提问

演讲者要仔细听清楚问题,并重复一遍,确保自己和听众都正确地听到了问题,这样也可以为自己争取一点思考的时间。

演讲者要简明地提供答案,最好借此巧妙地强调前面演讲中的主要观点。

无论听众提问的语气或目的如何,演讲者都要保持冷静,不要与听众争执。如遇到有敌意的问题,回答时尽量把听众的期待引向自己擅长的领域。也可将怀有敌意的提问转给提问人自己或听众回答。请记住敌意针对的是你的观点而不是你个人。

演讲者可适当地转移问题的角度,以方便回答,但不要回避问题,更不要对于自己不知道的问题胡乱猜测。不要企图蒙骗听众,承认自己不知道,然后采取询问在场的其他听众、提供寻找答案的思路或者承诺会后再将答案反馈给这位听众等办法。不要害怕使用"不知道"这三个字,这三个字不会降低听众对你的信任度,勇敢地承认"你不会"实际上只会增加听众对你的信任。

演讲辞评析

【提要】

◇ 马丁·路德·金:我有一个梦想
◇ 罗克珊:去除身体毒素

马丁·路德·金:我有一个梦想

这是美国黑人民权运动著名领袖、基督教牧师、诺贝尔和平奖获得者马丁·路德·金1963 年 8 月 23 日在林肯纪念堂前发表的演讲。

20 世纪 60 年代,美国民权运动浪潮风起云涌,1963 年 8 月 23 日二十多万群众聚集在林肯纪念堂前举行了美国历史上最伟大的一次民权运动集会。那天,人们唱了一天的歌,听了一天的演讲。马丁·路德·金作为这次运动的领导者最后一个上台,发表了这篇演讲,反对种族歧视,要求种族平等。演讲获得了极大的成功,迫使美国第 36 任总统约翰逊于 1964 年签署了民权法。

马丁·路德·金的演讲历来以真挚感人、语言亲切、文采斐然、气势非凡见长,而这篇《我有一个梦想》可以说是他演讲特色的集中体现。

在这篇演讲辞中,我们可以体会到他在演讲时感情极其投入,十分善于在大时空范围内进行调度,以有效增强演讲的容量和气势。

在时间上,一开篇他先放眼回顾"一百年前"林肯签署《解放宣言》的时候,然后马上大跨度回到"一百年后的今天",用一百年前后的鲜明对比来突出黑人遭遇的悲惨性质;

在空间上,他从佐治亚到密西西比,到亚拉巴马、到南卡罗来纳、到路易斯安那……,频繁的空间变换,形成了辽阔的视野和深沉的宇宙;

在修辞上,他大量运用诗化的语言和排比手法,以抒发情感,渲染气氛。

全篇慷慨激昂,气势磅礴,具有极大的鼓动性和感染力,堪称世界演讲史上不可多得的佳作。

我有一个梦想

今天,我高兴地同大家一起,参加这次将成为我国历史上为了争取自由而举行的最伟大的示威集会。

100 年前,一位伟大的美国人——今天我们就站在他象征性的身影下——签署了《解放宣言》。这项重要法令的颁布,对于千百万灼烤于非正义残焰中的黑奴,犹如带来希望之光的硕大灯塔,恰似结束漫漫长夜禁锢的欢畅黎明。

然而,100 年后,黑人依然没有获得自由。100 年后,黑人依然悲惨地蹒跚于种族隔离和种族歧视的枷锁之下。100 年后,黑人依然生活在物质繁荣瀚海的贫困孤岛上。100 年后,黑人依然在美国社会中向隅而泣,依然感到自己在国土家园中流离漂泊。所以,我们今天来到这里,要把这骇人听闻的情况公之于众。

从某种意义上讲,我们来到国家的首都是为了兑现一张支票。我们共和国的缔造者在拟写宪法和独立宣言的辉煌篇章时,就签了一张每一个美国人都能继承的期票。这张期票向所有人承诺——不论白人还是黑人——都享有不可让渡的生存权、自由权和追求幸福权。

然而,今天美国显然对他的有色公民拖欠着这张期票。美国没有承兑这笔神圣的债务,而是开给黑人一张空头支票——一张盖着"资金不足"的印戳而被退回的支票。但是,我们决不相信正义的银行会破产。我们决不相信这个国家巨大的机会宝库会资金不足。

因此,我们来兑现这张支票。这张支票将给我们以宝贵的自由和正义的保障。

我们来到这块圣地还为了提醒美国:现在正是万分紧急的时刻。现在不是从容不迫悠然行事或服用渐进主义镇静剂的时候;现在是实现民主诺言的时候;现在是走出幽暗荒凉的种族隔离深谷,踏上种族平等的阳关大道的时候;现在是使我们国家走出种族不平等的流沙,踏上充满手足之情的磐石的时候;现在是使上帝的所有孩子真正享有公正的时候。

忽视这一时刻的紧迫性,对于国家将会是致命的。自由平等的朗朗秋日不到来,黑人顺情合理哀怨的酷暑就不会过去。1963 年不是一个结束,而是一个开端。

如果国家依然我行我素,那些希望黑人只需出出气就会心满意足的人将大失所望。在黑人得到公民权之前,美国既不会安宁,也不会平静。反抗的旋风将继续震撼我们国家的基石,直至光辉灿烂的正义之日来临。

但是,对于站在通向正义之宫艰险门槛上的人们,有一些话我必须要说。在我们争取合法地位的过程中,切不要错误行事导致犯罪。我们切不要吞饮仇恨辛酸的苦酒,来解除对于自由的饥渴。

我们应该得体地、纪律严明地进行斗争。我们不能容许我们富有创造性的抗议沦为暴力行动。我们应该不断升华到用灵魂力量对付肉体力量的崇高境界。

席卷黑人社会的新的奇迹的战斗精神,不应导致我们对所有白人的不信任——因为许多白人兄弟已经认识到:他们的命运同我们的命运紧密相连,他们的自由同我们的自由休戚相关。他们今天来到这里参加集会就是明证。

我们不能单独行动。当我们行动时,我们必须保证勇往直前,我们不能后退。有人问热心民权运动的人:"你们什么时候会感到满意?"只要黑人依然是不堪形容的警察暴行恐怖的牺牲品,我们就决不会满意;只要我们在旅途劳顿之后,却被公路旁汽车游客旅社和城市旅馆拒之门外,我们就决不会满意;只要黑人的基本活动范围只限于从狭小的黑人居住区到较大的黑人居住区,我们就决不会满意;只要我们的孩子被"仅供白人"的牌子剥夺个性,损毁尊严,我们就决不会满意。

只要密西西比州的黑人不能参加选举,纽约州的黑人认为他们与选举毫不相干,我们就决不会满意。不,不,我们不会满意,直至公正似水奔流,正义如泉喷涌。

我并非没有注意到,你们有些人历尽艰难困苦来到这里。你们有些人刚刚走出狭小的牢房。有些人来自因追求自由而遭受迫害风暴袭击和警察虐狂摧残的地区。你们饱经风霜,历尽苦难。继续努力吧,要相信:无辜受苦终得拯救。

回到密西西比去吧;回到亚拉巴马去吧;回到南卡罗来纳去吧;回到佐治亚去吧;回到路易

斯安那去吧;回到我们北方城市中的贫民窟和黑人居住区去吧。要知道,这种情况能够而且将会改变。我们切不要在绝望的深渊里沉沦。

朋友们,今天我要对你们说,尽管眼下困难重重,但我依然怀有一个梦。这个梦深深植根于美国梦之中。

我梦想有一天,这个国家将会奋起,实现其立国信条的真谛:"我们认为这些真理不言而喻:人人生而平等。"

我梦想有一天,在佐治亚州的红色山冈上,昔日奴隶的儿子能够同昔日奴隶主的儿子同席而坐,亲如手足。

我梦想有一天,甚至连密西西比州——一个非正义和压迫的热浪逼人的荒漠之州,也会改造成自由和公正的青青绿洲。

我梦想有一天,我的四个小儿女将生活在一个不是以皮肤的颜色,而是以品格的优劣作为评判标准的国家里。

我今天怀有一个梦。

我梦想有一天,亚拉巴马州会有所改变——尽管该州州长现在仍滔滔不绝地说什么要对联邦法令提出异议和拒绝执行——在那里,黑人儿童能够与白人儿童兄弟姐妹般地携手并行。

我今天怀有一个梦。

我梦想有一天,深谷弥合,高山夷平,崎路化坦途,曲径成通衢,上帝的光华再现,普天下生灵共睹。

这是我们的希望。这是我将带回南方去的信念。有了这个信念,我们就能从绝望之山开采出希望之石。有了这个信念,我们就能把这个国家嘈杂刺耳的争吵声,变为充满手足之情的悦耳交响曲。有了这个信念,我们就能一同工作,一同祈祷,一同斗争,一同入狱,一同维护自由。因为我们知道,我们终有一天会获得自由。

到了这一天,上帝的所有孩子都能以新的含义高唱这首歌:

我的祖国,

可爱的自由之邦,

我为您歌唱。

这是我祖先终老的地方,

这是早期移民自豪的地方,

让自由之声,

响彻每一座山冈。

如果美国要成为伟大的国家,这一点必须实现。因此,让自由之声响彻新罕布什尔州的巍峨高峰!

让自由之声响彻纽约州的崇山峻岭!

让自由之声响彻宾夕法尼亚州的阿勒格尼高峰!

让自由之声响彻科罗拉多州冰雪皑皑的落基山!

让自由之声响彻加利福尼亚州的婀娜群峰!

不,不仅如此,让自由之声响彻佐治亚州的石山!

让自由之声响彻田纳西州的瞭望山!

让自由之声响彻密西西比州的一座座山峰,一个个土丘!

让自由之声响彻每一个山冈!

当我们让自由之声轰响,当我们让自由之声响彻每一个大村小庄,每一个州府城镇,我们就能加速这一天的到来。那时,上帝的所有孩子,黑人和白人,犹太教徒和非犹太教徒,耶稣教徒和天主教徒,将能携手同唱那首古老的黑人灵歌:"终于自由了! 终于自由了! 感谢全能的上帝,我们终于自由了!"

罗克珊:去除身体毒素

这是一篇典型的信息性演讲辞。《讲话的艺术》评价说:"在通篇演讲中,罗克珊有清楚的要点、良好的解释和良好的过渡,这是一个遵循主题模式的首次演讲的好例子。"①

该演讲的主要目的是向听众介绍去除身体毒素的方法。它的主要成功之处在于主题突出、条理清晰、结构合理、选例恰当、语言晓白流畅。

特别值得指出的是,罗克珊在演讲的整个过程中都非常注重引起听众的注意,争取听众的心理认同:

开头引用名人名言,增强权威性;

采用幻灯片这一视觉辅助物突出显示演讲要点,以使听众注意力集中;

在每一个演讲要点之间,设计了过渡句,及时进行内部小节和内容预告;

结尾的时候对演讲内容进行了全面小结,重申了三个要点;并再次引用了名人名言,与开头形成呼应之势;"我们必须成为我们自己的医生"的号召具有鼓动性。

此外,大部分情况下罗克珊都使用"我们"这一人称代词,以表明她和听众是处在同一位置的,而不是对立的,从而有效地拉近了自己与听众的距离。

演讲中运用外甥取消肉食这一生动的个人例子来支持自己的观点,也非常具有亲和力,给了听众深刻的印象。

去除身体毒素

几千年前,希波克拉底说我们每个人都在自己体内有一个医生,我们只须帮助他来完成他的工作。天然的治疗力量是使身体变好的最强大的力量。我们的食物应该是我们的药物,我们的药物应该是我们的食物。但是当生病时才注意吃只会有表面效果。今天,我们这里很多人时不时地受到疾病的困扰,我们问自己:"为什么我们会生病?"噢,只需用一个词来回答那个问题:毒素。天然存在于环境中的毒素和我们长时间摄入的毒素将使身体系统失去平衡并最终使我们生病。

我想与你们分享从你们身体中排除毒素的三个要点。

正如你们看到的,第一个要点是取消或减少你们饮食中的动物食品。

你们知道,动物食品含有很多毒素。天然存在的毒素是从存活于肉中的微生物那里发展而来的。像硝酸钠这样的毒素在加工过程中被加入,包装中的毒素也覆盖着我们购买的肉。

除此之外,动物食品难以被我们的身体消化吸收。我们的身体不是特别适合排泄身体系统中的肉类,因为我们的消化道有 30 英尺长。

---

① [美]鲁道夫·F. 维德伯:讲话的艺术(第 11 版)(*The Challenge of Effective Speaking*). 北京:中信出版社,2003. 263.

因此,当我们吃肉时,它常常会停留在那儿三天以上。它停留在那儿使微生物生长,使毒素从这些微生物中发展起来。

现在我们既然已经知道了为什么肉是毒素的一个主要来源,那让我们继续来看第二个去除身体毒素的要点。

第二个要点是使我们自己保持充足的水分。水对于消除我们身体的毒素很重要。为什么?因为水使粪便变得湿润。粪便由无法消化的物质、废物(比如你们肠子内部坏死的真菌细胞,还有细菌)组成。根据约翰·霍普金斯教学医院消化疾病部的主任及教授马文·舒斯特博士的研究,我们废物的主要来源是我们消化的东西。因此他建议我们每天至少喝4—6杯水。这足以使我们的粪便湿润,这样我们就能有足够的肠部运动。因为如果废物停留在肠内的时间过长,微生物就会生长,从而增加使我们生病的毒素。

好的,因此我们要通过喝足够多的水湿润粪便以去除身体毒素。现在我们已知道了要保持自己的水分,让我们继续来看去除身体毒素的第三个要点。

这第三个要点是使用纯天然食品。注意,纯天然食品能去除我们身体的毒素,因为它们是完整的食品。你见过白色米粒——它是加工过的,它不是完整的谷粒。棕色米粒是完整的谷粒。当我们拌蔬菜时,不要把皮刮掉,而要使用完整的蔬菜。比如我们有一棵胡萝卜,我们就要用这个完整的东西。我们洗净它,但不要把皮刮掉,因为皮增加了粗糙食物和纤维质食物,我们需要这些东西来帮助粪便在肠道内运动,当然,这样粪便就不会停留太长使我们生病。

另一件关于完整食品的事物是以完整或均衡的概念为基础的。"阴阳",你们听到过这个词吗?那是我们调理整个身体的方法。我们不要仅仅对付症状,我们要处理整个事情。那就是当我们生病时需要做的一件事。不要仅仅去管我们认为使我们生病的东西,是我们的整个身体偏离了均衡,因此我们必须调理整个身体而不仅仅是身体的几个部分。

去除我们的毒素可能带来巨大收益。举例来说,我有一个外甥,他仅仅从饮食中取消了肉食,就显得神清气爽。他自从十来岁起就深受粉刺之苦。现在他大约22岁。两年前他试着从饮食中取消肉食,增加天然食品,面色也就变得清爽起来。

现在我们知道了排除身体毒素的三个要点是取消或减少动物食品,使我们自己保持充足水分,以及食用纯天然食品。因此正如希波克拉底说的:"健康开始于我们自己体内。"所以,我们必须成为我们自己的医生。谢谢你们,祝大家愉快。

第 10 章　申　论

- ◆ 申论考试概述
- ◆ 申论考试的试卷结构
- ◆ 申论解题的思路
- ◆ 申论应试的方法
- ◆ 申论考试实例举隅

申论考试概述

【提要】
- ◇ 申论的含义
- ◇ 申论考试的由来
- ◇ 申论考试的性质:具有模拟公务员日常工作性质的能力测试
- ◇ 申论考试的三个特点:考试形式的灵活多样性、考试内容的广泛性、考查目标的针对性
- ◇ 申论与作文的比较
- ◇ 申论与策论的比较

申论的含义

　　"申论"一词,语出孔子《论语》的"申而论之",有申述、申辩、论述的含义。从语义学角度说,"申"即"说明"、"申述"之意,如"三令五申"、"申明理由"中的"申"就是这个意思。在一般的字典词典中,"申"的基本义项均为"说明"、"申述"。至于"论",我国最早的讲文章体式的权威著作——刘勰《文心雕龙·论说》篇中说:"论也者,弥纶群言,而精研一理者也。"可见凡融通种种见解而深入阐发某些道理的文章,一概可称之为论,如纵论时世政治的"政论",考辨历史的"史论",总揽内容予以阐述的"概论",评优劣、论得失的"评论"等,都属于"论",只是每种"论"又各有特点。

　　由此可见,"申论"一词,意即对材料、事件或问题有所说明,有所申述,从而发表意见,进行论证。随着国家公务员考试把申论设置为公务员选拔、录用考核的重要考试科目,申论遂独

立成为一种以综合测查应试者阅读和理解能力、分析和概括能力、提出和解决问题的能力以及文字表达能力等为目的新型应用文体。

申论考试的由来

在申论考试形式出现之前，国家公务员对于应试者这块能力的考查主要是公文写作与处理或传统的作文。要求应试者按照一定的要求写一段公文的考试模式对于参加公务员考试中占相当大比例的在校学生很不公平。因为很多学校都很少开设公文写作课程，即使开设，也以"概论"居多。这样，相当多的学生要么缺少公文写作的基本常识，要么即使知道一点公文的基本格式，其答卷也往往流于空泛。基于这种情况，后来国家公务员录用考试便把这一块改成了作文，或者是自拟题目作文，或者是命题作文，或者是给定材料作文。其基本要求是写一篇文章，只要能自圆其说就可以。这种考试形式，主要考查的是应试者的写作能力。但是，出色的文学家并不一定是称职的公务员。因此这种形式也不能很好地达到选拔合格、出色的公务人员的目的。

申论考试是 2000 年国家公务员录用考试模式改革中实行的一种崭新的考试形式。当年公务员考试的笔试部分由《公共基础知识》、《行政职业能力倾向测试》和《申论》三部分构成。其中的《申论》部分是新增加的内容，因此也更为社会各界所关注。2001 年中央、国家机关公务员考试中，《申论》再一次出现。从 2002 年起，国家公务员录用考试分为 A、B 两类，A 类公共科目考试包括《行政职业能力倾向测试》和《申论》，B 类只考《行政职业能力倾向测试》。根据人事部对今后公务员考录工作的安排，《申论》将继续作为今后国家公务员录用考试的固定内容。

增加《申论》是公务员考试所做的一种尝试。在国家公务员考试中，申论即是要求考生根据给定材料引申开来，发出议论，阐明事理。这种考试是根据目前机关工作的需要，对考生分析、解决实际问题能力的一种考察方法。在市场经济条件下，机关工作人员更需要具备搜集、分析、概括、解决问题的能力，而通常的写作考试基本上已经形成固定的模式，难以真实的表现出考生的实际工作能力。因而，申论考试的目的，就是要通过对应试者运用基本理论知识分析和解决实际问题能力的考查，为国家选拔出高素质的行政管理人才。

申论考试的性质

申论考试的性质，用一句话概括，就是具有模拟公务员日常工作性质的能力测试。

申论考试的目的在于为国家选拔人才，而落实到具体的素质测评，则是考查应试者的分析、概括、提炼和加工能力，以及阅读理解、综合分析、提出问题的能力和文字表达能力。而这些能力都与机关公务员的实际日常工作紧密相连。申论考试，就是模拟公务员处理日常工作的能力考试。

但是由于考试时间以及其他条件的限制，申论所给的背景材料不是原始的信息，而是经过加工的半成品资料。这些半成品的背景材料，头绪不很清楚，条理顺序也较为混乱，究竟反映了什么问题，需要应试者研究、梳理、归纳。

因为公务员工作通常涉及社会生活的方方面面，所以申论考试命题中的背景材料往往会涉及社会活动各个方面的现实问题，包括一些社会热点与大众传媒所关注的焦点等。这就需要应试者关注现实生活中的热点、焦点问题，具有敏锐的洞察力。

　　公务员处理日常工作,依据的是党的方针、政策、法规,所提出的解决问题的方案要有针对性,要切实可行,因而申论考试作答时也要如此,不要说套话、假话,不能漫无边际、无的放矢。

申论考试的三个特点

　　从近几年中央、国家机关公务员录用考试《申论》试题和之后人事部对这几次考试的总结来看,申论考试主要有以下三个特点:

　　1. 考试形式的灵活多样性

　　申论考试要求由三部分组成:概括部分、方案对策部分、议论部分。相对于传统写作考试而言,申论的考查形式就显得非常灵活。

　　就文体而言,概括部分既可能是属于记叙文、说明文、议论文中的某一种形式,也可能是综合多种文体形式,还可能是公文写作;

　　方案对策部分,则纯粹是应用文写作;

　　议论部分即是议论文写作。

　　因此,申论写作的文章,已不局限于传统的以写一篇议论文为主的形式,呈现出考核形式上的灵活多样性。记叙文、议论文、说明文、公文等无所不包。写作者不仅要有基础写作的功底,更应具备应用写作的能力。写作者除了应学会写议论文外,应用文常见的文种(报告、决定、意见、议案、讲话稿、综述),甚至新闻文体的写作都应掌握。

　　2. 考试内容的广泛性

　　考试内容的广泛性首先表现在材料涉及的内容非常广泛,包括政治、经济、文化、教育等方方面面的现实问题。申论测试的目的是选拔公务员,是对在公务员日常工作中处理实际问题潜能的测试,也是在考查应试者是否关注生活中的热点、焦点问题,是否具有关心大事的大局意识。

　　材料涉及面广的另一个表现就是材料本身设计的层面很复杂。如果给定材料所反映的问题已有定论,则主要立足于考查考生分析和判断的能力。但是如果给定材料所反映的问题尚无定论或存在争议,则主要考查考生以自己的理解来进行分析和判断,并做出结论的独立解决问题的能力,这是最能考查考生水平的地方。

　　给定资料的广泛性还表现在测试的内容不会对某一专业特别倾斜。因此,考生还必须具备本专业之外的大量的知识。

　　3. 考查目标的针对性

　　申论考查的目标是明确的,针对性很强,主要考查应试者搜集、分析、概括、解决实际问题的能力。体现在测试命题上主要是分析、概括两个方面,然后再在此基础上进行论述(这是考查思辨能力)。在应考时,应试者要仔细阅读材料,理清其间的逻辑关系;对于其中的复杂事件,要抓住主要问题;对尚存争议的事件,要分清各方意见。在抓住主要问题的基础上,应试者需结合给出的条件、环境进行综合考虑,做出正确的判断,提出切实可行的解决方案,切忌提一些理想化的、超越现实、缺乏可操作性的方案。

申论与作文的比较

　　申论与作文有相似之处,但又不同于作文。

　　作文要求考生根据给定题目或材料展开论述,侧重考查考生的文字功底,考生尽可以凭自己的主观好恶去选材、立论,去尽情张扬个性、放言宏论。因此,作文反映的是考生的写作水平和"纸上谈兵"的能力,无法全面考查其综合素质,尤其是解决实际问题的能力。申论则体现公务员的岗位需求,是具有模拟公务员日常工作性质的能力测试。

国家公务员招考的针对性极强,一般是先有相关职位及要求,然后才进行公开招考。因此,它要求应试者必须具备较强的综合处理所报考职位日常工作的能力。申论考试实际上是某一职位公务员日常工作流程的一种模拟和演练,所不同的只是这一模拟和演练被高度浓缩在了一场考试之中。

申论与策论的比较

所谓"策论"(又称"对策"),是中国古代科举考试中一种八股文考试形式,即就给定题目论证某项政策或对策,撰写论文。刘勰在《文心雕龙》中将这类文章专列为一种文体,统称"对策"。因此,对策不仅是指一种考试选拔方法,也成为一种特定文体的名称。

古代的"策论"有四个特点:(1)深刻反映政务需要;(2)具有远见卓识;(3)切实可行;(4)文辞有表现力。这些特点对于"申论"有很大借鉴作用。

古代"策论"是古代中国根据国家实际需要所采取的一种选拔、录用人才的方法,今天的申论考试同样也是为了给国家选拔、录用人才;

古代"策论"不受文体限制,今天申论考试的文体在服从目的需要的大前提下也没有严格的限制;

古代"策论"要求作文者所阐述的应是关于国家政事、时务的见解,今天的申论考试所涉及的内容也均是政治、经济、法律、文化等国计民生方面的问题;

古代"策论"要求所论要有远见卓识,并切实可行,今天的申论考试也要求论述切中时弊,所提方案有的放矢、具可操作性;

古代"策论"要求文字有表现力,今天的申论也要求文字具有逻辑性和说服力。

当然今天的申论考试与古代的"策论"亦有本质上的不同。联系实际的公务员工作就会发现,他们在进行科学决策、贯彻执行决策的过程中,时时要针对实际问题查证分析,从而提出自己的见解和处理意见,并对所提出的方案进行论证,有时还需写出书面材料。从这一角度说,申论的构思与写作过程实际上就是公务员日常工作流程的缩影。

申论考试的试卷结构

【提要】

◇ 注意事项部分

◇ 资料部分

◇ 申论要求部分

就形式和结构而言,目前国家公务员申论考试试卷主要由以下三部分组成:

注意事项部分

注意事项部分主要说明答卷的要求、作答时限(阅读材料 40 分钟,作答 110 分钟)和提出指导性建议。

应试者在拿到试卷后,切记要首先仔细阅读这部分内容,以便按要求依次作答。需要说明的是,该部分内容在近几年没有什么变化,但并不说明以后也不会有任何变化,因此,在正式考试中一定要仔细阅读这部分内容,以免因一时大意而在具体作答时出错。

给定资料部分

给出 6～10 段约 5000～8000 字的材料,内容可能涉及政治、经济、法律、文化和教育等社会现象的方方面面。这些资料大多是经过初步加工后的"半成品",是带有新闻性质的现实材料,反映的多是社会现实生活中的某一热点问题,基本上不会设计重大理论问题或专业性极强的问题。

作答要求部分

这部分近年来试题的总量基本在 4～5 题,试题的形式基本上每年都有变化,试题考查的内容基本为概括资料的主要问题或概述资料的主要内容,提出对策并拟定可行性方案或对对策进行有效性分析,提出自己的见解或主张,并进行阐述和论证等三个层次。

近几年申论题目基本为归纳概括题、综合分析题、提出对策题、应用文写作题和文章论述题等五大基本题型,但每年申论考试时都会从五大基本题型中衍生出一些新题型。因此,平时要注意熟练掌握基本做题方法,以不变应万变,灵活应对新题型。

申论解题的思路

【提要】

◇ 归纳概括题的三个关注点:问题、内容、后果

◇ 综合分析题的两个作答要点:把握基本作答要求、不同类型题型的解法

◇ 提出对策题的四条原则:身份意识、全局观念、针对性、可操作性

◇ 应用文写作题的三个基本作答要求:内容、身份、格式

◇ 文章论述题的三点要求:结构合理、条理清楚、详略得当;立意鲜明、内容具体、中心明确;语言通畅、表达恰当、语意连贯

现在结合申论试卷内容的三个部分,从总体上介绍申论解题的基本思路。

归纳概括题

从 2000 年以来的中央、国家机关公务员申论考试试题来看,要求归纳概括的主要有以下三种情况:

1. 归纳概括主要问题

2012 年试题即属于这种类型,题目要求考生根据"给定资料 2～6",归纳概括市场经济背景下社会生活中反映的种种问题。

2. 归纳概括主要内容

2001 年试题即属于这种类型,题目要求考生概括出所给材料关于 PPA 风波这一事件的主要内容。

3. 归纳概括主要后果

2002 年试题即属于这种类型,题目要求考生概括出所给材料反映的网络带给社会生活的影响——也就是后果,当然包括正反两个方面的后果。

之所以要做出这三种基本划分,是因为三者之间的确是各不相同的,要求考生回答的重点大有区别。

归纳概括内容,相对而言较为简单 大致相当于我们中学语文中的归纳中心思想,或者我们写论文时的小结或内容提要,较为中性;

归纳概括问题,则不是简单的归纳材料中的基本内容,而是在基本内容的基础上提炼出材料反映的主要问题。换句话说,材料可能介绍了某事件或情况的背景、原因等多种因素 但要求归纳的是其中的问题——是问题,而不是内容,这涵盖的可能是局部的而不是全部的内容,因此,归纳概括问题就不那么中性了,而是带着一定的倾向性;

归纳概括后果,又与前两者有所不同。如果说归纳概括内容要求的是对材料所反映事实的客观归纳,概括问题是对材料所反映事实所存在矛盾的归纳,那么概括后果则是对材料所反映事实所存在矛盾的正负两方面的归纳。

三者的要求也有很大的不同:概括内容的要求是客观、全面;概括问题的要求是准确、突出;概括后果的要求是辨证、一分为二。

归纳概括部分常用的表述模式为:

"这份材料反映的是……问题,它说明了……"

"这份材料反映的主要问题有:(1)……(2)……(3)……"等等。

综合分析题

综合分析题出题方式灵活,题型多样,而且还在不断推陈出新,考生准确作答难度增大。因此,在答题时一定要抓住综合分析题的基本作答要求,从容应对。

一、把握基本作答要求

1. 条理清晰

条理清晰是要求在作答过程中,做到条理清晰、层次分明。在结构上,条理清晰主要包括两方面内容:

一是根据具体情况,作答时要体现逻辑层次,按"总—分"、"总—分—总"、"宏观—微观"、

"总体—具体"、"是什么—为什么—怎么做"和时间顺序组织答案；二是使用"首先……，其次……，再次……，最后……""一是……，二是……，三是……，四是……""一方面……，另一方面……""主要，次要；直接，间接，根本"等能区分层次的词汇。

2. 观点明确

观点明确是说作答时支持或反对什么，都要给予明确陈述，不能模棱两可。切忌在答题时对问题的评价缺乏明确观点；或是对问题的性质、主要表现形式、成因、影响、后果和解决的必要性等缺乏明确概括，以罗列问题的表现形式代替对问题的定性，以问题的具体表现代替对问题的归纳；或是对导致问题产生的原因、影响、危害、后果以及为什么要解决问题等，没有明确认识和清楚表述。

值得注意的是，观点正确是观点明确的前提，不正确的观点再明确也无用。因此答题时一定要充分联系给定资料，在宏观把握材料大背景的基础上，透过现象抓本质，抓住给定资料所要表达的实质观点。

3. 分析合理

分析合理主要要把握以下两点：一是找准、找全分析对象，二是分析要合乎事理，符合逻辑。即分析必须符合客观对象自身存在与发展的规律；符合由低到高、由简单到复杂、由显到隐、由外到内、由重到轻、由主要到次要的事物客观顺序、表达顺序；要符合辩证法关于联系发展、内因外因、量变质变、对立统一、原因结果、偶然必然、现实可能、内容形式、现象本质等原理。

二、不同类型题型的解法

1. 启示型分析题

首先从题目所给材料中提取事例或问题，总结经验和教训然后再分条作答，合理阐述。

2. 评论型分析题

(1)针对某一观点或现象进行评论：先破题表态然后再做具体分析。

(2)针对几种不同观点或做法进行评论：先概括评论对象然后再作出最后结论。

3. 阐释型分析题

首先直接点明本质含义，接着紧扣原文解释含义，然后再回到材料深入阐述，最后作出最后权威结论。

4. 判断型分析题

首先对题目给定的备选项与给定材料的原文进行比较、分析，找出差异，看是否和符合材料的主旨，判断正误，接着概述理由。对错误的选项要阐述错误的理由，可提出简洁的修改对策。

提醒大家注意的是考试中考题常会涉及公务人员在日常工作中经常遇到的，与政府的职能、责任等相关问题的题材，分析问题时就要求设身处地地看和想问题，掌握一些相关的政治原则、规律、政策精神等，如科学发展观、和谐社会、核心价值体系、以人为本等的原则和方法。

提出对策题

这部分的写作有四个方面的基本要求：

1. 身份观念

应试者写作时始终要有清醒的身份定位,即政府公务员应承担的职责、角色是什么。所提的一切对策,都要从给定的基本身份出发,符合身份的要求。例如给定你的身份是法院工作人员,那么,你就不必在你的方案中提出解决再就业的问题或者接受教育的问题,因为法院的基本职责就是判决和调解,再就业之类的职能已经超过法院的范围。如 2000 年试题,给定的身份是省政府调研室工作人员;2001 年试题,给定的身份是某职能部门的工作人员;2004 年试题,给定的身份是交通管理部门的负责人。考生必须要根据给定的身份来解题。

2. 全局观念

对策应具有全局性。要求考生能在自己的知识范围内寻找合适的对策,同时,又不能仅偏重于某一方面的知识,一定要全面地、综合性地考虑问题。

3. 针对性

写作者不需要漫无边际,漫天撒网。申论考试的内容已经不能仅仅依靠某些知识点取胜。考试非常重视考生对实际解决问题能力的考核。题目是针对现实中存在的问题进行设计的,因此,答题时的针对性要很强。如 2000 年试题,反映的问题很多,但考试应该意识到,H 与总印刷公司的诉讼,法院的受案范围,这些都很难从根本上解决问题,只有加强环保立法、执法和改造城市建设规划,才有可能从根本上解决噪音扰民的问题。

4. 可操作性

有些措施虽然具有针对性,但在现实条件下不具备实践的可能,则这些对策就毫无价值。提出的对策一定要具有实际可操作的可能。对策的可操作性,既要考虑到社会伦理道德规范,又要考虑到国家的法律法规及党的路线、方针、政策,做到合情、合理、合法。如 2001 年的试题,有的考生提出要追回所有已出售的"可疑感冒药",并全面实行"退药赔款",这个对策就很难施行,没有可操作性。

应用文写作题

应用文写作题的作答基本要求主要体现在作答的内容要求、身份要求、格式要求三个方面。

一、内容要求

内容要求在作答时要善于抓住问题的关键,答案力求做到全面而简练。回答时可根据题目、文种要求确定内容,并注意作答内容逻辑清晰。

1. 根据题目要求确定内容

应试时要注意根据题目中提出的作答任务和要求确定相应的作答内容。如 2012 年国考省级以上(含副省级)综合管理类申论试卷第一题第 2 小题,就是请考生根据给定资料,按题目中的要求"请你为这期《内部学习资料》撰写一则'编者按'"。因为本题的作答任务是"请你为《内部学习资料》撰写一则'编者按'",具体内容是号召全体人员向先进人物学习,并且作答要求中明确"要揭示各位先进人物的精神实质"。因此这则"编者按"的主要内容就是要对各位先进人物的事迹进行概括,以揭示其精神实质。

2. 根据文种要求确定内容

不同的文种,写作时的具体内容也不同。如题目要求是写作宣传稿等宣传通知类文体,作答主要内容就要针对某个对象进行宣传,写作要素应包括宣传的背景、理由、对策、号召等;如果是建议或指导意见等工作方案类的试题,作答时内容就应包括问题的背景和内涵、解决问题的重要性与必要性、解决问题的对策等,其中还应以解决问题的对策(工作方案)为重点。如2011年浙江省公务员考试第2题,就要求考生结合给定资料,为领导拟写一份就"加快发展社会保障事业的必要性"做主题发言的要点。因为是写作"发言要点",属于宣传通知类题目,写作内容就应围绕题干中要求的"加快发展社会保障事业的必要性"来展开,具体内容应包括目前我国社会保障事业发展的现状(背景)、加快发展社会保障事业的必要性(理由)、加快发展社会保障事业的措施(对策)、呼吁性结尾(号召),其中以加快发展社会保障事业的必要性为重点。

3. 作答内容要逻辑清晰

逻辑清晰是指应用文类试题作答要有清晰的脉络和合理的逻辑。应用文类试题一般要求要有严密的逻辑思维,因此考生在作答前要先理清解答的思路,能从材料的整体和大局出发,高屋建瓴地把握材料的主题和思想,统筹安排,然后脉络清晰、逻辑合理地把要表达的内容表述出来,呈现出如"情况——问题——原因——对策——意义"等的框架结构来。如2011年国考省级以上综合管理类申论考试第3题,题目就要求考生为一本以黄河为主题、对青少年进行爱国主义教育的宣传手册四个组成部分"黄河之水天上来"、"黄河与中华文明"、"黄河的治理与开发"、"黄河精神万古传",结合参考资料,分别列出每个部分的内容要点。此类题目答题时就要从"背景与内涵——重要性与必要性——重要举措"("是什么——为什么——怎么样")三方面按次序作答,否则本题很可能只能得 6 分以下(本题满分为 20 分)。

二、身份要求

应用文写作类试题作答时需要注意的身份要求有自身的身份定位和执行相对方的身份定位两个方面。不同的身份定位,决定了职能范围、可采取措施和语言风格的不同。

如 2011 年北京公务员考试第 3 题,题目设定"假设你是一名政府工作人员,阅读给定材料,结合我国城市更新工作中存在的主要问题,拟写一份《关于进一步做好城市更新工作的建议》提纲"。此题中将考生设定为"政府工作人员",执行的相对方应当是社会各界和人民群众。所以写作时所使用的语言应该是庄重、严肃的书面语。又如 2010 年辽宁省公务员考试第 2 题,题目设定"假定你是某街道办事处工作人员,请参考给定资料,为当地居民社区的宣传栏拟一份节水宣传材料"。此题中将考生设定为"街道办事处工作人员",执行的相对方为"当地居民社区"的居民。所以写作时使用的语言应该有亲和力和感染力。"政府工作人员"的职能范围决定其可采取的措施有"要以人为本做好城市规划,公平、合理调整城市各阶层社会群体的利益。做好基础设施、道路交通、生活空间的规划。"等。而这些完全是"街道办事处工作人员"的职能范围所不及。

三、格式要求

据历年申论考试真题,应用文写作较注重考查内容,对行文格式不大注重,考生在作答前需认真审题,根据题目要求确定是否要按照格式书写答案。

1. 无需考虑行文格式

有些应用文写作题目在"要求"中注明只写主文内容,不考虑格式;或者在题干中要求只写提纲、要点等,这些题目在书写答案时无需考虑行文格式,写作时只需条理清晰地写出答案要点即可。如2011年安徽省公务员考试第4题,题目就是做如下阐述的:"假定你是'给定资料'中的那位记者,请将表格中的统计资料和说明的问题,以及自己的意见,用建议书的形式反映给当地村委会。(要求:1.篇幅500字左右;2.只写主文内容,抬头和落款省略;3.语言简洁顺畅、条理清晰、结构完整。)"题目中"要求2"明确要求"只写主文内容,抬头和落款省略",所以此题作答时无需考虑行文格式。

2. 需要考虑行文格式

有些题目在题干和"要求"中都没有对格式作出明确要求,答题时就需按文种格式来书写答案。

一般应用文主体部分的格式包括标题、主送机关、发文机关、发文时间等要素。如答案字数未超出题目要求,则尽量把这些要素都写入答案中,即使不能全写,也至少要包括两到三个要素,其中标题更不能缺少。如2011年宁夏公务员考试第3题,题目规定"假如你是某社区工作人员,请你结合给定材料草拟一份《关于加强社区养老服务工作的建议》,供上级相关部门参考。(25分)要求:(1)准确全面、切实可行;(2)条理清楚,表达简明,不超过500字。"此题作答时就应按《建议》的一般格式作答。参考答案如下:

关于加强社区养老服务工作的建议

×××(上级相关部门名称):

　　　　近年来,我社区中老龄人口持续递增,对于一些新的家庭结构而言,老龄人口扶养问题逐渐凸显。解决好老人的赡养问题,让其安度晚年,对于经济发展、社会安定极其重要。为改进我社区养老服务工作,提高服务水平,特提出以下建议:

　　　　第一,加大对养老工作的宣传与引导,使居民充分认识到解决养老问题的重要性与必要性,整合各方面社会资源,形成浓厚的养老氛围。

　　　　第二,完善社区养老服务形式,除家政服务外,发展康复护理、医疗保健、精神慰藉等多种服务形式,既注重对老人物质照顾,也考虑对老人的精神照顾。

　　　　第三,加强对助老服务员的培养和教育,完善志愿者吸纳机制,增加养老护理人员的薪酬待遇,巩固和扩充养老服务人员队伍,以适应人口老龄化的变化发展需要。

　　　　第四,政府需加大对社区养老服务的资金投入,以完善社区养老服务的各项软、硬件设施,使每位老人都能享受到社区养老服务,实现社区养老服务普遍化。

×××××社区
×年×月×日

其中"关于加强社区养老服务工作的建议"为标题,"×××"为主送机关,"××社区"为发文机关,"×年×月×日"为发文日期。

文章论述题

申论文章论述题的基本思路与一般议论文大致相同,主要是:

1. 结构合理、条理清楚、详略得当

议论文的结构与一般文章的谋篇布局大体一致,但作为一类文体,它有自己的特色。写作时要严格按照这些特点来组织安排材料。

(1)开头

与别的文体相比,议论文的开头要讲究"短、快、靓"。

短,即要简捷,最好三两句成段,引入本论。开头短,不仅可避免冗长之赘,而且短句成段,在空间上突出其内容的重要性。

快,即入题要快,最好三言两语就点明文章的基本观点或议论的话题。起首立意,有利于作者展开论述,不至于出现主旨不清、中途转换论题等作文大忌。

靓,即要精彩,这也是传统文论中所强调的"凤头"。精彩的开头,最突出的效果是吸引读者,给读者留下好的印象。文章开头要精彩,应多用比喻、类比、排比等修辞手法引入论点,还可引述名言,讲述寓言故事导入话题。

(2)中间段

申论文章论述题作为议论文,其结构是否严谨,条理是否清楚,论证是否严密,论据是否典型,关键在中间段的写作。中间段常常采用序论、本论、结论的三段式。

序论提出一个带有本质属性的核心问题,简洁地概括出给定材料的大意;

本论紧密结合材料分析问题,运用演绎、归纳等论证方法,有详略地进行论述;

结论有条有理地提出令人信服的提出解决问题的对策。

(3)结尾

结尾是全文内容发展的必然结果,是文章结构的重要组成部分。好的结尾当如豹尾,响亮有力,令人警醒,催人奋进。文章的结尾有时比开头还重要。李渔曾说:"终篇之际,当以媚语摄魂,使人执卷流连,若难遽别。"可见结尾出色,整篇文章就会增色不少。

议论文结尾的写作,要收束全文,突出中心论点;

要体现全文结构的紧凑、完整,既不能虎头蛇尾,也不能画蛇添足;

语言要干脆有力,富有启发性和鼓舞性。

2. 立意鲜明、内容具体、中心明确

申论中文章论述题的标题,要求符合文体特征,体现鲜明的立意,使人见其题而知其旨。标题是文章的眼睛,是文章传递显要信息的重要部分,它的优劣也会直接影响文章给读者的第一印象。议论文拟题的基本要求是:在准确的基础上力求醒目、舒畅。观点鲜明的标题最受读者的欢迎,因为它具有清澈感和透明感,能够传达出文章内容之大概,使读者能准确地把握文章的主题。如《坚强使人奋进》、《理想与创新齐飞》、《想象与联想,创新的翅膀》、《诚信——我不朽的信念》等文题,均是鲜明、夺人眼目的好题目。在鲜明的基础上追求形象、生动和富有个性,则是议论文拟题的更高要求。如文章中心是"走自己的路,让别人去说吧",拟题为《学会在别人的唾沫中游泳》,别致中而出几分幽默,令人产生一睹为快之感。

中心论点是议论文的灵魂,各个分论点是支撑起这个灵魂的骨架,而论据是议论文的血肉。一个人要丰满多彩,光有灵魂和骨架,没有血肉是不可想象的。同样,一篇议论文只有中心论点和分论点是不能称为文章的,它还必须有典型而鲜活的论据。

典型的论据是指能充分反映事物本质,具有代表性的事例与名言。它要求真实、切合题旨。选用的论据要新颖,具有现实性。最好能引述时下的热点问题、事例作为辅助说理,加强说理的针对性、时代感,使文章更具说服力。

3.语言通畅、表达恰当、语意连贯

议论文的语言,必须准确鲜明,通顺恰当。

运用的表达方法要合适,议论文中常用叙述、议论、说明的手法,描写、抒情手法的使用要适度,因为议论文不是以塑造形象作为自己的任务的,它是以阐述道理、确立论点为己任。但议论文在说理的同时,适当使用一些形象化的修辞手法也可以使文章摆脱千人一面的枯燥感,增加文章的艺术性。

要使文章形象生动,除了采用比喻、类比、事例等论证方法外,形象畅达乃至华美的语言必不可少。议论文的语言,要注意运用排比、比喻、对偶和反复等修辞,使文章形成流畅感;可运用假设句、反问句或整句,以增强文章的气势。

申论应试的方法

【提要】

　　◇ 敏锐准确地审题:审读题目、审读材料
　　◇ 对标题理解能力的训练:思考分析法、想象联想法
　　◇ 对材料理解能力的训练:文字材料的理解、图画材料的理解
　　◇ 正确精要地概括主题:正确的思想观点、一定的逻辑方法、辨证思维和创造性思维
　　◇ 合理安排论证的结构:始终把突出中心思想放在首位,保持文章部分思想与中心思想之间、部分思想相互之间在逻辑上的统一性,内容层次含义明确,逻辑层次安排合理

申论考试"主要侧重考查应试者对给定资料的阅读理解能力、分析归纳能力、提出和解决问题能力以及文字表达能力"。为了更好地施展应试者的真才实学,充分表现应试者分析、论证和解决问题的能力,发挥自己的潜质,这里列举一些申论考试的应试方法与技巧。

敏锐准确地审题

申论考试,最重要的就是审题。所谓审题,就是审视题目的含义和要求。只有审清题意,才可根据题意去立意、构思,使文章做到文题相符。如果审题有误,一开始就会步入歧途,使文章出现偏题或走题的错误。如2001年申论考试所给材料是关于2000年PPA问题成为全球热点问题的材料。首先,要求考生对这些材料进行概括,提炼出主题,然后才能提出相应的对策,最后进行议论。这些材料其实都是强调加强药品监督检验,提高安全用药的管理水平,对人民群众的生命负责。用一句话或者几句话对这些材料内容做出概括,就必须善于归纳、善于总结。这一步概括准确与否,就决定了整个申论考试的失败或者成功。

可以从两个方面进行审题:

一是审读题目。申论考试中的部分题目在具体要求上是一成不变的,每年可能会有一些小小的变化。例如,2000年和2001年申论试卷的第1题,同样是要求把握给定资料,考查考

生的分析、概括能力,但具体指令要求不尽相同。前者是要求"概括主要问题",要求考生抓住给定资料所反映的主要问题,把主要问题是什么概括出来;后者则是要求"概述主要内容",要求考生梳理清楚给定资料所反映的情况,并予以概述。如果忽略的这些具体的答题要求,恐怕跑题就难以避免了。

二是审读材料。考试时要注意答题技巧,合理分配时间,不要盲目求快。一定要拿出足够的时间认真仔细地阅读给定的资料。在这个过程中,要先理清资料的逻辑联系,抓住一个复杂事件的主要问题。然后,要把握住给定资料所反映的事件的环境和条件,这种既定的条件是提出的对策是否具有可行性的重要依据。抓准了主要问题,解决问题的方案就有了针对性;搞清给定资料所提供的环境、条件,所提出的解决问题的方案才有可行性和和操作性。

可以通过思维的训练来提高审题的能力。审题思维能力的培育可以从对标题的理解和对材料的理解两个方面来进行:

1. 对标题理解能力的训练

标题是文章的眼睛,把握标题,就能够把握文章的内容。从近几年的情况来看,申论考试材料没有给出标题,但是,没有明确地提出标题,不等于没有标题。那些材料具有某种内在联系,那标题是隐含在材料内容之中的。由于标题具有高度的概括性和隐含性,因而它对理解能力也就有着较高的要求。着重应掌握以下两种方法:

(1)思考分析法

除了少数半命题性质的标题和一部分带有寓意或比喻义的标题外,大部分标题的语言结构是完整的,命题者的意图也是明朗的。对于这样的标题可采用思考分析的方法,对标题做理性的分析。

首先是对标题概念的思考。有些标题本身就是一个单独概念,如"人生"、"思考"等,就需要对标题的概念进行深入思考;有些标题虽然在概念前面加上了"试说'、"浅谈"、"略论"等词,但是重点需要对后面的概念进行深入思考,做出理性的分析;有些标题尽管重点在于理解概念之间的关系,如"得与失"、"崇高与卑微",但对这种相反概念的理解应该是审题的基础,也必须先对这些概念进行深入思考,做出理性的分析。对于这些标题,我们就要一方面明确概念的内涵和外延,一方面又要运用辩证分析的方法去揭示概念辩证的内涵。

其次是对标题内在关系的思考分析。对于用短语或短句来表示的标题,要在明确概念的基础上,着重通过对内在关系的分析去理解题意。

从标题的语言结构来看有以下类型:

①主谓结构的标题,如"市场经济如何发展"、"高校改革利弊谈";

②并列结构的标题,如"理想与现实"。"自卑和自信";

③有偏正结构的标题,如"民营经济高速发展的奥秘"、"网络世界";

④有动宾结构和动补结构的标题,如"信任别人"、"走进新世纪";

⑤有复句结构的标题,如"继往开来,与时俱进""先天下之忧而忧后天下之乐而乐"等。

对这一类标题,要能够从语法意义和逻辑意义的结合上进行思考,看它们到底存在着怎样的内在联系,运用辩证思维的方法看到事物之间的矛盾性,通过对这种矛盾的对立性、联系性和转化关系的分析,达到对题意的理解。

(2)想象联想法

想象联想法,是指通过对标题内容的想象和联想来理解和把握题意的方法。它主要适用于以下几种类型的标题：

①半命题性质的标题；

②比喻拟人性质的标题；

③象征性质的标题；

④类比性质的标题。

2. 对材料理解能力的训练

申论考试主要是对材料的理解，因为在这方面最能够检验一个人的思维水平和发现问题、解决问题的能力。所以，进行这方面的思维训练是非常必要的。对所给材料的理解包括：文字材料的理解和图画材料的理解两个方面。

（1）文字材料的理解

申论所提供的文字材料，有的是一篇文章，有的是文章的片段，有的是内容提要或提纲，有的是一则或一组事实材料，有的是一则或一组观点材料等。无论题目要求缩写、扩写、改写，或是写读后感、评论，或是自己拟题作文，首要的一步都先要读懂材料。而申论要求概括出材料的含义，这是按条件和要求作文的前提。因此，对于这一类题目，必须仔细阅读，并根据题目的要求做认真的分析。只有充分地理解了材料，才能按照要求去处理材料、运用材料。

（2）对图画材料的理解

虽然这几年申论考试都是提供文字材料，但是对图画材料的理解能力也应该注意培养。

图画材料，包括各种美术作品、摄影作品等。按照所提供的图画材料及题目要求作文，就是平时所说的"看图作文"。看图作文，可以根据题目要求写成记叙文、说明文或议论文，但看懂图画是作文的前提。

对图画材料的理解能力，包括对图画的观察能力、想象能力和分析能力。

首先要仔细地观察画面。

其次，要在观察时发挥自己的空间想象力和联想力，使画面的内容在头脑中转化为具体的形象。同时要结合生活经验去丰富形象，并合理地补充情节内容。

再次，在此基础上要对画面进行认真的分析，结合画题或图画的说明文字，准确理解画面所反映的思想内容及其主题。

正确精要地归纳概括主题

归纳概括主题是承上启下的一个重要环节，一方面，是对前面阅读资料环节的一个小结，另一方面，又使提出的对策或可行性方案以及论证过程更具有针对性，是据以立论和展开的基础。若是主题归纳概括得不准确或是不够全面，下面的程序也就很难进行了。

申论写作要针对所给材料进行议论，所以必须确立论点，也就是确立文章的中心思想。中心思想是文章思想体系中起主导作用的因素。中心思想是文章思想内容的高度概括，是作者的立场、观点、对事物的认识和态度的集中体现，它是文章的灵魂。形成或确定中心思想，是申论写作过程中最为重要的一个环节。

一般文章的中心思想是在所掌握的材料的基础上形成的。在生活实践中有所见、有所闻，进而有所思、有所感，于是产生了写作的动机和愿望。从材料到中心思想的形成，是一个由感性到理性的思维加工过程。这种思维加工主要是通过分析、综合、抽象、概括等方式来进行的。当感性认识上升到理性认识，明确了自己所要表述的思想、观点、情感、态度，中心思想也就形成了。

　　申论写作,确定论点受命题者的制约。对应试者来说,经常面临的是在命题者所限定的条件下的作文,命题者所限定的条件是多种多样的。这种情况下,我们一方面要看到中心思想的形成受到题目的制约,另一方面也要看到审清题目只是为立意确定了方向和范围,而所给定的材料才是立意的依据。因此,申论中心思想的形成,是在题目要求和占有材料两种因素的作用下完成的。

　　归纳概括主题,可以从几个方面进行考虑:

1. 正确的思想观点

　　申论考试是为国家选拔公务员。所以,文章思想观点的正确与否是很关键的一环。需要应试者在平时加强理论学习和思想锻炼,使自己具有在正确的立场和世界观指导下的对一般事物的正确的观点。有了正确的观点,立意就有了根本的保证。

2. 一定的逻辑方法

　　申论写作需要对自己的观点进行论证,就是要以理服人,因此,在论证过程中,需要运用逻辑推理的方法。要把具体材料上升为理性的认识,进而形成文章的中心思想。从形式逻辑思维来说,在对材料进行分析、综合的过程中,只有掌握了逻辑推理的思维规律,才能正确运用归纳、概括和演绎的方法。

　　(1)归纳思维法

　　这是从个别的、特殊的事实出发,得出有关事物的一般性结论的推演方法。要从命题者所提供的具体事实和自己所掌握的具体事实材料中找到事物的一般本质或规律,从而形成文章的中心思想,就需应用归纳法。它是由具体材料形成中心思想最基本的一种方法。

　　(2)概括思维法

　　这是从认识事物的种到认识事物所属的类的一种推演方法。通过概括、我们可以认识事物已有性质或关系的更为广泛和深刻的意义。在作文时,经常通过概括的方法来揭示具体事物所具有的性质或意义,使文章的中心思想明确而深刻。

　　(3)演绎思维法

　　这是把一般本质或规律的认识引申到个别事物中去的推理方法。它是我们以某一原理为依据去认识具体事物时经常采用的一种方法。如果我们从一定的原理出发去考查具体的事实或问题从而形成文章的中心思想,就要应用演绎的方法。运用演绎的方法形成中心思想,首先所依据的理论前提必须正确,正如上一个问题所说,这就需要在平时加强理论学习和思想锻炼;其次要懂得演绎的规则,只有不违背这些规则,才能得出正确的结论。

　　上述三种思维推演方法,在中心思想的形成过程中经常是综合运用的。可以就三种思维方法先进行一些单纯性的训练,而后逐步过渡到综合性的训练。

3. 辨证思维和创造性思维

　　申论论证的过程,应该体现出应试者的创造性。一篇文章的中心思想要做到见解深刻并富有新意,在思考过程中还必须注意运用辨证思维和创造性思维。

　　文章是为着解决现实生活中的某一问题或者面对某一事物的有感而发。我们所要解决的某一具体问题,或者所思考的某一具体对象,因为它本身就是矛盾的对立统一,所以在思考这一问题或对象时也必须用矛盾的、联系的、发展的观点去看问题。在这一由思维抽象上升到思维具体的认识过程中,辩证思维应当成为形成中心思想的主要的思维形式。只有运用辩证思维去思考,才能形成比较深刻的见解,否则就会出现认识上的表面性和片面性。

　　申论论证,论点应该力求新颖,避免老调重弹和一般化,这就需要创造性思维。文章的中心思想能否具有新意,这和思考问题的角度有很大的关系。如何多角度地思考,是申论确定论点训练中的一个重要方面。

合理安排论证的结构

　　进行论证是申论考试的最后一个环节,在一定意义上,它是申论的真正开始。它要求应试者充分利用给定资料,切中主要问题,全面阐明、论证自己对给定资料所反映的主要问题的基本看法以及解决问题的方案。前面的两个环节尽管非常重要,不可或缺,不能有任何懈怠,但总的来说,还都只是积极有益的铺垫,此处的论证过程则需要浓墨重彩、淋漓尽致地进行阐述。这不仅因为它要求的字数多,分值高于其他部分,更重要的是,论证才是申论考试的核心,才能全面考查和衡量一个人的分析归纳能力、提出和解决问题的能力以及逻辑说理能力。

　　论证部分写作时应该在深入思考、运筹帷幄的基础上进行,最好事先列一个扼要的提纲,做到胸有成竹,行文流畅,并要注意论题鲜明、重点突出、线索清晰、详略得当这些写作的基本要求和规范。其中论证的结构关系重大。

　　申论议论文的结构要求是:

　　1. 始终把突出中心思想放在首位

　　材料的详略,层次的安排,都要服从如何更好地表现中心思想的需要。如果该详细述的不详细、该简略的不简略,或不能将集中表现中心思想的材料放在显要的位置,中心思想就会被冲淡、被淹没。同时,中心思想要首尾一贯。文章从开头提起问题,经过中间展开议论,到结尾完成论述,都要体现统一的中心思想。只有这样,才能使中心思想在文章中突出出来。

　　2. 保持部分思想与中心思想之间、部分思想相互之间在逻辑上的统一性

　　这就是说,部分思想必须能反映整体思想,部分思想之间要相互照应,否则就会破坏结构的完整性和严谨性。同时,部分思想之间的联系要合理,即应该反映事理的固有联系,否则也会失去结构的严谨性。在部分思想与部分思想之间有较大的跳跃或转折时,应该注意合理过渡,保持前后思想之间的继承性和连续性。

　　3. 内容层次含义明确

　　每个层次必须具有相对独立的、完整的意思,它的内容必须清楚、确定。同时,层次之间不得重复、矛盾。如果层次含义出现全部或部分重复,层次的界限就会模糊起来;如果层次含义之间一旦构成逻辑矛盾,所阐述的思想便不可信或模糊不清。只有各个层次内容明确,彼此之间不出现重复和矛盾的现象,才能做到层次分明。

　　4. 逻辑层次安排合理

　　层次安排要有一定的逻辑顺序,哪个在前,哪个在后,要根据轻重缓急、大小主次来安排,做到有条不紊地表达。同时,要注意前后之间的连贯性,或承接,或转折,或并列,既要反映事理所固有的联系,也要反映逻辑规律的要求。

申论考试实例举隅

◇◇

【提要】

◇　2013 年国家省级以上(含副省级)综合管理类公务员录用考试申论试题
◇　试题分析解答

◇◇

下面选取 2013 年国家公务员录用考试的申论试题作为案例进行分析。

2013 年国家公务员录用考试申论试题

2013 年国家省级以上(含副省级)综合管理类
公务员录用考试申论试题

一、注意事项

(1)本题本由给定材料与作答要求两部分构成。考试时限为 150 分钟。其中,阅读给定材料参考时限为 40 分钟,作答参考时限为 110 分钟。

(2)请在题本、答题卡指定位置上用黑色字迹的钢笔或签字笔填写自己的姓名和准考证号,并用 2B 铅笔在准考证号对应的数字上填涂。

(3)请用黑色字迹的钢笔或签字笔在答题卡上指定的区域内作答,超出答题区域的作答无效。

(4)待监考人员宣布考试开始后,应试者才可以开始答题。

(5)所有题目一律使用现代汉语作答。未按要求作答的,不得分。

(6)监考人员宣布考试结束时,应试者应立即停止作答,将题本、答题卡和草稿纸都翻过来留在桌上,待监考人员确认数量无误、允许离开后,方可离开。

严禁折叠答题卡!

二、给定材料

1."良辰吉时已到,婚礼开始! 一拜天地,二拜高堂……"2012 年 6 月 6 日中午,在江南某村,一对"85 后"新人的传统结婚仪式正在举行。

"这对小夫妻年纪不大,倒愿意举办农村的传统婚礼,真稀奇。"人们七嘴八舌地议论着。据了解,这是当地几名大学生村官策划的第一场农村传统婚礼。

看惯了西式婚礼的走红毯、切蛋糕、倒香槟等流程,这场农村传统婚礼,让年轻的新郎新娘感到别有一番韵味。

新郎东平怀着欣喜而忐忑的心情望着新娘丽丽。在婚车上,新娘喝完糖茶洗好脸后,就盖上大红盖头,小鸟依人般挽着新郎的手走下婚车,鞭炮声中,新郎新娘踩着印有"喜"字的麻袋走进堂屋,麻袋又称"代代子孙",寓意新人早生贵子。这时,空中下起了一场"花瓣雨",惹得围观的孩子欢呼雀跃。

"接下来是'过火盆',红红火火。"在婚庆策划人员的提示下,新郎新娘绕着院中的三堆火走三圈后。正式进入堂屋,婚庆策划人员告诉记者,新人跨过门槛时要先抬右脚,这是"顺脚",寓意婚后的日子顺顺利利。

堂屋主桌上摆放着成双的龙凤花烛、果品和用于挑起红盖头的喜称"称心如意","新郎官,你不看看新娘长啥样吗?"人群中有人喊道,新郎笑着拿起"称心如意"。小心翼翼地挑起红盖头一角,露出新娘的嘴角。"虽然他们并不像古时候那样等到拜堂时才头一次见面,但挑红盖头是传统婚礼仪式的一部分,所以我们也写进了策划书。"婚庆策划人员说。

大学生村官 W 是婚庆策划主力之一,她与同为村官的 Z 和 L 策划了这场农村传统婚礼。W 表示,他们十分看好传统婚庆仪式的前景,也希望能借此施展自己的策划能力。

记者在婚礼结束后向婚庆策划人表达了自己观摩婚礼的感动心情。当被问到为什么要策划一场传统婚礼的时候,W 说:"与新式婚礼比较,传统婚礼更注重过程和仪式,半年前这对新人就按严格的传统习俗精心策划和准备,这种漫长的筹备过程让新郎新娘都显得格外郑重,他们也非常接受这种传统婚礼,我相信对这一对新人来说,这也是一次心理和精神的升华过程,这种传统婚礼仪式会影响他们一辈子。"Z 则补充说:"传统婚礼庆仪式不仅仅是一种世代沿袭的乡村习俗,也承载着传统精神的内涵,甚至是传统文化的某种载体和形式。传统文化与习俗在某种意义上观望着农村青年的文化和精神的归属感,甚至传承着某种民族精神。"

2. 某网站发表了如下一篇文章:

几十年间,中国的经济总量翻了好几番,中国的面貌几乎每天都在刷新,我们有足够的理由因为这种速度自豪。然而,我们是否意识到,中华民族几千年积累的巨大文化财富,或许正在我们手中悄无声息地流失。

祖宗流传下来的国宝,有许多在海外才能看到,有人统计,世界上 47 个国家的 200 多个博物馆中,有不下百万件的中国文物。这意味着我们以及我们的后人,要想一赌那些先人留下来的珍宝。不得不远涉重洋。

在某国倒卖中国文物贩子的住宅里,挂着一张中国地图,一些重要的考古发现地点被标注出来,形同"作战地图"。一些文物大省,集团性的盗墓以及贩卖文物已经形成了行业。近几年全国盗挖古墓案有 10 多万起,被毁古墓 20 多万座。即使是一些有人管理的地上文物也没能幸免,外国博物馆中的中国文物却不断得以充实。

据我国长城学专家董先生介绍。作为中华民族精神象征的万里长城。目前只有三分之一基本完好,另有三分之一残破不全,三分之一已不复存在。北京市郊一段在考古学上有重要研究价值的明长城被人挖去砖石,做了植树用的"鱼磷坑"。山西某村想把两个砖厂合二为一,中间却有一段长城碍事,村长一声令下,这段历史遗产顷刻间湮灭。

与有形文物的流失比起来,那些无形的非物质文化遗产的毁灭更加触目惊心,譬如鲁迅笔下的"杜戏""五猖会",我们小时候看过的皮影戏,农村过去家家过年帖的剪纸和年画……也许有人会说,这也是"文化遗产"? 这些不登大雅之堂的东西有什么价值?这些问号,正好反映了中国非物质文化遗产面临的危机。

从某种意义上说,这些无形的非物质文化遗产是比长城、故宫还要重要的财富。长城、故宫是古老文明留下的躯壳。和博物馆中的恐龙标本一样,失去了实用性,是死的东西。而那些无形文化遗产,大多是活着的。活生生的文化遗产的流失,就更令人感到心痛。中国的无形文化遗产之丰富,在世界上首屈一指,然而伴随着现代经济的迅速发展,民国文化形态迅速消亡。村村寨寨的节庆活动没人张罗了,流行歌曲取代了地方戏,动画片挤走了民间故事和皮影戏。过去的农村姑娘个个会绣嫁妆,现在结婚时则到集市上去买廉价而缺少灵气的印花纺织品。而戏曲、秧歌、剪纸、刺绣这些活着的文化,集中体现着古老东方文化的独特、优美与神秘,表明我们中国人之所以为中国人。

民间文化的消失,其速度远快于生物物种的灭亡速度,而后果却和生物物种的灭亡同样严重。祖先留下的千姿百态的民间文化和历经数千年的乡土艺术、民俗器物,大部分在还没有得到完整的记录和保存前,就已经消失。它们一旦毁灭,就无法再生。这样下去,中国数千年的民族民间文化将面临断裂的危险。

另一个值得重视的问题则是某些政府官员在文化理解上存在误区。不少地方斥亿万巨资生造"文化"和虚假民俗,拆掉古城而改建的粗制滥造的"仿古街"比比皆是,有些地方还把一些历史传说和文学故事中有道德污点的人物也尊为"名我"供奉。以上种种均反映了对文化的曲解,这种曲解不仅没有增加文化内涵,反而是对文化的一种伤害。

3. 时间到这里仿佛变慢了。秋天早晨的菊儿胡同刚睡醒,一进一进的院子走入,粗斜的老树仍在,院子中央整齐地码了几十盆花草。有人趿拉着拖鞋走出屋,揉着眼睛背着手浇花。两位老人坐在墙根下晒太阳。站在胡同里,市声渺远,只觉几千年几百年的日子就这么悠悠地过了下来,这里依然是风雨不动的世上人家。

这就是诗意栖居的代表作——"菊儿胡同",是吴良镛在北京四合院基础上设计出的现代民居。1987 年,菊儿胡同还是积水、漏雨、杂乱无章的地方,早年建造的四合院已成了破旧拥挤的大杂院,吴良镛受邀设计改造。他的"有机更新"理论认为,住房是城市的细胞。新建房应自觉地顺应城市的传统肌理,于是有了"类四合院",既保留了天井、院中的老树,又能容纳更多住户。房屋为白墙黛瓦,错落别致。吴良镛非常留意娱目之景:在坡顶修建楼阁和平台,可远眺景山、北海、白塔;在院中配置不同姿态的树种,使院落小景丰富有变;甚至楼阁的高度不一,增加建筑群轮廓线的变化,屋顶亦因此有了韵律美。如今住在高层小区里的北京人,是无法享受到郁达夫笔下"故都的秋"了。菊儿胡同里的人却仍可坐拥旧时的景色:"早晨起来,泡一碗浓茶,向院子一坐,你也能看到很高很高的碧绿的天色,听得到青天下驯鸽的飞声。"

"我并不是要所有的房子都盖成菊儿胡同,而只是探索了一条传统建筑改造的路子。"2012 年 10 月 16 日上午,在北京"2012 年中国建筑学会年会"的开幕式上,这位中国两院院士、国家最高科学技术奖获得者做了题为《人居环境与审美文化》的主题报告,讨论如何将"艺文"融入人居环境。

游客张女士说,来豫园本来只是随便逛逛,听导游讲解之后才发现好些建筑都有故事有门道。站在豫园九曲桥上,还可以看到远处的东方明珠、环球金融中心等建筑,景观确实不错。

豫园旅游区是上海老城厢的发源地,近年来逐步形成了以豫园、城隍庙、上海老街等为中心的旅游风景区,九曲桥、湖心亭尤其享有盛名。民俗工艺小商品、上海及全国特色小吃、上海本土文化及民间文化在此得到重生与发展,成为市民节庆庙会地。豫园作为留存完好的江南古典园林,被誉为"东南名园冠"。豫园商城于上世纪九十年代初经过大规模扩建,成为规模宏伟的仿明清商业建筑群,既有历史渊源,又有民族风格,豫园被塑造成一个文化综合体。为了再现民俗风情，豫园商城推出了"豫园中国节"的概念。正月有新春民俗艺术灯会，三月有中华美食节，四五月是春季庙会和茶文化节，夏季有少数民族风情节，秋季有庙会和赏菊啖蟹节，冬季有冬至膏方节等。尤其是元宵灯会在春节期间的上海最有人气，充分显示了民俗文化强大的生命力，并因此成为上海的一项非物质文化遗产。

中国历史文化名镇枫泾镇，素有"芙蓉镇"的美誉。这里文化资源丰富，有保存完好的明清建筑；有古老质朴的蓝印花布、色彩鲜艳的刺绣；有式样各异的花灯、编织、剪纸、泥塑；有粗犷洒脱的灶壁画，特别是享誉国内外的金山农民画；有久负盛名的枫泾四宝：丁蹄、状元糕、五香豆腐干、枫泾黄酒；还有许多蕴藏在民间的传奇故事，喜闻乐见的体育项目。所有这些家乡民间文化原有的特色，为枫泾古镇增添了无穷的魅力。

人们用"枫泾寻画"画个字概括古镇的魅力，可谓一语双关，既有诗情画意，又留有悬念，充分表达了枫泾古镇美丽如画的景色，又告诉人们枫泾拥有深刻的历史文化沉淀。枫泾留下的是历史的原貌，是原来真实的景，不增加什么新东西，在保护过程中原样原修，保留原材料、原工艺、原样式、帮来的风貌，从而保留了一种难能可贵的原真性。

同时枫泾不是保留一座桥、一块碑、一个房子、一座店铺，而是一条街、一道河、一个古镇的整体堡留。这里的水墙门，如同周庄的前街后河、乌镇的水格房，现在已经不多见了。它与枫泾古镇引人入胜的桥、房、街、廊，相得益彰，构成的是浑然的一个整体。

4.妈祖，又称天妃、天后、天上圣母、娘妈，是历代船工、海员和渔民共同信奉的神祇。古代在海上航行经常受到风浪的袭击而船沉人亡，航海者就把希望寄托于神灵的保佑，在启航前要先祭天妃，祈求保佑顺风和安全，在船上还立天妃神位供奉。

妈祖就是这样一位天神。中国沿海的地方或内陆河道，以及世界各地有华侨聚集的大小埠头，几乎都有她的官庙。据不完全统计，全世界共有3千多座妈祖庙以及2亿多崇信者。她的影响力从南方沿海辐射开去，遍及港澳台以及亚洲、北英等20多个国家地区。

公元960年农历三月二十三日，妈祖出生在福建莆田一户普通的林姓人家，因为不爱啼哭，起名林默。因她识些天文，懂点医理，又急公好义，助人为乐，所以为乡人所信赖。附近渔民也渐渐相信她可以"预知吉凶"，从而一传十，十传百，渐渐将她神化成可以"逢凶化吉"的保护神。她过世不久，当地乡民便在莆田湄洲岛为她建庙祭祀，这座"落落数椽"的简陋祠庙，也是最早的妈祖庙，当时已经香火非常旺盛。

在民间有着广泛影响力的佛教也将妈祖演绎进自己的神话世界，称林默是东海龙王的女儿，有一次游玩遇险，被观音菩萨挽救，从而成为观音的侍女，并渐渐幻化为可与观音菩萨平起平坐的主神。儒家也对这一优质的"文化"载体予以高度重视，对妈祖神话进行了儒家式的"改造"，增添了惩恶扬善故事，力图去除妈祖浓厚的巫女色彩，将其塑造成为儒家的道德楷模和精神典范。

历代统治者也不断对妈祖进行加封行赏。公元1281年，忽必烈便诏封妈祖为"护国明著天妃"。虽然妈祖是汉族人，可加上一个"天"字，成为天神，那就没有种族划分的界线了。元朝统治者对这位深得民心的海神推崇备至，源于对海运的重视和依赖：一方面是元时海外贸易的持续繁荣，另一方面则是供应京师的海上运输线。公元1329年，元朝的皇帝曾派遣"天使"进行了一次规模空前的进香之旅，耗时半年，行程万里，沿途拜谒淮安、苏州、杭州、绍兴、温州、福州、湄州、泉州等重要港口的十五座妈祖庙，并代表皇帝呈献祭文。至此，妈祖已升为国家级的航海保护神。而清代的妈祖信仰进入发展的全盛期，从康熙到同治，有六位皇帝十余次加封，妈祖的称号也由明代的天妃升至天后,封号长达 64 个字,在同时代女神中名号最长,地位尊贵,无以复加。

信仰妈祖的范围在明清时代不断扩大,很大程度上和当时的移民潮有关。譬如四川,明清时代的客家移民由广东福建等地迁入,妈祖作为老家的神明也就在巴蜀扎根落户。清代中后期,巴蜀地区的妈祖庙已超过两百座。

当贫瘠的土地无法提供足够的粮食时,明清时代大量广东福建的民众不断流动,每到一处,都要兴修妈祖庙。譬如澳门妈阁庙,起初便是由漳州泉州潮州三地商人修建,称为三州会馆,距今已有五百多年的历史。便是澳门(MACAU)的名字,也与妈阁庙有关。台湾的妈祖信仰也十分普遍,全岛共有大小妈祖庙 510 座。妈祖的信仰,也随着先民的南渡遍布于南洋各地。

面朝大海,高度 42.3 米,全球最高妈祖圣像于 2012 年 9 月 28 日落成,作为第六届天津妈祖文化旅游节的重要活动,2500 余名游客和表演家以鼓乐、舞蹈等传统民俗方式,向这位和谐女神致敬。一条从水中央建起的 6.5 公里长的通道将来自港澳台的游客带到了妈祖圣像面前。他们虔诚地站立在圣像下,见证着这座妈祖圣像的落成。

从台湾赶来的某女士说,这是她第一次看到坐落在海上的妈祖圣像。妈祖圣像的落成将加强两岸文化交流。妈祖信仰的盛行,还在于她是集无私、善良、亲切、慈爱、英勇等传统美德于一体的精神象征和女性代表。她的亲和力更是别的神灵无法比拟。如今,海外还有游子没有归家,他们还需要神灵护佑,还需要妈祖守望。那么,就让我们借妈祖之名,以亲情的名义祈祷四海归一,天下一家吧。

5.平阳鹤溪百年缸窑不仅有着厚重的历史,而且还曾在中国外交史上留下一段佳话。去年,平阳县公布了第一批县级历史文化村镇,鹤溪因缸窑而榜上有名。

早在商周时期,浙南先民就已经掌握了最原始的制陶技术。这一点可以从平阳龙山头石相国墓中出土的大量商周时期的陶片得到证明。瑞安陶山瓷窑、泰顺大安陶窑等。均凸显了温州地区生产陶瓷历史的悠久,分布的广泛,平阳则以鹤溪缸窑的创建时间为最早,历史也最富传奇色彩。

据《平阳县志》记载,明万历 47 年(1619 年),鲁通、鲁明等人利用腾蛟凤巢的优质陶土,在后庄村建窑烧制陶器。后逐渐兴盛,发展到 18 座窑,后庄村亦改名为缸窑村。1940 年,当地人谢伯和出资创办缸窑陶瓷厂。次年,群众集资 4300 银元,创办缸窑陶器运销合作社,共有社员 72 人,年产陶器 5 万只。1946 年,在化学专家苏步皋先生的帮助下,开始生产化学工业用的耐酸坛,产品远销南京、上海等地,深受用户欢迎。

新中国成立后,制陶工艺得到迅猛发展。1954 年,由苏增财、谢如观等人带头成立了凤巢陶器生产合作小组;1957 年扩大为生产合作社;1959 年升格为平阳耐酸器材厂,属地方国营性质,职工增到 300 多人,并新建倒焰窑 1 座。开始采用机械化生产,这是缸窑烧陶工业的全盛时期,其产品畅销南京、上海、杭州等地;1964 年,我国为支援阿尔巴尼亚修建炼焦炉,需要一批质量上乘的缸砖,而在国内一时找不到合适的货源。后来,经有关部门推荐,他们找到了缸窑。于是,生产缸砖的重任就由缸窑耐酸器材厂承担。在上海援外部门的指导下,工人日夜奋战,缸砖试产成功。后送上海鉴定,质量完全合格。缸砖的试产成功,不仅解决了我国的援外任务,而且也同时解决了上海焦化厂无缸砖的后顾之忧。这一辉煌时刻永久载入史册。

上世纪六七十年代,缸窑烧陶在浙南地区有一定的影响,瑞安等地纷纷派人前往学习,同时缸窑也有不少烧陶师傅到周边地区传授技艺、帮他们建厂烧窑。上世纪八十年代,由于需求旺盛,缸窑曾一度空前繁荣,除满足温州各地日常生活所需外,产品还销往台州、丽水和福建等地。此后,由于缸窑生产设备简陋,技术落后,又恢复了私人作坊方式,并逐步走向衰落,但至今仍顽强地生存着。

鹤溪镇缸窑村位于平阳县西北部,距县城18公里,属半山区,以农业生产为主。境内有大溪流经。缸窑就坐落于缸窑山西麓,这里背山面水,风光秀丽、陶土资源丰富。烧陶必备的水、柴、土三个条件在这一应俱全,难怪缸窑村的先祖不远千里从闽迁徒于此建窑烧缸。缸窑整个布局错落有致、依山就势。总占地面积9000平方米,共有三进单层简易砖木结构陶瓷作坊,每进作坊大概有17间房子。解放初期,缸窑共有4条完整的窑床,现尚保留2座。每座窑床长约30米,最多一个窑一次可烧500个左右器物。据缸窑传承人之一的谢孝夏先生介绍,上世纪七十年代间,缸窑手工艺人达百余人,然后逐年减少,现今只剩8人。这些还在以传统工艺制陶的工人,或许是这座百年缸窑的最后守护人了。

鹤溪缸窑作为温州地区保留至今为数不多的原始活陶瓷作坊,是浙南山区传统民间手工艺的缩影。它的保留为研究浙南地区陶瓷发展史提供了鲜活的史料。

6. 作为中国民间文艺家协会赴宁夏考察团的成员之一,作家F来到了宁夏。在雄浑的贺兰山前,一幅幅原始古朴的岩画激荡着他的情绪。F看完贺兰山岩画,内心颇有感触,他特意为此题字:"岁月失语,惟石能言。"逝去的无形无迹的光阴正镌刻在一幅幅粗朴的岩画中,F说:"原古先民以默默地文化符号表现出他们对生活的勇气和情感,对观者内心形成强烈的冲击。"

贺兰县的皮影戏也令他感慨。他认为,贺兰皮影戏有自己的地域特色。"古迹"要素保持得非常好,表演皮影的民间艺人张进绪有优秀的禀赋,声情并茂,其家族式的传承则保证了皮影戏架构完整。道具乐器等"老家快"也仍保存着,很难得,政府应把贺兰县的皮影戏当宝贝保护。

谈到宁夏的文化发展和保护,F认为,经过深厚积淀的回族文化和西夏文化都是本地独有的文化优势。从这点来说,保护文化是第一位,不要子孙后代还没有了解。独有的文化已经消失了,保护文化必须投入资金,宁夏文化首先考虑的是做精做细,只有文化做精,才有强大的可能。

作家F被人誉为"民间文化的抢救人",对此,F说:"这源于知识分子的文化责任感。"F认为,物欲横流更容易导致精神被轻视。我们的民族精神在经受着精神价值的淡漠和外来文化的冲击,坚守民族的特性,延续民族文化的血脉显得尤为重要。保护非物质文化遗产,最重要的是保护其本身蕴含的精神:"我们现在所要保护、抢救的也是中华文化的神。如果我们不抢救自己文化的神,那么我们玩来玩去还是玩洋人的神,就没自己的神了。"

F认为,在民间文化遗产保护过程中一直存在困难,但每个阶段的情况不同。初期的困难是你的声音没有反响,像在空气里呐喊,没人回应,现在好了,上上下下都有了反响。但这项工作在很多地方又被政绩化,表现出来往往是在"申遗"之前很下工夫,"申遗"一旦成功反而不用劲了。因为不少地方喜欢做面上的,能够很快出效果的事情,而"申遗"以后日常的保护期与政绩"解构"。实际上文化遗产更需要"申遗"之后的保护,F提出了两个观念,第一是不应该只是政府保护或专家保护,因为文化是属于全民的,只有全民行动才能保护好,全民保护是个关键。还有一点就是科学保护,无论"申遗"前后的保护,还是后来的资源开发,只有从学课上和科学性上使出一整套的方案,遗产保护才能做好,文化遗产的保护是多方面的,比如博物馆保护、传承人保护、教育保护、法律保护等,但科学保护也是非常重要的。

此外,当国人开始普遍关注对非物质文化遗产的推介和保护的同时,也存在一个对非物质文化遗产去粗取精、批判继承的问题,其间或许昭示的是非物质文化遗产与物质性文化遗产之间的差异性。

联合国教科文组织在 1972 年公布的《保护世界文化和自然遗产公约》中指出,所谓文化遗产,是指从历史学、美学、人类学、艺术或科学观点看来具有突出普遍价值的文物,建筑群和名胜地。

人类的生存和发展离不开文化的多样性,正是在不同的文化长期交融和碰撞过程中产生了今天的地球文明。今天的人类正以前所未有的兴趣、规模和方式,积极开展各种旅游和探险活动,了解和接触世界文化遗产,从内心深处表现出对文化多样性的渴求。世界各地的文化遗产正是文化多样性的生动体现,人类是有记忆的,并需要不断地通过各种不同形式的"怀旧"手段,来抚慰心灵和抒发情性,历史文化遗产保留着现代都市人的历史记忆。"我们从哪里来? 我们是什么? 我们往哪里去?"要把握现在,走向未来,必须先理解过去。文化遗产为人类连接过去和现在建设了桥梁。也为从今天走向明天提供了不可或缺的精神食粮。

三、作答要求

(一)"给定材料 2"中的文章作者认为:"从某种意义上说,这些无形的非物质文化遗产是比长城,故宫还要重要的财富。"请结合"综合材料",谈谈你对这一说法的见解。(15 分)

要求:全面、简明。不超过 250 字。

(二)我国有不少地区在保护和发展具有地方特色的文化方面都取得了一些成功的经验。如果你是某市负责地方文化保护工作的人员,请认真阅读"给定材料 3",概括从中可以获得哪些启示。(10 分)

要求:全面、准确、简明。不超过 150 字。

(三)有关部门拟在全球最高的妈祖圣像落成周年纪念日举办妈祖文化旅游节活动,需要一批志愿者向游客讲解妈祖文化。请你根据"综合材料 4",为志愿者写一份示范性的讲解稿。(20 分)

要求:

(1)内容具体,切合主题;

(2)准确全面,逻辑清楚;

(3)表述生动,对象明确;

(4)总字数 400～500 字。

(四)假如你是平阳县的大学生村官,请根据"给定材料 5",为政府网站写一篇短文,向社会介绍鹤溪缸窑,以期促进缸窑的恢复与发展。(20 分)

要求:

(1)内容具体,符合实际;

(2)通俗易懂,表达简明;

(3)不超过 400 字。

(五)"给定材料 6"中的题字"岁月失语,惟石能言"能触发人们许多思考和感情,请参考"给定材料",以"岁月失语,惟石能言"为题,写一篇文章。(35 分)

要求：

（1）自选角度，立意明确，有思想性；

（2）联系实际，不拘泥于"给定材料"；

（3）内容充实，语言畅达；

（4）800～1000 字。

试题分析解答

一、"给定资料2"中的文章作者认为："从某种意义上说，这些无形的非物质文化遗产是比长城、故宫还要重要的财富。"请结合"给定资料"，谈谈你对这一说法的见解。（15分）

要求：全面、简明。不超过250字。

【答题思路】

本题要求谈对一种说法的见解，也就是阐释该说法。题干明确说明结合"给定资料"，要求提及全面、简明，所以不能单纯着眼于从"给定资料2"中提及要点，以免遗漏其它要点。

这一说法涉及无形的非物质文化遗产和长城、故宫两个有形的物质文化遗产这两个主体，因此要回到材料中寻找与两个主体有关的要点。给定资料1围绕传统结婚仪式展开，主要说明传统婚庆仪式沿袭了乡村习俗，传承着某种精神；题目中说法的出处在给定资料2，因此应重点阅读给定资料2。给定资料2提到文物这种有形的物质文化遗产不断流失、盗墓猖獗，而非物质文化遗产的毁灭更是触目惊心，资料中的一系列问句均在说明大众对非物质文化遗产的价值模糊不清，所以导致其面临危机这个问题。资料2主要阐述作者之所以认为非物质文化遗产更重要的原因是因为长城、故宫已失去其实用性，而戏曲、剪纸等活着的文化，集中体现着古老东方文化的独特、优美与神秘，表明我们中国人之所以为中国人。这里同资料1都在叙述非物质文化遗产的重要性。资料2提到民间文化消失后无法再生，这是在说明非物质文化遗产保护的必要性。资料2最后一段提到某些政府官员在文化理解上存在误区，不仅没能增加文化内涵，反而伤害了文化。这也是在讲非物质文化遗产保护面临的问题，这个问题和前面提到的问题可以合并进行回答。资料3主要讲述不同地区在保护地方特色文化方面的成功经验；资料4主要讲述妈祖文化；资料5主要讲述平阳鹤溪缸窑曾经的辉煌，如今急需保护促进发展。由3、4、5三则资料可知，特色文化只有保护到位才能不断发展和创新。资料6讲述作家F对文化发展与保护的看法，他提出全民保护与科学保护，这两点即为保护民间文化遗产的可用对策。资料6最后再次阐述文化遗产的重要性，那么此处文化遗产包括物质文化遗产和非物质文化遗产。

对要点加工和答案组织时要注意梳理逻辑。既然是谈对一种说法的见解，那么就会有肯定或否定两种态度，结合给定资料，材料的整体倾向与资料2中文章作者的观点是保持一致的，因此作答时应先表明态度，说明该说法是正确；接着阐述肯定的理由；最后对观点进行总结，总结时应注意联系实际，结合给定资料简单谈谈怎样保护非物质文化遗产。

【参考答案】

这一说法正确，它表达的内涵是：长城、故宫仅是古文明的躯壳，它已失去实用性。而戏曲、秧歌、剪纸、刺绣等才是鲜活的文化，它集中体现了古老东方文化的独特、优美与神秘，还传承着独有的民族精神，可以让人获得精神归属感。非物质文化遗产一旦毁灭便无法再生，所以非物质文化遗产是比长城、故宫还要重要的财富。然而由于民众对非物质文化遗产价值的认识不够,导致其遭遇危机;某些政府官员在文化理解上的误区未能增加文化内涵,却伤害了文化。因此,还需推行全民保护与科学保护,通过一系列的全面系统的保护工作保护非物质文化遗产。

二、我国有不少地区在保护和发展具有地方特色的文化方面都取得了一些成功的经验。如果你是某市负责地方文化保护工作的人员,请认真阅读"给定资料3",概括从中可以获得哪些启示。(10分)

要求:全面、准确、简明。不超过150字。

【答题思路】

本题要求依据"给定资料3"的内容,概括对于如何保护和发展具有地方特色文化的问题,从中可以获得哪些启示。

"给定资料3"分别阐述了北京"菊儿胡同"、上海豫园、枫泾古镇三者在发展地方特色文化方面的成功经验。材料第二段介绍了"菊儿胡同"是吴良镛在北京四合院基础上设计的现代民居,它自觉地顺应了城市的传统肌理,并在第三段中强调了如何将"艺文"融入人居环境的报告,这也是对此种传统建筑改造路子的总结。材料第四段到第六段介绍的是上海豫园的特色经验。第五段主要说明其将传统本土文化及民间文化与旅游相结合,第六段介绍的是其推出了"豫园中国节"的概念,将民俗文化与节日概念相结合。材料第七段到第九段介绍了枫泾古镇的魅力文化,其保护地方特色文化的关键在于保留历史的原貌,还原其可真性,并将特色文化整体保留。

【参考答案】

保护和发展地方特色文化重点在于将地方文化与城市发展相结合。一是自觉顺应城市传统肌理,将"艺文"融入人居环境;二是建成与本土文化与民间文化相结合的旅游风景区,将历史和民族联系起来,形成文化综合体;三是将民俗风情与节日相结合,推出概念文化,现实民俗文化的强大生命力;四是还原历史真实风貌,并保留浑然整体。

三、有关部门拟在全球最高的妈祖圣像落成周年纪念日举办妈祖文化旅游节活动,需要一批志愿者向游客讲解妈祖文化。请你根据"给定资料4",为志愿者写一份示范性的讲解稿。(20分)

要求:

(1)内容具体,切合主题;

(2)准确全面,逻辑清楚;

(3)表述生动,对象明确;

(4)总字数400—500字。

【答题思路】

本题设定的背景是"在全球最高的妈祖圣像落成周年纪念日举办妈祖文化旅游节活动",作答任务是为志愿者写一份向游客介绍妈祖文化的示范性讲解稿,讲解对象是游客。本题限定的给定资料范围是"给定资料4"。作答要求中需要特别注意的是"逻辑清楚"、"表述生动,对象明确"。虽然相关要点在给定资料中都有提示,但是比较散,需要考生用清楚的逻辑进行加工,把要点清楚地表述出来。既然是讲解稿,要符合"表述生动,对象明确"的要求。

"给定资料4"前三个自然段讲的是海上航行的祭天习俗以及妈祖成为船工、海员和渔民共同信奉的神祇的渊源,这是妈祖文化的起源。

4—6自然段叙述的是妈祖对佛教、儒家以及历代统治者的广泛影响力,及其发展历程。

7—9自然段讲述澳门、台湾等地对妈祖的信仰也十分普遍,全球最高妈祖圣像的落成加强了台湾和大陆的两岸文化交流,有着促进两岸统一的政治意义。

作为讲解稿,最后要强调妈祖文化对于海外游子的重要意义,呼吁大家祈祷四海归一、天下一家。

答题时可以将上述要点按照"妈祖文化的起源——发展历程——重要意义"的框架进行加工整理,答题时还需要＝注意讲解稿用语口语化特点和对象的确定性的特点。

【参考答案】

亲爱的游客朋友们:

欢迎来到全球最高的妈祖圣像脚下,参加天津妈祖文化旅游节活动,下面我为大家介绍妈祖文化:

妈祖文化起源于古代人民的海上祭祀活动,古代在海上航行经常受到风浪的袭击而船沉人亡,为了祈求平安,航海者在起航前要先祭天妃。妈祖正是历代船工、海员和渔民共同信奉的神祇。妈祖于公元960年农历三月二十三日出生在福建莆田一户普通的林姓人家,起名林默。早期因知识广博、助人为乐为乡人所信赖,继而被附近渔民神化,在她过世后为其修建祠庙,为最早的妈祖庙,而后妈祖文化不断发展壮大。妈祖的影响力遍及港澳台以及亚洲、北美等20多个国家地区。

佛教和儒家均对妈祖进行了吸收、演绎和"改造",将其塑造成为精神典范。历代统治者也不断对妈祖文化进行加封行赏。元朝时妈祖升为国家级的航海保护神。明清时代,受当时移民潮的影响,信仰妈祖的范围不断扩大,清代时妈祖信仰进入发展的全盛期。

在台湾,妈祖信仰也十分普遍,2012年9月28日,全球最高的妈祖圣像的落成有力推动了两岸文化交流。妈祖是集无私、善良、亲切、慈爱、英勇的传统美德与一体的精神象征和女性代表。让我们借妈祖知名,以亲情的名义祈祷四海归一,天下一家!

四、假如你是平阳县的大学生村官,请根据"给定资料5",为政府网站写一篇短文,向社会介绍鹤溪缸窑,以期促进缸窑的愀复与发展。(20分)。

要求:

(1)内容具体,符合实际;

(2)通俗易懂,表达简明;

(3)不超过400字。

【答题思路】

本题要求根据"给定资料5",为政府网站写一篇短文。这就提示本题的作答范围是"给定资料5",因此需对"给定资料5"进行重点研读,并从中提取要点。题干中还要求"向社会介绍鹤溪缸窑,以期促进缸窑的恢复与发展",这句话主要提示考生短文的作答内容是介绍鹤溪缸窑,介绍的目的是促进缸窑的恢复与发展。所以,在作答时不能忽略鹤溪缸窑的历史、鹤溪在发展缸窑方面的优势、呼吁社会来鹤溪发展缸窑产业这三方面的内容,同时在作答时还需注意行文要体现大学生村官身份和标上短文的标题。

要想答好这道题目,必须把握好"给定资料5"中每一段材料所反映的内容。

第一段,介绍鹤溪缸窑的辉煌历史功绩。

第二段,介绍商周时期缸窑的早期发展。

第三段,介绍明万历年间缸窑的初期发展历程。

第四段,介绍新中国成立后缸窑发展的全盛阶段。

第五段,介绍进入六七十年代,缸窑发展由空前繁荣转为衰落。

第六段,介绍鹤溪镇发展缸窑得天独厚的自然及人文条件,同时也表达出对鹤溪缸窑发展的忧虑。

第七段,点明鹤溪缸窑的历史及现实价值。

因为题干要求以短文形式,因此,答题时要注意逻辑性,写作时可以按"介绍平阳鹤溪发展缸窑的自然及人文优势,接介绍鹤溪缸窑发展的历史,然后提出溪缸窑当期发展困境,最后呼吁社会参与到缸窑的恢复及发展中"的逻辑思路作答。

【参考答案】

鹤溪缸窑期待恢复与发展

平阳鹤溪缸窑拥有百年厚重的历史。鹤溪镇拥有生产缸窑得天独厚的自然资源,其窑土资源丰富、烧窑条件一应俱全、窑缸整体布局十分合理。鹤溪缸窑是浙南民间手工艺的缩影,更是研究陶瓷发展鲜活的史料。

早在商周时期,浙南先民就掌握原始制陶技术,平阳则以鹤溪缸窑创建时间最早;到明万历年间,鹤溪缸窑经历了村庄建窑、私人办陶、陶器合作社、化学工业阶段;新中国成立后,制陶业迅猛发展,经历了生产合作小组、生产合作社、国营性质的工厂等阶段,这一时期缸窑生产完成了援外任务、解决了上海无缸砖的后顾之忧,使缸窑烧制达到了全盛时期。

到上世纪六七十年代,缸窑在浙南只有空前的繁荣。由于缸窑恢复私人作坊方式,导致设备简陋、缺乏更新,使缸窑的数量和继承人不断减少。缸窑的传承和发展已经到了危在旦夕的时刻,作为平阳一名大学生村官,我迫切呼吁社会各界关注鹤溪缸窑的恢复与发展,守住鹤溪的传统、百年的文化。

五、"给定资料 6"中的题字"岁月失语,惟石能言"能触发人们许多思考和感悟,请参考"给定资料",以"岁月失语,惟石能言"为题,写一篇文章。(35 分)

要求:

(1)自选角度,立意明确,有思想性;

(2)联系实际,不拘泥于"给定资料";

(3)内容充实,语言畅达;

(4)总字数 800—1000 字。

【写作思路】

2013 年的国考省级作文题题目要求围绕"岁月失语,惟石能言"带来的思考和感悟写一篇文章,并给出题目,属于命题作文,但"岁月失语,惟石能言"颇为含蓄,因此写作时可以通过加副标题来点明题意。

通过分析给定资料,本次考试的中心是关于非物质文化遗产传承和保护的问题,因此文章观点立意应围绕"非物质文化遗产文化保护"展开论述。资料 1 说明的是传统婚礼习俗对凝聚乡村生活文化的影响,是传承民族精神的一种载体和形式;资料 2 则从倒卖文物、缺乏文物保护意识、民间文化的没落等入手分析了文化保护的必要性,尤其强调了非物质文化遗产的保护,同时也指出了某些官员在文化保护方面存在的误区。资料 3 指出在文化工程保护建设中要重视保留原真性和生命力,使其成为真正的非物质文化遗产。资料 4 通过妈祖文化的追溯和探讨,突出其精神信仰的传承。资料5描述了民间手工艺—鹤溪缸窑的发展历程和意义以及其面临没落的现状。资料6通过作家F对贺兰山岩画、皮影戏等独特的地域文化的感悟,来引出其对中国非物质文化遗产保护的所思所想,以及在非物质文化遗产工作中存在的问题和如何保护。

因此文章写作时开头部分可以从"岁月失语,惟石能言"的感悟出发,得出"加强非物质文化遗产保护工作,将有助于提升我国的软实力,大力推进社会主义文化强国建设"。

第二、三段提出结合材料和实际,提出两个分论点并进行论证分析:加强非物质文化遗产保护工作,让民俗文化"活"起来、加强非物质文化遗产保护工作,还要注重修炼内功。

第四段通过引用温总理的名言阐述文化发展对国家发展的影响,提升思想高度。并进一步指出其意义和发展目标。

【参考例文】

岁月失语　惟石能言
——加强非物质文化遗产保护 承续中华民族文化

被誉为"民间文化的抢救人"的作家F在看到雄浑壮阔、原始古朴的贺兰山岩画后,感慨良多,并留下"岁月失语,惟石能言"的题词警醒后人。当千古岁月逝去,伟大的先人们却为我们留下了"能言"的各种文化瑰宝,这些文化瑰宝不仅包括"有形之宝",更有"无形之宝"——非物质文化遗产的传承和发扬。加强非物质文化遗产保护工作,将有助于提升我国的软实力,大力推进社会主义文化强国建设。

加强非物质文化遗产保护工作,让民俗文化"活"起来。真正的艺术在民间,民俗文化是一个国家民族文明传承的重要组成部分,也是民族文化得以延续的重要来源。但纵观中国当下的社会形态,无论是传统婚礼习俗,还是地方戏曲、皮影戏、剪纸、刺绣等各种乡土艺术,都已逐渐没落,取而代之的是各类外来文化。在各地泛滥的"仿古潮"中,大肆夷平历史故地,无情摧毁传统民居,斥巨资生造形象工程,生搬硬套虚假民俗和人物,这些对原有城市乡镇的破坏和重建,是对历史文脉的割裂,最终形成毫无生气的千城一面。拯救民俗文化,应重其内涵发扬,在融入生活、融入城市中焕发生机,在群众的记忆里传承。

加强非物质文化遗产保护工作,还要注重修炼内功。官员为了政绩指标,不惜余力"申遗"成功,之后却浮于表面,忽略"申遗"后的保护和发展。非物质文化遗产保护是个长期、持续的过程,需要有完善细致、科学合理的保护体制和建设规划。这就要求我们在非物质文化遗产保护中,不要只做"面子"工程,还要做好"里子"建设:要完善法规,使非物质文化遗产保护工作有所遵循;加强对违规拆建、盗窃文物的执法力度,严厉打击破坏非物质文化遗产保护工作的违法行为;加大对非物质文化遗产保护工作的财政和人力投入;重视对非物质文化遗产保护工作的宣传教育和推广,大力号召全民保护,做到人人爱文物、人人传精神。同时,还要学会去粗存精,撒弃陋习,留其精华。只有练好厚实的"内功",非物质文化遗产保护工作才能行之有效。

温家宝总理曾说:"文化是一个民族的精神和灵魂,是一个民族真正有力量的决定性因素,可以深刻影响一个国家发展的进程,改变一个民族的命运。没有先进文化的发展,没有全民族文明素质的提高,就不可能真正实现现代化。"作为历史文化的"活化石"——非物质文化遗产,是传承民族文化精神的重要载体,也积聚了一个民族优秀的智慧和高超技艺,应是"前世之宝,后世宝之"。在经济发展日新月异的同时,也要加强非物质文化遗产保护工作,承续中华民族文明,构建一个真正的文化大国。

主要参考文献

1.［美］鲁道夫·F·维德伯.讲话的艺术.北京:中信出版社,2003.

2.［美］S·卢卡斯.李斯译.演讲的艺术.海口:海南出版社,2002.

3.［美］库什纳.廉莉莉译.公众演讲.北京:机械工业出版社,2003.

4.［美］李德·布莱克.谢玲、闫丽霞译.演讲的艺术.北京:中国财政经济出版社,2003.

5.［英］萨拉·迪金森.于秀丽译.北京:中信出版社,2003.

6.陈果安,王进庄等.中文专业论文写作概论.长沙:中南大学出版社,2000.

7.陈果安.文学写作教程.长沙:中南大学出版社,2002.

8.陈家生.写作.北京:高等教育出版社,1999.

9.陈建新.大学写作.杭州:浙江大学出版社,2002.

10.陈子典,朱硕豪.应用写作教程.广州:暨南大学出版社,1993.

11.程学兰.大学实用写作.武汉:武汉大学出版社,2002.

12.董华,任毅沁,季森林等.大学毕业论文写作指导.北京:中国社会科学出版社,2000.

13.段轩如,杨杰.写作学教程.北京:中国人民大学出版社,2004.

14.高捍东.实用演讲口才.长沙:中南大学出版社,2002.

15.高小和.学术论文写作.南京:南京大学出版社,2002.

16.国家公务员录用考试研究组.申论快速通过教程.北京:中国铁道出版社,2004.

17.侯清恒.青年演讲技能训练.北京:中国纺织出版社,2004.

18.胡仙芝.申论考前冲刺.北京:中国人事出版社,2001.

19.胡欣.写作学基础.武汉:武汉大学出版社,2005.

20.黄津孚.学位论文写作与研究方法.北京:经济科学出版社,2000.

21.金健人,陈建新.写作概论.杭州:浙江大学出版社,2004.

22.柯正来.经济应用文写作.北京:科学出版社.2004.

23.李达顺,陈有进,孙宏安.社会科学方法研究.北京:中国国际广播出版社,1991.

24.李平收.青年演讲能力训练教程.北京:知识出版社,2002.

25.李元授,邹昆山.演讲学.武汉:华中科技大学出版社.2003.

26.林语堂.怎样说话与演讲.北京:文化艺术出版社,2004.

27.刘鸿章,孔庆炎.英汉商务应用文手册.上海:汉语大词典出版社,2004.

28.刘建祥.演讲与口才应用知识大全.长沙:湖南人民出版社,2001.

29.刘巨钦等.经济管理类学生专业论文导写.长沙:中南大学出版社,2000.

30.刘梅.现代公文写作教程.广州:华南理工大学出版社,2004.

31.陆墨珠.英语外贸应用文.北京:对外经济贸易大学出版社,1999.

32.马正平.高等写作思维训练教程.北京:中国人民大学出版社,2002.

33.欧阳友权,朱秀丽.实用口才训练.长沙:中南大学出版社,2002 .

34.潘卫.网络学术信息资源及其检索.南京:东南大学出版社,2001.

35.秦伟,吴军等.社会科学研究方法.成都:四川人民出版社,2000.

36. 裘本培,韩长俊. 文章修改技巧. 哈尔滨:哈尔滨出版社,1990.

37. 邵守义,谢盛圻,高振远. 演讲学教程. 北京:高等教育出版社,2003.

38. 沈自飞,王元恒. 理科类学生毕业论文写作指导. 杭州:浙江大学出版社,2004.

39. 寿静心. 应用写作教程. 北京:中国言实出版社,2001.

40. 苏欣. 商务应用文实训. 北京:对外经济贸易大学出版社,2004.

41. 孙建军. 网络信息资源搜集与利用. 南京:东南大学出版社,2000.

42. 覃先美,王崇义,范武邱等. 高等学校英语专业毕业论文导写. 长沙:湖南师范大学出版社.2001.

43. 王凤仙,刘艳芬. 现代应用文写作. 青岛:中国海洋大学出版社.2003.

44. 王光祖,杨荫浒. 写作. 上海:华东师范大学出版社,1999.

45. 王继志. 各体写作文鉴. 南京:南京大学出版社,1989.

46. 吴秀明,李友良,张晓艳. 文科类学生毕业论文写作指导. 杭州:浙江大学出版社,2003.

47. 夏京春,郗仲平. 新编应用写作教程. 北京:首都经济贸易大学出版社,2002.

48. 谢伦浩. 千古演讲. 北京:石油工业出版社,2003.

49. 邢以群. 管理学. 杭州:浙江大学出版社,1997.

50. 徐锦中. 逻辑学. 天津:天津大学出版社,2001.

51. 徐秋英. 公文写作与逻辑. 北京:中央民族学院出版社,1988.

52. 徐志明. 社会科学研究方法论. 北京:当代中国出版社,1995.

53. 杨安翔,赵锁龙. 现代应用文写作教程. 南京:东南大学出版社,2004.

54. 杨松岐. 大学公共写作. 开封:河南大学出版社,2000.

55. 叶振东,贾恭惠. 毕业论文的撰写与答辩. 杭州:浙江大学出版社,1995.

56. 应天常. 口才训练术. 上海:上海文艺出版社,2004.

57. 于成鲲. 现代应用文. 上海:复旦大学出版社,1996.

58. 于光. 科技信息资源与网络检索. 哈尔滨:哈尔滨工业大学出版社,2001.

59. 余荩,李孝华. 文秘写作. 杭州:杭州大学出版社,1995.

60. 愚士. 现代文化名人演讲辞精品评析. 长沙:湖南人民出版社,2002.

61. 张才骏. 科学研究概论与科技论文写作. 北京:华文出版社,2002.

62. 张达芝. 应用写作教程. 杭州:杭州大学出版社,1998.

63. 张浩. 新编商务文书写作格式与范本. 北京:蓝天出版社,2005.

64. 张厚生. 信息检索. 南京:东南大学出版社,2002.

65. 张杰. 大学写作概论. 武汉:武汉大学出版社,1997.

66. 张耀辉. 应用文写作训练. 合肥:中国科学技术大学出版社,1992.

67. 张耀辉. 语言知识与公文写作. 北京:中国人事出版社,1995.

68. 张益明等. 文本写作. 杭州:浙江大学出版社,2002.

69. 赵福洲,方百祺. 外经贸业务应用文写作. 上海:华东理工大学出版社,2003.

70. 赵菊春. 演讲艺术全书. 北京:中国物价出版社,1998.

71. 赵英才. 学位论文创作. 北京:机械工业出版社,2004.

72. 赵云龙等译. 科学引文索引与科学前沿预测. 北京:兵器工业出版社,1992.

73. 郑章飞. 现代信息检索. 武汉:华中理工大学出版社,1999.

74. 中国人民大学哲学系逻辑教研室. 逻辑学. 北京:中国人民大学出版社,2002.

75. 周安华. 戏剧艺术通论. 南京:南京大学出版社,2005.

76. 周彬琳. 实用口才艺术. 吉林:东北财经大学出版社,2002.

77. 周家骥. 教育科研方法. 上海:上海教育出版社,1999.

78. 周涌. 影视剧作元素与技巧. 北京:中国广播电视出版社,1999.

79. 朱蓓. 实用口才训练教程. 广州:广东高等教育出版社.2002.

80. 竹潜民. 应用写作案例实训教程. 杭州:浙江大学出版社,2004.

81. 邹红. 影视文学教程. 北京:中国人民大学出版社,2004.

图书在版编目（CIP）数据

大学写作 / 叶晗主编. —2 版.—杭州：浙江大学
出版社，2014.8（2024.7 重印）

ISBN 978-7-308-13478-1

Ⅰ.①大… Ⅱ.①叶… Ⅲ.①汉语－写作－高等学校
－教材 Ⅳ.①H15

中国版本图书馆 CIP 数据核字（2014）第 146505 号

大学写作（第二版）

叶　晗　主编

责任编辑	周卫群	
出版发行	浙江大学出版社	
	（杭州市天目山路 148 号　邮政编码 310007）	
	（网址：http://www.zjupress.com）	
排　　版	杭州青翊图文设计有限公司	
印　　刷	杭州杭新印务有限公司	
开　　本	787mm×1092mm　1/16	
印　　张	32.25	
字　　数	805 千	
版 印 次	2014 年 8 月第 2 版　2024 年 7 月第 11 次印刷	
书　　号	ISBN 978-7-308-13478-1	
定　　价	58.00 元	